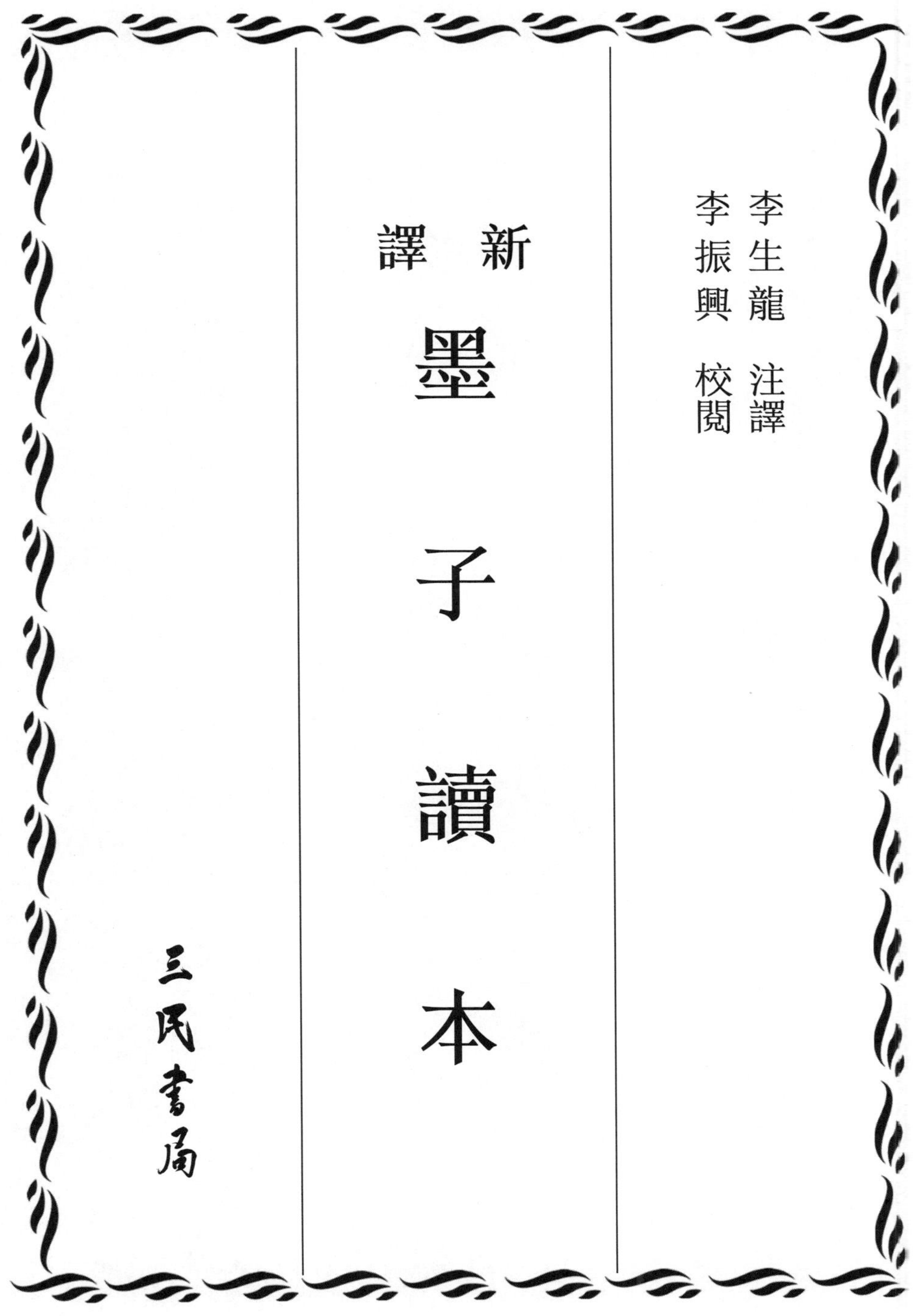

李生龍 注譯
李振興 校閱

新譯墨子讀本

三民書局

刊印古籍今注新譯叢書緣起

劉振強

人類歷史發展，每至偏執一端，往而不返的關頭，總有一股新興的反本運動繼起，要求回顧過往的源頭，從中汲取新生的創造力量。孔子所謂的述而不作，溫故知新，以及西方文藝復興所強調的再生精神，都體現了創造源頭這股日新不竭的力量。古典之所以重要，古籍之所以不可不讀，正在這層尋本與啟示的意義上。處於現代世界而倡言讀古書，並不是迷信傳統，更不是故步自封；而是當我們愈懂得聆聽來自根源的聲音，我們就愈懂得如何向歷史追問，也就愈能夠清醒正對當世的苦厄。要擴大心量，冥契古今心靈，會通宇宙精神，不能不由學會讀古書這一層根本的工夫做起。

基於這樣的想法，本局自草創以來，即懷著注譯傳統重要典籍的理想，由第一部的四書做起，希望藉由文字障礙的掃除，幫助有心的讀者，打開禁錮於古老話語中的豐沛寶藏。我們工作的原則是「兼取諸家，直注明解」。一方面熔鑄眾說，擇善而從；一方面也力求明白可喻，達到學術普及化的要求。叢書自陸續出刊以來，頗受各界的喜愛，使我們得到很大的鼓勵，也有信心繼續推廣這項工作。隨著海峽兩岸的交流，我們注譯的成員，也由臺灣各大學的教授，擴及大陸各有專長的學者。陣容的充實，使我們有更多的資源，整理更多樣化的古籍。兼採經、史、子、集四部的要典，重拾對通才器識的重視，將是我們進一步工作的目標。

古籍的注譯，固然是一件繁難的工作，但其實也只是整個工作的開端而已，最後的完成與意義的賦予，全賴讀者的閱讀與自得自證。我們期望這項工作能有助於為世界文化的未來匯流，注入一股源頭活水；也希望各界博雅君子不吝指正，讓我們的步伐能夠更堅穩地走下去。

新譯墨子讀本 目次

刊印古籍今注新譯叢書緣起

導 讀

附　錄

導讀

墨子，姓墨，名翟，魯國人。他的生平，由於歷史上記載較少，很難詳考。關於他的生卒年月，有種種推測，比較之下，以錢穆《先秦諸子繫年・墨子生卒考》所說：「墨子之生，至遲在元王之世（西元前四七五年），不出孔子卒後十年。其卒當在安王十年左右（西元前三九二年），不出孟子生前十年。」較近情理。晚年，得見三家分晉及田和。他的主要活動年代，在戰國初期。墨子曾學過儒家學說，後來又對儒家的禮深感不滿，因而背離儒術而另創新說（見《淮南子・要略》）。其生平事跡，孫詒讓概括為：

蓋生於魯而仕宋，其生平足迹所及，則嘗北至齊，西使衛，又屢游楚，前至郢，後客魯陽，復欲適越而未果。（《墨子閒詁・墨子傳敘》）

墨子生於諸侯並爭、天下動盪不安的時代，因此他把制止紛爭、維護和平安定，作為自己的主要任務。他奔走遊說，宣傳自己的理想主張，從不休息。《文子・自然》說墨子「無煖席」，班固〈答賓戲〉說「墨突不黔」，對他的奔走不息，作了很形象的說明。〈公輸〉記載：公輸盤為楚國造雲梯，準備攻打宋國，墨子聽到這件事，從齊國出發，日夜都不休息，十天十夜，趕到楚國，同公輸盤鬥智鬥巧，終於折服了公輸盤，說服了楚王，制止了這場蓄謀已久的戰爭。

像儒家人物一樣，墨子也崇尚堯、舜、禹、湯、文、武等前代聖王。但墨子於上述諸王之中，又特別推崇夏禹。他認為，夏禹治水，拿著工具親自帶頭，腓無胈，脛無毛，沐甚雨，櫛疾風，形勞天下，捨己為天下人。這正是值得學習的楷模。學夏禹，貴在實行，貴在富於自我犧牲的精神。孟子稱讚墨子

「摩頂放踵，利天下為之」（《孟子・告子下》），《莊子・天下》稱：「墨子真天下之好也，將求之不得也，雖枯槁不舍也，才士也夫！」孟、莊對墨子的其他方面有過非議，但對他的這種捨己為天下的精神，卻交口稱讚，足見他這種精神的感人。

墨子是一位偉大的思想家，關於他的思想，我們後面還要詳說。他又是一位偉大的邏輯學家和軍事家。《墨辯》的成書可能較晚，但其中所包含的有關名辯的基本思想，應當來自墨子。〈城守〉諸篇，表現了墨子卓越的軍事見識。他反對不義的兼併戰爭，又主張弱者應當為保全自己起來戰鬥。本著這一原則，他發展出了一整套戰略防御的思想，特別具有一套防御的措施和方法。他提出了防御所必須具備的十四個條件，包括天時、地利、人和、政治、經濟、外交等各個方面（詳〈備城門〉）。墨子為一軍事家，學術界對他這方面的認識不夠，對他的軍事思想的特色，也還未作深入的研究，我們應當加以重視，這樣才能比較全面地認識墨子。

墨子還是一位能工巧匠，他製作過一種能任五十石重的大車。〈城守〉等篇，記載了很多有關軍事的器械，有些軍器的部件規格尺寸、裝配方法等，都記載得很詳細。雖然我們現在已無法弄清楚哪些是墨子的發明，但至少可以看出，他對這些器械的構造、性能，是瞭如指掌的。《墨辯》當中，涉及到幾何、光學、力學等很多自然科學知識，有人稱他為科學家，也是有足夠的理由和根據的。

墨子是墨家學派的創始人。墨子的弟子很多。〈公輸〉說墨子為了幫助宋國守城，派了三百弟子前往。墨子的弟子在當時各國做官或遊說的人很多，三百人不是他弟子的全部。當然，從春秋末到戰國時代，由於私學的興盛，弟子多的不只是墨子，孔子就有弟子三千，孟子出門，「後車數十乘，從者數百人」（《孟子・滕文公下》），人數也是很多的。但相對的，於其他學派，如道、法、名、陰陽、縱橫等家，似乎只有儒、墨可以互相匹敵。到呂不韋的時代，「孔、墨徒屬彌眾，弟子彌豐，充滿天下」（《呂氏春秋・尊師》）。就學術影響而言，當時也只有儒、墨可以稱為「顯學」，在學術界占有顯要地位。

墨家同儒家相比，在組織、制度、學員構成上，有很大的不同。儒家並沒有一種嚴格的組織管理制度，弟子多以從事禮樂文教為主。墨家的組織制度則比較嚴密，它有團體組織，設有「鉅子」作為領導人，大家都奉「鉅子」為聖人，一切行動聽從他的指揮。「鉅子」可以私下傳位給其他墨門弟子。「鉅子」為某事而死了，其他墨門弟子，也有集體跟著死的（詳《呂氏春秋・上德》）。「鉅子」本人，則嚴格遵守墨家的制度法規。有個叫腹䵍的「鉅子」在秦國做官，兒子殺了人，秦惠王要赦免他，腹䵍卻說：「墨者之法，殺人者死，傷人者刑。此所以禁殺傷人也。夫禁殺傷人者，天下之大義也，王雖為之賜而令弗誅，腹䵍不可不行墨子之法。」最後堅持殺了兒子，大義滅親（見《呂氏春秋・去私》）。由於組織紀律如此嚴明，因而墨門弟子，多能赴火蹈刃，死不旋踵。《新語・思務》說：「墨子之門多勇士。」墨子自己深諳軍事，雖然極力宣揚兼愛非攻之說，但打起仗來，卻特別要求軍紀嚴密，罪不輕赦。〈城守〉諸篇中記載了很多禁令，就是明證。他把這些傳授給弟子禽滑釐，禽滑釐又傳給別的弟子，所以墨門多能征善戰之士，一些人做了官，還跟隨上司出外作戰。墨門集團，一般不輕易動武，但在有抑強扶弱的必要時，他們則是一支具有高度戰鬥力的義勇軍，可以開到弱國去幫助固守。近人多看到了墨家具有俠義精神，或稱墨家為武士集團，雖然還不夠準確，但並不是毫無根據。墨家與一般武士集團不一樣的地方，是他們並不像一般武士集團那樣隨時都準備用武力來維護正義，他們以宣傳兼愛和平為主，動武是萬不得已的事。

墨子死後，弟子分為三派，「有相里氏之墨，有相夫氏之墨，有鄧陵氏之墨」（《韓非子・顯學》）。相里氏，姓相里，名勤，是南方的墨師；相夫氏，「相」又作「伯」或「柏」、「祖」，名不詳；鄧陵氏名不詳，是南方之墨者，可能是楚人。南方的墨者還有苦獲、己齒。三墨都誦習《墨經》，以堅白同異之辯相詰難，以觭偶不仵之辭相應答，各家趨向不同，都稱對方為「別墨」。三墨對名辯問題的爭論，於邏輯學的發展是有助益的，墨子的邏輯理論，經過他們的深入探討，自然會得到很大的進展。《墨經》的最後定型寫定，可能就在這時。

墨家在先秦號為「顯學」，經過秦，到西漢，竟趨於衰亡。墨家為什麼會歸向衰亡？原因是很複雜的。其主要因素，是由於它不能適應現實政治的需要。秦用法家，漢初用道家，武帝之後用儒家，墨家卻始終未能獨擅一時。《莊子・天下》曾預言：「今墨子獨生不歌，死不服，桐棺三寸而無槨，以為法式。以此教人，恐不愛人；以此自行，固不愛己。未敗墨子道，雖然，歌而非歌，哭而非哭，樂而非樂，是果類乎？其生也勤，其死也薄，其道大觳，使人憂，使人悲，其行難為也，恐其不可以為聖人之道，反天下之心，天下不堪。墨子雖獨能任，奈天下何！離於天下，其去王也遠矣。」這主要是說墨家的節葬、以自苦為極，不符合人情，違反天下人的意志，所以不能以它為王天下的指導思想。在我們今天的人看來，節葬和以自苦為極，應是兩種值得肯定的行為美德，〈天下〉的作者卻說它違反人情，殊不可理解。然而墨家的衰亡，的確又被他不幸而言中。後來司馬談從道家立場批評墨家「儉而難遵」，說實行節葬，「使天下法若此，則尊卑無別也」（詳《史記・太史公自序》司馬談〈論六家要指〉），倒是指出了個中原委，那就是墨家學說與尊卑有別的現實社會是不相容的！後來《漢書・藝文志》也指出：「推兼愛之意，而不知別親疏」是墨家之「蔽」，殊可令人深思。墨家作為一個學術派別，雖然歸於消亡，但它的學說中的部分內容，還是被道家和儒家肯定了下來，並融會到自己的學說中去了。司馬談說：「要曰彊本節用，則人給家足之道也，此墨子之所長，雖百家弗能廢也。」《漢書・藝文志》從儒家角度，對墨家的「貴儉」、「兼愛」、「上賢」、「右鬼」、「非命」、「上同」，都有一種自己的理解，並稱說這種理解就是墨家之「長」，這是想從儒家的需要來取捨墨家。這種取捨，自然也能使墨家的一部分思想，得以保存發展下去。

《墨子》一書，《漢書・藝文志》著錄為七十一篇，今僅存五十三篇。這五十三篇，大體可分為三類，一屬名辯類，即〈經上〉、〈經下〉、〈經說上〉、〈經說下〉、〈大取〉、〈小取〉六篇。這六篇從情理上推斷，經產生比較早，說應該產生比較晚，成書有一個過程，然基本思想、體式出自《墨子》。一屬軍事類，即

〈備城門〉以下至〈雜守〉，凡十一篇。這些篇目，稱墨子弟子禽滑釐為「禽子」，當是禽滑釐的學生們所記，他們對於研究墨子的軍事思想，特別是對於理解墨子的「非攻」思想，有重要參考意義。一屬思想類，即上兩類之外的三十六篇。根據〈魯問〉的說法，〈兼愛〉、〈非攻〉、〈尚賢〉、〈尚同〉、〈節用〉、〈節葬〉、〈非樂〉、〈非命〉、〈天志〉、〈明鬼〉等十個方面，應是墨家思想核心。從〈尚賢上〉到〈非命下〉，原來應有三十篇，每一個題目都有上、中、下三篇，但現已闕佚九篇，僅存二十三篇。這些篇都稱「子墨子曰」，表明非出自墨子手筆，而是弟子的記錄。一般認為，墨分三派，而書中篇目，有的分為上、中、下三篇，當係三派弟子所分記，故各有異同。其他〈親士〉、〈脩身〉、〈所染〉、〈法儀〉、〈七患〉、〈辭過〉、〈三辯〉及〈非儒〉、〈耕柱〉、〈貴義〉、〈公孟〉、〈魯問〉、〈公輸〉等十三篇，其中有否墨子所作，疑不能明，但多數係墨子弟子及再傳弟子所記則無疑義，這些都是研究墨子思想核心的重要資料，不可忽視。

下面先就墨子思想核心的十個方面，作一些闡說。

一、兼愛

邢昺《爾雅疏》引《尸子・廣澤》說：「墨子貴兼。」「兼」就是「兼愛」。《呂氏春秋・不二》說：「墨子貴廉。」「廉」，當是「兼」的誤字或異文。這些都說明了兼愛是墨子思想的核心之核心。

墨子認為，天下之所以大亂，君臣、父子、兄弟、諸侯、大夫、人與人、國與國之間之所以互相殘賊，原因就在於大家都在損人而自利，在於大家都不「兼相愛」、「交相利」。也就是說，自私自利是亂的根源。而要消除這亂的根源，就必須反對「交相別」、「交相惡」，而提倡「兼相愛」、「交相利」。他說：

> 視人之國若視其國，視人之家若視其家，視人之身若視其身。是故諸侯相愛則不野戰，家主相愛則不相

> 簒，人與人相愛則不相賊，君臣相愛則惠忠，父子相愛則慈孝，兄弟相愛則和調。天下之人皆相愛，強不執弱，眾不劫寡，富不侮貧，貴不敖賤，詐不欺愚。凡天下禍簒怨恨可使毋起者，以相愛生也，是以仁者譽之。(〈兼愛中〉)

在他看來，「兼愛」是解決一切紛亂的良方。

墨家講的「兼愛」，是一種泛愛，他們要求人們要無條件地愛一切人。不僅要愛自己的親人，也要愛別人；不僅要愛本鄉本土之人，也要愛天下人。天下無窮之大，但「無窮不害兼」(〈經下〉)；天下人不知其數，但「而必人之可盡愛」(〈經說下〉)。不僅要愛今人，也要愛古人；人多要愛，人少也要愛；愛他人，也包括愛自己，「愛人不外己，己在所愛之中」(〈大取〉)。總而言之，愛不分人我，不分尊卑，不分地域，不分時間，不分人數多少，甚至也要求盜賊愛人，所以說墨家的「兼愛」是一種泛愛。

孔子曾說過「汎愛眾，而親仁」(《論語・學而》)的話，可知泛愛，是儒墨相通一致的主張。但儒家講愛人，強調要愛由親始，要由己及人，由親及疏，由近及遠，最後及於天下，所謂「老吾老以及人之老，幼吾幼以及人之幼，天下可運於掌」(《孟子・梁惠王上》)者即是。這從表面上看與墨家似乎並無什麼不同，實際卻分歧很大。根本之點就在於：儒家強調愛應有親疏、尊卑之別，也就是說「愛」要受「禮」的規範和制約，它必須在宗法等級制度允許的範圍內施行。墨家沒有否定等級制度(〈經說下〉：「禮，貴者公，賤者名，而俱有敬僈焉，等異倫也。」可證。可證者尚多)，但宗法思想卻幾乎沒有。特別當他們宣揚「兼愛」時，強調「愛無差等，施由親始」(《孟子・滕文公上》)，就等於取消了親疏尊卑之別，變成一種平等互愛了。孟子之所以斥責「墨子兼愛，是無父也」(《孟子・滕文公下》)，主要就是從宗法制的角度來說的。

儒墨講「愛」還有一點不同。儒家講愛，主要是從人性論的角度上講的。愛，在儒家看來，是人的善性的表現。這種善性，是人與生俱來的屬性，它雖然也受外界物質條件的制約，但擴充善性，卻主要是一種道德的自我完善，從感情上喚起自己的良知良能，自覺地愛他人。墨家不僅把愛納入人性的範疇，而且納入經濟的範疇。他們講愛，必定要講利。「人有愛而無利，俔日之言（『俔日』當作『儒者』）也，乃客之言也。」（〈大取〉）「愛」與「利」合而言之，稱為「愛利」。從人性論角度看待愛，自有它的深刻之處，從經濟利益的角度看待愛，則更加切近愛的本質，體現了務實的功利主義特點。

二、非攻

非攻就是反對攻人之國，亦即反對大國對弱小國的兼併戰爭。戰爭，就要殺人，殺人是一種不義的行為，就是犯罪。但當時的兼併者，都把兼併戰爭說成正義行為，墨子對此感到非常氣憤，認為這是顛倒黑白。他指出，戰爭只能使百姓陷入死亡的境地，使國家財力耗費一空，而生產又無法繼續。它不僅使被攻的一方遭受重大的不幸，就是攻戰國本身，也將遭受勞民傷財、眾叛親離後果的懲罰。他舉出了歷史上不務修明政治，而從事攻戰兼併，終於滅亡的事例，要求好戰者引以為戒。非攻，是墨子兼愛思想的一個具體體現。墨子非攻，並非不加區別地反對一切戰爭。對於那些弔民伐罪、救民於水火以及被迫自衛的戰爭，墨子是支持的。他稱讚歷史上湯伐桀、武王伐紂等戰爭，把這種戰爭稱為「誅」，以與「攻」區別。為了扶助弱小，他還培養了一批能征善戰的門徒，在必要時以武力對付暴力。

墨家的非攻思想與儒家的反戰思想非常一致。孟子也反對殺人盈城的野蠻戰爭，宣稱唯「不嗜殺人者能一之」（《孟子．梁惠王上》）。孟子也不反對正義的誅伐。所以墨子非攻之說，幾乎沒有受到儒家的非難。

三、尚賢

尚賢就是崇尚賢人。墨子強調：尚賢是為政之本。

尊尚賢而任使能，不黨父兄，不偏貴富，不嬖顏色。賢者舉而上之，富而貴之，以為官長；……故可使治國者，使治國；可使長官者，使長官；可使治邑者，使治邑。凡所使治國家、官府、邑里，此皆國之賢者也。（〈尚賢中〉）

這就是墨子的賢人政治理想。他主張舉拔賢人，一定要打破等級制度，不能用人唯親，而應「列德而尚賢，雖在農與工肆之人，有能則舉之」（〈尚賢上〉）。他稱賢人為「國家之珍而社稷之佐」，不僅要重視他們，而且「高予之爵，重予之祿，任之以事，斷予之令」，使他們得到地位、財富和權力，也使他們真正擔負起治理國家的重任。他最反對口頭上崇尚賢人，使賢人成為「假藉之民」，替王公大人裝點門面的做法，要求從政治地位和經濟實利兩個方面，落實賢人的待遇問題。

尚賢的思想產生較早，墨子盛稱先王，徵引《尚書》，說明他的思想是繼承和發展前代尚賢思想的結果。孔子主張「賢賢易色」（《論語・學而》），孟子說「國君進賢，如不得已，將使卑踰尊，疏踰戚，可不慎與」（《孟子・梁惠王下》），他們都與墨子的尚賢思想有相通之處，但不及墨子的有系統，在破格用人方面，孟子還比較謹慎和保守。後來荀子說「雖王公士大夫之子孫，不能屬於禮義，則歸之庶人；雖庶人之子孫也，積文學，正身行，能屬於禮義，則歸之卿相士大夫」（《荀子・王制》），這思想就比較接近墨子了。在先秦，明確提出農夫和工肆之人可以被提拔參政的，大概只有墨家。

四、尚同

尚同的涵義，就是統一天下的是非標準，以便統一天下的行動。墨子認為：

天下之所以亂者，生於無政長。是故選天下之賢可者，立以為天子。天子立，以其力為未足，又選擇天下之賢可者，置立之以為三公。天子三公既以立，以天下為博大，遠國異土之民，是非利害之辯，不可一二而明知，故畫分萬國，立諸侯國君。諸侯國君既已立，以其力為未足，又選擇其國之賢可者，置立之以為正長。（〈尚同上〉）

天下層層政長，都是經過選擇推舉出來的，那麼他們自然就能代表天下人的意志，可以成為天下人效法的樣範，由他們來統一天下的是非標準，應該說是順理成章的事。他要求，從最下層的鄉里，到諸侯，到三公，到最上層的天子，都應當向上統一。鄉里百姓，聽到好意見要報告鄉長里長，然後鄉長里長之所是，大家都認為是；鄉長里長之所非，大家都認為非。就這樣推及到天子，一層層把好意見、賢人往上推薦，又一層「上之所是，必皆是之；所非，必皆非之」，這就叫做「上同」。下面不能隱瞞善言善人，有意見要向上反映，上司有過失要規諫，這叫「不下比」。合起來叫「上同而不下比」。這是一種由下到上，再由上到下的統一方法。它的基礎是賢人政治，所以墨子認為對天下有利而無害。墨子是主張等級集權制度的，他說古時候由於「無君臣上下長幼之節，父子兄弟之禮」，「是以天下亂焉」（〈尚同中〉）。只有「上同」，是非賞罰由天子出，才能上下協調，臻於大治。墨子的這種思路，與儒家、法家大體上是一致的。孔子認為只有禮樂征伐自天子出，才是天下有道的表現；韓非則主張事在四方，要在中央。他們對於社會建構的想法，從本質上說是相通的，只是各自的政治指導原則不同罷了。

墨子講「上同」，「同」到天子的時候，還並沒有完結，天子之上，還有一個層次，這就是「天」。那麼「天」又是什麼呢？這就與「天志」有關了，這一點，到後面講「天志」時再講。

五、節用

節用就是要節省財用。其基本要求，就是要「因其國家，去其無用之費」，做到「用財不費，民德不勞」而「興利多」（〈節用上〉），也就是國家要根據固有的財力，盡量做到節省開支，減輕人民的負擔。墨子對衣服、宮室、甲兵、舟車等的製作，都提出過一些原則，其要點在於便利實用；凡輪、車、鞼、匏、陶、治、梓、匠、百工，使各從事其所能，足以奉給民用則止；凡飲食，足以充虛繼氣，強股肱，耳目聰明則止，不極五味之調，芬芳之和，不致遠國珍怪異物；珠玉、鳥獸、犬馬等玩好奢侈之物，都宜去掉，以增加日用品的生產。要減少或去掉戰爭，這樣才能增加人口，發展生產，增加民財。墨子的節用主張，對當時乃至後世都是有積極意義的。荀子曾批評：「墨子之節用也，則使天下貧。」（《荀子・富國》）但他自己也不能不承認：「強本而節用，則天不能貧。」（〈天論〉）看來節用還是有必要的。還是司馬談說得好：「要曰彊本節用，則人給家足之道也，此墨子之所長，雖百家弗能廢也。」（〈論六家要指〉）

六、節葬

節葬，包括兩個方面的內容：一是反對厚葬，而提倡薄葬；一是反對久喪，即反對守喪太久，而主張節哀。從墨子的描述中可以看到，當時整個社會厚葬成風，而統治者尤為侈靡驚人：

存乎王公大人有喪者，曰棺椁必重，葬埋必厚，衣衾必多，文繡必繁，丘隴必巨。存乎匹夫賤人死者，殆竭家室。存乎諸侯死者，虛車府，然後金玉珠璣比乎身，綸組節約，車馬藏乎壙，又必多為屋幕，鼎鼓几梴壺濫，戈劍羽旄齒革，寢而埋之，滿意，若送從。曰天子殺殉，眾者數百，寡者數十。將軍大夫殺殉，眾者數十，寡者數人。（〈節葬下〉）

與厚葬相聯繫的是久喪，君主和父母死了，都要守喪三年，妻和嫡長子死了，也要守喪三年，伯父叔父兄弟庶子死了，要守喪一年，族人死了，要守喪五個月，姑姊甥舅均有數月之喪。守喪的人要盡哀，三年之後，身體毀損，要扶著才能站起，拄著棍杖才能行走。墨子強烈地反對這種厚葬久喪之風，認為這樣做只能導致國家貧窮，人民身體受到毀傷，生產停止，最後必然導致政治混亂，國家危亡。他參酌前代聖王以及一些少數民族的做法並加以折中，制定出埋葬之法：

棺三寸，足以朽骨；衣三領，足以朽肉；掘地之深，下無菹漏，氣無發洩於上，壟足以期其所，則止矣。哭往哭來，反從事乎衣食之財，佴乎祭祀，以致孝於親。（〈節葬下〉）

其基本原則，就是葬喪從簡。

墨子的節葬主張，在戰國至秦漢許多書中，都有記載和評論，可見它在其時的影響很大。在這個問題上，儒家與墨家完全不同。早在墨子之前，孔子的學生宰予，就曾向孔子對三年之喪提出質疑，認為三年之喪為期太久，「君子三年不為禮，禮必壞；三年不為樂，樂必崩」，建議改作一年。孔子稱宰予為「不仁」，認為「子生三年，然後免於父母之懷」，兒女替父母守孝三年，才足以報父母親養育之恩，這樣子女才心安，三年之喪是「天下之通喪」（《論語・陽貨》）。儒家重禮，諸禮之中尤重喪禮，認為喪禮正是「親親有術，尊賢有等」的體現（〈非儒〉），因而喪禮的厚薄，不只是一個風俗問題，而是一個政治制度問題。儒家要借此維護宗法制度，墨子非難它，實際上是對宗法制有所非難，甚至否定。

七、非樂

非樂，就是反對提倡音樂活動，禁止作樂。墨子為什麼反對作樂呢？他的理由是：王公大人作樂，是一種奢侈和浪費。他們要撞巨鐘、擊鳴鼓、彈琴瑟、揚干戚，必然要厚斂於民，竭民之財而奪民之利，他們驅遣很多男女去為他們奏樂歌舞，妨礙了耕織；而這些樂師舞女，又都要穿得很華麗，才足以令人賞心悅目；王公大人聽音樂，又必須要很多人陪奉，這些都增加了財用的耗費，同時也妨礙了政事。所以墨子認為，在「飢者不得食，寒者不得衣，勞者不得息」的時候，作樂無補於興利除害。如果上自王公大人，下至庶人，都從事作樂去了，國家就會貧窮，甚至會滅亡。

墨子的非樂與儒家的禮樂教化思想是相對立的。荀子的〈樂論〉，對墨子的非樂，作了很全面的批評。荀子說：「樂者樂也，人情之所不免也，故人不能無樂。」肯定音樂在人類生活中的不可或缺。他指出，音樂足以感動人之善心，調節人與人之間的感情，陶冶人的性情，可收「移風易俗，天下皆寧」的積極效果。墨子從國計民生的現實功利需要，來否定作樂，自有他的道理；但音樂作為一門藝術，同其他文化藝術一樣，即使從功利目的來衡量，它的價值也是無法否定的。墨子無視於這一點，實際上陷入了狹隘功利主義的小圈子。

八、非命

非命，就是反對相信命運。什麼是命運？孟子說：「莫之為而為者，天也；莫之致而至者，命也。」（〈萬章下〉）莊子也說：「不知吾所以然而然，命也。」（〈達生〉）「命」是一種由無數必然性和偶然性組成的神祕存在。墨子說，當時「執有命者以雜於民間者眾」，這些「執有命者」，依〈非儒〉說，指的是儒家。他們說：「命富則富，命貧則貧，命衆則衆，命寡則寡，命治則治，命亂則亂，命壽則壽，命夭則夭。命（當作『力』）雖強勁何益哉？」（〈非命上〉）又說：「壽夭貧富，安危治亂，固有天命，不可損益。窮達賞罰幸否有極。人之知（智）力，不能為焉。」（〈非儒下〉）墨子認為，所謂「命」，是不存在的。怎見得「命」不存在？他提出了「三表」法加以驗證：

何謂三表？子墨子言曰：「有本之者，有原之者，有用之者。於何本之？上本之於古者聖王之事。於何原之？下原察百姓耳目之實。於何用之？廢以為刑政，觀其中國家百姓人民之利。此所謂言有三表也。」（〈非命上〉）

就以前聖王的行事來考察，「在於桀紂，則天下亂；在於湯武，則天下治」，「義人在上，天下必治，上帝山川鬼神必有幹主，萬民被其大利」（〈非命上〉）；可知天下治亂，全在人事，並無命運。就百姓的耳目見聞來考察，「自古以及今，生民以來者，亦嘗見命之物，聞命之聲者乎？則未嘗有也」（〈非命中〉）。從國家的政治實際來考察，如果大家都「信有命而致行之，（王公大人）則必怠乎聽獄治政矣，卿大夫必怠乎治官府矣，農夫必怠乎耕稼樹藝矣，婦人必怠乎紡績織紝矣」（〈非命下〉），這樣就必定導致百姓離散，社稷傾覆。所以墨子得出「命者，暴王所作，窮人所術，非仁者之言」的結論。

墨子非命，就是要求人們任人事而不聽天命，這樣就把人力置於天命之上，有一種人定勝天的味道了。然而，墨子並沒有否定「天」，當他講「天志」的時候，又把「天命」說得至關重要了。

九、天志

墨子認為天是有意志，知善惡，能賞罰的，所謂：

天子為善，天能賞之；天子為暴，天能罰之；天子有疾病禍祟，必齋戒沐浴，潔為酒醴粢盛，以祭祀天鬼，則天能除去之。（〈天志中〉）

他還說，三代之聖王，堯舜禹湯文武，由於順從了天意，天才使他們處於上位，立為天子；三代之暴王桀紂幽厲，由於違反天意，天就使他們受到懲罰，國破身亡。這種見解，與非命之說，顯然是有矛盾的。

那麼，為什麼墨子在非命的同時，又推崇天志呢？細細尋繹起來，只有一個答案能加以解釋：墨子要借非命來促進人們積極從事，自強不息；而又借天志來自神其說，以加強自己學說的權威性，迫使人們接受其主張。墨子說得很清楚，天是「欲義而惡不義」的，「順天意者，兼相愛，交相利，必得賞；反天意者，別相惡，交相賊，必得罰」（〈天志上〉），凡是墨子自己的主張，如兼愛、非攻、尚賢等等，墨子都說成是「天意」。這不是神道設教又是什麼呢？還有一點似乎也是值得注意的。〈天志下〉說：「今天下之士君子，皆明於天子之正天下也，而不明於天之正天子也。」依此說看來，天志之設是專用以匡正天子的。天子至高無上，別人都得以他的是非為是非。那麼，他又以誰的是非為是非呢？自然只有天才能決定他的是非了。所以〈尚同上〉說：「天下之百姓皆上同於天子，而不上同於天，則菑猶未去也。」

這樣看來，墨子講天志，實際是借天的名義、權威，來宣傳自己的學說和主張，這種看法，是鑿鑿可信的了。推墨子之本心，還是想利用當時人們對天的宗教式的信仰，並非真的相信天有知覺、意志，能賞善罰惡。這種做法，其源出於《尚書》（墨子也多引《尚書》為證），後來董仲舒建「天人合一」之說，乃至《太平經》尊天傳道的方法，都可說是攝取了墨家的遺法。

十、明鬼

明鬼和尊天，是差不多的一回事，不過也有些小小的區別。天只有一個，鬼神則所在皆有；順天志，主要針對天子而言，尊鬼神，則人人有分。所以天、鬼既可合稱「天鬼」，也可單稱「天」或單稱「鬼神」。墨子認為，天下之所以亂，都是因為懷疑鬼神的存在，如果大家都相信鬼神能賞善罰暴，就會人人心懷戒懼，一心向善，不敢作惡了。這也只不過是借鬼神的威權，來懲誡人心而已。其實墨子雖把鬼神報應說得毫釐不爽，卻並不把什麼事都推到鬼神報應上。〈公孟〉說：

子墨子有疾，跌鼻進而問曰：「先生以鬼神為明，為能禍福，為善者賞之，為不善者罰之。今先生聖人也，何故有疾？意者先生之言有不善乎？鬼神不明知乎？」子墨子曰：「雖使我有病，何遽不明？人之所得於病者多方，有得之寒暑，有得之勞苦，百門而閉一門焉，則盜何遽無從入？」

這番話，說明墨子並不把疾病歸之於鬼神。墨子平時雖宣傳鬼神，但到戰時，卻要求把宣傳鬼神限制在很小的範圍之內。〈號令〉說，凡巫祝史，都必須嚴格加以管理，卜筮或望氣的結果，都只有太守一個人知道。巫祝史「必以善言告民」，如果「妄為不善言驚恐民」，要「斷（斬）無赦」。這說明墨子還是以重人事為主，並不把戰爭的勝負歸因於鬼神。

墨子證明鬼神存在的方式，是比較簡單的，他只從前代的典籍舉出杜伯、莊子儀等人的記載為例證，並未說明鬼神是怎樣產生的，又何以能福善禍淫。

王充指出，墨子講明鬼，與節葬之說是有矛盾的。他說：

墨家之議，自違其說，其薄葬而又右鬼。（《論衡．薄葬》）

又說：

> 墨家薄葬右鬼，道乖相反，違其實宜以難從也。乖違如何？使鬼非死人之精也，右之未可知。今墨家謂鬼審人之精也，厚其精而薄其屍，此於其神厚而於其體薄也，薄厚不相勝，華實不相副，則怒而降禍，雖有其鬼，終以死恨。人情欲厚惡薄，神心猶然，用墨子之法事鬼求福，福罕至而禍常來也。以一況百，而墨家為法，皆若此類也。廢而不傳，蓋有以也。（《論衡・案書》）

王充的這個批評，是有一定的道理的。但他把墨學的不傳，說成是墨學處處自相矛盾的結果，則未必然。墨家極重人事，卻又借助於一個類似於宗教的神學框架，的確有點不倫不類。墨子後來被葛洪寫進了《神仙傳》，由一個思想家變成了「地仙」，又有了《墨子枕中五行要記》、《五行變化墨子》等方術著作，究其原因，就是因為《墨子》中有可供方士利用的東西。

上述十個方面，是墨子整個思想體系的核心。它們是互相聯繫，相互為用的。兼愛，體現著墨家的人性論思想；非攻，體現著墨家的軍事思想；尚賢、尚同，體現著墨家的政治思想；節用、節葬，體現著墨家的經濟思想；非樂，體現著墨家的文化藝術思想；非命、天志、明鬼，體現了墨家的哲學思想。而貫穿在其中的是功利主義。墨子的這十個方面，都有著極其鮮明的現實針對性，因而墨子告誡弟子，在遊說諸侯國的時候，可根據該國的國情，有重點地選擇一二個方面加以宣講。〈魯問〉載：

> 子墨子游魏越，曰：「既得見四方之君子，則將先語？」子墨子曰：「凡入國，必擇務而從事焉。國家昏亂，則語之尚賢、尚同；國家貧，則語之節用、節葬；國家憙音湛湎，則語之非樂、非命；國家淫辟無禮，則語之尊天、事鬼；國家務奪侵凌，則語之兼愛、非攻，故曰擇務而從事焉。」

可見，墨子陳說的這十個方面，都是根據現實情況對症下藥的。

以下，我們簡單地談一談有關《墨辯》的問題。

《墨辯》，即〈經上〉、〈經下〉、〈經說上〉、〈經說下〉、〈大取〉、〈小取〉六篇。這六篇，〈經上〉、〈經下〉，主要是給一系列的概念下定義，指出這些概念的內涵或外延，以便明確這些概念的具體所指，為辯論時正確運用概念提供依據。作者所選擇的概念，包括哲學、認識、邏輯、事理、政法、經濟、倫理道德、行為修養，以及心理、力學、光學、數學等各個方面，相當於一部百科概念（或範疇）辭典。〈經說上〉、〈經說下〉，是就經文所列舉的各條定義進行解釋。經文不詳明的，就把它說得詳明一點；經文缺乏例證的，就為它補充一些例證；經文未能曲盡其意的，就為它曲盡其意，經文需要反證的，也為它作出反證，如此等等，總之是闡釋和發揮經文，使之更加顯豁易明。經與說，原是各個獨立的，晉朝魯勝注《墨辯》才「引經就說」，合經、說為一。所以就經與說產生的時間先後論，經必在前，說必在後；就它們的性質論，經是本文，說相當於「傳」、「注」。這四篇的最大特色，就是它們是從邏輯判斷的角度，來給概念下定義，而不是分析語源，考究辭義，不同於《爾雅》、《說文》。作者的邏輯思想，在一些有關邏輯的條文中，可以看到一些，但其整個邏輯思想體系，則包含在所有的（一百七十多條）定義之中。它們是為辯論提供較精密的概念而作的，不是一部專門的邏輯術語詞典。這個性質，是首先需要認識清楚的，否則就會陷入迷霧之中而不可自拔。〈大取〉和〈小取〉兩篇，本來都是墨家邏輯思想的總結，是他們邏輯思想的理論專著。可惜〈大取〉今多舛錯，只有〈小取〉尚保存較為完整。〈大取〉、〈小取〉與經、說的關係，前者是原則，後者是例證，後者是前者的實踐結果。從道理上說是如此，但由於〈大取〉、〈小取〉本身篇章的殘缺舛錯，或者該文作者本身就未能對他們所運用的邏輯方法，作出全面的總結，因而僅就其論述到的要點來看，墨家的邏輯理論體系是不夠的，更多的工作還有待於我們今天的研究者，從經、說及其他文章的例證中去再總結，這樣才能看清墨家的邏輯水平究竟達到了何種程度。

〈小取〉說：「夫辯者，將以明是非之分，審治亂之紀，明同異之處，察名實之理，處利害，決嫌疑。」這裡明確了「辯」的目的和作用。「明是非」、「審治亂」，是「辯」的社會政治目的；「明同異」、「察名實」，是「辯」的認識目的；「處利害」、「決嫌疑」，是「辯」的作用。〈經上〉：「辯，爭彼也。」〈經說上〉：「辯，或謂之牛，或謂之非牛，是爭辯也。」它指出了辯論雙方所爭的，必須是同一對象構成的矛盾命題，以決勝負（〈經說下〉：「俱無勝，是不辯也。辯也者，或謂之是，或謂之非，當者勝也。」），這樣就對「辯」，作出了高度的理論概括，這在中國古代邏輯史上是第一次，是墨家對邏輯理論的重大貢獻。

墨家把「明同異」、「察名實」作為認識的目的，實際上這兩個方面，也是他們研究的主要任務，是他們用力最勤的地方。「明同異」的基本方法就是分類，通過分類來區別哪些是同類，哪些是異類，哪些是同中有異，哪些是異中之同，哪些是同異交得。被分類的對象，有些是「名」（概念），有些是「實」（事物），有些是命題等等。這樣就深化了邏輯分類的知識。由於分類，就必然要牽涉到分類標準的問題，這就促使他們去研究各種事物的本質特徵，從中找出共同性並加以歸納，為正確地給事物作出科學定義奠定了基礎，像「生，刑（形）與知處也」、「平，同高也」、「圜，一中同長也」、「同，重、體、合、類」、「異，二、不體、不合、不類」（均見〈經上〉），這些能清晰地揭示概念內涵或外延的定義，都是反覆比較、辨別同異才得出的結果，它反映了很高的邏輯歸納水平。在先秦，具有這樣高的科學性的定義並不多見。「察名實」，主要是研究概念、語詞與客觀事物的關係，墨家對名實之間的複雜關係，揭示得很充分，指出名有達、類、私三種，有二名同一實，命名的方式有移、舉、加三種，還有以居運、形貌命名等情況，無論怎樣複雜，命名的根本原則，還是名與實要達到一致：「所以謂，名也；所謂，實也；名實耦，合也。」（〈經說上〉）「有文（之）實也，而後謂之；無文（之）實也，則無謂也。」（〈經說下〉）這些話，指出了概念必須與客觀事物相吻合這一基本邏輯法則。墨家不僅要求要科學地命名，而且要求運用概念來進行思維，這叫做「以名舉實」。從科學命名到「以名舉實」，表現為從確定概念到運用概念的過程，它是科學地進行判斷和推理的起點。墨家對概念同客觀事物關係的研究，雖然還有欠縝密和完備的地方，但其總體思路，是符合科學的。

墨家對判斷幾乎沒有什麼定義性的說明。有人說〈小取〉「以辭抒意」的「辭」即是「判斷」，這從訓詁的立場來說，是講不通的，「辭」即是「語辭」。墨家對判斷的各種類型，也沒有作出說明。但不能說墨家就不用判斷，事實上，《墨子》書中運用判斷的地方是很多的，經、說中下定義，多半都是判斷式。肯定判斷和否定判斷，是《墨經》中常用的判斷，還包括全稱肯定判斷（如〈經上〉：「盡，莫不然也。」）、特稱肯定判斷（如〈小取〉：「或也者，不盡也。」）、假言判斷（如〈小取〉：「假者，今不然也。」）、選言判斷（如〈經說上〉：「辯者，或謂之牛，或謂之非牛。」）、必然判斷（如〈經上〉：「必，不已也。」）、或然判斷（如〈經說下〉：「子在軍，不必其死生，聞戰，亦不必其死。」）等等。可見，墨家使用的判斷種類是很多的，可惜他們未能作出很好的理論總結。

〈大取〉說：「以故生，以理長，以類行者也。」故、理都含有前提、根據、原則、理由的意思。它們都是推理所必備的要素。故有大故、小故之分。〈經說上〉：「小故，有之不必然，無之必不然，體也，若有端。大故，有之必然，無之必不然，若見之成見也。」大故指充分必要條件，小故指不充分必要條件。總的說來，「故」就是必要條件。「以故生」，就是說推理一定要先具備條件。「以理長」，就是說推理要按一定原則展開。「以類行」，〈小取〉也說「以類取，以類予」，指的都是通過對同類或異類事物進行辨析、歸納的推理方法。墨家非常重視對「類」的研究，是與他們把「明同異」作為辯論的任務之一分不開的，這在前面已經說過。〈大取〉說：「夫辭以類行者也，立辭而不明於其類，則必困矣。」「立辭」即立論，立論必須引同類事物來進行論證，也就是運用類比推理。類比推理是墨家常用的推理方法。

〈小取〉提出的或、假、效、辟（譬）、侔、援、推等，都是推理方法。或，從判斷的角度看，是特稱判斷或選言判斷，從推理說，是選言推理。假，從判斷的角度說，是假言判斷，從推理說，是假言推理。「效者，為之法也，所效者，所以為之法也；故中效，則是也；不中效，則非也。」它是先確立好一個原則作為大前提，然後把所要討論的問題與之比照，以得出結論，屬於演繹推理的性質。「辟（譬）也者，舉物以明之也。」舉同類事物來證明自己要肯定的命題，屬類比推理性質。「侔也者，比辭而俱行也。」所謂「比辭而俱行」，就是比照一個意義相同的命題，來推出另一個命題，也屬於類比推理的性質。「援也者，曰子然，我奚獨不可以然也？」這是援敵以證我，即假設對方的命題為真，以推出自己的命題為真，是一種帶有假言性質的類比推理。「推也者，以其所不取之，同於其所取者，予之也。」意為把論敵所不贊同的命題，與他所贊同的引為同類，迫使他改變自己的原有觀點，這也是一種類比推理。可見墨家對類比推理的研究是很深細的。正因為研究得很深細，所以對它們的流弊也認識得很清楚。〈小取〉說：「辟、侔、援、推之辭，行而異，轉而危，遠而失，流而離本，則不可不審也，不可常用也。」

墨家雖然提到了不少推理方法，卻還未來得及對推理進行全面的理論總結。有人根據〈大取〉「故」、「理」、「類」三物之說，結合《墨子》書中文例，總結出墨家推理的基本形式為「三物論式」，認為「三物論式」與亞里斯多德的「三段論式」及因明之「三支論式」，在本質上具有一致性，說明《墨辯》邏輯可以與亞氏邏輯和印度因明並列為三（詳周云之、劉培育《先秦邏輯史》），可見《墨辯》在世界邏輯史上的地位。《墨子》好比一個沉埋太久，而又蓄積豐厚的礦場，還有很多有價值的東西，需要我們付出艱苦的勞動去開發。

《墨子》一書，自漢至清，只有晉朝魯勝注過《墨辯》，唐人樂臺，有《墨子注》三卷，均佚，僅存魯勝《墨辯注・敘》。至清代，由於文字獄的盛行及西學的東漸，治墨的風氣才盛行起來。惠棟、盧文弨、汪中、段玉裁、邵晉涵、王念孫、王引之、孫星衍、洪頤煊、顧廣圻、蘇時學、俞樾、戴望、張惠言、畢沅諸大家，均有所從事，而孫詒讓《墨子閒詁》集其大成。其後梁啟超（有《墨經校釋》）、王闓運（有《墨子注》）、吳汝綸（有《墨子點勘》）、吳闓生（有《墨子箋》）、曹耀湘（有《墨子箋》）、王樹枏（有

《墨子三家校注補正》）、尹桐陽（有《墨子新釋》）、張純一（有《墨子集解》，於上述各家均有所錄）、于省吾（有《雙劍誃諸子新證》）、譚戒甫（有《墨辯發微》等）、高亨（有《墨經校詮》）、李漁叔（有《墨子今注今譯》）、王煥鑣（有《墨子校釋》等）、梅季、林金保（有《白話墨子》）。近代以來論墨、注墨之著述不知凡幾，因於上述諸家有所參酌，故記之。

李生龍

一九九五年十一月

親士第一

【題解】親，近、愛的意思。士，《說文解字》說：「士，从一从十。孔子曰：推十合一為士。」《玉篇》說：「傳曰：通古今，辯然不，謂之士。」戰國時代，士的種類很多，這裡指道德水平較高、理論修養較深的知識階層。墨子主張尚賢，親士與尚賢是一致的。文中對士的效用，作了充分的論述。

入國而不存❶其士，則亡國矣。見賢而不急，則緩❷其君矣。非賢無急，非士無與慮國。緩賢忘士，而能以其國存者，未曾有也。

【章旨】總論親士與否，是決定國家存亡的關鍵。

【注釋】❶存　體恤存問。❷緩　慢；怠慢。

【語譯】進入一個國家，看不到體恤、關心士的情景，這個國家就要滅亡了。發現賢人，如果不立即加以任用，這就怠緩了國君的大事。沒有賢人，就無人同國君分擔急難；沒有士，就無人同國君共謀大業。輕慢賢人，忘了體恤士，還能保全國家，那是從未有過的事。

昔者文公❶出走而正天下❷，桓公去國而霸諸侯，越王句踐遇吳王之醜❸，而尚攝❹中國之賢君。三子之能達名成功於天下也，皆於其國抑而大醜❺也。太上❻無敗，其次敗而有以成，此之謂用民。

【章　旨】舉歷史上晉文公、齊桓公、越王句踐反屈為伸的例子，來說明親士的效用。

【注　釋】❶文公　指晉文公重耳。❷正天下　當天下諸侯的盟主。正，與「長」同義。❸醜　恥辱。❹攝　通「懾」。震懾之意。❺國抑而大醜　在國中受到屈抑而感到非常羞恥。❻太上　最上等的，相對於下文「其次」而言。

【語　譯】從前晉文公曾經逃亡國外，後來卻做了天下諸侯的盟主；齊桓公也曾離國出奔，卻終能稱霸於諸侯；越王句踐遭受過吳王的侮辱，最後還是能威震中原各國的賢君。他們之所以能取得成功名揚天下，都是因為他們在本國受到屈抑而感到非常羞恥，轉而發憤的緣故。由此看來，最上等的是不遭受失敗，其次是先遭失敗而最終能獲成功，這就叫做善於用民。

吾聞之曰：「非無安居也，我無安心也。非無足財也，我無足心也。」是故君子自難而易彼❶，眾人自易而難彼。君子進不敗其志，內究其情❷；雖雜庸民，終無怨心，彼有自信者也。是故為其所難者，必得其所欲焉；未聞為其所欲，而免其所惡者也。

【章　旨】闡述士之修養與卓異人格，並說明士的確值得重視，應加以親近。

【注　釋】❶自難而易彼　自處於難，讓他人處於易。就是「躬自厚而薄責於人」的意思。❷內究其情　從內心追究自己的誠意。俞樾認為「內」當作「𢓊」，即「退」字。退究其情，指君子不得志時閒居自反，亦通。

【語　譯】我曾聽說過：「並不是沒有安定的居處，而是我沒有一顆追求個人安定的心；並不是沒有足夠的財物，而是我沒有一顆滿足於個人富足的心。」所以君子對自己要求嚴格，而對他人卻很寬厚；普通人對自己很寬厚，而對他人要求卻很苛刻。君子得以進用，不會因得志而改變自己一貫的志向，總是從內心追究自己的誠意；有時失意，雖然雜處在平庸的人群中間，也始終沒有抱怨之心，因為他是一個有自信心的人。所以能做別人所難以做到之事的人，最後必定能實現自己的理想；沒有聽說過專做滿足個人欲望之事的人，能免於他所厭惡的失敗的。

是故偪臣❶傷君，諂下❷傷上。君必有弗弗❸之臣，上必有詻詻❹之下。分議者延延❺，而支苟❻者詻詻，焉❼可以長生保國❽。臣下重其爵位而不言，近臣則喑❾，遠臣則唫❿，怨結於民心，諂諛在側，善議障塞，則國危矣。桀紂不以其無天下之士邪？殺其身而喪天下。故曰歸⓫國寶⓬，不若獻賢而進士。

【章　旨】進一步說明親士，須親正直耿介、能言敢諫之士，才能保國長久。

【注　釋】❶偪臣　指權勢很大，威逼君主的臣子。偪，同「逼」。❷諂下　喜歡阿諛主上的臣下。❸弗弗　同「咈咈」。違拗之意，指敢於發表不同意見。❹詻詻　同「諤諤」。指直言敢諫。❺分議者延延　分議者，持不同意見的人。延延，長的意思，指反覆論辯，爭議不休。❻支苟　此二字有錯爛，已無善本可校正。各家說法很多。王樹枏認為是「致敬」二字。致敬，指對君主忠敬，敢於諍諫。❼焉　乃；才。❽長生保國　長養生民，保有國土。❾喑　啞。指不敢直言，如同啞巴。❿唫　同「噤」。閉口不言。⓫歸　同「餽」。餽贈。⓬國寶　指國中稀有的珍寶。

【語　譯】因此權臣會威逼國君，佞臣會傷害主上。君主必定要有敢於違拗自己、發表不同意見的臣子，在上位的，必定要有直言敢諫的下屬。堅持不同意見的人，反覆爭辯；忠於國君的人，敢於直言，這樣才可以長養人民，保有國土。如果臣下都只以自己的職位爵祿為重，近臣不肯說話，遠臣不敢吭聲，以致怨憤深結於人民心中，阿諛奉承的人盡在君主身邊，使好的建議遭到阻塞，這樣國家就危險了。桀紂不正是因為沒有天下之士嗎？結果是身遭殺戮而喪失了天下。所以說與其進獻一塊稀世之寶，還不如向國君進獻賢士。

今有五錐，此其銛❶，銛者必先挫❷；有五刀，此其錯❸，錯者必先靡❹。是以甘井近竭，招木❺近伐，靈龜近灼❻，神蛇近暴❼。是故比干之殪其抗❽也，孟賁❾之殺其勇也，西施之沈❿其美也，吳起之裂⓫其事⓬也。故彼人者，寡不死其所長，故曰太盛難守⓭也。

【章　旨】說明太盛難守的道理。一方面教導士人為人不宜鋒芒太露，另一方面也告誡君主，士抗顏正直易於遭禍，應當對他們的處境給予體諒，這樣才會有正直之臣。

【注　釋】❶銛　鋒利。❷挫　挫折；折斷。❸錯　磨。刀經過磨則鋒利，所以引申為鋒利。❹靡　通「磨」。銷磨；缺損。❺招木　畢沅認為「招」與「喬」通。喬木，高大的樹木。❻靈龜近灼　靈龜，神龜。灼，古人卜卦時在龜甲上燒鑽。❼神蛇近暴　古人遇旱，把蛇放到太陽下曝曬以求雨。暴，同「曝」。❽殪其抗　死於正直。殪，死。抗，直。❾孟賁　古代的勇士，衛國人。❿西施之沈　《吳越春秋・逸》說，吳國亡後，越國人將西施沉於江。沈，同「沉」。指沉江而死。⓫吳起之裂　吳起的遭受車裂之刑。按上文孟賁、此處吳起，均是墨子以後的人，這些可能是後人增竄進來的例子。⑫事　功。⑬太盛難守　達到鼎盛階段就難以保守。與《老子》所說的「持而盈之，不如其已；揣而銳之，不可長保」意義相同。

【語　譯】現在有五把錐子，其中一把最尖銳，那它一定會最先折斷；有五把刀子，一把最鋒利，那它一定會最先缺損。最甜的水井，最容易先被喝乾；最高的樹木，最容易先遭砍伐。最靈驗的龜，最容易被拿來燒灼卜卦；最神異的蛇，最容易被拿來曝曬求雨。比干的死，是因為他抗直；孟賁被殺，是因為他標勇；西施被沉江，是因為她貌美；吳起遭車裂，是因為他功績多。這些人很少不是死於自己的所長。所以說，達到了鼎盛階段，就難於保守了。

故雖有賢君，不愛無功之臣；雖有慈父，不愛無益之子。是故不勝其任而處其位，非此位之人也；不勝其爵而處其祿，非此祿之主也。良弓難張，然可以及高入深；良馬難乘，然可以任重致遠；良才難令，然可以致君見尊❶。是故江河不惡小谷之滿己❷也，故能大；聖人者，事無辭❸也，物無違❹也，故能為天下器。是故江河之水，非一水之源也；千鎰❺之裘，非一狐之白也。夫惡有同方取不取同而已者乎❻？蓋非兼王之道也。

【章　旨】君主應當廣納賢才，兼收並蓄，才能王天下。

【注　釋】❶致君見尊　使君主受人尊重。❷滿己　使自己滿。❸事無辭　對難辦的事情不加推辭。即勇於任事之意。❹物無違　對他人無所違忤。即順應人心之意。❺鎰　二十四兩為一鎰。❻夫惡有同方取不取同而已者乎　原文有誤倒。張純一認為應作「夫惡有同方不取者乎？取同而已」，後句接「蓋非兼王之道也」，意思才暢通，可從。

【語　譯】所以即使君主再賢明，也不愛無功的臣子；即使父親再仁慈，也不愛無益的兒子。因此，凡不能勝任他的職事，卻處在這一職位上，必將成為不擁有此職位的人；不能勝任他的爵位，卻享有這一爵位的俸祿，也必將成為不能享有此俸祿的人。好的弓不容易拉開，卻能夠射得高入得深；好的馬不容易駕馭，卻可以載得重行得遠；好的人才不容易使用，卻可以使君主地位提高。江河不嫌棄小溪流灌滿自己，所以能成大江大河；聖人對難事不推辭，對人心不違忤，所以能成為天下人的首領。江河的水，不是來自一個水源；價值千金的白狐裘，也不是從一隻狐狸的腋下取來。聖人哪有對與自己同道的人不取的道理呢？但光取與自己同道的人，也不符合兼收並蓄，廣納人才以統一天下的道理。

是故天地不昭昭❶，大水不潦潦❷，大火不燎燎❸，大德不堯堯❹者，乃千人之長也。其直如矢，其平如砥❺，不足以覆萬物。是故谿陜❻者速涸，逝❼淺者速竭，墝埆❽者其地不育，王者淳澤❾不出宮中，則不能流國矣。

【章　旨】君主應當虛懷若谷，以廣大含容為德，才能廣納賢士，德化天下。

【注　釋】❶昭昭　光明的樣子。❷潦潦　水很清澈的樣子。❸燎燎　明亮的樣子。❹堯堯　高的樣子。❺砥　磨刀石。❻陜　同「狹」。❼逝　即「逝者如斯夫」的「逝」。指川流。❽墝埆　同「磽确」。土薄見石的土地。❾淳澤　深厚的德澤。淳，厚。

【語　譯】所以天地有大光明，卻並不顯耀自己的光明；大水洶湧澎湃，卻並不清澈現底；大火照耀通明，卻並不閃爍爍爍；有深厚的道德修養，卻不炫耀自己高不可攀的人，才能當千萬人的首領。天如果直得像箭，平得像磨刀石，那就不能夠覆蓋萬物了。所以太狹小的溪流乾得快，太淺的河道枯得早，堅硬的石田不長五穀。君主深厚的德澤僅僅施行於王宮之內而不出宮門，那他的德化就無法流行於全國。

脩身第二

【題　解】上篇說君主要親士，這篇則說士本身應當加強道德和學識的修為，以提高自身的素養。修養的關鍵，就在於正心誠意，言行一致，而尤重實行。

君子戰雖有陳❶，而勇為本焉；喪雖有禮，而哀為本焉；士雖有學，而行為本焉。是故置❷本不安，無務豐末❸；近者不親，無務來遠❹；親戚❺不附，無務外交；事無終始，無務多業；舉物而闇❻，無務博聞。

【章　旨】君子修行，應從最根本的東西入手。

【注　釋】❶陳　同「陣」。❷置　同「植」。樹立。❸豐末　眾多的枝葉。❹來遠　使遠方之人來親附。❺親戚　指父母。〈兼愛下〉云：「奉承親戚，提挈妻子。」以「親戚」與「妻子」對舉，即其例。❻闇　同「暗」。

【語　譯】君子作戰雖有行陣，但勇氣是根本；治喪雖有禮制，但哀痛是根本；士雖然有學識，但德行是根本。所以樹根植得不穩固，就無法使枝繁葉茂；周圍的人都不親附，就無從追求招徠遠人；連父母都不親密，就談不上對外廣結賓朋；做事有始無終，就不必說從事諸多事業；連事物之理都弄不明白，還談什麼博見多聞。

是故先王之治天下也，必察邇❶來遠，君子察邇而邇脩者也。見不脩行，見毀，而反之身者也，此以怨省而行脩矣。譖慝❷之言，無入之耳；批扞❸之聲，無出之口；殺傷人之孩❹，無存之心，雖有詆訐❺之民，無所依矣。

【章　旨】君子應嚴以律己，不可有害人之心。

【注　釋】❶察邇　指省察自身。邇，近。❷譖慝　即讒慝。讒，讒言。慝，邪惡。❸批扞　批，擊。扞，擾。❹孩　王闓運認為同「核」。指意念。❺詆訐　《玉篇》：「詆訐，攻人之陰私也。」

【語　譯】所以先王治理天下，必定先省察自身再去招徠遠人。君子嚴格省察自身，就能使自己修養好。看到不肯修行的人，或被人毀謗，他就反省自己，這樣就會怨言減少而品德日增。凡是讒害人的話，都不要入耳；凡是攻擊他人的言論，都不要出口；凡是傷害他人的意念，都不要存在於心中。這樣即使有詆毀他人的人，也就無所依恃，不敢施展他們的手段了。

是故君子力事日彊，願欲日逾❶，設壯❷日盛，君子之道也，貧則見廉，富則見義，生則見愛，死則見哀，四行者不可虛假，反之身者也。藏於心者，無以竭愛；動於心者，無以竭恭；出於口者，無以竭馴❸。暢之四支，接之肌膚，華髮隳顛❹，而猶弗舍者，其唯聖人乎！

【章　旨】進一步闡明君子修行的具體要求。

【注　釋】❶逾　越；超邁。❷設壯　張銳之云：「壯同裝，設裝猶言設備，謂事業之設備日盛也。」❸馴　雅馴。❹華髮隳顛　白髮從頭頂掉落，指年老。華髮，白髮。隳，墮落。顛，頭頂。

【語　譯】所以君子勉力從事，自強不息，志向日益超邁，事業日益繁榮。君子的為人原則是：貧窮時表現出廉，富貴時表現出義，對生者表現著愛，對死者表現著哀，這四種行為，全都不可虛假，而是發自內心的。藏在心中的，是永不衰竭的愛心；表現在行動上的，是永不衰竭的恭敬；說出口的，是永不枯竭的雅馴之言。美德暢於四肢，達於肌膚，一直到白髮掉落，年紀老邁之時還不肯捨棄，只有聖人才能這樣吧！

志不彊者智不達，言不信者行不果。據財不能以分人者，不足與友；守道不篤，偏物不博❶，辯是非不察者，不足與游。本不固者末必幾❷，雄而不脩者其後必惰❸，源濁者流不清，行不信者名必耗❹。名不徒生，而譽不自長，功成名遂，名譽不可虛假，反之身者也。務言而緩行❺，雖辯必不聽；多力而伐功，雖勞必不圖❻。慧者心辯而不繁說，多力而不伐功，此以名譽揚天下。言無務多而務為智，無務為文而務為察。故彼智無察❼，在身而情❽，反其路者也。善無主於心者不留，行莫辯於身者不立。名不可簡而成也，譽不可巧而立也，君子以身戴行❾者也。思利尋❿焉，忘名忽焉，可以為士於天下者，未嘗有也。

【章　旨】君子應當志強言信，仁惠明察，言行一致，名副其實。

【注　釋】❶偏物不博　張純一說：「偏偏古通用，偏物不博，謂偏執事理，不能博通。」❷幾　危。❸雄而不脩者其後必惰　勇於銳進而不堅持修養，後來必定會懈惰。雄，勇銳。❹耗　損。❺務言而緩行　只講不做。❻圖　取。❼彼智無察　一本作「彼無智無察」。❽情　孫詒讓說：「當作惰，形近而誤。」❾以身戴行　即身體力行的意思。戴，同「載」。❿尋　重。

【語　譯】意志不堅強的人，智慧不明達；說話沒信用的人，行為不果敢。擁有財富而不肯分給他人的人，不值得同他交朋友；堅持主張不徹底、偏執一理而不能博通，辨別是非不能明察的人，也不值得同他交往。根本不固的，末梢必危；勇於銳進而不堅持修養的，後來必定懈惰；源頭混濁的，支流必不清；行為不誠實的，名聲定遭損耗。名聲不會無故產生，榮譽也不會自己增長，功成名就，名譽不能虛假，必須回頭從自身做起。光講不做，話說得再雄辯也沒人聽；出力多而誇功，雖然勞苦也為人所不取。聰明人心裡明白而不多說，出力多而不誇功，因此能名揚天下。話不求多，而務求機智；不求文飾，而務求明察。所以那些既無智慧又不明察的人，如果本人又懶惰，那就與君子的要求背道而馳了。善不是發自內心的留不住，對本身行為是非不分的立不穩。名聲不是苟簡能造成的，榮譽也不是投機取巧能確立的，君子是靠身體力行才獲得名譽的。求利之心太重，而忽視立名的根本之所在，這樣能成為天下之士，是從未有過的事。

所染第三

【題　解】此篇以染絲為喻，說明君應擇良臣，士應擇良友，才能受到好的薰染，有所成就；反之，則亡國損身，造成極壞的影響。篇首稱「子墨子言」，表明係弟子或後學所記。

子墨子❶言見染絲者而嘆，曰：「染於蒼則蒼，染於黃則黃，所入者變，其色亦變，五入必❷而已則為五色矣❸，故染不可不慎也！」

【章　旨】從染絲入手，說明必須慎重對待「所染」。

【注　釋】❶子墨子　古人在某人姓氏上冠以「子」字，表示其人是自己的老師。❷必　一本無此字。❸而已則為五色矣　《呂氏春秋・當染》此句無「則」字，當是衍文。

【語　譯】墨先生說他看到染絲的事就歎息，說：「素絲染上青就成青色，染上黃就成黃色，所進入的染缸不同，它們的顏色也就發生不同的變化。經過五個不同的染缸以後，它們就成為五種顏色了。所以染絲不能不謹慎啊！」

非獨染絲然也，國亦有染。舜染於許由、伯陽❶，禹染於皋陶、伯益❷，湯染於伊尹、仲虺❸，武王染於太公、周公❹。此四王者，所染當，故王天下，立為天子，功名蔽天地。舉天下之仁義顯人，必稱此四王者。夏桀染於干辛、推哆❺，殷紂染於崇侯、惡來❻，厲王染於厲公長父、榮夷終❼，幽王染於傅公夷、蔡公穀❽。此四王者，所染不當，故國殘身死，為天下僇❾。舉天下不義辱人，必稱此四王者。

【章　旨】由染絲之事，推論到臣下對王者薰染的重要。

【注　釋】❶許由伯陽　許由，相傳為堯時賢人，堯把天下讓給他，他不受，隱耕於箕山之下。伯陽，相傳為舜時賢人，為舜七友之一。❷皐陶伯益　皐陶，為舜時司刑法的官。伯益，為舜時掌管山澤園囿畋獵的官。❸伊尹仲虺　伊尹，名摯，商湯的大臣。仲虺，商湯的大臣。❹太公周公　太公，即姜太公。曾助周武王滅商。周公，名旦，周武王之弟，曾助武王滅商，武王死，成王幼，攝政，後還政給成王。❺干辛推哆　干辛，一作「羊辛」，桀之諛臣。推哆，桀時有勇力的人。〈明鬼〉說他能生裂兕虎，指畫殺人。❻崇侯惡來　崇侯，名虎，紂之諛臣。惡來，紂時力士，以材力事紂，商滅被殺。❼厲公長父榮夷終　厲公長父，一作「虢公長父」，周厲王的諛臣。榮夷終，即榮夷公，周厲王的卿士，好專利，以教厲王，後厲王被流放於彘。❽傅公夷蔡公穀　均不詳。❾僇　辱。

【語　譯】不只染絲是這樣，國君受臣下薰染，也類似於染絲的情況。虞舜受許由、伯陽的薰染，夏禹受皐陶、伯益的薰染，商湯受伊尹、仲虺的薰染，周武王受姜太公、周公的薰染。這四位王，因為所受的薰染正確得當，所以能夠統一天下，立為天子，功蓋四方，名揚天下。要舉天下仁義卓著的人，人們就一定舉這四位王。夏桀受干辛、推哆的薰染，商紂王受崇侯虎、惡來的薰染，周厲王受厲公長父、榮夷終的薰染，周幽王受傅公夷、蔡公穀的薰染。這四位王，由於所受的薰染不正確得當，因而國破身死，為天下人所羞辱。要舉出天下不義的可恥人，人們就一定舉這四位王。

齊桓染於管仲❶、鮑叔❷，晉文染於舅犯❸、高偃❹，楚莊染於孫叔❺、沈尹❻，吳闔閭染於伍員❼、文義❽，越句踐染於范蠡❾、大夫種❿。此五君者，所染當，故霸諸侯，功名傳於後世。范吉射⓫染於長柳朔、王胜⓬，中行寅⓭染於籍秦、高彊⓮，吳夫差染於王孫雒⓯、太宰嚭⓰，智伯搖⓱染於智國、張武⓲，中山尚⓳染於魏義、偃長⓴，宋康㉑染於唐鞅㉒、佃不禮㉓。此六君者，所染不當，故國家殘亡，身為刑戮，宗廟破滅，絕無後類，君臣離散，民人流亡，舉天下之貪暴苛擾者，必稱此六君也。

【章旨】諸侯也是如此，所染不同，結局迥異。

【注釋】❶管仲　齊桓公的相。❷鮑叔　即鮑叔牙。曾舉薦管仲為相。❸舅犯　一作「咎犯」。即狐偃，晉文公的舅父，曾跟隨晉文公出奔，並幫助他建立霸業。❹高偃　一作「郭偃」。《韓非子．南面》說：「郭偃不更晉，則晉文不霸。」《左傳》作「卜偃」。❺孫叔　蔿氏，名敖，字孫叔。楚國令尹，曾輔佐楚莊王大敗晉軍而成霸主。❻沈尹　楚沈縣大夫。名莖。《韓詩外傳》稱沈令尹，可能他曾為楚令尹。❼伍員　字子胥。曾幫助闔閭刺殺吳王僚，奪取王位。❽文義　《呂氏春秋》作「文之儀」。吳國大夫。❾范蠡　字少伯。楚國宛人，曾幫助越王句踐興越滅吳。❿大夫種　越國大夫文種。字子禽，一說字少禽，楚國郢人，與范蠡同輔越王句踐。⓫范吉射　春秋末晉卿范獻子鞅之子昭子，在晉卿內訌中為趙簡子所敗。⓬長柳朔王胜　兩人都是范吉射的家臣。長柳朔，亦作「張柳朔」。王胜，亦作「王生」。

⓭中行寅　春秋末晉卿中行穆之子。諡荀文子，在晉卿內訌中被趙簡子打敗。⓮籍秦高彊　均是中行寅的家臣。⓯王孫雒　吳王夫差之臣。⓰太宰嚭　吳太宰伯嚭。貪財好讒，曾譖殺伍子胥。⓱智伯搖　一作「智伯瑤」。即智襄子，也稱智伯，初為晉國勢力最大的卿大夫，後為韓、魏、趙三家所滅。⓲智國張武　均智伯家臣。智國，即智伯國。張武，即長武子。⓳中山尚　中山，國名，即春秋時之鮮虞。尚是其國君名。中山初亡於魏，後復國，再亡於趙。⓴魏義偃長　均不詳。㉑宋康　宋康王偃，康是其諡號，戰國時宋國國君，為齊湣王所滅。㉒唐鞅　宋康王相。㉓佃不禮　《史記・趙世家》作「田不禮」，宋臣，為人忍殺而驕。

【語　譯】齊桓公受管仲、鮑叔的薰染，晉文公受舅犯、高偃的薰染，楚莊王受孫叔敖、沈尹的薰染，吳王闔閭受伍子胥、文義的薰染，越王句踐受范蠡、大夫文種的薰染。這五位君主，所受的薰染正確得當，所以能稱霸諸侯，功名傳於後世。范吉射受長柳朔、王胜的薰染，中行寅受籍秦、高彊的薰染，吳王夫差受王孫雒、太宰伯嚭的薰染，智伯搖受智國、張武的薰染，中山尚受魏義、偃長的薰染，宋康王受唐鞅、佃不禮的薰染。這六位君主，由於所受的薰染不正確得當，因而國家殘破敗亡，本身遭到殺戮，宗廟破敗滅沒，子孫斷絕不存，君臣逃亡分散，百姓流離失所，要舉出天下貪婪殘暴苛刻煩擾的例子，人們一定會說到這六位君主。

凡君之所以安者何也？以其行理也，行理性❶於當染。故善為君者，勞於論人，而佚❷於治官；不能為君者，傷形費神，愁力勞意，然國逾❸危，身逾辱。此六君者，非不重其國，愛其身也，以不知要故也。不知要者，所染不當也。

【章　旨】總結上文，說明君主要想受到好的薰染，首先應選擇賢人來輔佐自己。

【注　釋】❶性　畢沅說，當作「生」。❷佚　同「逸」。❸逾　《群書治要》作「愈」，下句同。

【語　譯】大凡做君主的，要憑藉什麼才能做得安安穩穩呢？無非要憑藉自己能循理行事，就得有正確得當的薰染影響。所以善於做國君的，在選擇人才方面非常勞苦，而在處理政事時卻非常閒逸；不善於當君主的，自己損傷了身體，耗費了精神，內心憂愁，心意勞頓，但國家卻越來越危殆，本人也越來越陷入羞辱的境地。這六位君主，並不是不重視他們的國家，愛惜他們的身體，而是因為他們不懂得治國的要領。不懂得治國的要領，所受的薰染影響也就不正確得當了。

非獨國有染也，士亦有染。其友皆好仁義，淳謹畏令❶，則家日益，身日安，名日榮，處官得其理矣，則段干木❷、禽子❸、傅說❹之徒是也。其友皆好矜奮❺，創作比周❻，則家日損，身日危，名日辱，處官失其理矣，則子西❼、易牙、豎刁❽之徒是也。《詩》曰：「必擇所堪，必謹所堪」❾者，此之謂也。

【章　旨】士應當嚴格擇友，才能使自己受到好的薰染。

【注　釋】❶畏令　畏懼法令，不敢犯法。❷段干木　魏人。子夏弟子，為魏文侯師。❸禽子　墨子的弟子禽滑釐。❹傅說　殷高宗武丁的賢臣。因他曾在傅巖築版，故稱傅說。❺矜奮　矜誇傲慢。❻創作比周　不遵舊法，朋比勾結。❼子西　即春秋時楚國的大夫鬬宜申。❽易牙豎刁　均是齊桓公近臣。❾必擇所堪二句　不見於今傳《詩經》，是佚詩。堪，同「湛」。浸染。

【語　譯】不只是國君受臣下的薰染，士也受朋友的薰染。如果他的朋友都愛好仁義，淳樸謹慎，畏懼法令，那他的家就會一天比一天富有，本人也一天比一天安穩，名聲一天比一天顯耀，居官治政也都符合正道了，像段干木、禽子、傅說這一類人就是如此。如果他的朋友都喜歡矜誇傲慢，不遵法度，結黨營私，那他的家就會一天比一天削損，本人也一天比一天危險，名聲一天比一天卑汙，居官治政也都不符合正理了，像子西、易牙、豎刁這一類人就是這樣。《詩》所謂「一定要選好染料，一定要謹慎對待浸染」，正是說這個道理。

法儀第四

【題　解】法儀，即法度、法則。《管子・形勢解》說：「法度者萬民之儀表也。」即是此意。天下人應當以什麼為法度？墨子認為，父母、師長、君主皆少仁者，不可以為法則。天廣大無私，施惠深厚，光明經久不衰，又欲人相愛相利，所以應當法天而行。此篇大旨與〈天志〉同。

子墨子曰：「天下從事者，不可以無法儀，無法儀而其事能成者無有也。雖至士之為將相者，皆有法；雖至百工從事者，亦皆有法。百工為方以矩，為圓以規，直以繩，正以縣❶。無巧工、不巧工，皆以此五者為法。巧者能中之，不巧者雖不能中，放❷依以從事，猶逾己。故百工從事，皆有法所❸度。今大者治天下，其次治大國，而無法所度，此不若百工辯❹也。」

【章　旨】治理國家也如工匠做工，應有法度可依。

【注釋】❶縣 「懸」的本字。此句下脫「平以水」三字。❷放 同「倣」。倣效。❸所 《群書治要》無此字，應刪去。下面「而無法所度」的「所」也應刪去。❹辯 辯明；明智。

【語譯】墨子說：「凡是天下從事某一工作的人，都不能沒有法則。沒有法則卻能做好事情，那是沒有的事。即使是做到將相高位的人，也都有法則；就是各種工匠從事某一工作，也都有法則。工匠們以矩畫方，以規畫圓，以繩墨量直，以懸錘矯偏，以水平儀測平。無論是巧匠還是非巧匠，都得以這五種儀器為法則。巧匠能運用得準確，非巧匠雖然運用得不準確，但只要按照要求去做，還是勝過自己隨意做的。所以各種工匠從事工作，都得有法度。現在往大處說治天下，其次治大國，卻沒有法度，這就不如各種工匠明智了。」

然則奚以為治法而可？當❶皆法其父母奚若？天下之為父母者眾，而仁者寡，若皆法其父母，此法不仁也。法不仁，不可以為法。當皆法其學❷奚若？天下之為學者眾，而仁者寡，若皆法其學，此法不仁也。法不仁，不可以為法。當皆法其君奚若？天下之為君者眾，而仁者寡，若皆法其君，此法不仁也。法不仁不可以為法。故父母、學、君三者，莫可以為治法。

【章旨】謂父母、師長、君主仁人少而不仁人多，皆不可以為法則。

【注釋】❶當 王引之說：「當與儻同。」❷學 指師長。

【語譯】那麼用什麼作為治國的法則才可以呢？儻若以自己的父母為法則怎樣？天下為父母的雖多，但仁人少，如果都效法自己的父母，這就是效法不仁之人。效法不仁之人，不能作為法則。儻若效法自己的師長如何？天下治學的人很多，但仁人少，如果都效法自己的師長，這是效法不仁之人。效法不仁之人，不能作為法則。儻若效法自己的君主怎樣？天下當君主的人多，但仁人少，如果都效法自己的君主，這就是效法不仁之人。效法不仁之人，不可以作為法則。所以父母、師長、君主這三種人，都不能作為治國的法則。

然則奚以為治法而可？故曰莫若法天。天之行廣而無私，其施厚而不德，其明久而不衰，故聖王法之。既以天為法，動作有為必度於天，天之所欲則為之，天之所不欲則止。然而天何欲何惡者也？天必欲人之相愛相利，而不欲人之相惡相賊❶也。奚以知天之欲人之相愛相利，而不欲人之相惡相賊也？以其兼而愛之、兼而利之也。奚以知天兼而愛之、兼而利之也？以其兼而有之、兼而食之也。今天下無大小國，皆天之邑也；人無幼長貴賤，皆天之臣也。此以莫不犓羊❷，豢❸犬豬，絜❹為酒醴❺粢盛❻，以敬事天，此不為兼而有之、兼而食之邪？天苟兼而有食之，夫奚說不欲人之相愛相利也！故曰愛人利人者，天必福之；惡人賊人者，天必禍之。曰殺不辜者，得不祥焉。夫奚說人為其相殺而天與禍乎！是以知天欲人相愛相利，而不欲人相惡賊也。

【章旨】天有種種美德，對人有利無害，所以應以天為法則。

【注釋】❶賊　殘害。❷不犓羊　「羊」上當有「牛」字。犓，餵牛羊的草。這裡用作動詞，指餵養。❸豢　豢養。❹絜　同「潔」。❺醴　甜酒。❻粢盛　用來祭祀神靈的食物。粢，指黍稷。盛，裝在器皿中。

【語譯】那麼用什麼作為治國的法則才可以？就是說沒有比效法天更好的。天的作為廣大無私，他的恩施深厚，卻不求人們感激，他的光明永存而不會衰滅，所以聖明的君主效法他。既然以天為法則了，那麼一切行為，就都必須以天的意志來加以權衡，天所想做的就去做，天不想做的就停止。那麼天想做什麼、厭惡什麼呢？天一定想讓人們互愛互利，而不欲人們互相嫌惡、互相殘害。怎麼知道天想要人們互愛互利，而不欲人們互相嫌惡、互相殘害呢？因為他普遍地愛人而又普遍地有利於人。怎麼知道天普遍地愛人、普遍地有利於人呢？因為他普遍地擁有人們，而又普遍地供給人們食物。當今天下，不論小國大國，都是天治下的一個縣邑；人們不管老少貴賤，都是天的臣民。因此人們無不餵養牛、羊、狗、豬，備具潔淨的酒類飯食，來恭敬地祭祀上天。這不是因為天普遍地擁有人們而又普遍地供給人們食物嗎？天確實普遍地擁有人們而又普遍地供給人們食物，又怎能說他不想要人們互愛互利呢！所以說，愛他人利他人的人，天必定賜給他幸福；嫌惡他人殘害他人的人，天必降給他災禍。每天殺害無辜的人，一定會得到不吉祥的後果。這怎能說人們互相殘殺，上天不會降給他們災禍呢！由此可知，天是想要人們互愛互利，而不想要人們互相嫌惡、互相殘害的。

昔之聖王禹、湯、文、武，兼愛天下之百姓，率以尊天事鬼，其利人多，故天福之，使立為天子，天下諸侯皆賓❶事之。暴王桀、紂、幽、厲，兼惡天下之百姓，率以詬❷天侮鬼，其賊人多，故天禍之，使遂失其國家，身死為僇❸於天下，後世子孫毀之，至今不息。故為不善以得禍者，桀、紂、幽、厲是也；愛人利人以得福者，禹、湯、文、武是也。愛人利人以得福者有矣，惡人賊人以得禍者亦有矣。

【章　旨】舉歷史上正反兩面的例子，說明愛人利人得福，惡人賊人得禍的道理。

【注　釋】❶賓　《廣雅·釋詁》：「賓，敬也。」❷詬　罵。❸僇　同「戮」。

【語　譯】從前的聖明君主夏禹、商湯、周文王、武王，普遍地愛天下的百姓，均能尊崇上天，敬事鬼神。他們給人民利益多，所以天賜給他們幸福，使他們被立為天子，天下諸侯都恭敬地服事他們。殘暴的君主夏桀、商紂、周幽王、厲王，無不嫌惡天下百姓，咒罵上天，侮慢鬼神。他們殘害人民太多，所以天降給他們災禍，使他們失去國家，就是死了，還要遭受刑戮示眾，後世子孫也詬毀他們，到現在仍不止息。所以做壞事而得禍的，就是桀、紂、幽、厲這類人；愛人利人而得福的，就是禹、湯、文、武這類人。愛人利人而得福的事是有的，嫌惡人殘害人而得禍的事也是有的。

七患第五

【題　解】本篇所論國之七患，包括軍備、外交、財政、法制、君德、用人、糧食等各方面的問題，並提出了如何防患的具體措施。

子墨子曰：「國有七患。七患者何？城郭溝池不可守，而治宮室，一患也；邊❶國至境四鄰莫救，二患也；先盡民力無用之功，賞賜無能之人，民力盡於無用，財寶虛於待客，三患也；仕者持祿❷，游者愛佼❸，君脩法討臣❹，臣懾而不敢拂❺，四患也；君自以為聖智而不問事，自以為安彊而無守備，四鄰謀之不知戒，五患也；所信者不忠，所忠者不信，六患也；畜❻種菽粟不足以食之，大臣不足以事之，賞賜不能喜，誅罰不能威，七患也。以七患居國，必無社稷；以七患守城，敵至國傾。七患之所當，國必有殃。

【章　旨】陳述七患的具體表現，指出它們對國家的嚴重危害。

【注　釋】❶邊　當是「適」字之譌。適，同「敵」。❷持祿　保守祿位。❸愛佼　即愛私交。《管子・七臣七主》云「好佼友而行私請」即是此意。佼，即「交」。❹討臣　誅討臣下。❺拂　違。❻畜　同「蓄」。

【語　譯】墨子說：「國家有七種禍患。哪七種禍患？內城外城濠溝都不能用來防守，卻去修建宮室，這是第一種禍患；敵國攻到邊境，四面鄰國都不肯來救援，這是第二種禍患；首先把民力耗費在無用的事情上，賞賜那些沒有能力的人，民力被無用之事耗盡，財寶因接待賓客用空，這是第三種禍患；做官的人只顧保守個人祿位，遊學的人只愛廣結私交，君主修訂法令來誅討臣下，臣下害怕獲罪而不敢違忤，這是第四種禍患；君主自以為聖明，卻不去過問國家大事，自以為國家安定強盛，卻沒有必要的國防設施，四面鄰國都在打他的主意，卻不知戒備，這是第五種禍患；所信任的人並不忠誠，真正忠誠的人卻不受信任，這是第六種禍患；積蓄播種的糧食，不足以養活人民，大臣又不足以稱職，賞賜不能使人們欣喜，誅罰不能使人們畏懼，這是第七種禍患。一個國家具有這七種禍患，國家一定滅亡；具有這七種禍患去守城，敵人一到，國家馬上傾覆。面臨這七種禍患，國家必有災殃。

「凡五穀者，民之所仰也，君之所以為養也。故民無仰則君無養，民無食則不可事。故食不可不務也，地不可不力也，用不可不節也。五穀盡收，則五味盡御❶於主，不盡收則不盡御。一穀不收謂之饉，二穀不收謂之旱❷，三穀不收謂之凶，四穀不收謂之餽❸，五穀不收謂之饑。歲饉，則仕者大夫以下，皆損祿五分之一；旱，則損五分之二；凶，則損五分之三；餽，則損五分之四；饑，則盡無祿稟食❹而已矣。故凶存乎國，人君徹鼎食五分之五❺，大夫徹縣❻，士不入學，君朝之衣不革制❼，諸侯之客，四鄰之使，雍食❽而不盛，徹驂騑❾，塗不芸❿，馬不食粟，婢妾不衣帛，此告不足之至也。

【章　旨】糧食是國計民生的大事，五穀不收，不僅人民無以為生，連國君大臣的生活都要受到嚴重影響。

【注　釋】❶御　進用。❷旱　俞樾認為是「罕」字之誤。罕，稀少。❸餽　同「匱」。匱乏。❹無祿稟食　沒有俸祿，只供給飯吃。❺五分之五　孫詒讓說：「五分之五，義不可通，疑作五分之三。」一本無此四字。❻徹縣　撤去懸掛在左右的樂器。徹，同「撤」。縣，同「懸」。指編鐘一類的樂器。❼革制　改製。❽雍食　雍，同「饔」。早餐。食，同「飧」。晚餐。❾徹驂騑　古時以六馬駕車的，中間兩馬夾轅的稱服馬，即左服、右服；服馬外面的稱驂馬，即左驂、右驂；驂馬外面的稱騑馬，即左騑、右騑。徹驂騑，即撤去左右驂左右騑，只用兩馬駕車。❿塗不芸　塗，同「途」。

芸，同「耘」。修理。

【語　譯】「五穀，是人民所賴以為生，君主賴以供養自己的東西。所以人民沒了賴以為生的東西，君主也就沒了供養自己的東西，人民沒了吃的，就無法從事生產。所以糧食不能不盡力生產，土地不能不盡力耕作，用度不能不盡量節省。五穀都豐收了，就有各種美味進獻給君主享用，不能豐收，就不能全都享用。一穀不收叫做饉，二穀不收叫做旱，三穀不收叫做凶，四穀不收叫做餽，五穀不收叫做饑。逢上饉年，大夫以下的官員，就都得減少俸祿五分之一；旱年，就減少五分之二；凶年，就減少五分之三；餽年，就減少五分之四；饑年，就全無俸祿，只給飯吃罷了。所以國家遇上了凶年，國君就得撤去鼎食的五分之三，大夫撤去編鐘一類的樂器，士不入學，國君的朝服不改製，諸侯的賓客、四面鄰國來的使節，招待的食物都不豐盛，拉車時要撤去驂馬和騑馬，道路也不修治，馬不能吃糧食，婢妾不能穿絲織品，以這樣的節用來告訴人們國家供給的嚴重不足。

「今有負其子而汲❶者，隊❷其子於井中，其母必從而道❸之。今歲凶、民饑、道餓，重其子此疚❹於隊，其可無察邪？故時年歲善，則民仁且良；時年歲凶，則民吝且惡。夫民何常此之有？為者疾，食者眾，則歲無豐❺。故曰財不足則反之時❻，食不足則反之用❼。故先民以時生財，固本而用財，則財足。故雖上世之聖王，豈能使五穀常收，而旱水不至哉？然而無凍餓之民者，何也？其力時急，而自養儉也。故《夏書》曰『禹七年水』，《殷書》曰『湯五年旱』，此其離❽凶餓甚矣。然而民不凍餓者，何也？其生財密，其用之節也。

【章　旨】國家應發展生產，強本節用，才能抵抗水旱之患。

【注　釋】❶汲　取水。❷隊　「墜」的本字。❸道　同「導」。導引。❹疢　病。❺為者疾三句　這幾句中間有脫漏。孫詒讓認為當作「為者疾，食者寡，則歲無凶；為者緩，食者眾，則歲無豐」。❻反之時　回頭來抓住時機創造財富。❼用　用度。指節省糧食開支。❽離　同「罹」。遭遇。

【語　譯】「假如有人背著他的小孩去打水，不小心孩子掉到井裡去了，孩子的母親就一定會把他營救出來。現在碰上凶年，人民飢餓，這種禍患比孩子掉進井裡更為嚴重，難道可以疏忽不管嗎？所以年歲好，人民就仁慈善良；年歲不好，人民就吝嗇凶惡。人民的品性哪有固定不變的呢？生產快而消費的人少，就不會有凶年；生產慢而消費的人多，就不會有豐年。所以說：財富不足，就得回過頭來抓住時機創造財富；糧食不足，就得回過頭來節約開支。所以古代的聖賢，能抓緊時間生產，以創造財富，強固根基，節約費用，這樣自然財力充足。所以，即使是前代的聖王，又哪能使五穀常年豐收，而水旱等災害不來呢？但是，那時卻沒有受凍挨餓的人，是什麼原因呢？這是因為他們創造財富的時機抓得緊，而自己的奉養又很儉省的緣故。所以《夏書》上說『禹有七年的水災』，《殷書》上說『湯有五年的旱災』，這說明他們遭受的災荒飢餓是夠嚴重的了。但是那時的人民卻不會受凍挨餓，是什麼原因呢？是因為他創造的財富多，而用財又很節儉的緣故啊！

「故倉無備粟，不可以待凶饑。庫無備兵，雖有義不能征無義。城郭不備全，不可以自守。心無備慮，不可以應卒❶。是若慶忌無去之心，不能輕出❷。夫桀無待湯之備，故放；紂無待武之備，故殺。桀、紂貴為天子，富有天下，然而皆滅亡於百里之君❸者何也？有富貴而不為備也。故備者國之重也。食者國之寶也，兵者國之爪也，城者所以自守也，此三者，國之具也。故曰以其極賞，以賜無功，虛其府庫，以備車馬衣裘奇怪❹，苦其役徒，以治宮室觀樂❺，死又厚為棺椁❻，多為衣裘，生時治臺榭，死又脩墳墓，故民苦於外，府庫單❼於內，上不厭其樂，下不堪其苦。故國離❽寇敵則傷，民見凶饑則亡，此皆備不具之罪也。且夫食者，聖人之所寶也。故《周書》曰：『國無三年之食者，國非其國也；家無三年之食者，子非其子也。』此之謂國備。」

【章　旨】謂國家應加強武備，國君不修武備，而求生時淫樂，死後厚葬，國家必危。

【注　釋】❶卒　同「猝」。這裡指猝然發生的事件。❷是若慶忌二句　慶忌，吳王僚之子，有勇力。闔閭殺吳王僚，慶忌奔衛，闔閭怕他來復仇，以刺客要離詐而投奔慶忌。後要離同慶忌至吳，渡江，至中流，刺殺慶忌。去，下當脫「備」字。❸百里之君　指湯、武。《孟子・公孫丑》：「湯以七十里，文王以百里。」商、周初起時地盤都很小，故稱百里之君。❹奇怪　指奇巧的器物。❺觀樂　觀賞玩樂。❻椁　即槨。外棺。❼單　同「殫」。盡。❽離　同「罹」。遭受。

【語　譯】「所以倉庫裡沒有儲備糧食，就不能對付饑荒的年成。武庫裡沒有充備的兵器，即使欲有義舉，也無法討伐非義。內外城都不完備，就無法防守。心裡沒有周密的計畫，就不能應付倉猝的變故。這就好像有勇力的慶忌，也不能去掉戒備之心，不能輕易外出一樣。夏桀沒有對付商湯的準備，所以遭到放逐；商紂沒有對付周武王的準備，所以遭到殺戮。夏桀、商紂，貴為天子，富有天下，然而都被百里大小的國君所滅，原因何在呢？是因為他們富貴卻無戒備啊！所以準備工作是國家的大事。糧食是國家的寶物，兵器是國家的爪牙，城郭是用來防護的，這三種東西，是國家必須具備的東西。所以說，用最高的賞賜，去賜給無功之人，用盡府庫裡的錢財，來備辦車馬衣裘奇巧之物，役使人民，使之勞苦不堪，來修建宮室園林，以供觀賞玩樂，死後又厚為棺槨，多製衣裘，在生時修治亭臺樓榭，死後又大修墳墓，人民在外面勞苦，府庫內錢財耗盡，在上位的不滿足他們的淫樂，在下位的受不了痛苦的煎熬。所以國家一遭到敵寇入侵就會受到損傷，人民一遇到饑荒就會死亡，這都是平時準備不足的罪過造成的。且糧食，是聖人所珍貴的。所以《周書》上說：『國家沒有三年的糧食，國家將不為他所有；家裡沒有三年的糧食，子女也將不為他所有。』糧食就是國家最根本的儲備。」

辭過第六

【題解】辭，畢沅說：「辭受之字从受，經典假借用此。」這是說辭是辤的假借字。《說文》：「辤，不受也。」這裡意為避免。辭過即避免過錯。文中指出了君主在宮室、衣服、飲食、舟車、蓄私等五方面所易犯的過錯，主張以節用為原則，應予以避免、克服。

子墨子曰：「古之民，未知為宮室時，就陵阜而居，穴而處❶，下潤濕傷民，故聖王作為宮室。為宮室之法，曰：室高足以辟❷潤濕，邊足以圉❸風寒，上足以待❹雪霜雨露，宮牆之高足以別男女之禮。謹❺此則止，凡費財勞力，不加利者，不為也。役❻，脩其城郭，則民勞而不傷；以其常正❼，收其租稅，則民費而不病。民所苦者非此也，苦於厚作斂於百姓。是故聖王作為宮室，便於生，不以為觀樂也；作為衣服帶履，便於身，不以為辟❽怪也。故節於身，誨於民，是以天下之民可得而治，財用可得而足。當今之主，其為宮室則與此異矣。必厚作斂於百姓，暴奪民衣食之財，以為宮室臺榭曲直之望、青黃刻鏤之飾。為宮室若此，故左右皆法象❾之。是以其財不足以待凶饑，振孤寡，故國貧而民難治也。君實欲天下之治而惡其亂也，當❿為宮室不可不節。

【章旨】闡述聖王制作宮室之意，指出當今之主應在營建宮室方面有所節制，以免勞民傷財。

【注釋】❶穴而處 〈節用中〉云：「因陵丘堀穴而處焉。」依此，「穴」上脫一「堀」字。❷辟 同「避」。❸圉 同「禦」。❹待 王引之說：「待，禦也。」❺謹 同「廑」。僅。❻役 上脫「以其常」三字。❼正 同「征」。指徵收賦稅。❽辟 同「僻」。❾法象 效法。❿當 王引之說：「當猶則也。」

【語譯】墨子說：「古時候，人民不懂得建造宮室，靠近山丘居住，住在洞穴裡，地下濕潤傷害人民的身體，所以聖王才開始營造宮室。營造宮室的原則是：高度足以避濕氣，四邊足以禦風寒，上面足以禦雪霜雨露，宮牆的高度足以使男女有別，只是如此罷了。凡是耗費錢財勞力，而不增加利益的事，就不做。按照正常的勞役制度去攤派，修治城郭，人民雖然勞苦，卻不會受傷害；按照正常的賦稅制度去徵收，人民雖然花費了錢財，卻不會感到困苦。人民所感到困苦的，不是這些正常的勞役和徵收，而是苦於過多地向他們徵發勞役、徵收賦稅。所以聖王建造宮室，是為了有利於生存，而不是用來遊觀取樂；製作衣服、衣帶、鞋子，是為了有利於身體，而不是為了顯示怪異。所以聖王節用從本人做起，並以此教誨人民，這樣天下人民才得以安定，財富用度才得以充足。當今的君主，他們建造宮室就與這些原則不同了。他們一定重重地徵收賦稅，強暴地奪取人民的衣食財用，去營造宮室和亭臺樓閣，構置曲欄直檻以供觀賞，塗上青、黃等各種顏色，雕刻各種花紋以為裝飾。他們這樣來營建宮室，所以左右之人都效法他們。因此他們的財用不足以防禦饑荒、振救孤兒寡母，因而國家貧窮，人民難以治理。如果君主確實想要天下太平，而厭惡天下混亂，在營建宮室方面就不能不有所節制。

「古之民，未知為衣服時，衣皮帶茭❶，冬則不輕而溫，夏則不輕而清❷。聖王以為不中人之情，故作誨婦人，治絲麻，梱❸布絹，以為民衣。為衣服之法：冬則練帛之中❹，足以為輕且煖；夏則絺綌❺之中，足以為輕且清。謹此則止。故聖人之為衣服，適身體，和肌膚而足矣，非榮耳目而觀愚民也。當是之時，堅車良馬不知貴也，刻鏤文采不知喜也。何則？其所道❻之然。故民衣食之財，家足以待旱水凶饑者何也？得其所以自養之情，而不感於外也。是以其民儉而易治，其君用財節而易贍也。府庫實滿，足以待不然❼，兵革不頓❽，士民不勞，足以征不服，故霸王之業可行於天下矣。當今之主，其為衣服則與此異矣，冬則輕煗❾，夏則輕清，皆已具矣，必厚作斂於百姓，暴奪民衣食之財，以為錦繡文采靡曼❿之衣，鑄金以為鉤，珠玉以為珮⓫，女工作文采，男工作刻鏤，以為身服。此非云益煥之情也，單財勞力，畢歸之於無用也。以此觀之，其為衣服，非為身體，皆為觀好。是以其民淫僻而難治，其君奢侈而難諫也。夫以奢侈之君，御⓬好淫僻之民，欲國無亂，不可得也。君實欲天下之治而惡其亂，當為衣服不可不節。

【章　旨】述聖人製作衣服的原則，指出當今之主應在穿著裝飾方面有所節制，以免浪費財力，助長奢侈之風。

【注　釋】❶茭　草索。❷清　清涼。❸梱　束。❹中　同「衷」。內衣。❺絺綌　絺，細葛布。綌，粗葛布。❻道　同「導」。❼不然　指意外的變故。❽頓　壞。❾煥　同「煖」。暖。❿靡曼　輕細；華麗。⓫珮　同「佩」。⓬御　治理。

【語　譯】「古代的人民，不懂得製作衣服之時，穿的是獸皮，繫的是草繩，冬天穿的既不輕便又不溫暖，夏天穿的既不輕便又不清涼。聖人認為這樣不符合人情，所以教誨婦女，紡績絲麻，織造布絹，用來縫製衣服。製作衣服的原則：冬天穿絲製的內衣，使之足夠輕便暖和；夏天則穿葛製的內衣，使之足夠輕便涼爽。只是這樣罷了。所以聖人製作衣服，只要適合身體，使肌膚舒適就足夠了，不是用來炫耀眼目而讓愚民觀賞的。在那個時代，堅車良馬，人們不知它們珍貴；雕刻文彩，人們也不知它們值得喜愛。這是什麼緣故呢？這是聖人引導的結果。百姓有了穿衣吃飯的資財，就足以抵禦水旱饑荒等災害，這又是什麼緣故呢？這是因為人民有了養活自己的實際保障，就不會因外來的災害受影響了。所以那時的人民儉樸而易於治理，君主也用財節約而易於滿足。府庫裡充實豐滿，足以能應付非常之變；兵甲不壞，士民不勞，足以征服不服之國，所以霸王之業就可行於天下了。當今的君主，他們製作衣服就與這不一樣了。冬天穿輕便暖和的衣服，夏天穿輕便涼快的衣服，這一切本已完備了，卻一定還要向百姓橫徵暴斂，強奪人民的衣食之資，來製作錦繡等華麗的衣服，鎔鑄金屬來製作衣帶鉤，以珠玉作為佩飾，女工製作有文彩的衣服，男工製作精雕細刻的裝飾，來供給他們穿戴。這就不是用來增加暖和的那種情況了，耗盡財物勞力，完全歸之於無用。由此看來，他們製作衣服，不是為了身體的需要，而都是為了好看。所以這個時代的人民邪僻而難於治理，他們的君主也就奢侈而難以勸諫了。以奢侈的國君來治理邪僻的人民，想使國家不亂，那是不可能的。如果君主確實想天下太平而厭惡混亂的話，那麼在製作衣服方面就不可不節儉。

「古之民，未知為飲食時，素食而分處❶，故聖人作誨，男耕稼樹藝，以為民食。其為食也，足以增氣充虛，彊體適腹而已矣。故其用財節，其自養儉，民富國治。今則不然，厚作斂於百姓，以為美食芻豢，蒸炙魚鼈，大國累百器，小國累十器，前方丈❷，目不能徧視，手不能徧操，口不能徧味，冬則凍冰❸，夏則飾饐❹。人君為飲食如此，故左右象之，是以富貴者奢侈，孤寡者凍餒，雖欲無亂，不可得也。君實欲天下治而惡其亂，當為飲食不可不節。

【章旨】闡述聖人飲食的原則，告誡當今之主應當去奢尚儉。

【注釋】❶分處　指各自求食，而無常處。❷前方丈　一作「美食方丈」。❸凍冰　指食物凍壞。❹飾饐　指剩餘的食物變壞。飾，《群書治要》作「餕」。

【語　譯】「古代的人民，不懂得製作飲食之時，生吃草木之實，各自為生，所以聖人起來教誨人民，讓男子耕種栽培，來取得食物。他們求食的要求，足以增加力氣，填補空虛，增強體質，調適腹胃罷了。所以他們用財節省，自己的供養儉樸，但是人民富裕，國家安定。現今的情況就不是這樣，對百姓橫徵暴斂，宰殺牛羊，蒸烤魚鱉，來製作美味，大國食器成百，小國食器累十，各種食品擺滿一丈見方的地方，眼不能全看遍，手不能全拿遍，口不能全嚐遍，多餘的食物冬天凍壞，夏天腐臭變質。君主在飲食方面這樣鋪張，所以左右之臣都效法他，因此國中富貴的人奢侈，孤寡的人受凍挨餓，即使想不亂，也不可能。君主如確實想要天下太平而厭惡混亂，在飲食方面就不能不節儉。

「古之民，未知為舟車時，重任不移，遠道不至，故聖王作為舟車，以便民之事。其為舟車也，全固輕利，可以任重致遠，其用財少❶，而為利多，是以民樂而利之。法令不急而行，民不勞而上足用，故民歸之。當今之主，其為舟車與此異矣。全固輕利皆已具，必厚作斂於百姓，以飾舟車，飾車以文采，飾舟以刻鏤。女子廢其紡織而脩文采，故民寒；男子離其耕稼而脩刻鏤，故民饑。人君為舟車若此，故左右象之，是以其民饑寒並至，故為姦衺❷。姦衺多則刑罰深，刑罰深則國亂。君實欲天下之治而惡其亂，當為舟車不可不節。

【章　旨】闡述先王造作舟車之意，勸誡當時君主應在舟車方面注意節制。

【注釋】❶其用財少 「用」之上，舊本衍一「為」字。說見張純一《墨子集解》。❷衺 同「邪」。

【語譯】「古代的人民，不知製造車船之時，重物無法搬移，遠路無法到達，所以聖王製造車船，以便利人民運行。他們造的車船，安全堅固輕巧便利，可以裝載重物到很遠的地方，花的錢財少，獲的利益多，因此人民都樂於利用它。法令不用催促而自然暢行，人民不必勞苦而君上用度充足，所以人民都歸向他。當今的君主，他們造作車船就與這不同了。安全堅固輕巧便利都已具備了，還一定要對百姓橫徵暴斂，來裝飾車船，車上裝飾著繡有花紋的絲織品，船上則精雕細刻著各種圖案。於是，婦女放棄了她們的紡織工作來刺繡花紋，所以人民就遭受寒冷；男人離開了他們的耕種工作來從事雕刻，因而人民就遭受飢餓。君主這樣來修治車船，以致左右之人都效法他，於是人民就飢寒交迫，做起奸邪的事來。做奸邪之事的人多，刑罰就重，刑罰重國家就會混亂。君主如果確實想要天下大治而厭惡混亂，在製造車船方面就不能不節儉。

「凡回❶於天地之間，包於四海之內，天壤之情，陰陽之和，莫不有也，雖至聖不能更也。何以知其然？聖人有傳，天地也，則曰上下；四時也，則曰陰陽；人情也，則曰男女；禽獸也，則曰牡牝雄雌也。真天壤之情，雖有先王不能更也。雖上世至聖，必蓄私❷不以傷行，故民無怨，宮無拘女，故天下無寡夫❸。內無拘女，外無寡夫，故天下之民眾。當今之君，其蓄私也，大國拘女累千，小國累百，是以天下之男多寡無妻，女多拘無夫，男女失時，故民少。君實欲民之眾而惡其寡，當蓄私不可不節。

【章　旨】陳述天地萬物諧和的道理，告誡君主不應多蓄女子，以免國家男女失調。

【注　釋】❶回　運轉。❷私　指妾媵。❸寡夫　古代無夫或無妻都可稱寡。

【語　譯】「凡是運轉於天地之間、包含於四海之內的事物，無不存在著自然之情、陰陽諧和之理，即使是最聖明的人也無法改變。怎麼知道是這樣的呢？聖人有記載，說天地，就稱上下；說四季，就稱陰陽；說人情，就稱男女；說禽獸，就稱牡牝雄雌。這些確是天地間自然存在的實情，即使先王也不能改變。上世最聖明的人，他們雖然也蓄養妾媵，但必以不傷害品行為度，所以人民沒有怨言，宮中沒有拘禁的女子，所以天下沒有單身漢。宮內沒有拘禁的女子，宮外沒有單身漢，所以天下的人民眾多。當今的君主，他們蓄養妾媵，大國拘禁女子成千，小國成百，因此天下的男子多獨身而沒有妻子，女子多被拘禁而沒有丈夫，男女失去了婚娶生育的時機，所以人民少。君主如確實希望人民多而厭惡太少，那麼蓄養妾媵就不能不節制。

「凡此五者，聖人之所儉節也，小人之所淫佚也。儉節則昌，淫佚則亡，此五者不可不節。夫婦節而天地和，風雨節而五穀孰❶，衣服節而肌膚和。」

【章　旨】總結上文，以突顯戒奢從儉的主旨。

【注　釋】❶孰　「熟」的本字。

【語　譯】「總結以上五方面，都是聖人所力求節儉，小人所力求淫逸的。節儉國家就昌盛，淫逸國家就滅亡。所以這五方面不可以不節制。夫婦有所節制，就天地和諧，風雨調節適當，就五穀豐收，衣服有所節制，就肌膚舒適。」

三辯第七

【題　解】三辯，是反覆論辯的意思。本篇辯論的核心問題，是音樂在社會政治生活中的作用，其歸結點在於非樂。

程繁❶問於子墨子曰：「夫子曰：『聖王不為樂』。昔諸侯倦於聽治，息於鐘鼓之樂；士大夫倦於聽治，息於竽瑟之樂；農夫春耕夏耘，秋斂冬藏，息於聆缶❷之樂。今夫子曰：『聖王不為樂』，此譬之猶馬駕而不稅❸，弓張而不弛，無乃非有血氣者之所能至耶？」

【章　旨】此言程繁就「聖王不為樂」的問題向墨子提出質疑。

【注　釋】❶程繁　〈公孟〉稱程子，大概是一位兼通儒墨的學者。❷聆缶　聆，當作「瓴」。一種似瓶的樂器。缶，瓦盆，可作樂器。❸稅　脫；解。

【語　譯】程繁向墨子請問說：「先生曾說：『聖王不演奏音樂。』從前諸侯處理政事疲倦了，休息時，就聽聽鐘鼓奏出的音樂；大夫處理政事疲倦了，休息時，就聽聽竽瑟奏出的音樂；農民春耕夏耘，秋收冬藏，休息時，就聽聽瓴子瓦盆奏出的音樂。現在先生說：『聖王不演奏音樂。』這就譬如說馬一套上車就不脫轅，弓拉開了就不鬆弛，這豈不是凡具有血氣之物都做不到的事嗎？」

子墨子曰：「昔者堯舜有茅茨❶者，且以為禮，且以為樂；湯放桀於大水，環天下自立以為王，事成功立，無大後患，因先王之樂，又自作樂，命曰〈護〉❷，又脩〈九招〉❸；武王勝殷殺紂，環天下自立以為王，事成功立，無大後患，因先王之樂，又自作樂，命曰〈象〉❹；周成王因先王之樂，又自作樂，命曰〈騶虞〉❺。周成王之治天下也，不若武王；武王之治天下也，不若成湯；成湯之治天下也，不若堯舜。故其樂逾繁者，其治逾寡。自此觀之，樂非所以治天下也。」

【章旨】此言墨子以夏商周音樂不斷發展，而治績卻一代不如一代的歷史事實為例證，說明音樂對治國沒有用處。

【注釋】❶茅茨　指以茅草覆蓋屋頂。❷護　相傳為商湯所製的音樂曲調。❸九招　相傳為夏代的樂曲。❹象　相傳為周武王所製的一種舞曲。❺騶虞　樂章名。

【語譯】墨子說：「從前堯舜時代，只以茅草覆蓋屋頂，姑且為禮，姑且為樂；商湯將夏桀放逐到大水之中，把普天下據為己有而自立為王，事業成功，沒有大的禍患了，就在先王舊樂的基礎上，又自製新樂，名叫〈護〉，又整理過夏代傳下來的〈九招〉樂章；周武王戰勝商朝，殺了殷紂，把普天下據為己有而自立為王，事業成功，沒有大的禍患了，就在先王舊樂的基礎上，又自製新樂，名叫〈象〉；周成王也在先王舊樂的基礎上，自製新樂，名叫〈騶虞〉。周成王治理天下，政績不如周武王；周武王治理天下，不如商湯；商湯治理天下，不如堯舜。所以音樂越是繁多，政績就越少。由此看來，音樂不是用來治天下的工具。」

程繁曰：「子曰『聖王無樂』，此亦樂已，若之何其謂『聖王無樂』也？」子墨子曰：「聖王之命❶也，多寡之❷。食之利也，以知饑而食之者智也，因為無智矣。今聖有樂而少，此亦無也。」

【章旨】此謂程繁再次質疑，墨子再答。墨子之意，是說真正的聖人雖有音樂，但卻很少，所以說「聖王無樂」。

【注釋】❶命　意同「令」。指政令。❷多寡之　意為多者寡之。

【語譯】程繁說：「你說『聖王無樂』，上述〈護〉、〈九招〉、〈象〉、〈騶虞〉這些樂章，也就是音樂了，怎麼能說聖王沒有音樂呢？」墨子說：「聖王的政令，音樂太繁多了就應減少。這就好比吃飯，雖對人有利，但一定要等肚子餓了才吃，這樣才算明智，否則就是不明智了。如果說聖王有音樂，但數量很少，這就等於聖王無樂了。」

尚賢上第八

【題解】尚，同「上」，尊重、崇尚的意思。賢，《說文》云：「多才也。」尚賢即尊重人才，把人才問題看成國家政治生活中的頭等大事。〈尚賢〉共有上、中、下三篇，可能為墨子後學三派所述作，所以各有側重而又時有相同之處。本篇側重闡明當以是否有「義」、有「能」為人才衡量標準，並主張在符合此標準的前提下，打破等級制度，達到「雖在農與工肆之人，有能則舉之」的理想。

子墨子言曰：「今者王公大人為政於國家者，皆欲國家之富，人民之眾，刑政❶之治，然而不得富而得貧，不得眾而得寡，不得治而得亂，則是本失其所欲，得其所惡，是其故何也？」

【章旨】提出問題：王公大人都想使國富民眾，但事與願違，原因何在？

【注釋】❶刑政　刑罰政令。這裡指政治。

【語譯】墨子說：「當今的王公大人治理國家，都希望國家富足，人民眾多，政治清明，但結果國家不見富裕反而更加貧窮，人民不見增多反而減少，政治不見清明反而混亂，這樣就是失掉了他們所希望的，得到了他們所厭惡的，這是什麼緣故呢？」

子墨子言曰：「是在王公大人為政於國家者，不能以尚賢事能為政也。是故國有賢良之士眾，則國家之治厚；賢良之士寡，則國家之治薄。故大人之務，將在於眾賢而已。」

【章旨】指出國家之不治，根本原因在於不尚賢事能。

【語譯】墨子說：「原因就在於王公大人在治理國家的時候，不能夠崇尚人才、任用人才來從事治理的工作。所以國家有眾多的賢良之士，國家的政風就淳厚；賢良之士少，國家的政風就澆薄。所以王公大人的要務，就在於網羅眾多的賢人罷了。」

曰：「然則眾賢之術❶將奈何哉？」子墨子言曰：「譬若欲眾其國之善射御之士者，必將富之，貴之，敬之，譽之，然后❷國之善射御之士，將可得而眾也。況又有賢良之士，厚乎德行，辯乎言談，博乎道術者乎！此固國家之珍，而社稷之佐也，亦必且富之，貴之，敬之，譽之，然后國之良士，亦將可得而眾也。

【章旨】指出富、貴、敬、譽四項為得賢的基本方法。

【注釋】❶術 方法。❷后 《群書治要》作「後」。

【語譯】有人請問說：「那麼應怎樣才能使賢人增多呢？」墨子說：「譬如想使國家中善於射箭駕車的人增多，就一定要使他們富有，使他們尊貴，敬重他們，讚譽他們，這樣然後才能使國家善於射箭駕車的士人增多。何況還有那些德行深厚、善於言談、道術廣博的人呢！這些人本來就是國家的珍寶，社稷的輔佐呀！對他們也一定要使他們富有，使他們尊貴，敬重他們，讚譽他們，這樣然後才能使國家的優秀之士增多起來。

「是故古者聖王之為政也，言曰：『不義不富，不義不貴，不義不親，不義不近。』是以國之富貴人聞之，皆退而謀曰：『始我所恃者，富貴也，今上舉義不辟貧賤，然則我不可不為義。』親者聞之，亦退而謀曰：『始我所恃者親也，今上舉義不辟疏，然則我不可不為義。』近者聞之，亦退而謀曰：『始我所恃者近也，今上舉義不避遠，然則我不可不為義。』逮至遠鄙郊外之臣，門庭庶子❶，國中之眾，四鄙之萌人❷聞之，皆競為義。是其故何也？曰：上之所以使下者，一物也；下之所以事上者，一術也。譬之富者有高牆深宮，牆立既❸，謹上為鑿一門，有盜人入，闔其自入❹而求之，盜其無自出。是其故何也？則上得要也。

【章旨】以是否合義來決定任用人才的標準。

【注釋】❶門庭庶子　指宿衛宮中的官員。庶子，相對於嫡子而言，古代宮中宿衛人員多以公族及卿大夫之子充當，故稱。❷萌人　種田的農民。萌，同「甿」。❸牆立既　原文誤倒，應作「牆既立」。❹自入　所由而入。指門。

【語譯】「所以古代聖王的治理國政，公開發表言論說：『不義的不讓他富有，不義的不使他尊貴，不義的不同他親密，不義的不同他接近。』所以國中富貴的人聽到這些話，都回到家中商議說：『先前我們所依賴的是富貴，現在君上只舉用有義的人而不避貧賤，那我們就不能不行義了。』那些與君主關係親密的人聽了，也回到家中商議道：『先前我們所依賴的是親密，現在君上只舉用有義的人而不避疏遠，那我們就不能不行義了。』接近君主的人聽了，也回到家中商議說：『先前我們所依賴的是經常接近君主，現在君上只舉拔有義的人而不避疏遠，那我們就不能不行義了。』等到縣邑遠近地方的官吏，宮中的宿衛之士，國都中的眾人，以及四方邊鄙的種田人聽了以後，無不爭著行義。這是什麼緣故呢？回答是：上面所用來選拔人才的，只是一個標準；下面所用來求得被選用的，也只有一種途徑。這就譬如富貴人家有高牆深宮，宮牆已建立起來了，只在上面開一個門，有盜賊進來，關起門來捉他，他就無路逃出去。這是什麼原因呢？是因為在上的已經把握了要領。

「故古者聖王之為政，列德❶而尚賢，雖在農與工肆之人，有能則舉之，高予之爵，重予之祿，任之以事，斷❷予之令，曰：『爵位不高，則民弗敬，蓄祿不厚，則民不信，政令不斷，則民不畏。』舉三者授之賢者，非為賢賜也，欲其事之成。故當是時，以德就列，以官服事，以勞殿❸賞，量功而分祿。故官無常貴，而民無終賤，有能則舉之，無能則下之，舉公義，辟❹私怨，此若言之謂也。故古者堯舉舜於服澤之陽❺，授之政，天下平；禹舉益於陰方之中，授之政，九州成；湯舉伊尹於庖廚之中，授之政，其謀得；文王舉閎夭、泰顛❻於罝罔❼之中，授之政，西土服。故當是時，雖在於厚祿尊位之臣，莫不敬懼而施❽，雖在農與工肆之人，莫不競勸而尚意❾。故士者所以為輔相承嗣❿也。故得士則謀不困，體不勞，名立而功成，美章⓫而惡不生，則由得士也。」

【章旨】闡明尚賢的原則，用人須打破等級制度，以是否有「能」來決定取捨。

【注釋】❶列德　即論德。列，次；排定位次。❷斷　決的意思。❸殿　定。❹辟　除。❺服澤之陽　服澤，以及下文的陰方均係地名，其地在今何處，不詳。陽，山的南面。❻閎夭泰顛　均係周文王的賢臣。❼罝罔　罝，捕獸的網。罔，同「網」。捕魚所用。❽施　俞樾認為當讀為「惕」。惕，警惕之意。❾意　孫詒讓認為係「悳」字，形近而譌。悳，「德」的本字。❿輔相承嗣　輔相，輔佐。承嗣，孔廣森說：「承，丞也，《左傳》曰：請承嗣，讀為司丞。司者官之偏貳。」即主官的副貳之官。⓫章　同「彰」。

【語譯】「所以古代的聖王治理國政，必尊崇賢德之人，即使是務農和做工經商的人，有能力的就一定加以起用，給他們很高的爵位，很豐厚的俸祿，把職事委託給他們，授予他們決斷政令的權力。因此說：『爵位不高，人民就不尊敬；俸祿不厚，人民就不信任；政令不能決斷，人民就不會畏服。』拿這三者授給賢人，並非為了賞賜他們，而是希望他們能把事情辦好。所以在這個時候，要按品德排位次，按官職給權力，按勞績定賞賜，量功勳分俸祿。所以官吏不會永遠尊貴，而人民也不會始終卑賤，有才能的就起用，沒能力的就撤下，按公義提拔人，而不以私怨罷黜人，說的就是這個道理。所以古時候堯舉用舜於服澤的北面，授給他政務，天下得以太平；禹舉用益於陰方之中，授給他政務，九州得以安定；湯舉用伊尹於廚房中，授給他政務，湯的謀劃就得以實現；周文王舉用閎夭、泰顛於獵人和漁夫之中，授給他們政務，西方各小國就都臣服了。所以在這個時候，即使享有厚祿尊位的臣子，也沒有不敬畏而警惕的；即使農夫和工商之民，也沒有不爭相勸勉而崇尚修德的。所以士是用來作君主的輔佐和臣僚的。

所以得到了士，計謀就不致困乏，身體就不致勞苦，功成名就，好的得到彰顯，壞的不會產生，這都是因為能得士的緣故。」

是故子墨子言曰：「得意賢士不可不舉，不得意賢士不可不舉，尚❶欲祖述堯舜禹湯之道，將不可以不尚賢。夫尚賢者，政之本也。」

【章旨】總結：尚賢是為政的根本。

【注釋】❶尚　同「儻」。

【語譯】所以墨子說：「得意時不可不舉拔賢士，不得意時不可不舉拔賢士，儻若想繼承堯舜禹湯的大道，就不能不尊重賢人。尊崇賢人是政治的根本啊！」

尚賢中第九

【題解】此篇立論的大旨，與上篇相同。但上篇主要從正面說，這篇則除了正面立論外，還多從反面說。篇中不僅對王公大人不用賢人，而用那些無故富貴、面目佼好的不肖之人作了批評，同時更進一步深化了尚賢是為政之本的思想。

子墨子言曰：「今王公大人之君人民，主社稷，治國家，欲脩❶保而勿失，故❷不察尚賢為政之本也。」何以知尚賢之為政本也？曰：自貴且智者，為政乎愚且賤者，則治；自愚賤者❸，為政乎貴且智者，則亂。是以知尚賢之為政本也。故古者聖王，甚尊尚賢而任使能，不黨父兄，不偏貴富，不嬖❹顏色。賢者舉而上之，富而貴之，以為官長；不肖者抑而廢之，貧而賤之，以為徒役。是以民皆勸其賞，畏其罰，相率而為賢。者❺以賢者眾，而不肖者寡，此謂進賢。然後聖人聽其言，跡其行，察其所能，而慎予官，此謂事能。故可使治國者，使治國；可使長官者，使長官；可使治邑者，使治邑。凡所使治國家、官府、邑里，此皆國之賢者也。

【章　旨】明確指出，所謂尚賢為政本，就是要進賢而抑不肖，對賢者加以量才錄用。

【注　釋】❶脩　長。❷故　當為「胡」。❸自愚賤者　據上文「自貴且智者」，「愚賤」二字中脫一「且」字。❹嬖　寵愛。❺者　俞樾認為乃「是」字之誤。

【語　譯】墨子說：「當今王公大人的治理人民，主持社稷，治理國家，都想長久保持而不失去，何不明察尚賢是為政之本這一道理呢？」怎麼知道尚賢是為政之本？回答是：由高貴而又明智的人，去管理愚昧而且低賤的人，就安定；由愚昧而又低賤的人，去管理高貴而又明智的人，就混亂。由此知道尚賢是為政的根本。所以古代的聖王都很崇尚賢者而任使能人，不偏黨父兄，不偏重富貴者，也不偏愛貌美的人。有才能的就加以提拔，使在上位，使他們富貴，任用為官長；不肖的就加以貶抑撤換，使他們貧賤，用做奴僕。因而人民都互相勸勉爭取獎賞而畏懼懲罰，互相爭著做賢人。所以賢人眾多，而不肖的人減少，這就叫做進用賢人。然後聖人就聽取他們的言論，檢驗他們的行為，考察他們的能力，而謹慎地授給他們官職，這就叫做任事有能。因此可以用他治國的，就用他治國；可以用他主管一官府的，就用他主管一官府；可以用他治理一縣一鄉，就用他來治理一縣一鄉。凡是用來治理國家、官府、邑里的人，都是國家的賢人。

賢者之治國也，蚤❶朝晏❷退，聽獄治政，是以國家治而刑法正。賢者之長官也，夜寢夙興，收斂關市、山林、澤梁之利，以實官府，是以官府實而財不散。賢者之治邑也，蚤出莫❸入，耕稼、樹藝，聚菽粟❹，是以菽粟多而民足乎食。故國家治則刑法正，官府實則萬民富。上有以潔為酒醴粢盛，以祭祀天鬼；外有以為皮幣，與四鄰諸侯交接；內有以食飢息勞，將養❺其萬民，外有以❻懷天下之賢人。是故上者天鬼富之，外者諸侯與之，內者萬民親之，賢人歸之。以此謀事則得，舉事則成，入守則固，出誅則彊。故唯昔三代聖王：堯、舜、禹、湯、文、武之所以王天下、正❼諸侯者，此亦其法已。

【章旨】具體闡明賢人在國家政治生活中，所起的鉅大作用，及其對國家的鉅大貢獻。

【注釋】❶蚤 通「早」。❷晏 晚。❸莫 「暮」的本字。❹菽粟 這裡泛指糧食。菽，豆類。粟，小米。❺將養 意同持養、保養之意。❻外有以 從下文「內者萬民親之，賢人歸之」看，這三個字是衍文，應當刪去。❼正 長。

【語譯】賢人們治理國家，很早就上朝，很晚才退朝，來處理刑獄政事，因此國家安定，刑法公正。賢人們做官，晚睡早起，徵收關口、市場、山林、澤梁的稅利，來充實官府，因此官府充實而財物集中。賢人治理縣邑，早出晚歸，耕種、栽培，積蓄糧食，因而糧食多而人民足食。所以國家安定，刑法就公正，官府充實，人民就富足。上可以奉祀潔淨的酒食，來祭拜天神祖先；外可以備上厚禮，與四鄰的諸侯進行交往；內可以供食飢民，使勞者休息，保養萬民，安撫天下的賢人。因而在上有天神祖先保祐他富足，在外有諸侯同他結盟建交，在內萬民親附他，賢人歸向他。憑著這些條件，謀劃事情就可得當，興辦事情就能成功，內守則堅不可摧，出征則強不可敵。是以從前三代的聖王：堯、舜、禹、湯、文、武之所以能統一天下、統率諸侯，這就是他們的方法吧！

既曰若法❶，未知所以行之術，則事猶若未成，是以必為置三本。何謂三本？曰：爵位不高，則民不敬也；蓄祿不厚，則民不信也；政令不斷，則民不畏也。故古聖王高予之爵，重予之祿，任之以事，斷予之令。夫豈為其臣賜哉，欲其事之成也。《詩》曰❷：「告女憂恤❸，誨女予爵❹，孰能執熱❺，鮮不用濯❻。」則此語古者國君諸侯之不可以不執善❼承嗣輔佐也。譬之猶執熱之有濯也，將休❽其手焉。古者聖王唯毋得賢人而使之，般❾爵以貴之，裂地❿以封之，終身不厭。賢人唯毋⓫得明君而事之，竭四肢之力以任君之事，終身不倦。若有美善則歸之上，是以美善在上而所怨謗在下，寧樂在君，憂慼在臣。故古者聖王之為政若此。

【章　旨】敘述古代聖王咸能提高賢人的地位、待遇，所以賢人樂為之用，盡力效勞。

【注　釋】❶既曰若法　已經講了以上這種方法。若，此。❷詩曰　以下所引詩句出自《詩經・大雅・桑柔》。今本《詩經》作：「告爾憂恤，誨爾序爵，誰能執熱，逝不以濯？」文字稍有不同。❸告女憂恤　女，同「汝」。憂恤，憂患，指國家的憂患。❹予爵　授予爵位。❺執熱　拿著燒熱的東西。❻鮮不用濯　很少不用水沖洗。鮮，少。濯，用水沖洗。❼執善　親善。執，孫詒讓說：「執猶親密也。」❽休　休息。❾般　同「頒」。頒賜。❿裂地　分封土地。⓫唯毋　唯，同「惟」。毋，語詞，沒有意義。

【語　譯】已經講了以上這些方法，如果不知怎樣去實行，那事情仍然不會成功。所以必須確立三條根本原則。哪三條根本原則？回答是：爵位不高，人民就不敬重；俸祿不厚，人民就不信從；政令無權決斷，人民就不畏服。所以古代聖王要給賢人很高的爵位、很厚重的俸祿，授給他們權力，使他們能決斷政令。這些難道是給他們賞賜嗎？只不過是想要他們成就事功罷了。《詩經・大雅・桑柔》說：「告訴你們有關國家的憂患，教誨你們並給予你們爵位，誰能拿著燒熱的東西，卻很少不用水沖洗？」這些話正是說古代的國君諸侯不能不親善臣僚輔佐。這就好比拿過熱物就必得沖水，以便使他的手得到休息。古時候的聖王，只想得到賢人任用他們，頒賜爵位以使他們尊貴，劃分土地以封賞他們，一輩子不感到厭倦。賢人也只想得到英明君主而為他效勞，竭盡全力來承擔君主的職事，終生不感到疲倦。如果有了美名善政，就歸功於君上，所以美名善政就落在君主那兒，而人民所要怨恨、毀謗的，責任就都落到臣下頭上。安寧快樂歸君主享受，憂愁慼苦歸臣下承受。古代聖王的治理國政，就是這樣。

今王公大人亦欲效人❶以尚賢使能為政，高予之爵，而祿不從也。夫高爵而無祿，民不信也。曰：「此非中實愛我也，假藉❷而用我也。」夫假藉之民，將豈能親其上哉！故先王言曰：「貪於政者，不能分人以事❸；厚於貨者，不能分人以祿。」事則不與，祿則不分，請問天下之賢人將何自至乎王公大人之側哉？若苟❹賢者不至乎王公大人之側，則此不肖者在左右也。不肖者在左右，則其所譽不當賢，而所罰不當暴，王公大人尊此以為政乎國家，則賞亦必不當賢，而罰亦必不當暴。若苟賞不當賢而罰不當暴，則是為賢者不勸而為暴者不沮❺矣。是以入則不慈孝父母，出則不長弟❻鄉里，居處無節，出入無度，男女無別。使治官府則盜竊，守城則倍畔❼，君有難則不死，出亡則不從，使斷獄則不中，分財則不均，與謀事不得，舉事不成，入守不固，出誅不彊。故雖❽昔者三代暴王：桀、紂、幽、厲之所以失措❾其國家，傾覆其社稷者，已❿此故也。何則？皆以明小物⓫而不明大物也。

【章　旨】指出王公大人不以真誠對待賢人，只給他們爵位而不給相應的俸祿，則賢者不來而不肖者在側，不肖者治理國家，國家必危。

【注　釋】❶效人　指效法古代聖王。❷假藉　指沒有真心實意，只是借重賢者之名，權宜用之。藉，借。❸事　政事。這裡指權利。❹若苟　「若」與「苟」同義。作如果講。❺沮　止。❻長弟　為長為弟的道德行為。❼倍畔　同「背叛」。❽雖　通「唯」。❾失措　喪失。措，廢。❿已　同「以」。⓫物　事。

【語　譯】 當今的王公大人，也想效法前代聖王以尚賢使能的方法來治理國家，他們雖給賢人很高的爵位，卻不給相應的俸祿。爵位高而沒有俸祿，人民是不會信從的。賢人們會這樣說：「這並不是從內心確實愛我，而是為了借我的名才用我罷了。」那些只被借重來任用的人，又怎會同君上親密呢？所以先王說：「貪於權勢的人，不肯把政事分給別人承擔；看重財貨的人，不肯把俸祿分給別人享受。」如果不肯分給人家政事，不分給人家俸祿，請問天下的賢人又怎會跑到王公大人身邊來呢？如果賢人不到王公大人身邊，那麼不肖的人就一定會在他們左右了。不肖的人在左右，他們所稱譽的不是真正的賢人，所懲罰的也不是真正的暴徒，王公大人尊崇這些人，讓他們來治理國家，那也就一定會賞不當賢，而罰不當罪。如果賞不當賢而罰不當罪，那就會導致賢人不肯勉力，而對那些惡人則無法加以制止了。這樣人們在家就不會孝敬父母，出外也不會在鄉里間講求為長為弟應盡的道義。生活沒有節制，出入沒有限度，男女之間沒有分別。這些人如果做官，就會竊取財物；派他們去守城，就會背叛國家；君主有了危難，他們不肯效死；君主流亡在外，他們不會跟從。讓他們審理刑獄，不會依法辦案；分配財物，不會公平；同他們共商國事，不會有所得；舉辦事務，不會有所成；入守不會固不可摧，出征不會銳不可當。所以從前夏商周三代的殘暴君主：夏桀、商紂、周幽王和周厲王之所以喪失國家，顛覆社稷，就是因為這個緣故。為什麼？都是因為他們只明白小事理而不明白大事理所致啊！

今王公大人，有一衣裳不能制也，必藉良工；有一牛羊不能殺也，必藉良宰。故當若之二物者，王公大人未知❶以尚賢使能為政也。逮至其國家之亂，社稷之危，則不知使能以治之。親戚則使之，無故富貴❷、面目佼好❸則使之。夫無故富貴、面目佼好則使之，豈必智且有慧哉！若使之治國家，則此使不智慧者治國家也，國家之亂既可得而知已。且夫王公大人有所愛其色而使，其心不察其知而與其愛。是故不能治百人者，使處乎千人之官；不能治千人者，使處乎萬人之官。此其何故也？曰：處若官者，爵高而祿厚，故愛其色而使之焉。夫不能治千人者，使處乎萬人之官，則此官什倍❹也。夫治之法將日至者也，日以治之，日不什脩❺，知以治之，知不什益，而予官什倍，則此治一而棄其九矣。雖日夜相接以治若官，官猶若不治，此其何故也？則王公大人不明乎尚賢使能為政也。故以尚賢使能為政而治者，夫若言之謂也；以下賢為政而亂者，若吾言之謂也。

【章　旨】此謂王公大人如果任人唯親，用那些無故富貴、面目佼好的人從政，國家必亂。

【注　釋】❶未知　一本作「皆知」，是。「未知」義不可通。❷無故富貴　指沒有為國立功而享有富貴。無故，沒有緣故。❸面目佼好　指容貌美麗的人。佼，通「姣」。❹什倍　十倍。❺什脩　十倍地增長。脩，長。

【語　譯】假如現在王公大人，有一件衣裳不會做，那他一定得借助於好的縫紉工；有一隻牛一隻羊不會殺，那他也一定得借助於好的屠宰工。所以遇到上面兩件事情，王公大人都知道要尚賢使能來辦好事情。可是當遇到國家危亂、社稷將傾之時，卻不知道要尚賢使能來治好國家了。凡為親戚，就予以任用，而無功富貴、容貌姣美的人，即加任用。那些親戚、無功富貴、容貌姣美的人，哪裡就一定有智慧呢？如果用他們來治理國家，那就是用沒有智慧的人來治理國家了，這樣國家的危亂就可想而知了。況且王公大人是愛他們的美貌才予以任用的，心裡並不明察他們是否有智慧，而只是對他們有所偏愛。所以不能治理百人的，卻叫他做治理千人的官；不能治理千人的，卻叫他做治理萬人的官。這是什麼緣故呢？回答是：因為做這樣的官，爵位高而俸祿厚，由於愛他的美貌，就給他這個官做。那些不能治理千人的，派他去做治理萬人的官，那這個職位就超出了他才能的十倍了。那些治國的措施，是每天都要不斷加以實施的，而他們也只是每天從事，一天的時間不可能為他們延長十倍；他們只能憑著他們的智慧辦事，智慧也不會因為他們而自然增長十倍。現在卻給他一個超出自己才能十倍的官，那他就只能做好十分之一的事情而廢棄十分之九的事情了。即使他日以繼夜地想做好他職責內的事情，他的職事似乎還是辦不好。這是為什麼呢？是因為王公大人不明白尚賢使能、施政治國的重要啊！所以要尚賢使能來治國，就是我所講的這番話的意思了。不尚賢不使能而導致國家喪亂，也就是我所講的以上的這種情況了。

今王公大人，中實將欲治其國家，欲脩保而勿失，胡不察尚賢為政之本也？且以尚賢為政之本者，亦豈獨子墨子之言哉！此聖王之道，先王之書《距年》❶之言也。傳❷曰：「求聖君哲人，以裨輔❸而❹身。」〈湯誓〉❺曰：「聿求元聖❻，與之戮力同心，以治天下。」則此言聖❼之不失以尚賢使能為政也。故古者聖王唯能審以尚賢使能為政，無異物雜焉，天下皆得其利。

【章旨】引用前代典籍中的言論，說明尚賢並非墨子個人的主張，而是前代遺留下來的思想傳統。

【注釋】❶距年　可能是一部已經失傳的古書的名稱。〈尚賢下〉作「豎年」。❷傳　古代經以外的著作都可稱傳。❸裨輔　輔佐。❹而　你。❺湯誓　《尚書》中的一篇。今傳《尚書・湯誓》中沒有這幾句話，而見於〈湯誥〉，是後人取墨子這幾句話補綴而成。❻聿求元聖　於是尋求大聖人。聿，遂；於是。元聖，大聖人。❼聖　下面脫一「王」字，應補。

【語譯】當今王公大人，內心如確實想治理好國家，想長保地位不失去，為什麼不明察尚賢是為政之本的道理呢？況且認為尚賢是為政之本的，哪裡只是墨子個人的主張呢！這些聖王之道，在先王的《距年》書中就已經講過了。古傳說：「去尋找聖哲的人，來輔佐你自身。」〈湯誓〉中說：「於是就尋求大聖人，與他合力同心，來治理天下。」這些話是說聖王都沒有放棄尚賢使能來治理國家。正因為古代聖王能明白尚賢使能來治國，而不肯在官吏當中摻雜不肖之人，所以天下都能得到這樣做的好處。

古者舜耕歷山❶，陶河瀕❷，漁雷澤❸，堯得之服澤之陽，舉以為天子，與接天下之政，治天下之民。伊摯❹，有莘❺氏女之私臣❻，親為庖人❼，湯得之，舉以為己相，與接天下之政，治天下之民。傅說被褐帶索❽，庸築❾乎傅巖❿，武丁得之，舉以為三公，與接天下之政，治天下之民。此何故始賤卒而貴，始貧卒而富？則王公大人明乎以尚賢使能為政。是以民無飢而不得食，寒而不得衣，勞而不得息，亂而不得治者。

【章旨】列述前代聖王舉賢使天下大治的具體事例，以闡明尚賢的必要。

【注釋】❶歷山　其地所在，說法很多，以在今山東濮縣東南與菏澤接界處、雷澤西南十里許為近是。❷陶河瀕　陶，製陶器。瀕，同「濱」。水邊。❸雷澤　在今山東菏澤東北。❹伊摯　即伊尹。名摯。❺有莘　古國名。在今山東曹縣。❻私臣　陪嫁的媵臣。❼庖人　廚師。❽帶索　以索為帶。❾庸築　庸，同「傭」。築，築牆。❿傅巖　地名。在今山西平陸東。一名「傅險」，今名「隱賢社」。

【語譯】古時候舜在歷山下耕種，在黃河邊製陶器，在雷澤中捕魚，堯在服澤之北找到他，舉薦他當天子，讓他接管天下的政事，治理天下人民。伊尹是有莘氏女的陪嫁媵臣，親身當過廚師，商湯得到他，拔舉為輔相，讓他接管天下的政事，治理天下人民。傅說穿著粗布衣，繫著繩索，在傅巖當雇工為人築牆，殷高宗得到他，拔舉為三公，讓他接管天下的政事，治理天下人民。這些人為什麼開頭卑賤而終於尊貴，開頭貧窮而終於富有？就是因為王公大人明白尚賢使能來治國的道理。所以人民沒有飢者不得食，寒者不得衣，勞者不得休息，混亂不得治理的情況。

故古聖王以❶審以尚賢使能為政，而取法於天。雖❷天亦不辯貧富、貴賤、遠邇、親疏，賢者舉而尚之，不肖者抑而廢之。然則富貴為賢，以得其賞者誰也？曰：若昔者三代聖王堯、舜、禹、湯、文、武者是也。所以得其賞何也？曰：其為政乎天下也，兼而愛之，從而利之，又率天下之萬民以尚尊天、事鬼。愛利萬民，是故天鬼賞之，立為天子，以為民父母，萬民從而譽之曰「聖王」，至今不已。則此富貴為賢，以得其賞者也。然則富貴為暴，以得其罰者誰也？曰：若昔者三代暴王：桀、紂、幽、厲者是也。何以知其然也？曰：其為政乎天下也，兼而憎之，從而賊之，又率天下之民以詬天侮鬼。賊傲❸萬民，是故天鬼罰之，使身死而為刑戮，子孫離散，室家喪滅，絕無後嗣，萬民從而非之曰「暴王」，至今不已。則此富貴為暴，而得其罰者也。

【章　旨】進一步論述尚賢使能實是取法於天，因為天最公平無私，能舉賢而抑不肖。聖王法天行善政，所以得其賞，暴君罵天行暴政，所以得其罰。

【注　釋】❶以　涉下文而衍，應刪。❷雖　同「唯」。❸賊傲　殘殺。傲，當作「殺」，古文形近而誤。

【語　譯】所以古代的聖王明白以尚賢使能來治理國政，就得取法於天。只有天才不分貧富、貴賤、遠近、親疏，賢能的就提拔進用，不肖的就壓抑廢黜。那麼享有富貴而行善政，以取得上天賞賜的是哪些人呢？回答是：像從前三代的聖王：唐堯、虞舜、夏禹、商湯、周文王、周武王這些人就是。他們怎樣才得到天的賞賜呢？回答是：他們治理天下，對所有的人民普遍地去愛，進而使他們生活便利，又率領著天下萬民來尊崇上天，服事鬼神。因為能愛萬民、利萬民，所以上天和祖先賞賜他們，立他們為天子，來作為人民的父母，人民於是稱頌他們為「聖王」，至今不息。這就是享有富貴而行善政，因而得到賞賜的例子。那麼享有富貴而行暴政，因而遭到上天懲罰的又是哪些人呢？回答是：像從前三代的暴君：夏桀、商紂、周幽王、周厲王就是這樣。怎麼知道是這樣呢？回答是：他們治理天下，普遍地憎惡人民，進而殘害他們，又率領著天下的人民，辱罵上天，侮慢鬼神，殘害百姓，所以天鬼懲罰他們，即使死了還要遭受刑辱，子孫離散，家族滅亡，後代斷絕。人民於是指斥他們，稱他們為「暴王」，至今不息。這就是享有富貴而行暴政，因而遭到上天懲罰的例子。

然則親而不善，以得其罰者誰也？曰：若昔者伯鯀❶，帝之元子❷，廢帝之德庸❸，既乃刑於羽之郊❹，乃熱照❺無有及也，帝亦不愛。則此親而不善以得其罰者也。然則天之所使能者誰也？曰：若昔者禹、稷❻、皐陶❼是也。何以知其然也？先王之書〈呂刑〉❽道❾之曰：「皇帝清問下民❿，有辭⓫有苗，曰群后之肆在下⓬，明明不常⓭，鰥寡不蓋⓮，德威維威，德明維明。乃名三后⓯，恤功⓰於民。伯夷降典⓱，哲民維刑⓲。禹平水土，主名⓳山川。稷隆⓴播種，農殖嘉穀㉑。三后成功，維假㉒於民。」則此言三聖人者，謹其言，慎其行，精其思慮，索天下之隱事遺利，以上事天，則天鄉㉓其德，下施之萬民，萬民被其利，終身無已。

【章旨】此言雖親天，但不行善政，也要受到天罰。天能任使賢能，以利萬民。這裡主要闡明尊天之理，說明尚賢本出自天意。

【注釋】❶伯鯀　夏禹的父親。❷帝之元子　帝，前人或以為指舜。按史書，鯀為顓頊之子，舜為顓頊六代孫，所以元子之說義不可通。張純一認為元子是長輩的意思，也很勉強。從下文看，帝應指天帝。元子，即長子。帝之元子，猶言天之驕子。墨子這裡主要強調尊天尚賢，不可按史書加以鑿實。❸庸　用。❹刑於羽之郊　《山海經．海經》說：「鯀竊帝之息壤以堙洪水，不待帝命。帝令祝融殺鯀於羽郊。」羽，山名。在今山東蓬萊。❺熱照　日月照耀。❻稷　即后稷。名棄，是周人的祖先。❼皐陶　堯的司法官。❽呂刑　《尚書》中的篇名。❾道　說。❿皇帝清問下民　皇帝，鄭玄認為是堯。按這篇文章上文說「然則天之所使能者誰也」，則應理解為天，即上帝。清問，詳問。⓫辭　怨言。⓬群后之肆在下　群后，諸侯。肆，同「逮」。及。⓭明明不常　明明，指顯用有明德之人。不，《尚書》作「棐」，輔功。常，常道。⓮鰥寡不蓋　老而無妻叫鰥，老而無夫叫寡。蓋，掩蓋；壅塞。⓯乃名三后　名，命。三后，指下文伯夷、禹、稷三位君主。⓰恤功　恤，憂。功，事。⓱降典　頒布典禮。⓲哲民維刑　哲，同「折」。制。刑，刑法。⓳主名　定名。⓴隆　同「降」。㉑農殖嘉穀　農，勉力。嘉，善。㉒假　通「嘏」。大。㉓鄉　通「享」。

【語　譯】那麼僅親近天其行為不善，因而遭到懲罰的，又是哪些人呢？回答是：像從前的伯鯀，他本是上帝的驕子，但是他廢棄了上帝的功德事業，於是就在羽山之野受到懲罰，被幽禁在日月照耀不到的地方，上帝也不愛他。這就是親近天其行為不善，因而受到懲罰的例子。那麼天所任使有才能的人，又是哪些呢？回答是：像從前禹、稷、皐陶等這些人就是。怎麼知道是這樣的呢？先王之書〈呂刑〉篇說：「上帝詳細地詢問了下民的情況，人民都對苗民有怨言。上帝說：諸侯及其以下百官，都要顯明有德的人來輔助國家常道，連鰥夫寡婦都不得加以掩蔽，有德者所懲罰的，大家都畏服；有德者所尊重的，大家都尊重。於是就命令伯夷、禹、稷三人，來憂勤人民之事。伯夷頒布典禮，用公正的刑法來使人民順服；禹治平水土，制定山川的名稱；后稷教人民耕作，勉力播種五穀。這三人都成功了，對人民大有貢獻。」這裡所說的三位聖人，言行謹慎，思慮精深，探尋天下沒發現的事務和被遺落的利益，來敬事上天，因此上天接受他們的美德，把恩惠降賜給萬民，萬民都得到利益，終生不止。

故先王之言曰：「此道也，大用之，天下則不窕❶；小用之，則不困；脩❷用之，則萬民被其利，終身無已。」〈周頌〉❸道之曰：「聖人之德，若天之高，若地之普，其有昭於天下也。若地之固，若山之承，不坼不崩。若日之光，若月之明，與天地同常。」則此言聖人之德，章明博大，埴固❹，以脩久也。聖人之德，蓋總乎天地者也。

【章旨】引先王之言與〈周頌〉，說明聖人之德囊括在天地之中，暗示聖人之德即是天地之德的體現。

【注釋】❶窕　寬肆；空曠。❷脩　長。❸周頌　《詩經》中三頌之一。今傳《詩經》沒有這幾句，可能是佚詩。❹埴固　引申為堅固。埴，黏土。

【語譯】所以先王說：「道這東西，把它放到天下，天下不見得有空曠多餘之地；放到小處，小處也不見得特別困窘壅塞。長久地運用它，則萬民都能得到好處，終生不會用盡。」〈周頌〉上說：「聖人的德行，顯示於天下，像天一樣高，像地一般廣，像山一樣連綿不斷，不會開裂，不會崩壞。像太陽般光亮，像月亮般明潔，與天地同長久。」這是說聖人的德行，顯著博大，堅實而長久。所以聖人的德行是囊括在天地之中，可與天地相配合的。

今王公大人欲王天下，正諸侯，夫無德義，將何以哉？其說將必挾震威彊❶。今王公大人將焉取挾震威彊哉？傾者❷民之死也。民生為甚欲，死為甚憎，所欲不得而所憎屢至，自古及今，未有嘗能有以此王天下、正諸侯者也。今大人欲王天下，正諸侯，將欲使意得乎天下，名成乎後世，故❸不察尚賢為政之本也？此聖人之厚行也。

【章旨】謂勸誡王公大人欲建立大業，必須向聖人學習，以尚賢為政之本。

【注釋】❶挾震威彊　震，同「振」。彊，同「強」。❷者　是諸字的省文。❸故　同「胡」。表示疑問，相當於「何」。

【語譯】現在王公大人想統一天下、統率諸侯，如果沒有德義，將憑什麼去實現這一願望呢？他們的說法是挾持武力與強權。當今的王公大人怎能採取挾持武力與強權這一方式呢？這是把人民引向死亡的境地呀！生存，是人民最希望的；死亡，是人民最憎惡的。人民所希望的得不到，所憎惡的卻屢次到來，從古到今，未曾有過這樣能統一天下、統率諸侯的。現在王公大人想統一天下、統率諸侯，名聲傳到後世，何不明察尚賢是政治的根本呢？這才是聖人深厚德行的表現啊！

尚賢下第十

【題解】這篇的大旨，與前兩篇的基本原則相同。但本文前面部分所講尚賢，為真正有才德者所喜，而為無才德者所懼。並針對士君子平時口口聲聲尚賢，一旦從政又不知尚賢的情事，進行了批評，這都是前兩篇所沒有講到的，交互參看，可收相得益彰之效。

子墨子言曰：「天下之王公大人皆欲其國家之富也，人民之眾也，刑法之治也，然而不識以尚賢為政其國家百姓，王公大人本失尚賢為政之本也。若苟王公大人本失尚賢為政之本也，則不能毋舉物示之乎？今若有一諸侯於此，為政其國家也，曰：『凡我國能射御之士，我將賞貴之，不能射御之士，我將罪賤之。』問於若國之士，孰喜孰懼？我以為必能射御之士喜，不能射御之士懼。我賞❶因而誘之矣，曰：『凡我國之忠信之士，我將賞貴之；不忠信之士，我將罪賤之。』問於若國之士，孰喜孰懼？我以為必忠信之士喜，不忠不信之士懼。今惟毋❷以尚賢為政其國家百姓，使國為善者勸，為暴者沮❸，大以為政於天下，使天下之為善者勸，為暴者沮。然昔吾所以貴堯、舜、禹、湯、文、武之道者，何故以哉？以其唯毋臨眾發政而治民，使天下之為善者可而❹勸也，為暴者可而沮也。然則此尚賢者也，與堯、舜、禹、湯、文、武之道同矣。

【章　旨】如王公大人真能尚賢，則能揚善懲惡，合於先王治國之道。

【注　釋】❶賞　當為「嘗」。書中嘗字多譌為賞。嘗，試。❷毋　語詞。❸沮　止。❹可而　可以。而，同「以」。

【語　譯】墨子說：「天下的王公大人，都想要他的國家富，人民多，政治安定，但是不懂得以尚賢來治理國家和人民，這樣王公大人本來就失去了尚賢這為政之本。如果王公大人本來就失去了尚賢這為政之本，那麼不能舉一些例子來給他們看看嗎？假如有一位諸侯在這裡，他在國中發布政令說：『凡是我國善於射箭駕車的人，我將賞賜他，尊崇他；不能射箭駕車的人，我將責罪他，輕視他。』請問這國家的人，誰高興，誰害怕？我認為一定是會射箭駕車的人高興，不會射箭駕車的人害怕。我又試圖進一步誘導他們說：『凡是我國的忠信之士，我將賞賜他，尊崇他；不忠信之士，我將責罪他，輕視他。』請問國中之士，誰高興，誰害怕？我認為一定是忠信之士高興，不忠信之士害怕。如果以尚賢來治理國家人民，使國中為善者受到激勵，為惡的遭到制止，把這種做法推廣到治理天下，使天下為善的受到激勵，為惡的遭到制止。那麼從前所以推崇堯、舜、禹、湯、文、武之道，原因何在呢？就是因為這樣能在面對人民發號施令之時，可以使天下為善的受到激勵，為惡的遭到制止。那麼這尚賢的主張，就與堯、舜、禹、湯、文、武之道相同了。

「而今天下之士君子，居處言語皆尚賢，逮至其臨眾發政而治民，莫知尚賢而使能，我以此知天下之士君子，明於小而不明於大也。何以知其然乎？今王公大人，有一牛羊之財❶不能殺，必索良宰；有一衣裳之財不能制，必索良工。當王公大人之於此也，雖有骨肉之親、無故富貴、面目美好者，實知其不能也，不使之也，是何故？恐其敗財也。當王公大人之於此也，則不失尚賢而使能。王公大人有一罷❷馬不能治，必索良醫；有一危弓❸不能張，必索良工。當王公大人之於此也，雖有骨肉之親、無故富貴、面目美好者，實知其不能也，必不使，是何故？恐其敗財也。當王公大人之於此也，則不失尚賢而使能。逮至其國家則不然，王公大人骨肉之親、無故富貴、面目美好者，則舉之，則王公大人之親其國家也，不若親其一危弓、罷馬、衣裳、牛羊之財與！我以此知天下之士君子皆明於小，而不明於大也。此譬猶瘖❹者而使為行人❺，聾者而使為樂師。

【章　旨】論述士君子、王公大人辦小事懂得尚賢使能，而治理國家卻不知尚賢任能。

【注釋】❶財 同「材」。❷罷 通「疲」。疲病。❸危弓 《周禮・考工記・弓人》：「豐肉而短，寬緩以荼，若是者為之危弓。」鄭玄注：「危猶疾也。」危弓是一種難開的弓。❹瘖 啞。❺行人 掌朝覲聘問的官。

【語譯】「當今天下的士君子，平時談論都說要尚賢，可一到執政，面對群眾發號施令，治理人民的時候，卻沒有人知道要尚賢使能。由此我知道天下的士君子，僅明白小事理而不明白大事理。怎麼知道是這樣的呢？當今的王公大人，有一頭牛一隻羊不會宰殺，就一定會找一個好屠夫；有一件衣裳不會縫製，也一定要找一個好的縫紉工。當王公大人們碰到這些事情時，即使有骨肉之親、無功而享有富貴者、容貌美麗者在他身邊，因確實知道他們幹不了這些事，也就不用他們了。這是什麼原因？怕他們弄壞了東西啊！當王公大人面對這些事情時，就不會忘記要尚賢使能。王公大人有一匹病馬不能醫治，一定會找一個好獸醫；有一張難開的弓打不開，一定找一位好工匠。當王公大人碰到這些事情時，即使有骨肉之親、無功而享有富貴的人、容貌美麗的人在身邊，因確實知道他們幹不了這些事，也就不用他們。這是什麼原因？怕他們弄壞了東西啊！當王公大人面對這些事情時，就不會忘記要尚賢使能。一到治理國家就不是這樣了，王公大人對那些骨肉之親、無功享有富貴的人、容貌美麗的人就加以提拔，看來王公大人重視一個國家，還不如重視一張難開的弓、一匹病馬、一件衣裳、一頭牛一隻羊呢！我由此知道天下的士君子，都只明白小事理，而不明白大事理。這就譬如叫啞巴去充當能說善道的行人官，叫聾子來充當樂師一樣。

「是故古之聖王之治天下也，其所富，其所貴，未必王公大人骨肉之親、無故富貴、面目美好者也。是故昔者舜耕於歷山，陶於河瀕，漁於雷澤，灰❶於常陽❷，堯得之服澤之陽，立為天子，使接天下之政，而治天下之民。昔伊尹為有莘氏女師僕❸，使為庖人，湯得而舉之，立為三公，使接天下之政，治天下之民。昔者傅說居北海之洲❹，圜土❺之上，衣褐帶索，庸築於傅巖之城，武丁得而舉之，立為三公，使之接天下之政，而治天下之民。是故昔者堯之舉舜也，湯之舉伊尹也，武丁之舉傅說也，豈以為骨肉之親、無故富貴、面目美好哉？惟❻法其言，用其謀，行其道，上可而利天，中可而利鬼，下可而利人，是故推而上之。

【章　旨】舉前代聖王選拔人才、客觀公正的例子，來說明不可用人唯親，當以尚賢任能為務。

【注　釋】❶灰　俞樾說：「疑反字之誤，反者販之叚字。」❷常陽　畢沅說：「疑即恆山之陽。」❸師僕　即中篇所說的「私臣」。私臣，陪嫁的媵臣。❹北海之洲　尸子也說：「傅巖在北海之洲。」北海，是泛指北方偏遠地區。❺圜土　指監獄。獄城為圓形，所以叫圜土。❻惟　同「唯」。

【語　譯】「所以古代的聖王治理天下，他們所要使之富貴的，不一定就是王公大人的骨肉之親、無功而享有富貴的人、容貌美麗的人。所以從前舜在歷山耕田，在黃河邊製陶器，在雷澤捕魚，在恆山之南做生意，堯在服澤北邊找到他，立為天子，讓他接管天下的政務，來治理天下的人民。從前伊尹為有莘氏女兒的陪嫁媵臣，當過廚師，商湯王找到他加以提拔，立為三公，讓他接管天下的政務，治理天下的人民。從前傅說居住在北海之洲的獄城之上，穿著粗布衣，繫著草索，當雇工在傅巖築城，武丁找到他加以提拔，立為三公，讓他接管天下的政務，治理天下的人民。從前堯提拔舜，商湯提拔伊尹，武丁提拔傅說，哪裡因為他們是骨肉之親、無功而享有富貴的人、容貌美好的人才加以提拔呢？只要以賢人的話為準則，採用他們的計謀，實行他們的主張，就首先可以有利於上天，其次可以有利於鬼神，再其次則可以有利於人民，所以要推崇賢人，把他們放到很高的職位上。

「古者聖王既審尚賢欲以為政，故書之竹帛，琢❶之槃盂❷，傳以遺後世子孫。於是先王之書〈呂刑〉之書然，王曰：『於❸！來！有國有土❹，告女訟刑❺，在今而❻安百姓，女何擇？言人❼？何敬？不刑？何度？不及❽？』能擇人而敬為刑，堯、舜、禹、湯、文、武之道可及也。是何也？則以尚賢及之。於先王之書《豎年》❾之言然，曰：『晞❿夫聖、武、知⓫人，以屏⓬輔而⓭身。』此言先王之治天下也，必選擇賢者以為其群屬輔佐。曰：今也天下之士君子，皆欲富貴而惡貧賤。曰：然。女何為而得富貴而辟⓮貧賤？莫若為賢。為賢之道將奈何？曰：有力者疾以助人，有財者勉以分人，有道者勸以教人。若此則飢者得食，寒者得衣，亂者得治。若飢則得食，寒則得衣，亂則得治，此安⓯生生⓰。

【章旨】列舉前代聖王之言，借以說明尚賢之利。

【注釋】❶琢　雕刻。❷槃盂　裝東西的器皿。❸於　吁，歎詞。❹有國有土　據有國家土地的人，指諸侯。❺告女訟刑　女，同「汝」。訟刑，公刑，古「訟」、「公」兩字通用。❻而　爾；你。❼何擇言人　《尚書》作「何擇非人」。「言」當是「否」之誤，否，同「非」。人，指吉人、賢人。❽及　《史記》作「宜」。❾豎年　〈尚賢中〉作「距年」，當是書名。❿晞　當作「睎」。望的意思。⓫知　同「智」。⓬屏　藩衛。⓭而　你們。⓮辟　同「避」。⓯安　乃。⓰生生　維持生計。

【語譯】「古時候的聖王，已明白尚賢為政的道理，所以就把這些道理寫在竹帛上，刻在槃盂上，傳給後代子孫。所以先王的書〈呂刑〉就這樣寫著，王說：『吁！來！你們這些享有國家、領地的人，我告訴你們用刑要公正，現在你們要安撫百姓。應當選擇什麼？不是賢人嗎？應當敬慎什麼？不是刑罰嗎？應當考慮什麼？不是怎麼把這一切做得合宜嗎？』能夠選擇賢人而敬慎公正地使用刑罰，這樣堯、舜、禹、湯、文、武之道就可以達到了。這是為什麼呢？是因為以尚賢趕上了他們。在先王《豎年》的書中就是這樣說，記載說：『希望用那些聖人、武勇和智者來輔佐你。』這是說先王治天下，一定選擇賢人來作為他們的臣僚輔佐。有人說：當今天下的士君子，都希望富貴厭惡貧賤。回答是：是的。那麼你怎樣才能得到富貴而避免貧賤？當然沒有比尚賢更好了。怎樣尚賢呢？回答是：有力量的要趕快幫助別人，有財物的要盡量分給別人，有道德修為的要勉力教導別人。這樣就能使飢者得食，寒者得衣，亂者得治。如果能做到飢則得食，寒則得衣，亂則得治，這樣天下人就能維持生計了。

「今王公大人其所富，其所貴，皆王公大人骨肉之親、無故富貴、面目美好者也。今王公大人骨肉之親、無故富貴、面目美好者，焉❶故必知哉！若不知，使治其國家，則其國家之亂可得而知也。今天下之士君子，皆欲富貴而惡貧賤。然女何為而得富貴，而辟貧賤哉？曰：莫若為王公大人骨肉之親、無故富貴、面目美好者，此非可學能者也。使不知辯，德行之厚若禹、湯、文、武，不加得也。王公大人骨肉之親，躄、瘖、聾，暴為桀、紂，不加失也。是故以賞不當賢，罰不當暴，其所賞者已無故❷矣，其所罰者亦無罪。是以使百姓皆攸心❸解體，沮以為善，垂❹其股肱之力，而不相勞徠❺也；腐臭餘財，而不相分資也；隱慝❻良道，而不相教誨也。若此，則飢者不得食，寒者不得衣，亂者不得治。推而上之以❼。

【章旨】此言王公大人任人唯親，則勢必導致人心離散，國家難治。

【注釋】❶焉　意同「何」。❷無故　沒有緣故。指無功。❸攸心　搖蕩其心，指人心散渙。攸，同「悠」。❹垂　當作「舍」。❺勞徠　勤勉。❻慝　「匿」字的異文。❼推而上之以　這五字是衍文，應刪。

【語譯】「當今王公大人，所使之富貴的，都是他們的骨肉之親、無功而富貴、容貌美麗的人。這些王公大人的骨肉之親、無功而富貴、容貌美麗的人，怎知他們必定有智慧呢？如果沒有智慧，卻讓他們來治理國家，那國家的混亂就可想而知了。當今天下的士君子，都希望富貴而厭惡貧賤。那麼怎樣才能得到富貴，而避免貧賤呢？回答是：沒有比做王公大人的骨肉之親、無功富貴、容貌美麗的人更好的了。但是，王公大人的骨肉之親、無功富貴、容貌美麗者，這些都不是可以通過學習就能做到的。如果不能明辨賢愚，即使德行深厚得如同禹、湯、文、武，也不會得以任用；王公大人的骨肉之親，即使是跛子、啞巴、聾子，殘暴得如同桀、紂，也不會失去職位。因此，所賞的不是真正的賢者，所罰的不是真正的惡人，所賞的已經是無功之人，所罰的也就必然是無罪之人。這樣就會使百姓人心離散，上進心受到壓抑而不肯為善，放棄他們的手足之力，而不肯勤勉的工作；多餘的財物即使腐臭，也不肯分給他人；心中隱藏著美好的主張，也不肯拿出來教誨他人。如果是這樣，那就必然飢者不得食，寒者不得衣，亂者不得治。

「是故昔者堯有舜，舜有禹，禹有皋陶，湯有小臣❶，武王有閎夭、泰顛、南宮括、散宜生，而天下和，庶民阜，是以近者安之，遠者歸之。日月之所照，舟車之所及，雨露之所漸，粒食❷之所養，得此莫不勸譽。且今天下之王公大人士君子，中實將欲為仁義，求為上士，上欲中❸聖王之道，下欲中國家百姓之利，故尚賢之為說，而不可不察此者也。尚賢者，天鬼百姓之利，而政事之本也！」

【章旨】以古代聖王的尚賢之利，說明尚賢是為政之本，並呼籲當今王公大人要重視尚賢的問題。

【注釋】❶小臣　指伊尹。❷粒食　指食穀的人。❸中　符合。

【語譯】「所以古代的堯有舜，舜有禹，禹有皋陶，湯有伊尹，武王有閎夭、泰顛、南宮括、散宜生這些賢臣，天下就得以和洽，人民富庶，因而近者安服，遠人歸向。凡是日月所照、舟船車輛所到達、雨露所滋潤、靠吃糧食養活的地方，得知這些聖君用賢之事，沒有不互相勸勉，加以稱譽的。況且當今天下的王公大人士君子，內心如確實想行仁義，求做賢人，上想符合聖王之道，下想符合國家百姓之利，那麼尚賢這種學說，是不能不加以審察的。尚賢，是上天鬼神、百姓的利益之所在，是政事的根本啊！」

尚同上第十一

【題解】尚，同「尚賢」之「尚」，是推崇的意思。同，文中又稱「壹同」或「一同」，是統一的意思。尚同就是推崇由上面來統一是非標準的做法。墨子認為，上自天子，下至鄉長，都應是賢者，由選舉產生出來。但他們一經產生之後，全體人民就都得以他們為楷模，統一到他們的是非標準之下。由鄉長而國君，由國君而天子，由天子而天，這樣層層往上統一，就叫做「上同而不下比」。能做到這樣，天下才不會混亂，天災才不會發生。〈尚同〉共三篇，各篇的旨趣相近，僅論述詳略有所不同。此篇比較簡要，中、下兩篇比較詳明。

子墨子言曰：「古者民始生，未有刑政之時，蓋其語『人異義❶』。是以一人則一義，二人則二義，十人則十義，其人茲❷眾，其所謂義者亦茲眾。是以人是其義，以非人之義，故交相非也。是以內者父子兄弟作怨惡，離散不能相和合。天下之百姓，皆以水火毒藥相虧害，至有餘力不能以相勞，腐朽❸餘財不以相分，隱匿良道不以相教，天下之亂，若禽獸然。

【章旨】敘述古代未能統一政令，人民各自為政，因而天下大亂。

【注釋】❶人異義　人人都有不同的是非標準。義，道理。❷茲　通「滋」。益；更加。❸朽　腐。

【語譯】墨子說：「在遠古的時候，人民剛產生不久，還沒有刑罰政令之時，大概就像人們所說的『人人都有不同的道理』。所以一個人就有一個道理，兩個人就有兩個道理，十個人就有十個道理，人越多，所謂的道理也就越多。所以人人都肯定自己的道理，批評別人的道理不對，因此互相否定。所以連家庭內部父子兄弟之間都互相怨恨嫌惡，互相離散而不能和睦相處。天下的百姓，也都用水火毒藥互相損害，以至於雖有餘力，卻不肯幫助人，多餘的財物腐壞了，也不願分給人，心中隱藏著好的主張，也不願教誨他人，天下的混亂，就好像禽獸一樣。

「夫明虖❶天下之所以亂者，生於無政長❷。是故選天下之賢可者，立以為天子。天子立，以其力為未足，又選擇天下之賢可者，置立之以為三公。天子三公既以❸立，以天下為博大，遠國異土之民，是非利害之辯，不可一二而明知，故畫分萬國，立諸侯國君。諸侯國君既已立，以其力為未足，又選擇其國之賢可者，置立之以為正長。正長既已具，天子發政於天下之百姓，言曰：『聞善而❹不善，皆以告其上。上之所是，必皆是之；所非，必皆非之。上有過則規諫之，下有善則傍❺薦之。上同而不下比❻者，此上之所賞，而下之所譽也。意若聞善而不善，不以告其上，上之所是，弗能是，上之所非，弗能非，上有過弗規諫，下有善弗傍薦，下比不能上同者，此上之所罰，而百姓所毀也。』上以此為賞罰，甚明察以審信。

【章　旨】闡明立天子、諸侯、正長的原則，在於防止天下之亂，天子已立，就應當「上同而不下比」，由天子統一是非賞罰標準。

【注　釋】❶虖　同「乎」。❷政長　正長。指統治者。政，同「正」。❸以　同「已」。❹而　同「與」。❺傍　通「訪」。訪，謀。❻比　同的意思。

【語譯】「明白天下所以混亂，是由於沒有行政長官。所以要選擇天下賢能可用的人，立為天子。天子確立了，因為他一人的力量不足，又選擇天下賢能可用的人，置立為三公。天子三公已經置立，又因為天下廣大，遠國異鄉的人民，對是非利害的分辨，不能靠一兩個人弄明白，所以要劃分成很多國，置立諸侯國君。諸侯國君已經置立，因為他們的力量仍嫌不夠，又選擇他們國內賢能可用的人，置立他們為正長。正長已設置完備，天子就向天下百姓發布政令，於是說：『你們聽到好的與不好的，都應向上面報告。上面所認為對的，大家都應說對；上面所認為不對的，大家都得說不對。上面有了過錯，就加以規勸；下面有了善人，就應當訪察推薦。一切統一在上面，而不是統一在下面，這是上面所獎賞的，下面所稱譽的。如果聽到好的與不好的，不向上面報告；上面所認為對的，大家不能贊同；上面所認為不對的，大家不能以為不對；上面有過錯不規勸，下面有善人不訪察推薦，只統一在下面而不統一在上面，這是上面所懲罰，而百姓所詆毀的。』上面以這些作為標準來賞罰，是非常明察而可深信的。

「是故里長❶者，里之仁人也。里長發政里之百姓，言曰：『聞善而不善，必以告其鄉長。鄉長之所是，必皆是之；鄉長之所非，必皆非之。去若不善言，學鄉長之善言，去若不善行，學鄉長之善行。則鄉何說以亂哉？』察鄉之所治者何也？鄉長唯能壹同鄉之義，是以鄉治也。鄉長者，鄉之仁人也。鄉長發政鄉之百姓，言曰：『聞善而不善者，必以告國君。國君之所是，必皆是之；國君之所非，必皆非之。去若不善言，學國君之善言，去若不善行，學國君之善行，則國何說以亂哉？』」

【章　旨】 此言鄉人均應上同於鄉長，既已同於鄉長，又進一步同於國君，這樣層層往上統一，則鄉國治。

【注　釋】 ❶里長　從下文看，是鄉長的下屬。

【語　譯】 「所以里長是里中的仁人。里長向里中百姓發布政令，說：『你們聽到善的與不善的，都一定要報告鄉長。鄉長認為對的，大家也都認為對；鄉長認為不對的，大家也都認為不對。去掉你們不善的言語，去學鄉長的善言，去掉你們不善的行為，去學鄉長的善行，那麼鄉中怎麼會亂呢？』考察鄉中所以安定，是什麼原因呢？是因為鄉長能統一鄉裡的是非標準，所以鄉中就治理得好。鄉長是鄉中的仁人。鄉長又向鄉中百姓發布政令說：『你們聽到好的與不好的，都一定要報告國君。國君認為對的，大家也都認為對；國君認為不對的，你們也都認為不對。去掉你們不善的言語，去學國君的善言，去掉你們不善的行為，去學國君的善行，那麼國家還怎麼會亂呢？』」

「察國之所以治者何也？國君唯能壹同國之義，是以國治也。國君者，國之仁人也。國君發政國之百姓，言曰：『聞善而不善，必以告天子。天子之所是，皆是之；天子之所非，皆非之。去若不善言，學天子之善言；去若不善行，學天子之善行，則天下何說以亂哉？』察天下之所以治者何也？天子唯能壹同天下之義，是以天下治也。天下之百姓皆上同於天子，而不上同於天，則菑❶猶未去也。今若天飄風❷苦雨❸，溱溱❹而至者，此天之所以罰百姓之不上同於天者也。」

【章　旨】 此謂百姓既已上同於國君，還得進一步上同於天子，最後，還得上同於天，這樣才會風調雨順，天下大治。

【注釋】❶菑　同「災」。依中篇，「菑」字上應有「天」字。❷飄風　暴風。❸苦雨　霖雨。久雨不晴，人為雨所苦，故稱苦雨。❹溱溱　形容風雨眾多的樣子。

【語譯】「考察國家所以太平、安定，原因何在呢？是因為國君能統一全國的是非標準，所以國家就治理得好。國君是國中的仁人。國君向國中百姓發布政令說：『你們聽到好的與不好的意見，都一定要報告天子。天子認為對的，大家也都認為對；天子認為不對的，大家也都認為不對。去掉你們不善的言語，去學天子的善言，去掉你們不善的行為，去學天子的善行，這樣天下怎麼還會亂呢？』考察天下之所以治，原因何在呢？是因為天子能統一天下的是非標準，所以天下就治理得好。天下的百姓都已向上統一到天子，卻不再向上統一到天，那麼天災還是不能避免。如果天出現狂風久雨，風雨連續不斷地到來，這就是天在懲罰百姓不統一到天那兒的罪過了。」

是故子墨子曰：「古者聖王為五刑❶，請以治其民，譬若絲縷之有紀❷，罔❸罟之有綱，所連收❹天下之百姓不尚同其上者也。」

【章旨】說明刑罰的作用，就在於要使天下百姓統一到上面的是非標準。

【注釋】❶五刑　指墨（臉上刺字）、劓（割去鼻子）、剕（刖足）、宮（腐刑）、大辟（死刑）。❷紀　端緒。❸罔　同「網」。❹所連收　「所」字下面應有「以」字。所以連收，即所用來統一的意思。連收，張純一說：「連，合也；收，聚也。」即統一的意思。

【語譯】所以墨子說：「古代聖王制定五刑，用以治理人民，這就好比絲縷的有端緒，網罟的有綱領，就是為了統一天下那些不肯認同上面的百姓。」

尚同中第十二

【題　解】此篇大旨與上篇同。但篇中對當時王公大人任人唯親，以致下級比周隱匿、賞罰不中的現象有所批評，指出應選擇人才，並嚴加教育，才能做到上下協調。這是上篇所沒有的內容。

子墨子曰：「方今之時，復古之民始生，未有正長之時，蓋其語曰『天下之人異義』。是以一人一義，十人十義，百人百義，其人數茲眾，其所謂義者亦茲眾。是以人是其義，而非人之義，故交相非也。內之父子兄弟作怨讎，皆有離散之心，不能相和合。至於舍餘力不以相勞，隱匿良道不以相教，腐㱙餘財不以相分，天下之亂也，至如禽獸然，無君臣上下長幼之節，父子兄弟之禮，是以天下亂焉。

【章　旨】敘述古時候人們各持異義，以致人心離散、天下大亂的情景，借以指出不尚同之害。

【語　譯】墨子說：「當今之時，主張復古的人開始有了。但是，在沒有正長的時代，大概就像人們所說的『天下的人各有不同的見解』。所以一個人一種見解，十個人十種議論，百個人百種道理，如果人數越多，所謂的議論也就越多。所以人人認為自己的見解對，別人的見解不對，所以互相否定。家裡面父子兄弟之間都結仇結怨，都有離散之心，不能互相和睦相處。甚至於有餘力也不肯幫助他人，隱藏著好的知識、學問，也不肯教誨他人，餘財腐壞了也不肯分給他人，天下混亂的狀況，跟禽獸差不多。沒有君臣上下長幼的禮節，父子兄弟的禮儀，因而天下混亂。

「明乎民之無正長以一同天下之義，而天下亂也，是故選擇天下賢良聖知辯慧之人，立以為天子，使從事乎一同天下之義。天子既以立矣，以為唯其耳目之請❶，不能獨一同天下之義，是故選擇天下贊閱❷賢良聖知辯慧之人，置以為三公，與從事乎一同天下之義。天子三公既已立矣，以為天下博大，山林遠土之民，不可得而一也，是故靡❸分天下，設以為萬諸侯國君，使從事乎一同其國之義。國君既已立矣，又以為唯其耳目之請，不能一同其國之義，是故擇其國之賢者，置以為左右將軍大夫，以遠❹至乎鄉里之長，與從事乎一同其國之義。

【章　旨】闡述立天子、諸侯、將軍大夫、鄉長的原則，就在於組成由上到下的國家機構，以便一同國家。

【注　釋】❶請　當作「情」。古文「請」字與「情」字形近，故多通用。❷贊閱　任用選擇。贊，進；進用。閱，簡；選擇。❸靡　「歷」的誤字。歷，與「離」同義。❹遠　是「逮」字之誤。

【語　譯】「明白人民沒有正長來統一天下的是非標準，天下就會亂的道理，所以要選擇天下賢良聖智明辯慧察的人，立他為天子，使他做統一天下是非標準的工作。天子已建立了，因為他個人耳目的聞見有限，不能獨自統一天下的是非標準，因而要選擇天下的賢良聖智明辯慧察的人，立為三公，同他們一起從事統一天下是非標準的工作。天子三公都已置立了，又因為天下博大，山林遠土之處的人民，不可能全部劃一標準，所以要劃分天下，設立諸侯萬國，使他們從事統一國中的是非標準。國君已經建立了，又因為他們耳目聞見有限，不能統一國內的是非標準，因此要選擇國中賢人，置立為左右將軍大夫，一直到鄉里的長官，同他們一道從事統一國內的是非標準。

「天子、諸侯之君、民之正長，既已定矣，天子為發政施教曰：『凡聞見善者，必以告其上；聞見不善者，亦必以告其上。上之所是，必亦是之；上之所非，必亦非之。己有善傍薦❶之，上有過規諫之。尚同義❷其上，而毋有下比❸之心。上得則賞之，萬民聞則譽之。意若聞見善，不以告其上，聞見不善，亦不以告其上，上之所是不能是，上之所非不能非，己有善不能傍薦之，上有過不能規諫之，下比而非其上者，上得則誅罰之，萬民聞則非毀之。』故古者聖王之為刑政賞譽也，甚明察以審信。

【章　旨】敘述天子發號施令，要求萬民都應「上同而不下比」，以上面的是非為統一標準。

【注　釋】❶傍薦　傍，通「訪」。訪，謀。薦，進；推舉。❷義　「乎」的誤字。❸比　同。指互相勾結，掩蓋真相。

【語　譯】「天子、諸侯之君、人民的正長都已建立起來了，天子就發布政令教導人民說：『凡是聽到見到好的，都一定要報告上司；聽到見到不好的，也一定要報告上司。上司所認為對的，大家也一定認為對；上司所認為不對的，大家也認為不對。自己有了善行，就考慮向上司進告，上司有了過失，就加以規勸。把一切都與上面統一，而不要有互相勾結、弄虛作假之心。上面得到報告就獎賞，萬民聽到了就讚譽。如果聽到好的，不把它報告上司，聽到不好的，也不把它報告上司，上面所贊同的不跟著贊同，上面所否定的不跟著否定，自己有了善行不考慮向上進告，上面有了過失不能加以規勸，在下面互相勾結而毀謗上司的，上面知道了就加以懲罰，萬民聽到了就加以詆毀。』所以古代聖王所採取的刑罰獎賞政策，是很明察而且有信用的。

「是以舉天下之人，皆欲得上之賞譽，而畏上之毀罰。是故里長順天子政，而一同其里之義。里長既同其里之義，率其里之萬民，以尚同乎鄉長，曰：『凡里之萬民，皆尚❶同乎鄉長，而不敢下比。鄉長之所是，必亦是之；鄉長之所非，必亦非之。去而不善言，學鄉長之善言；去而不善行，學鄉長之善行。鄉長固鄉之賢者也，舉鄉人以法鄉長，夫鄉何說而不治哉？』察鄉長之所以治鄉者，何故之以也？曰：唯以其能一同其鄉之義，是以鄉治。

【章　旨】里長要求萬民都上同於鄉長，以鄉長之是非為是非，所以能治好鄉。

【注　釋】❶尚　同「上」。

【語　譯】「所以整個天下的人，都想得到上面的獎賞稱譽，而害怕上面的批評懲罰。因此里長遵從天子的政令，而統一里中的是非標準。里長既已統一里中的是非標準，就率領里中人民，來往上統一到鄉長，說：『凡是里內人民，都要往上統一到鄉長，而不敢在下面互相勾結。鄉長所認為對的，一定要跟著說對；鄉長所認為不對的，大家也一定認為不對。去掉你們不好的言論，學習鄉長的善言；去掉你們的不良行為，學習鄉長的善行。鄉長本來就是鄉裡的賢人，全體鄉人都效法鄉長，那麼這個鄉怎可說治不好呢？』考察鄉長是憑什麼把鄉治好的呢？回答是：因為他能統一全鄉的是非標準，所以能把鄉中治理好。

「鄉長治其鄉，而鄉既已治矣，有❶率其鄉萬民，以尚同乎國君，曰：『凡鄉之萬民，皆上同乎國君，而不敢下比。國君之所是，必亦是之；國君之所非，必亦非之。去而不善言，學國君之善言；去而不善行，學國君之善行。國君固國之賢者也，舉國人以法國君，夫國何說而不治哉？』察國君之所以治國，而國治者，何故之以也？曰：唯以其能一同其國之義，是以國治。

【章旨】鄉長告誡鄉人，應上同到國君，以國君之是非為是非，國家就能治好。

【注釋】❶有 同「又」。

【語譯】「鄉長治鄉，全鄉已經治好了，又率領鄉中的人民，來向上同於國君，說：『凡是鄉中的人民，都要上同到國君，而不敢在下面互相勾結。國君所認為對的，大家也一定認為對；國君所認為不對的，大家也一定認為不對。去掉你們不好的言論，學習國君的善言；去掉你們不好的行為，學習國君的善行。國君本來就是國中的賢人，全體國人效法國君，那國家怎可說治不好呢？』考察一下國君所用以治國，而又能使國家治好的方法，祕訣在哪裡呢？答案是：因為他能夠統一那個國家的是非標準，所以能把國家治理得好。

「國君治其國，而國既已治矣，有率其國之萬民，以尚同乎天子，曰：『凡國之萬民上同乎天子，而不敢下比。天子之所是，必亦是之；天子之所非，必亦非之。去而不善言，學天子之善言；去而不善行，學天子之善行。天子者，固天下之仁人也，舉天下之萬民以法天子，夫天下何說而不治焉？』察天子之所以治天下者，何故之以也？曰：唯以其能一同天下之義，是以天下治。」

【章　旨】國君告誡國人，要上同到天子，以天子之是非為是非，這樣才能治好天下。

【語　譯】「國君治國，國已經治好了，又率領國內萬民，來向上同於天子，說：『凡是國內萬民都要把是非標準與天子相同，而不敢在下面互相勾結。天子所認為對的，大家也一定認為對；天子所認為不對的，大家也一定認為不對。去掉你們不好的言論，去學天子的善言；去掉你們不好的行為，去學天子的善行。天子，本來就是天下的仁人，整個天下的人都效法天子，那天下怎能說治不好呢？』考察天子之所以能治好天下，憑藉什麼呢？回答是：因為能夠統一天下的是非標準，所以就能將天下治理得好。」

「夫既尚同乎天子，而未上同乎天者，則天菑將猶未止也。故當若天降寒熱不節，雪霜雨露不時，五穀不孰❶，六畜不遂❷，疾菑戾❸疫，飄風苦雨，荐臻❹而至者，此天之降罰也，將以罰下人之不尚同乎天者也。故古者聖王，明天鬼之所欲，而避天鬼之所憎，以求興天下之害。是以率天下之萬民，齊❺戒沐浴，潔為酒醴粢盛，以祭祀天鬼。其事鬼神也，酒醴粢盛，不敢不蠲潔❻，犧牲不敢不腯❼肥，珪璧幣帛不敢不中度量，春秋祭祀不敢失時幾❽，聽獄不敢不中，分財不敢不均，居處不敢怠慢。曰：其為政長若此，是故上者天鬼有厚乎其為政長也，下者萬民有便利乎其為政長也。天鬼之所深厚而能彊從事焉，則天鬼之福可得也。萬民之所便利而能彊從事焉，則萬民之親可得也。其為政若此，是以謀事得，舉事成，入守固，出誅勝者，何故之以也？曰：唯以尚同為政者也。故古者聖王之為政若此。」

【章旨】萬民不僅要上同到天子，而且要上同到天，這樣天鬼才會賜給幸福。

【注釋】❶孰　「熟」的本字。❷遂　長。❸戾　通「沴」。惡氣。❹荐臻　荐，同「薦」。重。臻，至。❺齊　一本作「齋」。❻蠲潔　蠲，與「潔」同意。❼腯　豬肥叫腯。❽幾　期。

【語譯】「已經向上同於天子，卻還沒有向上同於天，那麼天災就不會停止。所以如果當天寒熱沒有節制，雪霜雨露降得不是時候，五穀沒有收成，六畜不長育，災病瘟疫，暴風久雨，接二連三地到來，這就是天降懲罰，是用來懲罰下民不肯上同於天的罪過。所以古代的聖王，明白天鬼所欲求的，而避開天鬼所憎惡的，來求得消除天下的災害。因此率領天下的萬民，齋戒沐浴，獻上潔淨的酒食祭品，來祭祀天鬼。他們事奉鬼神，酒食祭品不敢不潔淨，牛羊豬等犧牲不敢不用肥壯的，珪璧幣帛等禮品不敢不合於法度，春秋的祭祀活動不敢錯過時期，治理刑獄不敢不中正，分配財物不敢不均平，平時居處不敢怠慢。如果說，為正長的能做到這個地步，在上的天鬼就會對他們有所厚愛，在下的萬民就會給他們合作的便利，使他們成為好正長。被天鬼所深厚地愛著而又能勉力從事，那就能得享天鬼所賜的幸福。萬民能給予合作的便利而又能勉力從事，那就能得到萬民的親附。他們為政能做到這種地步，因此謀劃事情就能得當，辦事就能成功，退守則可堅固，出戰則一定勝利。這是什麼原因呢？回答是：因為能統一是非標準來為政。古代的聖王為政就是這樣。」

今天下之人曰：「方今之時，天下之正長猶未廢乎天下也，而天下之所以亂者，何故之以也？」子墨子曰：「方今之時之以❶正長，則本與古者異矣，譬之若有苗之以五刑然。昔者聖王制為五刑，以治天下，逮至有苗之制五刑，以亂天下。則此豈刑不善哉？用刑則不善也。是以先王之書〈呂刑〉之道曰：『苗民否用練折則刑❷，唯作五殺之刑，曰法。』則此言善用刑者以治民，不善用刑者以為五殺。則此豈刑不善哉？用刑則不善。故遂以為五殺。是以先王之書〈術令〉❸之道曰：『唯口出好興戎❹。』則此言善用口者出好，不善用口者以為讒賊寇戎。則此豈口不善哉？用口則不善也，故遂以為讒賊寇戎。」

【章　旨】回答當今之世有正長而仍然亂的問題。指出天下之所以亂，原因就在於正長利用刑律殘害人民。

【注　釋】❶以　為。❷否用練折則刑　《尚書‧呂刑》作「弗用靈制以刑」。否，同「弗」。不。練，同「靈」。善。折，同「制」。制作。則，同「以」。❸術令　孫詒讓認為是「說命」的假借，〈說命〉是《尚書》的一篇。下面這句話見於今本《尚書‧大禹謨》，是後人竄入的。❹唯口出好興戎　在這裡這句話的意思是說，口能稱賞所善，也能誅伐所惡。好，指賞善。戒，指伐惡。

【語　譯】現在天下的人說：「當今之時，天下並沒有廢去正長，而天下所以亂的原因又在哪裡呢？」墨子說：「當今之時當正長的，本來就與古代的正長不同，這就像有苗制作墨、劓、刵、宮、大辟五種刑罰一樣。從前聖王制作這五種刑罰，使天下大治，及至有苗制作這五種刑罰，卻用來弄亂天下。這難道是刑法本身不善嗎？是因為用刑不善啊！所以先王之書〈呂刑〉中說：『苗民不以善道來制作刑法，只制作五殺之刑，就叫做法。』這就是說善於用刑的用以使人民安定，不善於用刑的把刑作為五種殺戮手段，這哪裡是刑法本身不善呢？是因為用刑不善啊！所以竟成為五種殺戮的手段。因此先王之書〈術令〉說：『口能說出好結果，也能興起殺伐。』這就是說善於用口的就引出好結果，不善用口的就用口來讒害仇殺。這哪裡是口本身不善呢？是因為用口不善，所以竟至於用它來讒害仇殺。

「故古者之置正長也，將以治民也，譬之若絲縷之有紀，而罔罟之有綱也，將以運役❶天下淫暴，而一同其義也。是以先王之書《相年》❷之道曰：『夫建國設都，乃作后王君公，否用泰❸也；輕❹大夫師長，否用佚❺也，維辯使天均❻。』則此語古者上帝鬼神之建設國都，立正長也，非高其爵，厚其祿，富貴佚而錯之也❼，將以為萬民興利除害，富貴貧寡❽，安危治亂也。故古者聖王之為若此。

【章　旨】申述古代所以設置君王官吏是為天下謀福利。

【注　釋】❶運役　上篇作「連收」，是合聚的意思。❷相年　畢沅說：「當為拒年。」❸否用泰　否，非。泰，驕泰。❹輕　當作「卿」。❺佚　安逸。❻維辯使天均　分授職權是為了使天下均平。辯，同「辨」。分。均，平。❼富貴佚

而錯之也　佚，依下篇，上面當有「游」字。游佚，即淫佚。錯，通「措」。措置。❽富貴貧寡　當作「富貧眾寡」。意為使貧者富，寡者眾。

【語譯】「所以古代設置正長，是用來治民的，就好比絲縷有端緒，網罟有綱領一樣，將用來聚合那些淫暴的人，而統一他們的是非標準。所以先王的《相年》書中說：『建國設都，就置立君主王公，這不是讓他們借此高位驕泰；設立卿大夫師長，也不是要他們借此職位圖安逸，分授給他們職權的目的，是為了使天的均平之道能得到實現。』這是說古代上帝鬼神建國設都，立正長，並不是抬高他們的爵位，增加他們的俸祿，讓他們富貴淫佚才有的舉措啊！而是用他們來為萬民興利除害，使貧窮的富有，寡少的增多，危險的地方安定，亂離的地方太平。古代聖王的作為就是這樣。

「今王公大人之為政則反此。政以為便譬❶，宗於❷父兄故舊，以為左右，置以為正長。民知上置正長之非正❸以治民也，是以皆比周隱匿，而莫肯尚同其上。是故上下不同義。若苟上下不同義，賞譽不足以勸善，而刑罰不足以沮暴。何以知其然也？曰：上唯毋❹立而為政乎國家，為民正長，曰人可賞吾將賞之。若苟上下不同義，上之所賞，則眾之所非，曰人眾與處，於眾得非。則是雖使得上之賞，未足以勸乎！上唯毋立而為政乎國家，為民正長，曰人可罰吾將罰之。若苟上下不同義，上之所罰，則眾之所譽，曰人眾與處，於眾得譽。則是雖使得上之罰，未足以沮乎！若立而為政乎國家，為民正長，賞譽不足以勸善，而刑罰不沮暴❺，則是不與鄉吾本言民『始生未有正長之時』同乎！若有正長與無正長之時同，則此非所以治民、一眾之道。

【章　旨】此言當今王公大人任人唯親，不能統一天下的是非標準，以致賞罰不當，達不到應有的效果。

【注　釋】❶便譬　巧言令色，以求容媚之人。譬，同「僻」。❷於　當作「族」。❸正　衍字，應刪。❹唯毋　語詞。無義。❺不沮暴　依上句，當作「不足以沮暴」。

【語　譯】「當今的王公大人為政則與此相反。他們正把善言諂媚、宗族、父兄、故人、舊友，作為自己的左右，立為正長。人民知道上司設置這些正長不是用來治民的，因而都互相勾結，隱瞞真相，而沒有人認同上司的政令措施。所以上下是非標準不同。如果上下是非標準不同，賞譽不足以勉勵行善，而刑罰又不足以制止行暴。怎知是這樣呢？回答是：上面置立他們為政於國家，為民正長，他們說這個人可以賞我就獎賞他。如果上下是非標準不同，上面所賞的，正是眾人所反對的，這人雖說與眾人相處，卻遭到眾人非議。那這個人雖然得到上面的賞賜，卻不足以勉勵眾人！上面置立這些人為政於國家，使他們為民正長，他們說這個人可以罰我就懲罰他。如果上下是非標準不同，上面所懲罰的，卻是眾人所讚譽的，這人雖說與眾人相處，而眾人還是稱譽他。那這個人雖受到上面的懲罰，卻不足以制止不善！如果把一些人置立起來為政於國家，做人民的正長，賞譽不足以勉勵行善，刑罰又不足以制止為惡，那不是同我先前所說過的『人民處於原始生活還沒有正長的時代』相同嗎？如果有正長的時代與沒有正長的時代相同，那就不是用來治理人民、統一群眾的方法了。

「故古者聖王唯而審以尚同，以為正長，是故上下情請❶為通。上有隱事遺利，下得而利之；下有蓄怨積害，上得而除之。是以數千萬里之外，有為善者，其室人未徧知，鄉里未徧聞，天子得而賞之。數千萬里之外，有為不善者，其室人未徧知，鄉里未徧聞，天子得而罰之。是以舉天下之人，皆恐懼振動惕慄，不敢為淫暴，曰天子之視聽也神。先王之言曰：『非神也，夫唯能使人之耳目助己視聽，使人之吻❷助己言談，使人之心助己思慮，使人之股肱助己動作。』助之視聽者眾，則其所聞見者遠矣；助之言談者眾，則其德音之所撫循❸者博矣；助之思慮者眾，則其談❹謀度速得矣；助之動作者眾，即其舉事速成矣。

【章　旨】此言古聖先王能任用賢人來幫助自己，所以能舉事成功。借以說明要實現尚同，應首先發現和提拔賢人。

【注　釋】❶請　衍文，應刪。❷吻　上面應有「脣」字。脣吻，即口。❸撫循　撫慰。❹談　衍文，應刪。

【語　譯】「所以古代的聖王能審察與自己主張一致的人，來立為正長，因此能溝通上下之情。上面有隱而未顯的好處和遺落的利益，下面仍能夠得到；下面有蓄積已久的怨憤和危害，上面也能夠消除。因而在數千萬里之外的地方，有行善的人，即使連他家裡的人都尚未全知道，他鄉里的人都未全聽說，天子也能得知而加以獎賞。在數千萬里之外的地方，有做壞事的，即使連他家裡的人都尚未全知道，他鄉里的人都未全聽說，天子也能得知而加以處罰。所以普天下的人，都會為之震驚恐懼，不敢做凶暴的事情，都歎服天子的視聽神明。先王的說法是：『這並不是有什麼神明，只是能使別人的耳朵幫助自己聽，使別人的嘴巴幫助自己說，使別人的心幫助自己思考，使別人的手足幫助自己行動罷了。』幫助自己視聽的人多，那他所聽到看到的就遠了；幫助他談說的人多，那他的德音所能撫慰的就廣了；幫助他思慮的人多，那他的謀慮就敏捷了；幫助他行動的人多，那他辦事的速度就快了。

「故古者聖人之所以濟事成功，垂名於後世者，無他故異物焉，曰唯能以尚同為政者也。是以先王之書〈周頌〉之道之曰：『載❶來見彼王❷，聿求厥章❸。』則此語古者國君諸侯之以春秋來朝聘天子之庭，受天子之嚴教，退而治國，政之所加，莫敢不賓❹。當此之時，本無有敢紛❺天子之教者。《詩》曰：『我馬維駱❻，六轡❼沃若❽，載❾馳載驅，周爰咨度❿。』又曰：『我馬維騏⓫，六轡若絲⓬，載馳載驅，周爰咨謀。』即此語也。古者國君諸侯之聞見善與不善也，皆馳驅以告天子。是以賞當賢，罰當暴，不殺不辜，不失有罪，則此尚同之功也。」

【章旨】引用詩文，來說明古時聖王能使諸侯上同於自己，聽從自己的教令，所以能功成名就。

【注釋】❶載　始。❷彼王　《詩經・周頌・載見》作「辟王」。辟王，君王。❸聿求厥章　聿，發語詞。厥，其。章，典章；法制。❹賓　服。❺紛　亂。❻駱　黑鬃的白馬。❼六轡　六條馬韁繩。❽沃若　潤澤的樣子。❾載　則。❿周爰咨度　周，忠實。爰，于。咨，詢問。度，揣度；考慮。⓫騏　有青黑色紋理的馬。⓬若絲　《詩經・小雅・皇皇者華》作「如絲」。如絲，形容馬韁繩白柔如絲。

【語譯】「所以古代聖人所以舉事成功，名聲留傳於後世，沒有什麼特別奇異的原因，只是能以尚同為政罷了。所以先王的書〈周頌〉說：『始來見君王，來求取禮制典章。』這是說古時候國君諸侯春秋兩季來朝拜聘問天子，接受天子的嚴格教誨，回到封地治國，所施行的政令，就沒有人敢不服從。在這個時候，本來就沒有人敢紛亂天子的教令。《詩》又說：『我駕著駱馬，六條繮繩潤又滑，馬兒馳騁到都城，誠心誠意請教他。』又說：『我駕著騏馬，六條繮繩軟如絲，馬兒馳騁到朝廷，誠心誠意來商議。』講的就是這種情況。古代國君諸侯聽到見到善的和不善的，都得奔馳到京都來向天子報告。所以賞的正是賢人，罰的正是惡人，不殺無罪之人，不漏有罪之人，這就是尚同的功效。」

是故子墨子曰：「今天下之王公大人士君子，請❶將欲富其國家，眾其人民，治其刑政，定其社稷，當若❷尚同之❸不可不察，此之本也。」

【章旨】進一步呼籲當今王公大人要重視尚同的問題。

【注釋】❶請　誠。❷當若　當如。❸之　下脫「說」字。

【語譯】所以墨子說：「當今天下的王公大人士君子，如果確想使國家富有，人民眾多，刑政治平，社稷安定，應當按照我的尚同學說而不能不對此加以考察，這是為政的根本啊！」

尚同下第十三

【題解】這篇大旨及論述詳略，與中篇相同。

子墨子言曰：「知❶者之事，必計國家百姓之所以亂者而辟❷之。然計國家百姓之所以治者何也？上之為政，得下之情則治，不得下之情則亂。何以知其然也？上之為政，得下之情，則是明於民之善非也。若苟明於民之善非也，則得善人而賞之，得暴人而罰之也。善人賞而暴人罰，則國必治。上之為政也，不得下之情，則是不明於民之善非也。若苟不明於民之善非，則是不得善人而賞之，不得暴人而罰之。善人不賞而暴人不罰，為政若此，國眾必亂。故賞不得下之情，而不可❸不察者也。」

【章旨】智者治國，必須情通上下，使賞罰得當。

【注釋】❶知　同「智」。❷辟　通「避」。❸而不可　俞樾說：「而不可，當作不可而，猶言不可以也。」

【語譯】墨子說：「智者的要務，一定要考慮到能使國家百姓安定的事情才做，也一定要考慮到對那些使國家百姓混亂的事情加以避免。那麼，為什麼要考慮那些使國家百姓安定的事情呢？因為在上的從事政治，掌握了下面的情況就安定，不了解下面的情況就混亂。怎麼知道是這樣呢？上面從事政治，了解了下面的情況，也就能明察下民的善與非。如果能明察人民的善與非，那知道他是善人就獎賞他，知道他是惡人就懲罰他。善人得到獎賞而惡人受到懲罰，國家必然安定。在上的從事政治，不能了解下面的情況，那就不能明察人民的善與非。如果不能明察人民的善與非，那就不能發現善人就加以獎賞，也不能發現惡人就加以懲罰。善人得不到獎賞而惡人得不到懲罰，為政如果這樣，國家和民眾必定大亂。所以賞罰都不能符合下情，這不可不加以明察。」

然計得下之情將奈何可？故子墨子曰：「唯能以尚同一義為政，然後可矣。」何以知尚同一義之可而❶為政於天下也？然❷胡不❸審稽❹古之治❺為政之說乎！古者，天之始生民，未有正長也，百姓為人❻。若苟百姓為人，是一人一義，十人十義，百人百義，千人千義，逮至人之眾不可勝計也，則其所謂義者，亦不可勝計。此皆是其義，而非人之義，是以厚者有鬥，而薄者有爭。是故天下之欲同一天下之義也。是故選擇賢者，立為天子。天子以其知力為未足獨治天下，是以選擇其次立為三公。三公又以其知力為未足獨左右天子也，是以分國建諸侯。諸侯又以其知力為未足獨治其四境之內也，是以選擇其次立為卿之❼宰。卿之宰又以其知力為未足獨左右其君也，是以選擇其次立而為鄉長家君。是故古者天子之立三公、諸侯、卿之宰、鄉長家君，非特富貴游佚而擇❽之也，將使助治亂❾刑政也。故古者建國設都，乃立后王君公，奉以卿士師長，此非欲用說❿也，唯辯⓫而使助⓬治天明⓭也。

【章　旨】此陳述立天子、諸侯、卿宰、鄉長家君等，乃是為了使天下安定的道理。

【注　釋】❶而　同「以」。❷然　猶則。❸胡不　何不。❹審稽　明察。❺治　是「始」的誤字。❻為人　各自為政，各自為長，互不統屬。❼之　與。❽擇　中篇作「措」。設置之意。❾治亂　偏義複詞。亂字無意義。❿說　同「悅」。

⓫辯　分。⓬助　衍文，應刪。⓭天明　天之明道。

【語　譯】然而要想了解下情當怎麼做才可以？所以墨子說：「只要能做到向上統一，以此作為是非標準來治理國政，這樣就可以了。」怎麼知道能做到向上統一，以此作為是非標準，就可以為政於天下呢？那麼為何不去明察古代開始施政時的原則呢？古時候，天剛生出人民，還沒有正長，人民各自為政。如果人民各自為政，那就一個人有一個是非標準，十個人有十個是非標準，百個人有百個是非標準，千個人有千個是非標準，一直到人多到不可勝數，那所謂的是非標準也就多得不可勝數。這樣大家就都認為自己的標準正確，而否定別人的標準，因此重則發生械鬥，輕則發生爭執。這就是天下要統一是非標準的原因所在了。所以選擇賢者，立他為天子。天子認為個人的智慧能力不足以治天下，因而選擇比他智慧能力差一點的人來當三公。三公又認為他們的智慧能力不足以輔佐天子，因此分國建置諸侯。諸侯又認為他們的智慧能力不足以治理好他們的封國，因而又選擇比他們次一點的來立為卿與宰。卿和宰又認為他們的智慧能力不足以輔佐他們的國君，因此又選擇比他們次一點的人立為鄉長家君。所以古代天子立三公、諸侯、卿和宰、鄉長家君，並非只是為了讓他們富貴安逸才設置的，而是要他們來幫助治理好政務的。所以古代需要建國設都，才設立后王君公，接著又設置卿士師長，這並非想以此來取悅他們，而是分給他們職權，依天道辦事來幫助治理的。

今此何為人上而不能治其下，為人下而不能事其上？則是上下相賊也。何故以然？則義不同也。若苟義不同者有黨，上以若人為善，將賞之，若人唯❶使得上之賞，而辟❷百姓之毀，是以為善者，必未可使勸，見有賞也。上以若人為暴，將罰之，若人唯使得上之罰，而懷百姓之譽，是以為暴者，必未可使沮，見有罰也。故計上之賞譽，不足以勸善，計其毀罰，不足以沮暴。此何故以然？則義不同也。

【章旨】陳說當今上下互相殘賊、賞罰不當的原因，就在於是非標準不統一。

【注釋】❶唯 通「雖」。❷辟 通「避」。

【語譯】現今為什麼為上的不能治理好他的下民，而為下的卻不能服事他們的上司？這是因為上下互相賊害所致。為什麼會如此？原因在於是非標準不統一。如果是非標準不同的人結成一黨，在上的認為這些人善，就將要獎賞他們，這些人雖能得到上面的獎賞，卻避免不了百姓的毀斥，這樣就必不能使那些為善的人，因見到獎賞而受到激勵。在上的如果認為這些人惡，將要懲罰他們，這些人雖然受到了上司的懲罰，卻受到百姓的稱譽，這樣就必不能使那些為惡的人，因為看到懲罰就得以制止。所以可預計上面的獎賞稱譽，不足以勸勉善人，也可預計上面的懲罰，不足以制止凶暴的人，這是什麼原因呢？是因為是非標準不一致啊。

然則欲同一天下之義，將奈何可？故子墨子言曰：「然胡不賞使家君試用家君❶，發憲布令其家，曰：『若見愛利家者，必以告；若見惡賊家者，亦必以告。若見愛利家以告，亦猶愛利家者也，上得且賞之，眾聞則譽之；若見惡賊家不以告，亦猶惡賊家者也，上得且罰之，眾聞則非之。』是以徧若家之人，皆欲得其長上之賞譽，辟❷其毀罰。是以善言之，不善言之，家君得善人而賞之，得暴人而罰之。善人之賞，而暴人之罰，則家必治矣。然計若家之所以治者何也？唯以尚同一義為政故也。

【章　旨】家君在家實行尚同，則家必治。

【注　釋】❶然胡不賞使家君試用家君　賞，是「嘗」的誤字。「賞」字下「使家君」三字是衍文，應刪。這句連同下句，應讀作「然胡不嘗試用家君發憲布令其家」。❷辟　通「避」。

【語　譯】那麼想要統一天下的是非標準，該怎樣做才可以？所以墨子說：「那麼何不試著讓家君在家中發布憲令，說：『如果看到有愛家利家的人，一定要向上面報告；如果看到惡家害家的人，也一定要向上面報告。如果看到愛家利家的人能向上面報告，這樣的人也就可算作愛家利家的人了，上面發現了將要獎賞他，大家聽到了就會稱讚他；如果看到惡家害家的人不向上面報告，這樣的人也就猶如惡家害家之人，上面發現了將要懲罰他，大家聽到了就會指責他。』因此這個家中所有的人，都想要得到他們上司的獎賞稱譽，而避開毀罵懲罰。因而善的有人報告，不善的也有人報告，家君發現了善人就賞他，發現了惡人就罰他。善人得到獎賞，而惡人得到懲罰，那麼這個家就必定能治好了。然而如估量一下，這個家所以能治好的原因在哪裡？只是因為能向上統一是非標準來治家的緣故罷了。

「家既已治，國之道盡此已邪？則未也。國之為家數也甚多，此皆是其家，而非人之家，是以厚者有亂，而薄者有爭。故又使家君總其家之義，以尚同於國君。國君亦為發憲布令於國之眾，曰：『若見愛利國者，必以告；若見惡賊國者，亦必以告。若見愛利國以告者，亦猶愛利國者也，上得且賞之，眾聞則譽之；若見惡賊國不以告者，亦猶惡賊國者也，上得且罰之，眾聞則非之。』是以徧若國之人，皆欲得其長上之賞譽，避其毀罰。是以民見善者言之，見不善者言之，國君得善人而賞之，得暴人而罰之。善人賞而暴人罰，則國必治矣。然計若國之所以治者何也？唯能以尚同一義為政故也。

【章旨】此言國君能在國中實行尚同，則國必治。

【語譯】「家已經治好了，治國之道就盡在此終止了嗎？還沒有。國裡面有很多家，各家都認為自己對，而認為別人不對，所以重則發生紛亂，輕則發生爭執。故而又要使家君綜合家中的道理，來向上統一到國君。國君也向國人發布憲令，說：『如果看到愛國利國的人，一定要向上面報告；如果看到惡國害國的人，也一定要向上面報告。如果看到愛國利國的人能向上面報告，這樣的人就猶如愛國利國的人，上面發現了將獎賞他，大家聽到了將讚譽他；如果看到惡國害國的人不向上面報告，這樣的人也就猶如惡國害國的人，上面發現了將懲罰他，大家聽到了就指責他。』因此這個國家所有的人，都想得到上司的獎賞稱譽，而避開指責懲罰。因此人民見到善的能報告，見到惡的也能報告，國君發現善人就獎賞他，發現惡人就懲罰他。善人受到獎賞而惡人受到懲罰，那國家一定能治好了。然而如估量一下，這個國家所以能治好的原因何在？只是能向上統一是非標準來治理國政罷了。

「國既已治矣，天下之道盡此已邪？則未也。天下之為國數也甚多，此皆是其國，而非人之國，是以厚則有戰，而薄則有爭。故又使國君選❶其國之義，以尚同於天子。天子亦為發憲布令於天下之眾，曰：『若見愛利天下者，必以告；若見惡賊天下者，亦以告。若見愛利天下以告者，亦猶愛利天下者也，上得則賞之，眾聞則譽之。若見惡賊天下不以告者，亦猶惡賊天下者也，上得且罰之，眾聞則非之。』是以徧天下之人，皆欲得其長上之賞譽，避其毀罰，是以見善不善者告之。天子得善人而賞之，得暴人而罰之，善人賞而暴人罰，天下必治矣。然計天下之所以治者何也？唯而❷以尚同一義為政故也。

【章旨】此言天子能尚同於天下，所以天下太平。

【注釋】❶選　意同「總」。❷而　通「能」。

【語譯】「國已經治好了，那麼治天下之道就全到此為止了嗎？沒有。在天下建立的國很多，每個國都認為自己對，而認為別國不對，因而重則發生戰鬥，輕則發生爭執。所以又使國君總合一國的標準，來向上統一到天子。天子也發布憲令於天下，說：『如果看到愛天下利天下的人，一定要向上面報告；如果看到惡天下害天下的人，也一定要向上面報告。如果看到愛天下利天下的人能向上面報告，這樣的人也就猶如愛天下利天下的人，上面發現了就獎賞他，大家聽到了就稱讚他；如果看到惡天下害天下的人而不能向上面報告，這樣的人也就猶如惡天下害天下的人，上面發現了就懲罰他，大家聽說了就指責他。』

因此普天下的人，都想得到上面的獎賞稱譽，避免詆毀懲罰，所以看到善的或不善的都能向上面報告。天子發現了善人就獎賞他，發現了惡人就懲罰他，善人得到了獎賞而惡人得到了懲罰，天下就一定能治理得好。然而如估量一下，天下所以能治理好的原因何在？只是能以向上統一是非標準來治理天下罷了。

「天下既已治，天子又總天下之義，以尚同於天。故當上同之為說也，尚❶用之天子，可以治天下矣；中用之諸侯，可而❷治其國矣；小用之家君，可而治其家矣。是故大用之，治天下不窕❸；小用之，治一國一家而不橫❹者，若道之謂也。」

【章　旨】此謂天子應尚同於天。能以上同為政，則無論大、小之用，都可以得到治理之宜。

【注　釋】❶尚　同「上」。❷可而　可以。❸窕　空曠；寬肆。❹橫　充塞。

【語　譯】「天下已經治好了，天子又統同天下的是非標準，來向上統一於天。所以將尚同作為一種學說，上用於天子，可以治理天下；中用於諸侯，可以治理其國；下用於家君，可以治好家務。所以從大的方面用它，用來治天下不顯得寬餘；從小的方面用它，用來治一國一家，也不顯得充塞，這就是所講的尚同之道了。」

故曰治天下之國若治一家，使天下之民若使一夫。意獨子墨子有此，而先王無此其有邪？則亦然也。聖王皆以尚同為政，故天下治。何以知其然也？於先王之書也〈大誓〉❶之言然，曰：「小人見姦巧乃聞，不言也，發❷罪鈞❸。」此言見淫辟❹不以告者，其罪亦猶淫辟者也。

【章　旨】引用前代典籍來說明尚同之義古已有之。

【注　釋】❶大誓　即〈泰誓〉。今傳《尚書》有〈泰誓〉篇，但沒有下面這幾句話。❷發　發覺。❸鈞　同。❹辟　通「僻」。邪惡。

【語　譯】所以說做到了尚同就可以治天下之國如治一家，役使天下的人民如同役使一人。你們認為只是墨子有這種主張，先王就沒有這種主張嗎？先王也是這樣主張的。聖王們都以「尚同」作為施政的準則，所以天下太平。怎麼知道是這樣的呢？在先王的書中〈太誓〉篇就有這樣的話，它說：「小人看到姦滑讒巧的人，就得向上司報告，如果知情不報，發現了與他們同等治罪。」這裡講的就是看到淫邪的人如果不告發，他們的罪過也與淫邪的人相同。

故古之聖王治天下也，其所差論❶，以自左右羽翼者皆良，外為之人❷，助之視聽者眾。故與人謀事，先人得之；與人舉事，先人成之；光❸譽令❹聞，先人發之。唯信身而從事，故利若此。古者有語焉，曰：「一目之視也，不若二目之視也；一耳之聽也，不若二耳之聽也；一手之操也，不若二手之彊也。」夫唯能信身而從事，故利若此。是故古之聖人之治天下也，千里之外有賢人焉，其鄉里之人皆未之均聞見也，聖王得而賞之。千里之內有暴人焉，其鄉里未之均聞見也，聖王得而罰之。故唯毋❺以聖王為聰耳明目與？豈能一視而通見千里之外哉！一聽而通聞千里之外哉！聖王不往而視也，不就而聽也，然而使天下之為寇亂盜賊者，周流天下無所重足❻者，何也？其以尚同為政善也。

【章 旨】此言聖王能選擇賢人來幫助自己，所以能實現尚同，取得成功。

【注 釋】❶差論　選擇的意思。❷外為之人　張純一說：「此『外』似對左右言，『為』似對羽翼言。外為之人，謂遠而宣力四方之人。」❸光　通「廣」。❹令　善。❺唯毋　語助詞。無意義。❻重足　指立足。

【語 譯】所以古代的聖王治天下，他們所選擇來做自己左右羽翼的人都很賢良，再加上遠在四方替他宣導盡力的人，幫助他視聽的人就多了。所以當與人同時謀劃事情時，就能比別人先得到要領；與人同時舉辦事務時，就比別人先成功；廣泛的聲名美譽，比別人先行發越傳揚。只因為他們能以誠信從事，所以才能如此的順利。古人曾有這樣的話說：「一隻眼睛看，不如兩隻眼睛看；一隻耳朵聽，不如兩隻耳朵聽；一隻手拿，不如兩隻手的強勁有力。」正因為他們能以誠信從事，所以才能這樣的順利。所以古時候的聖王治理天下，在千里之外有賢人，鄉里的人都還沒有聽說發現他，聖王就已經知道並獎賞了他。千里以外有惡人，鄉里的人都還沒有聽說發現他，聖王就已經知道並懲罰了他。難道聖王就那樣耳聰目明嗎？怎麼一眼就看到千里之外呢！一聽就聽到千里之遠呢！聖王既不去看，也不去聽，卻能使天下的寇亂盜賊，走遍天下也無處立足，是什麼道理呢？就是以尚同為政的策略做得美善啊！

是故子墨子曰：「凡使民尚同者，愛民不疾❶，民無可使，曰：必疾愛而使之，致信而持❷之，富貴以道❸其前，明罰以率其後。為政若此，唯❹欲毋與我同，將不可得也。」

【章　旨】闡明尚同與愛民的關係，能做到愛民，自然就能做到尚同。

【注　釋】❶疾　力。指切實。❷持　守。❸道　同「導」。引導。❹唯　通「雖」。

【語　譯】所以墨子說：「凡是要人民尚同的，如果愛民不切實，就無法使用人民。所以說，一定要切實地愛民，才能使用人民，要致力於誠信並能持守，用富貴在前面引導，用懲罰在後面敦促。為政能做到這樣，即使要人民不尚同於我，也將是不可能的。」

是以子墨子曰：「今天下王公大人士君子，中情❶將欲為仁義，求為上士，上欲中聖王之道，下欲中國家百姓之利，故當尚同之說，而不可不察，尚同為政之本，而治要也。」

【章　旨】呼籲當今的王公大人要重視尚同這一為政的根本。

【注　釋】❶中情　中，內心。情，通「誠」。

【語　譯】因此墨子說：「當今天下的王公大人士君子，內心如確實想實行仁義，求做上等士人，上想符合聖王之道，下想符合國家百姓之利，那麼對尚同這種學說，就不可以不明察，尚同是為政的根本，是治國的要務。」

兼愛上第十四

【題解】兼愛，就是普遍地愛人的意思。墨子認為，天下之所以亂，就是因為人們之間缺乏一種愛心。因此他總結說：「天下兼相愛則治，交相惡則亂。」愛與利是相聯繫的，人們之間不僅要互愛，而且還要互利，這樣，愛才能建立深厚的基礎，不致流於空言、泛論。邢昺《爾雅疏》引《尸子．廣澤》說：「墨子貴兼。」可見兼愛是墨子思想的核心。〈兼愛〉凡三篇，此篇較簡，中、下兩篇較詳。

聖人以治天下為事者也，必知亂之所自起，焉❶能治之；不知亂之所自起，則不能治。譬之如醫之攻❷人之疾者然，必知疾之所自起，焉能攻之；不知疾之所自起，則弗能攻。治亂者何獨不然？必知亂之所自起，焉能治之；不知亂之所自起，則弗能治。

【章旨】聖人治天下，應了解天下之所以亂的根源所在，才能治好天下。

【注釋】❶焉　乃。❷攻　治。

【語譯】聖人是把治理天下作為事業的，是以就一定得了解紛亂產生的根源所在，才能治理得好；不了解紛亂所以產生的根源，就不能治理得好。比如醫生給人治病，一定得知道病的產生根源，才能醫治得好；不知道病產生的根源，就不能醫治。治理國家的紛亂，怎可偏偏不如此？一定得知道紛亂的根源所在，才能治理得好；不知道紛亂的根源所在，就不能治理。

聖人以治天下為事者也，不可不察亂之所自起。當❶察亂何自起？起不相愛。臣子之不孝君父，所謂亂也。子自愛不愛父，故虧父而自利；弟自愛不愛兄，故虧兄而自利；臣自愛不愛君，故虧君而自利，此所謂亂也。雖父之不慈子，兄之不慈弟，君之不慈臣，此亦天下之所謂亂也。父自愛也不愛子，故虧子而自利；兄自愛也不愛弟，故虧弟而自利；君自愛也不愛臣，故虧臣而自利。是何也？皆起不相愛。雖至天下之為盜賊者亦然，盜愛其室不愛其❷異室，故竊異室以利其室；賊愛其身不愛人❸，故賊人以利其身❹。此何也？皆起不相愛。雖至大夫之相亂家，諸侯之相攻國者亦然。大夫各愛其家，不愛異家，故亂異家以利其家；諸侯各愛其國，不愛異國，故攻異國以利其國，天下之亂物具此而已矣。察此何自起？皆起不相愛。

【章旨】此言天下之所以亂，就在於人們互不相愛，損人利己。

【注釋】❶當 通「嘗」。試的意思。❷其 衍文，應刪。❸人 「人」字下面應有「身」字。❹故賊人以利其身 當作「故賊人身以利其身」。

【語譯】聖人以治理天下為事業，不可不審察紛亂所以產生的根源。探察紛亂從何而起？是起於彼此不相愛。臣子不孝順君父，這就是所謂的亂。兒子只愛自己不愛父親，所以損害父親以利自己；弟弟只愛自己不愛兄長，所以損害兄長以利自己；臣下只愛自己不愛君主，所以損害君主以利自己，這就是所謂的亂。就是父親不慈愛兒子，兄長不慈愛弟弟，君主不慈愛臣子，這也是天下所謂的亂。父親只愛自己不愛兒子，所以減損對兒子的愛以自利；兄長只愛自己不愛弟弟，所以損害弟弟以自利；君主只愛自己不愛臣子，所以損害臣子以自利。這是為什麼呢？都起源於不相愛。就是天下當盜賊的也是這樣，小偷只愛自己的家不愛別人的家，所以偷別家的東西以利自家；強盜只愛自己的身體不愛別人的身體，所以殘害他人以利自身。這是為什麼呢？都起源於不相愛。就是大夫互相紛亂別家，諸侯互相攻打別國也是這樣。大夫各愛自家，不愛別家，所以紛亂別家以利自家；諸侯各愛己國，不愛別國，所以攻打別國以利己國，引起天下紛亂的事理，全都在這裡了。考察這種紛亂的事理從何而起？都起源於不相愛。

若使天下兼相愛，愛人若愛其身，猶有不孝者乎？視父兄與君若其身，惡施不孝？猶有不慈者乎？視弟子與臣若其身，惡施不慈？故不孝不慈亡❶有。猶有盜賊乎？故視人之室若其室，誰竊？視人身若其身，誰賊？故盜賊亡有。猶有大夫之相亂家、諸侯之相攻國者乎？視人家若其家，誰亂？視人國若其國，誰攻？故大夫之相亂家、諸侯之相攻國者亡有。若使天下兼相愛，國與國不相攻，家與家不相亂，盜賊無有，君臣父子皆能孝慈，若此則天下治。故聖人以治天下為事者，惡得不禁惡而勸愛？故天下兼相愛則治，交相惡則亂，故子墨子曰「不可以不勸愛人」者，此也。

【章　旨】天下人人能行兼愛，則天下大治。

【注　釋】❶亡　同「無」。

【語　譯】如果天下人都能相愛，愛別人如同愛自己，還會有不孝的人嗎？看待父親、兄長和君主如同自身，怎會施行不孝？還會有不慈的人嗎？對待弟弟、兒子和臣子如同自身，怎會施行不慈？所以不孝不慈的人沒有了。還會有盜賊嗎？看待別人的家如同自己的家，誰還偷竊？看待別人的身體如同自己的身體，誰還殘害？所以盜賊沒有了。還有大夫互相紛亂別家、諸侯互相攻打別國的事嗎？看待別人的家如同自己的家，誰還會紛亂別家？看待別國如同自己的國，誰還會攻打別國？所以大夫互相紛亂別人的家，諸侯互相攻打別國的事情就沒有了。如果能使天下人相愛，國與國之間不互相攻打，家與家之間不互相紛亂，盜賊沒有了，君臣父子都能孝慈，如此天下就會大治。所以聖人以治天下為事業，怎能不禁止嫌惡而勸勉互愛？所以天下人相愛就安定，互相嫌惡就混亂，所以墨子說的「不可以不勸勉人們愛別人」，正是這個道理。

兼愛中第十五

【題　解】本篇大旨與上篇同。只是特別強調實行兼相愛、交相利，應從君主本人做起，並引用前代聖王如夏禹、周文王和周武王的事跡，說明兼愛之義古人已實行過，做起來並不困難。

子墨子言曰：「仁人之所以為事者，必興天下之利，除去天下之害，以此為事者也。」然則天下之利何也？天下之害何也？子墨子言曰：「今若國之與國之相攻，家之與家之相篡，人之與人之相賊，君臣不惠忠，父子不慈孝，兄弟不和調，此則天下之害也。」

【章旨】陳說天下之害，在於人際關係不和諧，君臣、父子、兄弟、國家，互相爭鬥、攻奪和殘害。

【語譯】墨子說：「仁人舉事的原則，一定要興天下之利，除天下之害，把這個作為興辦事功的原則。」那麼天下之利是什麼？天下之害又是什麼？墨子說：「現在假如國與國之間互相攻打，家與家之間互相篡奪，人與人之間互相殘害，君臣之間不惠愛忠誠，父子之間不仁慈孝順，兄弟之間不和睦協調，這就是天下之害了。」

然則崇❶此害亦何用生❷哉？以不相愛生邪❸？子墨子言：「以不相愛生。今諸侯獨知愛其國，不愛人之國，是以不憚❹舉其國以攻人之國。今家主獨知愛其家，而不愛人之家，是以不憚舉其家以篡人之家。今人獨知愛其身，不愛人之身，是以不憚舉其身以賊人之身。是故諸侯不相愛則必野戰，家主不相愛則必相篡，人與人不相愛則必相賊，君臣不相愛則不惠忠，父子不相愛則不慈孝，兄弟不相愛則不和調。天下之人皆不相愛，強必執❺弱，富必侮貧，貴必敖❻賤，詐必欺愚。

凡天下禍篡怨恨，其所以起者，以不相愛生也，是以仁者非之。」

【章　旨】指出造成天下之所以有種種禍害的根源，就在於人們互不相愛。

【注　釋】❶崇　是「察」字的誤字。❷何用生　何以生。❸以不相愛生邪　從下文的語意看，應作「以相愛生邪」。❹憚　怕。❺執　制服。❻敖　通「傲」。

【語　譯】那麼考察一下這種禍害是怎樣產生的呢？是因為人們不相愛產生的嗎？墨子說：「是因為人們不相愛產生的。當今諸侯只知道愛自己的國，不愛別人的國，所以不惜用自己的國去攻打別人的國。當今的家主只知愛自己的家，而不愛別人的家，所以不惜用自己的家去篡奪別人的家。當今一般人只知愛自己的身體，而不愛別人的身體，所以不惜用自己的身體去殘害別人的身體。所以諸侯之間不相愛，就一定會在戰場上廝殺，家主之間不相愛，就一定會互相篡奪，人與人之間不相愛，就一定會互相殘害。君臣之間不相愛，就不仁惠忠誠，父子之間不相愛，就不仁慈孝順，兄弟之間不相愛，就不和睦協調。天下人都不相愛，強者一定要制服弱者，富者必然欺侮貧者，貴者一定傲視賤者，詐者必然欺騙愚者。凡是天下災禍篡奪怨恨的事情，之所以產生，都是由於不相愛，因此仁人認為不相愛是不對的。」

既以❶非之，何以易之？子墨子言曰：「以兼相愛、交相利之法易之。」然則兼相愛、交相利之法將奈何哉？子墨子言：「視人之國若視其國，視人之家若視其家，視人之身若視其身。是故諸侯相愛則不野戰，家主相愛則不相篡，人與人相愛則不相賊，君臣相愛則惠忠，父子相愛則慈孝，兄弟相愛則和調。天下之人皆相愛，強不執弱，眾不劫寡，富不侮貧，貴不敖賤，詐不欺愚。凡天下禍篡怨恨可使毋起者，以相愛生也，是以仁者譽之。」

【章旨】力陳兼愛是解決天下紛爭的根本辦法。

【注釋】❶以 同「已」。

【語譯】既然已經認為不相愛不對，那麼用什麼來取代它呢？墨子說：「以互愛互利的原則取代它。」那麼互愛互利的法則又是怎樣的呢？墨子說：「看待別人的國如同自己的國，看待別人的家如同自己的家，看待別人的身體如同自己的身體。所以諸侯之間相愛，就不會發生戰爭；家主之間相愛，就不會互相篡奪；人與人之間相愛，就不會互相殘害；君臣之間相愛，就仁惠忠誠；父子之間相愛，就仁慈孝順；兄弟之間相愛，就和睦協調。天下人都相愛，強者不制服弱者，眾者不劫奪寡者，富者不欺侮貧者，貴者不傲視賤者，詐者不欺騙愚者。凡是天下的禍患篡奪怨恨之事都可以使它們不產生，這是因為人們相愛的緣故。因此仁者讚美兼愛。」

然而今天下之士君子曰：「然。乃若❶兼則善矣，雖然，天下之難物于故❷也。」

子墨子言曰：「天下之士君子，特不識其利，辯其故也。今若夫攻城野戰，殺身為名，此天下百姓之所皆難也，苟君說之，則士眾能為之。況於兼相愛、交相利，則與此異。夫愛人者，人必從而愛之；利人者，人必從而利之；惡人者，人必從而惡之；害人者，人必從而害之。此何難之有！特上弗以為政，士不以為行故也。昔者晉文公好士之惡衣，故文公之臣皆牂羊之裘❸，韋❹以帶劍，練帛❺之冠，入以見於君，出以踐於朝。是其故何也？君說之，故臣為之也。昔者楚靈王好士細要❻，故靈王之臣皆以一飯為節，脅息❼然後帶，扶牆然後起。比期年❽，朝有黧黑之色❾。是其何故也？君說之，故臣能之也。昔越王句踐好士之勇，教馴❿其臣和合之⓫，焚舟失火，試其士曰：『越國之寶盡在此！』越王親自鼓其士而進之。士聞鼓音，破碎亂行⓬，蹈火而死者左右百人有餘，越王擊金而退之。」

【章　旨】批駁當今士君子認為兼愛難以實行的觀點，指出只要君主倡導，下面的人就一定會服行。

【注　釋】❶乃若　王引之說：「乃若，轉語詞也。」❷難物于故　難物，難事。「于故」二字是衍文，應刪。❸牂羊之裘　母羊皮製成的裘。牂羊，母羊。❹韋　熟皮。❺練帛　大帛。一種厚繒。❻要　通「腰」。❼脅息　脅下吸一口氣。❽比期年　到了一年。❾黧黑之色　形容人面容黑瘦的樣子。黧黑，深黑。❿馴　通「訓」。⓫和合之　集合他們。⓬破碎亂行　破碎亂三字義近，均指行列的紛亂不整。孫詒讓認為「碎」通「萃」，聚集部隊叫萃，這裡指行列，也通。

【語　譯】然而當今的士君子說：「是的。兼愛固然很好。雖然很好，但卻是天下的一件難事啊！」墨子說：「天下的士君子，只是沒有看清它的好處，辯明它的道理罷了。比如攻城野戰，殺身求名，這是天下百姓都認為艱難的，如果君主喜好這個，那麼他的部下也還是能做到。況且要人們互相愛、互相利，情況又與此不同。愛別人的人，別人也必定跟著愛他；利人的人，別人也一定跟著利他；嫌惡別人的人，別人也必定跟著嫌惡他；損害別人的人，別人也必定跟著損害他。這又有什麼困難呢？只是在上的不用兼相愛、交相利來為政，士君子也不肯以此作為行為準則罷了！從前晉文公喜歡士人穿質料不好的服裝，所以他的臣下都穿羊皮裘，以熟牛皮帶子掛佩劍，戴著大帛做的帽子，入朝面見君主，出外在朝廷上走動。這是什麼緣故呢？是因為君主喜歡這樣，所以臣下才這樣做。從前楚靈王喜歡士人腰部細小，所以他的臣下都每天只吃一頓飯來節食，脇下先吸一口氣才繫上帶子，扶著牆壁才能站起來。等到一年，朝廷中人人都面容黑瘦。這是什麼緣故呢？是因為君主喜歡這樣，所以臣下就能做到。從前越王句踐喜歡士人勇敢，教訓並集合他們，故意放火燒船，來試探他的部下說：『越國的寶物全在這裡！』越王親自擊鼓激勵士人衝進船中。士兵聽到鼓聲，爭先恐後，跑亂了行列，踩在火裡燒死的左右部屬有百多人，越王才鳴金讓他們退出。」

是故子墨子言曰：「乃若夫❶少食惡衣，殺身而為名，此天下百姓之所皆難也，若苟君說之，則眾能為之。況兼相愛、交相利，與此異矣。夫愛人者，人亦從而愛之；利人者，人亦從而利之；惡人者，人亦從而惡之；害人者，人亦從而害之。此何難之有焉，特士不以為政而士不以為行故也。」

【章旨】強調只要君主能推行兼相愛、交相利之政，實行起來就並不困難。

【注釋】❶乃若夫　都是發語詞。

【語譯】所以墨子說：「吃得少，穿得粗劣，殺身來成名，這是天下百姓都認為難以做到的，但如果君主喜歡這樣，那麼大家就能做到。況且要人們互相愛、互相利，情況又與這不同。愛人的人，別人也跟著愛他；利人的人，別人也跟著利他；嫌惡人的人，別人也跟著嫌惡他；損害人的人，別人也跟著損害也。這又有什麼難呢？只是二人不以兼相愛、交相利的原則來為政，並以此作為行為準則的緣故罷了。」

然而今天下之士君子曰：「然。乃若兼則善矣。雖然，不可行之物也，譬若挈❶太山❷而越河濟也。」子墨子言：「是非其譬也。夫挈太山而越河濟，可謂畢劫有力❸矣，自古及今，未有能行之者也。況乎兼相愛、交相利，則與此異，古者聖王行之。何以知其然？古者禹治天下，西為西河❹漁竇❺，以泄❻渠孫皇❼之水；北為防原泒❽，注后之邸❾，嘑池之竇❿，洒為底柱⓫，鑿為龍門⓬，以利燕、代⓭、胡⓮、貉⓯與西河之民；東為漏大陸⓰，防孟諸⓱之澤，灑⓲為九澮⓳，以楗⓴東土之水，以利冀州之民；南為江、漢、淮、汝，東流之，注五湖㉑之處，以利荊、楚、干、越㉒與南夷之民。此言禹之事，吾今行兼矣。昔者文王之治西土，若日若月，乍㉓光于四方于西土，不為大國侮小國，不為眾庶侮鰥寡，不為暴勢奪穡人㉔黍、稷、狗、彘。天屑㉕臨文王慈，是以老而無子者，有所得終其壽；連獨㉖無兄弟者，有所雜於生人之閒；少失其父母者，有所放依㉗而長。此文王之事，則吾今行兼矣。昔者武王將事泰山隧㉘，傳曰：『泰山，有道曾孫㉙周王有事，大事既獲，仁人尚作㉚，以祗㉛商夏，蠻夷醜貉㉜，雖有周親㉝，不若仁人，萬方有罪，維予一人。』此言武王之事，吾今行兼矣。」

【章　旨】敘述夏禹、周文王、周武王的事跡，說明兼愛之事古代聖王已經實行過。

【注　釋】❶挈　舉。❷太山　即泰山。❸畢劫有力　畢竟強而有力。畢，竟。劫，強取。❹西河　戰國時屬魏地。在今陝西東部黃河西岸地區。❺漁竇　張純一據《水經注》，認為即鯉魚澗，其地在黃河南岸山西境內。❻泄　宣洩；排洩。❼渠孫皇　古水名。不詳。❽為防原泒　防，堤。原泒，古水名。無考。❾后之邸　古地名。不詳。❿嘑池之竇　即嘑沱河。竇，同「瀆」。⓫洒為底柱　洒，分流。底柱，山名。又名三門山，在今河南陝縣東北黃河中。⓬龍門　山名。一名禹門口，在今山西河津境西北黃河兩岸。⓭燕代　古國名。⓮胡　即匈奴。⓯貉　〈非攻中〉作「貊」，古東北一民族。⓰東為漏大陸　原文為「東方漏之陸」，依孫詒讓說校改。漏，洩漏。《淮南子・本經》說禹治水：「鴻水漏，九州乾。」與這裡意思相同。⓱孟諸　古澤名。又名「孟豬」、「望諸」、「盟諸」等，在今河南商丘東北。⓲灑　分流。⓳九澮　九河。⓴楗　門限。這裡指限制。㉑五湖　太湖的別名。㉒干越　即吳、越。干，古國名。後為吳所滅，故以此借指吳。㉓乍　通「作」。㉔穡人　田夫。㉕屑　顧。㉖連獨　窮苦煢獨。連，孫詒讓說：「連疑當讀為矜，一聲之轉。」㉗放依　依靠；依憑。㉘隧　同「燧」。即火炬。㉙有道曾孫　祭祀時的用語。武王伐紂，以紂為無道，自己為有道。曾孫，諸侯自稱之辭。㉚作　起。㉛祗　通「振」。振救。㉜醜貉　醜，眾。貉族有九，故稱醜貉。㉝周親　至親。

【語　譯】然而當今天下的士君子說：「是的。如果能兼愛固然好。雖然如此，它還是一件行不通的事情。這就譬如要人們舉著泰山，越過黃河、濟水一樣。」墨子說：「這個比方打得不當。舉著泰山跨越黃河、濟水，可以算強勁有力了，但自古及今，沒有人能實現過。況且兼相愛、交相利的性質又與此不同，古時候的聖王是實行過的。怎麼知道是這樣的呢？古代大禹治理天下，西面開通西河漁竇，來排洩渠孫皇的水；北面在原水、泒水兩旁修築堤防，使水注入后之邸和嘑沱河，到底柱山分流，又開鑿龍門山，以利於燕、代、胡、貉和西河的人民；東面讓洪水從大陸漏乾，又在孟諸澤修建堤防，使洪水在九河分流，以限制東土的水；來使冀州的人民受益；南面疏通長江、漢水、淮河、汝水，使水往東流，注入太湖，以利於荊、楚、吳、越和南夷人民。這是說禹所成就的事功，也就是今天我們要行的兼愛了。從前文王治理西土岐周，像日月一樣，在西土照耀四方，不仗著大國欺侮小國，也不仗著人多欺侮人少，不仗著強大的勢力奪取田夫的黍、稷、狗、豬。上天眷顧文王的仁慈，因而老而無子的人，得以終其天年；煢獨無兄弟的人，也能同別人在一起生活；幼年失去父母的人，也能有所依靠而成長。這是周文王所成就的事功，也就是我們今天要行的兼愛了。從前周武王將行祭祀泰山，前代典籍上說：『泰山，有道曾孫周王有大事要做，大事已經成功，仁人們又起來幫助我，來振救商、夏和蠻夷及眾貉，即使有至親之人，也不如有仁人助我，萬方人民有罪，責任都歸我一人承當。』這是說，周武王所成就的事功，也就是我們今天要行的兼愛了。」

是故子墨子言曰：「今天下之君子，忠❶實欲天下之富，而惡其貧，欲天下之治，而惡其亂，當兼相愛、交相利，此聖王之法，天下之治道也，不可不務為也。」

【章　旨】號召天下君子務為兼愛之道。

【注　釋】❶忠　同「中」。指內心。

【語　譯】所以墨子說：「當今天下的君子，內心如確實希望天下殷富，而憎惡貧窮，希望天下安定，而憎惡紛亂，就應當兼相愛、交相利，這是聖王治國的法則，也是天下求治的方法，不能不努力去做啊！」

兼愛下第十六

【題解】這篇對非難兼愛的言論，予以充分的分析和駁斥，並引用夏禹、商湯、周文王、周武王等人的言論事跡，說明前代聖王已經實行，只要君主崇尚、實行兼愛就不是難事。

子墨子言曰：「仁人之事者，必務求興天下之利，除天下之害。」然當今之時，天下之害孰為大？曰：「若大國之攻小國也，大家之亂小家也，強之劫弱，眾之暴寡，詐之謀愚，貴之敖❶賤，此天下之害也。又與為人君者之不惠也，臣者之不忠也，父者之不慈也，子者之不孝也，此又天下之害也。又與今人❷之賤人，執其兵刃、毒藥、水、火，以交相虧賊，此又天下之害也。姑嘗本原若眾害之所自生，此胡自生？此自愛人利人生與？即❸必曰非然也，必曰從惡人賊人生。分名乎天下惡人而賊人者，兼與？別與❹？即必曰別也。然即之交別❺者，果生天下之大害者與！是故別非也。」

【章旨】天下大害的產生，是由於人們不兼相愛而交相別。

【注釋】❶敖 通「傲」。❷人 衍文，應刪。❸即 就；則。❹兼與別與 「兼」與「別」是相對而言。「兼」指兼相愛，「別」指交相別。❺交別 即交相別。人與人之間，互不關心，只顧自己，甚至互相憎惡，互相傷害，叫交相別。

【語譯】墨子說：「仁人所從事的，必定是追求興天下之利，除天下之害。」那麼當今之時，天下之害哪一種最大？回答是：「比如大國攻打小國，大家攪亂小家，強的劫奪弱的，人多的暴虐人少的，狡詐的欺騙愚直的，高貴的傲視卑賤的，這是天下的災害。又如當君主的不仁惠，為臣子的不忠誠，為父親的不慈愛，做兒子的不孝順，這也是天下災害。又如當今一些無知的賤人，動不動就拿著刀子、毒藥、水、火，來互相損害殘殺，這更是天下的災害了。姑且試著推究這些禍患，是怎樣產生的？這是由於愛人利人才產生的嗎？那人們一定會說不是這樣的，而一定會說這是由於相互憎惡他人、殘害他人造成的。分別給天下憎惡人、傷害人的行為取一個名，是叫『兼』妥當呢？還是叫『別』妥當？那必定是叫『別』妥當。那麼這交相別，就確是產生天下大害的根源了！所以『別』是不對的。」

子墨子曰：「非人者必有以易之，若非人而無以易之，譬之猶以水救火❶也，其說將必無可焉。」是故子墨子曰：「兼以易❷別。然即兼之可以易別之故何也？曰：藉❸為人之國，若為其國，夫誰獨舉其國以攻人之國者哉？為彼者由❹為己也。為人之都，若為其都，夫誰獨舉其都以伐人之都者哉？為彼猶為己也。為人之家，若為其家，夫誰獨舉其家以亂人之家者哉？為彼猶為己也。然即國、都不相攻伐，人家不相亂賊，此天下之害與？天下之利與？即必曰天下之利也。姑嘗本原若眾利之所自生，此胡自生？此自惡人賊人生與？即必曰非然也，必曰從愛人利人生。分名乎天下愛人而利人者，別與？兼與？即必曰兼也。然即之交兼者，果生天下之大利與！」是故子墨子曰：「兼是也。且鄉❺吾本言曰：『仁人之事者，必務求興天下之利，除天下之害。』今吾本原兼之所生，天下之大利者也；吾本原別之所生，天下之大害者也。」是故子墨子曰「別非而兼是」者，出乎若方❻也。

【章　旨】天下之大利的產生，是由於人們兼相愛，所以要用兼相愛取代交相別。

【注　釋】❶以水救火　俞樾認為應作「以水救水，以火救火」。❷易　取代。❸藉　假如。❹由　通「猶」。❺鄉　通「嚮」。不久。❻方　道。

【語　譯】墨子說：「否定了別人的東西一定要有自己的東西來取代它，如果否定了別人的東西卻又沒有自己的東西來取代，這就譬如以水救水，以火救火，他的說法就一定得不到別人的認可。」所以墨子說：「要用『兼』來取代『別』。那麼『兼』可以取代『別』的道理何在呢？那就是說，假如對待別人的國家，就像對待自己的國家，那誰還會發動自己的國家去攻打別人的國家呢？因為攻打別人的國家就如同攻打自己的國家呀！對待別國的都城，就像對待自己的都城，那誰還去攻打別人的都城呢？因為攻打別人的都城就如同攻打自己的都城呀！對待別人的家，就像對待自己的家，那誰還去攪亂別人的家呢？因為攪亂別人的家就如同攪亂自己的家呀！那麼國與國、都與都之間不互相攻伐，人與人、家與家之間互不擾亂、互不殘害，這究竟是天下的害處呢，還是天下的利事？人們一定會說這是天下的利事。我們姑且試著推究這眾多利事產生的原因，想一想是怎樣產生的？它是從憎惡人殘害人那兒產生的嗎？那一定說不是這樣的，必定說是從愛人利人產生的。分別給天下愛人利人命一個名，是叫『別』妥當呢？還是叫『兼』妥當呢？那必定叫『兼』妥當。那麼這交相愛，確是產生天下大利的原因了！」所以墨子說：「主張『兼』是對的。」況且先前我本來就說過：「仁人所從事的，必定追求興天下之利，除天下之害。」現在我推究『兼』所產生的效果，它產生的是天下之大利；我又推究『別』所產生的後果，它產生的是天下之大害。」所以墨子說「『別』不對而『兼』對」，也就是出於這一道理。

今吾將正求與❶天下之利而取之，以兼為正❷，是以聰耳明目相與視聽乎，是以股肱畢強❸相為動宰❹乎，而有道肆❺相教誨。是以老而無妻子者，有所侍❻養以終其壽；幼弱孤童之無父母者，有所放依以長其身。今唯毋❼以兼為正，即若❽其利也，不識天下之士，所以皆聞兼而非者，其故何也？

【章旨】兼愛對天下有利，卻遭到天下之士的非難。

【注釋】❶與　應作「興」。❷正　通「政」。❸畢強　中篇作「畢劫」。意義相同。❹宰　孫詒讓說應作「舉」。❺肆　致力。❻侍　當作「持」。❼毋　語詞。❽即若　即，通「則」。若，此。

【語譯】現在我將認真追求興天下之利的辦法並採取它，用兼愛來為政，於是大家的聰耳明目都會用來相互視聽，大家的強勁手足都會用來互相幫助，有道的盡力教誨人，因此老而沒有妻子兒女的，就會有所供養以終其天年；幼弱孤童而沒有父母的，也會有所依靠而成長。現在僅以兼愛為政，就能得到這樣的利益，不知天下的人士，他們一聽到兼愛就加以非難，理由何在？

然而天下之士非兼者之言，猶未止也。曰：「即善矣。雖然，豈可用哉？」

子墨子曰：「用而不可，雖我亦將非之。且焉有善而不可用者？姑嘗兩而進之。誰❶以為二士，使其一士者執別，使其一士者執兼。是故別士之言曰：『吾豈能為吾友之身若為吾身，為吾友之親若為吾親！』是故退睹其友，飢即❷不食，寒即不衣，疾病不侍養，死喪不葬埋。別士之言若此，行若此。兼士之言不然，行亦不然，曰：『吾聞為高士於天下者，必為其友之身若為其身，為其友之親若為其親，然後可以為高士於天下。』是故退睹其友，飢則食之，寒則衣之，疾病侍養之，死喪葬埋之。兼士之言若此，行若此。若之二士者，言相非而行相反與！當使若二士者，言必信，行必果，使言行之合猶合符節也，無言而不行也。然即敢問，今有平原廣野於此，被甲嬰冑❸將往戰，死生之權❹未可識也；又有君大夫之遠使於巴❺、越、齊、荊，往來及否未可識也，然即敢問，不識將惡❻也，家室❼，奉承親戚，提挈妻子，而寄託之？不識於兼之有是乎？於別之有是乎？我以為當其於此也，天下無愚夫愚婦，雖非兼之人，必寄託之於兼之有是也。此言而非兼，擇即取兼，即此言行費❽也。不識天下之士，所以皆聞兼而非之者，其故何也？

【章　旨】透過假設的例子，來說明人們在需要幫助時，實則選擇兼愛，進一步駁斥了反對兼愛者的錯誤。

【注　釋】❶誰　當作「設」。❷即　通「則」。❸嬰冑　嬰，加。冑，頭盔。❹權　應作「機」。❺巴　古國名。其地在今四川重慶北。❻惡　惡下脫一「從」字。❼家室　據下面幾句，這句應有脫漏。❽費　通「拂」。違。

【語　譯】可是天下的士人非難兼愛的言論，仍然沒有停止。他們說：「兼愛固然好。雖然如此，這主張怎可用呢？」墨子說：「如果它沒有用，就是我也將要加以非難了。況且哪有好的東西卻不能用的？姑且試著從兼愛和相別兩個方面來進一步說明這個問題。假設有兩個士人，其中一個堅持相別，另一個堅持兼愛。那個堅持相別的士人說：『我怎能對待我的朋友如同對待自己，對待朋友的父母親，如同對待我自己的父母親呢！』所以，這位堅持相別的人，對待朋友，餓了不給他吃，冷了不給他穿，病了不給以療養，死了不給予安葬。堅持相別的士人言論是這樣，行動也是這樣。堅持兼愛的士人言論不是這樣，行為也不是這樣。他說：『我聽說要做一個天下高尚之士，必得對待朋友如同對待自己，對待朋友的父母親，如同對待自己的父母親，然後才能算是天下高尚之士。』所以他對待他的朋友，餓了就給他吃，冷了就給他穿，病了就給他療養，死了給予安葬。主張兼愛的士人言論是這樣，行動也是這樣。像這樣的兩個士人，他們可謂言論相非而行為相反了！如果使這兩個士人言必信、行必果，使他們的言論與行為如同符節一般密合無間，沒有說出的話不實行。那麼請問，現在面臨一片平原曠野，有人穿著鎧甲，戴著頭盔，將去作戰，生死的機率不可預卜；又有一個國君的大夫，將遠遠地出使到巴、越、齊、荊之國，能否到達都不可預知，那麼請問，不知他們找什麼人去照料家室，奉養父母，提攜妻子兒女，把家裡的一切都託付給他？不知這位大夫是找那些主張兼愛的人呢，還是去找那些堅持相別的人？我認為當人們碰到這些情況時，天下人即使是愚夫愚婦，即使是非難兼愛的人，也必定要把家室託付給主張兼愛的人。這是說那些在言論上非難兼愛，選擇時卻擇取兼愛的人，就言行相背離了。不知天下的士人，他們一聽到兼愛就都加以非難，道理何在？

「然而天下之士非兼者之言，猶未止也。曰：『意可以擇士，而不可以擇君乎？』姑嘗兩而進之，誰❶以為二君，使其一君者執兼，使其一君者執別。是故別君之言曰：『吾惡能為吾萬民之身，若為吾身！此泰❷非天下之情也。人之生乎地上之無幾何也，譬之猶駟馳而過隙❸也。』是故退睹其萬民，飢即不食，寒即不衣，疾病不侍養，死喪不葬埋。別君之言若此，行若此。兼君之言不然，行亦不然。曰：『吾聞為明君於天下者，必先萬民之身，後為其身，然後可以為明君於天下。』是故退睹其萬民，飢即食之，寒即衣之，疾病侍養之，死喪葬埋之。兼君之言若此，行若此。然即交若之二君者❹，言相非而行相反與？常❺使若二君者，言必信，行必果，使言行之合，猶合符節也，無言而不行也。然即敢問，今歲有癘疫，萬民多有勤苦凍餒，轉死溝壑中者，既已眾矣。不識將擇之二君者，將何從也？我以為當其於此也，天下無愚夫愚婦，雖非兼者，必從兼君是也。言而非兼，擇即取兼，此言行拂也。不識天下所以皆聞兼而非之者，其故何也？

【章旨】假設擇君必擇兼愛之君，說明兼愛符合人心，並進一步對非難兼愛之言，加以駁斥。

【注釋】❶誰　是「設」的誤字。❷泰　通「大」。❸譬之猶駟馳而過隙　《莊子・知北遊》說：「人生天地之間，若白駒之過隙，忽然而已。」成玄英疏：「白駒，駿馬也，亦言日也。隙，孔也。夫人處世，俄頃之間，其為迫促，如馳駿駟之過孔隙，欻忽而已，何曾足云也！」這裡駟馳意同白駒，比喻日光。❹然即交若之二君者　孫詒讓說當作「然即交兼交別，若之二君者」。❺常　通「嘗」。

【語　譯】「可是天下人士非難兼愛的言論，還是沒有停止。他們說：『我想士是可以選擇的，而君主是不可以選擇的吧！』姑且試著從兼愛和相別兩方面來進一步說明這個問題。假設有兩位君主，又假設其中一位君主堅持兼愛，另一位君主堅持相別。那堅持相別的君主說：『我怎能對待我的萬民，就像對待我自己一樣呢！這太不符合天下的人情了。人生在世間，活不了多少時光，就好像日光穿過縫隙一樣的迅速短暫。』所以他平時看待他的萬民，飢了不給他們吃，寒了不給他們穿，疾病不給予治療，死了不給予安葬。主張相別的國君，言論如此，行為也是如此。主張兼愛的君主的言論就不是這樣，行為也不是這樣。他說：『我聽說當天下的英明君主，必定先為萬民著想，然後才為自己著想，這樣才可以做天下的英明君主。』所以他平時對待他的萬民，飢了就給他們吃，寒了就給他們穿，病了就給予治療，死了就給予安葬。主張兼愛的君主的言論是這樣，行為也是這樣。那麼這主張兼相愛和交相別的兩位君主，不是言論相非而行為相反嗎？試著使這兩位君主言必信、行必果，使他們的言論與行為如同符節一樣密合無間，沒有什麼言論不加實行。那麼請問，現在的年景有大瘟疫流行，萬民多有勤苦凍飢，輾轉流亡，死於溝壑之中的，已經很多了。不知在這兩位君主中加以選擇的人，將選擇哪一位？我認為在這種時候，天下人即使是愚夫愚婦，即使是非難兼愛的人，也一定選擇那位主張兼愛的君主了。在言論方面非難兼愛，選擇君主時卻選擇主張兼愛的，這就是言行相反了。不知天下那些聽到兼愛就加以非難的人，他們的理由何在？

「然而天下之士非兼者之言也，猶未止也。曰：『兼即仁矣，義矣。雖然，豈可為哉？吾譬兼之不可為也，猶挈泰山以超江河也。故兼者直願之也，夫豈可為之物哉？』子墨子曰：『夫挈泰山以超江河，自古之及今，生民而來，未嘗有也。今若夫兼相愛，交相利，此自先聖六王❶者親行之。』何知先聖六王之親行之也？子墨子曰：『吾非與之並世同時，親聞其聲，見其色也。以其所書於竹帛，鏤於金石，琢❷於槃盂❸，傳遺後世子孫者知之。〈泰誓〉曰：「文王若日若月，乍❹照，光于四方，于西土。」即此言文王之兼愛天下之博大也，譬之日月兼照天下之無有私也。』即此文王兼也，雖子墨子之所謂兼者，於文王取法焉。」

【章旨】引用《尚書・泰誓》說明文王是兼愛的，墨子的主張即從此取法。

【注釋】❶六王　從後面的敘述看，應是「四王」，下句的六王也是如此。❷琢　銘刻。❸槃盂　都是器具。❹乍　通「作」。

【語譯】「可是天下之士非難兼愛的言論，仍然沒有停止。他們說：『兼愛就是仁了，就是義了。雖然如此，兼愛怎能實行呢？我用比方說兼愛不可能實行，就譬如舉著泰山跨越長江、黃河。所以兼愛只是一種願望罷了，哪裡是可以做得到的事情呢！』墨子說：『舉起泰山跨過長江、黃河，這是從古到今，從有生民以來，就未曾有過的。現在這兼相愛、交相利，則是先前的四位聖王親自實行過的。』怎知前代四位聖王親自實行過呢？墨子說：『我不與他們同一時代，也沒有親自聽到他們的聲音，看到他們的容貌。我是憑著他們寫在竹帛上、刻在金石上、雕在槃盂上，留傳給後世子孫的東西了解到的。《尚書・泰誓》說：「文王像太陽像月亮，光芒四射，照耀四方，照耀西土。」這就是說周文王兼愛天下的博大，把他比作日月，普照天下，沒有私心。』」這說的是周文王兼愛，墨子所謂的兼愛，就是從周文王取法的。」

且不唯〈泰誓〉為然，雖〈禹誓〉❶即亦猶是也。禹曰：「濟濟❷有眾，咸聽朕言，非惟小子，敢行稱亂❸，蠢❹此有苗，用天之罰，若予既率爾群對諸群❺，以征有苗。」禹之征有苗也，非以求以❻重富貴，干❼福祿，樂耳目也，以求興天下之利，除天下之害。即此禹兼也。雖子墨子之所謂兼者，於禹求焉。

【章旨】以夏禹的言行，說明兼愛已由他實行，墨子主張兼愛是向禹學習。

【注釋】❶禹誓　畢沅說：「〈大禹謨〉文云：禹誓者，禹之所誓也。」〈大禹謨〉，是《尚書》的一篇。❷濟濟　眾多盛美的樣子。❸稱亂　作亂。稱，舉。❹蠢　動。❺群對諸群　孫詒讓說，當作「群封諸君」，「封」、「對」形近而誤。群封諸君，指諸侯國的眾國君。❻以　衍文，應刪。❼干　求。

【語譯】而且不只是〈泰誓〉這樣記載的，〈禹誓〉也是這樣記載的。禹說：「你們大家都要聽我說！不是小子我敢於興師動眾，而是有苗在蠢動作亂，我是代天執行懲罰，率領你們各位諸侯國君去征伐有苗。」禹征伐有苗，不是用來加重富貴，求取福祿，享受耳目的快樂，而是求興天下的大利，除天下的大害。這就是禹的兼愛。墨子的所謂兼愛，就是從禹那兒學來的。

且不唯〈禹誓〉為然，雖〈湯說〉❶即亦猶是也。湯曰：「惟予小子履❷，敢用玄牡❸，告於上天后❹曰：『今天大旱，即當朕身履，未知得罪於上下。有善不敢蔽，有罪不敢赦，簡❺在帝心。萬方有罪，即當朕身，朕身有罪，無及萬方。』」即此言湯貴為天子，富有天下，然且不憚以身為犧牲，以祠說于上帝鬼神。即此湯兼也。雖子墨子之所謂兼者，於湯取法焉。

【章　旨】引用商湯的言論事跡，說明湯也是兼愛的，墨子是向湯取法。

【注　釋】❶湯說　偽古文《尚書》有〈湯誓〉。但沒有下面這些話，原〈湯誓〉文可能已經散佚。❷履　商湯的名。❸玄牡　黑色的公羊。❹上天后　指天帝。❺簡　閱；鑑察。

【語　譯】而且不只是〈禹誓〉這樣記載，〈湯說〉也是這樣記載的。湯說：「我小子履，恭敬地用這黑公羊祈告上帝說：『現在天大旱，這罪過應由我一人承當。我不知怎麼得罪了天地。有善不敢隱瞞，有罪不敢赦免，這一切，上帝的心中都非常清楚明白。如果萬方人民有罪，則由我一人承擔；如果我本身有罪，則不要牽累萬方人民。』」這就是說，湯貴為天子，富有天下，尚且不怕以身當祭品，來祭祀、取悅上帝鬼神。這就是湯的兼愛了。墨子的所謂兼愛，是從湯那兒取法的。

且不惟〈誓命〉❶與〈湯說〉為然，周詩❷即亦猶是也。周詩曰：「王道蕩蕩❸，不偏不黨；王道平平，不黨不偏。其直若矢，其易❹若底❺，君子之所履，小人之所視。」若吾言非語道之謂也，古者文、武為正❻，均分賞賢罰暴，勿有親戚弟兄之所阿❼。即此文、武兼也。雖子墨子之所謂兼者，於文、武取法焉。不識天下之人，所以皆聞兼而非之者，其故何也？

【章　旨】引用周詩，說明周文王、周武王都主張兼愛，墨子是向他們取法。

【注　釋】❶誓命　從上文看，應作「禹誓」。❷周詩　今《詩經》沒有下面這樣一首詩。下面前四句見於《尚書・洪範》，後四句見於《詩經・大東》。❸蕩蕩　平坦易行的樣子。❹易　平。❺底　同「砥」。磨刀石。❻正　通「政」。❼阿　私。

【語　譯】而且不只是〈誓命〉和〈湯說〉這樣記載，周詩也是這樣記載的。周詩說：「王道坦蕩公平，絕無偏袒，也無私黨；王道平平坦坦，絕無私黨，也無偏袒。它直得像箭矢，平得像磨刀石，這是君子所踐履，小人所觀望的。」如果我所說的不符合道理，那麼古時候周文王、周武王，他們為政怎麼會公平地獎賞賢人、懲罰惡人，對父母、兄弟都沒有私心呢？這就是周文王、周武王的兼愛了。墨子所謂的兼愛，就是向周文王、周武王取法的。不知天下的人士，他們一聽到兼愛就加以非難，他們的理由何在呢？

然而天下之非兼者之言，猶未止，曰：「意不忠❶親之利，而害為孝乎？」

子墨子曰：「姑嘗本原之孝子之為親度者。吾不識孝子之為親度者，亦欲人愛利其親與？意❷欲人之惡賊其親與？以說觀之，即欲人之愛利其親也。然即吾惡先從事即得此？若我先從事乎愛利人之親，然後人報我愛利吾親乎？意我先從事乎惡人之親，然後人報我以愛利吾親乎？即必吾先從事乎愛利人之親，然後人報我以愛利吾親也。然即之交孝子❸者，果不得已乎，毋先從事愛利人之親者與？意以天下之孝子為遇❹而不足以為正乎？姑嘗本原之先王之所書，〈大雅〉之所道曰：『無言而不讎❺，無德而不報，投我以桃，報之以李。』即此言愛人者必見愛也，而惡人者必見惡也。不識天下之士，所以皆聞兼而非之者，其故何也？

【章旨】想要人愛我之父母，必得我先愛人之父母，愛人者必被人愛，可見兼愛應先從愛他人做起。

【注釋】❶忠　當作「中」。得的意思。❷意　通「抑」。❸交孝子　交相為孝子。指互相孝敬對方的父母。❹遇　應作「愚」。❺讎　答。

【語譯】可是天下非難兼愛的言論，仍然沒有停止。他們說：「莫非不符合父母親的利益，就妨礙當孝子嗎？」墨子說：「姑且試著推究孝子為雙親考慮問題的心理。我不知孝子為自己的父母著想，是想要別人愛利他的父母呢？還是想要別人嫌惡殘害他的父母？從通常的說法來看，是想要別人愛利他的父母。那麼我們應該先做些什麼才能實現這一願望？是我先去愛利別人的父母，然後別人回報我，也愛利我的父母呢？還是我先去憎惡別人的父母，然後別人回報我，才來愛利我的父母？那一定是我先去愛利別人的父母，然後別人回報我，才愛利我的父母。那麼當互相要求對方當自己父母的孝子時，如果不得已，不是該我先去愛利對方的父母嗎？莫非認為天下的孝子都很愚蠢而不足以為政嗎？姑且試著追溯一下先王的典籍，〈大雅〉裡面說：『沒有話得不到回答，沒有德得不到回報，別人投給我一個桃子，就回報他一個李子。』這是說愛人的人，一定會被人愛，嫌惡人的人，也一定會遭人嫌惡。不知天下的人士，他們一聽到兼愛，就都加以非難，所持的理由何在？

「意以為難而不可為邪？嘗有難此而可為者。昔荊靈王❶好小要❷，當靈王之身，荊國之士飯不踰乎一，固據❸而後興，扶垣而後行。故約食為其❹難為也，然後❺為而靈王說之，未踰❻於世而民可移也，即求以鄉❼其上也。昔者越王句踐好勇，教其士臣三年，以其知❽為未足以知之也，焚舟失火，鼓而進之，其士偃❾前列，伏水火而死有❿不可勝數也。當此之時，不鼓而退也，越國之士可謂顫⓫矣。故焚身為其難為也，然後為之⓬，越王說之，未踰於世而民可移也，即求以鄉其上也。昔者晉文公好苴⓭服，當文公之時，晉國之士，大布之衣，牂羊之裘，練帛之冠，且苴之屨⓮，入見文公，出以踐之朝。故苴服為其難為也，然後為而文公說之，未踰於世而民可移也，即求以鄉其上也。是故約食、焚舟⓯、苴服，此天下之至難為也，然後為而上說之，未踰於世而民可移也。何故也？即求以鄉其上也。今若夫兼相愛、交相利，此其有利且易為也，不可勝計也，我以為則無有上說之者而已矣。苟有上說之者，勸之以賞譽，威之以刑罰，我以為人之於就兼相愛交相利也，譬之猶火之就上，水之就下也，不可防止於天下。

【章　旨】以楚靈王、越王句踐、晉文公等有所崇尚而人民從之為例，說明只要君主勇於提倡，實現兼相愛交相利就不難。

【注　釋】❶荊靈王　即楚靈王。❷要　通「腰」。❸固據　牢牢地拄杖扶持。❹其　當作「甚」。❺後　應作「眾」。

❻踰 通「渝」。改變。❼鄉 通「向」。❽知 通「智」。❾偃 仆倒。❿有 當作「者」。⓫顫 通「殫」。盡。⓬之 應作「而」。⓭苴 通「粗」。⓮且苴之屨 粗劣的鞋子。⓯舟 應作「身」。

【語譯】「莫非他們是認為難而不能實行嗎？過去也曾有比這難為而能做到的事例。從前楚靈王喜歡細腰，在他那個時代，楚國的士人每天吃飯不超過一餐，要緊緊地拄著拐杖才能起來，扶著牆才能行走。所以節食是最難辦到的事，但大家做到了楚靈王就喜歡，時世沒有改變，民風卻已轉移，這是因為人們都向上投合的關係。從前越王句踐好勇，教訓士臣三年，認為對他們的智力還沒能全都了解，就放火燒船，擊著鼓激勵他們前進，他的士兵前列的倒下去了，死於水火的也不知其數。這時，如果不擊鼓退兵，越國的戰士可以說會死光的。所以燒死是很難做到的事，但大家做到了越王就高興，時世沒變，而民風卻可以轉變，就是因為人們都求向上投合。從前晉文公喜歡粗布衣，在他那個時代，晉國的士人都穿粗布衣、母羊皮裘，戴厚繒做的帽子，穿粗劣的鞋子，入內見文公，出外在朝廷上走動。所以穿粗劣的服裝是很難做到的事，但大家做到了文公很高興，時世沒有改變，民風卻可以轉變，就是因為人們都向上投合的關係。節食、燒身、穿粗劣服裝，這是天下最難做到的事，但大家做了君上很高興，時世沒有改變，但民風卻可以改變。這是什麼原因呢？就是因為人們都追求向上投合。現在如果說到兼相愛、交相利，這種主張的有利且易於實行，是說不完的，我認為就是因為沒有喜歡它的君主罷了。如果有君主喜歡它，用賞譽加以勸勉，用刑罰加以威懾，我認為人們的趨向兼相愛、交相利，就好比火的向上燃燒、水的向下流動，就天下大勢說，是無法阻止的。」

「故兼者聖王之道，王公大人之所以安也，萬民衣食之所以足也。故君子莫若審兼而務行之，為人君必惠，為人臣必忠，為人父必慈，為人子必孝，為人兄必友，為人弟必悌。故君子莫若欲為惠君、忠臣、慈父、孝子、友❶兄、悌❷弟，當若❸兼之，不可不行也，此聖王之道，而萬民之大利也。」

【章旨】強調君子應當明察兼愛之道並力行之，這樣才能對萬民有利。

【注釋】❶友　對弟弟友愛。❷悌　對兄長敬重。❸當若　當如。

【語譯】「所以兼愛是聖王之道，王公大人所賴以安穩，萬民衣食所賴以豐足的。所以君子沒有比明察兼愛而務求實行更好的，能如是，當人君的必定仁惠，為臣子的必定忠誠，為父親的必定慈愛，做兒子的必定孝順，為兄長的必定對弟弟友愛，做弟弟的必定敬重兄長。所以君子莫如去做惠君、忠臣、慈父、孝子、友兄、悌弟，像這樣的兼愛，是不可以不實行的。這就是聖王之道，而且也是萬民的大利啊！」

非攻上第十七

【題解】非攻，是指責攻打他人之國的意思。結合下篇及〈公輸〉等篇來看，墨子所反對的主旨，是不合於正義的侵略戰爭，對那些弔民伐罪及迫不得已的保家衛國戰爭，他是支持的。〈非攻〉共三篇，詳略及論述重點各有不同。這篇重在譴責攻人之國的不義。

今有一人，入人園圃，竊其桃李，眾聞則非之，上為政者得則罰之。此何也？

以虧人自利也。至攘❶人犬豕雞豚，其不義又甚入人園圃竊桃李。是何故也？以虧人愈多，其不仁茲❷甚，罪益厚。至入人欄廄❸，取人馬牛者，其不仁義又甚攘人犬豕雞豚。此何故也？以其虧人愈多。苟虧人愈多，其不仁茲甚，罪益厚。至殺不辜人也，扡❹其衣裘，取戈劍者，其不義又甚入人欄廄取人馬牛。此何故也？以其虧人愈多。苟虧人愈多，其不仁茲甚矣，罪益厚。當此，天下之君子皆知而非之，謂之不義。今至大為攻國，則弗知非，從而譽之，謂之義。此可謂知義與不義之別乎？

【章　旨】損害人越多，不仁不義就越嚴重，這是一般人都知道的常識，但人們對於攻國卻不加批評，可見未能從大事上分清正義與非正義。

【注　釋】❶攘　盜偷。❷茲　同「滋」。更加。❸欄廄　關牛馬的地方。❹扡　同「拕」。搶奪。

【語　譯】現在有一個人，進入人家的園子，偷竊別人的桃李，大家聽到這件事就會批評他，在上為政的人捉住他就加以處罰。這是什麼道理呢？因為他損人利己。至於偷他人雞狗豬，不義的程度又比進入他人園圃偷桃李嚴重。這是什麼道理呢？因為損害他人越多，不仁的程度就越嚴重，罪行也越嚴重。至於進入他人的牛欄馬廄，盜取他人馬牛的，不仁不義的程度，又比偷盜他人雞狗豬的嚴重。這是為什麼？因為損害他人更多。如果損害他人更多，不仁的程度就更嚴重，罪行也更加嚴重。至於殺害無辜的人，搶奪他們的衣裘，搶走他們的戈劍，這種不義，又比進入他人牛欄馬廄、盜取牛馬的更為嚴重。這是為什麼。因為損害他人更多。如果損害他人更多，不仁的程度就更為嚴重，罪行也更為嚴重。當碰到以上這些情況的時候，天下的君子們就都知道加以指責，把這些行為稱作不義。現在不義嚴重到攻打別人的國家，卻不知道加以指責，反而加以稱讚，說這是義。這可以算是懂得義和不義的區別嗎？

殺一人，謂之不義，必有一死罪矣。若以此說往，殺十人十重不義，必有十死罪矣；殺百人百重不義，必有百死罪矣。當此，天下之君子皆知而非之，謂之不義。今至大為不義攻國，則弗知非，從而譽之，謂之義，情❶不知其不義也，故書其言以遺後世。若知其不義也，夫奚說❷書其不義以遺後世哉？今有人於此，少見黑曰黑，多見黑曰白，則以此人不知白黑之辯矣；少嘗苦曰苦，多嘗苦曰甘，則必以此人為不知甘苦之辯矣。今小為非，則知而非之；大為非攻國，則不知非，從而譽之，謂之義。此可謂知義與不義之辯乎？是以知天下之君子也，辯義與不義之亂也。

【章旨】指出攻人之國罪行的嚴重性，批評了天下君子顛倒黑白，以非正義為正義的錯誤。

【注釋】❶情　通「誠」。確實。❷奚說　以什麼來解釋。

【語譯】殺死一個人，稱作不義，必定有一件死罪。如果以這一說法推論，殺十人就十倍不義，必定有十倍的死罪了；殺百人就百倍不義，必定有百倍的死罪了。碰到這些情況，天下的君子都知道指責它，稱它為不義。現在有人大做不義之事，去攻打他人的國家，卻不知道加以指責，反而稱譽他，稱他為義。

因為確實不懂得這是不義，所以還把他們的言論寫下來遺留給後世。如果知道他是不義的，那又怎樣解釋把不義的行為寫下來遺留給後世這種情況呢？現在有人在這兒，很少看到黑的就說是黑的，卻多半看到黑的說成是白的，那我們一定認為這個人不懂得白與黑的區別了；很少嚐著苦的就說是苦的，卻多半嚐著苦的反說是甜的，那我們一定認為這個人不懂得甜與苦的區別了。現在有人對小的壞事，就知道加以指責；看到大的壞事，攻打別人國家的事，卻不知道加以指責，反而加以稱譽，稱他為義。這能說他們懂得義與不義的區別嗎？因此可以知道天下的君子，在區別義與不義的問題上，是不清楚的。

非攻中第十八

【題　解】這一篇對於戰爭給國家和人民帶來的種種禍患陳說甚詳，對為戰爭辯護的各種言論，也引用了大量的史實加以批駁，指出國家的興亡在政治不在戰爭，好戰者當以古人的覆亡為鑑。

子墨子言曰：「古者王公大人，為政於國家者，情欲譽之審❶，賞罰之當，刑政之不過失❷……」

【章　旨】王公大人要想治好國家，就必須非攻。

【注　釋】❶情欲譽之審　情，通「誠」。譽之審，譽上當脫一「毀」字。毀譽之審，與下句「賞罰之當」相對成文。

❷刑政之不過失　「過失」下當有脫文，下文說：「古者王公大人，情欲得而惡失，欲安而惡危，故當攻戰而不可不

非。」據此，這裡所脫的應是「故當攻戰而不可不非」，或與此意思相同的句子。

【語　譯】墨子說：「古時候的王公大人為政於國家，如確實想毀譽明察，賞罰得當，刑政不發生過失……」

是故子墨子曰：「古者有語：『謀而不得，則以往知來，以見❶知隱❷。』謀若此，可得而知矣。今師徒❸唯毋❹興起，冬行恐寒，夏行恐暑，此不可以冬夏為者也。春則廢民耕稼樹藝，秋則廢民穫斂。今唯毋廢一時，則百姓飢寒凍餒而死者，不可勝數。今嘗❺計軍上❻，竹箭羽旄幄幕，甲盾撥劫❼，往而靡弊腑冷❽不反者，不可勝數；又與矛戟戈劍乘車，其列住❾碎折靡弊而不反者，不可勝數；與其牛馬肥而往，瘠而反，往死亡而不反者，不可勝數；與其涂道之脩遠，糧食輟絕而不繼，百姓死者，不可勝數也；與其居處之不安，食飯❿之不時，飢飽之不節，百姓之道疾病而死者，不可勝數；喪師多不可勝數，喪師盡不可勝計，則是鬼神之喪其主后⓫，亦不可勝數。

【章　旨】陳述戰爭給人民和國家帶來的種種弊害。

【注　釋】❶見　同「現」。❷隱　指隱微之事。❸師徒　指軍隊。❹唯毋　語詞。無意義。❺嘗　試。❻上　孫詒讓說當作「出」，指出兵。❼撥劫　撥，大盾。劫，不詳，據文意也是一種武器。孫詒讓說當作「鉊」。刀把。❽靡弊腑冷　靡弊，靡散弊壞。腑，是「腐」的異文。冷，通「爛」。❾列住　孫詒讓說是「往則」之誤。❿飯　當為「飲」之誤。⓫主后　主後。指後代主持祭祀的人，即後嗣。后，通「後」。

【語譯】所以墨子說：「古人有句話說：『如果對一時的謀慮不滿意，就當用過去的事推知未來的事，用明顯的事推知隱微的事。』能這樣來考慮問題，就可以得知如何去做的方法了。現在如果出兵，冬天怕冷，夏天怕熱，這是不可以在冬天和夏天去做的。春天就要荒廢人民的耕種，秋天就要荒廢人民的收穫。如果荒廢了一個季節，那百姓飢寒凍餓而死的，就不可盡數。如果試著計算軍隊出征所用的竹箭、旌旗、帳幕、鎧甲等各種武器裝備，一出去就耗散腐爛收不回來，這又不可盡數；再加上矛、戟、戈、劍、兵車等武器，也是一出去就碎爛、折斷、散壞而無法收回，又是不可盡數；以及牛馬肥壯時出去，瘠瘦時才回來，去了就死亡而無法收回的，也不可勝數；再加上道路遙遠，糧食斷絕而無法接濟，老百姓死的，也不可勝數；加上生活不安定，飲食不能按時，飢飽沒有節制，百姓在道路上患疾病而死的，也不可盡數；損失軍隊，多的不可勝數，全軍覆沒的，不可盡數，就是國家滅亡，以至於鬼神喪失了後來主祭人的，也不可勝數。

「國家發政，奪民之用，廢民之利，若此甚眾。然而何為為之？曰：『我貪伐勝之名，及得之利，故為之。』」子墨子言曰：「計其所自勝，無所可用也；計其所得，反不如所喪者之多。今攻三里之城，七里之郭❶，攻此不用銳❷，且無殺而徒得此然也？殺人多必數於萬，寡必數於千，然後三里之城、七里之郭且可得也。今萬乘之國，虛❸數於千，不勝而入；廣衍❹數於萬，不勝而辟❺。然則土地者，所有餘也；王❻民者，所不足也。今盡王民之死，嚴下上之患，以爭虛城，則是棄所不足，而重所有餘也。為政若此，非國之務者也。」

【章旨】此言國家為爭城略地而戰，以致人民大量死亡，得不償失。

【注釋】❶郭 外城。❷銳 指銳利的兵器。❸虛 指虛城。虛城，空城。指人口不多的城市。畢沅說「虛」是「墟」的正字。墟城，荒廢了的城，也通。❹廣衍 廣闊的原野。低下而平坦的土地叫衍。❺辟 通「闢」。❻王 當作「士」。

【語譯】「國家發動戰爭，剝奪人民的財用，廢棄人民的利益，像這樣的情況很多。但是為什麼要這樣做？他們說：『我貪圖戰勝的名聲，和得到戰利品的好處，所以要這樣做。』」墨子說：「計算他們自己所取得的勝利，這是沒有用處的；計算他所獲得的戰利品，反而不如他們所喪失的多。如果攻打三里的內城，七里的外城，攻打這樣的城池，如果不用銳利的兵器，而且不殺人，就能白白地攻下嗎？殺人多的以萬計，少的也以千計，然後這三里之城、七里之郭才可以取得。現在一個有萬乘兵車的大國，虛城以千座計，入不勝入；廣闊的原野以萬里計，不勝開闢。那麼土地這東西，是國家所有餘的，而士民，則是國家所不足的。現在把士民都殺盡了，加劇了國家上下的禍患，來爭虛城，這是拋棄自己所不足的，來增加自己所有餘的。這樣來為政，就不是治國的要務了。」

飾攻戰者言曰：「南則荊、吳之王，北則齊、晉之君，始封於天下之時，其土地之方❶未至有數百里也；人徒之眾，未至有數十萬人也。以攻戰之故，土地之博至有數千里也；人徒之眾至有數百萬人。故當攻戰而不可為❷也。」子墨子言曰：「雖四五國則得利焉，猶謂之非行道也。譬若醫之藥人❸之有病者然。今有醫於此，和合其祝❹藥之于天下之有病者而藥之，萬人食此，若醫四五人得利焉，猶謂之非行藥也。故孝子不以食其親，忠臣不以食其君。古者封國於天下，尚❺者以耳之所聞，近者以目之所見，以攻戰亡者，不可勝數。何以知其然也？東方有莒❻之國者，其為國甚小，閒於大國之閒，不敬事於大，大國亦弗之從而愛利。是以東者越人夾削其壤地，西者齊人兼而有之。計莒之所以亡於齊越之閒者，以是攻戰也。雖南者陳、蔡❼，其所以亡於吳越之閒者，亦以攻戰。雖北者且不一著何❽，其所以亡於燕、代、胡、貊之閒者，亦以攻戰也。」是故子墨子言曰：「古者王公大人，情欲得而惡失，欲安而惡危，故當攻戰而不可不非。」

【章　旨】對飾攻戰者的言論加以批駁，指出攻戰只能使少數國家得利，多數國家滅亡。

【注　釋】❶方　方圓；見方。❷不可為　按文意應作「不可不為」。❸藥人　以藥治人。❹祝　孫詒讓說：「《周禮》瘍醫『掌腫瘍潰瘍金瘍折瘍之祝藥』，鄭注云：『祝當為注，讀如注病之注，聲之誤也。注謂附著藥。』彼祝藥，為劍瘍附著之藥。此下文云食，則與彼義異。」按此處正可用《周禮》鄭注祝字的解釋。祝藥是用以治外傷的，現在庸醫用來給人吃，所以下文說「孝子不以食其親，忠臣不以食其君」。孫說「與彼義異」，不確，但他的引例是正確的。❺尚　通「上」。❻莒　古國名。其地在今山東莒縣。❼陳蔡　皆古國名。陳地在今河南淮陽，蔡地在今河南新蔡，這兩個國家均為楚所滅。❽且不一著何　孫詒讓說：且，指且略。「一」是衍文。不著何，即不屠何。且略、不屠何，都是古代東北少數民族國家。

【語　譯】那些為攻戰辯解的人說：「南方的楚、吳國王，北方的齊、晉國君，開始受封於天下之時，他們的土地，方圓不到數百里；人民總數也不到數一萬。因為攻戰的緣故，後來土地廣博達數千里，人民的總數達數百萬。因此攻戰不能不進行。」墨子說：「雖然有那麼四五個國家得了利益，我還是說這不是應實行的正確途徑。這就好像醫生用藥給人治病一樣。假如有個醫生在此，他調和了用以治外傷的藥物，來給天下有病的人服用，有萬人吃這種藥，得利的只有四五個病人而已，所以我還是說這不是用藥的正確劑方。所以孝子不會把這種藥給他的父母吃，忠臣也不會把這種藥給他的君主吃。古時候就封國於天下的，前代的可以耳聞，當代的可以目睹，因為攻戰而滅亡的，不可盡數。怎知是這樣的呢？東方的莒國，是個很小的國家，介於大國之間，不敬事大國，大國也不聽從它而只圖自己得利。所以東面有越國人從兩面侵削它的土地，西面又有齊國人兼併它，把它據為己有。想來莒國所以在齊越兩國之間滅亡，就是因為攻戰啊！就是南方的陳、蔡兩國，它們之所以在吳、越之間滅亡，也是因為攻戰。就是北方的且略、不屠何，它們之所以在燕、代、胡、貊之間滅亡，也是因為攻戰。」所以墨子說：「古時候的王公大人，如確實想得到而憎惡失去，想安全而憎惡危險，那對攻戰就不能不加以指責。」

飾攻戰者之言曰：「彼不能收用彼眾，是故亡。我能收用我眾，以此攻戰於天下，誰敢不賓服哉？」子墨子言曰：「子雖能收用子之眾，子豈若古者吳闔閭哉？古者吳闔閭教七年，奉❶甲執兵❷，奔三百里而舍❸焉，次❹注林❺，出於冥隘❻之徑，戰於柏舉❼，中楚國而朝宋與及魯❽。至夫差之身，北而攻齊，舍於汶❾上，戰於艾陵❿，大敗齊人而葆⓫之大山⓬；東而攻越，濟三江五湖，而葆之會稽⓭。九夷⓮之國莫不賓服。於是退不能賞孤⓯，施舍群萌⓰，自恃其力，伐其功，譽其智，怠於教，遂築姑蘇之臺，七年不成。及若此，則吳有離罷⑰之心。越王句踐視吳上下不相得，收其眾以復其讎，入北郭，徙大內⑱，而吳國以亡。昔者晉有六將軍⑲，而智伯莫為強焉。計其土地之博，人徒之眾，欲以抗諸侯，以為英名，攻戰之速，故差論⑳其爪牙之士，皆㉑列其舟車之眾，以攻中行氏而有之。以其謀為既已足矣，又攻茲范氏而大敗之，并三家以為一家而不止，又圍趙襄子於晉陽。及若此，則韓、魏亦相從而謀曰：古者有語：『脣亡則齒寒』。趙氏朝亡，我夕從之；趙氏夕亡，我朝從之。詩㉒曰：『魚水不務㉓，陸將何及乎！』是以三主之君，一心戮力辟㉔門除道，奉甲興士，韓、魏自外，趙氏自內，擊智伯大敗之。」

【章　旨】舉歷史事實以批駁飾攻戰者，藉以說明國家興亡，在於政治而不在於攻戰。

【注　釋】❶奉　持；穿。❷兵　指兵器。❸舍　休止。❹次　駐紮。❺注林　古地名。不詳。❻冥隘　即今河南信陽西南之平靖關。冥，一作「黽」、「澠」、「鄳」。隘，又作「阨」、「塞」。❼柏舉　古地名。其地在今湖北麻城境內。❽及魯　兩字互倒，及字屬下句，下句當為「及至夫差之身」。❾汶　指汶水。即今山東西部之大汶河，今山東境內有汶上縣。❿艾陵　古地名。在今山東泰安東南。⓫葆　同「保」。守的意思。⓬大山　即泰山。⓭會稽　其地在今浙江紹興。⓮九夷　說法很多，這裡是泛指各少數民族國家。⓯賞孤　賞賜為國犧牲烈士的後代。⓰萌　通「氓」。人民。⓱罷　通「疲」。⓲內　當作「舟」。⓳六將軍　指晉國的韓、趙、魏、范、中行、智伯。⓴差論　選擇。㉑皆　當作「比」。㉒詩　下面所引的不見於《詩經》，當是逸詩。㉓務　通「騖」。疾。㉔辟　通「闢」。

【語　譯】為攻戰辯護的人說：「他們不能聚集利用他們的廣大群眾，所以滅亡。我們能聚集利用我們的廣大群眾，利用他們向天下發動攻戰，誰敢不臣服呢？」墨子說：「你們雖然能利用你們的群眾，但你們難道比得上古時候的吳王闔閭嗎？古時候吳王闔閭教練士民七年，穿著鎧甲，拿著兵器，急行軍三百里才休息，駐紮在注林，路過冥隘的小路，在柏舉作戰，攻入楚國國都之中，而使宋國與魯國朝拜稱臣。到夫差繼位，北面攻打齊國，駐紮在汶上，戰於艾陵，大敗齊人，齊人退守泰山；東面攻打越國，渡過三江五湖，越王退守會稽。九夷各國沒有不服從的。但是他事後不能賞賜烈士遺孤，也不施捨廣大人民，卻依恃自己的勢力，誇大自己的功績，稱頌自己的智慧，怠惰於教化，於是築起姑蘇臺，七年都沒築成。到這時，吳國上下就有了離散厭倦之心。越王句踐看到吳國上下離心離德，就聚集群眾來復仇，進入吳國北面外城，奪走了吳國的大船，吳國因此滅亡。從前晉國有六將軍，而智伯沒有人比他更強盛。他合計自己土地廣大，人民眾多，想憑藉這些條件與諸侯對抗，以成就自己的英名。利用攻戰的方法最為快速，所以就精選勇武之士，分派眾多的車隊和船隊，攻打中行氏，一舉就將他消滅。又認為自己的計畫已經可以全面實施了。接著就攻打范氏，把他打得大敗，將三家合併為一還不肯罷休，又把趙襄子圍困在晉陽。到這時，韓、魏兩家才有覺悟的聚在一起商議說：古語說：『嘴脣沒有了，牙齒就會寒冷。』趙氏早上滅亡，我們到傍晚也跟著滅亡；趙氏晚上滅亡，我們到早上也會跟著滅亡。詩說：『魚在水裡不趕快急游，到了陸地上，還怎麼來得及呢！』於是三家的君主，同心合力，開門掃清道路，穿著鎧甲，拿著兵器，韓、魏從外面攻打，趙國從裡面殺出，攻擊智伯，把他打得大敗。」

是故子墨子言曰：「古者有語曰：『君子不鏡❶於水而鏡於人。鏡於水，見面之容；鏡於人，則知吉與凶。』今以攻戰為利，則蓋❷嘗鑒之於智伯之事乎？此其為不吉而凶，既可得而知矣。」

【章旨】提出當以歷史人物為鑑，不要貪圖攻戰之利。

【注釋】❶鏡 以……為鏡。❷蓋 通「盍」。何不。

【語譯】所以墨子說：「古語說：『君子不以水為鏡而以人為鏡。以水為鏡，可以照見面容；以人為鏡，可以預知吉凶。』現在如果以攻戰為利，那何不試著以智伯的事情作為殷鑑呢？這件事是不吉而凶的，已經可以知道了。」

非攻下第十九

【題解】這篇對戰爭的性質作了嚴格的區分，將戰爭分成兩類，一類是懲惡伐暴的戰爭，墨子稱為「誅」；一類是攻伐無罪之國的侵略兼併戰爭，墨子稱為「攻」。他稱頌前者而否定後者，並指出當時應以德服天下，不能以攻戰為事。

子墨子曰：「今天下之所譽善者，其說將何哉？為其上中❶天之利，而中中鬼之利，而下中人之利，故譽之與？意亡❷非為其上中天之利，而中中鬼之利，而下中人之利，故譽之與？雖使下愚之人，必曰：『將為其上中天之利，而中中鬼之利，而下中人之利，故譽之。』今天下之所同義者，聖王之法也。今天下之諸侯，將猶多皆免❸攻伐并兼，則是有譽義之名，而不察其實也。此譬猶盲者之與人同命白黑之名，而不能分❹其物也，則豈謂有別哉？是故古之知者之為天下度也，必順慮其義，而後為之行，是以動則不疑，速通成得其所欲❺而順天鬼百姓之利，則知者之道也。是故古之仁人有天下者，必反❻大國之說，一天下之和，總四海之內，焉❼率天下之百姓，以農臣事❽上帝山川鬼神。利人多，功故又大❾，是以天賞之，鬼富之，人譽之，使貴為天子，富有天下，名參乎天地，至今不廢。此則知者之道也，先王之所以有天下者也。

【章　旨】仁者應當以追求天下和平為目的，這樣才能建功立名。

【注　釋】❶中　符合。❷亡　通「無」。語詞。❸免　衍文，應刪。❹分　區分。❺速通成得其所欲　孫詒讓認為當作「遠邇咸得其所欲」。咸，皆；都。❻反　當作「交」。❼焉　乃。❽農臣事　勉力以臣禮敬事。農，勉。❾功故又大　當作「功又大」，故字是衍文，應刪。

【語　譯】墨子說：「當今天下人所稱頌的，理由何在呢？是因它上能符合天之利，中能符合鬼之利，下能符合人之利，所以才稱譽它嗎？還是因為它上不符合天之利，中不符合鬼之利，下不符合人之利，所以才稱譽它呢？即使是下愚的人，也必定說：『是因為它上能符合天之利，中能符合鬼之利，下能符合人之利，所以才稱譽它的。』現在天下共同認為正確的主張，那就是聖王之法。如果現在天下的諸侯，還在那裡攻伐兼併，那就是僅有贊同正確主張的虛名，而沒有能明察它的實質了。這就好比瞎子同別人一起叫白黑的名稱，卻不能區分白黑的實物，這難道能說有黑白的區別嗎？所以古時候的智者為天下人考慮，一定得順著實際去考慮道理，然後加以實行，因此能行動起來沒有疑慮，遠事近事都能符合他的欲望，又順著天鬼百姓之利，這才是智者之道。所以古代享有天下的仁人，一定同大國交相和悅，使天下統一於和平，又總領四海之內，率領天下的百姓，來勉力敬事上帝山川鬼神。利人既多，功績又大，所以上天賞賜他，鬼神賜他富有，人民讚譽他，使他貴為天子，富有天下，與天地齊名，至今不止。這就是智者之道，也就是先王所以擁有天下的原因。

「今王公大人、天下之諸侯則不然，將必皆差論其爪牙之士，皆列舟車之卒伍，於此為堅甲利兵，以往攻伐無罪之國。入其國家邊境，芟刈❶其禾稼，斬其樹木，墮❷其城郭，以湮其溝池，攘殺其牲牷❸，燔潰❹其祖廟，勁❺殺其萬民，覆❻其老弱，遷其重器❼，卒❽進而柱乎鬥❾，曰『死命為上，多殺次之，身傷者為下，又況失列北橈❿乎哉，罪死無赦』，以譂⓫其眾。夫無⓬兼國覆軍，賊虐萬民，以亂聖人之緒⓭。意將以為利天乎？夫取天之人，以攻天之邑，此刺殺天民，剝振⓮神之位，傾覆社稷，攘殺其犧牲，則此上不中天之利矣。意將以為利鬼乎？夫殺之人⓯，滅鬼神之主，廢滅先王，賊虐萬民，百姓離散，此則中不中鬼之利矣。意將以為利人乎？夫殺之人為利人也博⓰矣。又計其費此，為周⓱生之本，竭天下百姓之財用，不可勝數也，則此下不中人之利矣。

【章旨】諸侯攻戰兼併，不符合天、鬼、人三者之利。

【注釋】❶芟刈 芟除；刈割。❷墮 同「隳」。毀。❸牲牷 牲，指牛、馬、羊、豕、犬、雞六畜。牷，體完而色純的牲畜。❹燔潰 燔燎；燒燬。潰，應作「燎」。❺勁 刺。❻覆 滅。❼重器 寶重的器物。❽卒 同「猝」。❾柱乎鬥 柱，當作「極」。乎，衍文，應刪。極鬥，拼死決鬥的意思。❿失列北橈 離隊逃跑。失列，脫離隊列。北，敗。橈，曲，也是敗的意思。⓫譂 即「憚」。怕。⓬無 語詞。無意義。⓭緒 業。⓮振 當作「振」。裂。⓯夫殺之人 當作「夫殺天之人」。指殘殺上天子民的人。⓰博 當作「薄」。⓱周 當作「害」。

【語譯】當今的王公大人、天下的諸侯就不是這樣，他們必定要選擇精銳之士，分派車船部隊，製作了堅固的鎧甲和銳利的兵器，去攻打無罪的國家。他們侵入別國的邊境，刈割莊稼，斬伐樹木，推倒城郭來填塞護城河，搶奪、宰殺牲畜，燒燬祖宗祠廟，殺害人民，消滅老弱，奪走珍寶器物。他們猝然發動進攻，竭盡全力拼殺，並向部下宣布說：『戰死的算立頭功，殺敵多的在其次，本人被人殺傷的就算最下等的了，又何況臨陣脫逃、戰敗逃走的人呢？對這樣的人要處死罪，決不赦免！』他們就這樣來威嚇他們的部下。這樣做就是為了兼併別人的國家，消滅別國的軍隊，殘害別國人民，以攪亂聖人的事業。這樣做有利於上天嗎？徵用上天的人民，來攻打上天的城邑，殺害上天的人民，剝奪鬼神的地位，顛覆社稷，奪取用以供奉神的犧牲，這是不符合上天的利益的。或者認為這樣對鬼神有利嗎？滅掉鬼神的祭主，廢除了先王的後代，殘害萬民，造成百姓離散，這就不符合鬼神的利益了。或認為對人有利嗎？殺害上天的人民，利益就已經夠少的了，又計算一下為此所耗費的，這是害生的根本，所耗費天下百姓的財用，是不可勝數的，這就不符合人的利益了。

「今夫師者之相為不利者也，曰：將不勇，士不分❶，兵不利，教不習，師不眾，率❷不利❸和，威不圉❹，害❺之不久，爭之不疾，孫❻之不強，植心不堅，與國諸侯疑；與國諸侯疑，則敵生慮，而意羸❼矣。偏❽具此物，而致從事焉，則是國家失卒❾，而百姓易務也。今不嘗觀其說好攻伐之國？若使中❿興師，君子⓫，庶人也，必且數千，徒⓬倍十萬，然後足以師而動矣。久者數歲，速者數月，是上不暇聽治，士不暇治其官府，農夫不暇稼穡，婦人不暇紡績織紝⓭，則是國家失卒，而百姓易務也。然而又與其車馬之罷弊也，幔⓮幕帷蓋，三軍之用，甲兵之備，五分而得其一，則猶為序疏⓯矣。然而又與其散亡道路，道路遼遠，糧食不繼傺⓰，食飲之⓱時，廁役⓲以此飢寒凍餒疾病，而轉死溝壑中者，不可勝計也。此其為不利於人也，天下之害厚矣。而王公大人，樂而行之。則此樂賊滅天下之萬民也，豈不悖哉！今天下好戰之國，齊、晉、楚、越，若使此四國者得意於天下，此皆十倍其國之眾，而未能食其地⓳也。是人不足而地有餘也。今又以爭地之故，而反相賊也，然則是虧不足，而重有餘也。」

【章旨】陳述戰爭給國家和人民帶來的禍害。

【注釋】❶分　同「岔」。❷率　將率。❸利　衍文，應刪。❹圉　通「禦」。❺害　孫詒讓認為是「圍」字之誤。❻孫　當作「係」。指維繫人心。❼羸　弱。❽偏　同「徧」。❾卒　應作「本」。❿中　中等規模。⓫君子　按文意，下面脫「數百」二字，應補。⓬徒　步兵。⓭紝　機縷；織紝。⓮幔　帳幔。⓯序疏　孫詒讓認為應作「厚餘」。多餘的意思。⓰傺　衍文，應刪。⓱之　當作「不」。⓲廁役　王引之認為當作「廝役」。⓳未能食其地　孫詒讓認為：「言四國荒土多，民不能盡耕也。」

【語譯】「現在軍隊中共同認為不利的因素，說是：將帥不勇敢，士兵不振奮，武器不銳利，訓練不成熟，軍隊人數不多，將帥之間不和，軍威不強盛，包圍不能持久，作戰速度不迅疾，凝聚力不強，所下決心不堅決，與諸侯國互相猜疑；與諸侯國互相猜疑，敵人就會生出別的計謀，而我軍的意志就薄弱了。如果具備了上述所有的情況，而致力於戰爭，那國家就失去了根本，百姓也會荒廢本行。現在何不試看那些好攻戰之國？如果發動一次中等規模的戰爭，就需要君子數百，卿大夫子弟就一定得數千，步兵要加倍至十萬，然後才足以興師動眾。一場戰爭，久的要幾年，快的要幾月，這時君上無暇聽政，士官無暇治理官府，農夫無暇耕種，婦女無暇紡織，這就造成國家失去根本，而百姓荒廢了本業。但是又得加上車馬的疲病破敗，帳幔帷蓋，三軍所用，鎧甲兵器之類的裝備，五分只能殘留一分，還算多的了。但是還要加上人民流散道路，道路遙遠，糧食不繼，飲食不時，服役的因此遭受飢寒凍餓疾病，而輾轉死亡於溝壑之中的，不可勝計。這對於人民的不利，也算是天下的大害了。然而王公大人們，卻樂意這樣做。這就是以殘害、消滅天下萬民為樂了，豈不是荒謬嗎！當今天下好戰之國，是齊、晉、楚、越，如果讓這四個國家得志於天下，就算都增加十倍的人口，也不能開發它們所有的荒地。這就是說它們人口不足而土地有餘。現在又因為爭奪土地的緣故，而反過來互相殘害，這就是損害不足的，而增加多餘的了。」

今遝❶夫好攻伐之君，又飾其說以非子墨子曰：「以攻伐之為不義，非利物與？昔者禹征有苗，湯伐桀，武王伐紂，此皆立為聖王，是何故也？」子墨子曰：「子未察吾言之類❷，未明其故者也。彼非所謂攻，謂誅也。昔者三苗大亂，天命殛之，日妖宵出❸，雨血三朝，龍生於廟，犬哭乎市，夏冰，地坼及泉，五穀變化，民乃大振❹。高陽❺乃命玄宮❻，禹親把❼天之瑞令❽，以征有苗，四電誘祇❾，有神人面鳥身，若瑾❿以侍，搤矢有苗之祥⓫，苗師大亂，後乃遂幾⓬。禹既已克有三苗，焉磨⓭為山川，別物上下⓮，卿⓯制大⓰極，而神民不違，天下乃靜。則此禹之所以征有苗也。

【章　旨】用禹征有苗之事，說明古代聖王是誅暴伐惡，而不是侵略攻伐。

【注　釋】❶遝　通「逮」。及。❷類　類別；比類。❸日妖宵出　太陽本白天出現，但夜間出現，所以稱妖。❹振　同「震」。❺高陽　即顓頊。舜的六世祖。❻乃命玄宮　當作「乃命禹於玄宮」。玄宮，高陽所居之宮。❼把　握。❽瑞令　玉製的符信。❾四電誘祇　當作「雷電詩振」。詩，通「勃」。振，通「震」。❿若瑾　當是「奉珪」之誤。⓫搤矢有苗之祥　張純一說：矢，當作「失」。祥，當作「祚」。搤矢有苗之祚，意為扼殺有苗，使之失去國祚。⓬幾　微；衰微。⓭焉磨　焉，乃。磨，當作「磿」。通「歷」。離。⓮別物上下　指區分土地為上下等級。⓯卿　當作「鄉」。是「饗」的省文。饗，享有。⓰大　當作「四」。篆文形近而誤。

【語　譯】現在那些喜歡攻伐的君主，又為他們辯護，並非難墨子說：「把攻伐說成不義，其實它不是很有利益的事情嗎？從前禹征有苗，湯征夏桀，武王伐紂，這些人都被稱作聖王，這又是什麼原因呢？」墨子說：「你沒能分清我所說的類別，沒有弄清我的根據所在。你說的以上那種情況不能叫做『攻』，而應當叫做『誅』。從前三苗大亂，天帝命令處死他們。其時太陽晚上出現，接連三個早上下血，廟裡出現了龍，狗在街市中啼哭，夏天水結冰，地開裂一直到泉水深處，五穀都發生了變化，人民於是大為震驚。高陽帝就在玄宮命令禹，禹親自持著天的玉製符信，來征討有苗，當時雷電齊震，有一個人面鳥身的神，持著珪璧侍立，來幫助扼殺有苗，使他們失去國祚。有苗的軍隊大亂，後來也就衰微了。禹已經戰勝三苗；就劃分山川，區分土地的高下等級，享有並制服四方，於是神與人之間才和諧，天下才安靜。這就是禹攻伐有苗的情況。

「遝至乎夏王桀，天有誥命❶，日月不時，寒暑雜❷至，五穀焦死，鬼呼國❸，鸖❹鳴十夕餘。天乃命湯於鑣宮：『用受夏之大命。夏德大亂，予既卒其命於天矣，往而誅之，必使汝堪之。』湯焉敢奉率其眾，是以鄉❺有夏之境。帝乃使陰❻暴毀有夏之城。少少❼有神來告曰：『夏德大亂，往攻之，予必使汝大堪之。予既受命於天，天命融隆❽火，于夏之城間西北之隅。』湯奉桀眾以克有❾，屬❿諸侯於薄⓫，薦章⓬天命，通於四方，而天下諸侯莫敢不賓服。則此湯之所以誅桀也。

【章　旨】用湯伐桀的事例，說明聖王所從事的戰爭是正義的戰爭。

【注　釋】❶誥命　酷命；嚴令。誥，當作「酷」。❷雜　亂。❸鬼呼國　當作「鬼呼於國」。❹鸖　鶴。❺鄉　通「向」。❻陰　暗中。❼少少　少頃之間。❽隆　通「降」。❾有　當作「有夏」。❿屬　合。⓫薄　即亳。湯的都城。⓬薦章　薦，進。章，明。

【語　譯】「到夏王桀時，天有嚴命警告他，日月不按季節運行，寒暑錯亂，五穀枯死，鬼在國都中呼號，鶴在一連十多個晚上鳴叫。天帝於是在鑣宮命令商湯王：『由你去接替我給夏的天命。夏朝的德行大亂，我已在天上終止了它的命運，你去誅討它，我一定使你征服它。』這樣湯才敢奉命率領他的軍隊，向夏的邊境進攻。上帝暗中派神去幫助摧毀夏的城邑。不久就有神來告訴湯說：『夏朝的德行大亂，去攻打它，我必定使你徹底征服它。我已經接受了天帝的命令，天帝命令火神降火到夏城中的西北角。』湯接納了桀的軍隊來攻克夏朝，在亳地會合諸侯，顯明天命，傳達到四方，天下諸侯沒有敢不服從的。這就是湯誅討桀的情況。

「遝至乎商王紂，天不序❶其德，祀用失時，兼夜中❷十日，雨土於薄，九鼎遷止，婦妖宵出，有鬼宵吟❸，有女為男，天雨肉，棘生乎國道❹，王兄❺自縱也。赤鳥銜珪，降周之岐社❻，曰：『天命周文王伐殷有國。』泰顛來賓，河出綠圖❼，地出乘黃❽。武王踐❾功，夢見三神曰：『予既沈漬❿殷紂于酒德⓫矣，往攻之，予必使汝大堪之。』武王乃攻狂夫⓬，反商之周，天賜武王黃鳥⓭之旗。王既已克殷，成帝之來⓮，分主諸神，祀紂先王，通維⓯四夷，而天下莫不賓，焉襲湯之緒⓰。此即武王之所以誅紂也。若以此三聖王者觀之，則非所謂攻也，所謂誅也。」

【章　旨】以武王伐紂事為例，說明聖王是誅暴伐惡，而不是攻伐無罪之國。

【注　釋】❶序　俞樾說是「享」之誤。❷兼夜中　兼夜，整夜。中，當作「出」。❸吟　歎。❹國道　國中大道。❺兄　同「況」。益。❻岐社　周王朝設置在岐山的土地神社。❼綠圖　籙圖。相傳為天子受命的祥瑞。綠，通「籙」。❽乘黃　神馬名。❾踐　通「纘」。繼。❿沈漬　沉湎。⓫酒德　以飲酒為德。⓬攻狂夫　孫詒讓說當是「往攻之」之誤。⓭黃鳥　皇鳥。鳳類。⓮來　通「賚」。賜予。⓯維　通「於」。⓰緒　業。

【語　譯】「到商紂王時，天帝不能歆享他的德行，祭祀不能按時，整夜十日並出，天降土於亳邑，禹傳下來的九鼎被移走，女妖晚上出來，有鬼在夜間歎息，有女子變成男子，天降肉雨，國道上長出荊棘，紂王卻更加放縱自己。這時有赤鳥銜著珪玉，降落到周的社神廟，說：『天命令周文王討伐殷朝並享有國家。』賢人泰顛來周為臣，黃河浮出了籙圖，地中跑出了乘黃馬。周武王繼承文王的功業，夢見三位神人說：『我們已經使商紂王沉湎在飲酒之中了，去攻打他，我們一定助你征服他。』於是武王才去攻打狂夫紂，推翻了商朝，使天命回到周朝手中，天帝賜給武王黃鳥之旗。武王已攻克商朝，完成了天帝的賜命，命諸侯分別祭祀諸神，並祭祀商紂王的祖先，通告四方，天下人沒有敢不服從的，於是武王承襲了商湯王的功業。這就是周武王誅討商紂王的情況。如果從這三位聖王的用兵來看，他們所進行的，就不是所謂的攻戰，而是所謂誅討了。」

則夫好攻伐之君，又飾其說以非子墨子曰：「子以攻伐為不義，非利物與？昔者楚熊麗❶始討❷此睢山❸之間，越王繄虧❹，出自有遽❺，始邦於越。唐叔❻與呂尚❼邦齊、晉。此皆地方數百里，今以并國之故，四分天下而有之。是故何也？」子墨子曰：「子未察吾言之類，未明其故者也。古者天子之始封諸侯也，萬有餘，今以并國之故，萬國有餘皆滅，而四國獨立。此譬猶醫之藥萬有餘人，而四人愈也，則不可謂良醫矣。」

【章　旨】以醫生治病為喻，說明攻戰兼併不是良方。

【注　釋】❶熊麗　楚鬻熊曾事周文王，其子名熊麗，早死。❷討　當作「封」。❸睢山　荊山的首山。在今湖北保康境內。❹緊虧　名無餘。越國的始封君主。❺有遽　古地名。不詳。❻唐叔　名虞。周武王之子，始封於唐，其子即位後改稱晉。❼呂尚　即姜尚。始封於齊。

【語　譯】那些好攻伐的君主，又為自己的主張辯護，並非難墨子說：「你認為攻伐是不合於正義的，其實不是很有利的事情嗎？從前楚國熊麗始封在這睢山之間，越王緊虧，出自有遽，始定國於越。唐叔和呂尚受封在齊、晉。這些國家在最初都只有方圓數百里的地方，現在因為兼併了許多國家的緣故，這四個國家已經四分天下各據其一。這是什麼原因呢？」墨子說：「你們沒有弄清楚我所說的類別，沒弄清我的根據所在。古時候天子初封諸侯時，封了萬餘國，現在因為兼併了許多國家，一萬多個國家都滅亡了，只有這四個國家存在。這就好比醫生給萬多個病人吃藥，只有四個人痊癒，就不能算是良醫了。」

則夫好攻伐之君又飾其說曰：「我非以金玉、子女、壤地為不足也，我欲以義名立於天下，以德求❶諸侯也。」子墨子曰：「今若有能以義名立於天下，以德求諸侯者，天下之服可立而待也。夫天下處攻伐久矣，譬若傅子❷之為馬然。今若有能信效❸先利天下諸侯者，大國之不義也，則同憂之；大國之攻小國也，則同救之；小國城郭之不全也，必使修之；布粟之❹絕，則委❺之；幣帛不足，則共❻之。以此效大國，則小國之君說。人勞我逸，則我甲兵強。寬以惠，緩易急，民必移。易攻伐以治我國，攻❼必倍。量我師舉之費，以爭諸侯之斃❽，則必可得而序❾利焉。督以正❿，義其名，必務寬吾眾，信吾師，以此授⓫諸侯之師，則天下無敵矣，其為下⓬不可勝數也。此天下之利，而王公大人不知而用，則此可謂不知利天下之巨務矣。」

【章旨】指出以德招徠諸侯的方法在於安定諸侯。

【注釋】❶求 一本作「來」，招徠之意。❷傅子 〈耕柱〉作「童子」，此處傅是誤字。❸信效 以信相交之意。效，當作「交」。❹之 「乏」字之誤。❺委 輸。❻共 通「供」。❼攻 通「功」。❽以爭諸侯之斃 爭，舊本作「諍」，當是「竫」字之誤。竫，通「靖」。安撫之意。斃，疲困。❾序 當作「厚」。❿督以正 率以正道。督，率。⓫授 當作「援」。⓬其為下 當作「其為利天下」。

【語譯】那些好戰的君主，又為自己辯護，並非難墨子說：「我們並不是因為金玉、人民、土地不足，我們是想在天下確立一個仗義的名聲，用德來招徠諸侯。」墨子說：「現在如果有能夠在天下確立正義之名，用德招徠諸侯的人，天下人立刻就會服從。天下處於攻戰不息的狀態已經很久了，就像小孩子被當作馬騎一樣勞困不堪。現在如果有能以信相交，先使天下諸侯得到利益的人，那他看到大國不義，就會一起來憂慮；看到大國攻打小國，就會共同來救援；看到小國的城郭不完善，就必定要他們修理完善；看到他們布疋糧食缺乏，就會輸送給他們；錢帛不足，就會供給他們。小國以這個原則來同大國交往，那小國的君主也會因獲得大國的信任而高興。別國勞苦我國安逸，那我國的軍隊就強盛。寬大而且施給恩惠，以寬緩來取代苛急，人民必定從別處移入我國。改變攻伐政策來治理我國，功效必能加倍。核算一下我國軍隊行動費用，把節餘的財力來安撫處於疲困之中的諸侯，那就必定能得到豐厚的利益。率領諸侯走上正道，確立正義之名，一定要做到對我國人民寬緩，對我國的軍隊講信用。用這些力量去援救諸侯的軍隊，就會天下無敵了，對天下的好處就無法估量了。這是對天下有利的主張，但王公大人卻不知採用，這可以說是不懂得為天下謀利益的要務了。」

是故子墨子曰：「今且❶天下之王公大人士君子，中情將欲求興天下之利，除天下之害，當若繁為攻伐，此實天下之巨害也。今欲為仁義，求為上士，尚❷欲中聖王之道，下欲中國家百姓之利，故當若非攻之為說，而將不可不察者此也。」

【章旨】進一步指出繁為攻伐之害，肯定非攻的必要。

【注釋】❶今且　王引之說：「今且，今夫也。」❷尚　通「上」。

【語譯】所以墨子說：「當今天下的王公大人士君子，內心如確實想追求興天下之利，除天下之害，如果頻繁地發動戰爭，這實在是天下的大害。如果想行仁義，求做上士，上想符合聖王之道，下想符合國家百姓的利益，所以非攻的道理是不能不加以明察的。」

節用上第二十

【題解】節用，就是節省財用的意思。它包括製作生活必需品如衣服、宮室、車船等所必須遵循的節儉原則，也包括減少由於對外戰爭所付出的軍費和人口損耗。其義蘊是很明顯的。像〈兼愛〉、〈非攻〉等一樣，〈節用〉原來也有三篇，今下篇已闕，僅存上、中兩篇。也有人認為〈辭過〉即〈節用下〉。

聖人為政一國，一國可倍❶也；大之為政天下，天下可倍也。其倍之，非外取地也，因其國家，去其無用之費，足以倍之。聖王為政，其發令興事，使民用財也，無不加用而為者，是故用財不費，民德❷不勞，其興利多矣。其為衣裘何？以為冬以圉❸寒，夏以圉暑。凡為衣裳之道，冬加溫，夏加清❹者芊䱉❺，不加❻者去之。其為宮室何？以為冬以圉風寒，夏以圉暑雨，有盜賊加固者芊䱉，不加者去之。其為甲盾五兵❼何？以為以圉寇亂盜賊。若有寇亂盜賊，有甲盾五兵者勝，無者不勝。是故聖人作為甲盾五兵。凡為甲盾五兵加輕以利，堅而難折者芊䱉，不加者去之。其為舟車何？以為車以行陵❽陸，舟以行川谷，以通四方之利。凡為舟車之道，加輕以利者芊䱉，不加者去之。凡其為此物也，無不加用而為者，是故用財不費，民德不勞，其興利多矣。

【章　旨】陳述聖人製作衣服、宮室、甲兵、舟車的原則，闡明應以用財不費，使民不勞為度。

【注　釋】❶一國可倍　畢沅說：「言利可倍。」❷德　通「得」。❸圉　通「禦」。❹清　清涼。❺芊䱉　此二字文中凡四次出現，意義不明，諸家解說極多。洪頤煊認為是「則止」二字之誤，比較接近。但聯繫上下文，作「則取」更為妥當。「䱉」誤為「取」，也比較容易。❻不加　猶無益。❼五兵　據《司馬法・定爵》，指弓矢、殳、矛、戈、戟五種兵器。❽陵　山陵。

【語　譯】聖人在一個國家為政，這一個國家就可加倍得利；擴大到為政於天下，天下人就可加倍得利。他使國家加倍得利，不是採取到外國奪取土地的方式，而是利用國家已有的條件，削減那些無益的費用，就足以使國家加倍得利了。聖王從事政治，發布政令，興辦事功，役使人民使用財力，沒有不是增加效用才做的，所以用財不會浪費，人民也能得以安逸，他所興的利就多了。他製作衣裘幹什麼？是用來冬天禦寒，夏天禦暑的。凡是製作衣裳的原則，冬天能增加溫暖，夏天能增加清涼的就取，不能增加的就去掉。他建造房屋幹什麼？是用作冬天抵禦風寒，夏天抵禦暑雨的，有防盜必要加固的就取，不能增加的就去掉。他製作甲盾及各種兵器幹什麼？是用來抵禦寇亂盜賊的。因為如果有了寇亂盜賊，有甲盾及各種兵器的人就會勝利，沒有的會失敗。所以聖王要製作甲盾及各種兵器。凡是製作甲盾及各種兵器，都對能增加其輕便和鋒利，堅固而難以折斷的就取，不能增加的就去掉。他製作車船幹什麼？造車就是用來在山路陸上行走，造船用來在川谷上行走，為通行四方提供便利。凡是製作車船的原則是，能增加輕快和便利的就取，不能增加的就去掉。所有他製造的這類東西，沒有不是能增加效用才製造，所以使用財力不會浪費，人民能得到安逸，他所興的利就多了。

有去大人之好聚珠玉、鳥獸、犬馬，以益衣裳、宮室、甲盾、五兵、舟車之數，於數倍乎！若則不難，故孰為難倍？唯人為難倍。然人有可倍也。昔者聖王為法曰：「丈夫年二十，毋敢不處家。女子年十五，毋敢不事人。」此聖王之法也。聖王既沒，于民次❶也，其欲蚤❷處家者，有所❸二十年處家；其欲晚處家者，有所四十年處家。以其蚤與其晚相踐❹，後聖王之法十年。若純❺三年而字❻，子生可以二三年矣。此不惟使民蚤處家而可以倍與？且❼不然已。

【章旨】應當要人民早成家，以求人口成倍增長。

【注釋】❶次　通「恣」。恣縱。這裡指有所放鬆。❷蚤　通「早」。❸有所　有時。❹踐　當作「翦」。減去的意思。❺純　皆。❻字　生子。❼且　抑；然而。

【語譯】又除去王公大人所積聚的珠玉、鳥獸、狗馬，來增加衣裳、宮室、甲盾、五兵、車船，可以數倍計呢！這樣做並不難，最難成倍增長的是什麼？只有人口最難成倍增加。但是也有可以使人口成倍增長的方法。從前聖王制訂法令說：「男子二十歲，不敢不成家；女子十五歲，不敢不嫁人。」這是聖王的法令。聖王已經去世，對人民的要求有所放鬆。那些想早成家的，有時二十歲成家；那些想晚成家的，有時四十歲才成家。把早的與晚的相減，平均比聖王的法令要求晚十年。如果都三年才生孩子，十年間生的孩子也有二三個了。這不是使人民早成家就可以加倍增加人口嗎？但現在卻不是這樣做的。

今天下為政者，其所以寡人❶之道多。其使民勞，其籍斂❷厚，民財不足，凍餓死者不可勝數也。且大人惟毋❸興師以攻伐鄰國，久者終年，速者數月，男女久不相見，此所以寡人之道也。與居處不安，飲食不時，作疾病死者，有與侵就僾橐❹，攻城野戰死者，不可勝數。此不令❺為政者，所以寡人之道數術❻而起與？聖人為政，特無此，不❼聖人為政，其所以眾人之道亦數術而起與？故子墨子曰：

「去無用之費，聖王之道，天下之大利也。」

【章旨】批評當時的王公大人，以攻戰使人口銳減，人民勞苦，提出要學習前代聖人的為政方法。

【注釋】❶寡人　使人口減少。❷籍斂　稅收。❸惟毋　發語詞。無意義。❹侵就偓橐　侵就，意義不詳，或認為是侵擄，近是。偓，通「援」。橐，用以舉火攻城的武器。❺不令　當作「非今」。❻數術　各種方法。❼不　當作「此不」。

【語譯】現在天下治國的人，他們用以減少人口的方法很多。他們役使人民勞苦，他們的稅斂苛重，人民財力不足，受凍餓而死的不計其數。而且王公大人又興兵攻打鄰國，久的要一整年，快的要幾個月，男女久不相見，這就是用來減少人口的方法。加上生活不安定，飲食不能按時，生病死的，和那些拿著武器侵犯別國，攻城野戰死的，也不計其數。這不是當今的為政者，對各種減少人口的方法都起了作用嗎？聖人為政，獨獨沒有這些弊端，這不是意味著聖人為政，各種增加人口的方法都採用了嗎？所以墨子說：「去掉那些無用的費用，這是聖王的政道，天下人都可得到最大的利益。」

節用中第二十一（以下原闕三篇）

【題解】這篇借前代聖王的言論，詳細地闡明了製作各種生活用品的原則，強調要做到不增加費用而又要有利於人民。從文章的最後部分看，〈節葬〉也屬於〈節用〉的內容之一。

子墨子言曰：「古者明王聖人，所以王天下正諸侯者，彼其愛民謹忠，利民謹厚，忠信相連，又示之以利，是以終身不饜❶，歿世而不卷❷。古者明王聖人，其所以王天下正諸侯者，此也。」

【章　旨】闡明古代聖王愛民、利民之道。

【注　釋】❶饜　滿足。一本作「厭」，厭倦。❷卷　通「倦」。

【語　譯】墨子說：「古代的明王聖人，之所以能統一天下、為諸侯之長的原因，就在於他們愛護人民極為忠實，為利於人民極為篤厚，忠厚和誠信並用，又能明示人民以利益，所以終生不滿足，至死不厭倦。古時候的明王聖人，之所以能統一天下統率諸侯，原因就在這裡。」

是故古者聖王，制為節用之法曰：「凡天下群百工，輪、車、鞼、匏、陶、冶、梓、匠❶，使各從事其所能。」曰：「凡足以奉給民用，則止。」諸加費不加于民利者，聖王弗為。

【章　旨】古代聖王製作各種器用，都以不浪費而又有利於人民為法則。

【注　釋】❶輪車鞼匏陶冶梓匠　輪、車、梓、匠都是木工。鞼、匏，即〈考工記〉的鞼、鮑，都是皮革製作工人。陶是製陶工，冶是鑄金工。

【語　譯】所以古代的聖王，制訂出節用的法令說：「凡是天下的各種工匠，製輪的、造車的、製皮鼓的、製皮革的、製陶的、鑄金的、當木匠的，要讓他們從事各自所擅長的工作。」又說：「凡是足以供給民用就夠了。」諸多增加費用而不能給人民增加利益的事，聖王都不做。

古者聖王制為飲食之法曰：「足以充虛繼氣❶，強股肱，耳目聰明，則止。

不極五味之調，芬香之和，不致遠國珍怪異物。」何以知其然？古者堯治天下，南撫交阯❷，北降❸幽都❹，東西至日所出入，莫不賓服。逮至其厚愛❺，黍稷不二，羹胾❻不重，飯於土塯❼，啜❽於土形❾，斗以酌。俛❿仰周旋威儀之禮，聖王弗為。

【章旨】闡明古代聖王的飲食節儉原則。

【注釋】❶充虛繼氣　充實虛損，增益血氣。繼，接續。可引申為增添。❷交阯　古地名。具體地點說法不一，這裡泛指五嶺以南地區。❸降　當作「際」。接續。❹幽都　即幽州。其地在今河北、遼寧一帶。❺厚愛　享受。❻羹胾　羹，肉湯。胾，大塊的肉。❼土塯　盛食物的瓦器。❽啜　飲。❾形　通「鉶」。盛羹的瓦器。❿俛　同「俯」。

【語譯】古代的聖王制訂飲食的法令說：「飲食足以補充虛損，增益血氣，強健手足，耳聰目明，就行了。不極力追求五味的調和，芳香的氣味，不追求遠方之國的珍怪奇異的飲食。」怎麼知道是這樣的呢？古代堯治理天下，南面安撫交阯，北面接至幽都，東西到達太陽出入的地方，沒有不服從的。至於他本人所享用的，黍稷飯只有一種，肉食也沒有二樣，用土塯吃飯，用土鉶喝湯，用木杓酌酒喝。那些過於繁複、俯仰進退、講究儀容舉止的禮節，聖王是不採用的。

古者聖王制為衣服之法曰：「冬服紺緅❶之衣，輕且暖，夏服絺綌❷之衣，輕且清，則止。」諸加費不加於民利者，聖王弗為。

【章　旨】闡明古代聖王的衣服節儉原則。

【注　釋】❶紺緅　紺，深青帶赤的顏色。緅，黑中帶赤的顏色。❷絺綌　絺，細葛布。綌，粗葛布。

【語　譯】古代的聖王制訂製作衣服的法令說：「冬天穿深色的衣服，輕便而且暖和；夏天穿粗細葛布衣，輕便而且涼爽，就行了。」諸多增加費用不給人民增添利益的事，聖王是不做的。

古者聖人為猛禽狡❶獸暴人害民，於是教民以兵行，日帶劍，為刺則入，擊則斷，旁擊而不折，此劍之利也。甲為衣則輕且利，動則兵且從❷，此甲之利也。車為服重致遠，乘之則安，引之則利；安以不傷人，利以速至，此車之利也。古者聖王為大川廣谷之不可濟，於是利為舟楫，足以將之則止。雖上者三公諸侯至，舟楫不易，津人❸不飾，此舟之利也。

【章　旨】闡明古代聖人製作劍、甲、車、舟的緣起及使用的原則。

【注　釋】❶狡　健。❷兵且從　孫詒讓認為兵當作「弁」，通「變」。變且從，變化順從人意。❸津人　掌管渡口的人。

【語　譯】古代的聖王因為猛健的禽獸暴害人民，於是教人民帶著兵器行走，人們每天都帶著劍，用它刺就能深入，擊就能折斷，碰著了別的東西也不會被折損，這就是劍的便利。甲穿在身上，輕巧便利，行動起來變化如意，這就是甲的便利。車用來裝重物到達遠方，乘坐起來安穩，牽引靈便；安穩就不會傷害人，靈便就會迅速到達目的地，這是車的便利。古代聖王因為大河寬谷不能渡過，於是給人們以舟楫的便利，足以能到達目的地就行了。即使在上位的三公諸侯們來了，也不更換舟楫，掌渡的人也不特別修飾，這就是舟船的便利。

古者聖王制為節葬之法曰：「衣三領❶，足以朽肉；棺三寸，足以朽骸；堀❷穴深不通於泉，流❸不發洩則止。死者既葬，生者毋久喪用哀。」

【章　旨】闡明古代聖王節葬的原則和要求。

【注　釋】❶領　件。❷堀　同「窟」。❸流　或以為是「臭」的音誤。

【語　譯】古時的聖王制訂節葬的法令說：「衣服只用三件，就足以讓死者的屍體腐化在裡面；棺木只做三寸厚，就足以使死者的骸骨朽爛在其中，墓穴，深度不能達到地下的湧泉，屍體的臭味只要不洩漏出來，就行了。死者已經埋葬以後，活著的人不要長時間守喪和哀傷。」

古者人之始生，未有宮室之時，因陵丘堀穴而處焉。聖王慮之，以為堀穴，曰：「冬可以辟風寒，逮夏，下潤濕，上熏烝❶，恐傷民之氣。」于是作為宮室而利。然則為宮室之法將奈何哉？子墨子言曰：「其旁可以圉風寒，上可以圉雪霜雨露，其中蠲❷潔，可以祭祀，宮牆足以為男女之別則止。諸加費不加民利者，聖王弗為。」

【章　旨】闡明古代聖王製作宮室的原則。

【注　釋】❶熏烝　即熏蒸。水氣向上蒸發。❷蠲　潔。

【語　譯】上古剛有人類，還沒有宮室的時候，人們只有就著山陵挖掘洞穴居住，聖王為此而感到憂慮，於是對洞穴這東西加以評論說：「它冬天是可以避風寒，可是到了夏天，下面就變得很潮濕，水氣向上蒸發，恐怕會傷害人民的血氣。」於是建造宮室以便利人們居住。那麼建宮室的標準是什麼呢？墨子說：「四周可以抵禦風寒，上面可以抵禦雪霜雨露，屋子的正中間要潔淨，可以用來祭祀，牆壁足以能使男女有別就行了。諸多增加費用而不能給人民增加便利的事，聖王都不做。」

節葬下第二十五

【題　解】節葬，是節制厚葬久喪，要求喪禮從簡的意思。文中指出，厚葬久喪，只能使國家貧窮、人民寡少、政治混亂，必須加以廢止。並進一步說明聖人對葬喪所持的原則。〈節葬〉原有三篇，上、中兩篇已闕，今僅存此下篇。

子墨子言曰：「仁者之為天下度也，辟❶之無以異乎孝子之為親度也。」今孝子之為親度也，將奈何哉？曰：「親貧則從事乎富之，人民寡則從事乎眾之，眾亂則從事乎治之。」當其於此也，亦有力不足、財不贍、智不智❷，然後已矣。

無敢舍餘力，隱謀遺利❸，而不為親為之者矣。若三務者，孝子之為親度也，既若此矣。

【章　旨】指出仁者為天下謀事，應當如同孝子為父母謀事，「無敢舍餘力」。

【注　釋】❶辟　通「譬」。❷智不智　指智力不能達到辦事的要求。後一個智字通「知」。❸隱謀遺利　隱藏謀慮，遺棄財利。

【語　譯】墨子說：「仁者為天下考慮，就如同孝子為父母親考慮一樣。」今孝子為雙親考慮，該是怎樣的呢？回答是：「父母貧窮的，要想辦法使他們富有；人民太少，就要想辦法使之增多；人民亂了，就要想辦法使他們安定。」對這些事情，也有因為能力不足、財力不足、智力不足，然後作罷的。但是絕對沒有敢捨棄多餘的能力，隱藏智謀，遺棄財利，卻不肯為父母親著想的。這富、眾、治三個要務，就是孝子所為父母親考慮的，孝子就是這樣做的。

雖仁者之為天下度，亦猶此也。曰：「天下貧則從事乎富之，人民寡則從事乎眾之，眾而亂則從事乎治之。」當其於此，亦有力不足、財不贍、智不智，然後已矣。無敢舍餘力，隱謀遺利，而不為天下為之者矣。若三務者，此仁者之為天下度也，既若此矣。

【章　旨】仁者應為天下人盡力、盡財、盡智而無所保留。

【語譯】仁者為天下考慮，也是這樣。就是說：「天下貧窮，就想辦法使其富裕；人口太少，就想辦法使之增多；人民亂了，就想辦法使他們安定。」對這些事情，也有因為能力不足、財力不夠、智力欠缺，然後作罷的。但是絕對不可捨棄多餘的能力，隱藏智慮，遺棄財利，卻不肯為天下人考慮的。這富、眾、治三個要務，就是仁者為天下考慮的，仁者就是這樣做的。

今逮至昔者三代聖王既沒，天下失義，後世之君子，或以厚葬久喪以為仁也，義也，孝子之事也；或以厚葬久喪以為非仁義，非孝子之事也。曰二子者，言則相非，行即相反，皆曰：「吾上祖述堯舜禹湯文武之道者也。」而言即相非，行即相反，於此乎後世之君子，皆疑惑乎二子者言也。若苟疑惑乎之二子者言，然則姑嘗傳❶而為政乎國家萬民而觀之。計厚葬久喪，奚當此三利者？我意若使法其言，用其謀，厚葬久喪，實可以富貧眾寡，定危治亂乎，此仁也，義也，孝子之事也，為人謀者不可不勸也。仁者將興之天下，誰賈❷而使民譽之，終勿廢也。意亦使法其言，用其謀，厚葬久喪，實不可以富貧眾寡，定危理亂乎，此非仁非義，非孝子之事也，為人謀者不可不沮也。仁者將求除之天下，相廢❸而使人非之，終身勿為。

【章旨】將兩種不同的意見加以比較，指出厚葬久喪的危害性。

【注釋】❶傳 通「轉」。❷誰賈 當為「設置」之誤。❸廢 當為「措」之誤。措，措置；放棄。

【語譯】到現在，昔日三代的聖王已經過世，天下失去了是非標準，後世的君子，有的認為厚葬久喪就是仁，就是義，就是孝子所當做的事了；也有的認為厚葬久喪不是仁，不是義，也不是孝子所當做的事。就是說這兩種人，言論上互相非難，行為上則正相反。都說：「我們是向上效法，遵循堯、舜、禹、湯、文、武的主張。」但言論上卻互相非難，行為上卻彼此相反，於是後世的君子，都對這兩種言論疑惑不定。如果對這兩種言論疑惑不定，那麼不妨姑且試著轉而在國家和萬民施政上作實地的觀察。估量一下厚葬久喪，哪一點符合富、眾、治這三樁利益？他們想如果按他們的話去做，用他們的謀慮，厚葬久葬，實在可以使窮的變富，少的變多，危險的變安全，紛亂的變安定，這就是仁了，義了，孝子之事了，替人民考慮的人，不能不勉力而行。仁者將要使天下興旺，就應設置厚葬久喪之法，而使人民稱譽他，始終不要廢除。我們認為，如果按我們的話去做，用我們的謀慮，則厚葬久喪確實不能使窮的變富，少的變多，危險變安全，紛亂變安定，這不是仁也不是義，為人民考慮的人，不能不對此加以制止。仁者應力求把它從天下取消掉，把它棄置一旁而使人民非毀它，永遠不做這些事。

且故❶興天下之利，除天下之害，令國家百姓之不治也，自古及今，未嘗之有也。何以知其然也？今天下之士君子，將猶多皆疑惑厚葬久喪之為中❷是非利害也，故子墨子言曰：「然則姑嘗稽❸之，今雖毋❹法執厚葬久喪者言，以為事乎國家。」此存乎王公大人有喪者，曰棺椁必重，葬埋必厚，衣衾必多，文繡❺必繁，丘隴必巨。存乎匹夫賤人死者，殆竭家室。存乎諸侯死者，虛車❻府，然後金玉珠璣❼比❽乎身，綸組節約❾，車馬藏乎壙❿，又必多為屋幕⓫，鼎鼓几⓬梴⓭壺濫⓮，戈劍羽旄齒⓯革，寢⓰而埋之，滿意⓱，若送從⓲。曰天子殺殉，眾者數百，寡者數十。將軍大夫殺殉，眾者數十，寡者數人。

【章　旨】揭露當時從王公大人到庶人的厚葬情況，以顯明厚葬之害。

【注　釋】❶且故　當作「是故」。❷中　合。❸稽　考察。❹雖毋　同「唯毋」。語詞。❺文繡　這裡指用以裝飾棺槨的錦繡。❻車　當作「庫」。❼璣　不圓的珠。❽比　周；遍。❾綸組節約　綸，絲綿。組，絲帶。節約，綑束。❿壙　墓穴。⓫屋幕　帳幕。屋，即幄。⓬几　小桌子。⓭梴　同「筵」。竹席。⓮濫　裝水用的器物。如浴盆之類。⓯齒　象牙。⓰寢　同「蔓」。覆。⓱意　意同「滿」。⓲若送從　《公孟》作「送死若徙」。

【語　譯】所以興作天下的利益，除去天下的災害，卻會使國家百姓不治，這是從古到今未曾有過的事。怎知是這樣呢？當今天下的士君子，很多人都對厚葬久喪符合是非利害的哪一個方面疑惑不定，所以墨子說：「那麼不妨姑且試著對它作一番考察，現在按照堅持厚葬久喪者的言論，在國家中加以實施，就知道是怎麼回事了。」在王公大人當中如果有人有了喪事，他們就說棺槨一定要多層，埋葬一定要深，衣服被褥一定要多，棺飾一定要繁麗，墳堆一定要大。普通百姓有了喪事，幾乎要傾家蕩產。諸侯當中有了喪事，就會傾盡府庫之財，要讓死者遍身金玉珠璣，用絲帶綑束，車馬藏在墓穴中，又一定要製作帷帳，還要鼎鼓几筵壺濫，戈劍旗旄象牙皮革之類，倒在墓穴中埋起來，埋得滿滿的，送一次喪就像搬一次家一樣。天子殉葬殺人，多的數百人，少的數十人；將軍大夫殉葬殺人，多的數十人，少的也有數人。

處喪之法將奈何哉？曰：哭泣不秩❶聲翁❷，縗絰❸垂涕，處倚廬，寢苫❹枕凷❺，又相率強不食而為飢，薄衣而為寒，使面目陷隰❻，顏色黧黑，耳目不聰明，手足不勁強，不可用也。又曰上士之操喪也，必扶而能起，杖而能行，以此共三年。若法若言，行若道，使王公大人行此，則必不能蚤❼朝；五官六府❽，辟❾草木，實倉廩；使農夫行此，則必不能蚤出夜入，耕稼樹藝；使百工行此，則必不能修舟車為器皿矣；使婦人行此，則必不能夙興夜寐，紡績織絍❿。細計厚葬，為多埋賦之財者也。計久喪，為久禁從事者也。財以⓫成者，扶⓬而埋之；後得生⓭者，而久禁之。以此求富，此譬猶禁耕而求穫焉，富之說無可得焉。

【章旨】陳述久喪給國家人民造成的種種患害，絕非富國之道。

【注釋】❶秩　常。❷翁　洪頤煊說當是「嗌」之譌。嗌，咽。❸縗絰　縗，粗麻布製成的喪服，用以披於胸前。絰，麻帶，用以繫在頭上和腰間。❹苫　草薦。❺凷　同「塊」。土塊。❻陷隰　隰當作「陬」。阪隅，形容瘦骨嶙峋的樣子。❼蚤　通「早」。❽五官六府　上脫「使士大夫行此，則必不能治」十一字。據《禮記・曲禮》五官指司徒、司馬、司空、司士、司寇；六府指司土、司水、司木、司草、司器、司貨。❾辟　通「闢」。❿絍　同「紝」。⓫以　通「已」。⓬扶　當作「挾」。⓭生　指生財。

【語譯】那麼處理喪事的方法又是怎樣的呢？那就是說，要哭泣無時，以致泣不成聲，披麻戴孝，痛哭垂涕，住在居喪的房子裡，鋪的是草薦，枕的是土塊，又爭相強行不吃東西來使自己飢餓，穿單薄的衣服來使自己寒冷，使自己眼睛凹陷，面容瘦削，臉色憔悴，耳不聰，目不明，手腳沒有勁，不能做事。又說上士操辦喪事，一定要扶著才能站起來，拄著拐杖才能行走，這樣一共要堅持三年。以這些言論為法則，實行這種主張，如果王公大人實行了，那他們就一定不能上早朝；如果士大夫實行了，就一定不能治好五官六府，以開闢土地，充實倉庫；如果農民實行了，就一定不能早出晚歸，從事耕作；如果各種工匠實行了，就一定不能修治車船製作器皿；如果婦女實行了，就一定不能早起晚睡，來從事紡織。仔細算計一下厚葬，是把很多財物埋掉了；久喪，則是長久地禁止人們從事工作。已生產出來的財物，拿去埋掉了；喪後應當生產的，又被長時間禁止。用這種方式來求富，就好比禁止耕作而求收穫，求富的主張是無法實現的。

是故求以富家，而既已不可得矣，欲以眾人民，意者可邪？其說又不可矣。

今唯無❶以厚葬久喪者為政，君死，喪之三年；父母死，喪之三年；妻與後子❷死者，五❸皆喪之三年，然後伯父叔父兄弟孽子❹其❺，族❻人五月，姑姊甥舅皆有數月。則毀瘠必有制❼矣，使面目陷陬，顏色黧黑，耳目不聰明，手足不勁強，不可用也。又曰上士操喪也，必扶而能起，杖而能行，以此共三年。若法若言，行若道，苟其飢約❽，又若此矣，是故百姓冬不仞❾寒，夏不仞暑，作疾病死者，不可勝計也。此其為敗男女之交多矣。以此求眾，譬猶使人負劍❿，而求其壽也。眾之說無可得焉。

【章旨】守喪的規定太多，對人民的損害又大，不是增加人口的方法。

【注 釋】❶唯無 語詞。❷後子 長子。地位在父親之後，故稱後子。❸五 陶鴻慶認為是「又」字之誤。❹孽子 嫡長子之外的眾子。即庶子。❺其 通「期」。期，一整年。❻族 上面當有「戚」字。戚族，指外姓姻親和外姓親族。❼制 制度。❽約 節食。❾仞 通「忍」。❿負劍 伏劍。指伏在劍上求死。負，通「伏」。

【語 譯】所以想用這種方式來求國家富裕，既然已經不可能，想以此來增加人口，莫非就可以嗎？恐怕也是無法辦到的。如果按堅持厚葬久喪者的主張來為政，君主死了，要守喪三年；父母死了，守喪三年；妻子與嫡長子死了，又要守喪三年，然後伯父叔父兄弟孽子又守喪一年，外姓姻親和外姓親族，又要守喪五個月，姑姊甥舅都有幾個月守喪期。那麼在喪期中，哀痛毀傷身體的程度，也一定得有制度規定了，那就必定會使人面容瘦削，眼眶深陷，臉色憔悴，耳不聰，目不明，手足不強勁有力，不能做事。又說上士守喪，一定要扶著才能站起，拄著拐杖才能行走，這樣一共要三年。如果以這些言論為法則，實行這種主張，真去飢餓節食，像這樣的話，百姓們到冬天就受不了寒冷，夏天就受不了暑熱，患病死的，就會不可勝數。這種方法對男女的交合也破壞很大。用這種方法來求增加人口，就好比叫人伏劍求死，卻又要求他長壽一樣，增加人口的想法是不可能實現的。

是故求以眾人民，而既以❶不可矣，欲以治刑政，意者可乎？其說又不可矣。今唯無以厚葬久喪者為政，國家必貧，人民必寡，刑政必亂。若法若言，行若道，使為上者行此，則不能聽治；使為下者行此，則不能從事。上不聽治，刑政必亂；下不從事，衣食之財必不足。若苟不足，為人弟者，求其兄而不得，不弟弟必將怨其兄矣；為人子者，求其親而不得，不孝子必是怨其親矣；為人臣者，求之君而不得，不忠臣必且亂其上矣。是以僻淫邪行之民，出則無衣也，入則無食也，內續奚吾❷，並為淫暴，而不可勝禁也。是故盜賊眾而治者寡。夫眾盜賊而寡治者，以此求治，譬猶使人三睘而毋負己❸也，治之說無可得焉。

【章　旨】此謂實行厚葬久喪，想治好刑政也是不可能的。

【注　釋】❶以　同「已」。❷內續奚吾　俞樾認為當是「內積奚后」之誤。奚后，即「謑詬」之假借，恥辱之意。❸三睘而毋負己　轉三次而不背向自己。比喻不可能做到的事。睘，同「還」。

【語　譯】所以要想增加人口，也已經不可能了，想以此來治好政務，莫非就可以嗎？恐怕也是不可能的。如果按厚葬久喪的主張來為政，國家必定貧窮，人民必定寡少，政治必定紛亂。如果以這些言論為法則，實行這種主張，要是在上的實行了，就一定不能治理政事；要是在下的實行了，就一定不能從事工作。上不能治政，政治必亂；下不能從事工作，衣食之財必定不足。如果衣食之財不足，那麼做弟弟的，向兄長求取而不能如願，那些不敬重兄長的弟弟，就必將埋怨兄長了；做兒子的，向父母求取而不能如願，那些不孝順父母的兒子，就必定埋怨父母了；做臣子的，向君主求取而不能如願，那些不忠誠的臣子，就必定埋怨君主了。所以那些不安分的人，由於出外沒有衣穿，回家沒有飯吃，內心積壓著恥辱，就會一起做壞事，而無法禁止。所以盜賊就會增多，而治理好的可能性就少。如果盜賊增多而治理好的可能性少，用這種方法求理好政治，就好比叫人旋轉三次卻叫他不背向自己，在這種情況下，想理好政治那是不可能的。

是故求以治刑政，而既已不可矣，欲以禁止大國之攻小國也，意者可邪？其說又不可矣。是故昔者聖王既沒，天下失義，諸侯力征❶。南有楚、越之王，而北有齊、晉之君，此皆砥礪❷其卒伍，以攻伐并兼為政於天下。是故凡大國之所以不攻小國者，積委❸多，城郭修，上下調和，是故大國不耆❹攻之；無積委，城郭不修，上下不調和，是故大國耆攻之。今唯無以厚葬久喪者為政，國家必貧，人民必寡，刑政必亂。若苟貧，是無為積委也；若苟寡，是城郭溝渠者寡也；若苟亂，是出戰不克，入守不固。

【章　旨】以厚葬久喪的主張為政，國家必貧，人口必少，政治必亂。

【注　釋】❶力征　以武力征伐。❷砥礪　磨刀石。引申為鍛鍊。❸積委　積蓄。❹耆　同「嗜」。

【語　譯】所以想以此把政事治理好，是已經不可能了，想以此來禁止大國攻打小國，莫非就可以嗎？恐怕也是不可以的。因此，從前的聖王一過世，天下失去了是非標準，諸侯們就用武力征伐。南面有楚、越之王，北面有齊、晉之君，他們都訓練自己的軍隊，以攻伐兼併、取得天下作為施政的方針。所以凡是大國不攻小國，就在於小國積蓄多，城郭完善，上下協調，所以大國不願攻打它。如果小國積蓄不多，城郭不完善，上下不協調，大國就要攻打了。如果以厚葬久喪的主張來為政，國家必窮，人民必少，政治必亂。如果國家窮，就沒有積蓄；如果人民少，就連城郭溝渠也少；如果政治亂，出去作戰一定不能勝，退而保守也不會牢固。

此求禁止大國之攻小國也，而既已不可矣。欲以干上帝鬼神之福，意者可邪？其說又不可矣。今唯無以厚葬久喪者為政，國家必貧，人民必寡，刑政必亂。若苟貧，是粢盛酒醴不淨潔也；若苟寡，是事上帝鬼神者寡也；若苟亂，是祭祀不時度也。今又禁止事上帝鬼神，為政若此，上帝鬼神始得從上撫❶之曰：「我有是人也，與無是人也，孰愈？」曰：「我有是人也，與無是人也，無擇也。」則惟❷上帝鬼神，降之罪厲❸之❹禍罰而棄之，則豈不亦乃其所哉！

【章　旨】厚葬久喪，導致國家窮，人民少，政治亂，必然引起祭祀不時，得罪上帝鬼神，招致咎殃。

【注　釋】❶撫　《方言》：「撫，疾也。」急速。❷惟　同「雖」。❸厲　災。❹之　與。

【語　譯】這樣想禁止大國攻打小國，是已經不可能了。想以此求得上帝鬼神賜給幸福，莫非就可以嗎？恐怕也是不可以的。如果以厚葬久喪來為政，國家必窮，人民必少，政治必亂。如果國家窮，那用來祭神的酒飯就不可能潔淨；如果人民少，那敬奉上帝鬼神的人也就少了；如果政治亂，那祭祀就不可能按時。現在又禁止祭祀上帝鬼神，這樣來為政，上帝鬼神就會在天上迫不及待的說：「我們有這些人，同沒有這些人，哪樣更好？」又說：「我們有這些人，同沒有這些人，並沒有什麼區別。」那麼，這樣的人，即使上帝鬼神降下災禍來懲罰他，拋棄他，不也是罪有應得的嗎！

故古聖王制為葬埋之法，曰：「棺三寸，足以朽體；衣衾三領，足以覆惡❶。

以及其葬也，下毋及泉，上毋通臭，壟❷若參耕之畝❸，則止矣。死者既以❹葬矣，生者必無久哭❺，而疾而從事，人為其所能，以交相利也。」此聖王之法也。

【章旨】敘述古聖王葬喪之法，以矯正厚葬久喪之弊。

【注釋】❶覆惡　覆，覆蓋。惡，指腐屍的屍形醜惡。❷壟　指陵墓。❸參耕之畝　參，同「叄」。三。三耕之畝，指三耦耕之畝，一耦，寬一尺，指墓寬只三尺。❹以　同「已」。❺哭　當作「喪」。

【語譯】所以古代聖王制訂埋葬之法，說：「棺材只做三寸厚，足以讓屍體在裡面腐爛就夠了；衣衾只用三領，足以覆蓋醜惡的屍形就夠了。到下葬時，墓穴的深度不要達到地泉，上面不要滲出臭氣，陵墓寬三尺，就行了。已經安葬以後，活著的人不要守喪太久，而應趕緊從事工作，人人做自己所能做的，以便互相得利。」這就是聖王埋葬之法。

今執厚葬久喪者之言曰：「厚葬久喪，雖使不可以富貧眾寡，定危治亂，然此聖王之道也。」子墨子曰：「不然。昔者堯北教乎八狄❶，道死，葬蛩山❷之陰，衣衾三領，穀木❸之棺，葛以緘之，既氾❹而後哭，滿埳❺無封❻。已葬，而牛馬乘之。舜西教乎七戎❼，道死，葬南己❽之市，衣衾三領，穀木之棺，葛以緘之，已葬，而市人乘之。禹東教乎九夷❾，道死，葬會稽之山，衣衾三領，桐棺三寸，葛以緘之，絞❿之不合，通之不埳，土⓫地之深，下毋及泉，上毋通臭。既葬，收餘壤⓬其上，壟若參耕之畝，則止矣。若以此若三聖王者觀之，則厚葬久喪非聖王之道。故三王者，皆貴為天子，富有天下，豈憂財用之不足哉？以為如此葬埋之法。」

【章　旨】以堯、舜、禹三位聖人為例，說明聖王不主張厚葬久喪。

【注　釋】❶八狄　指北方八個狄族。❷蛩山　又稱邛山。在今山東濮縣。❸穀木　一種桑科落葉喬木。❹氾　當作「犯」，通「窆」。葬時把棺材放入墓穴。❺埳　同「坎」。墓穴。❻封　墳堆。❼七戎　指西方七個戎族。❽南己　古地名。不詳。一般認為指今湖南寧遠之九疑山。❾九夷　指東方的九個夷族。按，此文中之八狄、七戎、九夷當均係泛指，不宜拘泥。❿絞　通「交」。指棺蓋與棺身之相交處。⓫土　當作「掘」。⓬餘壤　指墓穴中掘出的土。

【語　譯】現在堅持厚葬久喪的人說：「厚葬久喪，雖然不能使窮的變富，少的變多，轉危為安，化亂為治，但這是聖王之道啊！」墨子說：「不對。從前堯到北方八狄中去從事教化，死在途中，葬在蛩山北面，只用三領衣衾，以劣質的穀木做棺材，用葛布包裹屍體，下葬以後才哭，填滿墓穴後不置墳堆。已葬之後，牛馬就在墓上走過。舜往西到七戎去從事教化，死在途中，葬在南己之市，只用衣衾三領，穀木做的棺材，用葛布包裹屍體。已葬之後，市人就從墓上踩過。禹往東到九夷中去從事教化，死在途中，葬在會稽山，只用衣衾三領，桐木做的棺材只有三寸厚，用葛布包裹屍體，棺蓋和棺身的交接處都沒有重合，墓穴雖能容棺，卻不成墓道，掘地的深度，下面不到地泉。已葬之後，把掘出的土仍舊填到穴中，墳堆寬約三尺，也就行了。如果對這三位聖王加以考察，那厚葬久喪就不是聖王之道。這三位聖王，都貴為天子，富有天下，難道還愁財用不足嗎？卻採用了這樣的葬埋方法。」

今王公大人之為葬埋，則異於此。必大棺中棺，革闠❶三操❷，璧玉即❸具，戈劍鼎鼓壺濫，文繡素練，大鞅萬領❹；輿馬女樂皆具，曰必捶涂❺差通❻，壟雖凡山陵❼。此為輟❽民之事，靡民之財，不可勝計也，其為毋用若此矣。是故子墨子曰：「鄉者吾本言曰，意以使法其言，用其謀，計厚葬久喪，請❾可以富貧眾寡，定危治亂乎，則仁也，義也，孝子之事也，為人謀者，不可不勸也；意亦使法其言，用其謀，若人厚葬久喪，實不可以富貧眾寡，定危治亂乎，則非仁也，非義也，非孝子之事也，為人謀者，不可不沮也。是故求以富國家，甚得貧焉；欲以眾人民，甚得寡焉；欲以治刑政，甚得亂焉；求以禁止大國之攻小國也，而既已不可矣；欲以干上帝鬼神之福，又得禍焉。上稽之堯舜禹湯文武之道而政❿逆之，下稽之桀紂幽厲之事，猶合節也。若以此觀，則厚葬久喪其非聖王之道也。」

【章　旨】進一步批評當今王公大人的厚葬久喪不符合聖王之道。

【注　釋】❶闠　同「鞼」。有文彩的皮帶。❷操　應為「褋」，同「匣」。❸即　同「既」。❹大鞅萬領　義不詳。或說是「衣衾萬領」之誤。❺捶涂　捶，擣；築。涂，通「除」。❻差通　當作「羨道」。隧道。❼壟雖凡山陵　此句脫誤嚴重，大意是墳墓要高如山陵。❽輟　中止。❾請　通「誠」。❿政　通「正」。

【語　譯】現在王公大人處理埋葬的事情，就不是這樣。他們一定要大棺套中棺，要用有文飾的皮帶綑上三匝，璧玉已具備了，還要戈劍鼎鼓壺濫、有文彩的錦繡和素色絲練，衣衾萬領；車馬女樂都具備了，還說一定要擣緊、清除墓道，墳丘建得高如山陵。這樣耽擱了人民的工作，浪費了人民的財力，損失不可勝計，這厚葬久喪是如此的無用。所以墨子說：「先前我本來說過，有人認為如果以他們的言論為法則，用他們的計謀，來實行厚葬久喪，確實可以使富者貧，寡者眾，危者安，亂者治，這就是仁了，義了，孝子之事了，為他人出計謀的，不能不勸勉他人這樣做。也有人認為如果以他們的話為法則，用他們的計謀，則人們厚葬久喪，實在不可以使貧者富，寡者眾，危者安，亂者治，這不是仁，也不是義，不是孝子之事，為他人出計謀的，不可以不加以制止。所以想以此使國家富，得到的卻是國家很窮；想以此增加人民，得到的卻是人民很少；想以此理好政治，得到的卻是政治很亂；想以此禁止大國攻打小國，也已經不可能了；想以此求上帝鬼神賜福，反而得到了災禍。向上考察堯舜禹湯文武之道卻正好相反；向下考察桀紂幽厲的事，就像符節一樣吻合。如果從這個方面考察，那麼厚葬久喪就不是聖王之道。」

今執厚葬久喪者言曰：「厚葬久喪果非聖王之道，夫胡說中國之君子，為而不已，操而不擇❶哉？」子墨子曰：「此所謂便❷其習而義❸其俗者也。昔者越之東有輆沐❹之國者，其長子生，則解而食之，謂之『宜弟』；其大父❺死，負其大母而棄之，曰鬼妻不可與處。此上以為政，下以為俗，為而不已，操而不擇，則此豈實仁義之道哉？此所謂便其習而義其俗者也。楚之南有炎人國❻者，其親戚死，朽其肉而棄之，然後埋其骨，乃成為孝子。秦之西有儀渠❼之國者，其親戚死，聚柴薪而焚之，燻上❽，謂之『登遐❾』，然後成為孝子。此上以為政，下以為俗，為而不已，操而不擇，則此豈實仁義之道哉？此所謂便其習而義其俗者也。

若以此若三國者觀之，則亦猶薄矣。若以中國君子觀之，則亦猶厚矣。如彼則大厚，如此則大薄，然則葬埋之有節矣。故衣食者，人之生利也，然且猶尚有節；葬埋者，人之死利也，夫何獨無節於此乎！」

【章　旨】以邊遠民族為例，說明葬的厚薄乃風俗使然。

【注　釋】❶擇　同「釋」。放棄。❷便　便利。❸義　宜。❹輆沭　《集韻》說：「國名，在越東。」❺大父　祖父。下大母即祖母。❻炎人國　古國名。炎，一作「啖」。❼儀渠　即義渠。西戎之一支，分布於今甘肅慶陽及涇川一帶。❽燻上　指煙火向上升騰。❾登遐　猶如後世所說的登仙。

【語　譯】現在堅持厚葬久喪的人說：「厚葬久喪如果真的不是聖王之道，那又怎樣解釋中原各國的君子，在那裡實行不止，不肯放棄呢？」墨子說：「這正所謂是人們已經以他們的習慣為便利，以他們的風俗為正確了。從前越國東部有一個輆沭國，他們生下第一個孩子，就把他宰來吃了，叫做『宜弟』；他們的祖父死了，就把祖母背去拋掉，說是鬼妻不能同她一起生活。在上的以這種習慣法治國，在下的就形成風俗，堅持實行不止。那麼這難道是仁義之道嗎？這就是所謂以習慣為便利，以風俗為正確了。楚國南部有一個炎人國，他們的父母死了，就讓屍體腐爛，然後拋掉腐肉，只把骨頭埋起來，才成為孝子。秦國西面有一個儀渠國，他們的父母死了，就堆積柴禾把屍體燒掉，煙火向上升騰，叫做『登遐』，然後才成為孝子。在上的以此為政，在下的便形成風俗，堅持實行不止。那麼這難道是仁義之道嗎？這正是所謂以習慣為便利，以風俗為正確了。如果從這三個國家考察，那也太澆薄了。如果從中原各國的君子來考察，那就太鋪張了。像那樣做就太鋪張，這樣又太澆薄，那麼埋葬就應當有個節度了。所以衣食是人們在生時的利益，尚且要有節制；埋葬是人死後的利益，又怎能沒有節制呢！」

子墨子制為葬埋之法曰：「棺三寸，足以朽骨；衣三領，足以朽肉；掘地之深，下無菹❶漏，氣無發洩於上，壟足以期❷其所，則止矣。哭往哭來，反從事乎衣食之財，佴❸乎祭祀，以致孝於親。」故曰子墨子之法，不失生死之利者，此也。

【章旨】正面提出墨家的節葬主張。

【注釋】❶菹　通「沮」。濕。❷期　劉師培認為是「示」字之誤。❸佴　助；給。

【語譯】墨子制訂出埋葬的原則說：「棺材只要三寸厚，足以裝住腐朽的屍骨就夠了；衣衾只要三領，足以裹住腐朽的肌肉就夠了；掘地的深度，下面不要潮濕滲水，上面不要洩漏屍體的氣味，墳堆能顯示屍體埋葬的所在，就夠了。哭著送葬，哭著回來，回來就從事生產，謀求衣食之財，這樣有助於祭祀，有助於向父母行孝。」所以說墨子的方法，不會損害生者和死者兩方面的利益，就是這個原因。

故子墨子言曰：「今天下之士君子，中請❶將欲為仁義，求為上士，上欲中聖王之道，下欲中國家百姓之利，故當若節喪之為政，而不可不察此者也。」

【章旨】呼籲當時的士君子應以節葬為政。

【注釋】❶中請　中，內心。請，通「誠」。

【語譯】所以墨子說：「現在天下的士君子，如果確實想行仁義，求做上士，上想符合聖王之道，下想符合國家百姓的利益，所以就當以節葬作為施政的主張，這是不能不加以考察的。」

天志上第二十六

【題解】天志，即天意，文中也每作「天意」。墨子認為天是有人格、有意志的。祂兼愛天下，堅持仁義，反對人們互相憎惡仇殺，反對當時的兼併戰爭。天就根據這些原則，來賞善罰惡，救世紛亂。這些顯然與他的兼愛、非攻等政治思想一致。〈天志〉凡三篇，大旨相同而略有側重。

子墨子曰：「今天下之士君子，知小而不知大。何以知之？以其處家者知之。若處家得罪於家長，猶有鄰家所❶避逃之。然且親戚兄弟所知識，共相儆戒，皆曰：『不可不戒矣！不可不慎矣！惡有處家而得罪於家長，而可為也！』非獨處家者為然，雖處國亦然。處國得罪於國君，猶有鄰國所避逃之，然且親戚兄弟所知識，共相儆戒，皆曰：『不可不戒矣！不可不慎矣！誰亦有處國得罪於國君，而可為也！』此有所避逃之者也，相儆戒猶若此其厚，況無所避逃之者，相儆戒豈不愈厚，然後可哉？且語言❷有之曰：『焉而❸晏日❹焉而得罪，將惡避逃之？』曰：無所避逃之。夫天不可為林谷幽門❺無人，明必見之。然而天下之士君子之於天也，忽然不知以相儆戒，此我所以知天下士君子知小而不知大也。

【章　旨】言天下之士君子不知對天志加以警戒，這是由於不識大道所致。

【注　釋】❶所　可。❷言　衍文，應刪。❸焉而　於爾；於此。而，通「爾」。❹晏日　清明時日，猶如說光天化日。晏，清；明。❺門　當作「間」。間隔、阻隔之處。

【語　譯】墨子說：「當今天下的士君子，只知小事而不知大事。怎麼知道是這樣的呢？依他們平時處身於家庭的情況就可知道。如果處身於家時得罪了家長，還有鄰家可以躲避。但是父母兄弟們知道了，還要共同加以警戒，都說：『不能不加以警戒啊！不能不慎重啊！哪裡有處身於家得罪家長，卻可以去做的！』不只是處身於家是這樣，就是處身於國也是這樣。處身於國得罪了國君，還有鄰國可以躲避，但是父母兄弟知道，還要一起加以警戒，都說：『不能不警戒呢！不能不慎重呢！哪裡有處身於國得罪國君，卻可以去做的！』這些情況發生以後，有地方躲避，人們尚且如此嚴肅認真地互相警戒，又何況那沒地方可逃避的事，人們又怎能不嚴肅地加以警戒，然後才可以呢？況且古語說過：『如果在這光天化日之下有所得罪，那將到哪裡去躲避呢？』回答是：沒有地方可以躲避。天是不能得罪的，即使在樹林山谷幽僻無人之處，祂也能明察秋毫。但是天下的士君子對於天，卻漠然不知道加以互相警戒，這是我得以知道天下的士君子只知小事而不知大事的根據。

「然則天亦何欲何惡？天欲義而惡不義。然則率天下之百姓以從事於義，則我乃為天之所欲也。我為天之所欲，天亦為我所欲。然則我何欲何惡？我欲福祿而惡禍祟❶。若我不為天之所欲，而為天之所不欲，然則我率天下之百姓，以從事於禍祟中也。然則何以知天之欲義而惡不義？曰：天下有義則生，無義則死；有義則富，無義則貧；有義則治，無義則亂。然則天欲其生而惡其死，欲其富而惡其貧，欲其治而惡其亂，此我所以知天欲義而惡不義也。

【章旨】謂天欲義而惡不義，所以我應當率天下百姓從事於義。

【注釋】❶祟　鬼神降禍於人。

【語譯】「那麼天想要什麼？嫌惡什麼？天是想要義而嫌惡不義。如果率領天下百姓來從事於義，那我所做的正是天所想的。我做的是天所想的，天也做我所想的。那麼我想要什麼？嫌惡什麼？我所想要的是福祿而嫌惡的是災禍。如果我不做天所想要的，卻做天所不想要的，那麼這就是我率領天下的百姓，來從事於引起災禍的事了。那麼怎麼知天想要義而嫌惡不義？回答是：天下有義就生，無義就死；有義就富，無義就窮；有義就治，無義就亂。那麼天就是希望天下人民生而嫌惡他們死，想要他們富而嫌惡他們窮，想要他們治而嫌惡他們亂，憑這一點，我就可以知道天所想要的是義，而嫌惡的是不義。

「曰且夫義者政❶也，無從下之政上，必從上之政下。是故庶人竭力從事，未得次❷己而為政，有士政之；士竭力從事，未得次己而為政，有將軍大夫政之；將軍大夫竭力從事，未得次己而為政，有三公諸侯政之；三公諸侯竭力聽治，未得次己而為政，有天子政之；天子未得次己而為政，有天政之。天子為政於三公、諸侯、士、庶人，天下之士君子固明知；天之為政於天子，天下百姓未得之明知也。故昔三代聖王禹湯文武，欲以天之為政於天子，明說天下之百姓，故莫不犓❸牛羊，豢❹犬彘，潔為粢盛酒醴，以祭祀上帝鬼神，而求祈福於天。我未嘗聞天下❺之所求祈福於天子者也，我所以知天之為政於天子者也。

【章旨】天為政於天子，故天子應率領天下百姓敬事上帝鬼神。

【注釋】❶政　通「正」。❷次　是「恣」的省文。❸犓　用草料餵養。❹豢　以穀米餵養。❺下　衍文，應刪。

【語譯】「並且義是用來匡正人的，不能從下面去匡正上面，而一定得從上面去匡正下面。所以庶民努力工作，不能任意而為，有士匡正他們；士盡力工作，不能任意而為，有將軍大夫匡正他們；將軍大夫盡力工作，不能任意而為，有三公諸侯匡正他們；三公諸侯盡力治理，不能任意而為，有天子匡正他們；天子也不能任意而為，有上天匡正他。天子對三公、諸侯、士、庶民加以匡正，天下的士君子本來都清楚地知道；但是天對天子加以匡正，天下百姓就不能清楚地知道了。所以從前三代的聖王禹湯文武，想把上天匡正天子的事，向百姓們解說清楚，因此他們沒有不豢養牛羊豬狗，以潔淨的酒食，來祭祀上帝鬼神，以向上天求福的。我沒有聽說過上天向天子求福，我所知道的是上天匡正天子的事。

「故天子者，天下之窮❶貴也，天下之窮富也。故於富且貴者，當天意而不可不順。順天意者，兼相愛，交相利，必得賞；反天意者，別相惡，交相賊，必得罰。然則是誰順天意而得賞者？誰反天意而得罰者？」子墨子言曰：「昔三代聖王禹湯文武，此順意而得賞也；昔三代之暴王桀紂幽厲，此反天意而得罰者也。」然則禹湯文武其得賞者何以也？子墨子言曰：「其事：上尊天，中事鬼神，下愛人，故天意曰：『此之我所愛，兼而愛之；我所利，兼而利之。愛人者，此為博焉，利人者，此為厚焉。』故使貴為天子，富有天下，業萬世子孫❷傳稱其善，方❸施天下，至今稱之，謂之聖王。」然則桀紂幽厲得其罰何以也？子墨子言曰：「其事：上詬天，中詬鬼，下賊人，故天意曰：『此之我所愛，別而惡之；我所利，交而賊之。惡人者，此為之博也，賤❹人者，此為之厚也。』故使不得終其壽，不歿其世，至今毀之，謂之暴王。」

【章　旨】天意賞善而罰惡，能兼相愛、交相利則得賞；反之，別相惡、交相賊則得罰。

【注　釋】❶窮　極。❷業萬世子孫　當作「葉萬子孫」。即萬世子孫。❸方　通「旁」。普遍。❹賤　當是「賊」字之誤。

【語　譯】「所以天子是天下最高貴的人，又是天下最富有的人。既富有又高貴的人，對於天意就不能不順從。順從天意的人，兼相愛，交相利，一定能受到上天的獎賞；違反天意的人，兼相惡，互相害，一定會遭到上天的懲罰。那麼哪些是順從天意而得到獎賞，哪些是違反天意而遭到懲罰的人呢？」墨子說：「從前三代的聖王禹湯文武，這些人是順從天意而受到獎賞的人；從前三代的暴君桀紂幽厲，這些人是違反天意而遭到懲罰的人。」那麼禹湯文武之所以受到獎賞原因何在呢？墨子說：「就其所為事說：因為他們上尊天，中敬鬼神，下愛人民。所以天意說：『這些人對我所愛的，他們也普遍地愛；我所想使之得利的，他們也普遍地使之有利。所以在愛人的人當中，這些人是愛得最廣博的，在利人的人當中，這些人是利人最豐厚的。』所以使他高貴到做天子，富有到享有天下，子孫萬世，都稱頌他們。他們的美德廣布於天下，至今人們還稱頌他們，稱他們為聖王。」那麼桀紂幽厲之所以遭到懲罰的原因何在呢？墨子說：「就其所為事說：因為他們上罵天，中罵鬼，下害人，所以天意說：『這些人對我所愛的，卻加以區別而嫌惡；對我想賜利的，卻交相加以殘害。在厭惡人的人當中，這些人是最突出的；在殘害人的人當中，這些人是最嚴重的。』所以天要使他們不能享盡天年，不能終身，至今人們還非毀他們，把他們稱作暴虐之王。

「然則何以知天之愛天下之百姓？以其兼而明之。何以知其兼而明之？以其兼而有之。何以知其兼而有之？以其兼而食焉。何以知其兼而食焉？四海之內，粒食❶之民，莫不犓牛羊，豢犬彘，潔為粢盛酒醴，以祭祀於上帝鬼神。天有邑人❷，何用弗愛也？且吾言殺一不辜者必有一不祥。殺不辜者誰也？則人也。予之不祥者誰也？則天也。若以天為不愛天下之百姓，則何故以人與人相殺，而天予之不祥？此我所以知天之愛天下百姓也。」

【章旨】論述上天兼愛天下百姓之由。

【注　釋】❶粒食　吃穀物的人。❷邑人　天所置城邑之人。即下民。

【語　譯】「那麼怎麼知道上天兼愛天下的百姓呢？因為祂普遍地了解天下人民。怎麼知道祂普遍地了解天下人民呢？因為祂普遍地擁有天下人民。怎麼知道祂普遍地擁有天下人民呢？因為祂普遍地供給人民食物。怎麼知道祂普遍地供給人民食物呢？因為四海之內，凡是吃穀米的人，沒有不飼養牛羊，豢養豬狗，用潔淨的酒食來祭祀上帝鬼神的。上天擁有下民，怎能不愛呢？況且我說過，殺死一個無罪的人，必有一件不祥之事。殺無罪的人是誰呢？那就是人。給他不祥的是誰呢？那就是天。如果說天不愛天下百姓，那麼為什麼當人與人互相殘殺時，天就給他不祥呢？憑這個我就知道上天是兼愛天下百姓的。」

順天意者，義政也。反天意者，力政❶也。然義政將奈何哉？子墨子言曰：「處大國不攻小國，處大家不篡小家，強者不劫弱，貴者不傲賤，多詐❷者不欺愚。此必上利於天，中利於鬼，下利於人，三利無所不利，故舉天下美名加之，謂之聖王。力政者則與此異，言非此，行反此，猶倖馳❸也。處大國攻小國，處大家篡小家，強者劫弱，貴者傲賤，多詐欺愚。此上不利於天，中不利於鬼，下不利於人。三不利無所利，故舉天下惡名加之，謂之暴王。」

【章　旨】此言聖王之行義政，是順天意，故得賞；暴王以力征，是反天意，故得罰。

【注　釋】❶力政　即力征。靠暴力征服天下。❷多詐　從上面的句式看，多是衍文。下文「多詐欺愚」應作「詐者欺愚」。❸倖馳　偝馳；背道而馳。倖，一本作「偝」，當從。

【語　譯】順從天意的，就是正義之政。違背天意的，就是暴政。那麼正義之政是怎樣的呢？墨子說：「處於大國地位卻不攻打小國，處於大家地位卻不篡奪小家，強者不搶奪弱者，貴者不輕慢賤者，詐者不欺騙愚者。這樣必上利於天，中利於鬼，下利於人，這三利做到了，就無所不利，所以整個天下的人，就給他一個美名，把他們稱做聖王。以暴力征服的人就與這不同，他們言語非毀正義，行為與義政相反，有如背道而馳。處於大國地位就攻打小國，處於大家地位就篡奪小家，強者搶奪弱者，貴者輕慢賤者，詐者欺騙愚者。這就上不利於天，中不利於鬼，下不利於人。這三方面不利，就對任何東西都不利，所以全天下的人，就給他們一個惡名，稱他們為暴君。」

子墨子言曰：「我有天志，譬若輪人之有規，匠人之有矩，輪匠執其規矩，以度天下之方圓，曰：『中者是也，不中者非也。』今天下之士君子之書，不可勝載，言語不可詳計，上說諸侯，下說列士，其於仁義則大相遠也。何以知之？曰：我得天下之明法以度之。」

【章　旨】直指天志是衡量當今天下各種言論的規矩，所以要用它來確定天下的是非。

【語　譯】墨子說：「我有天志，就好比車匠的有圓規，木匠的有矩尺，車匠和木匠拿著他的規矩，來度量天下的方圓，說：『符合規矩的就對，不符合規矩的就不對。』現今天下士君子的書，多到車子無法裝載；言論也多得無法數清，上以遊說諸侯，下以遊說列士，這些言論距離仁義卻相差非常遠。怎麼知道？回答是：我已得到天下的正確法則來作為衡量的標準。」

天志中第二十七

【題　解】這篇指出，天不僅是仁義之本，而且也是兼愛之所自出。天行兼愛之道，反對人民互相仇視，互相殘害，人得天兼愛之利，就應當報答天，順從天意，以天意為是非標準。

子墨子言曰：「今天下之君子之欲為仁義者，則不可不察義之所從出。」既曰不可以不察義之所從出，然則義何從出？子墨子曰：「義不從愚且賤者出，必自貴且知者出。」何以知義之不從愚且賤者出，而必自貴且知者出也？曰：「義，善政也。」何以知義之為善政也？曰：「天下有義則治，無義則亂，是以知義之為善政也。夫愚且賤者，不得為政乎貴且知者，貴且知者❶，然後得為政乎愚且賤者，此吾所以知義之不從愚且賤者出，而必自貴且知者出也。」然則孰為貴？孰為知？曰：「天為貴，天為知而已矣，然則義果自天出矣。」

【章　旨】此言天最高貴、明智，所以義自天出。

【注　釋】❶貴且知者　據上下文及畢沅校增。

【語　譯】墨子說：「現在天下的士君子想行仁義，就不能不考察仁義是從哪裡來的。」既然說不能不考察義是從哪裡來的，那麼義是哪裡來的呢？墨子說：「義不是從愚昧低賤的人那兒來的，而必定是從高貴明智的人那兒來的。」怎麼知道義不從愚昧低賤的人那兒來，而是從高貴明智的人那兒來呢？回答是：「義，是一種好的政治。」怎麼知道義是一種好的政治呢？回答是：「天下有了義就治，沒有義就亂，所以知道義是一種好的政治。那些愚昧低賤的人，不能去管理高貴明智的人，而高貴明智的人，卻能管理愚昧低賤的人，所以我知道義不是從愚昧低賤的人那兒來，而是從高貴明智的人那兒來。」那麼誰最高貴？誰最明智？回答是：「只有天最高貴，天最明智罷了，那麼由此可知，義的確是從天來的了。」

今天下之人曰：「當若天子之貴諸侯，諸侯之貴大夫，傐❶明知之。然吾未知天之貴且知於天子也。」子墨子曰：「吾所以知天之貴且知於天子者有矣。曰：天子為善，天能賞之；天子為暴，天能罰之；天子有疾病禍祟，必齋戒沐浴，潔為酒醴粢盛，以祭祀天鬼，則天能除去之，然吾未知天之祈福於天子也。此吾所以知天之貴且知於天子者。不止此而已矣，又以先王之書馴天明不解❷之道也知之。曰：『明哲維天，臨君❸下土。』則此語天之貴且知於天子。不知亦有貴知夫天者乎？曰：天為貴，天為知而已矣。然則義果自天出矣。」

【章　旨】此言天能賞善罰惡，所以祂是最高貴明智的，義即來自於天。

【注　釋】❶傐　當作「碻」。即「確」。確實。❷馴天明不解　解釋天的明哲不懈之道。馴，通「訓」。一本即作「訓」。

解釋。解，通「懈」。❸臨君　猶言照臨。

【語　譯】當今天下的人說：「像天子比諸侯高貴，諸侯比大夫高貴，這是我們確實知道的。但是我卻不知道上天比天子高貴而且明智。」墨子說：「我之所以知道上天比天子高貴而明智是有根據的。就是說：天子行善，上天能獎賞他；天子行惡，上天能懲罰他；天子有了疾病災禍，一定得齋戒沐浴，潔淨地備好酒食，來祭祀天鬼，天就能為他消除疾病災禍，然而我卻不知有上天向天子求福的事。這就是我所憑以知道上天比天子高貴明智的根據。還不止這一點，還可以透過先王的書解釋天的明哲不懈之道的話知道。他們說：『只有天是明哲的，祂照臨下土。』這話說的就是上天比天子高貴明智。不知還有比上天更高貴明智的沒有？回答是：只有上天最高貴，只有上天最明智罷了。那麼由此可知，義的確是從上天那兒來的了。」

是故子墨子曰：「今天下之君子，中實將欲遵道利民，本察仁義之本，天之意不可不慎也。」既以天之意以為不可不慎已，然天之將何欲何憎？子墨子曰：「天之意不欲大國之攻小國也，大家之亂小家也，強之暴寡，詐之謀愚，貴之傲賤，此天之所不欲也。不止此而已，欲人之有力相營❶，有道相教，有財相分也。又欲上之強聽治也，下之強從事也。上強聽治，則國家治矣；下強從事，則財用足矣。若國家治財用足，則內有以潔為酒醴粢盛，以祭祀天鬼；外有以為環璧珠玉，以聘撓❷四鄰。諸侯之冤❸不興矣，邊境兵甲不作矣。內有以食飢息勞，持養其萬民，則君臣上下惠忠，父子弟兄慈孝。故唯毋❹明乎順天之意，奉而光❺施之天下，則刑政治，萬民和，國家富，財用足，百姓皆得煖衣飽食，便❻寧無憂。」是故子墨子曰：「今天下之君子，中實將欲遵道利民，本察仁義之本，天之意不可不慎❼也。」

【章　旨】天意即是仁義之本，所以行仁義不能不順天意。

【注　釋】❶營　當為「勞」之誤。勞，幫助。❷撓　交。❸冤　通「怨」。仇怨。❹唯毋　語詞。❺光　通「廣」。❻便　安。❼慎　通「順」。

【語　譯】所以墨子說：「當今天下的士君子，內心如確實想遵循正道以利人民，要從根本上審察仁義的本源，那對待天意就不能不順從。」既然認為對待天意不能不順從，那麼上天想要什麼？憎惡什麼？墨子說：「天意就是不想要大國攻打小國，大家擾亂小家，強者凌暴弱小者，詐者欺騙愚者，貴者傲視賤者，這些都是天所不想要的。不僅如此而已，天還希望人們有力的要幫助他人，有道義的要教育他人，有財物的要分給他人。又希望在上位的努力治理，在下位的努力工作。在上位的努力治理，就國家安定；在下位的努力工作，就財用充足。如果國家安定財用充足，那麼在內就可以準備好潔淨的酒食，來祭祀天鬼；對外就能拿出圓璧珠玉，來交結四面的鄰國。諸侯的仇怨也不會產生了，邊境上也就不會發生戰爭了。在國內能使飢餓的人得到食物，使勞動的人得到休息，並能使所有的人民得到養育，就會君臣上下仁惠忠誠，父子兄弟慈愛孝順。所以懂得了順從天意，並奉行此道廣施於天下，就會政治安定，萬民和睦，國家富裕，財用充足，百姓都能穿暖吃飽，安寧無憂。」因此墨子說：「當今天下的君子，內心如確實想遵循正道以利人民，從根本上考察仁義的本源，對天意就不能不順從。」

且夫天子❶之有天下也，辟❷之無以異乎國君諸侯之有四境之內也。今國君諸侯之有四境之內也，夫豈欲其臣國萬民之相為不利哉？今若處大國則攻小國，處大家則亂小家，欲以此求賞譽，終不可得，誅罰必至矣。夫天之有天下也，將無已❸異此。今若處大國則攻小國，處大都則伐小都，欲以此求福祿於天，福祿終不得，而禍祟必至矣。然有所不為天之所欲，而為天之所不欲，則夫天亦且不為人之所欲，而為人之所不欲矣。人之所不欲者何也？曰病疾禍祟也。若已不為天之所欲，而為天之所不欲，是率天下之萬民以從事乎禍祟之中也。故古者聖王明知天鬼之所福，而辟天鬼之所憎，以求興天下之利，而除天下之害。是以天之為寒熱也節，四時調，陰陽雨露也時，五穀孰❹六畜遂，疾菑❺戾❻疫凶饑則不至。是故子墨子曰：「今天下之君子，中實將欲遵道利民，本察仁義之本，天意不可不慎也！」

【章　旨】天想要人們和平相處，而不要互相攻伐，有國者想避禍得福，就應順從天意。

【注　釋】❶子　衍文，應刪。❷辟　通「譬」。❸已　通「以」。❹孰　「熟」的本字。❺菑　同「災」。❻戾　通「厲」。

【語　譯】而且上天的擁有天下，同諸侯國君的擁有一國也沒有什麼不同。現在諸侯國君擁有一個國家，難道希望他國內臣民互相做不利的事嗎？現在處於大國地位的就攻打小國，處於大家地位的就擾亂小家，想靠這種行為來求得獎賞稱譽，終究不僅達不到目的，而且懲罰也就一定會到來了。上天的擁有天下，與這情形沒有什麼區別。現在如果處於大國地位就攻打小國，處於大都地位就攻打小都，想憑這種行為向上天求得福祿，不僅福祿始終得不到，而且災禍還一定會到來。那麼如果所作所為不是上天所希望的，既不是天所希望的，那麼上天也就不做人們所希望的，而做人們所不希望的了。人們所不希望的是什麼呢？那就是疾病災禍。如果不做上天所希望的，而做了上天所不希望的，這就是率領天下人民走向災禍之中了。所以古代的聖王明白天鬼所賜福的事是哪些，而避免天鬼所憎惡的事，來求得興天下之利，而除天下之害。所以上天措置寒暑就有節度，四季協調，陰陽雨露按時，五穀成熟，六畜成長，疾病災禍饑荒都不會發生。所以墨子說：「當今天下的君子，內心如確實想遵從正道以利人民，從根本上考察仁義之源，那對天意就不能不順從啊！

「且夫天下蓋有不仁不祥❶者，曰當若子之不事父，弟之不事兄，臣之不事君也。故天下之君子，與❷謂之不祥者。今夫天兼天下而愛之，撽遂❸萬物以利之，若毫之末，非❹天之所為也，而民得而利之，則可謂否❺矣，然獨無報夫天，而不知其為不仁不祥也，此吾所謂君子明細而不明大也。

【章　旨】天行兼愛利民之道，人應以此道報天，才是仁人善人。

【注　釋】❶祥　善。❷與　通「舉」。❸撽遂　持養育成。遂，成。❹非　當作「莫非」。❺否　一說疑為「丕」字之誤，近是。丕，大。

【語　譯】「而且天下大概還有不仁不善的人，比如兒子不孝順父親，弟弟不敬事兄長，臣下不忠於君主，所以天下的君子，都會說他們是不善之人。現在上天普遍地愛天下人，養育萬物以有利於他們，即使毫毛那樣小的東西，也沒有不是上天所賜予的，人民得到的利益，可以說夠大的了。但有些人偏偏不報答上天，而且還不知道自己是不仁不善的人，這就是我所說的，君子只明白小道理而不明白大道理了。

「且吾所以知天之愛民之厚者有矣，曰以磨❶為日月星辰，以昭道❷之；制為四時春秋冬夏，以紀綱❸之；雷降❹雪霜雨露，以長遂五穀麻絲，使民得而財利之；列為山川谿谷，播賦百事❺，以臨司❻民之善否；為王公侯伯，使之賞賢而罰暴；賊❼金木鳥獸，從事乎五穀麻絲，以為民衣食之財。自古及今，未嘗不有此也。今有人於此，驩❽若愛其子，竭力單務❾以利之，其子長，而無報子求❿父，故天下之君子與謂之不仁不祥。今夫天兼天下而愛之，撽遂萬物以利之，若毫之末，非天之所為，而民得而利之，則可謂否矣。然獨不報夫天，而不知其為不仁不祥也。此吾所謂君子明細而不明大也。

【章旨】天生萬物以利萬民，萬民應報答天的兼愛之意，而不能為不仁不善之事。

【注釋】❶磨　當作「磿」。同「離」。分別。❷昭道　昭，明。道，指示。❸紀綱　法則。❹雷降　雷，當作「霣」。降，落。❺播賦百事　播，布。賦，敷。百事，百官。❻臨司　臨，視。司，于省吾認為通「𤔲」，古「治」字。❼賊　「賦」字之誤。❽驩　即「歡」字。❾單務　單，通「殫」。盡。務，事。❿子求　王景義認為是「于其」之誤。

【語　譯】一而且我所知道的天之愛民深厚還有很多方面，這就是，上天分離出日月星辰，來照耀和指示人民；把四季分為春夏秋冬，來規定時日的法則；降下霜雪雨露，使五穀絲麻成長，使人民得到財富和利益；把大地分列為山川谿谷，廣設百官，來視察管理人民，考察人民的好壞；設置王公侯伯，用他們來賞賢罰惡；賦斂金木鳥獸，生產五穀絲麻，作為人民穿衣吃飯的財用。從古到今，沒有不是這樣的。現在有人在這裡，很喜歡、愛護自己的兒子，竭盡全力來給他利益，兒子長大了，卻不報答他的父親，那天下的君子都會稱他是不仁不善的人。現在上天普遍地愛護天下人民，養育萬物以使他們得利，即使毫毛般細小的東西，沒有不是天所賜予的，人民所得到的利益，可以說夠大的了。然而就是偏偏不報答上天，卻不知道自己是不仁不善的人。這就是我所說的君子只明白小道理而不明白大道理了。

「且吾所以知天愛民之厚者，不止此而足矣。曰殺不辜者，天予不祥。不辜者❶誰也？曰人也。予之不祥者誰也？曰天也。若天不愛民之厚，夫胡說人殺不辜，而天予之不祥哉？此吾之所以知天之愛民之厚也。

【章　旨】論述上天愛民深厚，並以其懲罰殺害無辜的人為證。

【注　釋】❶不辜者　當作「殺不辜者」。

【語　譯】「而且我所知道的上天愛民深厚，還不止這些。這就是說如果有人殺害無辜的人，上天就會降給他災禍。殺害無辜的是誰？那當然是人。降災給他的是誰？那當然是天。如果上天愛護人民不深厚，那將怎樣解釋當有人殺害無辜者時，天就給他災禍呢？由此我知道上天愛護人民是深厚的。

「且吾所以知天之愛民之厚者，不止此而已矣。曰愛人利人，順天之意，得天之賞者有之；憎人賊人，反天之意得天之罰者亦有矣。夫愛人利人，順天之意，得天之賞者誰也？曰若昔三代聖王，堯舜禹湯文武者是也。堯舜禹湯文武焉所從事？曰從事兼，不從事別。兼者，處大國不攻小國，處大家不亂小家，強不劫弱，眾不暴寡，詐不謀愚，貴不傲賤。觀其事，上利乎天，中利乎鬼，下利乎人，三利無所不利，是謂天德❶。聚斂天下之美名而加之焉，曰：此仁也，義也，愛人利人，順天之意，得天之賞者也。不止此而已，書於竹帛，鏤之金石，琢之槃盂，傳遺後世子孫。曰將何以為？將以識夫愛人利人，順天之意，得天之賞者也。〈皇矣〉❷道之曰：『帝謂文王，予懷明德❸，不大❹聲以❺色，不長夏以革❻，不識不知，順帝之則。』帝善其順法則也，故舉殷以賞之，使貴為天子，富有天下，名譽至今不息。故夫愛人利人，順天之意，得天之賞者，既可得留❼而已。

【章旨】舉堯舜禹湯文武為例，說明順天意者則得賞。

【注釋】❶天德　與天的兼愛精神相通的美德。❷皇矣　《詩經·大雅》篇名。❸懷明德　懷，思。明德，指明德之人。❹大　張大。❺以　與。❻不長夏以革　鄭玄注此句為「不長諸夏以變更王法者」，意為不以諸夏變更王法的人為長。夏，指諸夏。革，變革。❼留　當作「知」。

【語譯】「而且我所以知道天的愛民深厚，還不止這些。就是說愛人利人，順從天意，得到上天獎賞的人有過；恨人害人，違反天意，遭到上天懲罰的人也有過。愛人利人，順從天意，得到上天獎賞的是哪些人呢？回答是，比如從前三代的聖王堯舜禹湯文武就是。堯舜禹湯文武是怎樣做的？回答是，他們只從事兼相愛，而不從事交相別。兼愛，就是處於大國地位就不攻打小國，處於大家地位就不擾亂小家，強者不搶奪弱者，眾者不凌暴寡者，詐者不欺騙愚者，貴者不傲視賤者。考察他們所做的，上有利於天，中有利於鬼，下有利於人，這三利做到了就無所不利，這就叫做天德。聚集天下的美名施加到他們身上，說：這就是仁了，義了，這就是愛人利人，順從天意，得到上天獎賞的人。尚不止此呢！還要把他們的名聲事跡，寫到竹帛上，刻在金石上，雕在槃盂上，留傳給後代子孫。如果問這是做什麼用的？就是用來紀念那些愛人利人，順從天意，得到上天獎賞的人。〈大雅・皇矣〉中說：『上帝對周文王說：我思念那些有光明之德的人，不要虛張聲色，不以諸夏變革王法的人為長，無知無識，只順從上帝的法則。』上帝稱美文王能順從祂的法則，所以把商朝的天命賞給了他，使他貴為天子，富有天下，名聲至今不泯滅。所以能愛人利人，順從天意，即能得到上天的獎賞，那麼也就可以知道了。

「夫憎人賊人，反天之意，得天之罰者誰也？曰若昔三代暴王桀紂幽厲者是也。桀紂幽厲焉所從事？曰從事別，不從事兼。別者，處大國則攻小國，處大家則亂小家，強劫弱，眾暴寡，詐謀愚，貴傲賤。觀其事，上不利乎天，中不利乎鬼，下不利乎人，三不利無所利，是謂天賊[1]。聚斂天下之醜名而加之焉，曰此非仁也，非義也，憎人賊人，反天之意，得天之罰者也。不止此而已，又書其事於竹帛，鏤之金石，琢之槃盂，傳遺後世子孫。曰將何以為？將以識夫憎人賊人，反天之意，得天之罰者也。〈大誓〉之道之曰：『紂越厥❷夷居❸，不肎❹事上帝，棄厥先神祇不祀，乃曰吾有命，無廖僔務❺。天下❻。天亦縱棄❼紂而不葆❽。』察天縱棄紂而不葆者，反天之意也。故夫憎人賊人，反天之意，得天之罰者，既可得而知也。」

【章旨】舉桀紂幽厲等暴君為例，說明違反天意一定會受到上天的懲罰。

【注釋】❶天賊　與天的兼愛精神相反，憎人害人的人。❷越厥　發語詞。❸夷居　倨慢。❹肎　肯。❺無廖僔務　孫星衍認為當作「無僇其務」。意為紂自認為自己有天命，就不再努力於鬼神之事。❻天下　衍文，應刪。❼縱棄　放棄。❽葆　同「保」。

【語譯】「憎恨人、賊害人，違反天意，遭到天懲罰的是誰呢？比如說，像從前三代的暴君桀紂幽厲就是。桀紂幽厲是怎樣做的呢？回答是，他們只從事交相別，而不是從事兼相愛。交相別，處於大國地位就攻打小國，處於大家地位就攪亂小家，強者搶奪弱者，眾者凌暴寡者，詐者算計愚者，貴者傲視賤者。觀察他們的所作所為，上不利於天，中不利於鬼，下不利於人。這三方面不利就無所利，這就叫做天賊。把天下所有的壞名聲施加到他們身上，說：這些就是不仁，不義，憎人害人，違反天意，遭到上天懲罰的人。還不止此呢！又把他們的行事寫在竹帛上，刻在金石上，雕在槃盂上，留傳給後世子孫。如果問這是做什麼用的？那就是用來記住這些憎人害人，違反天意，遭到天懲罰的人。〈太誓〉說：『商紂王為人很傲慢，不肯敬事上帝，拋棄他的祖先神靈不祭祀，卻說我居有天命，不再努力從事祭祀鬼神之事。天也就放棄商紂王而不再保護他。』考察上天所以放棄商紂王而不保護，就是因為他違反天意。所以憎人害人，違反天意，遭到上天懲罰的人，就於此可知了。」

是故子墨子之有天之❶，辟人❷無以異乎輪人之有規，匠人之有矩也。今夫輪人操其規，將以度量天下之圜與不圜也。曰：中吾規者謂之圜，不中吾規者謂之不圜。是以圜與不圜，皆可得而知也。此其何故？則圜法明也。匠人亦操其矩，將以度量天下之方與不方也。曰：中吾矩者謂之方，不中吾矩者謂之不方。是故方與不方，皆可得而知之。此其何故？則方法明也。故子墨子之有天意也，上將以度天下之王公大人為刑政也，下將以量天下之萬民為文學❸出言談也。觀其行，順天之意，謂之善意❹行；反天之意，謂之不善意行。觀其言談，順天之意，謂之善言談；反天之意，謂之不善言談。觀其刑政，順天之意，謂之善刑政；反天之意，謂之不善刑政。故置此以為法，立此以為儀，將以量度天下之王公大人、卿大夫之仁與不仁，譬之猶分黑白也。是故子墨子曰：「今天下之王公大人士君子，中實將欲遵道利民，本察仁義之本，天之意不可不順也。順天之意者，義之法也。」

【章旨】此言王公大人士君子的言談、行政，都應以是否順從天意為標準，因為天意就是仁義的源頭。

【注　釋】❶之　應作「志」。❷辟人　辟，通「譬」。人，當作「之」。❸文學　指文章。❹意　當作「悳」。即「德」字。

【語　譯】所以墨子的有天志，就好比輪匠的有圓規，木匠的有矩尺。輪人拿著圓規，將用來測量天下的圓與不圓。他說：符合我圓規標準的就叫做圓，不符合我圓規要求的就叫做不圓。所以圓與不圓，都可以知道。這是什麼原因？是因為圓的法則明確。木匠拿著矩尺，將用來度量天下的方與不方。他說：符合我矩尺標準的就叫做方，不符合我矩尺標準的就叫做不方。所以方與不方，都可以知道。這是什麼原因？是因為方的法則明確。所以墨子的有天意，上將用來衡量天下王公大人的政治，下將用來衡量天下人民寫文章發議論。觀察人們的行為，順從天意的，叫做好的行為；違反天意的，叫做不好的行為。考察他們的議論，順從天意的，叫做好的議論；違反天意的，叫做不好的議論。考察他們的政治，順從天意的，叫做好的政治；違反天意的，就叫做不好的政治。所以設置天意作為法則，確立天志作為儀範，用來衡量天下的王公大人、卿大夫是仁還是不仁，就好比區分黑白一樣。所以墨子說：「當今天下的王公大人士君子，內心如果確實想遵循正道以利於人民，從根本上考察仁義的本原，對天意就不能不順從。順從天意，也就是義的法則了。」

天志下第二十八（以下原闕兩篇）

【題　解】此篇大旨與前篇相同。它強調天的賞善罰惡，兼愛天下，特別強調上天反對侵凌攻戰兼併，這一點與非攻的基本原則一致。

子墨子言曰：「天下之所以亂者，其說將何哉？則是天下士君子，皆明於小而不明於大。何以知其明於小而不明於大也？以其不明於天之意也。何以知其不明於天之意也？以處人之家者知之。今人處若家得罪，將猶有異家所以避逃之者，然且父以戒子，兄以戒弟，曰：『戒之慎之，處人之家，不戒不慎之，而有❶處人之國者乎？』今人處若國得罪，將猶有異國所以避逃之者矣，然且父以戒子，兄以戒弟，曰：『戒之慎之，處人之國者，不可不戒慎也！』今人皆處天下而事天，得罪於天，將無所以避逃之者矣。然而莫知以相極❷戒也，吾以此知大物❸則不知者也。」

【章旨】指出人們對小有得罪，則知戒之慎之，但對於得罪天，卻不知戒慎，這是知小而不知大。

【注釋】❶有　當作「可」。❷極　當作「儆」。❸大物　大事。

【語譯】墨子說：「天下之所以亂，原因在哪裡呢？那就是天下的士君子，都只明白小事而不明白大事。怎麼知道他們只明白小事而不明白大事呢？就是因為他們不懂得天意。怎麼知道他們不懂得天意呢？根據他們處身於家的情況就可以知道。現在有人在這家有所得罪，還有別的家可以逃避，但是父親以此告誡兒子，兄長以此告誡弟弟，說：『警惕呀慎重呀！處身於家，不警惕慎重，還能處身於國嗎？』現在有人在這一國有所得罪，還有別的國可以逃避，但是父親以此告誡兒子，兄長以此告誡弟弟，說：『警惕呀慎重呀！處身於國，不能不警惕慎重呢！』現在人們都處身於天下以服事上天，得罪了天，就沒有地方可以逃避了。但是卻沒有人知道互相警戒，我由此知道天下人對於大事則不知道了。」

是故子墨子言曰：「戒之慎之，必為天之所欲，而去天之所惡。曰天之所欲者何也？所惡者何也？天欲義而惡其不義者也。何以知其然也？曰義者正也。何以知義之為正也？天下有義則治，無義則亂，我以此知義之為正也。然而正者，無自下正上者，必自上正下。是故庶人不得次❶己而為正，有士正之；士不得次己而為正，有大夫正之；大夫不得次己而為正，有諸侯正之；諸侯不得次己而為正，有三公正之；三公不得次己而為正，有天子正之；天子不得次己而為正，有天正之。今天下之士君子，皆明於天子之正天下也，而不明於天之正天子也。是故古者聖人，明以此說人曰：『天子有善，天能賞之；天子有過，天能罰之。』天子賞罰不當，聽獄不中，天下疾病禍福❷，霜露不時，天子必且犓豢其牛羊犬彘，潔為粢盛酒醴，以禱祠祈福於天，我未嘗聞天之禱祈福於天子也，吾以此知天之重且貴❸於天子也。是故義者不自愚且賤者出，必自貴且知者出。曰誰為知？天為知。然則義果自天出也。」

【章　旨】天能賞善罰惡以匡正天子，所以祂最高貴明智。

【注釋】❶次 通「恣」。任意。❷福 按上、中兩篇應作「祟」。❸重且貴 當作「貴且知」。

【語譯】所以墨子說：「警惕呀謹慎呀！一定要做上天所希望做的，而去掉上天所憎惡的。如問說：天所希望的是什麼？所憎惡的是什麼？那就是天只希望義而憎惡不義。怎麼知道是這樣的呢？回答是，義就是正理。怎麼知道義就是正理呢？天下有義就治，無義就亂，我由此知道義就是正理。然而正理，不是從下面去匡正上面，而一定得從上面來匡正下面。所以庶民不能任意而為，有士匡正他們；士不能任意而為，有大夫匡正他們；大夫不能任意而為，有諸侯匡正他們；諸侯不能任意而為，有三公匡正他們；三公不能任意而為，有天子匡正他們；天子不能任意而為，有上天匡正他。當今天下的士君子，都只知道天子匡正天下，而不明白上天匡正天子。所以古時候的聖人，明白地用這話向人們解釋說：『天子有了善行，上天能獎賞他；天子有了過錯，上天能懲罰他。』天子賞罰不得當，治獄不合法，天就降下疾病災禍，霜露都不按時令而降，天子一定得飼養牛羊豬狗，備辦潔淨的酒食，來祭祀祈禱，向上天求福，我沒聽說過上天向天子禱告求福的，我因此也就知道上天比天子高貴明智。所以義不是從愚昧而且低賤的人那裡產生，而一定得從高貴而且明智的人那裡產生。如要問誰是明智的？天是明智的。這樣說來，那麼義確實是從上天那兒產生出來的了。」

今天下之士君子之欲為義者，則不可不順天之意矣。曰順天之意何若？曰兼愛天下之人。何以知兼愛天下之人也？以兼而食之也。何以知其兼而食之也？自古及今，無有遠靈孤夷之國❶，皆犓豢其牛羊犬彘，潔為粢盛酒醴，以敬祭祀上帝山川鬼神，以此知兼而食之也。苟兼而食焉，必兼而愛之。譬之若楚、越之君，今是楚王食於四境之內，故愛楚之人；越王食於越，故愛越之人。今天兼天下而食焉，我以此知其兼愛天下之人也。

【章旨】此言上天所以兼愛天下的人，是因為祂普遍地享有天下人的祭禮。

【注釋】❶遠靈孤夷之國　指國家在遠夷孤零無所依之處。王樹枏說：「遠靈孤夷，疑作遠夷孤靈。靈與零通。」

【語譯】當今天下的士君子想行義政的，就不能不順從天意了。如要問怎樣順從天意？回答是普遍地愛天下人。怎樣知道上天普遍地愛天下人呢？那就是因為上天普遍地享用了天下人的祭禮。從古到今，即使是偏遠孤零的國家，也都飼養牛羊豬狗，用潔淨的酒食，來恭敬地祭祀上帝山川鬼神，因此知道上天是普遍地享用天下人的祭禮的。如果普遍地享用祭禮，那一定會普遍地愛他們。比如楚國、越國的君主，楚王享用楚國人的賦稅物產，所以他愛楚國人；越王享用越國人的賦稅物產，所以他愛越國人。現在上天普遍地享用了天下人的祭禮，由此我知道祂普遍地愛天下人。

且天之愛百姓也，不盡物而止矣。今天下之國，粒食之民，殺一不辜者，必有一不祥。曰誰殺不辜？曰人也。孰予之不辜❶？曰天也。若天之中實不愛此民也，何故而人有殺不辜，而天予之不祥哉？且天之愛百姓厚矣，天之愛百姓別❷矣，既可得而知也。何以知天之愛百姓也？吾以賢者之必賞善罰暴也。何以知賢者之必賞善罰暴也？吾以昔者三代之聖王知之。故昔也三代之聖王堯舜禹湯文武之兼愛之❸天下也，從而利之，移其百姓之意焉，率以敬上帝山川鬼神，天以為從其所愛而愛之，從其所利而利之，於是加其賞焉，使之處上位，立為天子以法❹也，名之曰聖人，以此知賞善之證。是故昔也三代之暴王桀紂幽厲之兼惡天下也，從而賊之，移其百姓之意焉，率以詬侮上帝山川鬼神，天以為不從其所愛而惡之，不從其所利而賊之，於是加其罰焉，使之父子離散，國家滅亡，抎❺失社稷，憂以及其身。是以天下之庶民屬而毀之，業萬世子孫繼嗣，毀之賁❻不之廢也，名之曰失王❼，以此知其罰暴之證。今天下之士君子，欲為義者，則不可不順天之意矣。

【章　旨】此言天意所以賞賢君而罰暴王，是因為上天兼愛天下的百姓。

【注　釋】❶不辜　應作「不祥」。❷別　通「徧」。普遍。❸之　衍文，應刪。❹法　效法。即為天下人所效法。按此處據孫詒讓所校，當有脫文。❺抎　有所失。❻賁　當作「者」。❼失王　應作「暴王」。

【語　譯】而且上天的愛護百姓，不僅因為享用過他們的祭物而已。當今天下各國，凡是吃穀米的人，殺死一個無罪的人，一定會有一樁不祥之事。如要問誰殺了無辜的人？回答是人。誰給他不祥？回答是天。如果上天內心確實不愛這些人民，為什麼當有人殺害無辜時，就會給他不祥？上天愛百姓夠深厚了，上天愛百姓夠普遍了，這是已經可以知道的事。怎麼知道天愛百姓呢？我根據賢人必定賞善罰暴知道。怎麼知道賢人必定賞善伐暴呢？我根據從前三代的聖王知道。從前三代聖王堯舜禹湯文武兼愛天下，又使人民得利，於是改變百姓以往的不敬態度，率領人民來敬事上帝山川鬼神，上天認為他們順從了祂所愛的，就愛他們；順從了祂認為有利的，就給他們利益，於是給他們獎賞，使他們處於上位，立他們做天子以為模範，人民稱呼他們聖人，由此可以知道，說天賞善是有證據的。從前三代的暴君桀紂幽厲普遍地憎惡天下人，更進一步殘害他們，又改變百姓敬事上帝的意向，率領人民去侮罵上帝山川鬼神。上帝認為他們不僅不順從祂的所愛，反而加以憎惡；不僅不順從祂的所利，反而加以殘害，於是就給他們懲罰，使他們父子離散，國家滅亡，失去社稷，憂患也降到他們本人身上。因此天下的人民接連不斷地毀罵他們，連後世萬代子孫，也都毀罵他們不止，稱他們為暴君。由此可以知道，說上天罰暴是有證據的。當今天下想行義政的君子，就不能不順從天意了。

曰順天之意者，兼也；反天之意者，別也。兼之為道也，義正❶；別之為道也，力正❷。曰義正者何若？曰大不攻小也，強不侮弱也，眾不賊寡也，詐不欺愚也，貴不傲賤也，富不驕貧也，壯不奪老也。是以天下之庶國，莫以水火毒藥兵刃以相害也。若事，上利天，中利鬼，下利人，三利而無所不利，是謂天德。故凡從事此者，聖知也，仁義也，忠惠也，慈孝也，是故聚斂天下之善名而加之。是其故何也？則順天之意也。曰力正者何若？曰大則攻小也，強則侮弱也，眾則賊寡也，詐則欺愚也，貴則傲賤也，富則驕貧也，壯則奪老也。是以天下之庶國，方以水火毒藥兵刃以相賊害也。若事，上不利天，中不利鬼，下不利人，三不利而無所利，是謂之賊。故凡從事此者，寇亂也，盜賊也，不仁不義，不忠不惠，不慈不孝，是故聚斂天下之惡名而加之。是其故何也？則反天之意也。

【章旨】順行天意者為聖人，違反天意者為盜賊。

【注釋】❶正　同「政」。❷力正　以暴力征服的政治。

【語譯】可以說，順從天意的，就是兼相愛；違反天意的，就是交相別。以兼相愛作為治國之道的，是正義的政治；以交相別作為治國之道的，就是暴力政治。如要問正義的政治是怎樣的？回答是大者不攻打小者，強者不侮弱者，眾者不殘害寡者，詐者不欺騙愚者，貴者不傲視賤者，富者不驕慢貧者，壯者不搶奪老者。所以天下眾多的國家，就沒有人用水火毒藥兵器來互相殘害了。這些事，上有利於天，中有利於鬼，下有利於人，這三方面有利就無所不利，這就叫做天德。所以凡是這樣做的，就是聖人智者了，就是仁義了，忠惠了，慈孝了，因此就把天下所有的好名聲施加到他身上。這是什麼緣故呢？就是因為順從天意。如要問暴力政治是怎樣的？回答是，大者攻打小者，強者欺侮弱者，眾者殘害寡者，詐者欺騙愚者，貴者傲視賤者，富者傲慢貧者，壯者搶奪老者。所以天下眾多的國家，正在用水火毒藥兵器來互相殘害。這些事，上不利於天，中不利於鬼，下不利於人，這三方面不利就無所利，這就叫做賊。所以凡是這樣做的，就是寇亂了，盜賊了，不仁不義了，不忠不惠了，不慈不孝了，因此就把天下所有的壞名聲施加到他們身上。這是什麼原因呢？就是因為違反天意。

故子墨子置立天之❶，以為儀法，若輪人之有規，匠人之有矩也。今輪人以規，匠人以矩，以此知方圜之別矣。是故子墨子置立天之，以為儀法。吾以此知天下之士君子之去義遠也。何以知天下之士君子之去義遠也？今知氏❷大國之君，寬者然曰❸：「吾處大國而不攻小國，吾何以為大哉！」是以差論爪牙之士，比列其舟車之卒❹，以攻罰❺無罪之國，入其溝境❻，刈其禾稼，斬其樹木，殘其城郭，以御❼其溝池，焚燒其祖廟，攘殺其犧牷❽，民之格❾者，則勁拔❿之；不格者，則係操⓫而歸，丈夫以為僕圉胥靡⓬，婦人以為舂酋⓭。則夫好攻伐之君，不知此為不仁義，以告四鄰諸侯曰：「吾攻國覆軍，殺將若干人矣。」其鄰國之君亦不知此為不仁義也，有具以皮幣，發其總處⓮，使人饗⓯賀焉。則夫好攻伐之君，有重不知此為不仁不義也，有書之竹帛，藏之府庫。為人後子者，必且欲順其先君之行，曰：「何不當發吾府庫，視吾先君之法美⓰。」必不曰文、武之為正者若此矣，曰吾攻國覆軍殺將若干人矣。則夫好攻伐之君，不知此為不仁不義也，其鄰國之君，不知此為不仁不義也，是以攻伐世世而不已者，此吾所謂大物則不知也。

【章　旨】痛陳當今天下的士君子遠離仁義，是以攻戰不息。

【注　釋】❶之　同「志」。❷今知氏　知，衍文，應刪。氏，通「是」。今是，今夫；現在那些。❸寬者然曰　應作「寬然曰」。寬然，無所畏忌的樣子。❹卒　應作「卒伍」。❺罰　當作「伐」。❻溝境　邊境。❼御　當作「抑」。堙塞。❽犧牷　當作「牲牷」。牲，指六畜。牷，毛色純一的牲畜。❾格　鬥。❿剄拔　剄，砍頭。拔，當作「殺」。⓫撰　當作「纍」。綑縛。⓬僕圉胥靡　僕，駕車的奴僕。圉，養馬的奴僕。胥靡，服勞役的刑徒。⓭舂酋　酋，當作「臼」。舂臼，指從事舂搗穀物的勞動。⓮緫處　總處。指府庫的積蓄。緫，一本作「總」，當從。⓯饗　通「享」。獻。⓰美　當作「義」。通「儀」。

【語　譯】所以墨子置立天志，作為法則，就好像輪匠有圓規，木匠有矩尺。如果輪匠拿著圓規，木匠拿著矩尺，憑這些就可以知道方與圓的區別了。所以墨子置立天志，作為法則。我憑此知道天下的士君子離義很遠了。怎麼知道天下的士君子離義很遠呢？現在大國的君主，都肆無忌憚地說：「我處於大國地位卻不攻打小國，我怎麼還算大國呢！」因此他們就選擇精壯之士，排列起他們的車船部隊，來攻伐無罪的小國，進入它們的邊境，刈割它們的莊稼，砍伐它們的樹木，破壞它們的城郭，來填塞它們的護城河，焚燬它們的祖廟，殺奪它們的牲畜，人民反抗的，就砍殺他們；不反抗的，就綑縛帶回，男子做奴僕服勞役，女子做舂搗穀米的苦工。這些好戰的君主，不知道這是不仁義的行為，反而告訴四方鄰國說：「我攻打某國，消滅了它們的全部軍隊，已殺了若干人了。」他的鄰國之君，也不知道這是不仁義的，有的準備好禮物，拿出府庫中的積蓄，派人獻禮道賀。那些好戰之君，就更加不知道這是不仁不義的了，反而又把這些禮物記載在竹帛上，藏進倉庫中。做嗣子繼王位的，一定要順從他們先君的行事，說：「為什麼不應打開我們的府庫，按我們先君的法則辦呢！」他們一定不會去說周文王、周武王是怎樣行正義之道的，只是說我攻打別國、殲滅敵軍、殺了多少人。這就是由於那些好戰之君，不知道這就是不仁不義所致啊！他的鄰國之君，也不知道這是不仁不義，所以戰爭才會世世代代的不停息。這正如我所說的，他們對大事的道理根本就不知道啊！

所謂小物則知之者何若？今有人於此，入人之場園，取人之桃李瓜薑者，上得且罰之，眾聞則非之，是何也？曰不與❶其勞，獲其實，已非其有所❷取之故，而況有踰於人之牆垣，抯格❸人之子女者乎？與角❹人之府庫竊人之金玉蚤絫❺者乎？與踰人之欄牢❻竊人之牛馬者乎？而況有殺一不辜之人乎？今王公大人之為政也，自殺一不辜人者，踰人之牆垣抯格人之子女者，與角人之府庫竊人之金玉蚤絫者，與踰人之欄牢竊人之牛馬者，與入人之場圃竊人之桃李瓜薑者，今王公大人之加罰此也，雖古之堯舜禹湯文武之為政，亦無以異此矣。今天下之諸侯，將猶皆侵凌攻伐兼并，此為殺一不辜人者，數千萬矣；此為踰人之牆垣抯格人之子女者，與角人府庫竊人金玉蚤絫者，數千萬矣；踰人之欄牢竊人之牛馬者，與入人之場圃竊人之桃李瓜薑者，數千萬矣，而自曰義也。

【章　旨】論述當今天下王公大人對小過失能加以懲罰，對攻戰殺人卻稱之為義，這就是知小而不知大。

【注　釋】❶與　參與。❷有所　當作「所有」。❸抯格　抯，衍文，應刪。格，拘執。❹角　穿穴。與《詩經・召南・行露》「誰謂雀無角，何以穿我屋」的「角」字用法相同。❺蚤絫　蚤，「布」字的形譌。絫，「帛」字的形譌。帛，通「繰」。一種深色的繒。❻欄牢　關牲畜的圈、廄。

【語　譯】我所說的他們只明白小事是怎麼回事？現在假如有一個人，進入人家的園子，偷取人家的桃李瓜薑，被上面抓住了，就會懲罰他，眾人聽說了，就會非難他，這是什麼原因？那就是說，他沒有參與栽種桃李瓜薑的勞動，卻摘取果實，因此非難他摘取不屬於他所有的東西。何況有人越過牆壁去執拘別人的子女，挖穿別人的府庫偷盜別人的金玉布帛，以及跨入人家的欄廄偷盜人家的牛馬呢？又何況殺掉一個無罪之人呢？現在王公大人治理政事，對於殺掉一個無罪之人的，越過牆壁拘執人家子女的，挖穿人家府庫偷盜人家金玉布帛的，跨入欄廄盜走人家牛馬的，進入園子竊取人家桃李瓜薑的，所施加的懲罰之嚴厲，即使讓古時候的堯舜禹湯文武來治理政事，也不會與此有什麼不同。當今天下的諸侯，都在那裡侵略攻戰兼併，這比起殺死一個無辜者，要嚴重數千萬倍了；比起那些越過牆壁拘執別人子女的，挖穿府庫竊取別人金玉布帛的，要嚴重數千萬倍了；比起那些跨入欄廄偷盜別人牛馬的，進入園地竊取別人桃李瓜薑的，要嚴重數千萬倍了，但他們自己卻把這種舉動稱作「義」。

故子墨子言曰：「是蕡我❶者，則豈有以異是蕡黑白甘苦之辯者哉！今有人於此，少而示之黑謂之黑，多示之黑謂白，必曰吾目亂，不知黑白之別。今有人於此，能少嘗之甘謂甘，多嘗謂苦，必曰吾口亂，不知其甘苦之味。今王公大人之政❷也，或殺人，其國家禁之，此蚤越❸有能多殺其鄰國之人，因以為文❹義，此豈有異蕡白黑、甘苦之別者哉？」

【章　旨】指陳王公大人以不義為義，是顛倒黑白。

【注　釋】❶蕡我　蕡，通「紛」。我，當作「義」。❷政　當作「為政」。❸此蚤越　此三字有脫誤，諸家說法很多，張純一認為當作「蚤越此」。蚤，通「早」。下脫「知其不義也」五字。越，通「於」。「於此」屬下句讀作「於此有能多殺其鄰國之人」，姑從其說。❹文　當作「大」。

【語　譯】所以墨子說：「這是紛亂了義，這同淆亂黑白甘苦有什麼區別呢！如果有人在這裡，給他很少黑的看他就說黑，給他很多黑的看就把黑的叫做白，那他一定會說『我的眼睛昏亂了，不知道黑白的區別了』。如果有人在這裡，給他很少的甜品嚐，他就說是甜的，若多品嚐甜的卻說是苦的，那他一定會說『我的口舌出毛病了，不知道甜與苦的味道了』。當今的王公大人治理政事，如果有人殺人，他的國家就加以禁止，因為老早就知道這樣做是不義的；但是有能殺掉很多鄰國人的，卻認為他是大義，這與紛亂黑白、甘苦的區別有什麼不同呢？」

故子墨子置天之，以為儀法。非獨子墨子以天之志為法也，於先王之書〈大夏〉❶之道之然：「帝謂文王，予懷明德，毋大聲以色，毋長夏以革，不識不知，順帝之則。」此誥❷文王之以天志為法也，而順帝之則也。且今天下之士君子，中實將欲為仁義，求為上士，上欲中聖王之道，下欲中國家百姓之利者，當天之志，而不可不察也。天之志者，義之經也。

【章　旨】引〈大雅〉說明順從天意的思想古已有之，它是義的根本。

【注　釋】❶大夏　即《詩經‧大雅》。「雅」與「夏」通。所引為〈皇矣〉文。❷誥　當作「語」。

【語　譯】所以墨子置立天志，作為法則。不只是墨子把天志作為法則，在先王的書〈大雅〉中也是這樣說的：「上帝對文王說，我思念有明德的人。不要張大聲色，不要以諸夏中變更先王之法的人為長。不自作聰明，不自以知慮過人，只順從上帝的法則。」這是說文王是以天志為法式，來順從上帝的法則的。

況且當今天下的士君子，內心如確實想行仁義，求做上士，上想符合聖王之道，下想符合國家百姓之利，那麼對於天志，就不能不加以考察。天志，是義的常法啊！

明鬼下第三十一

【題解】明鬼，就是闡明鬼神的實有。為了說明鬼神的確存在，文中援引了大量前代典籍中有關鬼神的記載。墨子勸人信鬼，旨在借鬼神的賞善罰惡以為勸誡，並認為祭祀活動也是聯絡人民感情的一種方式。此文原有三篇，今僅存下篇。

子墨子言曰：「逮至昔三代聖王既沒，天下失義，諸侯力正❶，是以存夫為人君臣上下者之不惠忠也，父子弟兄之不慈孝弟長貞良❷也，正長之不強於聽治，賤人之不強於從事也，民之為淫暴寇亂盜賊，以兵刃毒藥水火，退❸無罪人乎道路率徑❹，奪人車馬衣裘以自利者並作，由此始，是以天下亂。此其故何以然也？則皆以疑惑鬼神之有與無之別，不明乎鬼神之能賞賢而罰暴也。今若使天下之人，偕❺若信鬼神之能賞賢而罰暴也，則夫天下豈亂哉！」

【章　旨】天下之所以亂，是因為人們不信鬼神能賞賢罰惡。

【注　釋】❶正　通「征」。❷貞良　正直善良。❸退　當作「迓」。通「禦」。止的意思。❹率徑　率，車道。徑，步道。❺偕　皆。

【語　譯】墨子說：「在從前到三代聖王既過世之後，天下就失去了是非標準，諸侯以武力征伐，所以在君臣上下之間，存在著不惠愛、不忠誠，父子弟兄之間，存在著不慈、不孝、不悌、不長、不貞良的情況，長官不努力從事政務的治理，平民不努力從事生產，人們做出淫暴寇亂盜賊之事，一些人用兵器、毒藥、水火，在道路上攔截無罪經過的人，搶奪別人的車馬衣裘以自利的現象，也一齊發生，從這些事開始，因此天下大亂。這是什麼緣故呢？這都與人們懷疑鬼神的有無有關，不能明瞭鬼神能賞賢罰惡所致。如果使天下人都相信鬼神能夠賞賢罰惡，那麼天下怎會亂呢！」

今執無鬼者曰：「鬼神者，固無有。」旦暮以為教誨乎天下，疑天下之眾，使天下之眾皆疑惑乎鬼神有無之別，是以天下亂。是故子墨子曰：「今天下之王公大人士君子，實將欲求興天下之利，除天下之害，故當鬼神之有與無之別，以為將不可以不明察此者也。」

【章　旨】相信鬼神可以為天下興利除害。

【語　譯】現在堅持無鬼的人說：「鬼神，本來就是不存在的。」早晚用這個說法來教誨天下人，來迷惑天下人民，使天下人民都懷疑鬼神的有無，因此天下大亂。所以墨子說：「當今天下的王公大人士君子，確實想興天下的公利，除天下的公害，故對鬼神的有無，我認為是不能不加以明察的。」

既以鬼神有無之別，以為不可不察已，然則吾為明察此，其說將奈何而可？子墨子曰：「是與天下之所以察知有與無之道者，必以眾之耳目之實知有與亡❶為儀者也，請惑❷聞之見之，則必以為有，莫聞莫見，則必以為無。若是，何不嘗入一鄉一里而問之，自古以及今，生民以來者，亦有嘗見鬼神之物，聞鬼神之聲，則鬼神何謂無乎？若莫見莫聞，則鬼神可謂有乎？」

【章旨】墨子提出要用眾人的耳目聞見來驗證鬼神的有無。

【注釋】❶亡　通「無」。❷請惑　通「誠或」。

【語譯】既然認為鬼神有有無的不同，就不可不加以明察，那麼明察鬼神存在的根據是什麼呢？墨子說：「這同天下用來察知有無的方法一樣，一定得憑著大眾耳目所見聞的實際情形，來作為判斷鬼神有無的標準。確實有人聽說過見到過，就一定認為有；沒人聽到見到，就一定認為無。這樣，何不試著到一鄉一里去打聽，從古到今，自有人類以來，如果有人見到鬼神的實體，聽到鬼神的聲音，那鬼神怎能說沒有呢？如果沒人見到聽到，那鬼神能說有嗎？」

今執無鬼者言曰：「夫天下之為聞見鬼神之物者，不可勝計也，亦孰為聞見鬼神有無之物哉？」子墨子言曰：「若以眾之所同見，與眾之所同聞，則若昔者杜伯❶是也。周宣王殺其臣杜伯而不辜，杜伯曰：『吾君殺我而不辜，若以死者為無知則止矣；若死而有知，不出三年，必使吾君知之。』其三年，周宣王合諸侯而田於圃田❷，車數百乘，從數千，人滿野。日中，杜伯乘白馬素車，朱衣冠，執朱弓，挾朱矢，追周宣王，射之車上，中心折脊，殪❸車中，伏弢❹而死。當是時，周人從者莫不見，遠者莫不聞，著在周之春秋❺。為君者以教其臣，為父者以譤❻其子，曰：『戒之慎之！凡殺不辜者，其得不祥，鬼神之誅，若此之憯遬❼也！』以若書之說觀之，則鬼神之有，豈可疑哉？

【章　旨】以周春秋所載杜伯之事說明鬼神的實有。

【注　釋】❶杜伯　《汲冢瑣語》說：「宣王之妾女鳩，欲通杜伯，杜伯不可，女鳩反訴之王，王囚杜伯於焦。杜伯之友儒丸諫而不聽，並殺之。」其事可供參考。❷田於圃田　上「田」，通「畋」。打獵。圃田，古湖澤名。其地在今河南中牟西。❸殪　仆倒。❹弢　弓袋。❺周之春秋　周的史書。春秋，是當時史書的通稱。❻譤　警戒。❼憯遬　憯，通「朁」。急；疾。遬，同「速」。

【語　譯】現在堅持無鬼的人說：「天下編造聽到見到鬼神形體的，多得不可勝數，又有誰真的聽到見到鬼神的形體呢？」墨子說：「如果以大家都同時看到，大家所同時聽到的來說，像從前的杜伯就是這樣。周宣王殺了他的無罪之臣杜伯，杜伯說：『我的君主無故殺我，如果人死了無知就算了，如果死而有知，不出三年，我一定讓我的君主知道。』到了三年，周宣王會合諸侯到圃田打獵，車數百乘，從者數千人，看的人滿野。中午，杜伯乘著素車白馬，穿著朱衣，戴著朱帽，拿著朱弓，挾著朱矢，追逐周宣王，從車上射他，箭從中心穿過折斷背脊，周宣王倒在車中，伏在弓袋上死去。在這個時候，周朝的從者沒有人沒看到，遠處的人沒有人沒聽說，並將這件事寫在周代的史書上。使做君主的以此教誡他的臣下，做父親的以此警戒他的兒子，這是說：『警惕啊慎重啊！凡是殺無罪之人的，他就會遭禍，鬼神的誅滅，是多麼地迅速啊！』從這書的說法來看，那麼鬼神的實有，怎可加以懷疑呢！

「非惟若書之說為然也。昔者鄭穆公，當❶晝日中處乎廟，有神人入門而左，鳥身，素服三絕❷，面狀正方。鄭穆公見之，乃恐懼犇❸，神曰：『無懼！帝享女❹明德，使予錫❺女壽十年有九，使若國家蕃昌，子孫茂，毋失。』鄭穆公再拜稽首❻曰：『敢問神名？』曰：『予為句芒❼。』若以鄭穆公之所身見為儀，則鬼神之有，豈可疑哉？

【章旨】以鄭穆公之事說明鬼神實有。

【注釋】❶當　通「嘗」。❷三絕　孫詒讓說當作「玄純」。即黑色的衣邊。❸犇　同「奔」。❹女　通「汝」。❺錫　通「賜」。❻稽首　叩頭至地。是一種大禮。❼句芒　木神名。

【語譯】「不僅這本書是這樣說。從前鄭穆公曾在白天的廟中，見有一神人進門向左，祂是鳥身，白衣黑邊，長著正方的臉。鄭穆公見了，嚇得連忙逃命，神說：『別怕！上帝享用了你的明德，派我賜給你增加十九年壽命，使你的國家繁榮昌盛，子孫興旺，以後要謹慎不要有過失。』鄭穆公拜了兩拜，再行叩首大禮，問說：『敢問尊神的大名？』神說：『我就是句芒。』如果以鄭穆公親自見到的為準，那麼鬼神的實有，怎可以懷疑呢？

「非惟若書之說為然也。昔者燕簡公殺其臣莊子儀而不辜，莊子儀曰：『吾君王殺我而不辜，死人毋知亦已，死人有知，不出三年，必使吾君知之。』期年，燕將馳祖❶，燕之有祖，當齊之社稷，宋之有桑林❷，楚之有雲夢❸也，此男女之所屬❹而觀也。日中，燕簡公方將馳於祖塗，莊子儀荷朱杖而擊之，殪之車上。當是時，燕人從者莫不見，遠者莫不聞，著在燕之春秋。諸侯傳而語之曰：『凡殺不辜者，其得不祥，鬼神之誅，若此其憯遬也！』以若書之說觀之，則鬼神之有，豈可疑哉？

【章　旨】用燕簡公之事說明鬼神之實有。

【注　釋】❶馳祖　馳，趨往。祖，通「沮」。古澤名。❷桑林　在宋城郊外。為宋祭祀地，其地在今河南商丘。❸雲夢　楚湖澤名。其地在今湖北境內。一說即今湖南洞庭湖區。❹屬　聚。

【語　譯】「不只是此書這樣說，從前燕簡公殺掉他的無罪之臣莊子儀，莊子儀說：『我的君主無故殺我，人死了無知就罷了，死了如果有知，不出三年，必定要使我的君主知道。』過了一週年，燕國人將往祖澤——燕國有祖澤，就像齊國的有社稷，宋國的有桑林，楚國的有雲夢一樣，這是男男女女聚觀的地方。中午，燕簡公正奔馳在往祖澤的路上，莊子儀荷著朱杖來擊打他，把他打倒在車上。這時候，燕國的從者沒有人沒看到，遠處的人沒有沒聽說的，這事寫在燕國的史書上。諸侯們互相傳說著：『凡是殺無辜的，就會得禍，遭鬼神的誅滅，是這樣的迅速呢！』從這本書來看，鬼神的存在，怎能懷疑呢？

「非惟若書之說為然也。昔者宋文君鮑❶之時，有臣曰祏觀辜❷，固嘗從事於厲❸，祩子❹杖楫❺出與言曰：『觀辜，是何珪璧之不滿度量？酒醴粢盛之不淨潔也？犧牲之不全❻肥？春秋冬夏選❼失時？豈女為之與？意鮑為之與？』觀辜曰：『鮑幼弱在荷繈❽之中，鮑何與識焉？官臣觀辜特❾為之。』祩子舉楫而槀❿之，殪之壇上。當是時，宋人從者莫不見，遠者莫不聞，著在宋之春秋。諸侯傳而語之曰：『諸不敬慎祭祀者，鬼神之誅，至若此其憯遬也！』以若書之說觀之，鬼神之有，豈可疑哉？

【章旨】以祏觀辜之事說明鬼神實有。

【注釋】❶宋文君鮑　宋文君即宋文公。名鮑，一名革。❷祏觀辜　人名。❸厲　即公厲。諸侯所立的祠廟。❹祩子　祩，「祝」字的異文。祝子即祝史。❺楫　短槳。❻全　通「牷」。純色的牲畜。❼選　獻；祭祀。❽荷繈　畢沅認為「荷」與「何」同。何，哪個。繈，即襁褓。背負嬰兒用的布被。❾特　獨自。❿槀　同「敲」。

【語譯】「不只是這本書的說法是這樣。從前宋文公鮑的時候，有一臣子叫祏觀辜，曾在祠廟裡祭祀，一位祝史拄著短槳做手杖，出來同祏觀辜說：『觀辜，為什麼獻給神的珪璧都沒達到規定的尺寸？為什麼酒食不潔淨？犧牲毛色不純而且不肥？春夏秋冬的祭祀都不按時？這是你造成的呢？還是鮑造成的？』觀辜說：『鮑現今年幼，還不知在哪個襁褓之中，他怎能知道呢？只是我觀辜一個人做的。』祝史舉起短槳就敲他，把他擊倒在祭壇上。當時，宋人跟去的沒有人沒看見，遠處的人沒有人沒聽說，這事寫在宋國的史書上。諸侯互相傳說著：『那些不敬慎對待祭祀的，鬼神誅滅他，是多麼地迅速啊！』

從這本書的說法看，鬼神的實有，怎麼可以懷疑呢？

「非惟若書之說為然也。昔者齊莊君之臣有所謂王里國、中里徼者，此二子者，訟三年而獄不斷。齊君由謙❶殺之恐不辜，猶謙釋之，恐失有罪，乃使之❷人共一羊，盟齊之神社，二子許諾。於是泏洫❸摽❹羊而漉❺其血，讀王里國之辭既已終矣，讀中里徼之辭未半也，羊起而觸之，折其腳，祧❻神之❼而槀之，殪之盟所。當是時，齊人從者莫不見，遠者莫不聞，著在齊之春秋。諸侯傳而語之曰：『請品先不以其請❽者，鬼神之誅，至若此其憯遫也。』以若書之說觀之，鬼神之有，豈可疑哉？」

【章　旨】以中里徼之事說明鬼神實有，不可懷疑。

【注　釋】❶由謙　下句作「猶謙」，都是「欲兼」二字之誤。❷之　此。一作「二」。❸泏洫　孫詒讓說當作「臿血」。❹摽　當作「到」。❺漉　「灑」字之誤。❻祧　當作「跳」。❼之　於。❽請品先不以其請　當作「諸詛矢不以其請」。請，通「情」。

【語　譯】「不只是這本書這樣說。從前齊莊君的臣子中有叫做王里國、中里徼的，這兩個人，一個案子審了三年都不能決斷。齊君想一齊殺掉他們，又怕他們無罪遭殺，想一齊釋放，但又怕漏掉了有罪之人。於是要他們二人共一隻羊，到齊國的神社去發誓，二人同意了。於是殺羊灑血，歃血而盟，讀王里國的誓辭始終無事，但讀中里徼的誓辭還不到一半，死羊就跳起來觸撞中里徼，把他的腳觸折了，將要跌下去，於是神又來敲打他，把他打倒在監所裡。這個時候，齊國跟去的人沒有人沒看見，遠處的人也沒有沒聽說的，這事寫在齊國的史書上。諸侯互相傳說著：『那些發誓時不說出實情的人，遭鬼神的誅滅，以至於如此迅速！』從這書的說法來看，鬼神的實有，怎能懷疑呢？」

是故子墨子言曰：「雖有深谿博林，幽澗❶無人之所，施行不可以不董❷，見有鬼神視之。」

【章旨】總結上文，指出鬼神無所不在。

【注釋】❶澗　當作「閒」。閒遠。❷董　當作「謹」。

【語譯】所以墨子說：「即使在深谿廣林，幽遠無人的地方，一個人的行為也不可以不謹慎，因為無時無地不有鬼神在監視著。」

今執無鬼者曰：「夫眾人耳目之請❶，豈足以斷疑哉？奈何其欲為高君子❷於天下，而有復信眾之耳目之請哉？」子墨子曰：「若以眾之耳目之請，以為不足信也，不以斷疑，不識若昔者三代聖王堯舜禹湯文武者，足以為法乎？故於此乎，自中人以上皆曰：若昔者三代聖王，足以為法矣。若苟昔者三代聖王足以為法，然則姑嘗上觀聖王之事。昔者，武王之攻殷誅紂也，使諸侯分其祭曰：『使親者受內祀❸，疏者受外祀❹。』故武王必以鬼神為有，是故攻殷伐紂，使諸侯分其祭。若鬼神無有，則武王何祭分哉？

【章旨】以周武王的分配諸侯祭祀來證明鬼神的實有。

【注釋】❶請 通「情」。❷高君子 當作「高士君子」。❸內祀 立祖廟進行祭祀。❹外祀 祭祀本國的山川等。

【語譯】現在堅持無鬼的人說：「那眾人耳目見聞的情況，怎能用來決斷疑惑呢？如何使天下的高士君子，能相信眾人耳目見聞的情況呢？」墨子說：「如果認為眾人耳目見聞的情況不足信，不足以決斷疑惑，那麼不知從前三代聖王堯舜禹湯文武這些人，足以為法則嗎？對於這個，中等以上的人都會說：像從前三代的聖王，應可以作為法則了。如果從前三代的聖王足以作為法則，那麼姑且試著往上考察古代聖王的事。從前，周武王攻商殺紂，分配諸侯們祭祀說：『同姓的諸侯，讓他們立祖廟祭祀先祖，異姓的諸侯，讓他們祭祀本國的山川諸神。』所以周武王一定認為鬼神是有的，因而攻商殺紂之後，要使諸侯們分別祭祀。如果沒有鬼神，那周武王為什麼還要分祭呢！

「非惟武王之事為然也。故❶聖王其賞也必於祖，其僇❷也必於社。賞於祖者何也？告分之均也；僇於社者何也？告聽❸之中❹也。非惟若書之說為然也。且惟昔者虞夏、商、周三代之聖王，其始建國營都日，必擇國之正壇❺，置以為宗廟，必擇木之脩茂者，立以為菆位❻；必擇國之父兄慈孝貞良者，以為祝宗；必擇六畜之勝❼腯❽肥倅❾毛，以為犧牲；珪璧琮璜❿，稱財為度；必擇五穀之芳黃，以為酒醴粢盛，故酒醴粢盛，與歲上下⓫也。故古聖王治天下也，故⓬必先鬼神而後人者此也。故曰官府選效⓭，必先祭器祭服，畢藏於府，祝宗有司，畢立於朝，犧牲不與昔聚群⓮。故古者聖王之為政若此。

【章　旨】敘述前代的祭祀制度，藉以說明當時對鬼神的重視。

【注　釋】❶故　當作「古」。❷僇　通「戮」。殺。❸聽　治獄。❹中　合；合理。❺正壇　祭壇。❻菆位　叢社。即叢祠。菆，同「叢」。位，「社」的誤字。❼勝　衍文，應刪。❽腯　肥。❾倅　通「粹」。純。❿琮璜　琮，圓孔方形玉器。璜，半圓形玉器。⓫上下　增減。⓬故　衍文，應刪。⓭選效　選，通「僎」。具。效，具備。⓮不與昔聚群　不與昔日的畜群聚在一起，指使之離群獨居，專門餵養。

【語　譯】「不只是周武王的事情是這樣。古時候的聖王，有賞賜一定在祖廟進行，有殺戮一定在宗社舉行。在祖廟賞賜道理何在？是告訴先祖分賞均平。在宗社殺戮道理何在？告訴神靈治罪合法。不只是這書的說法是這樣。從前虞夏、商、周三代的聖王，他們開始營建國都那天，一定要選國都居中的地方立祭壇以建立宗廟；一定選擇高大茂密的樹林，在那裡建立叢祠；一定選擇國內那些慈孝貞良的父兄，來當主管祭祀的祝宗；一定選擇六畜中肥壯毛純的作為犧牲；採用的珪璧琮璜玉器，都以與國家的財力相稱為原則；必定要選擇芳香黃熟的五穀來製作酒食，所以所獻的酒食要隨年景狀況增減。所以古時候的聖王治天下，一定要先安排鬼神然後才安排人事。所以說官府具備了，一定先製作祭器祭服，都收藏在官府中，祝宗等主管祭祀的官吏，都立於朝廷，犧牲是特備的，不同從前的畜群聚在一起飼養。古時候的聖王就是這樣治理政事的。

「古者聖王必以鬼神為❶，其務鬼神厚矣，又恐後世子孫不能知也，故書之竹帛，傳遺後世子孫，咸恐其腐蠹絕滅，後世子孫不得而記，故琢之盤盂，鏤之金石，以重之；有❷恐後世子孫不能敬莙以取羊❸，故先王之書，聖人一尺之帛，一篇之書，語數鬼神之有也，重有重之。此其故何？則聖王務之。今執無鬼者曰：『鬼神者，固無有。』則此反聖王之務。反聖王之務，則非所以為君子之道也！」

【章旨】言聖王之政特別重視鬼神，所以於各種記載反覆申敘鬼神之事。

【注釋】❶為　下當補「有」字。❷有　通「又」。❸羊　通「祥」。

【語譯】「古時候的聖王，必定認為鬼神實有，他們敬事鬼神是很篤厚的，又恐怕後世子孫不知敬重鬼神，所以把它寫在竹帛上，留傳給後世子孫，又怕都腐爛生蟲絕滅了，後世子孫無法記住，所以又雕在盤盂上，刻在金石上，加以重複，又怕後世子孫不能敬重鬼神之威以求吉祥，所以先王的書中，聖人的遺著中，同一尺帛上，同一篇文中，多次談到鬼神的實有，重複了又重複。這是什麼緣故？就是因為聖王敬事祂。現在堅持無鬼神的人說：『鬼神本來是沒有的。』這是與聖王所敬事的相反。反對聖王所敬事的，這就不是君子之道了！」

今執無鬼者之言曰：「先王之書，慎無❶一尺之帛，一篇之書，語數鬼神之有，重有重之，亦何書之有哉？」子墨子曰：「周書〈大雅〉❷有之。〈大雅〉曰：

『文王在上，於昭❸於天，周雖舊邦❹，其命維新❺。有周不顯❻，帝命不時❼。文王陟降❽，在帝左右。穆穆❾文王，令問❿不已。』若鬼神無有，則文王既死，彼豈能在帝左右哉？此吾所以知周書之鬼也。

【章　旨】以詩中所詠文王之事說明周書記有鬼神之事。

【注　釋】❶慎無　當作「惟無」。發語詞。❷周書大雅　古人詩、書互稱，此處引詩係〈大雅・文王〉。❸於昭　於，歎詞。昭，明。❹舊邦　舊國。周自后稷開國，歷夏、商兩朝，所以稱舊邦。❺其命維新　周人自文王始受天命，故稱「新」。命，天命。❻不顯　不，通「丕」。大。顯，光顯；顯赫。❼時　是；善。❽陟降　升降。指文王死後，靈魂往來於天人之間。❾穆穆　《毛詩》作「亹亹」。勤勉之意。❿令問　美名。問，《毛詩》作「聞」。

【語　譯】現在堅持無鬼神的人說：「你說先王的書，一尺帛上，一篇文中，多次談到鬼神的存在，是哪些書呢？」墨子說：「周書〈大雅〉就有。〈大雅・文王〉說：『文王的神靈在天上，比上帝還要明察。周邦雖然是一個舊國，但它所接受代殷的天命卻是新的。現在周朝大為顯赫，上帝賜予代殷的天命非常正確，文王的神靈，往來於天人之間，總是輔佐在上帝的左右。勤勉的文王啊！他的美名永遠傳頌不息。』如果沒有鬼神的話，那麼文王已經死了，他又怎能在上帝左右呢？根據這個，我知道周書中是講鬼神的。

「且周書獨鬼，而商書不鬼，則未足以為法也。然則姑嘗上觀乎商書，曰：『嗚呼！古者有夏，方未有禍之時，百獸貞蟲❶，允❷及飛鳥，莫不比方❸。矧隹人面❹，胡敢異心？山川鬼神，亦莫敢不寧❺。若能共允❻，隹❼天下之合，下土之葆❽。』察山川鬼神之所以莫敢不寧者，以佐謀禹也。此吾所以知商書之鬼也。

【章　旨】援引商書所記，說明商書也記載鬼神之事。

【注　釋】❶貞蟲　爬蟲。貞，當作「征」。❷允　猶以。❸比方　依附。❹矧隹人面　矧，況。隹，古代「惟」字。人面，具有人面。即指人。❺寧　安。❻共允　共，通「恭」。恭敬。允，誠。❼隹　惟。❽葆　通「保」。

【語　譯】「況且如果只有周書記有鬼神之事，而商書不記，那就還不足以為據。那麼姑且試著往上查看商書。商書中說：『唉！古時的夏朝，還沒有亡國之禍時，百獸爬蟲，以及飛鳥，沒有不依附它的。何況人呢，怎敢有異心？山川鬼神，也沒有敢不安分的。如果夏朝能恭敬誠實，符合天下人心，那它就能保住國家。』考察這裡所說的山川鬼神所以不敢不安分這句話，說的就是山川鬼神用心輔佐夏禹。從這裡我們就可以知道商書也是記載鬼神之事的。

「且商書獨鬼，而夏書不鬼，則未足以為法也。然則姑嘗上觀乎夏書〈禹誓〉❶曰：『大戰於甘❷，王乃命左右六人❸，下聽誓於中軍，曰：「有扈氏❹威❺侮五行❻，怠棄❼三正❽，天用勦絕❾其命。」有曰：「日中，今予與有扈氏爭一日之命，且爾卿大夫庶人，予非爾田野葆士❿之欲也，予共⓫行天之罰也。左不共⓬于左，右⓭不共于右，若不共命；御非爾馬之政⓮，若不共命。」』是以賞于祖而僇于社。賞於祖者何也？言分命之均也。僇于社者何也？言聽獄之事⓯也。故古聖王必以鬼神為賞賢而罰暴，是故賞必於祖，而僇必於社。此吾所以知夏書之鬼也。

【章旨】援引夏書所記說明夏書也記有鬼神之事。

【注釋】❶禹誓　《尚書．夏書》之一篇。下面所引，見於〈甘誓〉，文字略有不同。❷甘　古地名。在今陝西鄠縣西。❸六人　指左右六卿，為六軍之將。❹有扈氏　古國名。其地在今陝西鄠縣。❺威　當作「威」。通「蔑」。❻五行　金木水火土為五行，以比附人倫道德，即仁義禮智信。❼怠棄　懈怠廢棄。❽三正　天地人之正道。❾勦絕　滅絕。❿葆士　俞樾認為當作「寶玉」。⓫共　通「恭」。⓬左不共　指車左。共，通「攻」。⓭右　指車右。⓮爾馬之政　爾，《史記》引作「其」。政，通「正」。⓯事　「中」的壞字。

【語譯】「況且如果僅有商書記載鬼神之事，而夏書不記，那還是未足為據。那麼姑且試著往上考察夏書。〈禹誓〉說：『大戰於甘地，大禹王於是命令左右六卿，集結到中軍去聽誓言，說：「有扈氏侮蔑五行，荒廢天地人的正道，天因此要斷絕他的天命。」又說：「中午，我就要同有扈氏決一死戰，且你們這些卿大夫庶民要知道，我想要的並不是他們的田野寶玉，我只想恭敬地執行上天對他們的懲罰。你們當中車左不往左攻，車右不往右攻，你們就是沒恭敬地執行命令；駕車的不能端正馬的方向，你們就是沒恭敬地執行命令。」』因此夏禹王要在祖廟賞賜，在神社殺戮。在祖廟裡賞賜的目的何在？是為了向祖先表示分享天命的均平。在神社中殺戮的目的何在？是為了向神靈表示判決的合法。所以古代的聖王必定憑藉鬼神來賞賢罰惡，因而賞賜一定在祖廟，而殺戮一定在神社。根據這些，我知道夏書也是記載鬼神之事的。

「故尚❶者夏書，其次商周之書，語數鬼神之有也，重有重之，此其故何也？

則聖王務之。以若書之說觀之，則鬼神之有，豈可疑哉？於古曰❷：『吉日丁卯❸，周代祝社方歲於社者考❹，以延年壽。』若無鬼神，彼豈有所延年壽哉！」

【章旨】總結上文，進一步說明鬼神實有。

【注釋】❶尚 通「上」。❷於古曰 指在古書上記載說。❸吉日丁卯 丁卯那天是好日子。❹周代祝社方歲於社者考 有脫誤，一說當作「周代祝於社、方、歲、祖、考」。周，遍。代祝，祝史代君主祈禱。社即社主；方為四方之神；歲指歲星，主歲事之神；祖、考指周之祖先，謂大王、王季、文王。

【語譯】「所以上自夏書，其次有商、周之書，都多次講到鬼神為實有，重複又重複。這是什麼原因呢？就是因為聖王敬事鬼神。從這些書來看，則鬼神的存在，怎能懷疑呢？古書上又說：『丁卯那天是好日子，祝史代國君普遍地向社神、四方之神、主歲事之神、祖先的神靈進行祈禱，來使君主益壽延年。』如果沒有鬼神，那他怎能益壽延年呢！」

是故子墨子曰：「嘗若❶鬼神之能賞賢如❷罰暴也。蓋本施之國家，施之萬民，實所以治國家利萬民之道也。若以為不然❸，是以吏治官府之不絜❹廉，男女之為無別者，鬼神見之；民之為淫暴寇亂盜賊，以兵刃毒藥水火，退無罪人乎道路，奪人車馬衣裘以自利者，有鬼神見之。是以吏治官府，不敢不絜廉，見善不敢不賞，見暴不敢不罪❺。民之為淫暴寇亂盜賊，以兵刃毒藥水火，退無罪人乎道路，奪車馬衣裘以自利者，由此止。是以莫放幽閒，擬乎鬼神之明顯，明有一人畏上誅罰❻，是以天下治。

【章旨】強調鬼神的賞善罰惡可以使天下治。

【注釋】❶當若　當作「當若」。❷如　而。❸若以為不然　衍文，應刪。❹絜　通「潔」。❺罪　懲罪；治罪。❻是以莫放幽閒三句　依戴望說，凡二十一字係衍文，應刪，譯文從戴說刪。放，放肆。擬，揣度。

【語譯】所以墨子說：「應當相信鬼神是能夠賞善罰惡的。這本可施行於國家，施行於萬民，實在是可以用作安定國家有利萬民的方法。因此官吏治官府不清廉的，男女混亂無別的，鬼神都看得很清楚；那些從事淫暴寇亂盜賊之事，用兵器毒藥水火，在路上攔截無罪的人，搶奪他們的車馬衣裘以作私利的人，也都有鬼神很清楚的看到。所以官吏治官府，就不敢不清廉，見到善人不敢不賞，見到惡人不敢不罰。那些從事淫暴寇亂盜賊之事，使用兵器毒藥水火，在路上攔截無罪之人，搶奪他們車馬衣裘以自利的人，因此就會止息，所以天下才會安定。

「故鬼神之明，不可為幽閒廣澤，山林深谷，鬼神之明必知之。鬼神之罰，不可為富貴眾強，勇力強武，堅甲利兵，鬼神之罰必勝之。若以為不然，昔者夏王桀，貴為天子，富有天下，上詬天侮鬼，不殃傲❶天下之萬民，祥上帝伐元山帝行❷，故於此乎，天乃使湯至❸明罰焉。湯以車九兩❹，鳥陳雁行❺，湯乘大贊❻，犯遂下眾人之蝺遂❼，王乎禽推哆大戲❽。故昔夏王桀，貴為天子，富有天下；有勇力之人推哆大戲，生列❾兕虎，指畫❿殺人；人民之眾兆億，侯⓫盈厥⓬澤陵，然不能以此圉⓭鬼神之誅。此吾所謂鬼神之罰，不可為富貴眾強、勇力強武、堅甲利兵者，此也。

【章　旨】即使是富貴強暴之人，鬼神也能對他們加以懲罰。

【注　釋】❶殃傲　當作「殃殺」。殃，禍。❷祥上帝行　有錯誤，諸家解釋頗多。張純一認為當作「佯代上帝，危上帝行」，意為桀佯代上帝，作毀敗上帝之行。❸至　通「致」。❹九兩　兩，同「輛」。古兵制，兵車一輛，步卒二十五人。這裡九輛不是實數，而是虛指，指只用較少的兵力。❺鳥陳雁行　尹桐陽說：都是陣名。❻乘大贊　乘，登。大贊，古地名。❼犯遂下眾人之蝺遂　孫詒讓校作「犯逐夏眾，人之郊遂」。郊遂，郊外的道路。❽乎禽推哆大戲　乎，當作「手」。禽，通「擒」。推哆大戲，夏桀勇士名。❾列　通「裂」。❿指畫　以手比劃。⓫侯　維。語詞。⓬厥　其。⓭圉　通「禦」。

【語　譯】「所以鬼神的明察，人不能倚仗幽遠的大澤、山林深谷來逃避，以鬼神的明察，一定會知道的。鬼神的懲罰，也不能倚恃富貴勢眾、強勁勇武、堅甲利兵來抵禦，鬼神的懲罰一定會得到勝利。如果認為不是這樣，從前的夏王桀就是例證。他貴為天子，富有天下，上罵天侮鬼，下殘殺天下人民，佯裝上帝來毀壞上帝的品行，所以在這種情況下，天就命令商湯給夏桀以應得的懲罰。湯率領部隊，擺開鳥陳雁行之陣，登上大贊，進攻夏的軍隊，一直追到夏城郊外的道路，商湯親手擒獲了夏桀的勇士推哆大戲。所以從前的夏王桀，貴為天子，富有天下，有勇士推哆大戲，能活活撕裂兕虎，指指點點就能殺人；人民也有億兆之多，充滿了水澤山林，卻不能倚恃這些抵禦鬼神的誅滅。我所說的鬼神的懲罰，不能倚仗富貴勢眾、強勁勇武、堅甲利兵來抵禦，正是這種情況。

一旦不惟此為然。昔者殷王紂，貴為天子，富有天下，上詬天侮鬼，下殃傲天下之萬民，播棄❶黎老❷，賊誅孩子❸，楚毒❹無罪，刳剔❺孕婦，庶舊❻鰥寡，號咷❼無告❽也。故於此乎，天乃使武王致明罰焉。武王以擇車❾百兩，虎賁❿之卒四百人，先庶⓫國節⓬窺戎⓭，與殷人戰乎牧之野⓮。王乎禽費中⓯、惡來，眾畔⓰百⓱走。武王逐奔入宮，萬年梓株折紂而繫之赤環⓲，載之白旗，以為天下諸侯僇。故昔者殷王紂，貴為天子，富有天下，有勇力之人費中、惡來、崇侯虎，指寡⓳殺人，人民之眾兆億，侯盈厥澤陵，然不能以此圉鬼神之誅。此吾所謂鬼神之罰，不可為富貴眾強、勇力強武、堅甲利兵者，此也。且禽艾⓴之道之曰：『得璣無小㉑，滅宗無大㉒。』則此言鬼神之所賞，無小必賞之；鬼神之所罰，無大必罰之。」

【章旨】以紂之被誅，說明鬼神的懲罰無可抵禦。

【注釋】❶播棄　普遍遺棄。❷黎老　老人。❸賊誅孩子　殺害小孩。❹楚毒　當作「焚炙」。即炮烙之刑。❺刳剔　剖開。❻庶舊　尹桐陽說：指眾故舊，如微子、箕子等。❼號咷　大聲痛哭。❽無告　無處申訴。❾擇車　選擇過的戰車。❿虎賁　勇士之稱。⓫庶　眾。⓬國節　指諸侯接受符節聽命武王的軍將。⓭窺戎　窺探對方的軍事情況。⓮牧之野　即牧野。在今河南淇縣。⓯費中　即費仲。⓰畔　通「叛」。⓱百　當作「皆」。⓲萬年梓株折紂而繫之赤環　這句是說，周武王以陳年的梓樹樹椿折斷商紂王的頭，然後把他繫在紅色的車輪上。萬年梓株，說法很多。據文意猶言陳年的梓樹樹椿。折，擊。環，通「轘」。車輪。⓳指寡　即指畫。⓴禽艾　人名。《逸周書・世俘解》有禽艾侯語，可能他曾有著作。㉑得璣無小　意為得福不在於善小。即下文「無小必賞之」之意。璣，通「禨」。祥。㉒滅宗無大意為滅族不在於勢大，如果惡貫滿盈，即可招致此禍。即下文「無大必罰之」之意。滅宗，滅族。

【語譯】「況且不只是夏王桀是這樣。從前商王紂，也是貴為天子，富有天下，上罵天侮鬼，下殘殺萬民，蔑棄老人，殺戮小孩，炮烙無罪，解剖孕婦，眾故舊以及鰥夫寡婦，都痛哭失聲而又無處告訴。在這種情況下，天就命令周武王給紂以應有的懲罰。武王派遣經選擇過的兵車百輛，勇士四百人，先於各國諸侯將領去窺探紂的實力，然後同殷人在牧野決戰。武王親手擒拿了費仲、惡來。紂的眾叛軍都急忙逃走，武王追趕到宮中，用陳年梓樹樁擊斷商王紂的頭，然後把它繫在紅色的車輪上。後來又把它掛在白旗上，以示為天下諸侯所殺。所以從前的商王紂，貴為天子，富有天下，又有勇夫費仲、惡來、崇侯虎，指指點點就能殺人，人民也有億兆之多，充滿了水澤山陵，卻不能倚恃這些抵禦鬼神的誅滅。我所說的鬼神的懲罰，不能倚仗富貴勢眾、強勁勇武、堅甲利兵來抵禦，正是這種情況。而且禽艾的書中說：『得福不在於善小，滅族不在於勢大。』這就是說鬼神所要賞賜的，無論怎樣小的善行，都一定加以賞賜；鬼神所要懲罰的，無論怎樣大的權勢，都一定加以懲罰。」

今執無鬼者曰：「意不忠❶親之利，而害為孝子乎？」子墨子曰：「古之❷今之為鬼，非他也，有天鬼，亦有山水鬼神者，亦有人死而為鬼者。今有子先其父死，弟先其兄死者矣，意雖使然，然而天下之陳物❸曰『先生者先死』，若是，則先死者非父則母，非兄而姒❹也。今潔為酒醴粢盛，以敬慎祭祀，若使鬼神請有，是得其父母姒兄而飲食之也，豈非厚利哉？若使鬼神請亡❺，是乃費其所為酒醴粢盛之財耳。自❻夫費之，非特注之汙壑而棄之也，內者宗族，外者鄉里，皆得如具飲食之。雖使鬼神請亡，此猶可以合驩聚眾，取親於鄉里。」今執無鬼者言曰：「鬼神者固請無有，是以不共其酒醴粢盛犧牲之財。吾非乃今愛其酒醴粢盛犧牲之財乎？其所得者臣❼將何哉？」此上逆聖王之書，內逆民人孝子之行，而為上士於天下，此非所以為上士之道也。是故子墨子曰：「今吾為祭祀也，非直注之汙壑而棄之也，上以交鬼之福，下以合驩聚眾，取親乎鄉里。若神有，則是得吾父母弟兄❽而食之也。則此豈非天下利事也哉！」

【章　旨】陳說祭祀鬼神之利：如有鬼神，則享受祭祀的是父母兄嫂；即使沒有鬼神，通過祭祀活動也可團結鄉里。

【注　釋】❶意不忠　意，通「抑」。或者。忠，當作「中」。合。❷之　衍文，應刪。❸陳物　陳說事情。❹姒　此指嫂子。❺請亡　通「誠無」。❻自　當作「且」。❼臣　衍文，應刪。❽弟兄　據上文應作「兄姒」。

【語　譯】現在堅持無鬼的人說：「不信鬼神，或不符合父母的利益，就妨礙當一個孝子嗎？」墨子說：「古今的鬼，沒有別的，有天鬼，也有山水鬼神，也有人死後變鬼的。現在也有兒子比父親先死，兄長比弟弟先死的情況，雖然如此，但是天下人講起死的情況來還是說『先生的先死』，如按這個說法，則先死的不是父親就是母親，不是兄長就是嫂子了。現在用潔淨的酒食，來敬慎地祭祀，如果鬼神真有，那就是父母兄嫂得到飲食了，這不是很有好處嗎？如果鬼神真的沒有，這只不過是花費了備辦酒食的錢財罷了。況且這種花費，又不是倒在汙水溝裡拋棄掉，而是族內的宗親、族外的鄉親，都能得而食用的。即使鬼神確實沒有，這還可以聚集群眾聯絡友好感情，加強與鄉親的團結。」現在堅持無鬼的人說：「鬼神本來就是沒有的，所以不必供給祭祀他們的酒食犧牲所用的財物。那我們現在莫非吝嗇備辦酒食犧牲的財物了嗎？這樣做將得到什麼呢？」這種說法，是上與聖王之書相抵觸，內與人民孝子的行為相違背的，如果想當天下的上等士人，這可不是當上等士人的方法。所以墨子說：「現在我們舉行祭祀，不只是把祭品倒進汙水溝中拋掉，而是上以求鬼神之福，下以聚會聯歡，加強鄉親的感情聯繫。如果真有鬼神，那也是我們的父母兄嫂得而食用，這不是一件對天下有利的事情嗎！」

是故子墨子曰：「今天下之王公大人士君子，中實欲求興天下之利，除天下之害，當若鬼神之有也，將不可不尊明也，聖王之道也。」

【章　旨】強調明鬼對天下興利除害的重要性。

【語　譯】所以墨子說：「當今天下的王公大人士君子，內心如確想興天下之利，除天下之害，就應當相信鬼神的存在，不可不尊重祂，明白而確切地告示人民，這樣才能實現聖王之道啊！」

非樂上第三十二（以下原闕兩篇）

【題　解】非樂，就是反對音樂，禁止作樂。墨子從社會功利的角度出發，認為作樂會導致王公大人的奢侈，加重人民的負擔，同時也耽誤人們的工作。因而作樂會影響國家的政治經濟，甚至會導致國家的滅亡。〈非樂〉原有三篇，中、下兩篇已失，今僅存此上篇。

子墨子曰：「仁之事者❶，必務求興天下之利，除天下之害，將以為法乎天下。利人乎，即為；不利人乎，即止。且夫仁者之為天下度也，非為其目之所美，耳之所樂，口之所甘，身體之所安，以此虧奪民衣食之財，仁者弗為也。」

【章旨】仁者應考慮不奪民財，興利天下。

【注釋】❶仁之事者　當作「仁者之事」。

【語譯】墨子說：「仁者辦事，必定求興天下之利，除天下之害，並以此作為天下的法則。對人民有利的，就做；對人民不利的，就停止。而且仁者應為天下人考慮，而不能只考慮眼睛所看到的美色，耳朵所聽到的音樂，嘴巴所嘗到的甘美，身體所感到的安適，因為這些而搶奪了人民穿衣、吃飯的錢財，仁者是不這樣做的。」

是故子墨子之所以非樂者，非以大鐘、鳴鼓、琴瑟、竽笙之聲，以為不樂也；非以刻鏤華❶文章之色，以為不美也；非以犓豢煎炙之味，以為不甘也；非以高臺厚榭邃野❷之居，以為不安也。雖身知其安也，口知其甘也，目知其美也，耳知其樂也，然上考之不中聖王之事，下度之不中萬民之利，是故子墨子曰：「為樂非也。」今王公大人，雖❸無造為樂器，以為事乎國家，非直掊潦水、折壤坦❹而為之也，將必厚措斂❺乎萬民，以為大鐘、鳴鼓、琴瑟、竽笙之聲。古者聖王亦嘗厚措斂乎萬民，以為舟車，既以❻成矣，曰：「吾將惡許❼用之？曰舟用之水，車用之陸，君子息其足焉，小人息其肩背焉。」故萬民出財，齎而予之，不敢以為慼恨者，何也？以其反中民之利也。然則樂器反中民之利亦若此，即我弗敢非也。然則當用樂器，譬之若聖王之為舟車也，即我弗敢非也。

【章　旨】樂的本身並不好，而是由於王公大人以此厚斂於人民，損害了人民的利益，所以要非樂。

【注　釋】❶華　衍文，應刪。❷邃野　邃，深。野，當作「宇」。❸雖　通「唯」。語詞。❹掊潦水折壞坦　掊，掊取。折、坦，當從舊本作「拆」、「垣」。壞垣，土牆。❺措斂　意同「籍斂」。指稅收。❻以　通「已」。❼惡許　猶言「何所」。

【語　譯】是以墨子之所以非難音樂，並不是因為大鐘、響鼓、琴瑟、竽笙這樣的樂器聲音使人不快樂，不是因為雕刻文采色彩不美麗，不是因為煎烤的禽畜味道不甘美，也不是因為高臺大榭深院等處所不能使人感到安適。雖然身體知道它們安適，嘴巴知道它們甘美，眼睛知道它們美麗，耳朵知道它們快樂，但是考察起來，它們上不符合聖王的所為，下不符合萬民的利益。所以墨子說：「作樂是不對的！」當今的王公大人，製作樂器，在國家從事這些，並不只是像掊取地面積水、拆散土牆那樣輕而易舉就能做到的，必定要加重人民的賦稅，才能造出大鐘、響鼓、琴瑟、竽笙等樂器。古時候的聖王也曾向人民索取很重的賦稅，來製造車船，車船已經造成，他們就說：「我用這些幹什麼？還不是船用在水上，車用在陸上，君子用以歇腳，小人也能使肩背得到休息。」所以要全民出錢，以付舟車的費用，人民不敢因為加重了賦稅而憂慼不滿。為什麼呢？因為這樣做，反而符合人民的利益啊！如果製作樂器，也能反而符合人民的利益，那我也不敢認為作樂不對。如果王公大人使用樂器，也像聖王使用車船一樣，那我也就不敢認為作樂不對了。

民有三患：飢者不得食，寒者不得衣，勞者不得息。三者民之巨患也。然即當❶為之撞巨鐘、擊鳴鼓、彈琴瑟、吹竽笙而揚干戚❷，民衣食之財將安可得乎？即我以為未必然也。意舍此。今有大國即攻小國，有大家即伐小家，強劫弱，眾暴寡，詐欺愚，貴傲賤，寇亂盜賊並興，不可禁止也。然即當為之撞巨鐘、擊鳴鼓、彈琴瑟、吹竽笙而揚干戚，天下之亂也，將安可得而治與？即我未必然也。是故子墨子曰：「姑嘗厚措斂乎萬民，以為大鐘、鳴鼓、琴瑟、竽笙之聲，以求興天下之利，除天下之害而無補也。」

【章　旨】此言音樂對人民社會沒有什麼功用利益，它既不可以解決人民的生活問題，也不能制止兼併的戰爭。

【注　釋】❶即當　即，則。當，通「嘗」。試。❷揚干戚　這裡指以干戚為舞蹈道具。揚，舉。干，盾牌。戚，一種與斧頭相似的兵器。

【語　譯】人民有三種憂患：飢餓的人沒有吃的，寒冷的人沒有穿的，勞苦的人得不到休息，這三件事是人民最大的憂患。在此情況下，即使為人民撞大鐘、敲大鼓、彈琴瑟、吹竽笙而揮舞干戚，人民的衣食財用，又到哪裡去取得呢？我則認為未必能得到。我們姑且撇開這個不說。現在國一大就攻打小國，家一大就攻伐小家，強者搶奪弱者，眾者凌暴寡者，詐者欺騙愚者，貴者傲視賤者，寇亂盜賊一齊興起，無法禁止。那麼即使試圖對著人民撞大鐘、敲大鼓、彈琴瑟、吹竽笙而揮舞干戚，天下的紛亂，又怎麼能夠得到治理呢？我則認為未必就能得到治理。所以墨子說：「姑且試著向人民加重賦稅，來製造大鐘、響鼓、琴瑟、竽笙等樂器，用以求興天下之利，除天下之害，但這是無濟於事的。」

是故子墨子曰：「為樂非也。今王公大人，唯毋處高臺厚榭之上而視之，鐘猶是延鼎❶也，弗撞擊將何樂得焉哉？其說將必撞擊之，惟勿❷撞擊，將必不使老與遲❸者，老與遲者耳目不聰明，股肱不畢強，聲不和調，明❹不轉朴❺。將必使當年❻，因其耳目之聰明，股肱之畢強，聲之和調，眉❼之轉朴。使丈夫為之，廢丈夫耕稼樹藝之時；使婦人為之，廢婦人紡績織紝之事。今王公大人唯毋為樂，虧奪民衣食之財，以拊❽樂如此多也！」

【章旨】作樂必定影響男耕女織，耽誤農時，奪民衣食之財。

【注釋】❶延鼎　倒放的鼎。鐘是掛著的，如果不敲擊，就如同倒掛的鼎。❷勿　同「毋」。語詞。❸遲　通「穉」。小孩。❹明　即眼睛。❺轉朴　朴，「抃」字的形誤。抃，通「變」。轉變；轉動變化。❻當年　壯年。❼眉　當作「明」。❽拊　擊；演奏。

【語譯】所以墨子說：「作樂是不對的。當今的王公大人，處於高堂大榭之上，如果只看樂器而不演奏，那麼大鐘就猶如倒掛著的鼎一樣，不撞擊它又有什麼快樂可得呢？那就一定要撞擊它。要撞鐘，就一定不能用老人和小孩來撞，因為他們耳目不聰明，手腳不靈活強勁，撞出的聲音不和諧，眉目表情也不婉轉而富於變化。那就一定要用壯年人來撞，因為他們耳目聰明，手腳靈活強勁，撞出的聲音和諧，眉目表情也婉轉而富於變化。但是如果讓男子漢來撞，那就耽誤了他們耕種栽培的農時；讓婦女來撞，又耽擱了她們紡麻織布的工作。當今王公大人作樂，竟損害剝奪了人民的衣食之財，因為他們撞鐘作樂是如此的多啊！」

是故子墨子曰：「為樂非也。今大鐘、鳴鼓、琴瑟、竽笙之聲既已具矣，大人鏽❶然奏而獨聽之，將何樂得焉哉？其說將必與賤人不與君子❷。與君子聽之，廢君子聽治；與賤人聽之，廢賤人之從事。今王公大人惟毋為樂，虧奪民之衣食之財，以拊樂如此多也。」是故子墨子曰：「為樂非也。昔齊康公興樂萬❸，萬人❹不可衣短褐❺，不可食糟糠。曰食飲不美，面目顏色不足視也；衣服不美，身體從容醜羸❻，不足觀也。是以食必粱肉，衣必文繡，此掌❼不從事乎衣食之財，而掌食乎人者也。」是故子墨子曰：「今王公大人惟毋為樂，虧奪民衣食之財，以拊樂如此多也。」

【章　旨】此言王公大人作樂過多，一方面影響人們的工作，另一方面使人民生活困苦不堪。

【注　釋】❶鏽　當作「肅」。靜。❷其說將必與賤人不與君子　當作「其說將不與君子，必與賤人」，方與下文文意一致。❸興樂萬　舉辦一種稱為「萬」的樂舞。❹萬人　指萬舞所需的樂舞人數。❺短褐　即「裋褐」。粗布衣。❻醜羸　醜陋瘦弱。王念孫認為此二字是衍文，應刪。❼掌　通「常」。

【語　譯】所以墨子說：「作樂不對。如果大鐘、響鼓、琴瑟、竽笙等樂器都已具備了，只是王公大人安靜地獨奏獨聽，那能得到什麼樂趣呢？一定是不同君子一起欣賞，就同賤人一起欣賞。同君子一起聽，就將耽誤君子處理政務；同賤人一起聽，又會廢棄賤人的工作。當今的王公大人作樂，竟損害剝奪了人民的衣食之財，因為他們作樂是如此的多啊！」所以墨子說：「作樂不對。從前齊康公舉辦一種叫『萬』的樂舞，樂工萬人都不能穿粗布衣，不能吃粗劣的食物。說是飲食不好，樂工的容貌就不好看；衣服不美，樂工的舉止就不好看。所以吃的一定要是精美的食物，穿的一定要是華美的服裝。這就使這些人常常不從事衣食財用的生產，而常常要由他人供養了。」所以墨子說：「當今的王公大人作樂，已損害剝奪了人民的衣食之財，因為他們作樂是如此的多啊！」

是故子墨子曰：「為樂非也。今人固與禽獸麋鹿、蜚❶鳥、貞蟲❷異者也。今之禽獸麋鹿、蜚鳥、貞蟲，因其羽毛以為衣裘，因其蹄蚤❸以為絝屨❹，因其水草以為飲食。故唯❺使雄不耕稼樹藝，雌亦不紡績織紝，衣食之財固已具矣。今人與此異者也，賴❻其力者生，不賴其力者不生。君子不強聽治，即刑政亂；賤人不強從事，即財用不足。今天下之士君子，以吾言不然，然即姑嘗數天下分事❼，而觀樂之害。王公大人蚤❽朝晏退，聽獄治政，此其分事也；士君子竭股肱之力，亶⑨其思慮之智，內治官府，外收斂關市、山林、澤梁之利，以實倉廩府庫，此其分事也；農夫蚤出暮入，耕稼樹藝，多聚叔⑩粟，此其分事也；婦人夙興夜寐，紡績織紝，多治麻絲葛緒綑布縿⑪，此其分事也。今惟毋在乎王公大人說樂而聽之，即必不能蚤朝晏退，聽獄治政，是故國家亂而社稷危矣。今惟毋在乎士君子說樂而聽之，即必不能竭股肱之力，亶其思慮之智，內治官府，外收斂關市、山林、澤梁之利，以實倉廩府庫，是故倉廩府庫不實。今惟毋在乎農夫說樂而聽之，即必不能蚤出暮入，耕稼樹藝，多聚叔粟，是故叔粟不足。今惟毋在乎婦人說樂而聽之，即不必⑫能夙興夜寐，紡績織紝，多治麻絲葛緒綑布縿，是故布縿不興。曰：孰為大人之聽治而廢國家之從事⑬？曰：樂也。」

【章　旨】指出音樂可使舉國上下荒廢事務，以致影響國計民生。

【注　釋】❶蜚　通「飛」。❷貞蟲　即征蟲。爬蟲。❸蚤　通「爪」。❹絝屨　絝，通「袴」。褲。屨，鞋。❺唯　通「雖」。❻賴　依賴；利用。❼分事　職分之事。❽蚤　通「早」。❾亶　通「殫」。❿叔　通「菽」。大豆。⓫緒綑布縿　緒，通「紵」。縿，「繰」字之誤。綑布繰，織布帛。⓬即不必　當作「必不能」。⓭孰為大人之聽治而廢國家之從事　當作「孰為而廢大人之聽治，賤人之從事」。

【語　譯】所以墨子說：「作樂不對。人與禽獸麋鹿、飛鳥、爬蟲是不同的。禽獸麋鹿、飛鳥、爬蟲，就著自己的羽毛作衣服，就著自己的蹄爪作褲鞋，利用水草作飲食。即使雄的不耕種栽培，雌的不紡績織布，衣食的來源卻自然就具備了。人與牠們不同，依靠自己的勞力就能生活，不依靠自己的勞力就不能生活。君子不努力治理，政治就亂；賤人不努力工作，就財用不足。如果天下的士君子認為我說的不對，請讓我姑且列舉天下幾種職分之事，來顯示作樂的害處。王公大人早朝晚退，處理政務，這是他們的職分之事；士君子竭盡手足之力，費盡自己的思慮智謀，對內治理官府，對外徵收關口、市場、山林、湖澤、橋梁的賦稅，來充實國家的府庫，這是他們的職分之事；農夫早出晚歸，耕種栽培，多積聚糧食，這是他們的職分之事；婦女早起晚睡，紡績織布，多紡績麻絲葛紵，多織布帛，這是她們的職分之事。現在如果做王公大人的喜歡聽音樂，就一定不能早朝晚退，處理政務，因此就會國家亂而社稷危。如果士君子喜歡聽音樂，就必定不能竭盡手足之力，盡自己的思慮智謀，內治官府，外徵收關口、市場、山林、湖澤、橋梁的賦稅，來充實國家倉庫，所以國家的倉庫不充實。如果農夫喜歡聽音樂，就一定不能早出晚歸，耕種栽培，多積蓄糧食，所以糧食不足。如果婦女喜歡聽音樂，就必定不能早起晚睡，紡績織布，多紡績麻絲葛紵，多織布帛，所以布帛就不會生產出來。請問：這是誰荒廢了王公大人的政治、賤人的生產？回答是：音樂。」

是故子墨子曰：「為樂非也。何以知其然也？曰先王之書，湯之《官刑》❶有之，曰：『其恒舞于宮，是謂巫風。其刑君子出絲二衛❷，小人否❸，似二伯❹。』《黃徑》❺乃言曰：『嗚乎！舞佯佯❻，黃言孔章❼，上帝弗常❽，九有以亡❾，上帝不順，降之百殃❿，其家必壞喪。』察九有之所以亡者，徒從飾樂也。於《武觀》⓫曰：『啟乃淫溢康樂⓬，野于⓭飲食，將將銘莧磬以力⓮，湛濁于酒，渝⓯食于野，萬舞翼翼⑯，章聞于大⑰，天用弗式⑱。』故上者天鬼弗戒⑲，下者萬民弗利。」

【章旨】引用前代典籍，說明耽於樂舞乃招致災禍亡國之因。

【注釋】❶官刑　商湯所作的法律。❷衛　孫詒讓認為當作「術」，通「遂」。是計算絲的數量單位。❸否　「倍」字之誤。❹似二伯　似，當作「以」。伯，通「帛」。❺黃徑　不詳。可能是書篇名。❻舞佯佯　意同《詩經・魯頌》的「萬舞洋洋」。萬舞，舞名。洋洋，眾多的樣子。❼黃言孔章　黃，「簧」的省文。簧，大笙。言，大簫謂之言，當作「管」。黃、言均是樂器名。孔，甚；很。❽上帝弗常　常，通「尚」。尚，右；保佑。❾九有以亡　九有，指九州。以，因。❿⿰歹羊　即殃。⓫武觀　夏代的逸書。武觀係夏啟第五子，太康之兄弟，此篇即敘武觀之事，故名。⓬淫溢康樂　溢，通「泆」。放蕩。康，安。⓭野于　乃「于野」的倒文。⓮將將銘莧磬以力　孫詒讓認為當作「將將鍠鍠，筦磬以方」。將將鍠鍠，形容管磬的和諧之聲。方，併，這裡指同時發聲。⓯渝　當為「輸」。⓰翼翼　整齊的樣子。⓱大　當作「天」。⓲式　法；法式。⓳戒　當作「式」。

【語譯】所以墨子說：「作樂是不對的。怎麼知道是這樣的呢？回答是先王的書，湯作的《官刑》，就有這方面的記載說：『如果經常在宮中跳舞，這就叫做巫風。給君子的懲罰是出絲二衛，小人加倍，以二帛作為罰金。』《黃徑》上也說：『唉！萬舞的規模如此盛大，笙簫的聲音如此響亮。上帝對他們不加祐護，九州就會因此滅亡。上帝對他們絕不順從，要降給他們各種災殃，他們的家族，也必將毀滅淪喪。』詳察一個國家所以滅亡的原因，就是因為過分作樂。在《武觀》中也說：『夏王啟淫泆縱樂，宴飲於郊野，鏗鏗鏘鏘，笙簫齊作，沉湎於酒，並將飲讌輸往郊野。萬舞陣容整齊，樂聲直達天庭，上天卻以為不合法則。』所以作樂，首先天鬼就不把它當作該有的事，其次對萬民也是不利的。」

是故子墨子曰：「今天下士君子，請將欲求興天下之利，除天下之害，當在❶樂之為物❷，將不可不禁而止也。」

【章旨】呼籲天下士君子禁止音樂。

【注釋】❶在　當作「若」。❷物　事。

【語譯】所以墨子說：「當今天下的士君子，如果確實想興天下之利，除天下之害，對於作樂這件事情，是不能不加以禁止的。」

非命上第三十五

【題解】「非命」的「命」，指命運。墨子雖然相信天有意志，鬼神有靈驗，但對於命運，卻極力加以否認並加以非難。為什麼墨子相信天鬼卻否定命運呢？推墨子之意，大概他認為相信天鬼，會使人們確立一種向善戒惡的信仰，促使人們勉力進取；而相信命運，則只會使人們聽從命運的安排，從而懈怠懶惰，喪失進取之心，給國計民生帶來極大的危害。〈非命〉共三篇，三篇大旨基本相同，而各略有側重。

子墨子言曰：「古者王公大人，為政國家者，皆欲國家之富，人民之眾，刑政之治。然而不得富而得貧，不得眾而得寡，不得治而得亂，則是本失其所欲，得其所惡，是故何也？」子墨子言曰：「執有命者以襍❶於民閒者眾。執有命者之言曰：『命富則富，命貧則貧，命眾則眾，命寡則寡，命治則治，命亂則亂，命壽則壽，命夭則夭。命❷雖強勁何益哉？』以上說王公大人，下以駔❸百姓之從事。故執有命者不仁，故當執有命者之言，不可不明辨。」

【章旨】陳述堅持命定論者的觀點，並指出對此加以辨明的必要。

【注釋】❶襍　雜處。❷命　劉昶說當作「力」。❸駔　通「阻」。

【語譯】墨子說：「古代的王公大人，治理國家都想國家殷富，人民眾多，政治安定。但是卻未能富裕反而貧窮，未能眾多反而寡少，未能安定反而紛亂，那就是失去了他本來所希望的，而得到了他所厭惡的，這是什麼緣故呢？」墨子說：「因為持有命論的人雜處在民間的太多。這些堅持有命的人說：『命裡注定富就富，命裡注定窮就窮，命裡注定多就多，命裡注定少就少，命裡注定治就治，命裡注定亂就亂，命裡注定長壽就長壽，命裡注定夭折就夭折。人力即使再強勁又有什麼用呢？』他們持著這一看法，上遊說王公大人，下阻止人民勞動。所以堅持有命的人是不仁的人，因而對堅持有命的人的言論，也不能不加以辨明。」

然則明辨此之說將奈何哉？子墨子言曰：「必立儀。言而毋❶儀，譬猶運鈞之上而立朝夕❷者也，是非利害之辨，不可得而明知也。故言必有三表❸。」何謂三表？子墨子言曰：「有本之者，有原之者，有用之者。於何本之？上本之於古者聖王之事。於何原之？下原察百姓耳目之實。於何用之？廢❹以為刑政，觀其中國家百姓人民之利。此所謂言有三表也。」

【章旨】指出要以「三表」為原則，來檢驗命定論。

【注釋】❶毋 同「無」。❷運鈞之上而立朝夕 運，運轉。鈞，製陶器所用的轉輪。立朝夕，指測度東西方位。❸表 意同「儀」。準則。❹廢 通「發」。

【語譯】那麼怎樣才能辨明這一說法呢？墨子說：「一定要確立標準。立論沒有個準則，就好比站在陶鈞上運轉，卻想測準東西方位，是非利害的區別就不可能知曉。所以立論一定要具有三條準則。」哪三條準則？墨子說：「有從根本上考察的，有從來源上考察的，有從實際應用中考察的。從哪裡去追溯根本？往上到古時候聖王的事例中去追溯根本。到哪裡去尋究來源？到下面去考察百姓耳目見聞的實際。到哪裡去應用？用它來發令施政，看它是否符合人民百姓的利益。這就是我所說的立論的三條準則。」

然而今天下之士君子，或以命為有。蓋嘗尚❶觀於聖王之事？古者桀之所亂，湯受而治之；紂之所亂，武王受而治之。此世未易民未渝❷，在於桀紂，則天下亂；在於湯武，則天下治，豈可謂有命哉！

【章旨】以桀紂亂而湯武治的事例，說明所謂命是不存在的。

【注釋】❶蓋嘗尚　蓋，同「盍」。何不。嘗，試。尚，通「上」。❷渝　變。

【語譯】但是當今天下的士君子，有些人卻認為有命運。那何不試著往上考察聖王的事例？古時候桀所弄亂的天下，湯接過來就治好了它；紂所弄亂了的天下，武王接過來也治好了它。時世沒變，人民也沒變，在桀紂手裡，就天下亂；在湯武手裡，就天下治。這怎能說有命運呢！

然而今天下之士君子，或以命為有。蓋嘗尚觀於先王之書？先王之書，所以出國家，布施百姓者，憲❶也。先王之憲，亦嘗有曰：「福不可請，而禍不可諱❷，敬無益，暴無傷者乎？」所以聽獄制罪者，刑也。先王之刑，亦嘗有曰：「福不可請，禍不可諱，敬無益，暴無傷者乎？」所以整設師旅，進退師徒者，誓也。先王之誓，亦嘗有曰：「福不可請，禍不可諱，敬無益，暴無傷者乎？」是故子墨子言曰：「吾當未鹽數❸，天下之良書不可盡計數，大方❹論數，而五❺者是也。今雖毋求執有命者之言，不必得，不亦可錯❻乎？今用執有命者之言，是覆天下之義，覆天下之義者，是立命者也，百姓之誶❼也。說百姓之誶者，是滅天下之人也。」

【章旨】以前代聖王的憲、刑、誓所載，來論證堅持有命之非。

【注釋】❶憲　法。❷諱　通「違」。逃避。❸當未鹽數　當，當作「尚」。鹽，當作「盡」。❹大方　大較；大類。

❺五　當作「三」。指上述的憲、刑、誓三類。❻錯　通「措」。棄置。❼誶　通「悴」。憂傷。

【語譯】但是當今天下的士君子，有人認為命運是有的。那何不試著往上考察先王的書？先王的書，所用來向國家、百姓發布政令的部分，就是法。先王的法中，也曾有這樣的話說：「幸福是請求不來的，災禍是避免不了的，難道恭敬就沒有益處嗎？凶暴就沒有害處嗎？」先王的書，用來治理刑獄制裁罪犯的部分，就是刑。先王的刑中，也曾有這樣的話說：「幸福是請求不來的，災禍是避免不了的，難道恭敬就沒有益處嗎？凶暴就沒有害處嗎？」先王的書，所用來整飭軍隊、指揮軍隊的部分，就是誓。先王的誓中，也有這樣的話說：「幸福是請求不來的，災禍是避免不了的，難道恭敬就沒有益處嗎？凶暴就沒有害處嗎？」所以墨子說：「我尚未完全統計，天下的好書多得不可勝數，大致地分起類來，就是這麼三類。現在如想從中找到堅持有命的言論，那一定找不到，那麼有命論不是可以棄置了嗎？如果用堅持有命的人的主張，就會顛倒天下的是非標準。顛倒天下的是非標準，就是確立命定論的緣故。這是人民感到憂慮的。喜歡百姓所憂慮的事，這就是想滅絕天下的人了。」

然則所為欲義在上❶者，何也？曰：「義人在上，天下必治，上帝山川鬼神，必有幹主❷，萬民被其大利。」何以知之？子墨子曰：「古者湯封於亳❸，絕長繼短，方地百里，與其百姓兼相愛，交相利，移❹則分。率其百姓，以上尊天事鬼，是以天鬼富之，諸侯與之，百姓親之，賢士歸之，未歿其世，而王天下，政❺諸侯。昔者文王封於岐周❻，絕長繼短，方地百里，與其百姓兼相愛，交相利，則❼，是以近者安其政，遠者歸其德。聞文王者，皆起而趨之。罷❽不肖股肱不利❾者，處而願之曰：『奈何乎使文王之地及我，吾⓫則吾利，豈不亦猶文王之民也哉。』是以天鬼富之，諸侯與之，百姓親之，賢士歸之，未歿其世，而王天下，政諸侯。鄉者言曰：義人在上，天下必治，上帝山川鬼神必有幹主，萬民被其大利。吾用此知之。」

【章旨】以湯與文王為例，說明只有義人在上，才能有利於人民，天下大治。

【注釋】❶義在上 據下文當作「義人在上」。❷幹主 宗主。❸亳 湯之封地。在今河南商丘附近。❹移 為「秎」字之形誤。秎，古「利」字。❺政 通「正」。❻岐周 周文王封地。在今陝西岐山、扶風二縣地。❼則 據上文，當作「利則分」，脫「利」、「分」二字。❽罷 通「疲」。疲弱。❾不利 不便。❿吾 衍文，應刪。

【語譯】那麼人們希望義人在上，原因何在呢？這是說：「義人在上，天下一定會安定，上帝山川鬼神，也就一定有了宗主，所有的人民，也都能蒙受他的大利益。」怎麼可以知道呢？墨子說：「古時侯湯封在亳地，截長補短，才有方圓百里之地，湯與百姓兼相愛，交相利，有利則分給大家。他率領百姓來尊奉天鬼，因此天鬼使他富裕，諸侯同他結交，百姓同他親近，賢人都歸向他，在他有生之年，就統一了天下，當了諸侯之長。從前周文王封在岐周，截長補短，才有方圓百里之地，周文王與百姓兼相愛，交相利，有利則分給大家，因此近處的人安於他的政治，遠方的人都嚮往他的德行。聽到周文王的名聲，都起來跑到他那兒去。那些疲弱不能任事及手腳不便的人，也都在原地盼道：『怎樣才能使周文王的土地擴充到我們這裡？如果能，那就對我們有利了，那我們不也成為周文王的百姓了嗎？』因此天鬼使周文王富裕，諸侯同他結交，百姓同他親近，賢士歸向他，在他有生之年，就統一天下，為諸侯之長。先前我說，義人在上，天下一定安定，上帝山川鬼神，一定有宗主，萬民都能從他那裡得到好處，我就是憑這些事例知道的。」

是故古之聖王，發憲出令，設以為賞罰以勸賢❶，是以入則孝慈於親戚，出則弟長於鄉里，坐處有度，出入有節，男女有辨。是故使治官府，則不盜竊，守城則不崩❷叛，君有難則死，出亡則送。此上之所賞，而百姓之所譽也。執有命者之言曰：「上之所賞，命固且賞，非賢故賞也。上之所罰，命固且罰，不暴故罰也。」是故入則不孝慈於親戚，出則不弟長於鄉里，坐處不度，出入無節，男女無辨。是故治官府則盜竊，守城則崩叛，君有難則不死，出亡則不送。此上之所罰，百姓之所非毀也。執有命者言曰：「上之所罰，命固且罰，不暴故罰也。上之所賞，命固且賞，非賢故賞也。」以此為君則不義，為臣則不忠，為父則不慈，為子則不孝，為兄則不良，為弟則不弟，而強執此者，此特凶言之所自生，而暴人之道也。

【章旨】指出堅持有命論的種種不良後果。

【注釋】❶勸賢 王念孫認為下脫「沮暴」二字。❷崩 通「倍」。背叛。

【語譯】古代的聖王，發布法令，設立賞罰來勸勉賢人，制止惡人，因而人們在家內對父母孝慈，出外對鄉里人敬重，舉止有規範，出入講禮節，男女有分別。所以派他們去治理官府，就不會偷盜，守城就不會背叛，君主有危難，就勇於犧牲，君主出奔就陪送。這種人就是在上位者所獎賞，百姓所稱譽的。堅持有命的人說：「上面所獎賞的，是命裡注定要受賞，不是因為賢良的緣故才得賞。被上級所懲罰的，是命裡注定要受懲罰，不是因為凶暴的緣故才遭罰。」所以他們在家對父母不孝慈，出外對鄉里的人不敬重，舉止沒有規範，出入沒有禮節，男女沒有分別。因而派他們治理官府就偷盜，守城就背叛，君主有危難，就畏死不前，出奔也不陪送。這種人就是在上位者所要懲罰，百姓所要指責的。堅持有命的人說：「上面所罰的，是命裡注定要遭罰，不是因為凶暴才受罰。上面所賞的，是命裡注定要受賞，不是因為賢良才受賞。」用這樣的人為君就不義，為臣就不忠，為父就不慈，為子就不孝，為兄就不良，為弟就不悌，如果強行堅持這個觀點，那簡直是產生凶暴的根源，是殘暴人的主張。

然則何以知命之為暴人之道？昔上世之窮民，貪於飲食，惰於從事，是以衣食之財不足，而飢寒凍餒之憂至，不知曰「我罷不肖，從事不疾」，必曰「我命固且貧」。昔上世暴王不忍其耳目之淫，心涂之辟❶，不順其親戚，遂以亡失國家，傾覆社稷，不知曰「我罷不肖，為政不善」，必曰「吾命固失之」。於〈仲虺之告〉❷曰：「我聞於夏人，矯天命，布命于下，帝伐❸之惡，龔❹喪厥師。」此言湯之所以非桀之執有命也。於〈太誓〉曰：「紂夷處❺，不肎事上帝鬼神，禍厥先神禔❻不祀，乃曰吾民有命，無廖排漏❼，亦縱棄之而弗葆。」此言武王所以非紂執有命也。今用執有命者之言，則上不聽治，下不從事。上不聽治，則刑政亂；下不從事，則財用不足。上無以供粢盛酒醴，祭祀上帝鬼神，下無以降綏❽天下賢可之士，外無以應待諸侯之賓客，內無以食飢衣寒，將養❾老弱。故命上不利於天，中不利於鬼，下不利於人，而強執此者，此特凶言之所自生，而暴人之道也。

【章　旨】進一步指出相信命運的危害。

【注　釋】❶心涂之辟　心涂，當作「心志」。辟，通「僻」。邪僻。❷仲虺之告　《尚書》篇名，原文已佚。❸伐　中篇作「式」，當從。式，於是。❹襲　通「用」。因而。❺夷處　〈天志中〉作「夷居」。倨傲之意。❻神禔　同「神祇」。❼無廖排漏　中篇作「毋僇其務」，當從。毋僇其務，不努力從事他的政務。❽降綏　和同安撫。❾將養　應作「持養」。

【語　譯】那麼怎麼知道相信命運是凶暴人的主張？從前上世的窮人，貪於飲食，懶於生產，因此衣食之財不足，飢寒凍餓的憂患就跟著到來，不知說「我疲弱懶惰，不知努力生產」，卻說「我命中注定貧窮」。從前上世的暴君，不能克制自己耳目的淫欲，心志邪僻，不順從父母，終於喪失國家，傾覆社稷，不知說「我疲弱不賢，沒有把政治措施做好」，卻一定要說「我命中注定要喪失國家」。〈仲虺之告〉說：「我曾聽說夏人，假託天命，向天下人發布命令，上帝憎惡他，因此覆滅了他的軍隊。」這是說商湯指責夏桀堅持有命論。在〈太誓〉記載說：「商紂倨傲不恭，不肯敬奉上帝鬼神，放棄他的祖先和天神地祇不加祭祀，卻說我民自有命運，不再努力從事政務，因此上帝也就拋棄了他而不加保護。」這是說周武王指責商紂堅持有命論。如果用堅持有命的人的主張，那麼在上位的君長，就不會再處理政務，在下的人民，也不會從事生產。在上的不處理政務，政治就會亂；在下的不從事生產，則財用就不會足。這樣就上不足以供給酒食，來祭祀上帝鬼神，下無法和同安撫天下的賢能之士，對外無法接待諸侯的賓客，對內無法拯飢救寒，贍養老弱的人。所以相信命運，上不利於天，中不利於鬼，下不利於人，如果頑固地堅持這一觀點，那簡直是凶禍產生的根源，是殘暴人的主張了。

是故子墨子言曰：「今天下之士君子，忠❶實欲天下之富而惡其貧，欲天下之治而惡其亂，執有命者之言，不可不非，此天下之大害也！」

【章旨】指陳相信命運是天下之大害，不可不加以非難。

【注釋】❶忠　同「中」。

【語譯】所以墨子說：「當今天下的士君子，內心如果確實想要天下殷富，而憎惡其貧窮，想要天下安定而憎惡其紛亂，那麼對堅持有命論人的主張，就不能不加以責難聲討，因為這是天下的大害啊！」

非命中第三十六

【題解】此篇所載，有很多語句與上篇相同。但開頭所說「三法」，卻與上篇有異。它不說「原察百姓耳目之實」，而強調「徵以先王之書」，可見「三表」的內容，在墨者中說法是不一致的。

子墨子言曰：「凡出言談，由❶文學之為❷道也，則不可不先立義❸法。若言而無義，譬猶立朝夕於員❹鈞之上也，則雖有巧工，必不能得正焉。然今天下之情偽，未可得而識也，故使言有三法。三法者何也？有本之者，有原之者，有用之者。於其本之也，考天鬼之志，聖王之事；於其原之也，徵以先王之書；用之奈何？發而為刑❺。此言之三法也。

【章　旨】指出以「三法」作為檢驗言論的準則。

【注　釋】❶由　同「為」。❷為　衍文，應刪。❸義　同「儀」。❹員　通「運」。上篇正作「運」。❺刑　當作「政刑」。

【語　譯】墨子說：「凡是發表言論，寫作文章，都不能不先立準則。如果發言沒有依準，就好比在轉動的陶鈞上確定東西方位，即使技術再巧的工匠，也一定不能確定得很精準。當今天下言論的真假，很不容易加以識別，如欲識別，就要遵循言論的三條準則。是哪三條準則呢？有從根本上考察的，有從來源上考察的，也有從應用上考察的。從根本上考察，那就是考察天鬼的意志，聖王的情事；從來源上考察，就是徵引先王的書來作例證；從應用上怎樣考察？就是把它實施到政治中加以檢驗。這就是考察言論的三條準則。

「今天下之士君子❶或以命為亡❷，我所以知命之有與亡者，以眾人耳目之情，知有與亡。有聞之，有見之，謂之有；莫之聞，莫之見，謂之亡。然胡不嘗考之百姓之情？自古以及今，生民以來者，亦嘗見命之物，聞命之聲者乎？則未嘗有也。若以百姓為愚不肖，耳目之情不足因而為法，然則胡不嘗考諸侯之傳言流語乎？自古以及今，生民以來者，亦嘗有聞命之聲，見命之體者乎？則未嘗有也。然胡不嘗考之聖王之事？古之聖王，舉孝子而勸之事親，尊賢良而勸之為善，發憲布令以教誨，明賞罰以勸沮。若此，則亂者可使治，而危者可使安矣。若以為不然，昔者桀之所亂，湯治之；紂之所亂，武王治之。此世不渝而民不改，上變政而民易教。其在湯武則治，其在桀紂則亂，安危治亂，在上之發政也，則豈可謂有命哉！夫曰有命云者，亦不然矣。」

【章　旨】透過百姓的聞見、諸侯的傳言、聖王的事跡，說明命運是沒有的。

【注　釋】❶士君子　下面脫「或以命為有」。❷亡　通「無」。

【語　譯】「當今天下的士君子，有些人認為有命運，有些人認為沒有命運，我們所用以得知命運有無的根據，是憑著眾人耳目見聞的情況，來知道它的有無的。有人聽到過，有人見到過，就說是有；沒人聽到過，沒人見到過，就說是無。那麼何不試著考察百姓見聞的情況？從古到今，自有人民以來，有曾看到過命的實體，聽到過命的聲音的人嗎？那是未曾有過的。如果認為百姓愚昧不肖，他們耳目見聞的情況不足為據，那麼何不試著考察諸侯們流傳的言語呢？從古到今，自有人民以來，諸侯有曾聽到過命的聲音，看到過命的實體的人嗎？那是未曾有過的。那麼何不試著考察聖王的情事？古時候的聖王，推舉孝子來勸勉人們敬奉父母，尊崇賢人，來勸勉人們為善，發布法令來教誨人們，明確賞罰來勸善止惡。這樣，就紛亂的可以使它安定，危險的可以使它安全了。如果認為不是這樣，請看從前，夏桀的亂政，商湯卻能治理好；殷紂的亂政，周武王卻能治理好。時世沒變，人民也沒變，只是在上位的改變了政治措施，而人民改變了所受的教育。在湯武手中就治，在桀紂手中就亂，安危治亂的不同，就在於在上位的人發布政令如何，這怎能說有命呢！那些說有命運的人，一定是不對的了。」

今夫有命者言曰：「我非作之後世也，自昔三代有若言以傳流矣。今故先生對之❶？」曰：「夫有命者，不志❷昔也三代之聖善人與？意亡❸昔三代之暴不肖人也？何以知之！初之列士桀❹大夫，慎言知行，此上有以規諫其君長，下有以教順其百姓，故上得其君長之賞，下得其百姓之譽。列士桀大夫聲聞不廢，流傳至今，而天下皆曰其力也，必不能曰我見命焉。」

【章旨】回答堅持有命論者所說前代已流傳命定論的問題，指出那不是聖王的主張。

【注釋】❶今故先生對之　孫詒讓說當作「今胡先生非之」。❷志　同「識」。❸亡　同「無」。語詞。❹桀　通「傑」。特立；傑出。

【語譯】現在堅持有命運的人說：「並不是我在後世創設這種說法，早在從前三代就已有這種說法流傳了。為什麼先生反對它呢？」回答是：「有命運的說法，不知是從以前三代的聖人善人那兒傳下來的呢？還是從以前三代的暴君不肖者那兒傳下來的？憑什麼知道有命運呢！當初的列士和傑出的大夫們，都謹慎言論懂得實行的重要，他們上對君長有所規諫，下對百姓有所教育，所以能上得君長的獎賞，下得百姓的稱譽。列士及傑出的大夫們名聲流傳不止，一直到今，天下人都說他們是靠自己的努力得來的，絕對不會說是命運造成的。」

是故昔者三代之暴王，不繆❶其耳目之淫，不慎其心志之辟❷，外之敺騁田獵畢弋❸，內沈於酒樂，而不顧其國家百姓之政。繁為無用，暴逆百姓，使下不親其上，是故國為虛厲❹，身在刑僇❺之中。不肎曰「我罷不肖，我為刑政不善」，必曰「我命故且亡」。雖昔也三代之窮民，亦由❻此也。內之不能善事其親戚，外不能善事其君長，惡恭儉而好簡易，貪飲食而惰從事，衣食之財不足，使身至有饑寒凍餒之憂，必不能曰「我罷不肖，我從事不疾」，必曰「我命固且窮」。雖昔也三代之偽民，亦猶此也。繁飾有命，以教眾愚樸人久矣。聖王之患此也，故書之竹帛，琢之金石，於先王之書〈仲虺之告〉曰：「我聞有夏，人矯天命，布命于下，帝式是惡，用闕❼師。」此語夏王桀之執有命也，湯與仲虺共非之。先王之書〈太誓〉之言然曰：「紂夷之居，而不肎事上帝，棄闕其先神而不祀也，曰：『我民有命，毋僇其務。』天不亦❽棄縱而不葆。」此言紂之執有命也，武王以〈太誓〉非之。有於三代不國❾有之曰：「女毋崇天之有命也。」命❿三不國⓫亦言命之無也。於〈召公〉之執令於然⑫，且⑬：「敬哉！無天命，惟予二人，而無造言⑭，不自降天之哉得之⑮。」在於商、夏之詩書曰：「命者暴王作之。」且今天下之士君子，將欲辯是非利害之故，當天⑯有命者，不可不疾非也。執有命者，此天下之厚害也，是故子墨子非也⑰！

【章　旨】徵引前代典籍說明聖王反對相信命運。

【注　釋】❶繆　通「糾」。❷辟　通「僻」。邪僻。❸畢弋　畢，一種打獵用的長柄網。弋，用絲繩繫箭而射。這裡均指打獵。❹虛厲　指國家空虛、絕滅。畢沅引陸德明《莊子音義》說：「李云『居宅無人曰虛，死而無後曰厲。』」❺僇　通「戮」。❻由　通「猶」。❼闕　與下文「闕」均當作「厥」，其。按：畢注：闕，當是「喪厥」二字。❽不亦　「不亦者，亦也。」❾有於三代不國　有，通「又」。不，當作「百」。《隋書・李德林傳》引墨子說：「吾見百國春秋。」❿命　當作「今」。⓫三不國　當作「三代百國」，見張純一《墨子集解》。⓬於召公之執令於然　當作「於〈召公〉之非執命亦然」。召公，召公奭，這裡也是《周書》的佚篇名。⓭且　當作「曰」。⓮造言　製造謠言。⓯不自降天之哉得之　當作「不自天降，自我得之」。⓰天　當作「夫」。⓱非也　當作「非之也」。

【語　譯】所以從前三代的暴王，不糾正自己耳目的淫欲，不謹慎防備自己心志的邪僻，只顧往外馳驅畋獵，在內沉溺於飲酒作樂，而不顧國家百姓的政務。多做無用之事，對百姓殘暴橫逆，使下民不敢親近他們的君長，因而國家空虛、滅絕，其本身也遭到殺戮。他仍不肯說「我懶散不肖，我的政治措施沒有做好」，卻強調說「我命中注定要滅亡」。從前三代的貧民，也像這樣。他們在內不能好好地事奉其親戚，在外不能好好地事奉其君長，憎惡恭儉而喜歡簡易，貪於飲食而懶惰不做事，以致無法維持衣食的費用，使自己有飢寒凍餓的憂患，他們必然不會說「我懶散不肖，我沒能積極地去做事」，卻一定會說「我命中注定要受窮」。就是從前三代弄虛作假的人，也是這樣。他們多方粉飾有命的言論，來教導眾多愚昧質樸的人，這種情況已經很久了。聖王憂慮此事，所以把他們的看法寫在竹帛上，雕在金石上。在先王的書〈仲虺之告〉中說：「我聽說夏朝，有人假託天命，對下民發布政令，上帝於是憎惡他，便喪亡了他的軍隊。」這是說，夏王桀堅持有命論，湯和仲虺共同責難他。先王的書〈太誓〉也這樣說：「商王紂倨傲不恭，不肯敬奉上帝，拋開他的祖先神靈而不祭祀，並說：『我的人民自有命運，不必努力從事工作。』於是上天也就放棄了他，而不再加以保護。」這是說紂堅持有命論，周武王以〈太誓〉之文非難他。又於三代百國的書中說：「你不要崇信有天命。」今三代百國的書也說命運是沒有的。在〈召公〉的書中，也有非難堅持命運的話，他說：「敬慎啊！沒有天命，只有我們二人。不要造謠惑眾，幸福不是來自天命，而是來自我們自己。在商、夏的詩書中也說：「命是暴君編造出來的。」況且當今天下的士君子，想辨明是非利害的根本所在，對於有命運的說法，不能不大力非難。堅持有命，這是天下的大害，所以墨子加以非難啊！

非命下第三十七（以下原闕一篇）

【題解】這篇的要旨，大致與前兩篇相同。但在後半部分，卻強調了人們主觀努力的重要，並指出相信命運，會導致人們普遍聽命而怠於工作的危害，較諸前兩篇則更有系統而深刻。

子墨子言曰：「凡出言談，則必❶可而不先立儀而言。若不先立儀而言，譬之猶運鈞之上而立朝夕焉也。我以為雖有朝夕之辯，必將終未可得而從定也。是故言有三法。何謂三法？曰：有考之者，有原之者，有用之者。惡乎考之？考先聖大王之事。惡乎原之？察眾之耳目之請❷。惡乎用之？發而為政乎國，察萬民而觀之。此謂三法也。」

【章旨】提出以三法來確立驗證言論的準則。

【注釋】❶必 當作「不」。❷請 通「情」。

【語譯】墨子說：「凡是發表言論，就不能不先確立準則而後再說。如果不先確立準則就說，那就像在陶鈞上轉動，而確立東西方位。我認為即使有東西的區別，也最終無法加以確定。所以說話要有三條法則。哪三條法則？就是說：有考察根本的，有考察來源的，有加以應用的。怎樣考察根本？就是要考察前代聖王的事情。怎樣考察來源？就是要考察眾人耳目的情況。怎樣應用？就是要用它來發布政令治理國家，考察萬民對它的看法。這就是所說的三條法則。」

故昔者三代聖王禹湯文武方為政乎天下之時，曰：必務舉孝子而勸之事親，尊賢良之人而教之為善。是故出政施教，賞善罰暴。且以為若此，則天下之亂也，將屬❶可得而治也；社稷之危也，將屬可得而定也。若以為不然，昔桀之所亂，湯治之；紂之所亂，武王治之。當此之時，世不渝而民不易，上變政而民改俗。

存乎桀紂而天下亂，存乎湯武而天下治。天下之治也，湯武之力也；天下之亂也，桀紂之罪也。若以此觀之，夫安危治亂，存乎上之為政也，則夫豈可謂有命哉！故昔者禹湯文武方為政乎天下之時，曰「必使飢者得食，寒者得衣，勞者得息，亂者得治」，遂得光譽令問❷於天下。夫豈可以為命❸哉？故❹以為其力也！今賢良之人，尊賢而好功❺道術，故上得其王公大人之賞，下得其萬民之譽，遂得光譽令問於天下。亦豈以為其命哉？又以為力也！然今夫有命者，不識昔也三代之聖善人與，意亡昔三代之暴不肖人與？若以說觀之，則必非昔三代聖善人也，必暴不肖人也。然今以命為有者，昔三代暴王桀紂幽厲，貴為天子，富有天下，於此乎，不而矯其耳目之欲，而從其心意之辟，外之敺騁、田獵、畢弋，內湛於酒樂，而不顧其國家百姓之政，繁為無用，暴逆百姓，遂失其宗廟。其言不曰「吾罷不肖，吾聽治不強」，必曰「吾命固將失之」。雖三代罷不肖之民，亦猶此也。不能善事親戚君長，甚惡恭儉而好簡易，貪飲食而惰從事，衣食之財不足，是以身有陷乎飢寒凍餒之憂。其言不曰「吾罷不肖，吾從事不強」，又曰「吾命固將窮」。昔三代偽民亦猶此也。

【章旨】天下治是由於人力，不是由於命運。

【注釋】❶屬 適。❷光譽令問 光，通「廣」。令，善。問，通「聞」。聲譽。❸命 當作「其命」。❹故 通「固」。❺功 通「攻」。治。

【語譯】所以從前三代聖王禹湯文武治理天下的時候，說：一定要推舉孝子來勸勉人們孝敬父母，尊崇賢良之人來教人們為善。所以他們發布政令，施行教化，獎賞善人而懲罰惡人。並且認為這樣做了，天下的紛亂，就會得到治理；社稷的危險，就會得以平定。如果認為不是這樣，請看從前夏桀弄亂了的，商湯就能治理得好；殷紂弄亂了的，武王就能治理得好。當這個時候，時世沒變，人民沒變，在上位的君主，改變了政治措施，人民就改變了風俗。在桀紂手裡天下就亂，在湯武手裡天下就治。天下的大治，是由於湯武的努力；天下的混亂，是桀紂的罪過。如果從這些來考察，天下的安危治亂，是決定於在上位的政治措施，怎能說是有命運呢！所以從前禹湯文武治理天下的時候，他們強調說「一定要使飢餓的人得到飯吃，寒冷的人得到衣穿，勞苦的人得到休息，紛亂的社會得到安定」，終於獲得天下人民美好的聲譽。這怎能算是他們的命好呢？本來就是因為他們的努力嘛！現今的賢良之人，尊重賢人而喜歡研究道術，所以上能得到王公大人的獎賞，下能受到萬民的稱譽，終能獲得天下人民美好的名聲。這又怎能算是他們命好呢？這本來就是因為他們的努力嘛！但是當今說有命運的人，不知是從先前三代的聖人善人那裡得來的呢，還是從先前三代的暴君不肖人那裡得來的？如果對他們的說法加以考察，那必定不是得自先前三代的聖人善人，而一定是得自暴君不肖的人。那麼現在認為有命運的，就是從前三代的暴君桀紂幽厲那類人，他們貴為天子，富有天下，在這種地位上，不能糾正自己耳目的欲望，卻放縱自己邪僻的心志，在外馳騁畋獵，在內沉溺於飲酒作樂，而不顧國家百姓的政務，多做無用之事，凌暴百姓，終於喪失了國家。他們不說「我懶散不肖，我治理不努力」，卻一定說「我命中注定要失去它」。即使三代懶散不肖的人，也是這樣。他們不能好好地事奉父母君長，非常憎惡恭儉而喜歡簡易，貪於飲食而懶於工作，以致衣食的費用不足，因而使自己陷入飢寒凍餓的憂患之中。他們不說「我懶散不肖，我工作不努力」，而說「我命中注定要受窮」。從前三代弄虛作假的人也是這樣。

昔者暴王作之，窮人術❶之，此皆疑眾遲樸❷。先聖王之患之也，固在前矣。是以書之竹帛，鏤之金石，琢之盤盂，傳遺後世子孫。曰：何書焉❸存？禹之《總德》❹有之曰：「允不著❺，惟天民不而葆，既防❻凶心，天加之咎，不慎厥德，天命焉葆？」《仲虺之告》曰：「我聞有夏，人矯天命，于下，帝式是增❼，用爽❽厥師。」彼用無為有，故謂矯。若有而謂有，夫豈謂矯哉！昔者，桀執有命而行，湯為《仲虺之告》以非之。《太誓》之言也，於去發❾曰：「惡乎❿君子！天有顯德，其行甚章，為鑑不遠，在彼殷王。謂人有命，謂敬不可行，謂祭無益，謂暴無傷，上帝不常，九有以亡，上帝不順，祝降其喪⓫，惟我有周，受之大帝。」昔紂執有命而行，武王為《太誓》，去發以非之。曰：子胡不尚⓬考之乎商周虞夏之記，從十簡之篇以尚，皆無之，將何若者也？

【章旨】引用前代典籍說明前代聖王反對相信命運。

【注釋】❶術　通「述」。❷疑眾遲樸　疑眾，蠱惑群眾。遲，當作「愚」。樸，樸實之人。❸焉　於。❹總德　古佚書。❺允不著　允，誠；信。著，順。❻防　通「放」。❼增　通「憎」。❽爽　當從上篇作「喪」。❾去發　當作「太子發」。發，周武王名。❿惡乎　同「嗚呼」。歎詞。⓫祝降其喪　祝，斷。降其喪，降下使他喪命的災禍。⓬尚　通「上」。

【語　譯】從前暴君創立有命的說法，窮人跟著講述，這都是蠱惑群眾，愚弄質樸小民的做法。先代聖王的憂慮此事，本在很久以前了。所以他們就寫在竹帛上，刻在金石上，雕在盤盂上，留傳給後代子孫。如問：在哪些書裡有？禹的《總德》之書說：「如確實不順從，就是上天的人民，也不能得到保護，你放縱自己的凶惡之心，天就加給你災禍，你不謹慎自己的德行，天命怎會保護你？」〈仲虺之告〉說：「我聽說夏朝，有人假託天命，向下民發布政令，上帝於是憎惡他，因而喪亡了他的軍隊。」他把沒有的說成有，所以說是假託。如果有才說有，那怎麼說假託呢！從前，夏桀堅持有命的說法而行事，商湯就作〈仲虺之告〉來指責他。《周書・太誓》有這種說法，於是太子發說：「唉，君子！上天有顯明的德行，他的行為很是光明，值得借鑑的人並不很遠，商朝的紂王就是明證。他說人有定命，說恭敬不可行，說祭祀無益處，說殘暴不要緊，上帝無常命，九州於是沉淪，上帝不順從他，斷絕了他的天命。只有我們周人，能接受上帝的天命。」從前殷紂堅持有命的說法而行事，周武王作〈太誓〉來指責他。請問：你們為什麼不向前代考察一下商、周、虞夏的記載？考察了前代的篇什簡書，都沒有有命的說法，那該怎樣呢？

是故子墨子曰：「今天下之君子之為文學出言談也，非將勤勞其惟舌❶，而利其脣呡❷也，中實將欲❸其國家邑里萬民刑政者也。今也王公大人之所以蚤❹朝晏退，聽獄治政，終朝均分，而不敢怠倦者，何也？曰：彼以為強必治，不強必亂；強必寧，不強必危，故不敢怠倦。今也卿大夫之所以竭股肱之力，殫其思慮之知，內治官府，外斂關市、山林、澤梁之利，以實官府，而不敢怠倦者，何也？曰：彼以為強必貴，不強必賤；強必榮，不強必辱，故不敢怠倦。今也農夫之所以蚤出暮入，強乎耕稼樹藝，多聚菽粟，而不敢怠倦者，何也？曰：彼以為強必富，不強必貧；強必飽，不強必飢，故不敢怠倦。今也婦人之所以夙興夜寐，強乎紡績織紝，多治麻統❺葛緒，細布縿，而不敢怠倦者，何也？曰：彼以為強必富，不強必貧；強必煖，不強必寒，故不敢怠倦。

【章　旨】指陳從王公大人到官吏、百姓都努力從事各自的工作而不敢怠倦，就是因為只有靠努力才能解決實際問題。

【注　釋】❶惟舌　當作「喉舌」。❷脣呡　脣吻；嘴巴。呡，即「脗」的省文。脗，即「吻」。口邊。❸欲　當作「欲為」。❹蚤　通「早」。❺統　當作「絲」。

【語　譯】所以墨子說：「當今天下的君子寫文章發表言論，不只是勞累他的喉舌，磨利他的嘴巴，他們內心確實想為他的國家鄉里人民的政治提供一個好的方略。當今王公大人之所以早朝晚退，治理刑獄政務，整天忙於均平地分配，而不敢懈怠，是什麼原因呢？就是說，他們認為努力就必能把政務治理好，不努力就會混亂；努力就能安寧，不努力就會危險，所以不敢懈怠。當今的卿大夫所以竭盡手足之力，竭盡思慮智慧，來內治官府，外徵關口、市場、山林、湖澤、橋梁的賦稅，以充實官府，而不敢懈怠，原因何在呢？就是說，他們認為努力就能尊貴，不努力就會卑賤；努力就能榮耀，不努力就會屈辱，所以不敢懈怠。當今農夫之所以早出晚歸，努力耕種栽培，多積蓄糧食，而不敢懈怠，原因何在呢？就是說，他們認為努力就能富裕，不努力就會貧窮；努力就能吃飽，不努力就會飢餓，所以不敢懈怠。當今婦女之所以早起晚睡，努力紡績織布，紡出很多麻絲葛紵，織出很多布帛，而不敢懈怠，原因何在呢？就是說，她們認為努力就會富有，不努力就會貧困；努力就能溫暖，不努力就會寒冷，所以不敢懈怠。

「今雖毋在乎王公大人，蕢若❶信有命而致行之，則必怠乎聽獄治政矣，卿大夫必怠乎治官府矣，農夫必怠乎耕稼樹藝矣，婦人必怠乎紡績織紝矣。王公大人怠乎聽獄治政，卿大夫怠乎治官府，則我以為天下必亂矣。農夫怠乎耕稼樹藝，婦人怠乎紡績織紝，則我以為天下衣食之財將必不足矣。若以為政乎天下，以上事天鬼，天鬼不使❷；下以持養百姓，百姓不利，必離散不可得用也。是以入守則不固，出誅則不勝。故雖昔者三代暴王桀紂幽厲之所以共抎❸其國家，傾覆其社稷者，此也。」是故子墨子曰：「今天下之士君子，中實將欲求興天下之利，除天下之害，當若有命者之言，不可不強非也。曰：命者，暴王所作，窮人所術，非仁者之言也。今之為仁義者，將不可不察而強非者，此也。」

【章　旨】陳說信命的害處，指出非命的必要。

【注　釋】❶蕢若　藉若；假如。蕢，當作「藉」。❷使　從；順從。❸共抎　共，當作「失」。抎，通「損」。有所失的意思。

【語　譯】「當今的王公大人，如果相信有命的主張而且將此付諸實行，就一定會懶於治獄聽政，卿大夫一定懶於治理官府，農夫一定懶於耕種栽培，婦女一定懶於紡績織布了。王公大人懶於治獄聽政，卿大夫懶於治理官府，那我認為天下就必定會紛亂了。農夫懶於耕種栽培，婦女懶於紡績織布，那我認為天下衣食的費用，就必定會不足了。如果以此為政於天下，用此上事天鬼，天鬼不順從；下養萬民，則百姓得不到利益，一定會離散而不能被役使。因而退守就不牢固，出攻就不會勝利。所以從前三代的暴君桀紂幽厲之所以喪失國家，傾覆社稷，原因就在於此。」是以墨子說：「當今天下的士君子，內心如果確實想興天下之利，除天下之害，對於有命論者的言論，不能不盡力地加以指責。就是說，命運，是暴君所創作，窮人所講述的，不是仁者的言論。當今行仁義的人，所以不能不對有命論加以考察並盡力加以非難，原因就在這裡了。」

非儒下第三十九

【題　解】此篇乃針對儒家所作的批評。前半篇，分別批評儒家的厚喪、婚禮、相信命運、主張復古、在戰場上講仁義等；後半篇，則為對孔子的批評。墨家對儒家的批評，反映了儒墨兩家思想觀點上的分歧。但文中對孔子的批評，許多事例與史事並不相符。〈非儒〉原有兩篇，上篇已佚。

儒者曰：「親親有術❶，尊賢有等。」言親疏尊卑之異也。其禮曰：「喪父母三年，後子❷三年，伯父叔父弟兄庶子其❸，戚族人五月。」若以親疏為歲月之數，則親者多而疏者少矣，是妻、後子與父同也。若以尊卑為歲月數，則是尊其妻子與父母同，而親伯父、宗兄而卑子❹也，逆孰大焉！其親死，列尸弗斂❺，登屋窺井，挑鼠穴，探滌器❻，而求其人矣。以為實在則贛愚❼甚矣；如❽其亡也必求焉，偽亦大矣！

【章　旨】指陳儒家所崇尚的喪禮中的矛盾與謬誤。

【注　釋】❶術　等差。❷後子　嫡子。❸其　通「期」。一整年。❹宗兄而卑子　宗兄，指嫡長子中的宗子。卑子，即庶子。❺列尸弗斂　列，陳。斂，裝殮下棺。❻登屋窺井三句　均是當時的招魂活動，不見於今存儒家經典所載喪禮之中。滌器，灑濯之器，指槃匜之類的器具。❼贛愚　贛，今作「戇」，也是愚的意思。❽如　當作「知」。

【語　譯】儒者說：「所親近的親屬有等差，所尊崇的賢人也有等差。」這是說親疏尊卑是有差異的。儒者的禮說：「死了父母服喪三年，死了嫡子服喪三年，死了伯父、叔父、弟兄、庶子服喪一年，死了親近的族人，服喪五個月。」如果按親疏來確定服喪的年月數，那就應該親者時間長而疏者時間短，但儒者的喪禮卻使妻、嫡子與父親同等對待。如果按尊卑來確定服喪的年月數，那他們就是把妻、子與父母同等對待，而且看待伯父、宗兄如同庶子，還有比這更悖逆人倫的嗎？他們的父母死了，陳屍不殮，要登屋窺井、挑掘鼠洞、探弄滌器，來尋覓那已死的人。認為人死後存在於這些東西裡，那真是愚蠢極了；明知這個人已經死了，卻一定要去尋找他，這也夠虛偽的了！

取❶妻，身迎，祗褍❷為僕，秉轡授綏❸，如仰嚴親❹，昏禮威儀，如承祭祀。

顛覆上下，悖逆父母，下則❺妻子，妻子上侵❻事親，若此可謂孝乎？儒者❼：「迎妻，妻之奉祭祀，子將守宗廟，故重之。」應之曰：「此誣言也，其宗兄守其先宗廟數十年，死喪之其，兄弟之妻，奉其先之祭祀弗散❽，則喪妻三年，必非以守奉祭祀也。夫憂妻子以大負絫❾，有❿曰『所以重親也』，為欲厚所至私，輕所至重，豈非大姦也哉！」

【章　旨】批評儒者婚禮的悖於情理。

【注　釋】❶取　通「娶」。❷祗褍　通「緇袘」。指衣服的黑色下緣。❸綏　登車用的引繩。❹嚴親　指父親。❺則　即；就。❻侵　侵害。❼儒者　當作「儒者曰」。❽散　當作「服」。❾夫憂妻子以大負絫　憂，古「優」字。以，通「已」。大負絫，大負慾累。即犯了大的錯誤之意。❿有　通「又」。

【語　譯】娶妻，要親自去迎接，穿著緣黑邊的衣服，駕著車，如同僕人，還要親自拉著馬轡，把引繩遞給新娘，如同敬仰父母一般。婚禮上的禮儀舉止，又如同承受祭祀一樣。這樣顛倒上下關係，背逆父母，下就妻子，因妻子而對上妨害了事親的禮儀，這種做法能算孝嗎？儒者說：「迎了妻，妻將與自己共同奉承祭祀，生下兒子將令守宗廟，所以要重視迎親的禮儀。」回答他們道：「這是騙人的話。他的宗兄守了祖先宗廟幾十年，死了才替他服喪一年，兄弟的妻子，也承奉過祖先宗廟的祭祀，則不替她服喪，如果妻子死了，卻要服喪三年，可見這必定不是因為需要她奉守宗廟祭祀的緣故。優待妻子已經是一種大過錯了，又說『這是因為重視親緣關係』。這實在是想優厚自己最偏愛的人，而輕慢最應該敬重的人，這難道不是大奸邪的行為嗎？」

有強執有命以說議曰：「壽夭貧富，安危治亂，固有天命，不可損益。窮達賞罰幸否有極❶，人之知❷力，不能為焉。」群吏信之，則怠於分職；庶人信之，則怠於從事。吏不治則亂，農事緩則貧，貧且亂政之本❸，而儒者以為道教❹，是賊天下之人者也。

【章　旨】批評儒者的宣揚有命。

【注　釋】❶幸否有極　否，不幸。極，中。這裡指命定的極則，即定數。❷知　通「智」。❸貧且亂政之本　有脫文，孫詒讓說當作「貧且亂，倍政之本」。倍，通「背」。❹道教　道，主張。教，教導。

【語　譯】又頑固而堅持有命的議論說：「長壽、短命、貧窮、富貴、安全、危險、太平、紛亂，本來都有天命，是不能增加減少的。窮塞、通達、獎賞、懲罰、幸與不幸，也都有定數，人的智力，是無法改變的。」眾官吏相信這些，就會荒廢自己的職分；庶人相信這些，就懶得從事生產。官吏不勤於治理，官府就會紛亂，農人不努力耕種，就會貧窮，貧窮而且紛亂，就已違背了政治的根本，但是儒者卻以這種主張來教導人們，這是賊害天下的人民啊！

且夫繁飾禮樂以淫人，久喪偽哀以謾❶親，立命緩貧而高浩❷居，倍本棄事而安怠傲，貪於飲食，惰於作務，陷於飢寒，危於凍餒，無以違❸之。是若人氣❹，鼸鼠藏❺，而羝羊❻視，賁彘❼起。君子笑之。怒曰：「散人！焉知良儒。」夫夏乞麥禾，五穀既收，大喪是隨，子姓❽皆從，得厭飲食，畢治數喪，足以至矣。因人之家翠以為❾，恃人之野以為尊，富人有喪，乃大說，喜曰：「此衣食之端也。」

【章旨】譏諷儒者以為人治喪謀生的職業。

【注釋】❶謾　欺騙。❷高浩　同「傲倨」。❸違　避。❹人氣　當作「乞人」。即乞丐。❺鼸鼠藏　鼸鼠，田鼠。藏，指鼠穴的食物貯藏。❻羝羊　公羊。❼賁彘　豶彘。閹割過的豬。賁，「豶」的省文。❽子姓　子孫。❾因人之家翠以為　應作「因人之家以為翠」。翠，「臎」之省文，肥。

【語譯】而且儒者用紛繁的禮樂來迷惑人，以長時間的服喪和虛偽的哀傷來欺騙父母。確信有命安於貧窮而以倨傲為高，背離根本、廢棄事業，而安於怠惰自傲。貪於飲食，懶於工作，陷於飢寒，危於凍餓，無法逃避。這就如同乞丐，又像田鼠洞裡藏著的食物，公羊盯著它，閹豬見了就想拱出來。君子都嘲笑他們。他們卻發怒說：「你們這些無用的人，你們怎能了解好儒生！」他們春天向人乞麥，夏天乞禾，秋天五穀已收割，大的喪事又隨之而來，連子孫都跟著去為人治喪，得以吃飽喝足，治完幾家的喪事，也就足夠謀生了。他們憑藉別家來養肥自己，依恃別人的田野收入來養尊處優，富人有了喪事，他們就非常高興地說：「這就是穿衣吃飯的來源啊！」

儒者曰：「君子必服古言❶然後仁。」應之曰：「所謂古之言服者，皆嘗新矣。而古人言之，服之，則非君子也。然則必服非君子之服，言非君子之言，而後仁乎？」

【章旨】指陳儒者的復古之非。

【注釋】❶服古言 〈公孟〉作「古言服」，當從。

【語譯】儒者說：「君子一定要說古人說過的話，穿古人穿過的服裝，才能稱得上為仁人。」回答說：「所謂古人的話、古人的服裝，在當時也曾是新的。如果按儒者的邏輯推論，那古時說這些話、穿這種服裝的人，就不是君子了。那麼一定要穿不是君子之人穿的服裝，說不是君子之人說的話，才能算仁人嗎？」

又曰：「君子循❶而不作。」應之曰：「古者羿❷作弓，伃❸作甲，奚仲❹作車，巧垂❺作舟，然則今之鮑函車匠❻皆君子也，而羿、伃、奚仲、巧垂皆小人邪？且其所循人必或作之，然則其所循皆小人道也❼？」

【章旨】批評儒者的因循思想。

【注釋】❶循 因循。❷羿 夏代東夷族首領，以善射著稱。❸伃 也作「季杼」，夏少康之子。❹奚仲 夏代人，黃帝之後。❺垂 也作「倕」，堯時巧匠。❻鮑函車匠 鮑，通「鞄」。皮革工。函，製鎧甲的工人。車，車匠。匠，木工。❼也 通「邪」。

【語譯】又說：「君子只因循前人而不創造。」回答說：「從前羿發明弓，伃發明鎧甲，奚仲發明車，垂發明船，照儒者的說法推論，那麼今天的皮革工、製甲工、車匠、木匠都是君子，而羿、伃、奚仲、巧匠垂反而都是小人囉？況且凡是被人因循的東西一定要有人發明，那麼他們所因循的就都是小人之道囉？」

又曰：「君子勝不逐奔，揜函❶弗射，施❷則助之胥車❸。」應之曰：「若皆仁人也，則無說而相與。仁人以其取舍是非之理相告，無故從有故也，弗知從有知也，無辭必服，見善必遷，何故相❹？若兩暴交爭，其勝者欲不逐奔，揜函弗射，施則助之胥車，雖盡能猶且不得為君子也。意暴殘之國也，聖將為世除害，興師誅罰，勝將因用儒術令士卒曰『毋逐奔，揜函勿射，施則助之胥車』，暴亂之人得活，天下害不除，是為群殘父母，而深賤❺世也，不義莫大焉！」

【章旨】批判儒者不當在戰場上講仁義。

【注釋】❶揜函　藏甲表示不敢對抗。揜，藏。函，甲。❷施　陳屍。❸胥車　載胥靡之車。即裝俘虜的車子。❹相　當作「相與」。❺賤　當作「賊」。

【語譯】又說：「君子作戰，打勝了不追逐逃亡的人，對棄甲而逃的人不要放箭，對戰死的人，要用裝俘虜的車子幫他們裝起來。」回答說：「如果作戰雙方都是仁人，那就沒有互相敵對的理由可說。仁人把自己取捨是非的道理告訴對方，沒理的就會聽從有理的，不知道的就會聽從知道的，無理的必定服從有理的，見善必改，還會有什麼緣故互相爭戰？如果交戰的兩方面都是強暴者，戰勝的一方想不追逐逃亡者，對棄甲而逃的人不放箭，對戰死的幫他們用裝俘虜的車子裝起來，這些即使全能做到，也算不得君子。或者有一方是殘暴之國，另一方是聖人將要為世除害，興兵討伐，戰勝了就用儒者的主張命令士兵說：『不要追逐逃亡的人，對棄甲而逃的人不要放箭，對戰死的要幫他們用裝俘虜的車子裝起來。』那暴亂的人就得以活命，天下的災害不能盡除，這等於是對眾多父母的摧殘，也對世間造成更深的危害，沒有比這更不義的了！」

又曰：「君子若鐘，擊之則鳴，弗擊不鳴。」應之曰：「夫仁人事上竭忠，事親得孝，務❶善則美，有過則諫，此為人臣之道也。今擊之則鳴，弗擊不鳴，隱知豫力❷，恬漠❸待問而後對，雖有君親之大利，弗問不言，若將有大寇亂，盜賊將作，若機辟❹將發也，他人不知，己獨知之，雖其君親皆在，不問不言，是夫大亂之賊也！以是為人臣不忠，為子不孝，事兄不弟，交遇❺人不貞良。夫執後❻不言之朝物❼，見利使己雖❽恐後言。君若言而未有利焉，則高拱❾下視，會噎❿為深，曰：『唯其未之學也。』用誰⓫急，遺行遠矣。夫一道術學業仁義者，皆大以治人，小以任官，遠施周偏⓬，近以脩身，不義不處，非理不行，務興天下之利，曲直周旋，利則止⓭，此君子之道也。以所聞孔某⓮之行，則本與此相反謬也。」

【章　旨】指陳儒者「君子若鐘，擊之則鳴，弗擊不鳴」觀點的不對。

【注　釋】❶務　應與上句「事親得孝」的「得」互換。❷豫力　預見能力。❸恬漠　恬，安靜。漠，冷漠。❹機辟　古代用以獵取禽獸的工具。機，弩機。辟，罔。即「網」。❺交遇　交往。❻執後　拘執居後，畏葸不前。❼朝物　朝廷之事。❽雖　通「唯」。❾拱　《說文》：「斂手也。」❿會噎　不肯發言，如食在喉。會，通「噲」。咽的意思。

⓫誰 當作「雖」。⓬偏 同「徧」。⓭利則止 當作「不利則止」。⓮孔某 指孔子。不稱孔丘名，後人為避諱改。

【語 譯】又說：「君子像鐘一樣，敲就響，不敲就不響。」回答說：「仁人事奉君主要竭力盡忠，事奉父母要盡全力孝順，他們有了善行就加以讚美，有了過失就加以勸諫，這才是當臣子的道理。而今如果像鐘一樣要敲才響，不敲就不響，把自己的智慧和預見事機的能力隱藏起來，冷漠地等君親發問才回答，即使對君親大為有利的事，不問就不肯說，比如有大寇亂之事，盜賊將要興作，如同箭在弩機上一觸即發，別人都不知情，只有你自己知道，即使君親都在眼前，不問就不肯說，這種人簡直就是大亂的盜賊了！這種人為臣不忠，為子不孝，對兄不敬，交朋友不貞良。他們對朝廷之事，拘執著居後不肯發言的態度，見對自己有利的，卻唯恐後言。如君主所言對他不利，他就拱著手眼睛朝下看，如食在喉的說：『這個我未曾學過。』國家用人雖急，他卻遠而避之。凡是統一道術學業行仁義的，都是大可以治人，小可以任官，對待遠方能普遍施惠，對自己加強修養，不義之地就不居，無理的事就不做，務求興天下之利，採取一切措施盡力而為，不利的就停止。這才是君子之道。以我所聽到的孔某的行事，就根本與此相反。」

齊景公問晏子曰：「孔子為人如何？」晏子不對，公又復問，不對。景公曰：「以孔某語寡人者眾矣，俱以❶賢人也。今寡人問之，而子不對，何也？」晏子對曰：「嬰不肖，不足以知賢人。雖然，嬰聞所謂賢人者，入人之國，必務合其君臣之親，而弭其上下之怨。孔某之荊❷，知白公❸之謀，而奉之以石乞❹，君身幾滅，而白公僇❺。嬰聞賢人得上不虛，得下不危，言聽於君必利人，教行下必於上❻，是以言明而易知也，行明而易從也，行義可明乎民，謀慮可通乎君臣。今孔某深慮同❼謀以奉賊，勞思盡知以行邪，勸下亂上，教臣殺君，非賢人之行也；入人之國而與人之賊，非義之類也；知人不忠，趣❽之為亂，非仁義之❾也。逃人而後謀，避人而後言，行義不可明於民，謀慮不可通於君臣，嬰不知孔某之有異於白公也，是以不對。」景公曰：「嗚乎！貺❿寡人者眾矣，非夫子，則吾終身不知孔某之與白公同也。」

【章旨】借齊景公與晏嬰的談話，批評孔子不仁不義。

【注釋】❶以 下當有「為」字。❷荊 即楚國。❸白公 楚平王之孫，名勝。❹石乞 白公的黨羽。❺白公僇 《左傳・哀公十六年》(西元前四七九年)載：白公殺令尹子西而劫楚惠王，後敗，自縊而死。孔子卒於此年夏天，當與白公事無關。且此時晏子已死二十三年，齊景公已死十三年，均不得見白公之亂，墨子此說與史實不符。❻於上 當作「利上」。❼同 當作「周」。周密。❽趣 同「促」。促使。❾非仁義之 有脫文，按上文句例，應作「非仁義之類」。❿貺 賜。指賜教。

【語譯】齊景公問晏子說：「孔子為人怎樣？」晏子不回答，景公又問，晏子還是不回答。景公說：「把孔某的事講給我聽的人很多，大家都認為孔某是賢人。現在我問您，您卻不回答，原因何在呢？」晏子答道：「我不肖，不足以了解賢人。雖然如此，我還是聽說過，所謂賢人，進入別人的國家，一定要彌合這一國家君臣的關係，消除這一國家上下之間的怨恨。孔某到楚國，知道白公的陰謀，卻把石乞送給他，弄得楚君幾乎被殺，而白公也遭到刑戮。我聽說賢人得到上面信任就不會尸位素餐，得到下面的擁戴七六會有危害。言語聽從君主必有利於人，教化施行於下必有利於上，因此語言明晰而易於知曉，行為明確而易於順從，行義可使人民明瞭，謀慮可以溝通君臣。現在孔某老謀深算來伺奉亂賊，殫精竭慮以行邪惡之事，鼓勵下屬犯上作亂，教唆臣子殺害君主，這不是賢人的行為；進入別人的國家卻幫助該國的亂臣賊子，此不屬於義的這一類；知道他人不忠，卻促使他作亂，此不屬於仁義的這一類。避開人才謀事，避開人才說話，行義不能使人民明瞭，謀慮不能溝通君臣，我不知道孔某與白公有什麼不同，所以才不回答。」景公說：「唉，賜教於我的人很多，如果不是您，那我就終生不知道孔某與白公是同一類的人了！」

孔某之齊見景公，景公說，欲封之以尼谿❶，以告晏子。晏子曰：「不可。夫儒浩居❷而自順者也，不可以教下；好樂而淫人，不可使親治；立命而怠事，不可使守職；宗喪循哀❸，不可使慈民；機服❹勉容❺，不可使導眾。孔某盛容脩飾以蠱世，弦歌鼓舞以聚徒，繁登降之禮以示儀，務趨翔❻之節以觀眾，博學不可使議世，勞思不可以補民，絫壽❼不能盡其學，當年❽不能行其禮，積財不能贍其樂，繁飾邪術以營世君❾，盛為聲樂以淫遇❿民，其道不可以期世，其學不可以導眾。今君封之，以利齊俗，非所以導國先眾。」公曰：「善！」於是厚其禮，留其封，敬見而不問其道。孔某乃恚，怒於景公與晏子，乃樹鴟夷子皮⓫，於田常⓬之門，告南郭惠子⓭以所欲為，歸於魯，有頃，閒⓮齊伐魯，告子貢曰：「賜乎，舉大事於今之時矣！」乃遣子貢之齊，因南郭惠子以見田常，勸之伐吳，以教高、國、鮑、晏⑮，使毋得害田常之亂，勸越伐吳。三年之內，齊、吳破國之難，伏尸以言術數⑯，孔某之誅⑰也。

【章旨】指陳孔子的繁文縟禮，以及私憤而害人之國。

【注釋】❶尼谿　古地名。不詳。❷浩居　通「傲倨」。傲慢。❸宗喪循哀　宗、循，《孔叢子‧詰墨》作「崇」、「遂」，當從。崇喪，崇尚厚喪。遂哀，哀而不止。❹機服　異服。❺勉容　勉強地做出一種儀態。❻趨翔　趨走盤旋等禮節。❼絫壽　累世。❽當年　壯年。❾營世君　營，惑。世君，當世的君主。❿遇　當作「愚」。⓫鴟夷子皮　即越國大夫范蠡。范蠡助句踐滅吳，泛舟至齊，自稱鴟夷子皮。⓬田常　齊大夫。殺齊簡公，擁立齊平公，自任相國，專齊政。按，范蠡至齊，孔子已死，事與史不合。⓭南郭惠子　人名。不詳。⓮閒　當作「聞」。⓯高國鮑晏　四氏均齊世卿。⓰以言術數　當作「以意率數」。意，「億」的省文。率，計數。⓱誅　當作「謀」。

【語譯】孔某到齊國謁見齊景公，景公很高興，想將尼谿這地方封賞給他，把這想法告訴了晏子。晏子說：「不行。儒者倨傲而自以為是，不能用以教育下民；喜好音樂並以此感染別人，不能使他們身負治民之任；確立有命之說而怠於從事工作，不能使他們恪守職分；推崇厚喪久哀，不能使他們慈愛人民；穿著異服強作儀態，不能用他們引導群眾。孔某主張儀容修飾，以莊重繁縟來蠱惑世人，以絃樂伴歌、擊鼓伴舞來聚集徒眾，用繁瑣升降之禮以顯示禮儀，以趨走盤旋等儀節給群眾觀看，學問廣博，卻不可使他議論世事，勤於思慮，卻無益於人民，累世不能窮盡他的學問，到壯年都無法實行他的禮法，積蓄財富再多也不能滿足舉行音樂活動的耗費，修飾繁多的邪門歪道來迷惑當世之君，以盛大的音樂活動來淫亂愚民，他的主張不可以昭示於世，他的學說不可以引導人民。現在您封賞他，想以此有利於齊國的風俗，這不是用以引導國家率領民眾的方法。」景公說：「說得好！」於是對孔某厚禮相待，卻保留封給他土地的作法，恭敬地接見他，卻不向他請教治國的主張。孔某很生氣，並譴責了景公和晏子，卻安排鴟夷子皮到田常門下，告訴南郭惠子所想要做的事，然後回到魯國，不久，就聽說齊要伐魯，於是告訴子貢說：「端木賜啊！現在是幹大事的時候了！」於是派子貢到齊國，憑藉南郭惠子謁見田常，勸他伐吳，又教導齊國的高、國、鮑、晏等世卿大族，不要妨礙田常的作亂，又勸越國伐吳。三年之內，齊、吳兩國都遭到國家破亡的災難，死者數以十萬計。這就是孔某的計謀。

孔某為魯司寇❶，舍公家❷而奉季孫❸。季孫相魯君而走❹，季孫❺與邑人爭門關❻，決植❼。

【章　旨】指陳孔子幫助季孫氏。

【注　釋】❶司寇　掌刑獄之官。孔子為魯司寇，在魯定公九年（西元前五〇一年）。❷公家　指公室。❸季孫　魯國大夫。❹季孫相魯君而走　孔子於定公十四年（西元前四九六年）代理相事，後離魯至衛。「季孫」二字是衍文，應刪。❺季孫　衍文，應刪。❻關　門閂。❼決植　決，通「抉」。撬開。植，關門的直木。

【語　譯】孔某當了魯國的司寇，放棄公家的職務去事奉季孫氏。曾輔佐過魯君，卻逃離了魯國，逃到城門口，同守城人爭門閂，後來撬開了門閂。

孔某窮於蔡、陳之間，藜❶羹不糂❷。十日，子路為享❸豚，孔某不問肉之所由來而食；號❹人衣以酤酒，孔某不問酒之所由來而飲。哀公迎孔子，席不端弗坐，割不正弗食。子路進，請曰：「何其與陳、蔡反也？」孔某曰：「來！吾語女。曩與女為苟❺生，今與女為苟義。」夫飢約則不辭妄取以活身，贏❻飽則偽行以自飾，汙邪詐偽，孰大於此！

【章旨】指陳孔子言行前後相反。

【注釋】❶藜　一種植物，嫩葉可食。❷糂　以米和羹。❸享　即「烹」字。❹號　當為「褫」。剝奪之意。❺苟　通「亟」。急的意思。❻贏　盈餘。

【語譯】孔某受困於陳、蔡之間，野菜湯裡不見米粒。到第十天，子路為他烹了一隻小豬，孔某不問肉是從哪來的就吃；子路剝奪了別人的衣來買酒，孔某不問酒是從哪來的就喝。魯哀公迎接孔子，座席不端正不坐，肉切得不方正不吃。子路進見，請問說：「為什麼與在陳、蔡時相反呢？」孔某說：「過來！我告訴你。先前我同你急於求生，現在我同你急於求義。」飢餓困迫，就不拒絕強奪得來的東西以活命，吃飽有餘，就做出一種虛偽的行為以粉飾自己，卑汙欺詐，還有比這更大的嗎！

孔某與其門弟子閒坐，曰：「夫舜見瞽叟❶，就然❷，此時天下圾❸乎！周公旦非其人也邪？何為舍亓❹家室而託寓也？」孔某所行，心術所至也。其徒屬弟子皆效孔某。子貢、季路輔孔悝❺亂乎衛，陽貨❻亂乎齊，佛肸以中牟❼叛，桼雕刑殘❽，莫大焉！夫為弟子後生，其❾師必修其言，法其行，力不足，知弗及而後已。今孔某之行如此，儒士則可以疑矣。

【章　旨】指陳孔子對門徒有不良影響。

【注　釋】❶瞽叟　舜的父親。❷就然　蹴然，恭敬而不安的樣子。就，「蹴」的省文。❸圾　危。❹亓　古「其」字。❺孔悝　衛國正卿。衛出公蒯輒之父蒯聵自戚入衛，孔悝立為衛莊公，當時子路為衛邑宰，因反對此事被殺。事見《左傳・哀公十五年》。《鹽鐵論・殊路》說，當時孔子弟子子貢、子皋也在其中，事敗遁逃。❻陽貨　即陽虎。因欲去三桓，事敗出奔至齊。陽虎並非孔子門徒。❼佛肸以中牟　佛肸，晉國中牟邑宰。趙簡子攻中牟，佛肸抵抗。曾使人召孔子，孔子欲往而止。中牟，在今河南鶴壁西。❽黍雕刑殘　黍，當作「漆」。漆雕，人名。刑殘，因受刑而致殘。其事不詳。❾其　上當有「於」字。

【語　譯】孔某與他的弟子閒坐，說：「舜見到父親瞽叟，既恭敬又不安，這時天下危險了！周公姬旦算不得仁人吧？為什麼他要捨棄自己的家室而寄託在外呢？」孔某所做的，可以說用盡心機。他的學生都效法他。子貢、子路輔佐孔悝卻在衛國作亂，陽貨在齊國作亂，佛肸在晉國憑藉中牟反叛，漆雕氏受刑身殘，罪行沒有比這些更大的了！學生對於師長，應當學習他的言語，效法他的行動，直到力量不夠、智力不足才停止。現在孔某的行為是這樣，那儒士的品行就值得懷疑了。

經上第四十（與經說上第四十二合注）

【題　解】此篇（含〈經說上〉）以及後面的〈經下〉、〈經說下〉、〈大取〉、〈小取〉等六篇，稱為《墨經》，又稱《墨辯》。《墨辯》的作者，晉人魯勝說：「墨子著書，作辯經以立名本。」可見他認為《墨經》是墨子自作。近人今人也多這樣認為。但不同之說也大有人在。比較公允的見解，應是：《墨辯》是墨子所創立的辯學，但寫作成書可能有一個過程，其中包含了墨門後學的見解，也可能他們在墨子的基礎上有所增益。《墨辯》中涉及的內容極為廣泛，譚戒甫將它分為十二類，很有見地。《墨經》文辭簡古而內容深奧，在輾轉流傳中又有缺佚錯簡，故號為難治。今參酌諸家，斷以己意，力求使之簡明，以利初學。

〔經〕故❶，所得而後成也。

〔說〕故❷◯小故❸，有之不必然，無之必不然，體也，若有端❹。大故，有之必然，若見之成見❺也。

【章旨】討論「故」的問題，屬邏輯類。

【注釋】❶故　構成事物的前提或原因。❷故　牒舉經題，這是經說的通例。❸小故　小前提或小原因。❹體也二句　體，指相對於整體的部分。端，端點。❺見之成見　第一個「見」指能見，即具有看見事物的條件。第二個「見」指看見。

【語譯】

〔經〕故，就是事物所得以成為事物的原因。

〔說〕故◯小原因，有了它，事物不一定能形成；沒有它，事物就一定不能形成。它屬於部分原因，就像事物的一個端點。大原因，有了它，事物必定能成，就像具有看見事物的條件就能看見事物一樣。

〔經〕體❶，分於兼❷也。

〔說〕體◯若二之一，尺之端也。

【章旨】討論「體」的問題，屬邏輯類。

【注釋】❶體　指相對於整體的部分。❷兼　指事物的全體。

【語譯】

〔經〕體，就是從整體中分割出來的部分。

〔說〕體◯就像二中之一，像尺的端點。

〔經〕知❶，材❷也。

〔說〕知材❸◯知也者，所以知也而必知，若明❹。

【章旨】討論「知」的問題，屬認識類。

【注釋】❶知　指認知事物的能力。❷材　才能；能力。❸知材　牒舉經文，〈經說〉牒舉經文，有時牒舉兩字或兩字以上。❹明　指眼睛能夠看見事物的能力。

【語譯】

〔經〕知，就是具有認知事物的能力。

〔說〕知材◯所謂知，就是用以認知事物而必定具有認知事物的能力，就像眼睛具有能看見事物的能力一樣。

〔經〕慮，求也。

〔說〕慮○慮也者，以其知❶有求也，而不必得之，若睨❷。

【章旨】討論「慮」的問題，屬認識類。

【注釋】❶知　指認知事物的能力。❷睨　斜視或泛視。

【語譯】

〔經〕慮，就是探求事物。

〔說〕慮○所謂慮，就是運用人的認知能力，對事物有所探求，但不一定能有所得，就像斜著眼睛看事物，不一定能看清事物一樣。

〔經〕知❶，接❷也。

〔說〕知○知也者，以其知過❸物而能貌❹之，若見❺。

【章旨】討論「知」的問題，屬認識類。

【注釋】❶知　指認知事物的行為。❷接　指與事物接觸。❸過　指對事物作一番認知。❹貌　指把握事物的形貌。❺見　看事物。

【語譯】

〔經〕知，就是接觸事物的認知行為。

〔說〕知○所謂知，就是運用人的認知能力，對事物進行認知，並能把握它的形貌，就像有意識地看事物一樣。

〔經〕恕❶，明也。

〔說〕恕◯恕也者，以其知論❷物而其知之也著，若明❸。

【章　旨】討論「恕」的問題，屬認識類。

【注　釋】❶恕　顧廣圻據道藏本校作「恕」，謂即「智」字，當從。❷論　推論。❸明　《管子・宙合》說：「能察謂之明。」指能看清事物，洞察細微。

【語　譯】

〔經〕恕，就是能深入明白地認知事物。

〔說〕恕◯所謂恕，就是運用人的認知能力，去推論事物因而對事物認知得清楚明白，就像運用視力看清楚事物一樣。

〔經〕仁，體愛❶也。

〔說〕仁◯愛己者非為用己也，不若愛馬者❷。

【章　旨】討論「仁」的問題，屬倫理道德類。

【注　釋】❶體愛　體現愛心。❷愛己者二句　愛自己並不是為了要用自己才愛，這和愛馬的人為了用馬才愛馬有所不同。《荀子・富國》說：「愛而後用之，不如愛而不用者之功也。」意思與此相近。

【語譯】

〔經〕仁，就是要體現愛心。

〔說〕仁○愛自己的目的，並不是為了要用自己，這同愛馬者是為了用馬才愛馬的情況不一樣。

〔經〕義，利也。

〔說〕義○志以天下為芬❶，而能能利之❷，不必用。

【章旨】討論「義」的問題，屬倫理道德類。

【注釋】❶芬　芬香和調。❷能能利之　謂竭盡力之所能，以利天下。

【語譯】

〔經〕義，就是要對天下人有利。

〔說〕義○就是在使天下能得以和調，竭盡其力地以利天下，不一定要見用於世。

〔經〕禮，敬也。

〔說〕禮○貴者公❶，賤者名❷，而俱有敬僈❸焉，等異論❹也。

【章旨】討論「禮」的問題，屬倫理道德類。

【注釋】❶公　稱呼，表示尊貴。❷名　名字。直呼名字，表示卑賤。❸僈　「慢」字的異體。❹論　指等級差別。

【語譯】

〔經〕禮，就是要恭敬。

〔說〕禮◯表示尊貴就稱為「公」，表示卑賤就呼名，此二者，都有恭敬或輕慢的心在其中，只是表示的等級有所不同。

〔經〕行，為❶也。

〔說〕行◯所為不善名，行也；所為善名，巧❷也，若為盜。

【章　旨】討論「行」的問題，屬行為修養類。

【注　釋】❶為　《荀子・正名》：「正義而為謂之行。」指符合正義的行為。❷巧　作偽。

【語　譯】

〔經〕行，就是符合正義的行為。

〔說〕行◯所做的事情，不是為了取得好名聲，就符合正義的行為；所做的事情，是為了取得好名聲，就是作偽的行為，就像盜賊，欺世釣名。

〔經〕實，榮❶也。

〔說〕實◯其志氣之見❷也。使人如己，不若金聲玉服❸。

【章　旨】討論「實」的問題，屬行為修養類。

【注　釋】❶榮　與「實」相對而言。實指內在的充實；榮指外在的文采。❷見　通「現」。❸金聲玉服　指外在的佩飾。服，服飾。

【語　譯】

〔經〕實，就是內在充實而外有文采。

〔說〕實○是內在情志氣質的顯現。它能感化別人使別人如同自己，不像金玉之類的佩飾，只是外表好看。

〔經〕忠，以為利而強低❶也。

〔說〕忠○不利弱子亥❷，足將入，止容❸。

【章　旨】討論「忠」的問題，屬倫理道德類。

【注　釋】❶強低　曹耀湘說：「強者勇於任事，低者抑然自下，如《易》言勞謙。」意為既勇於任事，又抑制自己。❷弱子亥　曹合「子亥」為「孩」。弱孩，即弱子，剛成年的人。這裡泛指小孩。❸止容　舉步遲緩的樣子，表示謹慎謙恭。

【語　譯】

〔經〕忠，就是做有利於人的事，勇於承受勞苦，謙抑自己。

〔說〕忠○就是不為自己的小孩謀利，進入公門的時候，腳步很穩重遲緩。

〔經〕孝，利親也。

〔說〕孝○以親為芬❶，而能能❷利親，不必得。

【章　旨】討論「孝」的問題，屬倫理道德類。

【注釋】❶芬　芬香和調。❷能能　謂能竭盡其力。亦即全心全意。

【語譯】

〔經〕孝，就是以切中的愛利事奉父母親。

〔說〕孝◯就是要以溫和切中的態度事親，能全心全意地愛利父母，不一定要獲得「孝」的名譽。

〔經〕信，言合於意❶也。

〔說〕信◯不以其言之當❷也。使人視城❸，得金。

【章旨】討論「信」的問題，屬倫理道德類。

【注釋】❶意　指內心。❷當　合理。❸視城　到城上去察看。

【語譯】

〔經〕信，就是所說的與所想的一致。

〔說〕信◯並不根據所講的話是否合理來判斷，而要看是否符合事實。譬如告訴別人城上有金子，別人去城上看，果然得到金子，這就是信。

〔經〕佴❶，自作也。

〔說〕佴◯與人遇❷，人眾愃❸。

【章旨】討論「佴」的問題，屬行為修養類。

【注釋】❶佴　《說文》：「佴，佽也。」佽是比、助的意思。❷遇　曹耀湘本作「偶」。指與人親密而相偶。❸人眾循　曹本作「人眾循」。指入眾人之中，則遵循眾人之意而相從。

【語譯】

〔經〕佴，就是自己要主動地與人為善。

〔說〕佴◯就是說當與一個人在一起時，就與人親密而相偶；當與多數人在一起時，就遵循眾人之意而相從。

〔經〕誷❶，作嗛❷也。

〔說〕誷◯為是❸。為是之台❹彼也，弗為。

【章旨】討論「誷」的問題，屬行為修養類。

【注釋】❶誷　「狷」的假借。《孟子》作「獧」。《論語》：「狷者有所不為也。」❷作嗛　就是有所不為的意思。嗛，同「謙」。謙讓。❸為是　所為無不有如日正之無隱私。《說文》：「是，直也，从日正。」❹台　《說文》：「台，說也。」《爾雅・釋言》：「怡，悅也。」台，通「怡」。悅。

【語譯】

〔經〕誷，就是有的事情不去做。

〔說〕誷◯就是所為正直無隱私。為了表示所為正直而取悅於人，這樣的事情就不能做。

〔經〕廉❶，作非❷也。

〔說〕廉◯己惟為之，知其諰❸也。

【章旨】討論「廉」的問題，屬行為修養類。

【注釋】❶廉　孫詒讓疑當作「慊」。慊，恨。今從之。❷作非　孫說：「謂所為不必無非。」❸⿰思耳　孫認為是「諰」字之譌。諰，懼。

【語譯】

〔經〕慊，就是做了令人遺憾的事。

〔說〕慊○是說自己想到做了令人遺憾的事，知道這是可怕的。

〔經〕令❶，不為所作❷也。

〔說〕令○非身弗行❸。

【章旨】討論「令」的問題，屬行為修養類。

【注釋】❶令　使令。❷不為所作　畢沅說：「言使人為之，不自作。」❸非身弗行　如果不以身作則，就無法使令他人，這是對經文的補充說明。

【語譯】

〔經〕令，就是自己不做，叫別人做。

〔說〕令○如果自己不以身作則，就無法使令別人。

〔經〕任❶，士損己而益所為也。

〔說〕任○為身之所惡，以成人之所急。

【章旨】討論「任」的問題，屬行為修養類。

【注釋】❶任 指任俠。

【語譯】

〔經〕任，就是士人犧牲自己的利益，來增加別人的利益為要務。

〔說〕任○就是做自己所嫌惡的事，來成全別人，解救別人的急難。

〔經〕勇，志之所以敢也。

〔說〕勇○以其敢於是也，命❶之；不以其不敢於彼，害之。

【章旨】討論「勇」的問題，屬行為修養類。

【注釋】❶命 命名。

【語譯】

〔經〕勇，就是心裡敢做某事。

〔說〕勇○是由於敢做這方面合於義的事而得名；不是因為不敢做那方面不合義的事，而會有害於「勇」的名聲。

〔經〕力，刑❶之所以奮❷也。

〔說〕力○重之謂。下❸，與❹，重奮❺也。

【章旨】討論「力」的問題，屬力學類。

【注釋】❶刑　通「形」。形體，這裡指物體。❷奮　動。❸下　指物體落下。❹與　「舉」的省文。❺重奮　譚戒甫說：「此謂凡物之重，加以相當之力，必奮動也。」

【語譯】

〔經〕力，就是物體所賴以運動的力量。

〔說〕力◯是就物體的重量而言。物體落下會產生動力，舉起物體也需要動力。對重物施加相當的力量，物體就會運動。

〔經〕生❶，刑❷與知❸處也。

〔說〕生◯楹❹之生，商❺不可必也。

【章旨】討論「生」的問題，屬生理類。

【注釋】❶生　指生命。❷刑　通「形」。形體。❸知　指認知能力。❹楹　一作「盈」，吳鈔本作「盈」。❺商　常。

【語譯】

〔經〕生，就是形體同認知能力並存。

〔說〕生◯形體同認知能力都很充盈就生。但生命並不是經常不變的。

〔經〕臥❶，知無知也❷。

〔說〕臥◯……❸。

【章旨】討論「臥」的問題，屬心理類。

【注釋】❶臥 指人進入睡眠狀態。❷知無知也 第一個「知」是名詞，指認知能力。第二個「知」是動詞，指知曉事物，對事物作出正確判斷。❸臥○…… 有缺文，無從校補。

【語譯】

〔經〕臥，就是人的認知能力無從知曉事物的狀態。

〔說〕臥○……。

〔經〕夢❶，臥而以為然。

〔說〕夢○……❷。

【章旨】討論「夢」的問題，屬心理類。

【注釋】❶夢 指做夢。❷夢○…… 有缺文。或謂以「臥」、「夢」義易明，故述而不說。

【語譯】

〔經〕夢，就是人在臥時，把夢境當作真實的狀況。

〔說〕夢○……。

〔經〕平❶，知無欲惡也。

〔說〕平○惔然❷。

【章旨】討論「平」的問題，屬心理類。

【注釋】❶平 《說文》：「平，正也。」這裡指沒有欲惡的狀態。❷惔然 即憺然。憺，安。

【語譯】

〔經〕平，是指人的心智處於沒有欲望、厭惡等情感的狀態。

〔說〕平◯是指安靜無欲的心理狀態。

〔經〕利❶，所得而喜也。

〔說〕利◯得是而喜，則是利也。其害也，非是也。

【章旨】從人的情感角度討論「利」，屬事理類。

【注釋】❶利 指對人有利的事物。

【語譯】

〔經〕利，就是人得到之後，感到高興的東西。

〔說〕利◯得到這些感到高興，就是「利」。如果是「害」，就不是這樣了。

〔經〕害❶，所得而惡也。

〔說〕害◯得是而惡，則是害也。其利也，非是也。

【章旨】討論「害」的問題，屬事理類。

【注釋】❶害　指對人有害的事物。

【語譯】

〔經〕害，就是人得到之後，感到嫌惡的東西。

〔說〕害○得到這些就感到嫌惡，這就是「害」了。如果是「利」，就不是這樣了。

〔經〕治❶，求❷得也。

〔說〕治○吾事治矣，人有❸治南北❹。

【章旨】討論「治」的問題，屬事理類。

【注釋】❶治　指治理。❷求　〈大取〉說：「於事為之中而權輕重謂之求。」❸有　通「又」。❹南北　兼東西而言，指四方。

【語譯】

〔經〕治，就是區別輕重緩急以求把事情辦好。

〔說〕治○就是把自己的事情處理好了，又去處理天下四方之事。

〔經〕譽❶，明美❷也。

〔說〕譽之❸○必其行也；其言之忻❹，使人督❺之。

【章旨】討論「譽」的問題，屬事理類。

【注釋】❶譽 指稱譽別人。❷明美 表彰別人的優點。❸之 衍文，應刪。❹忻 悅。❺督 察。

【語譯】

〔經〕譽，就是表彰別人的優點。

〔說〕譽◯就是為了堅定別人行善的信念；用稱譽的話，使人喜悅，但也使人覺察讚譽的用意。

〔經〕誹❶，明惡也。

〔說〕誹◯必其行也，其言之忻❷。

【章旨】討論「誹」的問題，屬事理類。

【注釋】❶誹 毀謗；批評。❷必其行也二句 與「譽」的〈經說〉全同，定有錯誤。梁啟超校「忻」為「怍」，可從。

【語譯】

〔經〕誹，就是要明白顯示別人的不良行為。

〔說〕誹◯目的也在於堅定別人行善的信念，但要指責他，使他因愧怍而改過遷善。

〔經〕舉❶，擬實❷也。

〔說〕舉◯告以文❸名，舉彼實也。

【章旨】討論「舉」的問題，屬邏輯類。

【注釋】❶舉 標舉。或指標舉事物之名稱,或指標舉事物之實際。❷擬實 比擬事物的實際。❸文 當作「之」。此。

【語譯】

〔經〕舉,就是通過標舉名稱來比擬實際。

〔說〕舉○告訴別人這個名稱,也就是要標舉出它的實際。

〔經〕言❶,出舉❷也。

〔說〕故言❸也者,諸口能之,出民❹者也。民若畫俿❺也。言也❻,謂言猶石❼致也。

【章旨】討論「言」的問題,屬邏輯類。

【注釋】❶言 指語言、言辭。❷出舉 說出所標舉的事物的名稱。❸故言 當作「言○故言」,上一「言」為牒舉經題。❹民 孫詒讓認為是「名」字之誤。下同。❺俿 「虎」字的異文。❻言也 下當有「者」字。❼石 當作「名」。

【語譯】

〔經〕言,就是說出所標舉的事物的名稱。

〔說〕言○言就是大家口裡都能說的,說出的事物的名稱。各種名稱表達各種情狀,就像描畫老虎一樣。言,就是由各種名稱構成的表達形式。

〔經〕且❶,且言然也❷。

〔說〕且○自前曰且,自後曰已❸,方然亦且。若石者也❹。

【章 旨】討論「且」的問題，屬事理類。

【注 釋】❶且 將。❷且言然也 「且」是衍文，應刪。然，指將要或正要如此。❸已 已經發生過的事。❹若石者也 諸家都說是衍文，當刪。

【語 譯】

〔經〕且，是說事情將要或正要如此。

〔說〕且○從事情發生前的角度說是「且」，從事情發生後的角度說就是「已」，事情正在發生也是「且」。

〔經〕君，臣萌通約❶也。

〔說〕君○以若名❷者也。

【章 旨】討論「君」的問題，屬政法類。

【注 釋】❶臣萌通約 意為君主是相對臣民的約定俗成的名稱。萌，即「氓」。人民。通約，即約定俗成之意。❷以若名 若，此。指經文中的「臣萌」。名，命名。

【語 譯】

〔經〕君，是相對於臣民的約定俗成的稱謂。

〔說〕君○是與臣民相對命名的。

〔經〕功❶，利民也。

〔說〕功◯不❷待時，若衣裘。

【章旨】討論「功」的問題，屬事理類。

【注釋】❶功　功效。❷不　當作「必」。

【語譯】

〔經〕功，就是對人民有利。

〔說〕功◯一定要適時。譬如夏天穿葛衣，冬天穿皮袍。

〔經〕賞，上報下之功也。

〔說〕賞◯上報下之功也❶。

【章旨】討論「賞」的涵義，屬政法類。

【注釋】❶上報下之功也　說與經同，可能有強調的意思。

【語譯】

〔經〕賞，就是在上者酬報在下者的功勞。

〔說〕賞◯就是在上者酬報在下者的功勞。

〔經〕罪，犯禁也。

〔說〕罪◯不在禁，惟害無罪，殆姑❶。

【章旨】討論「罪」的涵義，屬政法類。

【注釋】❶殆姑　孫詒讓說：「殆」疑為「隸」的假借，作「及」講。姑，通「辜」。罪。

【語譯】

〔經〕罪，就是違犯了禁令。

〔說〕罪◯不僅僅在於違犯禁令，只要是危害無罪者的行為，就算犯罪。

〔經〕罰，上報下之罪也。

〔說〕罰◯上報下之罪也。

【章旨】討論「罰」的涵義，屬政法類。

【語譯】

〔經〕罰，就是在上者處罰在下者的罪過。

〔說〕罰◯就是在上者處罰在下者的罪過。

〔經〕同❶，異而俱之於一也。

〔說〕侗❷◯二人俱見是楹❸也，若事君。

【章旨】討論「同」的涵義，屬邏輯類。

【注釋】❶同　指相同。❷侗　通「同」。❸楹　柱子。

【語　譯】

〔經〕同，就是由不同統統趨向於一致。

〔說〕同◯譬如兩個人都看到柱子，又都說是柱子。又像事君，大家都臣事於一個君主。

〔經〕久❶，彌❷異時❸也。

〔說〕久◯古今旦莫❹。

【章　旨】討論「久」的涵義，屬哲學類。

【注　釋】❶久　指時間歷時之久。❷彌　遍；普遍。❸異時　不同的時間，指下文說的「古今旦莫」。❹莫　「暮」的本字。

【語　譯】

〔經〕久，就是指所有不同的時間。

〔說〕久◯包括古今旦暮等所有的時間。

〔經〕宇❶，彌異所❷也。

〔說〕宇◯東西家❸南北。

【章　旨】討論「宇」的涵義，屬哲學類。

【注　釋】❶宇　指空間。按《莊子・庚桑楚》釋文引《三蒼》：「四方上下為宇，往古來今曰宙。」上條「久」，即宙。❷所　處所。❸家　按上條「久」的體例，「家」字應是衍文，當刪。

【語　譯】

〔經〕宇，指包括所有不同的處所。

〔說〕宇○包括東南西北所有的空間。

〔經〕窮❶，或有前不容尺也。

〔說〕窮○或不容尺，有窮；莫不容尺，無窮也。

【章　旨】討論「窮」的涵義，屬哲學類。

【注　釋】❶窮　盡。指空間已到盡頭。

【語　譯】

〔經〕窮，指空間已到盡頭，有時前面沒有一尺寬的餘地。

〔說〕窮○有時候前面連一尺寬的餘地都沒有，這就叫做「有窮」；任何地方都可以有一尺寬的餘地，這就叫做「無窮」。

〔經〕盡❶，莫不然也。

〔說〕盡○但止動❷。

【章　旨】討論「盡」的涵義，屬哲學類。

【注　釋】❶盡　指全部情況。❷但止動　或者只有靜，或者只有動，這就是「盡」了。但，只。止，停止；靜。

【語　譯】

〔經〕盡，指沒有不如此的狀態。

〔說〕盡○譬如動靜，要麼完全安靜，只靜無動；要麼全動，只動無靜。

〔經〕始❶，當時❷也。

〔說〕始○時，或有久，或無久。始，當無久。

【章　旨】討論「始」的涵義，屬哲學類。

【注　釋】❶始　指時間意義上的開端。❷當時　正值時間最初的那一片刻、剎那。

【語　譯】

〔經〕始，正值時間最初的那一剎那。

〔說〕始○僅說時間，有時指很長的時間，有時指不長的時間。開始，是指正當事物發生時的那段不久的時間。

〔經〕化❶，徵易❷也。

〔說〕化○若鼃為鶉❸。

【章　旨】討論「化」的問題，屬哲學類。

【注　釋】❶化　指變化。❷徵易　徵，證驗。易，變易。❸鼃為鶉　蝦蟆變成鵪鶉。此言萬物一原之理。

【語　譯】

〔經〕化，可以證驗的變化。

〔說〕化○好比蝦蟆變成鵪鶉。

〔經〕損❶，偏去❷也。

〔說〕損○偏也者，兼之體也。其體或去或存，謂其存者損。

【章　旨】討論「損」的涵義，屬哲學類。

【注　釋】❶損　指事物破損不全。❷偏去　去掉一偏。偏，相對於「兼」而言，「兼」是全體，「偏」是部分。所以〈經說〉云「偏也者，兼之體也」。

【語　譯】

〔經〕損，就是事物有一部分被去掉了。

〔說〕損○「偏」是「兼」的部分。事物有些被去掉，有些被保留，我們把被保留的部分叫做「損」。

〔經〕大，益❶。

〔說〕……。

【章　旨】不詳。

【注　釋】❶大益　孫詒讓說：「無說，未詳其義。此與前云『損，偏去也』損益義似正相對。疑謂凡體損之則小，益之則大也。」此勉強譯之。

【語　譯】

〔經〕大，是增益的結果。

〔說〕……。

〔經〕儇，稘秖❶。

〔說〕儇◯昫民❷也。

【章　旨】討論「環」的問題，屬幾何類。

【注　釋】❶儇稘秖　孫詒讓說：「當為『環俱柢』，皆聲之誤。」又說：「凡物有耑則有本，環之為物，旋轉無耑，若互相為本，故曰俱柢。」❷昫民　孫詒讓認為當作「俱氐」。意同經。

【語　譯】

〔經〕環，就是各點互為根本，連接不斷。

〔說〕環◯互為根本，連接不斷。

〔經〕庫❶，易❷也。

〔說〕庫◯區穴若❸，斯貌常❹。

【章　旨】討論「庫」的涵義，屬事理類。

【注　釋】❶庫　倉庫。❷易　變易。指庫存之物變易不居。❸區穴若　像虛空的洞穴一樣。區，《管子・宙合》：「區者，虛也。」❹斯貌常　指倉庫的形貌依然如故。

【語　譯】

〔經〕庫，是指其中所藏物體變易不居的處所。

〔說〕庫○存物運走了，它就像空虛的洞穴，形貌依然如故。

〔經〕動❶，或從❷也。

〔說〕動○偏祭❸從，若戶樞免瑟❹。

【章　旨】討論「動」的問題，屬哲學類。

【注　釋】❶動　指運動。❷從　「縱」的省文。縱送；推動。❸偏祭　偏，通「徧」。祭，「際」的省文。邊。❹戶樞免瑟　即「戶樞不蠹」之意。瑟，通「蝨」。《史記・韓世家》「公子蟣蝨」，《戰國策》作「幾瑟」，是其證。

【語　譯】

〔經〕動，有時是外力推動的結果。

〔說〕動○就是物體全體受到推動，就好像戶樞全體運動，就能免於蟲蛀一樣。

〔經〕止❶，以久❷也。

〔說〕止○無久之不止。當❸牛非馬，若矢過楹❹。有久之不止。當馬非馬，若人過梁❺。

【章　旨】討論「止」的問題，屬哲學類。

【注釋】❶止 靜止。❷久 王闓運說：「久，謂撐柱也。記曰：『久諸牆。』ク以象行，㇏以象有物久之。止物者物本不止，以有久者故止。」❸當 是。❹楹 柱子。❺梁 橋梁。

【語譯】

〔經〕止，是因為有外物阻止、撐柱的緣故。

〔說〕止○有兩種情況，一種情況是沒有阻力、撐柱，物就不會靜止，譬如一些人說是「牛」，一些人說是「非馬」，若無人阻止，就會爭執不休；又像箭矢射過楹柱，若無物阻止，箭矢也就不會就此落下。另一種情況是有阻力、有撐柱，物也不會靜止。譬如有些人說是「馬」，有些人說是「非馬」，就是有人阻止，也會爭執不休；又像人面臨大水，雖遇阻力，但又有橋梁可以通行不止一樣。

〔經〕必❶，不已❷也。

〔說〕必○謂臺執❸者也。若兄弟，一然者，一不然者。必不必也，是非必也。

【章旨】討論「必」的問題，屬邏輯類。

【注釋】❶必 《說文》：「必，分極也。」段注：「極，猶準也。凡高處謂之極。立表為分判之準，故云分極。」也就是分辯是非，肯定或否定一端之意。❷不已 指對是非爭辯不已。❸臺執 任持；堅持。《釋名．釋宮室》：「臺，持也。」

【語譯】

〔經〕必，就是爭辯雙方，各持一是非觀念，爭辯不已。

〔說〕必○就是說爭辯者各自堅持己見。就像兄弟二人，一個說是，一個說不是。但堅持不應堅持的觀點，就不是「必」了。

〔經〕平❶，同高❷也。

〔說〕……。

【章　旨】討論「平」的問題，屬幾何類。

【注　釋】❶平　即荀子所謂「平地若一」的「平」，指到處成水平狀態。❷同高　指到處高度相等。

【語　譯】

〔經〕平，就是到處高度相同，成水平狀態。

〔說〕……。

〔經〕同長❶，以缶❷相盡也。

〔說〕同❸◯楗❹與狂❺之同長也。

【章　旨】討論「同長」的問題，屬幾何類。

【注　釋】❶同長　指長度相等。❷缶　古文「正」字。❸同　當從經作「同長」。❹楗　原作「捷」，依孫詒讓說改。楗，《說文》：「限門也。」指門閂。❺狂　不詳。譚戒甫疑假為「匡」，通「框」。指門框之類。

【語　譯】

〔經〕同長，是因為兩直線相較，正好互相重合。

〔說〕同長◯譬如拿門楗同門框相較，兩者長度正好相等。

〔經〕中❶，同長也。

〔說〕中◯心❷，自是往相若也。

【章　旨】討論「中」的問題，屬幾何類。

【注　釋】❶中　中點；中心。❷心　指圓心。

【語　譯】

〔經〕中，就是直線兩端距中心長度相等。

〔說〕中◯就是中心。譬如以一點為中心作一個圓，從圓邊到中心的任何半徑長度相等。

〔經〕厚❶，有所大❷也。

〔說〕厚◯惟無所大❸。

【章　旨】討論「厚」的問題，屬哲學類。

【注　釋】❶厚　指厚度。❷有所大　指有所積累，體積增大。❸惟無所大　孫詒讓說：「此謂積無成有，其厚不可極也。與經文相反，而實相成。」

【語　譯】

〔經〕厚，就是有所積累，體積增大。

〔說〕厚◯就是積無為有，以至於無窮。

〔經〕日中❶，正南也。

〔說〕……。

【章旨】討論「日中」的問題，屬天文類。

【注釋】❶日中　指中午。

【語譯】

〔經〕日中，指太陽當正南面。

〔說〕……。

〔經〕直❶，參❷也。

〔說〕……。

【章旨】討論「直」的問題，屬幾何類。

【注釋】❶直　指直線。❷參　同「三」。

【語譯】

〔經〕直，就是三點共一線。

〔說〕……。

〔經〕圜❶，一中同長❷也。

〔說〕圜◯規寫攴❸也。

【章旨】討論「圜」的問題，屬幾何類。

【注釋】❶圜 同「圓」。❷一中同長 指圓只有一個中心，直徑或半徑長度相等。❸規寫攴 指圓的周長曲線相交。規，圓規。寫，畫圖。攴，當為「交」之誤。

【語譯】

〔經〕圜，就是只有一個中心，直徑或半徑長度相等。

〔說〕圜◯就是用圓規畫出來的兩端相交的圖形。

〔經〕方❶，柱隅❷四讙❸也。

〔說〕方◯矩見攴❹也。

【章旨】討論「方」的問題，屬幾何類。

【注釋】❶方 指正方形。❷柱隅 柱，指正方形的邊。隅，指正方形的角。❸讙 張惠言認為是「合」的意思。❹見攴 當作「寫交」。

【語譯】

〔經〕方，指四條邊四個直角互相接合。

〔說〕方◯就是用矩尺畫出來的四邊成直角相交的圖形。

〔經〕倍❶，為二也。

〔說〕倍◯二尺與尺，但去一。

【章　旨】討論「倍」的問題，屬數學類。

【注　釋】❶倍　指倍數。凡數自加為倍。

【語　譯】

〔經〕倍，就是一自加為二。

〔說〕倍◯例如二尺與一尺，只相差一尺。

〔經〕端❶，體之無序❷而最前者也。

〔說〕端◯是無同❸也。

【章　旨】討論「端」的問題，屬幾何類。

【注　釋】❶端　指端點。❷無序　沒有次序。孫詒讓說：「謂端最在前，無與相次敘者。」❸無同　張惠言說：「若有同之，即非最前。」

【語　譯】

〔經〕端，就是排列在最前面沒有什麼與它相次序的那一點。

〔說〕端◯就是沒有什麼與它同在最前面的那一點。

〔經〕有閒❶，中❷也。

〔說〕有閒◯謂夾❸之者也。

【章　旨】討論「有閒」的問題，屬幾何類。

【注　釋】❶閒　指間隙。❷中　指兩物之間的縫隙。❸夾　指處於兩物之間，被兩物夾著。

【語　譯】

〔經〕有閒，就是兩物之間有縫隙。

〔說〕有閒◯就是說縫隙處於兩物之間，被夾著。

〔經〕閒❶，不及旁❷也。

〔說〕閒◯謂夾者也。尺，前於區穴而後於端，不夾於端與區內。及，及非齊之及也❸。

【章　旨】討論「閒」的問題，屬幾何類。

【注　釋】❶閒　指縫隙本身。❷旁　指縫隙兩側之物。❸及非齊之及也　孫詒讓說：「此似言所謂不及旁者，非不齊旁之謂及，止謂彼此相次，齊則盡其邊際，二者同而異也。」這句話是解釋經文「不及旁」的「及」字。

【語　譯】

〔經〕閒，是只就間隙本身而言，不指間隙捱著的兩旁的物體。

〔說〕閒◯指的是兩物夾著的那一空間。如果用尺量，前面是空間，後面是物體的端點，「閒」不夾在端點和端點前的空間之內。所謂「不及旁」的「及」，也不是指與兩側齊邊，而是指與兩側捱次相連。

〔經〕纑❶，間虛也。

〔說〕纑◯間虛也者，兩木之間，謂其無木者也。

【章旨】討論「纑」的問題，屬事理類。

【注釋】❶纑　王引之說：「纑乃櫨之借字。」櫨，柱上方木。這裡當指兩方木之間的縫隙。

【語譯】

〔經〕纑，就是指間隙。

〔說〕纑◯所謂間隙，就是指兩木之間，中間無木的那一縫隙。

〔經〕盈❶，莫不有也。

〔說〕盈◯無盈無厚❷。於石無所往而不得。

【章旨】討論「盈」的涵義，屬事理類。

【注釋】❶盈　滿。❷無盈無厚　孫詒讓說：「言物必有盈其中者，乃成厚之體，無所盈則不成厚也。」

【語譯】

〔經〕盈，就是無所不有，到處都是。

〔說〕盈◯不充盈，就不可能有厚度體積。譬如在石頭之中，全體都是石，才算「盈」。

〔經〕堅白❶，不相外❷也。

〔說〕堅白○異處不相盈，相非，是相外也。

【章旨】討論「堅白」問題，屬邏輯類。

【注釋】❶堅白 當時名家討論的一個重要命題。此命題以白石為喻，「堅」指白石的質地，「白」指石的顏色。❷不相外 指兩者統一於一體，不互相排斥。

【語譯】

〔經〕堅白，兩者是相容而不相斥的。

〔說〕堅白○如果兩者各在一處而不互相充盈，卻互相排斥，這就是「相外」。

〔經〕攖❶，相得❷也。

〔說〕攖○尺與尺俱不盡，端與端但盡，尺與端或盡或不盡，堅白之攖相盡，體攖❸，不相盡。

【章旨】討論「攖」的問題，屬幾何類。

【注釋】❶攖 《玉篇》：「攖，結也。」❷相得 《韻會》：「與人契合曰相得。」❸體攖 指兩物體相接觸。

【語譯】

〔經〕攖，就是指兩物互相接觸，互相銜接。

〔說〕攖○尺與尺之間有長有短，雖互相接觸，但前端尚有餘地，所以並不重合。端點同端點接觸，則正好重合。尺和端點接觸，端點重合，尺仍有餘，不重合。堅與白都在石內，互相接觸，互相包含，密合無間。兩物體相接觸，只有小部分重合，但並不互相包含。

〔經〕仳❶，有以相攖，有不相攖也。

〔說〕仳◯兩有端而後可。

【章　旨】討論「仳」的問題，屬幾何類。

【注　釋】❶仳　王引之說：「仳與比通，比者並也。」

【語　譯】

〔經〕仳，把物排列在一起，有些互相接觸，有些並不互相接觸。

〔說〕仳，必須兩物都有端點才能互相接觸。

〔經〕次❶，無間而不攖攖❷也。

〔說〕次◯無厚而後可。

【章　旨】討論「次」的問題，屬事理類。

【注　釋】❶次　行次；次比。❷攖攖　孫詒讓說：「當作『相攖』，非衍文。言兩物相次，則中無間隙，然不相連合，故云不相攖也。」

【語　譯】

〔經〕次，就是指物與物之間，中間雖無間隙，但並未連合為一體的狀態。

〔說〕次◯要做到「次」，必須是沒有厚度的東西才行。

〔經〕法❶，所若❷而然也。

〔說〕法◯意、規、員三也俱，可以為法❸。

【章 旨】討論「法」的問題，屬幾何類。

【注 釋】❶法 指法令、法則。❷若 順。❸意規員三也俱二句 意，指畫圓之前的意圖。規，圓規。員，通「圓」。也，同「者」。俱，同時具備。為，通「謂」。

【語 譯】

〔經〕法，就是有所遵循而建立起來的東西。

〔說〕法◯譬如畫圓，必須先有圓的意念，再用圓規畫，而且一定要畫成圓形，這三方面都具備了，就可以稱作「法」了。

〔經〕佴❶，所然❷也。

〔說〕佴◯然也者，民若❸法也。

【章 旨】討論「佴」的問題，屬政法類。

【注 釋】❶佴 《爾雅》：「佴，貳也。」郭璞注：「佴次為副貳。」孫詒讓認為次貳與「順」義近。❷然 也是「順」的意思。❸若 順。

【語譯】

〔經〕佴，就是有所遵從。

〔說〕佴〇所謂有所遵從，是指人民遵從法令。

〔經〕說❶，所以明也。

〔說〕……。

【章旨】闡釋「說」的功用，屬邏輯類。

【注釋】❶說　指辯說、解說。

【語譯】

〔經〕說，是用來辯明事物真相，解釋所以然之理的。

〔說〕……。

〔經〕彼❶，不可兩不可也❷。

〔說〕彼〇凡牛樞非牛❸，兩也，無以非也。

【章旨】討論「彼」的問題，屬邏輯類。

【注釋】❶彼　原誤作「攸」，依說改。指爭辯雙方爭辯的命題，包括是與非兩個方面。❷不可兩不可也　指命題必須包括正反兩方面，不能兩方面都是否定命題。❸牛樞非牛　牛樞，孫詒讓疑為木名，即刺榆之大者，可從。牛樞、非牛相對於「牛」是兩個否定命題。

【語　譯】

〔經〕彼，就是辯論雙方爭辯的正反命題，不能同是兩個否定命題。

〔說〕彼○譬如爭辯「牛」，一個說是「牛樞」，一個說是「非牛」，這就是兩個否定命題，構不成互相否定，辯論也就無法進行了。

〔經〕辯❶，爭彼❷也。辯勝，當也。

〔說〕辯○或謂之牛，或謂之非牛，是爭彼也。是不俱當❸，不俱當，必或不當。不若當犬❹。

【章　旨】討論「辯」的問題，屬邏輯類。

【注　釋】❶辯　指辯論。❷爭彼　爭辯是非。❸當　譚戒甫認為應作「勝」，是，當從。❹不若當犬　諸家都認為應作「不當若犬」，意為不正確的，就像把「牛」說成「犬」一類例子。

【語　譯】

〔經〕辯，就是爭辯是非。辯論取勝，是因為判斷正確。

〔說〕辯○例如有些人說是「牛」，有些人說是「非牛」，這就是爭辯是非。這兩方面的人不可能都取勝。不可能都取勝，一定有一方判斷不正確。這種不正確，就像把牛說成是狗。

〔經〕為❶，窮知而縣於欲❷也。

〔說〕為○欲𩏄❸其指，智不知其害，是智之罪也。若智之慎之也，無遺於其害也。而猶欲雝之，則離❹之。是猶食脯❺也。騷❻之利害，未可知也。欲而騷❼，是不以所疑止所欲也。廧❽外之利害，未可知也。趨之而得力❾，則弗趨也。是以所疑止所欲也。觀為「窮知而縣於欲」之理，雝脯而非恕❿也，雝指而非愚也，所為與所不為相疑也，非謀也。

【章旨】討論「為」的問題，屬行為修養類。

【注釋】❶為　指行為。❷窮知而縣於欲　知，通「智」。縣，同「懸」。繫結。❸雝　「養」的異文。下云雝其指，即《孟子·告子》所謂「養其一指而失其肩背而不知也，則為狼疾人也」之意。❹離　通「罹」。遭受。❺脯　乾肉。❻騷　畢沅認為是「臊」字假音，臭的意思。❼欲而騷　依孫詒讓說，當作「欲而得騷」。❽廧　「牆」的俗字。❾力　當依孫詒讓說作「刀」。錢。❿恕　同「智」。

【語譯】

〔經〕為，往往會因為欲望所繫，而使人窮盡智力。

〔說〕為◯想養一個指頭而忘記大體，卻不知這樣做的害處，這是用智不當的罪過。如果人們能用智謹慎，就不會留下這種害處。知道有害還只想保養一個指頭，那就會遭受禍害。這同吃乾肉一樣，臭肉對人有利還是有害，是無法知曉的。但如果想吃到臭肉，這就不會因懷疑而遏止自己的欲望了。又如牆外的利害，是無法得知的，若到牆外即可得刀幣，但卻不去，這是由於有所懷疑而阻止了自己的欲望。考察「因為欲望所繫，而使人智力窮盡」一語的道理，那麼如果認為以乾肉自養是不明智的，而養一個指頭反不是愚蠢的行為，就是所應該做的，同所不應該做的互相抵觸了，這都是考慮不當的結果。

〔經〕已❶，成❷、亡❸。

〔說〕已○為衣，成也；治病，亡也。

【章旨】討論「已」的問題，屬事理類。

【注釋】❶已　指事已完成、停止。❷成　完成。❸亡　通「無」。消失。指疾病痊癒。

【語譯】

〔經〕已，就是完成、消失。

〔說〕已○例如縫製衣服，衣服做成完工；又如治病，病症消失，病情痊癒，都叫做「已」。

〔經〕使❶，謂❷，故❸。

〔說〕使○令謂，謂也。不必成濕❹。故也，必待所為之成也。

【章旨】討論「使」的問題，屬事理類。

【注釋】❶使　《說文》：「使，令也。」❷謂　令；告。❸故　《說文》：「故，使為之也。」❹不必成濕　「濕」字義不明，諸家解釋甚多，孫詒讓認為係「儽」或「偪」之誤。偪，敗。不必成偪，言雖使為之，而其事之成敗則未可必。譯文姑依此說。

【語譯】

〔經〕使，下命令，派人去做。

〔說〕使○下命令所說出的話，就是「謂」。命令本身還不能預先決定事情的成敗。派人去做，卻一定期待他所做能取得成功。

〔經〕名❶，達、類、私❷。

〔說〕名◯「物」，達也，有實必待文多也❸；命之「馬」，類也，若實也者必以是名也；命之「臧」❹，私也，是名也，止於是實也。聲出口，俱有名，若姓字❺。

【章旨】討論「名」的問題，屬邏輯類。

【注釋】❶名 即名稱、概念。❷達類私 指名稱的三種類別。達即達名，類即類名，私即私名。❸有實必待文多也 意為有萬物存在之實，就有待於製作一個能概括這種情況的名稱。多，孫詒讓說當作「名」，是。❹臧 即「臧獲」之「臧」。奴僕。❺字 原作「宇」，從畢沅說改。

【語譯】

〔經〕名，有達名、類名、私名三種。

〔說〕名◯「物」，就是達名，有萬物存在之實，就有待於製作這樣一個名稱來概括它們；把馬叫做「馬」，就是類名，有馬這類實體存在，就一定得有這麼一個名稱；把奴僕叫做「臧」，這就是私名，這個名稱就只適合於這一實體。話說出口，都要有名稱，就像人有姓字一樣。

〔經〕謂❶，移、舉、加❷。

〔說〕謂◯灑狗犬❸，命❹也；「狗犬」，舉也❺；「叱狗」，加也❻。

【章旨】討論「謂」的問題，屬邏輯類。

【注釋】❶謂　即稱說事物。❷移舉加　指稱說事物的三種方式。❸謂◯灑狗犬　原「謂灑」二字互倒，按經文體例乙正。灑狗犬，張純一據《廣韻》釋「灑」為「揮」，指揮「狗」為「犬」，即把「狗」叫做「犬」。❹命　當依經文作「移」。換。❺狗犬舉也　張惠言說：「或謂之狗，或謂之犬，單舉之謂也。」其說甚是。❻叱狗加也　叱，叱呵。加，指施加了很強的語氣，具有很強的感情色彩。

【語譯】

〔經〕謂，包括移、舉、加三種方式。

〔說〕謂◯把狗叫做犬，這是換一種說法，是移謂；要麼叫狗，要麼叫犬，這是只用一種說法，是舉謂；呵斥狗，施加了很強的感情色彩，是加謂。

〔經〕知❶，聞、說、親、名、實、合、為❷。

〔說〕知◯傳受❸之，聞也；方不㢓❹，說也；身觀焉，親也；所以謂，名也；所謂，實也；名實耦❺，合也；志行，為也。

【章旨】闡明「知」的方法途徑，屬認識類。

【注釋】❶知　指獲得知識及求取知識的方法。❷聞說親名實合為　指獲取知識的七種方法或途徑。❸傳受　指一方傳授，另一方接受。❹方不㢓　方，指方域。㢓，《集韻・四十漾》云：「障，或作㢓。」障，障礙；阻礙。❺耦　通「偶」。合。

【語譯】

〔經〕知，含有聞、說、親、名、實、合、為七種意義。

〔說〕知◯人傳我受得到知識，是聞知；不受方域之限，去遊說求知，是說知；親身觀察，是親知。所用以稱說事物的，是名詞概念；所稱說的內容，是客觀實際；名稱和實質相符，這就是名實相合；立志於實行，就是行為。

〔經〕聞❶，傳、親❷。

〔說〕聞◯或告之，傳也；身觀焉，親也。

【章旨】討論「聞」的問題，屬認識類。

【注釋】❶聞　指通過他人傳授或本人親自觀察獲取知識。❷傳親　指聞知的兩種方式或途徑。

【語譯】

〔經〕聞，包括傳聞和親聞兩種。

〔說〕聞◯通過別人告訴獲得知識，是傳聞；通過親身觀察獲得知識，是親聞。

〔經〕見❶，體、盡❷。

〔說〕見◯時❸者，體也；二者，盡也。

【章旨】討論「見」的問題，屬認識類。

【注釋】❶見　指觀察事物。❷體盡　指觀察事物時，所可能出現的兩種情況。❸時　孫詒讓說：「疑當為『特』。特者奇也，二者耦也。特者止見其一體，二者盡見其眾體。特、二文正相對。」

【語譯】

〔經〕見，有只見到部分和見到全體兩種情況。

〔說〕見○只看到一方面，這是只看到部分；正反兩方面都看到了，這就是看到了全體。

〔經〕合❶，缶、宜、必❷。

〔說〕合❸○並立❹，反中❺，志工❻，正也❼；臧之為❽，宜也❾；非彼必不有❿，必也⓫，聖⓬者用而勿必。必也者，可勿疑。

【章旨】討論「合」的問題，屬邏輯類。

【注釋】❶合　即「名實耦，合也」的「合」。指名實相符。❷缶宜必　指名實相合的三種情況。即正合、宜合、必合。❸合　原作「古」，依楊葆彝據經改。❹並立　「並」原作「兵」，據曹耀湘校改。譚戒甫說：「『實』『名』對偶，故曰並立。」❺反中　指返歸於至中之道。❻志工　標誌功效；呈現功效。工，「功」的省文。❼正也　指正合，即從正面使名實一致。❽臧之為　即把奴僕稱為「臧」。「臧」是私名。為，通「謂」。❾宜也　合宜。上文「名」條經說臧，「私也，是名也，止於是實也」，正是「宜」的體現。❿非彼必不有　此句意為如果不能決斷是非，就不可能有是非之分。彼，指決斷是非，上文「彼」條說「彼，不可兩不可也」，即說爭辯不得兩方皆是否定命題。⓫必也　指必定決斷是非，使名實必合。⓬聖　孫詒讓疑當為「正」，是。

【語譯】

〔經〕合，包括正合、宜合、必合三種情況。

〔說〕合○名實並立，返於至中之道，又能表現出功效，這是正合。把「臧」叫做「臧」，能使名實恰好相符，這是宜合。不能決斷是非，就不可能有是非，所以一定得決斷出是非，使名必副實，這是必合。能用正合，就可以不用必合。但是必合，可以使人去掉是非不明的疑難。

〔經〕𤴓❶，欲𤴓，權❷利；惡𤴓，權害。

〔說〕𤴓❸◯權者兩而勿偏。

【章旨】討論「正」的問題，屬事理類。

【注釋】❶𤴓　原經無標題，作「欲𤴓權利，且惡𤴓權害」，此從梁啟超校改。❷權　〈大取〉說：「於所體之中而權輕重之謂權。」即權衡。❸𤴓　原作「仗」。孫詒讓認為是「權」字之譌。此依經校補標題，以「權者兩而勿偏」作經說。

【語譯】

〔經〕正，想要做到正，就得權衡利；如果嫌惡正，就得權衡害。

〔說〕正◯所謂權，就得從利害兩方面考慮，而不得偏於任何一方面。

〔經〕為❶，存、亡、易、蕩、治、化❷。

〔說〕為◯早臺，存也❸；病，亡也❹；買鬻，易也❺；霄盡，蕩也❻；順長，治也❼；鼃買，化也❽。

【章旨】討論「為」的問題，屬事理類。

【注釋】❶為　指行為。❷存亡易蕩治化　指為的六種形式。❸早臺存也　意指為甲以備戰於城及宮門，為臺以備守，都是為了求存的行為。孫詒讓說：「早」疑當為「甲」，「臺」指城臺、門臺。❹病亡也　指治病是為了使病症消失。❺買鬻易也　指買賣是為了以有易無。鬻，賣。❻霄盡蕩也　霄，同「消」。《說文》：「消，盡也。」「霄」、「盡」是同義詞。蕩，消磨廢壞的意思。❼順長治也　順應天道民性使之長育，這就是治理。❽鼃買化也　買，孫說當為「鼠」，古人認為鼃、鼠都能化為鵪鶉。

【語譯】

〔經〕為，包括存、亡、易、蕩、治、化六種情況。

〔說〕為◯縫製鎧甲，建造城臺，是為了求存；治病，是為了使病症消失；做買賣，是為了以有易無；消盡，就是消磨廢壞；順從天道以養育之，就是治理；鼃鼠化為鶉，就是變化。

〔經〕同❶，重、體、合、類❷。

〔說〕同◯二名一實，重同也；不外於兼，體同也；俱處於室❸，合同也；有以同❹，類同也。

【章旨】討論「同」的問題，屬邏輯類。

【注釋】❶同　即同異之同。❷重體合類　指同的四種形式。❸俱處於室　《荀子．正名》：「物有異狀而同所者。」即所謂「俱處於室」。指不同之物在一個大範圍內是相同的。如牛馬之類。❹有以同　胡仲瀾說：「有以同者，謂一名之一部，與他名之一部，有以相同而已。」即兩名同類，各有部分相同。

【語譯】

〔經〕同，包括重、體、合、類四種情況。

〔說〕同◯兩個不同的名稱，指的是同一個實物，這叫重同；名稱只包含實體的某一部分，這叫體同：不同的實體，卻處於同一個名稱的大範圍之內，這叫合同；一個名稱的一部分，與另一個名稱的一部分有相同之處，這叫類同。

〔經〕異❶，二、不體、不合、不類❷。

〔說〕異◯二必異❸，二也；不連屬❹，不體也；不同所❺，不合也；不有同❻，不類也。

【章旨】討論「異」的問題，屬邏輯類。

【注釋】❶異　不同。❷二不體不合不類　指異的四種情況。❸二必異　指兩物絕不相同。❹不連屬　指部分與整體不相關聯。❺不同所　指不同屬一個大範圍。❻不有同　指兩名稱之間，連部分相同都沒有。

【語譯】

〔經〕異，包括二、不體、不合、不類四種情況。

〔說〕異◯二者絕對不同，是二之異；部分與整體不相關聯，是不體之異；不同的物，又不同於一個大範圍，是不合之異；兩名稱之間沒有部分相同，是不類之異。

〔經〕同異交得❶，放有無❷。

〔說〕同異交得◯於福家良，恕有無也❸；比度❹，多少也；免蚓還園❺，去就也；鳥折用桐❻，堅柔也；劍尤早❼，死生也；處室子❽，子❾母長少也；兩絕勝⑩，白黑也；中央，旁⑪也；論行學實⑫，是非也；難宿⑬，成未⑭也；兄弟，俱適⑮也；身處志往⑯，存亡也。霍⑰為姓，故⑱也；賈⑲宜，貴賤也。

【章　旨】討論「同異交得」的問題，屬邏輯類。

【注　釋】❶同異交得　指經過比較，事物同的方面和異的方面即可同時得知。交，同時。❷放有無　放，比；效。有無，應理解為「有無交得」，即「有」、「無」是從比較中得知。放有無，是說「同異交得」的道理也與「有無交得」的情形道理相仿。❸於福家良二句　意為到富家求食，則彼有我無，情形自然顯現出來。於福家良，孫說當作「於富家食」，可從。恕，當作「𢜔」。通「知」。❹比度　比較、度量。❺免蚓還園　免，「挽」的省字，挽戾之意。蚓，孫說是「螾」之音轉。還，同「旋」。轉。園，當作「圜」。通「環」。挽螾旋環，蚯蚓直走，環旋回，說明下句的「去就」。❻鳥折用桐　鳥折，孫說當作「象梗」。象梗用桐，指用桐木刻俑以象人。❼劍尤早　孫說當作「劍戈甲」，意為劍戈用以殺人以求其死，甲用以自衛以求其生。❽處室子　即處子、處女。❾子　曹耀湘說當讀作「字」，並說：「少而處室則曰子，長而字子則曰母。」❿兩絕勝　指白黑二色互勝。⓫旁　指四旁，相對於「中央」而言。⓬論行學實　原衍兩個「行」字，據孫校刪。指論說行為學問名實。⓭難宿　指難於早成的事。宿，通「夙」。早。⓮成未　指完成與未成之事。⓯適　孫說當讀作「敵」。⓰身處志往　張純一說：「身處此而志他往，是形雖同於存者，而神已異於存者，同於亡者。」⓱霍　姓。⓲故　舊。張純一說：「假霍為姓，異也；習慣如故，同也。」⓳賈　通「價」。

【語　譯】

〔經〕同異交得，就與有無相較可以互知的道理相仿。

〔說〕同異交得○到富家求食，就可知彼有我無；比較度量，就可知誰多誰少；把蚯蚓同轉環相比，就知道誰去誰就；用桐木作俑象人，把它同活人相比，可知誰堅誰柔；把劍戈同鎧甲的作用相比，可知哪物可致死，哪物可得生；從未嫁的處女身上，可以比出女孩母親、長者少者異同；兩色互勝，可以較出黑白；以中央為參照，可以推知四周；從論說行為學問名實之中，可以得知是非；從難以早成的事中，可知事有成與不成；從兄弟的友好相處中，可以推知敵對關係的存在；身在此而志往彼，便知身志的存與亡；霍為姓雖異，卻可知習慣如故之同；價格合宜，可推知物有貴賤。

〔經〕聞❶，耳之聰也。

〔說〕……❷，循所聞而得其意，心之察也。

【章　旨】討論「聞」的問題，屬認識類。

【注　釋】❶聞　指耳朵聽知。❷……　按此經原無說，諸家均認為〈經上〉「循所聞而得其意，心之察也」即是此經之說，今從之。

【語　譯】

〔經〕聞，是靠耳朵的靈敏所聽而知。

〔說〕……，根據所聽到的，得知別人的意思，是心中明察事理的結果。

〔經〕言❶，口之利❷也。

〔說〕……❸，執所言而意得見，心之辯也。

【章　旨】討論「言」的問題，屬認識類。

【注　釋】❶言　《論衡．書說》：「出口為言。」即講說。❷利　即口才。❸……　原本無說，情況與上條同。

【語　譯】

〔經〕言，是靠口才敏捷。

〔說〕……，能把握別人所講的，而又能使別人講話的意思顯明無誤，是心中富於辯智能力的結果。

〔經〕諾❶，不一利用❷。

〔說〕諾◯超城員止❸也。相從，相去❹，先知❺，是，可，五色❻。正五諾，皆❼人於知有說；過五諾，若負❽，無直無說❾。用五諾，若自然❿矣，長短前後輕重援⓫。

【章旨】討論「諾」的內容，屬邏輯類。

【注釋】❶諾　應對。❷不一利用　「不一」二字為「五」字之譌。五利用，即說中所說「相從、相去、先知、是、可」。❸超城員止　義不明，諸家解說紛紜。高亨訂作「詒誠負正」。詒諾為口諾心未諾的偽諾，誠諾為口諾心亦諾的真諾；負諾為否定之諾，正諾為肯定之諾。譯文從之。❹相去　指彼之言與我相合。去，高亨訂作「合」。❺先知　預知他人之意。❻色　當作「也」。❼皆　當作「若」。❽負　指違諾。❾無直無說　沒有而諾，等於無說。直，《說文》：「正見也。」❿若自然　指發自內心，毫不勉強。⓫援　張純一說當作「緩」。

【語譯】

〔經〕諾，在適用上有五種情況。

〔說〕諾◯有口諾心未諾的偽諾，口諾心亦諾的真諾，有否定之諾，有肯定之諾。或聽從對方所說，或彼言與我相合，或先知對方所說，或完全肯定對方所說，或表示贊同對方所說。有這五種情況。能正確地區分這五種情況加以應對，這個人就能知情達意，對答剴切。不能正確地區別這五種情況就加以應對：這等於違背諾言；是沒有三見而應對，等於沒有應對。正確地區別這五種情況而加以應對，就會對答自然，毫不勉強了，而應對語氣，或應對時機的長、短、先、後、輕、重、緩、急，也都自然得當了。

〔經〕服❶，執❷、說❸。

〔說〕服◯執❹，難成。說，務成之，則求執之❺。

【章旨】討論「服」的問題，屬論辯類。

【注釋】❶服　指心中悅服。❷執　孫詒讓說：「謂人各執其一說。」❸說　《說文》：「言相說伺也。」指伺察對方言論中的弱點或缺點。❹服執　原本互倒，據經文乙正。❺說三句　原作「言務成之，九則求執之」，從諸家說校改。

【語譯】

〔經〕服，有兩種情況難以做到使對方心服：一是人人各執一說，一是互相伺探對方言論中的弱點或缺點。

〔說〕服◯人人各執一說，必將難成定論。互相伺探對方言論，力求成為定論，就必然力求堅持己說，這樣也難以使對方心服。

〔經〕法同則觀其同❶，巧❷轉❸則求其故❹。

〔說〕法❺◯法取同，觀巧傳❻。

【章旨】討論「法」的問題，屬事理類。

【注釋】❶法同則觀其同　此句與下句原互倒，依譚戒甫說校改。❷巧　技巧。❸轉　宛轉。指玄妙精深之處。❹故　道理。❺法　原缺，據〈經說〉體例補。❻觀巧傳　照上句句式，當作「巧觀傳」。傳，通「轉」。

【語譯】

〔經〕對於法則，相同之處，就觀察它同在哪裡；對於技巧，宛轉精要之處，就探求它的道理所在。

〔說〕法◯對法則，要取它的相同之處；對技巧，要看它的宛轉精妙之處。

〔經〕法異，則觀其宜。

〔說〕法異❶◯取此擇彼，問故觀宜。

【章旨】討論「法異」的問題，屬事理類。

【注釋】❶法異　原缺「異」字，依經題體例補。

【語譯】

〔經〕法異，當法則出現不同時，就看哪些是合宜的。

〔說〕法異◯就要對它們有所取捨選擇，要探問原故，觀察它們中哪些合宜。

〔經〕止❶，因以別道❷。

〔說〕止❸◯以人之有黑者，有不黑者，止黑人；與以有愛於人，有不愛於人，止愛人，是孰宜止？

【章旨】討論「止」的問題，屬事理類。

【注釋】❶止 定；限止。❷因以別道 孫詒讓說：「謂道有宜止者，有不宜止者，因事以別也。」❸止 原缺，依體例補。

【語譯】

〔經〕止，要根據情況加以區別，然後才能分清哪些應當限止。

〔說〕止〇因在人群中，有些臉色黑，有些不黑，就限止臉色黑的人；因為有些人愛人，有些人不愛人，就限止愛人的人，這怎麼能限止呢？

〔經〕㱏，無非❶。

〔說〕㱏❷〇若聖人有非而不非❸。

【章旨】討論「正」的問題，屬行為修養類。

【注釋】❶無非 孫說：「謂聖人以正道，有所非，與無所非同。」❷㱏 原缺，依體例補。❸聖人有非而不非 孫說：「言聖人於人雖有所非，而非其所當非，則與無所非同。」

【語譯】

〔經〕正，不指責詆毀他人。

〔說〕正〇比如聖人，雖然會批評他人，但因為他批評得當，因此等於沒有詆毀他人。

經下第四十一（與經說下第四十三合注）

【題　解】〈經下〉與〈經上〉是互相銜接的，但也有一些不同。從內容說，〈經下〉要深奧一些，很多屬於自然科學方面的條文都在其中。從體例說，〈經上〉的牒字比較確切，它的經說也比較明晰，多用一二字牒舉經文，易於稽考。此篇及其說則比較錯雜，牒字往往不止一二字，甚至沒有牒字。這種情況，勢必增加閱讀的困難，所以要加以注意。

讀《墨經》，還有個「旁行句讀」的問題。這個問題，自畢沅以來，很多學者都做了大量的研究，取得了顯著的成效。但由於《墨經》有缺佚錯簡，各家的說法只能作為參考，不可過於拘泥。上下經的旁行句讀，錄畢沅、張惠言說附於此書之末，以供參考。

〔經〕止❶，類以行人❷，說在同❸。

〔說〕止○彼以此其然也，說是其然也；我以此其不然也，疑是其然也，此然是必然則俱❹。

【章　旨】討論「止」的問題，屬辯說類。

【注　釋】❶止　孫說是言辭相執拒之意，是。❷人　孫說「人」當作「之」。❸說在同　意為要求意見一致，則取同而存異。❹俱　都。指意見趨於一致，也即經所說的「同」。

【語譯】

〔經〕止，如果爭辯雙方相持不下，就應推類以行其說，取同存異。

〔說〕止◯你認為這是正確的，就說這是正確的；我認為這是不正確的，又懷疑這是正確的，如果這確實是正確的，那就應當同你的意見趨於一致。

〔經〕四足、牛馬異說❶，說在名之大小❷。

〔說〕謂四足獸❸，與牛馬異❹，物盡異❺，大小❻也。

【章旨】討論總名與別名的問題，屬邏輯類。

【注釋】❶四足牛馬異說　原作「駟異說」，孫認為「駟」當為「四足牛馬」譌脫合併為一字。四足，依〈經說〉，是指「獸」，是總名（即屬概念），牛馬是具體的四足動物，是別名（即一種概念），所以說「異說」。❷名之大小　原缺「名」字，據孫校補。❸謂四足獸　《爾雅》：「四足而毛謂之獸。」❹與牛馬異　原作「與生鳥與」，從孫說改。❺異　原作「與」，從孫說改。❻大小　即名之大小。大的是總名，小的是別名。

【語譯】

〔經〕四足、牛馬說法是有區別的，這要用名稱的大小來加以解釋。

〔說〕我們把四隻腳的東西叫做獸，獸是總名，同牛馬的名稱是有區別的，萬物都有區別，這種區別就表現在類的大小不同，因而名稱的大小也有不同。

〔經〕物盡同名❶，二與鬥❷，愛❸，食與招❹，白與視❺，麗與暴❻，夫與履。

〔說〕物盡❼同名◯俱鬥❽，不俱二❾，二與鬥也；包❿、肝、肺、子，愛也；橘茅⓫，食與招也；白馬多白，視馬不多視，白與視也；為麗不必麗，不必⓬麗與暴也；為非以人，是不為非，若為夫勇不為夫，為屨以買衣為屨⓭，夫與屨也。

【章　旨】討論「物盡同名」的問題。

【注　釋】❶物盡同名　孫說：「物猶事也，謂意異而辭同。」❷二與鬥　二指二人。鬥指爭鬥。❸愛　喜愛。❹食與招　食指食用。招指招神。❺視　孫說：「蓋言馬之善視者。」❻暴　原缺。依〈經說〉補。❼物盡　原作「為麋」，依經文體例改。❽俱鬥　指二人在一起才構成爭鬥。❾不俱二　二人不在一起，就只能稱二人，不能說鬥。❿包　孫說當作「色」。⓫橘茅　指橘子和茅草，橘子可食，茅可用以招神。⓬不必　張其鍠校作「為暴不必暴」。⓭為非以人四句　孫詒讓說：「蓋為非以人是不為非者，凡已為非理之事為非，議人所為之非亦為非，今庳人之非則非其自為非。〈經下〉云『非誹者諄』，即此非字之義。若為夫以勇不為夫者，上夫為勇夫之夫，下夫為夫婦之夫。言以勇稱夫，則非為夫婦之夫。為屨以買不為屨者，言為屨而買之於人，則非其所自為也。此並論異意同辭，三句文例略同，可以互校。今本『為夫』下脫『以』字，『不為屨』『不』又譌為『衣』，遂不可通。」

【語　譯】

〔經〕物盡同名，例如二與鬥，愛，食與招，白與視，麗與暴，夫與屨。

〔說〕物盡同名○二人聚在一起爭鬥就是鬥，不聚在一起就只能稱二人，二人同鬥，事有區別，但都稱「二人」。色、肝、肺、子，都是人們所愛的，所愛的東西不同，而稱為愛則相同。橘子和茅草，一供人吃，一用於招神，對象不同，但均可稱為享用。白馬渾身白色，善視的馬只有眼睛善視，白和視情況不同，但所命名的馬是相同的。為美不一定真美，為惡不一定真惡，則美惡自有不同之實，卻都可冠以美惡之名。自己做非理之事叫「為非」，議論設謗別人也叫「為非」，具體情況不同，但全都叫「為非」。

這就像因為勇而叫「夫」，夫婦之「夫」也叫「夫」，實際涵義不同，但都稱「夫」；買來的鞋子叫鞋子。自己做的鞋子也叫鞋子，情況不同，但叫做「鞋子」卻是一樣的。

〔經〕一❶，偏棄❷之。

〔說〕一❸〇一與一亡❹，不與一在，偏去，未。

【章　旨】討論「一」的問題，屬邏輯類。

【注　釋】❶一　指整體。❷偏棄　指部分。棄，去。❸一　原作「二」，實為兩個「一」字，從諸家說改正。❹一與一亡　指一個整體去其一偏。

【語　譯】

〔經〕一，一作為整體，是可以去掉一部分的。

〔說〕一〇一個作為整體的「一」和一個作為部分的「一」，作為部分的「一」亡失了，不同作為整體的「一」一起存在了，這也只是去其一部分，整體並未歸於消失。

〔經〕謂，而固是❶也，說在因❷。

〔說〕謂❸〇有文實❹也，而後謂之；無文實也，則無謂也，不若敷與美❺。謂是，則是固美也；謂也❻，則是非美；無謂則報❼也。

【章　旨】討論「謂」的問題，屬辯說類。

【注釋】❶固是　指符合實際情況。❷因　因循，即順從實際。❸謂　講說。原缺，據體例補。❹文實　張惠言說：「文實猶名實。」❺不若敷與美　張純一說意為：「不得順私敷陳，妄許其美。」❻也　王樹枏校作「非」，可從。❼報白；說。

【語譯】

〔經〕謂，講說一定要符合實際。道理也就在於要順從實際。

〔說〕謂◯有名有實，然後才能講說；無名無實，就不能講說，不能私自陳說，妄許其美。講得符合實際，那麼這本來就美；講得不符合實際，那麼這就不美；無話可說，就聲明自己無話可說好了。

〔經〕不可偏去而二❶，說在見與俱❷，一與二❸，廣與脩❹。

〔說〕見不見離❺，一二不相盈❻，廣脩堅白❼。

【章旨】討論「不可偏去」的問題，屬邏輯類。

【注釋】❶不可偏去而二　指整體「二」不可割裂成部分而分為二。❷見與俱　依說當作「見與不見俱」。❸一與二　指一個整體包含兩個方面。❹廣與脩　廣，寬。脩，長。❺離　割裂。❻不相盈　指不能相互構成一個整體。❼堅白　指石頭的堅性和白色，這兩者是一個整體，不能分割。

【語譯】

〔經〕一個整體不能割裂成兩個互不相關的部分。例如見和不見，是偕同在一起的，是一個整體與兩個部分的關係，寬和長也是這樣，它們是構成面積這個整體的不可分割的兩個方面。

〔說〕如果把見和不見割裂開來，那麼作為整體的「二」就分割為「二」，就不能構成整體了。寬和長、堅和白都是這樣。

〔經〕不能而不害❶，說在害❷。

〔說〕舉不重❸，不與箴❹，非力之任也；為握者之頗倍❺，非智之任也。若耳目❻。

【章　旨】討論「不能」的問題，屬事理類。

【注　釋】❶不能而不害　指有些事情即使不能做，也不妨害他是一個有能力的人。❷害　指做了反而有妨害。❸舉不重　當依諸家說訂作「不◯舉重」。不，是經題，即不能。❹與箴　與，當作「舉」。箴，同「鍼」。❺為握者之頗倍　為握者，指手裡握著東西，讓人去猜。頗倍，頗，孫說當作「觭」，通「奇」。奇數。倍，「偶」之譌。❻若耳目　指若耳目各有不聽不視之事實。

【語　譯】

〔經〕有些事雖不能做，但也並不妨害其能力；道理就在做了反而有害。

〔說〕不◯舉得起重物，卻不能去舉一根鍼，不是說舉不起鍼，而在於舉起一根鍼，並不能體現他有力。握著東西讓人去猜是單數還是雙數，這也不是體現智力的地方。就像耳目一樣，耳能聽不能看，目能看不能聽，但這並無損於耳目的聰明。

〔經〕異類不吡❶，說在量❷。

〔說〕異◯木與夜孰長？智與粟孰多？爵、親、行、賈❸四者孰貴？麋與霍孰高❹？蚓與瑟孰瑟❺？

【章　旨】討論「異類不吡」的問題，屬事理類。

【注釋】❶吡 當作「比」。❷量 指事物各按不同的度量計算。❸賈 通「價」。❹麋與霍孰高 此下還有一句「麋與霍孰霍」，孫說是衍文，故刪。霍，通「藿」。一種植物。❺蚓與瑟孰瑟 此句兩個「瑟」字，前一個「瑟」通「蝨」，後一個「瑟」字，孫說當作「長」，近似。長，高。

【語譯】

〔經〕不同類別的東西不能相比，道理就在於事物各有不同的度量單位。

〔說〕異◯比如問：樹木同夜晚相比，哪一個長？智慧同粟米相比，哪一個多？爵位、親人、德行、價值四者相比，哪一個貴？麋鹿同藿草相比，哪一個高？蚯蚓同蝨子相比，哪一個高？

〔經〕偏去莫加少❶，說在故❷。

〔說〕偏◯俱一無變❸。

【章旨】討論「偏去莫加少」的問題，屬邏輯類。

【注釋】❶偏去莫加少 偏，部分。去，孫說猶言相離。加少，增加減少。❷故 舊。指總量依然如故。❸俱一無變 即釋經文的「故」。

【語譯】

〔經〕把部分分離開來，總體既沒有增加，也沒有減少。道理就在於它們的總量依然如故。

〔說〕偏◯部分分離之後，仍為整體的一部分，總量並沒有發生變化。

〔經〕假必誖❶，說在不然。

〔說〕假◯必非也而後假。狗假霍也，猶氏霍也❷。

【章　旨】闡明「假必誖」的道理，屬邏輯類。

【注　釋】❶假必誖　《說文》：「假，非真也。」誖，亂。指違背事實。❷狗假霍也二句　意為狗假充姓霍的人，但狗只是狗，只不過猶如以霍為姓罷了。

【語　譯】

〔經〕假的東西必定違反事實，道理就在於它不是事實。

〔說〕假○必定是非真才是假的。狗冒充姓霍的人，只不過猶如牠姓霍罷了。

〔經〕物之所以然，與所以知之❶，與所以使人知之，不必同。說在病❷。

〔說〕物○或傷之，然也；見之，智❸也；告之，使智也。

【章　旨】討論「不必同」的問題，屬認識類。

【注　釋】❶所以知之　之所以知之。即說的「智」。❷病　指〈經說〉的「或傷之」。即受傷嚴重。❸智　通「知」。

【語　譯】

〔經〕事物的之所以如此，與之所以知道是如此，與之所以要使人知道，三者不一定相同。例如有人受傷嚴重。

〔說〕物○有人傷害了某人，這就是物之所以然，也即事實；另一個人看到了告訴他，這就是所以知之，亦即認知能力；他告訴別人，也就是使人知之。

〔經〕疑❶，說在逢、循、遇、過❷。

〔說〕疑○逢為務❸則士，為牛廬者夏寒，逢也。舉之則輕，廢之則重，若石羽❹，非有力也，柹❺從削，非巧也，循也；鬥者之敝❻也，以飲酒，若以日中❼，是不可智❽也，遇❾也。智與？以已為然也與？過❿也。

【章旨】討論「疑」的問題，屬認識類。

【注釋】❶疑 指疑難無法決斷。❷逢循遇過 指產生疑難的四種情況。❸為務 曹耀湘說：「為務者，值其時而為其事也。」❹若石羽 張其鍠說：「石重，舉之則輕；羽輕，置之則重，輕重循乎所舉，非石羽有力能為輕重也。」❺柹 木皮。《說文》：「削木朴也。」❻敝 通「蔽」。壅蔽。❼日中 《周易・繫辭》：「日中為市。」❽智 通「知」。❾遇 原作「愚」，依經改。❿過 原作「愚」，依經改。

【語譯】

〔經〕疑，即使人疑慮難以決斷。通常含有逢、循、遇、過四種情況。

〔說〕疑○碰上時機，做了自己要做的事，卻自然成了士人，建造牛棚，本來是為了給牛冬天避寒，卻沒料到夏天也可使牠感到清涼，這種一舉兩得的事，完全是一種出乎意料的遭逢。舉起來就感到輕，放下來就感到重，就像舉石頭和羽毛，並不是石頭羽毛有力能變輕變重；刮削木皮很是容易，這也不是什麼技巧；這些都是順勢而成的事。打鬥者蔽於爭打，是因為飲酒，還是因為市場交易，這是無法知道的，因為這是不期而遇的事。已過的事，本來就知道呢？還是因為它已成事實之後才知道？這些都是事情過後尚有疑問的事。

〔經〕合與一❶，或復否❷，說在拒❸。

〔說〕……。

【章旨】討論「合與一」的問題，屬邏輯類。

【注釋】❶合與一　合而相與為一。❷否　指不合。❸拒　抵觸。

【語譯】〔經〕有的能相合為一，有的不能相合為一，不能相合為一的原因，就在於各部分互相抵觸。

〔說〕……。

〔經〕歐物❶一體也，說在俱一惟是❷。

〔說〕俱❸〇俱一，若牛馬四足。唯是，當牛馬。數牛❹，數馬，則牛馬二；數牛馬，則牛馬一。若數指，指五而五一。

【章旨】討論部分與整體的關係問題，屬邏輯類。

【注釋】❶歐物　指單獨之物。歐，當作「區」。❷惟是　孫說：「唯是者，謂物名類相符，則此呼彼應而是也。」惟，通「唯」。❸俱　當從經文作「歐」。❹數牛　指分開計牛之數。

【語譯】

〔經〕各種單獨之物同屬一個整體，道理就在於它們都可以歸入一個大類，而能名類相符。

〔說〕俱〇可以歸入一個大類的，比如牛馬可以歸入四足獸這一類。說牠們名類相符，因為牛馬都是四足動物。單獨數牛，數馬，則牛馬各屬不同的小類，牛與馬是兩種不同的動物；把牛馬合在一起數，則牛馬同屬一類，屬四足動物。這就好比數手指，五個指頭各不相同，也各有名稱，但它們都屬於指這一類別。

〔經〕宇或徙❶，說在長❷；宇久❸，無久與宇❹。

〔說〕長❺〇宇徙而有處。宇❻，南北在旦有在莫❼，宇徙久❽。

【章旨】討論時空關係問題，屬哲學類。

【注釋】❶宇或徙　宇，四方上下曰宇，指空間。或，《說文》：「或，邦也。」即「域」之本字。徙，遷徙。指變化。❷長　指時間之長。❸宇久　即宇宙。❹無久與宇　指時空一體，不能截之為二。❺長　釋經「說在長」句，或以為與下句之「宇」互倒，非是。❻宇　依經文及下句「南北在旦有在莫」，當作「宇久」，釋經文「宇久」。❼南北在旦有在莫　南北，兼四方而言。旦，原作「且」，據孫校改。有，通「又」。莫，「暮」的本字。旦暮，指時間。❽宇徙久　孫說：「此言宇徙則自南而北，自東而西，歷時必久，屢更旦莫，故云『宇徙久』。」

【語譯】

〔經〕空間總是在發生變化，道理就在於它歷時之長。宇宙是一個整體，不能分割，就其整體言，無所謂宇，也無所謂久。

〔說〕長〇是說空間變化了，時間也就伴隨其中。所謂宇久，就是南北東西四方中包含著旦暮朝夕，空間屢變，歷時必久。

〔經〕不堅白，說在……❶；堅白，說在因❷。

〔說〕無堅得白，必相盈也❸。

【章　旨】討論「堅白」關係問題，屬邏輯類。

【注　釋】❶不堅白說在……　不堅白指將「堅」與「白」分離。「說在」下有脫文，無從校補。❷因　因順。指堅白互相依憑，相因而顯。❸必相盈也　必，當依孫說作「不」，即〈經說上〉「堅白○異處不相盈」之義。

【語　譯】

〔經〕堅與白不能分離，道理就在於……，堅與白應聯繫起來講，道理就在於它們是互相因順的。

〔說〕沒有了堅卻得到白，那白和堅就構不成一個統一的整體了。

〔經〕在諸其所然未者然❶，說在於是❷推❸之。

〔說〕在○堯善治，自今在諸古也；自古在之今，則堯不能治也。

【章　旨】討論察古論今的問題，屬事理類。

【注　釋】❶在諸其所然未者然　在，張惠言說：「察也。」未者然，孫說當作「者未然」。者，「諸」的省文。❷是　指上文的「其所然」。❸推　推論；推斷。

【語　譯】

〔經〕考察已知的成為事實之事，以求知未知之事，方法就在於從已知加以推斷。

〔說〕在○考察堯的善治，是從當今推斷古代；如果從古代考察當今，那麼堯就不能治理當今之世。

〔經〕景不徙❶，說在改為❷。

〔說〕景○光至景亡❸，若在，盡古息❹。

【章　旨】討論「景」的問題，屬光學類。

【注　釋】❶景不徙　景，同「影」。徙，移。❷改為　指光射至後影子發生變化。❸光至景亡　指光射至影子處，影子即消失。❹若在盡古息　俞樾說：「言景若在，則光盡古息也。盡古，猶終古也。」

【語　譯】

〔經〕影子本身並不會移動，影子所以會移動，原因就在於光線發生了變化。

〔說〕景○光線投射到影子所在的位置，影子就會消失。如果要影子繼續存在，那麼光線就要永遠不投射到那個部位去。

〔經〕景二❶，說在重❷。

〔說〕景○二光夾一光，一光者景也❸。

【章　旨】討論重影問題，屬光學類。

【注　釋】❶景二　即重影。❷重　即〈經說〉的「二光夾一光」。❸一光者景也　一束光就只有一個影子。是對上句的補充說明。

【語　譯】

〔經〕影子有時會顯現出兩個。道理就在於光線的重複。

〔說〕景○兩個光界交射，中間夾著一個受光體，故形成重影。如果只有一束光，就只有一個影子。

〔經〕景到❶，在午有端❷與景長❸。說在端。

〔說〕景◯光之❹人煦❺若射。下者之人也高，高者之人也下。足蔽❻下光，故成景於上；首蔽上光，故成景於下。在遠近有端與於光，故景庫❼內也。

【章　旨】討論倒影的形成問題，屬光學類。

【注　釋】❶景到　即影倒。❷在午有端　一光源的光線，穿過一小孔，投射到另一物體平面，稱為在午有端。午，交午；交叉。端，點。❸與景長　景，指光線。長，指光線的長度。❹之　至。❺煦　當作「照」。❻蔽　遮蔽。❼庫　譚戒甫認為假為「窟」，即窟穴。

【語　譯】

〔經〕影倒，在於交點，而影的大小與光線的長度有關。關鍵性的道理在於交點。

〔說〕景◯光線照到人身上，就像射箭一樣直，在下的光線照到人身上，影子反而高，高處的光線照到人身上，影子反而低。腳遮蔽的是下面的光，所以影子投到了上面，頭遮蔽的是上面的光，所以影子投到了下面。交點的遠近與光有關，所以影子射入窟穴之內，即成為倒影。

〔經〕景迎日❶，說在轉❷。

〔說〕景◯日之光反燭❸人，則景在人與日之間。

【章　旨】討論反照的問題，屬光學類。

【注　釋】❶景迎日　影子向著太陽光。❷轉　原作「摶」，從孫校改。❸反燭　即反照。

【語　譯】

〔經〕人影對著陽光，原因在於光線的反照。

〔說〕景◯太陽光反照人，那麼人影就會在人和太陽之間的一方出現。

〔經〕景之小大，說在杝缶❶遠近。

〔說〕景◯木杝，景短大；木正，景長小。光❷小於木，則景大於木，非獨小也。遠近……❸。

【章　旨】討論「影之小大」的成因問題，屬光學類。

【注　釋】❶杝缶　杝，原作「地」，依孫校改。杝，斜。缶，正。❷光　原作「大」，從孫校改。❸遠近……　有脫文，無從校補。

【語　譯】

〔經〕投影的大小，原因在於立木的斜正遠近不同。

〔說〕景◯立木斜，影子就短而大；立木正，影子就長而細。光比立木小，影子就會比立木大，不只是影子小。遠近……。

〔經〕臨鑑而立，景到。多而若少❶，說在寡區❷。

〔說〕臨◯正鑑，景寡❸。貌能❹、白黑，遠近、杝正，異❺於光，鑑當，景俱❻。就去，尒❼當俱，俱用北❽。鑑者之臭❾於鑑，無所不鑑。景之臭無數❿，而必過正。故同處其體俱，然鑒分。

【章　旨】討論鏡子的成像問題，屬光學類。

【注　釋】❶多而若少　譚戒甫說：「二鏡的角度小，成像多；角度大，成像少。此是說明『二平鏡重複反射』之理。」❷寡區　譚說指區面減少，即二鏡的角度縮小之意。❸正鑒景寡　正鑒，指平面鏡，因其照物時只有一個單像，故說「景寡」。❹能　即態。❺異　「冀」的省文，面對。❻鑒當景俱　原作「鑒景當俱」，從譚說改。俱，相合，指二像同聚。❼介　畢沅說疑「亦」字。❽北　背。❾臭　譚認為與「臬」形似致誤。臬，本意為射矢準的，此借用為光線反射。❿景之臭無數　是說物體反射成像後，而像又繼續反射，故說「無數」。

【語　譯】

〔經〕人俯臨鏡子而立，所成之像是倒的。如果二平鏡重複反射，那麼成像多，猶如成像少，道理就在於二鏡角度縮小，因而區面減少。

〔說〕臨◯平面鏡，所成之像只有一個。因為人像的形態、白黑、遠近，都是人的眼睛對望光線才顯現出來的，所以出現倒立現象。兩個平面鏡相接成直角時，就有合在一起的俱像。兩個平面鏡的直角靠攏或擺開，也應當有俱像，但因後者在背面而看不見。照鏡子的人，形像反射在鏡面上，是無處不能照見的。如果要使反射成像後，而像又繼續反射，以至於無數，則必得角度斜戾。所以二鏡同一處的部分雖有俱像，但它們之間界限分明。

〔經〕鑑位❶，景一小而易❷，一大而𠙶，說在中之外內❸。

〔說〕鑒◯中之內，鑑者近❹中，則所鑒大，景亦大；遠中，則所鑒小，景亦小，而必正。起於中緣正而長其直也❺。中之外，鑒者近中，則所鑒大，景亦大；遠中，則所鑒小，景亦小，而必易，合於中緣正❻而長其直也。

【章旨】討論凹鏡的成像問題，屬光學類。

【注釋】❶鑑位　鑑低，指凹鏡。位，諸家或正作「低」，或正作「窪」，作「低」近是。❷易　與「正」相對。斜。❸中之外內　中，指凹鏡的弧心和焦點。外內皆相對於「中」而言。❹近　依光學原理當作「遠」，下文「遠中」之「遠」應作「近」。❺起於中緣正而長其直也　譚戒甫說，光體距焦點最近，即幾起於焦點時，則平行正軸的光線，反射向後引長所得的共軛點當為最長，因而像和鏡面的距離也最大，所以說「起於中緣正而長其直也」。❻中緣正　三字原無，據譚說補。

【語譯】

〔經〕鏡面凹，成像可能有兩種：一種成像小而倒，一種成像大而正。原因就在於一在弧心之外，一在焦點之內。

〔說〕鑒◯在焦點之內，光體遠於焦點，則所照的光強，成像也大；近於焦點，則所照的光弱，成像也就小了，但成像一定很正。如果光體近於焦點，平行於正軸的光線反射向後引長，形成極長的共軛點，而像更遠離共軛點，則像就更遠離鏡後了。在弧心之外，光體近於弧心，則所照的光強，成像也大；遠離弧心，則所照的光弱，成像也小，而且一定會倒立，如果光體合於弧心，則平行於正軸的光線反射，形成極長的共軛點，而像即與光體相等而仍出現倒立情況。

〔經〕鑒團❶，景一❷。

〔說〕鑒◯鑒者近，則所鑒大，景亦大；亓❸遠，所鑒小，景亦小，而必正。景過正，故招❹。

【章旨】討論凸鏡成像的問題，屬光學類。

【注釋】❶團　指鏡面凸出。❷景一　按此下有脫文，諸家所補不一，疑不能明，故仍其舊。❸亓　古「其」字。❹招　《漢書・禮樂志》注：「招搖，申動之貌。」

【語譯】

〔經〕鏡面凸起，成像只有一個。

〔說〕鑒◯光體離鏡子近，則所照的光強，成像也就大；如果離鏡遠，則所照的光弱，成像也就小，但無論成像大小，都必定正立。如果光體離鏡太遠，成像就會歪斜，因而模糊不定。

〔經〕負❶而不撓❷，說在勝❸。

〔說〕負◯衡木❹，加重焉而不撓，極❺勝重也。右校❻交繩❼，無加焉而撓，極不勝重也。

【章旨】討論重心問題，屬力學類。

【注釋】❶負　原作「貞」，依孫說改。❷撓　傾倒；偏於一端。❸勝　勝任；承受。❹衡木　屋棟。❺極　中。即重心。❻右校　指偏邊以連木支撐。《說文繫傳》：「校，連木也。」❼交繩　指用繩交互牽曳。

【語譯】

〔經〕擔負重物而不傾倒，道理在於能夠勝任。

〔說〕負○衡木，一邊增加重量卻不傾斜，是因為沒有失去重心，如果失去重心，即使用木頭支撐，繩子牽曳，不增加重量也會傾斜，這是因為它失去重心的緣故。

〔經〕衡❶而必正，說在得❷。

〔說〕衡○加重於其一旁，必捶❸。權，重相若也相衡，則本短標長❹。兩加焉，重相若，則標必下，標得權也。

【章旨】討論「衡」的平衡問題，屬力學類。

【注釋】❶衡　原作「天」，係「奧」的壞字。奧，《玉篇》作「奧」即古「衡」字。❷得　即〈經說〉的「標得權」。❸捶　張惠言說意為偏下。❹本短標長　稱桿大而短的一臂為「本」，即稱頭。小而長的一臂為「標」，即稱尾。

【語　譯】

〔經〕稱桿一定要平正、平衡的道理，就在於稱錘的位置剛好合宜。

〔說〕衡○在稱盤那一邊加重，就必定會下垂。稱錘能壓住的重量，與稱盤的重量相當，就能達到平衡，所以稱頭短而稱尾長。如果稱盤和稱尾都加重，要使重量相等，則稱尾一端的稱錘，一定要往末端移動，才能保持平衡。

〔經〕挈與收板❶，說在薄❷。

〔說〕挈○有力也；引，無力也。不必❸所挈之止於施❹也。繩制挈之也❺，若以錐刺之。挈，長重者下，短輕者上。上者愈得，下者愈亡。繩直權重相若，則正矣。收，上者愈喪，下者愈得。上者權重盡，則遂挈。

【章　旨】討論「挈」的問題，屬力學類。

【注　釋】❶挈與收板　挈，原作「契」，依張惠言說改。《說文》：「挈，縣持也。」即提。收，原作「枝」，從張說改。板，孫說當作「仮」，反。❷薄　通「迫」。指接近支點。❸必　原作「心」，從譚戒甫說改。❹施　施加。指施加之力。❺繩制挈之也　指以繩索牽曳。

【語　譯】

〔經〕稱的往上提挈，同往下收斂相反，道理就在於往上提挈接近支點。

〔說〕挈◯向上提挈，顯得有力；向下收引，就顯得無力。不一定只限於直接施加力量才能使所挈之物上升，用繩子牽曳著往上提挈，繩子繫在輪軸上，貫穿輪車的軸像錐子插入輪內，這樣也可以挈物上升。稱物時用繩子挈物，繩長物重，容易下墜，繩長物輕，容易上升。上升的越來越有力，下墜的越來越失重。繩子拉直，同稱錘所壓的重量相等，就平衡了。繫著稱錘的繩子，往稱桿下端收引時，在稱桿上端的物，就越來越往上升，而稱桿下端的稱錘，就越來越往下沉。當稱錘所壓的重量，與所要提挈之物的重量完全合宜時，物就被提挈起來了。

〔經〕倚❶者不可正，說在梯❷。

〔說〕倚◯倍拒堅䠷❸，倚焉則不正。兩輪高，兩輪為輲❹。車梯也，重其前，弦其前❺。載弦其前，載弦其軲❻，而縣重於其前。是梯，挈且挈❼則行。凡重，上弗挈，下弗收，旁弗劫❽，則下直。扡❾，或害之也。⿰氵不，梯者不得⿰氵不，直❿也。今也廢尺⓫於平地，重不下，無⿰足旁⓬也。若夫繩之引軲也，是猶自舟中引橫⓭也。

【章　旨】討論「倚」的問題，屬力學類。

【注　釋】❶倚　偏斜。❷梯　指〈經說〉的「梯」。即車梯。❸倍拒堅䠶　應作「倚拒堅梯」。是說梯一定要斜靠在堅物上才能立穩。譯文從此說。倍，梁啟超、張其鍠校作「倚」。䠶，改作「梯」。❹輲　即輲車。古代一種四輪車，前兩輪和後兩輪高低不同，車身成梯形。四輪均無輻，又叫做輇。❺車梯也三句　四輪前高後低，叫車梯。這種可用作雲梯。重心在前頭，車前彎作半月形。弦，月半之名。❻載弦其前二句　依譚戒甫說，前一「載」指載重，後一個「載」通「再」。軲，即前胡。是古代駟馬車轅前下垂拄地之物。❼挈且挈　前一個「挈」即提挈，後一個「挈」孫說當作「引」，即牽曳。❽劫　《說文》：「或曰：以力去曰劫。」這裡意同「引」。❾扡　偏斜。❿⿰氵不梯者不得⿰氵不直　孫詒讓說：「言梯雖邪而重物不下流者，以其挈引之，而無異直升也。」⿰氵不，《玉篇》說是古文「流」字。⓫廢尺　廢，置。尺，從孫校作「石」。⓬⿰足旁　孫說當作「踦」，偏踦。⓭橫　同「桄」。舟前木。

【語　譯】

〔經〕要斜著用力的東西不能使直，例如梯車就是這樣。

〔說〕倚○梯子一定要斜靠在堅物上才能立穩，既然斜著就不必弄直。兩個輪子高，兩個輪子低的叫輲車。車梯也是這樣，重心在前，前面做成半月形。用以載重的車，前端要做成半月形，車軲也做成半月形，而把重物懸繫在前頭。這種梯車，後推前拉就能行走。凡是載重時，前面不要提挈，後面不要下收，兩旁不必用力，則重心自然在下而直立。如果有偏斜，那就有妨害。梯身雖斜，但重物不下流，是因為梯身本身是直的，重心很穩。就像放一塊石頭在平地上，即使再重也不會流下來，就因為它沒有偏踦。至於繩之拉著亘軲，道理也同在船中拉著橫木一樣。

〔經〕堆之必柱❶，說在廢❷材。

〔說〕堆❸◯絣石絫石❹耳。夾寢❺者，法❻也。方石去地尺，關❼石於其下，縣❽絲於其上，使適至方石，不下，柱也。膠❾絲去石，挈也。絲絕，引也；未變而石❿易，收也。

【章旨】討論「堆」的問題，屬力學類。

【注釋】❶堆之必柱　原作「推之必往」，從譚戒甫說改。❷廢　置；置備。❸堆　原作「誰」，依諸家說改。❹絣石絫石　絣，「并」的繁文。絫，同「纍」。❺夾寢　寢，「寑」的省文。古代廟制，中為太室即寢，東西序外為夾室即夾。❻法　依譚說，當作「堆」。❼關　通「貫」。❽縣　同「懸」。❾膠　黏結。即糾結。❿石　原作「名」，從曹耀湘說改。

【語譯】

〔經〕堆砌石料就一定得奠基作為支柱，道理就在於要建成房舍，就得置備材料。

〔說〕堆◯就是把石頭排列起來疊起來罷了。廟裡的寢夾二室，就是堆砌起來的。一塊方石離地一尺，下面橫貫另一些石頭，從上面懸下絲繩，使它正好到方石的位置，方石不會落到地上，就是因為下面有石頭撐拄著。在方石上繫上絲繩，然後使它離開下面橫貫的基石，這是提挈；絲繩斷了，這是因為石塊重力向下牽引的結果；懸著的絲繩未變，而石頭可以改換方向，這是因為絲繩向上收斂的緣故。

〔經〕買無貴❶，說在仮其賈❷。

〔說〕買◯刀糴❸相為賈。刀輕則糴不貴，刀重則糴不易❹。王刀❺無變，糴有變。歲變糴，則歲變刀。若鬻子❻。

【章旨】討論「買」的問題，屬經濟類。

【注釋】❶買無貴　買賣是一種商業活動，本身無所謂貴賤。買，兼指買賣兩事。❷仮其賈　仮，同「反」。變易。賈，同「價」。❸刀糴　這裡代指所買賣之物。刀，泉刀；錢幣。糴，買穀。❹易　相對上文「貴」言。賤。❺王刀　張惠言說：「王者所鑄，故曰王刀。」❻鬻子　出賣小孩。

【語譯】

〔經〕買賣本身並無貴賤，產生貴賤的原因，在於錢穀本身價值的變化。

〔說〕買◯錢穀的價值是互為消長的。錢的價值低穀就不貴，錢的價值高穀就貴了。王家的錢幣價格沒有變化，穀物的價格是有變化的。要使兩者互相適應，每年改變穀物的價格，就得改變錢幣的價格。這就好像荒年出賣小孩一樣。

〔經〕賈宜則讎❶，說在盡❷。

〔說〕賈◯盡也者，盡去其所以不讎也。其所以不讎去，則讎。正賈❸也，宜不宜，正，欲不欲❹。若敗邦鬻室、嫁子。

【章旨】討論「價」的問題，屬經濟類。

【注　釋】❶讐　畢沅說：「售字，古只作讐，後省。」❷盡　即〈經說〉的「盡也者，盡去其所以不讐也」。「其所以不讐」者，指那些壞劣變質賣不掉的貨物。❸缶賈　調正價格。❹宜不宜三句　宜不宜，指貨物的價格是否合理。欲不欲，指賣主的主觀想法，願不願意賣。後者必須受前者的制約加以調正，不能依主觀行事。

【語　譯】

〔經〕價格合適就應出售。銷售的方法，就在於把所有的貨物統統賣掉。

〔說〕買◯所謂盡，就是要把不能出售的壞劣變質的貨物統統去掉。把這些貨物去掉了，其他貨物就賣得出去了。在調正價格上，其原則是看價格是否合理，而不能看賣主主觀上想不想賣。這就像戰敗國被迫賣房子、嫁女兒一樣。

〔經〕無說❶而懼，說在弗必❷。

〔說〕無◯子在軍，不必其死生；聞戰，亦不必其生❸；前也不懼，今也懼。

【章　旨】討論「無說而懼」的問題，屬認識類。

【注　釋】❶無說　就是說不明白，不知其所以然。〈經上〉：「說，所以明也。」❷弗必　指情況不明，不能做出肯定。必，原作「心」，依孫說改。❸生　依孫說，當作「死生」。

【語　譯】

〔經〕對不知其所以然的事，就容易引起恐懼，原因就在於情況不能肯定。

〔說〕無◯兒子在部隊，不能肯定他的生死；聽到打仗了，也不能肯定他的生死；但前者不會引起恐懼，後者卻能引起恐懼。

〔經〕或❶，過名❷也；說在實❸。

〔說〕或◯知是之非此也，有❹知是之不在此也，然而謂此「南北」，過而以已為然。始也謂此「南方」，故今謂此「南方」。

【章旨】討論「惑」的問題，屬認識類。

【注釋】❶或 通「惑」。迷惑。❷過名 名實不符，叫過名。過，失；錯誤。❸實 與「名」相對而言。指實際。❹有 又。

【語譯】

〔經〕惑，是名實不符引起的，原因就在於名要符合實。

〔說〕惑◯明知這個名稱不是指這個地方，又知道這個名稱所指的並不在這個方位，但是還把這個地方叫做「南」或叫做「北」，錯了還認為自己是對的。這是因為開頭把這裡叫做「南方」，現在還是習慣於叫做「南方」的緣故。

〔經〕知❶，知之否之，足用也，諄。說在無以❷也。

〔說〕智❸◯論之❹，非智，無以也。

【章旨】討論「知」的問題，屬認識類。

【注釋】❶知 知道。❷無以 即〈經說〉的「論之」的反面，亦即「無之論之」之意。❸智 通「知」。❹論之 推論事理。

【語譯】

〔經〕知，又像知道又像不知道，還以為這樣就夠用了，這是很荒謬的。道理就在於這種狀況，無法用來推論事理。

〔說〕知◯知道，就能推論事理；不知道，就無法推論事理。

〔經〕謂辯無勝，必不當。說在不辯❶。

〔說〕謂◯所謂，非同也，則異也。同，則或謂之「狗」，其或謂之「犬」也。異，則或謂之「牛」，或謂之「馬」也。俱無勝，是不辯也。辯也者，或謂之是，或謂之非，當者勝也。

【章旨】討論「辯無勝」的問題，屬辯說類。

【注釋】❶不辯　原無「不」字，依〈經說〉「俱無勝，是不辯也」增。

【語譯】

〔經〕如果說辯論雙方都不能取勝，那一定是論題不當，原因在於論題不當就構不成辯論。

〔說〕謂◯所爭辯的論題，不是同，就是異。同的，有些人說是「狗」，有些人說是「犬」；不同的，有些人說是「牛」，有些人說是「馬」。這樣雙方都不會取勝，因為這構不成辯論。所謂辯論，應當針對同一對象，有些人說是，有些人說非，判斷合理的人取勝。

〔經〕無不讓也不可，說在殆❶。

〔說〕無讓者酒。未讓，殆也，不可讓也，若殆於城門與於臧也❷。

【章旨】討論「讓」的問題，屬行為修養類。

【注釋】❶殆　孫詒讓說：「凡古人行禮，賓主入門必讓，若與人同入城門，而相殆，則無為讓。臧為賤人，不足與為禮，則不必讓也。《荀子・榮辱》云『巨涂則讓，小涂則殆』，楊注云：『殆，近也。』」此殆異於讓之義。」❷若殆於城門與於臧也　此句原在後文「狗，狗犬也」之前，依孫說移。

【語譯】

〔經〕什麼場合都讓，是不行的，道理就在於總有不能讓的場合。

〔說〕不讓的場合，比如喝酒。不讓的場合，又比如一群人在小路上行走，人挨著人，就無法讓，這就像進城門，依次而進，也無法讓；面對奴僕，也用不著禮讓。

〔經〕於一❶，有知焉，有不知焉，說在存❷。

〔說〕於◯石，一也；堅白，二也，而在石。故有智❸焉，有不智焉，可。

【章旨】討論「堅白」的問題，屬邏輯類。

【注釋】❶一　指石。❷存　指堅性存在於石中。❸智　通「知」。

【語譯】

〔經〕對於同一石頭來說，堅白二性，白色一望即知，而堅性則僅看不摸則不能知，原因是堅性存在於石頭之中。

〔說〕於◯石頭，是一個整體；堅白是這個整體的兩種屬性，而它們都存在於石頭之中。所以有些一看即知，有些僅看不摸則不能知，這說法是可以的。

〔經〕有指於二而不可逃❶，說在以二參❷。

〔說〕有指◯子智❸是，有智是吾所先舉❹，重❺。則子知是，而不知吾之先舉也，是一，謂有智焉，有不智焉，可。若智之，則當指之智告我❻，則我智之。兼指之，以二也。衡指之，參直之❼也。若曰必獨指吾所舉，毋舉吾所不舉，則者❽固不能獨指。所欲相不傳，意若未校❾。且其所智是也，所不智是也，則是智，是之不智也，惡得為一？謂而有智焉，有不智焉。

【章　旨】討論「有所指」的問題，屬認識類。

【注　釋】❶有指於二而不可逃　有指，有所指。二，指事物橫向的兩個方面。逃，偏離。❷參　原作「絫」，從張惠言說改。《廣雅．釋言》：「參，三也。」包括橫的兩個方面與總的一個方面。所以〈經說〉有「衡指之，參直之也」之語。❸智　通「知」。❹有智是吾所先舉　下文說「毋舉吾所不舉」，與此意同。有，通「又」。先，孫說當為「无」之譌，是。❺重　指上文「子智是」「有智是吾所先舉」兩個方面。❻則當指之智告我　張惠言理解為「則當指子之所知告我」。❼參直之　孫說：「言從橫指之，則參相直，以一兼二，參直為三也。張云：『直』，當也。」❽則者　孫云「則」字下當脫「指」字。❾校　張惠言說：「校，悅也。」

【語　譯】

〔經〕如果有所指，就必須兼指兩個方面，才不會偏離，道理就在於說二必及於三。

〔說〕有指◯你知道這方面，又知道我所沒舉出的那一方面，這就是兩方面你都知道。如果你知道這方面，卻不知道我沒有舉出的那方面，這僅是一方面，說你有一方面知道，有一方面不知道，是可以的。如果你知道，就應當把你所知道的告訴我，我就知道了。如果同時指出你所知道的，那就應把兩方面都告訴我；如果你把橫向的兩方面告訴了我，還應當告訴我總的方面，這樣就包括三方面了。如果說，你只指出我所舉出的那方面，而不舉出我沒有舉出的那方面，那就不行，因為舉事物本來就不能只舉一方面。所應要指出的，沒有傳達出來，就不能令人滿意。況且你對這方面有所知，對那方面有所不知，那麼所已知的同所未知的，又怎能構成一個總體？這只能叫做有所知有所不知了。

〔經〕所知而弗能指，說在春也、逃臣、狗犬、遺者❶。

〔說〕所◯春也，其執❷固不可指也。逃臣不智其處，狗犬不智其名也。遺者❸，巧弗能兩❹也。

【章　旨】討論「所知而不能指」的問題，屬認識類。

【注　釋】❶春也逃臣狗犬遺者　是用作舉證的四個例子，藉以說明「所知而弗能指」。遺，原作「貴」，從張惠言說改。❷執　當作「埶」。即勢。❸遺者　指遺失之物。❹兩　孫說是「网」之形近而誤。网，網羅搜尋。

【語　譯】

〔經〕有些事物可以有所知道卻不能確切指出，例如春天、逃臣、狗犬、遺失之物。

〔說〕所◯春天，它的態勢本來就無法指出。逃亡的臣僕，只知他逃了，卻不能指出他逃到哪裡；狗和犬，都是指同一對象，無法知道哪個名稱最為確切。遺失了的東西，就是再有巧思，也無法搜尋，確指它遺失在何處。

〔經〕知「狗」而自謂不知「犬」，過也。說在重❶。

〔說〕智❷◯智「狗」，重；智「犬」，則過。不重，則不過。

【章旨】討論「二名一實」的問題，屬邏輯類。

【注釋】❶重 〈經說上〉：「二名一實，重同也。」❷智 通「知」。

【語譯】

〔經〕知道「狗」卻說自己不知道「犬」，這就錯了。道理就在於「狗」和「犬」，名雖有兩個，實卻只是一個。

〔說〕知◯知道「狗」，就應當知道「犬」，因為狗犬異名同實；如果說只知「犬」而不知「狗」，就是錯誤的。如名不同實，就不錯了。

〔經〕通意後對❶，說在不知其誰謂也。

〔說〕通◯問者曰：「子知䵸❷乎？」應之曰：「䵸，何謂也？」彼曰：「䵸施❸。」則智之。若不問「䵸何謂」，徑應以「弗智」，則過。且應，必應問之時。若應長❹應有深淺❺。

【章旨】討論「通意後對」的問題，屬辯說類。

【注釋】❶通意後對 張惠言說：「先通彼意，後乃對之。」❷䵸 畢沅說：「『䵸』當為『𩰲』，即『羸』之省文。」❸䵸施 不詳，當是「䵸」的雙音詞。《荀子・正名》所謂「單足以喻則單，單不足以喻則兼」，正是指這類情況。❹長依孫說，當作「其」。❺深淺　孫說：「深，若應之曰『颿何謂』；淺，若徑應以『弗知』是也。」

【語譯】

〔經〕弄通對方的意圖，然後才能回答，問題就在於不知道對方講的是什麼。

〔說〕通◯有人問：「你知道颿是什麼嗎？」你回答：「什麼是颿？」他就會說：「就是颿施。」這樣就明白了。如果不問「什麼是颿」，卻徑直回答「不知道」，這就不對。況且答話，一定要在問話時答。回答問題這類事情，是有深淺的程度之分的。

〔經〕所存與存者❶，於存與孰存……❷。

〔說〕大常中在兵人長所❸。室堂，所存也；其子，存者也。據在者而問室堂惡可，存也❹；主室堂而問存者，孰存也。是一主存者以問所存，一主所存以問存者。

【章旨】討論「所存與存者」的關係問題，屬邏輯類。

【注釋】❶所存與存者　原脫「存者」之「存」，從張惠言校改。按〈經說〉之意，所存，為居存之處所；存者，指居於處所中的人。❷於存與孰存……　下有脫文，諸家以意補，皆無據，此從缺。❸大常中在兵人長所　張純一據諸家說校作「天常中存其人其所」，並說：「天常，對人物之無常言，天常中所存者，人與物耳。」按此說，天常指自然界。❹據在者而問室堂惡可存也　此句釋經文第二句「於存」之「存」，下句「主室堂而問存者，孰存也」釋「孰存」，意義方明，諸家斷句釋義均有誤，特於此說明之。「據在者」之「在」當據張惠言校作「存」。

【語譯】

〔經〕「所存」和「存者」有區別，在問話時，就有「存」與「孰存」的區別。……

〔說〕自然界存在著人和處所。堂屋房室，這就是「所存」；某人的兒子，就是「存者」。根據某人的兒子，來問堂屋房室怎樣，這就是「存」；根據堂屋房室來問某人的兒子，這就是「孰存」。這兩種提問，一是根據人問處所，一是根據處所問人。

〔經〕五行❶無常勝❷，說在宜❸。

〔說〕五◯金、水、土、木、火❹，離❺。然火爍❻金，火多也。金靡❼炭，金多也。金之府❽水，火離木❾。若識❿麋與魚之數，惟所利。

【章旨】討論「五行無常勝」的問題，屬哲學類。

【注釋】❶五行　指金、木、水、火、土。❷常勝　指土勝水、水勝火、火勝金、金勝木、木勝土等五行相剋的常理。❸宜　欒調甫說當作「多」，可從。❹金水土木火　金，原誤作「合」，木，原誤作「火」，依經義及諸家說改。❺離　《易經·離·彖傳》：「離，麗也。」麗，附麗。❻爍　銷爍；融化。❼靡　滅；耗散。❽府　聚。❾火離木　火附著於木之中。❿識　識別。

【語譯】

〔經〕金、木、水、火、土，不一定循著常理相剋，問題是看哪一種多。

〔說〕五◯金、水、土、木、火，也有互相附麗的關係，火能融化金，是因為火的數量多。金能耗盡炭，是因為金的數量多。金能聚集水，火附麗於木，這就好像要辨別麋和魚的數量，誰多誰少要看具體情況來決定。

〔經〕無欲惡之為益損也，說在宜❶。

〔說〕無◯欲、惡，傷生損壽，說以少連❷。是誰愛❸也？嘗❹多粟，或者欲不有能傷也？若酒之於人也；且恕❺人利人，愛也，則惟❻恕弗治也❼。

【章旨】討論欲惡是否有損益的問題，屬生理類。

【注釋】❶宜　適宜。❷少連　或以為「少連」是人名，恐非。孫說「連」當作「適」，適中之意。❸是誰愛　針對下文而言，多粟與酒，是一種愛尚，恕人利人，也是一種愛，究竟哪種愛好呢。❹嘗　俗作「嚐」，這裡作吃講。❺恕同「智」。❻惟　同「雖」。❼弗治也　不加治理。這裡是不加減損的意思。

【語譯】

〔經〕並不是欲、惡對人有益有損的問題，關鍵是要看欲、惡是否適宜。

〔說〕無◯欲和惡，都可以傷害生命、減損年壽，這要用合宜、適度來加以解釋。對下面所述，你愛哪一些呢？因嗜欲而吃了過多的飯，這對身體能沒有損傷嗎？就像酒對於人一樣；而智人做利於他人的事，是因為愛，但就是因為是智人，所以才知道要適度，而不會對自己有所減損。

〔經〕損而不害，說在餘❶。

〔說〕損◯飽者去餘，適足不害。能害，飽，若傷麋之無脾❷也。且有損而後益智者❸，若瘧❹病之人於瘧也。

【章旨】討論「損而不害」的問題，屬生理類。

【注釋】❶餘 多餘。❷若傷麋之無髀 孫詒讓說：「古文『髀』皆作『庳』，比與古文禮正同。言麋以共祭而髀不登於祭俎，故傷麋雖無髀，無害於為腊以共祭，亦損而不害之意。」❸智者 依孫說，「智」是衍文，當刪。❹㾍 當作「瘧」。

【語譯】

〔經〕損去而無害，道理在於損去的是多餘的部分。

〔說〕損◯過飽的人去掉多餘的，剛好滿足，就不會有傷害。能夠有傷害的，是過飽，損去多餘，就像受傷沒有髀骨的麋鹿，仍不妨害牠成為祭品一樣。況且有損然後才有益，就像瘧疾病人去掉瘧疾一樣。

〔經〕知而不以五路❶，說在久❷。

〔說〕智❸◯以目見，而目以火見，而火不見，惟以五路智。久，不當以目見，若以火見。

【章旨】討論「知」的問題，屬認識類。

【注釋】❶五路 梁啟超說：「五路，五官也。」即耳目鼻口心等感覺器官。❷久 指時間積久，可以憑經驗感知。

❸智 同「知」。

【語譯】

〔經〕不憑藉五官就能感知，道理在於積久可以憑經驗感知。

〔說〕知◯在通常情況下，要憑眼睛看，而眼睛又要憑藉火光才能看見，但是火本身並不能看到東西，只有憑藉眼睛才能感知。時間積久，有了經驗，不要用眼睛去看就能感知，就像用火就能看見似的。

〔經〕火❶熱，說在頓❷。

〔說〕火◯謂火熱也，非以火之熱我❸有，若視日❹。

【章旨】討論「謂火熱」的問題，屬認識類。

【注釋】❶火 原作「必」，從譚戒甫說改。❷頓 曹耀湘說：「頓，遽也，謂俄頃之時也。火雖熱，而乍見之者，但見其光，不覺其熱，徐徐稍久而後熱也，此亦非目之所知也。」❸我 《說文》：「或說：我，頃頓也。」通「俄」。這裡作「俄頃」講。❹日 原作「曰」，從曹校改。

【語譯】

〔經〕一看到火就說熱，其實在看到火的片刻之間並不熱，熱是慢慢積累起來的。

〔說〕火◯看到火就說熱，並不是因為火的熱片刻之間就使人有感覺的，就像看太陽一樣，初看時並不熱。

〔經〕知其所❶不知，說在以名取❷。

〔說〕智❸◯雜所智與所不智而問之，則必曰：「是所智也，是所不智也。」取去俱能之，是兩智之也。

【章旨】討論「知」的問題，屬認識類。

【注釋】❶所 原下有「以」字，從梁啟超說刪。❷以名取 以所知之名，取不知之實。❸智 同「知」。

【語譯】

〔經〕人們能知道所不知的東西，道理就在於能以所知之名，推知不知之實。

〔說〕知○把所知的和所不知的摻雜在一起，就一定得說：「這些是我所知道，那些是我所不知道的。」能夠對知與不知兩方面都取捨得當，這樣就兩方面都知道了。

〔經〕「無」不必待「有」❶，說在所謂❷。

〔說〕無○若無焉，則有之而後無，無天陷❸，則無之而無。

【章旨】討論「有」、「無」問題，屬哲學類。

【注釋】❶無不必待有　無不一定與有相對待而存在。意為先有「有」，然後才有「無」。❷所謂　意為「有」、「無」只是稱謂上相對待，從本源上說，「有」先於「無」。❸天陷　即《莊子・天下》所謂「天地所以不墜不陷之故」，意指天墜地陷。

【語譯】

〔經〕「無」不一定與「有」相對待而存在，道理在於它們只是在稱謂上有對待意義。

〔說〕無○如果無是存在的，那麼就是先有後無，只要沒有天墜地陷的情況出現，就不會有從無到無的情況。

〔經〕擢慮❶不疑，說在有無❷。

〔說〕擢○疑，無謂也❸。臧❹也今死，而春❺也得文文❻死也可。

【章旨】討論「擢慮不疑」的問題，屬辯術類。

【注釋】❶擢慮　擢，拔去。慮，《說文》：「慮，謀，思也。」這裡當指疑慮。❷有無　即「有謂」、「無謂」。詳下注。❸無謂也　〈經說下〉說：「有之實也而後謂之，無之實也則無謂也……無謂則疑也。」意為無實可說才叫做疑。現在疑慮既去，有實可謂，就不當疑了。❹臧　奴僕名。❺春　當是人名。❻文文　譚戒甫據孫詒讓、胡適說作「之又」。

【語譯】

〔經〕拔去疑慮，就不會再疑，道理就在於有實可謂就不疑，無實可謂才疑。

〔說〕擢○疑，無實可說才疑。但有實可說就不應疑。譬如臧因某種災患現在死了，而春也遭到同樣的災患，推知春也會死，是可以的。

〔經〕且然不可正❶，而不害用工❷，說在宜。

〔說〕且○猶是也❸。且然，必然。且已，必已。且用工而後已者，必用工而後已。

【章旨】討論「且然」的問題，屬事理類。

【注釋】❶且然不可正　孫說：「且然者，將然而未然，不能質定，故不可正。」❷工　通「功」。❸且○猶是也　《詩經・周頌・載芟》：「匪且有且。」《毛傳》：「且，此也。」

【語譯】

〔經〕將要如此還未如此的事情，雖然尚無法確定，但並不妨礙用功，道理就在於這種勢態正適合用功。

〔說〕且○且，就是此的意思。將要如此，就必然如此；將要完成，就必然完成。將要用功才能完成的，就必定要用功不能完成。

〔經〕均之絕不❶，說在所均❷。

〔說〕均◯髮均縣❸輕重❹，而髮絕，不均也；均，其絕也莫絕❺。

【章　旨】討論「均」的問題，屬力學類。

【注　釋】❶均之絕不　均，均衡。絕，斷。不，否。❷所均　所達到的均與不均的程度。❸縣　同「懸」。❹輕重　指所懸之物或輕或重。❺其絕也莫絕　《列子・湯問》引此條，張湛注說此句意為：「若其均也，寧有絕理，言不絕也。」

【語　譯】

〔經〕判斷是否均衡，要看是否斷絕，道理就在於這樣能看出所達到的均衡程度如何。

〔說〕均◯兩根頭髮懸著同樣輕重的東西，如果一根頭髮斷了，那斷了的就是由於不均；如果均，就不會斷。

〔經〕堯之義也，生❶於今而處於古，而異時，說在所義二❷。

〔說〕堯霍❸◯或以名視人，或以實視人。舉友「富商也」，是以名視人也；指「是臛❹也」，是以實視人也。堯之義也，是聲也於今，所義之實處於古。

【章　旨】討論「義」的名實問題，屬邏輯類。

【注　釋】❶生　王樹枏認為應作「聲」，舉說「是聲也於今」證之，極是。❷所義二　指堯所有的義，有名和實二重關係，名傳至今，實存於古。❸堯霍　孫說：「此二字為下文發耑。」即牃字（提示詞）。❹臛　同上「堯霍」之「霍」。霍，姓。

【語譯】

〔經〕堯的義行，名聲存在於今天，而實績存在於古代，古今異時，道理就在於義具有名和實兩重關係。

〔說〕堯霍◯有時候人們用名告訴別人，有時候用實告訴別人。對別人說我的朋友是「富商」，這是用名告訴別人；指著朋友說「這就是姓霍的那個人」，這是用實告訴別人。堯的義，名聲存在於今天，他所行義的實績存在於古代。

〔經〕狗，犬也。而殺狗非殺犬❶也，可。說在重❷。

〔說〕狗◯狗，犬也，謂之殺犬，可。若兩䐠❸。

【章旨】討論「狗犬」同實異名的問題，屬邏輯類。

【注釋】❶殺狗非殺犬　狗和犬同實異名，只說殺狗不說殺犬，只是個說法問題，所以下文說「可」。說「狗，犬也，謂之殺犬，可」，是從實的角度說，殺的對象是「狗」，叫做殺「犬」，實質一樣，所以也說「可」。❷重　〈經說上〉：「二名一實，重同也。」❸䐠　楊葆彝認為當作「脾」，通「髀」。髀骨雖有左右之分，但實質一樣，用以譬二名一實。

【語譯】

〔經〕狗，就是犬。但說殺狗不說殺犬，是可以的。道理就在於兩個名稱同指一實。

〔說〕狗◯狗，就是犬，殺狗叫做殺犬，也是可以的。因為二名一實，如同左右髀骨。

〔經〕使，殷，美❶，說在使❷。

〔說〕使◯令使也。我使我，我不使，亦使我。殿戈亦使，殿不美亦使，殿❸。

【章旨】討論「使」的問題，屬政法類。

【注釋】❶殷美　譚戒甫認為當作「役，義」。❷使　即使令。❸使◯令使也七句　錯誤極多，諸家皆以意改，譚戒甫改作：「使◯令使也。義使，義；義不使，亦義。使役，義亦使義，不義亦使役。」譯文亦從之，僅作字句調整。

【語譯】

〔經〕使，就是役使，役使是合宜的。道理就在於役使之事不可或缺。

〔說〕使◯就是命令役使別人。合宜的役使是合宜，合宜的不役使也是合宜。役使，合宜的是役使，不合宜的役使，也是役使。

〔經〕荊之大，其沈淺❶也。說在具❷。

〔說〕荊◯沈，荊之貝❸也。則沈淺，非荊淺也，若易五之一❹。

【章旨】討論「荊」、「沇」之間關係，屬邏輯類。

【注釋】❶沈淺　孫說「沈」當為「沇」，指澤。淺，褊淺；狹小。❷具　孫說當作「有」。並說：「言荊地廣大，而其國所有之沇澤，則不害其褊淺，故云說在有。」❸貝　孫說也當作「有」。❹易五之一　張純一說此句意為：「荊與沇，若五與一之比。」之，孫說：「猶與也。」

【語譯】

〔經〕荊楚很廣大，它的沆澤，相對就顯得狹小了，道理就在於這些沆澤只是荊楚所擁有的領土的一部分。

〔說〕荊○沆澤，是荊楚之所有。這些沆澤的狹小，並非荊楚的狹小。荊楚同這些沆澤相比，就好像五與一之比。

〔經〕以楹為摶❶，於以為無知也，說在意❷。

〔說〕以○楹之❸摶也，見之，其於意也不易❹，先智意相❺也。若楹輕於秋❻，其於意也洋然❼。

【章旨】討論「以楹為摶」的問題，屬認識類。

【注釋】❶以楹為摶　楹，原作「檻」，依孫說改。摶，孫說即束木。並說：「楹，一大木所成，摶則合眾小木為之。今以楹之大為摶之小，其類不相當，故云無知。」❷意　意度。❸之　與。❹易　更換。❺先智意相　智，通「知」。相，通「象」。意象，即形象。❻秋　通「萩」。即蒿。❼洋然　茫然。

【語譯】

〔經〕把楹當作摶，這是對楹和摶的無知，道理就在於這是一種意度。

〔說〕以○楹和摶，都是人們見過的，在人們的印象中，是不能互換的，因為這是事先已知的形象。這就像把楹想像成比蒿還輕，這種想像是茫無邊際的。

〔經〕意未可知，說在可「用」「過」仵❶。

〔說〕段、椎、錐，俱事於履❷，可用也。成繪屨過椎❸，與成椎過繪屨同，過仵❹也。

【章　旨】討論「意未可知」的問題，屬認識類。

【注　釋】❶可用過仵　「可用」、「過仵」義詳〈經說〉。仵，孫說是「牾」之異文，觝牾。❷段椎錐二句　《說文》：「段，椎物也。」「椎，擊也。」「錐，銳也。」段椎錐，三物都是製鞋的工具。椎，同「槌」。事，用。❸成繪屨過椎　製造有花紋的鞋子，要經過椎子錘擊這道工序。繪屨，畫有花紋的鞋子。❹仵　原作「件」，據經改。

【語　譯】

〔經〕意度的正確與否，是不可知的，例如猜想「用」和「過」，就前者正確而後者有觝牾。

〔說〕猜想段、椎、錐都是用來做鞋子的，這是正確的。但是因為做彩鞋要經過椎擊這道工序，就猜想做椎子也要經過彩鞋，這個關於經過的猜測，就與事實相觝牾。

〔經〕一少於二而多於五，說在建位❶。

〔說〕一〇五有一焉，一有五焉，十，二焉❷。

【章　旨】討論算術定位問題，屬數學類。

【注　釋】❶建位　確立數位。❷一〇五有一焉四句　按此條諸家有各種解釋，此從張惠言說：「建一為端，則一為十，是多於五。五析之，則有一者五，是一少於二也。建一以為十，則一有五者二，是多於五也。建一為十，累一為二。」

【語　譯】

〔經〕一少於二而多於五，道理在於確定數位。

〔說〕一○就個位而言，五裡面有五個一，就十位而言，一裡面有兩個五。十位上確立一代表十，個位上一加一等於二。

〔經〕非半❶弗斮❷則不動，說在端❸。

〔說〕非○斮半，進前取❹也。前則中無為半❺猶端也，前後取，則端中也。斮必半，無與非半，不可斮也。

【章旨】討論「非半」、「無」不能再分的問題，屬數學類。

【注釋】❶非半　不能再分的情況。❷斮　同「櫡」。斫。❸端　端點。❹進前取　往前再分取半。❺前則中無為半　再前已近端點，不能再中分為二。

【語譯】

〔經〕分到不能再分的情況時，不分就不動了，原因就在於此時已到了端點。

〔說〕非○把東西分成兩半，是不斷往前取半，到前面不能再中分時，就猶如到了端點，往前往後再取半，則是端點的中點。要剖分必定要能分成兩半，到了沒有和不能再分成兩半時，就不能再分了。

〔經〕可無也，有之而不可去，說在嘗然❶。

〔說〕可○無也已給，則當給❷不可無也。

【章旨】討論「有之不可去」的問題，屬數學類。

【注釋】❶嘗然　張惠言說：「本可無也，嘗有之則不可去。」❷嘗給　張說：「給，具也。嘗已具之，則當具之。」

【語譯】

〔經〕本來可以「無」的，但有了就不能再去掉，道理就在於曾經有過。

〔說〕可◯「無」是曾具有「有」的，那麼「有」也就應當具有「有」，不能再使它成為「無」。

〔經〕正而不可擔❶，說在摶❷。

〔說〕正◯丸❸，無所處而不中縣❹，摶也。

【章旨】討論圓球的問題，屬數學類。

【注釋】❶擔　當依孫說作「搖」。❷摶　《說文》：「摶，圜也。」❸丸　原作「九」，從孫說改。❹縣　同「懸」。懸錘。孫說：「《考工記》云『直者中縣』，正丸即立圜，隨所轉側，而其中線必正直，故云『無所處而不中縣』。」

【語譯】

〔經〕正而不可動搖，道理就在於它是圓球。

〔說〕正◯丸，沒有哪一處的中線不是正直的，就因為它是圓的。

〔經〕宇進無近❶，說在敷❷。

〔說〕宇◯傴不可偏舉❸，宇也。進行者先敷近，後敷遠。久，有窮無窮。

【章　旨】討論宇宙問題，屬哲學類。

【注　釋】❶宇進無近　指空間的遠近是相對的，可以不斷地往前行進，無遠近可言。❷敷　布。❸傴不可偏舉　孫說：「傴、區、偏、徧，並聲同字通。」

【語　譯】

〔經〕在空間中，可以不斷向前行進，而無所謂遠近，道理就在於它是廣布無垠的。

〔說〕宇○區域廣大不能完全一一列舉，這就是宇了。前進的人先到近處，後到遠處。時間也是這樣，它既是有窮盡的，又是無窮盡的。

〔經〕行脩以久❶，說在先後❷。

〔說〕行❸○行者必先近而後遠，遠近，脩也，先後，久也。民行脩必以久也。

【章　旨】討論行路的遠近與歷時的長短問題，屬自然類。

【注　釋】❶脩以久　脩，指路途長。久，指時間長。❷先後　指先近而後遠，都需歷時。❸行　原作「行者」，「者」係衍文，應刪。

【語　譯】

〔經〕路走得遠，時間就用得長，道理就在於走遠走近，都有個時間先後問題。

〔說〕行○行者一定先到達近處，然後到達遠處。遠近，指路途的長短；先後，指時間的長短。人們走得遠，就一定得花長時間。

〔經〕一法者之相與也❶，盡類❷，若方之相合也，說在方。

〔說〕一◯方盡類，俱有法而異，或木或石，不害其方之相合也。盡類猶方也，物俱然。

【章旨】討論「一方盡類」的問題，屬事理類。

【注釋】❶一法者之相與也　王引之說：「一，同也。一法，同法也。《廣雅》：『與，如也。』」❷盡類　「類」字原缺，依《經說》及孫說補。盡，皆；都。

【語譯】

〔經〕同一種方法做出來的東西，都屬於同一類型，就像方與方互相吻合一樣，道理就在於方與方同屬一種類型。

〔說〕一◯方都屬同一種類型，都具有同一法度，但材料可以不同，有些是木的，有些是石頭的，但都不妨害方的可以互相吻合這一規律。同一種類型的東西，就像方的東西可以互相吻合一樣，事物都是這樣。

〔經〕狂❶舉不可以知異，說在有不可。

〔說〕狂❷◯牛與馬惟❸異，以牛有齒、馬有尾，說牛之非馬也，不可。是俱有，不偏❹有偏無有。曰「牛❺與馬不類，用❻牛有角、馬無角，是類不同也」，若舉牛有角、馬無角以是為類之不同也，是狂舉也，猶牛有齒、馬有尾。

【章旨】討論「狂舉不可以知異」的問題，屬邏輯類。

【注釋】❶狂　妄；亂。❷狂　原與下「牛」字互倒，從曹耀湘說改。❸惟　通「雖」。❹偏　指部分。❺牛　原作「之」，從譚戒甫說改。❻用　因。

【語譯】

〔經〕胡亂舉出事物的特徵，不能獲知事物的區別，道理就在於有些特徵，並不能顯示事物的本質區別。

〔說〕狂◯牛和馬雖有區別，但用牛有牙齒、馬有尾巴來說明牛不是馬，就不行。這兩種特徵，牛馬都有，而不是有些有，有些沒有。說「牛和馬不同類，因為牛有角，馬沒有角，這是種類不同的地方」，如果舉牛有角、馬沒有角來說明牠們種類不同，這是胡亂舉例，跟說牛有牙齒、馬有尾巴差不多。

〔經〕牛馬之非牛，與可之同❶，說在兼❷。

〔說〕牛◯或不非牛而非牛也可❸，則或非牛或牛❹而牛也可。故曰「牛馬非牛也」，未可，「牛馬牛也」，未可。則或可，或不可，而曰「牛馬牛也未可」，亦不可。且牛不二，馬不二，而牛馬二。則牛不非牛，馬不非馬，而牛馬非牛非馬，無難❺。

【章旨】討論「牛馬之非牛」問題，屬邏輯類。

【注釋】❶與可之同　指與〈經說〉中「或不非牛而非牛也可，則或非牛（或牛）而牛也可」中的兩「可」情況相同。❷兼　孫說：「謂兼舉牛馬也。」❸或不非牛而非牛也可　不非牛，即指牛。非牛，指馬。用否定來表示肯定，所以說「可」。「可」字據陸隱本增。❹或牛　衍文，當刪。❺無難　無可非難。

【語譯】

〔經〕說牛馬不是牛，同用不是非牛來指牛、非牛來指馬，或用非牛指馬、用牛指牛的情況相同，都是可以的，道理就在於兼舉牛馬。

〔說〕牛◯有人把牛和馬說成「不是非牛和非牛」，這是可以的，也有人把馬和牛說成是「非牛和牛」，這也是可以的。但是說「牛馬不是牛」，又是不可以的，說「牛馬是牛」，也是不可以的。況且牛不兼指牛馬，馬也不兼指牛馬，只有牛馬才兼指兩者。那麼說牛不是非牛，馬不是非馬，牛馬是非馬非牛，就沒有什麼可以非難了。

〔經〕彼彼此此❶與彼此同，說在異❷。

〔說〕彼◯正名者「彼此」。彼此可，彼彼止於彼，此此止於此。彼此不可，彼且此也，此亦可彼❸。彼此止於彼此。若是而彼此也，則彼彼❹亦且此此也。

【章旨】討論「彼此」與「彼彼此此」的涵義，屬邏輯類。

【注釋】❶彼彼此此　原作「循此循此」，從曹耀湘說改。❷異　指彼此各異。彼就是彼，此就是此。❸此亦可彼　原作「彼此亦可」，據梁啟超說改。❹彼彼　原二字不重，據譚戒甫說增一「彼」字。

【語譯】

〔經〕彼彼此此，與彼此相同，道理在於彼此各異。

〔說〕彼◯規範的名稱就是「彼此」。說「彼此」就可以了。彼彼只是彼的意思，此此只是此的意思。彼此不能說成彼就是此，此也是彼。彼此就只是彼此。如果按上面「彼且此也，此亦可彼」這種說法，那彼彼也就成為此此了。

〔經〕唱和同患❶，說在功❷。

〔說〕唱無過❸，無所周❹，若粺❺。和無過，使❻也，不得已❼。唱而不和，是不學也。智少而不學，必寡❽。和而不唱，是不教也。智多而不教，功適息❾。使人奪人衣，罪或輕或重。使人❿予人酒，功或厚或薄。

【章　旨】討論唱與和的問題，屬教學類。

【注　釋】❶唱和同患　孫說：「言唱而不和，和而不唱，其患同。」❷功　績效。❸過　過失。❹周　全面。❺粺　《玉篇》：「粺，精米也。」❻使　使人唱。❼已　止。❽必寡　楊葆彝說，「必」上疑脫「功」字。❾息　絕。❿使人　孫疑「使人」上脫去一字，張純一補「若」字，甚是。

【語　譯】

〔經〕唱而不和與和而不唱，有同樣的弊病，道理就在於兩者都影響功效。

〔說〕唱沒有過失，雖然技藝不全面，但有所專精，如同精米。和也沒有過失，它能促進別人唱，使歌唱不會停息。光唱不和，就是不肯學習。智能低又不學，功效就自然少了。光和不唱，這是不肯教人，智力高卻不肯教人，那就沒有功效了。這就像指使人搶奪別人的衣服，搶奪的人罪輕，而指使的人罪重，因為關鍵在教唆。又如教人把酒送給別人，而送酒的人義薄，贈酒的人義厚。因關鍵決定在贈與的人。

〔經〕聞所不知若所知，則兩知之，說在告❶。

〔說〕聞○在外者所不知也。或曰「在室者之色，若是其色」，是所不智❷若所智也。猶白若❸黑也，誰勝？是若其色也，若白也，必白。今也智其色之若白也，故智其白也。夫名，以所明正所不智，不以所不智疑所明。若以尺度所不智長。外，親智也；室中，說智也。

【章旨】闡明「聞所不知若所知，則兩知之」的道理，屬認識類。

【注釋】❶告　告知。❷智　同「知」。❸若　與。

【語譯】

〔經〕聽說所不知道的與所知道的相同，就兩方面都知道了，道理就在於根據所告知的去推知。

〔說〕聞◯在外聽說有人在室內，卻不知其人如何。有人說「在室內那種東西的顏色，同室外這種東西的顏色一樣」，這就等於將所不知的，同已知的一樣了。就像要猜白和黑這兩種顏色，究竟猜哪種好？如果室外的顏色是白的，那室內的一定是白的。因此，如果知道它的東西與白相似，就知道它是白的。名稱，就是用已明知的來確定不知的，而不用所不知的，懷疑已知的。就像用尺度量所不知的長度。室外的東西，是自己親見所知的，室內的東西，是由別人告知的。

〔經〕以言為盡誖，誖，說在其言。

〔說〕以◯誖，不可也。之人❶之言可，是不誖，則是有可也。之人之言不可，以當❷，必不審❸。

【章旨】討論「以言為盡誖」的問題，屬邏輯類。

【注釋】❶之人　原作「出人」，從孫校改。❷當　正確。❸審　孫說應作「當」。

【語譯】

〔經〕認為別人所說，全都荒謬，這是荒謬的，道理就在於要看他講的是否正確。

〔說〕以○所謂荒謬，就是不正確。如果這個人講的話正確，就是不荒謬，就應對他加以肯定。這個人講的不正確，即使你認為它正確，也一定不正確。

〔經〕唯❶吾謂非名❷也則不可，說在仮❸。

〔說〕唯❹○謂是「霍」可，而猶之非夫霍也，謂彼是是也，不可。謂者毋唯乎其謂❺，彼猶唯乎其謂，則吾謂不❻行；彼若不唯其謂，則不行也。

【章旨】討論「唯吾謂非名也則不可」的問題，屬邏輯類。

【注釋】❶唯　應諾。❷非名　非其正名。❸仮　同「反」。❹唯　原作「惟」，從經改，下同。❺謂者毋唯乎其謂　說話人自己不認為自己所說的正確。❻不　依孫說當是衍文，應刪。

【語譯】

〔經〕要別人同意我所說的，但我說的名稱不正確是不可以的，道理就在於別人不會同意不正確的東西。

〔說〕唯○說這個人姓「霍」本是可以的，但還不是所要指的姓霍的那個人，這等於把那個人說成這個人，當然不可以。說話的人自己即使不以為然，別人卻同意他的說法，那我也認為可以通行；別人如果不同意他的說法，那就行不通了。

〔經〕無窮不害兼❶，說在盈否❷。

〔說〕無◯南者有窮則可盡，無窮則不可盡。有窮無窮未可智，則可盡不可盡未可智。人之盈、之否未可智，而必人之可盡，不可盡亦未可智。而必人之可盡愛也，誖❸。人若不盈无❹窮，則人有窮也。盡有窮無難。盈無窮，則「無窮」盡也❺，盡有窮無難。

【章旨】闡明「無窮不害兼」的觀點，屬倫理道德類。

【注釋】❶兼　兼愛。❷盈否　指人的充滿無窮與否。❸可盡愛也誖　以上為假設反對兼愛者的言論。❹无　原作「先」，從孫說改。❺盈無窮二句　孫說：「謂人若盈無窮，則無窮既可盈，即界有盡也。」

【語譯】

〔經〕無窮並不妨害兼愛，道理就在於不管人是否充滿無窮，都能兼愛。

〔說〕無◯南方如果有窮盡，就可以走到盡頭；無窮就不能走到盡頭。有窮盡無窮盡不可知，可不可以走到盡頭就不可知。人的數量是否充滿無窮不可知，那麼人的可不可以窮盡也就不可知。這樣卻說人是可以全部被愛到，是很荒謬的。但是人如果沒有充滿無窮，那人就是有窮盡的，要在有窮盡的人中兼愛，這並不難。如果人能充滿無窮，那這個「無窮」就成了有窮，要在有窮的人中兼愛，也不難。

〔經〕不知其數，而知其盡也，說在問❶者。

〔說〕不◯不❷智其數，惡知愛民之盡之❸也？或者遺乎其問也。盡問人，則盡愛其所問；若不智其數，而智愛之盡之也，無難。

【章旨】闡明「不知其數而知其盡（愛）」的問題，屬倫理道德類。

【注釋】❶問　原作「明」，據孫說改。詢問。❷不　原作「二」，據孫說改。❸之　原作「文」，從孫說改，下文「盡之」之「之」同。

【語譯】

〔經〕不知道天下的人數，卻可以知道能盡愛天下之人，道理就在於可以詢問。

〔說〕不○不知道天下的人數，怎知愛人可以盡愛呢？或許詢問也有所遺漏吧！問到有多少人，就愛多少人；這樣即使不知天下人數的多少，也就可以盡愛而不難了。

〔經〕不知其所處，不害愛之，說在喪子者❶。

〔說〕……。

【章旨】闡明「不知其所處不害（兼）愛之」的觀點，屬倫理道德類。

【注釋】❶喪子者　張惠言說：「不知天下民之所處，而愛可及之。喪，失也，失子者不知子之所在，不害愛子。」

【語譯】

〔經〕就是不知天下人各處在哪裡，也不妨害盡愛他們。道理同喪失了兒子的人，並不妨害愛兒子是一樣的。

〔說〕……。

〔經〕仁義之為外內也，內❶，說在仵顏❷。

〔說〕仁◯仁，愛也。義，利也。愛利，此也❸。所愛所利，彼也。愛利不相為外內，所愛利亦不相為外內。其為❹仁內也，義外也，舉愛與所利也，是狂舉也。若左目出右目入❺。

【章　旨】討論仁義問題，屬倫理道德類。

【注　釋】❶仁義之為外內也內　這句是說不能把仁義分成內外，其實它們都出自內心。末「內」字，諸家皆說有誤，其實不誤。此「內」即說「愛利，此也」的「此」之意。此，即內心。❷仵顏　即〈經說〉中「狂舉」之意。❸此也孫說：「言愛利心在於己，明其同在內。」❹為　通「謂」。❺左目出右目入　張惠言說：「仁義之於人，若二目不可分內外。」

【語　譯】

〔經〕把仁義分成內外是不對的，其實它們都出自內心，道理就在於仁內義外是一種胡說。

〔說〕仁◯仁，就是愛人；義，就是利人；能愛能利，都是由我，為內。所愛所利，都是由他，為外。能愛能利，是不相互為內外的，所愛所利，也是不交互為內外的。如果仁是內，義是外，就是將「能愛」與「所利」交互錯綜地舉出，這是胡說，就像說左眼管望出右眼管看入一樣。

〔經〕學之無益也，說在誹❶者。

〔說〕學也◯以為不知學之無益也，故告之也，是。使智❷學之無益也，是教也，以學為無益也教，誖。

【章　旨】批評「學之無益」的觀點，屬教學類。

【注　釋】❶誹　當從〈經說〉作「詩」。❷智　通「知」。

【語　譯】

〔經〕說學習沒有好處的，這見解是一種荒謬論調。

〔說〕學也◯認為不知道學了也沒有用，所以要告誡他，這是對的。但使他懂得學習沒有用，這是教育他，既以學為無用而又去教育他人，這是很荒謬的。

〔經〕誹❶之可否，不以眾寡，說在可非❷。

〔說〕誹◯論誹❸之可不可，以理之可非，雖多誹，其誹是也；其理不可非，雖少誹，非也。今也謂多誹者不可，是猶以長論短❹。

【章　旨】說明「誹不以眾寡」的道理，屬教學類。

【注　釋】❶誹　《說文》：「誹，謗也。」是批評之意。❷可非　可不可批評。❸論誹　二字原與上「誹」字互倒，依體例乙正。❹以長論短　以長比短。論，同「倫」。

【語　譯】

〔經〕批評得對不對，不在於批評得多還是少，道理在於可不可以批評。

〔說〕誹◯評論可不可以批評，如果按理可以批評，即使批評再多，這種批評也是對的；按理不能批評，即使批評再少，也不對。現在如果有人說多批評不對，這就好比以長比短。

〔經〕非誹者，誖❶，說在弗非❷。

〔說〕非誹❸，非己之誹也。不非誹，非可非也，不可非也，是不非誹也。

【章　旨】闡明「非誹者誖」的觀點，屬教學類。

【注　釋】❶誖　原作「諄」，從張惠言說改。❷弗非　張說：「誹者當，則非誹者誖。」❸非誹　原作「不誹」，依孫說改。

【語　譯】

〔經〕說批評者不對的人是很荒謬的，道理就在於批評得當。

〔說〕批評批評者，這是認為他對自己的批評不當。不是認為批評不當，而是認為按理不可批評。如果按理不能不以為非，這就不能認為批評不對了。

〔經〕物甚不甚❶，說在若是❷。

〔說〕物◯甚長甚短，莫長於是，莫短於是，是之是也非是也者，莫甚於是。

【章　旨】討論「物甚不甚」的問題，屬事理類。

【注　釋】❶甚不甚　或甚，或不甚。甚，過度。❷若是　順是。即恰如其分。不「甚」也不「不甚」。

【語　譯】

〔經〕事物有時過度，有時不過度，問題在於要恰如其分。

〔說〕物〇太長太短，沒有比這更長，也沒有比這更短，這種情況的不恰如其分，沒有比這更過度的了。

〔經〕取下以求上也，說在澤❶。

〔說〕取〇高下以善不善為度。不若山，澤處下善於取上，下所請❷，上也。

【章　旨】討論「取下以求上」的問題，屬政法類。

【注　釋】❶澤　水澤。❷請　求。

【語　譯】

〔經〕取下的目的，就是為了求居上位，例如水澤就是這樣。

〔說〕取〇高和低，以是否合宜為度。不像山那樣，澤居下位，卻長於處上位，居下位所追求的，正是上位，因其能為眾流所歸。

〔經〕不❶是與是同，說在不州❷。

〔說〕不〇是是，則是且是焉。今是是❸於是而不於是，故是不是❹。是不是❺，則是而不是❻焉。今是不是❼於是而是於❽是，故是❾與是不是同說也。

【章　旨】討論「不是與是同」的問題，屬邏輯類。

【注　釋】❶不　原作「是」，據〈經說〉改。❷州　《廣雅》：「州，殊也。」❸是是　末一「是」字原作「文」，據譚戒甫說改。❹是不是　末「是」字原作「文」，據譚說改。❺是不是　末一「是」原作「文」，據譚說改。❻是原作「文」，從譚說改。❼是不是　末一「是」原作「文」，據譚說改。❽是於　原作「文與」，從孫、譚說改。❾是原作「文」，從譚說改。

【語　譯】

〔經〕不是和是相同，道理就在於它們沒有什麼不同。

〔說〕不○說這個是，就肯定了它是了。但如果所肯定的這個是不對，那這個是就是不是了。以不是為是，就是是而不是了。如果肯定這個是不對卻以它為對，所以這就與是就是不是同一說法了。

大取第四十四

【題　解】大取，何以用這兩字名篇，各家說法不一。畢沅說：「篇中言『利之中取大』，即『大取』之義也。」孫詒讓則說：「畢說非也。此與下篇亦《墨經》之餘論，其名大取、小取者，與取譬之取同。〈小取〉云『以類取，以類予』，即其義。」但按之此篇，畢說不為無據，孫說雖亦有理，卻未能說明取譬何以有大小之分。諸家還有種種說法，不一而足，可以存疑。此篇內容非常駁雜，政論、名辯、數理，間錯其間，各段文多不相連屬，蓋簡札錯亂所致，現已無從校正，末段十三個「其類在」云云，語意尤難明曉，此參酌諸家，斷以己意，學者宜自擇取。

天之愛人也，薄於聖人之愛人也❶；其利人也，厚於聖人之利人也。大人之愛小人也，薄於小人之愛大人也；其利小人也，厚於小人之利大人也。

【章　旨】闡明天與大人愛人無跡，而利人厚。

【注　釋】❶薄於聖人之愛人也　張之銳說：「天地無心愛人，而所利者大，故薄於聖人之愛人，而厚於聖人之利人。」按：所謂「薄」，只是表面「薄」而已，此亦所謂「大愛不愛」之意。

【語　譯】天的愛人，看起來比聖人的愛人淡薄；但它的利人，卻比聖人的利人深厚。大人的愛小人，看起來比小人的愛大人淡薄；但他的有利於小人，卻比小人的有利於大人深厚。

以臧❶為其親也而愛之，愛❷其親也；以臧為其親也而利之，非利其親也。以樂❸為利其子，而為其子欲之，愛其子也；以樂為利其子，而為其子求之，非利其子也。

【章　旨】認為厚葬繁樂都非利親利子之道。

【注　釋】❶臧　《說文》：「葬，臧也。」指厚葬。❷愛　原作「非愛」，從孫說去「非」字。❸樂　音樂。指繁樂。

【語　譯】認為厚葬是愛父母親，這的確是愛父母；若認為厚葬是對父母親有利，卻並非對父母親有利。認為繁樂是愛子女，而想為他們求取，這的確是愛子女；若認為繁樂對子女有利，而想為他們求取，卻並非對子女有利。

於所體之中而權❶輕重之謂權。權，非為是也，亦非為非也❷。權，正也。斷指以存擥❸，利之中取大，害之中取小也。害之中取小也，非取害也，取利也。其所取者，人之所執也。遇盜人而斷指以免身，利也；其遇盜人，害也。斷指與斷腕，利於天下相若，無擇也。死生利若，一無擇也。殺一人❹以存天下，非殺一人以利天下也；殺己以存天下，是殺己以利天下。於事為之中而權輕重謂之求。求為之，非也。害之中取小，求為義，非為義也。

【章旨】闡明「利之中取大，害之中取小」的道理。

【注釋】❶權　權衡。❷亦非為非也　原作「非非為非也」，依孫說改。❸擥　同「腕」。❹一人　相對於下文的「己」而言，指別人。

【語譯】在所體現的事理之中，權衡輕重叫做「權」。權，不是為了「是」，也不是為了「非」。權，只是為了將利害關係處理得正確。斷一個手指頭來保全手腕，這是在利當中取大，在害當中取小，並不是要取小害，而是為了取大利。這樣所取的害，是一般人所執意不取的。遇到強盜以斷指使身體免於受害，這也是為了取大利；遇到強盜，這本是害。如果割斷手指和割斷手腕都對天下有利，那就斷指斷腕都無區別；個人的生死對天下都同樣有利，那也應當無所選擇。殺一個人來保全天下，並非殺一個人就有利於天下；但是殺了自己來保全天下，卻是殺了自己來有利於天下。在所從事的事情中，權衡輕重叫做「求」。純是為了求利，這是不對的。害之中取小，是為了求義，純為利就不是求義了。

為暴人語天之為是也，而性❶為暴人歌天之為非也。諸陳執❷既有所為，而我為之陳執，執之所為，因吾所為也；若諸陳執未有所為，而我為之陳執，陳執因吾所為也。暴人為我為天之以人，非為是也，而性不可正而正之。利之中取大，非不得已也；害之中取小，不得已也。所未有而取焉，是利之中取大也；於所既有而棄焉，是害之中取小也。

【章　旨】借「為暴人語天」具體說明「利之中取大，害之中取小」的道理。

【注　釋】❶性　當從孫說作「惟」，通「唯」。下同。❷諸陳執　曹耀湘說：「諸陳執者，人之所執不一也。如執無鬼，執有命，執厚葬久喪，人之有所執而不化也久矣。是陳執也。墨子節用節葬非命非樂之說，亦陳執也。」據此，陳執即長期堅持的主張。

【語　譯】向暴戾之人闡明天志是對的，但只向暴戾之人歌頌天就不對了。各種長期堅持的主張，都已產生了各自的成效，而我要向他們闡明我所長期堅持的主張，把他們所堅持的，拉來順從我所堅持的；如果各種長期堅持的主張還沒能產生成效，而我向他們闡明我所長期堅持的主張，那他們長期所堅持的，就順從我所主張的了。暴戾之人是為自己還是為天志，是因人的誘導而異，並不是因為他們本性如此，因而他們那不可端正的本性，也可使之端正。利之中取大，並非出於不得已；但害之中取小，卻出於不得已。在沒有害的當中取利，這是利之中取大的；在已有的大害之中拋棄小利，這就是害之中取小。

義可厚，厚之；義可薄，薄之，謂倫列❶。德行、君上、老長、親戚，此皆所厚也。為長厚，不為幼薄。親❷厚，厚；親薄，薄；親至，薄不至。義，厚親不稱行而顧行❸。

【章　旨】闡明以義來調節待人的厚薄。

【注　釋】❶倫列　倫，等。列，等比，即平等對待。❷親　指親緣關係。❸顧行　顧，孫說當作「類」。行，指德行。

【語　譯】從義的標準衡量，可以厚的就厚；從義的標準衡量，可以薄的才薄，這就叫做倫列。德行、君上、老人長輩、父母雙親，這都是應該親厚的。對長者要敬重，但不能對幼者輕薄。親緣關係近的，就厚密；親緣關係疏遠的，就輕薄；但親緣可以達到極致，輕薄卻不可以極致。從義的標準衡量，對親人厚愛，即使與他的德行不相稱，也類似於有德行。

為天下厚禹，為禹也。為天下厚愛禹，乃為禹之人愛❶也。厚禹之加於天下❷，而厚禹不加於天下❸。若惡盜之為加於天下，而惡盜不加於天下。愛人不外己，己在所愛之中。己在所愛，愛加於己。倫列之愛己❹，愛人也。

【章　旨】闡明愛人愛己的關係。

【注　釋】❶人愛　孫說：「二字疑倒。」❷厚禹之加於天下　孫說：「據下文，『之』下當有『為』字，言所以厚愛禹者，為其德加於天下。」❸而厚禹不加於天下　孫說：「言所厚止於禹身，不徧及天下。」❹倫列之愛己　孫說：「言愛己亦可謂愛人。」

【語　譯】向天下人推崇禹，是為了尊重禹。向天下人推戴敬愛禹，是因為禹是愛人的。愛禹的原因是因為禹的恩德施加於天下，而我們愛的是禹這個人，並不是遍愛天下人。就好像嫌惡盜賊，是因為盜賊為害天下，而我們嫌惡的是盜賊這個人，而不是嫌惡天下人。愛人不能把自己排除在外，自己也在所愛的人之中。自己也在所愛的人當中，愛就可施加到自己身上。平等地愛自己，也就等於愛別人了。

聖人惡疾病，不惡危難。正體❶不動❷，欲人之利也，非惡人之害也。聖人不為其室，臧之故在於臧❸。聖人不得為子之事。聖人之法，死亡親❹，為天下也。厚親，分也；以死亡之，體渴興利❺。有厚薄而毋倫列之興利❻，為己。

【章　旨】闡明聖人待己待人的原則。

【注　釋】❶正體　指正其身。❷不動　指不為危難所動。❸臧之故在於臧　臧，同「藏」。前一個「臧」指貨藏，即財物；後一個「臧」指庫藏，即國庫。❹死亡親　孫說：「謂親死而忘之，即薄葬之義。」亡，通「忘」。❺體渴興利　此句意為聖人本人要竭盡全力為天下興利。渴，同「竭」。《說文》：「渴，盡也。」❻有厚薄而毋倫列之興利　意為葬喪有厚薄，但興利卻無厚薄，待天下皆平等。

【語　譯】聖人憎惡疾病，卻不避危難，他以身作則而不為危難所動搖，是想有利於人，並不憎惡別人危害他。聖人不為自己一家之私，貨財一定要收藏在國庫中。聖人不能只為子女的事情著想。聖人的法則，親人死了就把他們忘掉，要為天下人著想。對親人親厚，這是情分；死了把他們忘掉，這樣本人才能竭盡全力為天下興利。對親人的葬喪，可以有厚薄之分，而為天下興利，卻無厚薄之分，因為天下也包括為自己。

語經❶：語經也❷，非白馬焉❸。執駒焉說求之❹，舞❺說非也。漁大之舞大❻，非也。（三物必具，然後足以生❼。）

【章旨】插入「語經」，討論「非白馬」的問題。

【注釋】❶語經　孫說：「語經者，言語之常經也。」按王闓運、譚戒甫均認為「語經」另是一篇，竄入〈大取〉，故摘出另為校釋，似不妥。❷也　當作「者」。❸焉　張純一本據公孫龍白馬論校作「馬」。❹執駒焉說求之　駒焉，畢說當作「駒馬」。說求之，孫說「說」上當有「有」字，與下文「無說」相對。《莊子．天下》說：「孤駒未嘗有母。」上文說：非白馬是馬，這句是反駁上句，意為如說非白馬是馬，那麼駒馬是不是非白馬呢？這是個很難解答的問題，所以說「有說求之」，「無說非也」。❺舞　畢沅說當作「無」。❻漁大之舞大　此句意晦不明，孫說當作「殺犬之無犬」，引〈經下〉「狗，犬也，而殺狗非殺犬也，可」為例，姑從之。❼三物必具二句　孫說此二句當接後「以故生，以理長，以類行也者」句，是，當移後，故譯文未譯。

【語譯】語經：人們常說的，非白馬是馬。那麼如果拿駒馬來論說，該怎樣解釋呢？有解釋就可繼續探討，沒法解釋，那就是錯誤命題。殺犬是無犬，也是錯誤命題。

臧❶之愛己，非為愛己之人也。厚❷不外己，愛無厚薄，舉❸己，非賢也。義，利；不義，害。志功❹為辯❺。

【章旨】闡明應「愛無厚薄」以及「義」與「不義」的區別標準。

【注釋】❶臧　同「藏」。指貨財。❷厚　孫說：「下當有『人』字。」❸舉　《呂氏春秋．異寶》「不足與舉」注：

「猶謀也。」❹志功　下文「志功，不可以相從也」，孫注：「志，即意求之也；功，謂求而得之。」志功即追求效果。❺辯　區別。

【語　譯】據有財物來愛自己，這不是愛自己這個人。厚待人不把自己排除在外，但愛人不應厚此薄彼，光為自己打算，就不是賢者。義，就是要對人有利；不義，就是對人有害。區別「義」與「不義」應追求效果。

有有於秦馬❶，有有於馬❷也，智❸來者之馬也。

【章　旨】以馬為喻，說明愛人不分何地之人。

【注　釋】❶秦馬　秦地所產之馬。❷有有於馬　第一個「有」通「又」。馬，僅說「馬」，不說何地之馬，意為所重視的只是馬，並不管牠產於何地。❸智　同「知」。

【語　譯】有個人擁有秦地產的馬，又有個人擁有一匹馬，我們只知道來的是馬罷了。

凡學愛人❶，愛眾眾世，與愛寡世相若❷。兼愛之有❸相若。愛尚❹世與愛後世，一若今之世人也❺。鬼，非人也；兄之鬼，兄也。天下之利驩❻。聖人有愛而無利，俔日❼之言也，乃客之言也❽。天下無人❾，子墨子之言也猶在。

【章　旨】闡明兼愛應當不分人之多寡古今，而且應把愛與利結合起來的主張。

【注　釋】❶凡學愛人　此句原在後文「辱殺盜，非殺盜也」之後，從王引之說移至此。❷愛眾眾世二句　孫說當作

「愛眾也與愛寡也相若」。❸有 通「又」。❹尚 同「上」。❺今之世人也 王引之說當作「今世之人也」。❻驩 歡悅。❼倪曰 孫說當作「儒者」。❽乃客之言也 張純一認為是後人注語，竄入正文，當刪。❾無人 孫說：「即兼愛之義。言人己兩忘，則視人如己矣。」

【語譯】凡是學習愛人主張的人，愛眾人和愛少數人要一樣。兼愛天下也是一樣。愛上世之人和愛後世之人，要同愛今世之人一樣。鬼雖然不是人，但兄長的鬼還是兄長。天下人都喜愛利，聖人只有愛而不講利，這是儒者的說法。愛天下人不分彼此，墨子的主張還在呢！

不得已而欲之，非欲之也。非殺臧也❶。專殺盜，非殺盜也。

【章旨】闡明「不得已而欲之，非欲之也」的道理。

【注釋】❶非殺臧也 上有脫文，王引之以下文二句例之，說當作「專殺臧，非殺臧也」。意為專擅一時而殺臧，實出於不得已，並不是真想殺臧。臧，即「臧獲」之「臧」。奴僕。

【語譯】不得已才想這樣做，並不是本來就想這樣做。比如不得已而專擅殺了奴僕，並非出於本意要殺他；不得已而專擅殺了盜賊，也並非出於本意要殺掉盜賊這個人。

小圜之圜，與大圜之圜同❶；方❷至尺之不至也，與不至鍾❸之不至不異，其不至同者，遠近之謂也。是璜❹也，是玉也。

【章旨】討論「小圜之圜與大圜之圜同」等幾何或事理問題。

【注釋】❶小圜之圜二句 〈經上〉：「圜，一中同長也，規寫交也。」據此，則此句是說，不論大圜小圜，都是「一中同長」「規寫交」的，也即都是只有一個中點，穿過中點的任何直徑或由中點到邊的半徑長度相等，且都是由圓規畫出來的兩端相交的曲線。言其同，是指原理相同。❷方 孫說當作「不」。❸鍾 孫說當為「千里」二字之誤。❹是璜 《說文》：「璜，半璧也。」按此句與下句「是玉也」在此處不知說明什麼問題，譯文僅譯字面。

【語譯】小圓的圓與大圓的圓，原理是相同的。有一尺不到，和有千里不到，從不到這一點說，並沒有什麼不同。它們的不到是相同的，只不過有遠近之別罷了。這正如璜是半璧，但也是玉。

意❶楹，非意木也，意是楹之木也。意指之人也，非意人也。意獲也，乃意禽也。志功，不可以相從也。

【章旨】討論意度的不同情況。

【注釋】❶意 度；想像。

【語譯】猜想像柱子，不同於想像一般的木材，想的必須是做柱子的這根木材。想像指定的某個具體的人，也同想像一般的人不同。但是想像打獵有所獲，就會想到禽獸。這種想像，追求的是功效，與上面想像柱子和某個人的想像，不能以類相從。

利人也，為其人也；富人❶，非為其人也。有為也以富人❷。富人也，治人有為鬼焉❸。為賞譽利一人，非為賞譽利人也，亦不至無貴❹於人。智❺親之一利，未為孝也，亦不至於智不為己之利於親也。

【章　旨】闡說利人、富人、賞譽之道，各有不同的目的。

【注　釋】❶富人　使人富。使人富兼有「治人」與「為鬼」的目的，所以下文說「非為其人也」。❷有為也以富人　孫說：「言有所為，以使人富。」❸治人有為鬼焉　治人，治理人民。有，通「又」。為鬼，事鬼，指從事祭祀。❹無貴　孫說當作「無賞譽」。❺智　同「知」。

【語　譯】有利於人，目的就在於為此人本身；使人富有，目的就不是在於為此人本身。這是因為有其他目的才使人富。使人富有，是為了使他既能治理人民，又能祭祀鬼神。為了獎賞稱譽，才使一人得利，並不是為了獎賞稱譽天下人。但獎賞稱譽雖不能遍及天下人，也不至於因此就不用獎賞稱譽。知道給雙親一點利益，雖還不能算是孝，但也不至於明知自己能有利於雙親，卻不肯給他們利益。

智是之世之有盜❶也，盡愛是世。智是室之有盜也，不盡是室❷也。智其一人之盜也，不盡是二人❸。雖其一人之盜，苟不智其所在，盡惡其弱❹也。

【章　旨】闡述愛人、憎惡人的原則。

【注　釋】❶智是之世之有盜　據孫說，「是之世」，「之」字為衍文，當刪。盜，當作「人」，涉下而誤。智，同「知」。下同。❷不盡是室　孫說，以下文推之，「不盡」下當有「惡」字。❸不盡是二人　孫說當作「不盡惡是人」。❹弱　當為「朋」字之誤。指朋黨。

【語　譯】知道這個時代有人，就盡愛這個時代的人。知道這間房子裡有盜賊，不能厭惡整個房子的人。

知道某一個人是盜賊，也不能就厭惡這個人的全部行為。只有知道其中有一個人是盜賊，而又不知道這個人在哪，才厭惡他所有的同夥。

諸聖人所先為，人欲名實❶。名實不必名❷。苟是石也白，敗❸是石也，盡與白同。是石也唯❹大，不與大同❺，是有便❻謂焉也。以形貌命者，必智❼是之某也，焉❽智某也。不可以形貌命者，唯❾不智是之某也，智某可也。諸以居運❿命者，苟人⓫於其中者，皆是也；去之，因非也。諸以居運命者，若鄉里齊、荊者，皆是；諸以形貌命者，若山丘室廟者，皆是也。

【章　旨】闡明聖人處理名實關係的原則。

【注　釋】❶欲名實　效名實。即循名責實。欲，孫說當作「效」。效，《廣雅・釋言》：「效，考也。」❷名實不必名　曹耀湘校作「名不必實，實不必名」，可從。❸敗　毀；破損。❹唯　通「雖」。❺不與大同　孫說：「言大石之中，仍有大小之異。」❻便　便宜；便於。❼智　同「知」。下同。❽焉　乃。❾唯　通「雖」。❿居運　居，居住。運，《爾雅・釋詁》：「運，徙也。」遷徙之意。⓫人　孫說當作「入」。

【語　譯】聖人們首先要做的，無不是考定名實關係。有時候有名不一定有實，有實也不一定有名。如果這石頭是白色的，那麼破開這塊石頭，裡面也全是白色的。這塊石頭雖大，但也要確定它與別的大石頭大小的差異，這才便於稱說它。以事物的外形面貌命名的，一定得知道這是某某物，然後才知道它叫某某名。不能以外形面貌命名的，雖然不知道這是某某事物，但知道它叫某某名就可以了。很多人以居住、遷徙地命名，如果他能進入這一區域當中，那他就是屬於這一區域的；離開後，就不屬於這一區域了。

那些以居住遷徙地命名的；例如鄉里是齊、荊之類；都屬這種情況；那些以外形面貌命名的；例如山、丘、室、廟之類，都屬於這種情況。

智與意異❶。重同❷，具同❸，連同❹，同類之同❺，同名之同，丘同❻，鮒同❼，是之同，然之同，同根之同❽。有非之異，有不然之異。有其異也，為其同也，為其同也異。一曰乃是而然，二曰乃是而不然，三曰遷❾，四曰強❿。子深其深，淺其淺，益其益，尊其尊⓫。察次山比，因至優指⓬。復次⓭，察聲端名⓮，因請復正⓯。夫辭惡者⓰，人右以其請得焉⓱。諸所遭執⓲，而欲惡生者⓳，人不必以其請⓴得焉。

【章　旨】闡明異同的種類及辨別同異的方法。

【注　釋】❶智與意異　智，同「知」。指知道。意，猜度。「知」是已知，意是未知，所以說「異」。〈經下〉：「意未可知。」即此意。❷重同　〈經說上〉：「二名一實，重同也。」即兩個不同的名稱所指都是一實。❸具同　〈經說上〉：「俱處於室，合同也。」「俱同」即「合同」，就是不同之物在一個大範圍內的同。具，通「俱」。❹連同　〈經說上〉：「不外於兼，體同也。」「不連屬，不體也。」是「連同」即「體同」，即名稱只包括部分實體，而沒有出實體的全體之外的「同」。連，屬；連屬。❺同類之同　即「類同」。❻丘同　指同區域而處，如上文之以居運命名者。丘，通「區」。❼鮒同　指互相依附而同，如夫婦。鮒，通「附」。❽同根之同　指來源根本相同。❾遷　變遷。孫說：「昔是而今不然。」❿強　勉強。⓫子深其深四句　孫說：「以上似竝辨辭氣之異同。」尊，通「劕」。《說文》：「劕，減也。」⓬察次山比二句　曹耀湘、王闓運校作「察次由比，因至優指」。曹釋「察次由比」為：「謂察物之次第，由比類而得也。」優，《小爾雅》：「優，多也。」⓭復次　再次；又其次。⓮察聲端名　曹說：「謂聽其言以正其名。」⓯因請復正　請，通「情」。情實。復正，再度訂正。⓰辭惡者　指訟辭煩多。⓱人右以其請得焉　右，孫說疑「有」之誤，有，或。請，通「情」。⓲遭執　遭執因。⓳欲惡生者　孫說：「惡生，謂樂於就死也。」⓴請　通「情」。

【語　譯】知道和猜度不同。同是同，有「重同」、「具同」、「連同」、「同類之同」、「同名之同」、「丘同」、「鮒同」、「是之同」、「然之同」、「同根之同」多種情況。有不是這樣的不同，又有結果不是這樣的不同。有這麼多的不同，卻說它們「同」，是說「同」的情況不同。第一種情況，叫做是這樣就是這樣；第二種情況，叫做是這樣卻又不是這樣；第三種情況，叫做先前是這樣現在不是這樣；第四種情況，叫做勉強是這樣。你們表達的時候，語氣該重的就要重，該輕的就要輕，言辭該增的就要增，該減的就要減。要考察事物的先後順序，通過比較分類，因而能達到指出多種事物異同的水平。再次，就是要考察言辭聲氣來正名，要根據實情，來再度訂正不正確的名稱。訟辭煩多的人，人們有時還能根據情況了解他的意圖所在。但很多人被因執後，簡直不想活了，那人們就無法根據情況了解他的本意了。

聖人之附瀆❶也，仁而無利愛，利愛生於慮❷。昔者之慮也，非今日之慮也；昔者之愛人也，非今之愛人也。愛獲❸之愛人也，生於慮獲之利。慮獲之利，非慮臧❹之利也，而愛臧之愛人也，乃愛獲之愛人也。去其愛而天下利，弗能去也。昔之知牆❺，非今日之知牆也。貴為天子，其利人不厚於正夫❻。二子事親，或遇孰❼，或遇凶❽，其親也相若，非彼其行益也，非加也❾。外執❿無能厚吾利者。藉臧也死，而天下害，吾持養臧也萬倍，吾愛臧也不加厚。

【章　旨】闡明愛利二者之關係。

【注　釋】❶附濆　撫育。即撫養、養育。附，道藏本、吳鈔本並作「拊」，同「撫」。濆，字書無此字。伍百非、譚戒甫均說當作「濆」，從「賁」得聲，《說文》：「賁，讀若育。」即「育」。❷慮　〈經上〉：「慮，求也。」❸獲　即「臧獲」之「獲」，這裡用作專名。❹臧　即「臧獲」之「臧」。原意皆奴僕，此用作專名。❺牆　俞樾認為乃「嗇」字之誤。嗇，愛惜；儉省。❻正夫　孫說當作「匹夫」。❼孰　「熟」的古字，指豐年。❽凶　指荒年。❾非彼其行益也二句　孫說當作「非彼其行益加也」。❿執　孫說當作「埶」，即「勢」。

【語　譯】聖人撫育天下人，仁慈而沒有私利私愛，私利私愛，產生於為個人打算。先前的追求，不是今天的追求；先前的愛人，不是今天的愛人。愛獲是愛人，但這種愛產生於追求從獲身上獲利。追求從獲身上得利，不同於追求從臧身上得利，但愛臧的這種愛，就是愛獲的那種愛。即使去掉愛而能使天下得利，也不能去掉。先前的懂得儉嗇，不是今天的知道儉嗇。尊貴到做天子，他的利也不會比匹夫多。兩個兒子養父母，一個遇到豐年，一個遇到荒年，但他們的利親是相同的，並不是那個遇到荒年的兒子德行就更加深厚些。外在的力量，是不能使我的利人加深的。假如臧死了天下受害，那麼即使我對臧的奉養優厚到萬倍，我愛臧的心還是沒有增加。

長人之異，短人之同❶，其貌同者也，故同。指之人也與首之人❷也異。人之體，非一貌者也，故異。將劍與挺劍❸異，劍以形貌命者也，其形不一，故異。楊木之木與桃木之木也同。諸非以舉量數❹命者，敗❺之盡是也。故一人指，非一人也；是一人之指，乃是一人也。方之一面，非方也；方木之面，方木也。

【章　旨】闡述異同問題。

【注　釋】❶長人之異二句　俞樾認為當作「長人之與短人也同」。❷首之人　孫說：「謂以首向人。」❸將劍與挺劍　將，「捙」之借字。《說文》：「捙，扶也。」「挺，拔也。」❹舉量數　舉其數量。❺敗　破；析開。

【語　譯】人，高個子與矮個子所以相同，是因為他們的形貌相同，所以同。用手指著人與用頭向著人就不同。人的身體各部分，並不是一種形貌，所以不同。扶劍和拔劍不同，劍是依形貌命名的，它們的形貌不一，所以不同。楊木和桃木從「木」這一點說，是相同的。很多不是舉數量而命名的東西，把它們分開，它們還全是這樣。所以一個人的手指，不等於就是一個人；只有這一個人的手指，指的才是這一個人。方的一面，不是方本身；方木的面，仍然還是方木。

以故生❶，以理長，以類行也者❷，三物必具，然後足以生❸。立辭而不明於其所生，忘❹也。今人非道無所行，唯❺有強股肱，而不明於道，其困也可立而待也。夫辭以類行者也，立辭而不明於其類，則必困矣。故浸淫❻之辭，其類在鼓栗❼。聖人也，為天下也，其類在于追迷❽。或壽或卒❾，其利天下也指若❿，其類在譽石⓫。一日而百萬生，愛不加厚，其類在惡害。愛二世⓬有厚薄，而愛二世相若，其類在蛇文⓭。愛之相若，擇而殺其一人，其類在阬下之鼠⓮。小仁與大仁，行厚相若，其類在申⓯。凡興利除害也，其類在漏癕⓰。厚親不稱行而類行，其類在江上井⓱。不為己之可學也，其類在獵走⓲。愛人非為譽也，其類在逆旅⓳。愛人之親若愛其親，其類在官苟⓴。兼愛相若，一愛相若，一愛相若㉑，其類在死也㉒。

【章　旨】闡述「以故生，以理長，以類行」的道理。

【注　釋】❶以故生　故，《廣雅・釋詁》：「故，事也。」〈經上〉：「故，所得而後成也。」即構成事物的前提或原因。孫說：「『以』上，當有『夫辭』二字，下文可證。」❷以類行也者　類，即同類事物。也者，依孫說，當作「者也」。❸三物必具二句　此二句原在上文「漁大之舞大非也」之後，據孫說移正。❹忘　顧廣圻說：「當作『妄』。」❺唯　通「雖」。❻浸淫　《文選・洞簫賦》李善注：「浸淫，猶漸冉，相親附之意也。」即逐漸使人陷入其中而不可解之意。❼其類在鼓栗　其類在……，下文凡十三條，都是舉類性質的話，意為類似於……。鼓栗，危言聳聽之意。鼓，鼓動。栗，恐懼。❽追迷　畢沅說：「言能追正迷惑。」❾卒　曹說讀如「促」，指不壽。❿指若　蘇時學說：「指當作『相』。」⓫譽石　畢疑為「譽名」，即名稱於世。⓬二世　孫說：「此釋上文『愛尚世與愛後世，一若今之世人也』。」則二世指上世與後世。⓭蛇文　譚戒甫謂當作「蛇交」，舉《禮記・鄉射禮》「龍首，其中蛇交」為說。鄭玄注：「兩端為龍首，中央為蛇身相交也。」此取其為喻，明其兩兩相互交纏，不辨厚薄。⓮阬下之鼠　洞中之鼠，人皆欲殺，故取為喻。阬，虛。⓯中　曹耀湘校作「田」，說：「猶之一田所出，不因人之貴賤而有差異也。」⓰漏雍　曹說：「漏，潰也。雍，與壅同，塞也。治提防者，所以塞水之潰溢。除水之害，即以興水之利。推之凡為人興利者，但除其害而利自在也。」⓱江上井　曹說：「江水之與井泉，未可為比量也。為井於江上者，不稱量水之多寡，以適於用而已。以況厚親者不稱行而顧行也。」⓲獵走　田獵競走。比喻樂於從事。⓳逆旅　客舍。客舍本在利人，但利人的同時也能利己，故用以為喻。⓴官苟　曹校作「官茍」，說：「茍，讀如亟，謂自急飭也。官茍者急官事也。」「急官事者視官事如家事然。」㉑一愛相若　孫說為衍文，然不作衍文亦可，後文「其類在死也」蓋專釋此四字。㉒死也　也，畢沅說：「一本作虵。」作「虵」是。虵，「蛇」之俗字。蛇死則直，喻「一愛相若」，意為無紆曲偏轉。按：自「其類在鼓栗」以下十三個「類在」，語意殊不可曉，諸家均以意改，以意釋，此謹錄其可從者以備一說，譯文則用引號引出原文，不作強譯。

【語　譯】言辭必須據「故」而生，依「理」滋長，以「類」推行。這三個條件，一定要具備，然後言辭才能生成。立論如果不明白它產生於何種前提，這就是胡言亂語。「理」就好比路，人們沒有道路就無從行走，即使有強健的腳手，如不明白路在那裡，那困敗立即就會到來。言辭是依「類」推行的，立論如果不明白所說屬於哪一類，那也一定會困惑。所以逐漸引人陷溺其中的言辭，類似於「鼓栗」。聖人是為天下立論的，這類似於「追迷」。聖人有些長壽，有些短壽，但他們對天下有利是相同的，這類似於「譬石」。一天就產生百萬個愛的念頭，但愛卻沒加深，這類似於「惡害」。對兩個時代人的愛有深有淺，但愛這個時代的心是相同的，這類似於「蛇文」。愛他們是一視同仁的，但要選擇一人來殺掉，這類似於「阬下之鼠」。小仁人和大仁人，他們的德行深厚相似，這類似於「申」。凡興利除害之事，類似於「漏雍」。對父母優厚，雖與德行不相稱，也類似有德行，這類似於「江上井」。不為了自己的學說的可以學習，類似於「獵走」。愛人不是為了邀人稱譽，類似於「逆旅」。愛別人的父母像愛自己的父母，類似於「官苟」。兼愛相似，對天下人一視同仁地愛，這對天下人一視同仁地愛，類似於「死也（蛇）」。

小取第四十五

【題　解】〈小取〉這一篇，在《墨經》當中是很重要的。譚戒甫說它「類皆字同珠玉，辭成律令，格局謹嚴，條貫明顯；蓋先秦諸子中，此為獨創，惟《荀子・正名》差可匹敵，而其造詣尚無若此之傀偉深邃也」，可見學者對它的重視。這篇與相對的其他幾篇，從文字風格來看，的確獨具特色，除個別字句可能有舛錯難明外，基本上文從字順，一氣呵成。

夫辯❶者，將以明是非之分❷，審治亂之紀❸，明同異之處❹，察名實之理❺，處利害❻，決嫌疑❼。

【章　旨】總述辯的目的及作用。

【注　釋】❶辯　〈經上〉：「辯，爭彼也。」即辯論。❷明是非之分　〈經上〉：「辯勝，當也。」〈經說下〉：「辯也者，或謂之是，或謂之非，當者勝也。」「當」與「不當」即是非當與不當，故辯論必爭是非。❸審治亂之紀　〈兼愛〉：「聖人以治天下為事者也，必知亂之所自起，焉能治之；不知亂之所自起，則不能治。」故辯論必審察治亂產生的原因。❹明同異之處　墨子屢言同異，分類也最詳。如〈經上〉：「同，重、體、合、類。」「異，二、不體、不合、不類。」等即是。❺察名實之理　墨子對名實關係，論述也頗多，如〈經上〉：「名，達、類、私。」〈大取〉：「諸聖人所先為，人欲（效）名實。」❻處利害　〈經上〉：「欲正權利，惡正權害。」是所謂「處利害」。權衡利害，必得「利之中取大，害之中取小」（〈大取〉）。❼決嫌疑　墨家對疑也很重視，多有論說。如〈經下〉：「疑，說在逢、循、遇、過。」「擢慮不疑，說在有無。」

【語　譯】辯論，是用來辨明是與非的分別，審察治與亂產生的原因，明確同與異之所在，考察名與實的道理，權衡利害，決斷嫌疑的。

焉❶摹略❷萬物之然，論求❸群言之比❹，以名舉❺實，以辭抒意❻，以說❼出故❽，以類取，以類予❾。有諸己不非諸人，無諸己不求諸人。

【章　旨】總述辯的方法。

【注　釋】❶焉　乃；於是。❷摹略　《太玄經》注：「摹者，索而討之。」《廣雅・釋詁》：「略，求也。」即探討之意。❸論求　《淮南子・本經》高注：「推，求也。」即討論推求。❹比　《說文》段注：「例也，類也。」❺舉　《經說上》：「舉，告以文名，舉彼實也。」❻以辭抒意　辭，即言辭。抒，《漢書・劉向傳》顏注：「抒，謂引而泄之也。」即抒發。❼說　《經上》：「說，所以明也。」❽故　原因；根據。❾以類取二句　《大取》：「夫辭，以類行者也，立辭而不明於其類，則必困矣。」取，擇取。予，《說文》：「予，相推予也。」

【語　譯】於是搜求探討萬物的各種現象，討論推求各種言論的類別，用名稱標舉實物，用言辭表達思想觀點，用論說講出道理，用同類事物作為例證，又用同類事物來推理。自己有的觀點，不去責備別人沒有；自己所沒有的，也不向別人求取，而要自己探索。

或❶也者，不盡也。假❷者，今不然也。效❸者，為之法也；所效者，所以為之法也。故中❹效，則是也；不中效，則非也。此效也。辟❺也者，舉也❻物而以明之也。侔❼也者，比辭而俱行也。援❽也者，曰子然，我奚獨不可以然也？推❾也者，以其所不取之❿，同於其所取者，予之也。是猶謂「也⓫者同」也，吾豈謂「也者異」也。

【章　旨】介紹或、假、效、辟、侔、援、推等推理方法。

【注　釋】❶或　指部分，故下文說「不盡也」。❷假　假設。❸效　效法。也指所效法的對象。❹中　符合。❺辟　通「譬」。❻也　通「他」。❼侔　《說文》：「侔，齊等也。」❽援　《說文》：「引也。」❾推　求。❿所不取之　指對方所不贊同的命題。下文「其所取者」指對方所贊同的命題。⓫也　同「他」。下句同。

【語　譯】或，就是不完全是如此。假，就是實際上現在並不如此。效，就是確立一個法則；所效，就是所用來效法的法則。如果一個命題與這個法則的要求相符合，那麼它就是正確的；不符合，就是不正確的，這就是效。譬，就是舉別的性質相同的事物，來證明要論證的命題。侔，就是比照一個性質相同的命題，來論證另一個命題，使之成立。援，就是對論敵說：你所說的可以是正確的，那麼我所說的與你所說的性質相同，為什麼偏偏不可以是正確的呢？推，就是把論敵所不贊同的命題，拿來與他所贊同的命題引為同類，要求他承認自己所不贊同的命題是正確的。這等於同他說：「別的都與此同類」，我哪裡說「別的與此不同」呢！

夫物有以同而不率遂❶同。辭之侔也，有所至而正❷。其然也，有所以然也。其然也同，其所以然不必同。其取之也，有所以取之。其取之也同，其所以取之不必同。是故辟、侔、援、推之辭，行而異，轉而危❸，遠而失，流而離本，則不可不審也，不可常用也。故言多方❹，殊類異故，則不可偏❺觀也。

【章　旨】說明對辟、侔、援、推等方法要慎用的道理。

【注　釋】❶率遂　孫說：「率遂聲近義同。」都是「述」的意思。❷正　正確。❸危　通「詭」。詭異。❹方　術。❺偏　通「徧」。

【語　譯】事物有相同之處，但不能說完全相同。所謂命題的齊等，是指要達到一定的齊等程度才正確。事物如此，是有之所以如此的原因的。現象相同，原因卻未必相同。取某類事物來推論，也是有為什麼取它來推論原因的。辟、侔、援、推，都是取同類事物或命題來推論，但所以取這些事物或命題的原因卻未必相同。所以辟、侔、援、推這些推論方法，運用起來就會有差異，幾經轉換就會變成詭辯，推論過遠就會失真，任意推論下去，就會離開根本法則，這是不能不審慎的，不能常用這些方法。說話的方式很多，不同的類別有不同的原因，是無法全部遍觀的。

夫物或乃是而然，或是而不然。或一周而一不周❶，或一是而一（不是也，不可常用也。故言多方，殊類異故，則不可偏觀也❷）非也。白馬，馬也；乘白馬，乘馬也。驪❸馬，馬也；乘驪馬，乘馬也。獲❹，人也；愛獲，愛人也。臧，人也；愛臧，愛人也。此乃是而然者也。獲之親，人也；獲事其親，非事人也。其弟，美人也；愛弟，非愛美人也。車，木也；乘車，非乘木也。船，木也；人❺船，非人木也。盜人，人也；多盜，非多人也；無盜，非無人也。奚以明之？惡多盜，非惡多人也；欲無盜，非欲無人也。世相與共是之。若若是，則雖盜人人也❻，愛盜非愛人也，不愛盜非不愛人也，殺盜人非殺人也，無難盜無難❼矣。此與彼同類，世有彼而不自非也，墨者有此而非之，無也故❽焉，所謂內膠外閉❾，與心毋空❿乎，內膠而不解也。此乃是而不然者也。

【章　旨】闡述「物或乃是而然，或是而不然」的道理。

【注釋】❶周　全面；普遍。❷不是也五句　此二十二字孫說是衍文，當刪。❸驪　《說文》：「驪，馬深黑色。」❹獲　即「臧獲」之「獲」，下文「臧」同。❺人　當作「入」或「乘」。❻盜人人也　盜人，即盜賊之人。孫說衍一「人」字，也通。❼盜無難　孫說此三字衍。❽也故　他故。❾內膠外閉　《爾雅．釋詁》：「膠，固也。」孫說：「謂內膠固而外閉塞。」❿空　孫說讀如「孔」。

【語譯】在運用概念推理時，有時一個概念在這個命題中，是這個涵義，換一個命題，還是這個涵義；有時在這個命題中，是這個涵義，換一個命題，就不是這個涵義。有時候一些命題中的概念，要包括所有對象，一些命題的概念不包括所有對象。有時候用這個概念是這種涵義，換一個概念，就不是這種涵義。白馬，是馬；乘白馬，是乘馬。黑馬，是馬；乘黑馬，是乘馬。獲，是人；愛獲，是愛人。臧，是人；愛臧，是愛人。這些都是一個概念在這個命題中是這個涵義，換一個命題，還是這個涵義的例子。獲的父母，是人；獲事奉他的父母，卻不能說是事奉人。他的弟弟是個美貌之人；愛他的弟弟，卻不能說愛美貌之人。車，是木製的；但乘車，不能說是乘木。船，是木製的，但入船不能說是入木。盜賊，是人；但很多盜賊，卻不能說是很多人；沒有盜賊，也不能說成沒有人。憑什麼知道是這樣的呢？厭惡盜賊多，不是厭惡人多；希望沒有盜賊，不是希望沒有人。世人都知道這是對的。依此類推，則雖然盜賊是人，但「愛盜賊不是愛人，不愛盜賊不是不愛人，殺盜賊不是殺人」這一類命題還是可以成立，這是沒有疑問的。因為這些命題與前面的命題屬同一類型。世人承認前面的命題，不說自己錯了，墨家承認這些命題卻遭到非難，這沒有別的緣故，是因為世人都內膠固而外閉塞，也就是心中不開竅，內心固執解不開。這些就是一個概念在這個命題是這個涵義，換一個命題就不是這個涵義的例子。

且夫讀書，非好書也❶。且鬥雞，非雞❷也；好鬥雞，好雞也。且入井，非入井也；止且入井，止入井也。且出門，非出門也；止且出門，止出門也。若若是，且夭，非夭也；壽❸，夭也。有命，非命也；非執有命，非命也，無難矣。此與彼同類，世有彼而不自非也，墨者有此而罪❹非之，無也故焉，所謂內膠外閉，與心毋空乎，內膠而不解也。是乃是而不然者也。

【章　旨】進一步說明「是而不然」的情況。

【注　釋】❶且夫讀書二句　依下文句例當作「夫且讀書，非讀書也；好讀書，好書也」。❷非雞　依下文，疑脫一「鬥」字，當補。❸壽　下當有「夭」字。❹罪　衍文，應刪。

【語　譯】將讀書，還不是讀書；喜好讀書，才是喜好書。將鬥雞，並不是鬥雞；喜好鬥雞，才是喜好雞。將入井，還不是入井；制止將入井，卻是制止入井。將出門，還不是出門；阻止將出門，卻是阻止出門。如果依此類推，將夭折，就還不是夭折；壽短，才是夭折。認為有命運，並不等於命運；反對堅持有命運，才是反對命運。這是沒有疑難的。這些命題與前面的命題同屬一種類型。世人承認前面的命題，不說自己錯了，墨家承認這些命題卻遭到非難。這沒有別的緣故，是因為世人內膠固而外閉塞，心中不開竅，內心固執解不開。這些都是一個概念在這個命題中是這個涵義，換一個命題就不是這個涵義的例子。

愛人，待周❶愛人，而後為愛人；不愛人，不待周不愛人，不周愛，因為不愛人矣。乘馬，不待周乘馬，然後為乘馬也。有乘於馬，因為乘馬矣。逮至不乘馬，待周不乘馬，而後為不乘馬。此一周而一不周者也。

【章　旨】說明「一周而一不周」的情況。

【注　釋】❶周　遍；完全。

【語　譯】愛人，一定要愛到所有的人，然後才算愛人；不愛人，卻不需要不愛所有的人，只要有一些人不被愛，就算不愛人了。乘馬，不一定要乘遍所有的馬，然後才算乘馬。只要有乘馬這種行為，就算是乘馬了。至於不乘馬，卻要到完全不乘馬時，才算是不乘馬。這就是一些命題中的概念要包括所有對象，一些命題的概念不一定要包括全部對象的例子。

居於國，則為居國；有一宅於國，而不為有國。桃之實，桃也；棘❶之實，非棘也。問人之病，問人也；惡人之病，非惡人也。人之鬼，非人也；兄之鬼，兄也。祭人之鬼，非祭人也；祭兄之鬼，乃祭兄也。之馬之目盼❷，則為❸之馬盼；之馬之目大，而不謂之馬大。之牛之毛黃，則謂之牛黃；之牛之毛眾，而不謂之牛眾。一馬，馬也；二馬，馬也。馬四足者，一馬而四足也，非兩馬而四足也。一馬，馬也❹。馬或白者，二馬而或白也，非一馬而或白。此乃一是而一非者也。

【章　旨】闡釋「一是而一非」的情形。

【注　釋】❶棘　《說文》：「棘，小棗叢生者。」棘是樹名，棗是它的果實，所以說「棘之實，非棘也」。❷之馬之目盼　蘇時學說：「之馬，猶言是馬。盼，視。」❸為　通「謂」。❹一馬馬也　這四字承上而衍，應刪。

【語　譯】居住在國內，可以叫做居國；有一所住宅在國內，卻不能叫做有國。桃樹的果實，就叫桃；但棘樹的果實，卻不叫棘。問候別人的病情，可以說是問候人；但厭惡別人的病，卻不等於厭惡人。別人的鬼，不能說是人；兄長的鬼，卻可以說就是兄長。祭別人的鬼，不能說是祭人；祭兄長的鬼，卻可以說是祭兄。這匹馬的眼睛善看，就叫做馬眄；但這匹馬的眼睛大，卻不能叫做馬大。這頭牛的毛色黃，就叫做牛黃；但這頭牛的毛多，卻不叫做牛眾。一匹馬，叫做馬；兩匹馬，也還是叫做馬。說馬四隻腳，是指一匹馬四隻腳，而不是指兩匹馬四隻腳。說馬當中有的馬是白的，是指兩匹馬當中有一匹是白的，而不能說一匹馬當中有的馬是白的。這就是有時候用這個概念是這種涵義，換一個概念就不是這種涵義的例子。

耕柱第四十六

【題　解】〈耕柱〉，是以篇首第一句中的耕柱二字名篇，與〈兼愛〉、〈非攻〉等據篇意命題者不同。篇中所記，多是墨子同學生或其他人的談話，涉及很多方面的事情，各段之間，內容上較少聯繫，然以討論「義」的條目居多。此篇可能是墨子弟子所追記，可以與前面各篇互相補充。

子墨子怒耕柱子❶，耕柱子曰：「我毋俞❷於人乎？」子墨子曰：「我將上大❸行，駕驥與羊❹，子將誰毆？」耕柱子曰：「將毆驥也。」子墨子曰：「何故毆驥也？」耕柱子曰：「驥足以責❺。」子墨子曰：「我亦以子為足以責❻。」

【章旨】此為記述墨子與弟子耕柱子的談話，從談話中可以看出，墨子認為耕柱子有可供任使的才力。

【注釋】❶耕柱子　墨子弟子。❷俞　通「愈」。❸大　讀作「太」。❹羊　當作「牛」。❺驥足以責　當作「以驥足責」。❻足以責　當作「足責」，「以」是衍文。

【語譯】墨子對耕柱子發怒，耕柱子說：「我難道沒有勝過別人的地方嗎？」墨子說：「我將上太行山，有良馬和牛可供駕車，你將驅趕哪一種去？」耕柱子說：「我將驅趕良馬。」墨子說：「為什麼要趕良馬？」耕柱子說：「因為良馬禁得起鞭策。」墨子說：「我也把你看做禁得起鞭策的良馬。」

巫馬子❶謂子墨子曰：「鬼神孰與聖人明智？」子墨子曰：「鬼神之明智於聖人，猶聰耳明目之與聾瞽也。昔者夏后開使蜚廉折金❷於山川，而陶鑄之於昆吾❸；是使翁難雉乙卜於白若之龜❹，曰：『鼎成三❺足而方，不炊而自烹，不舉而自臧❻，不遷而自行，以祭於昆吾之虛，上鄉❼。』乙又言兆之由❽曰：『饗矣！逢逢白雲，一南一北，一西一東，九鼎既成，遷於三國。』夏后氏失之，殷人受之；殷人失之，周人受之。夏后、殷、周之相受也，數百歲矣。使聖人聚其良臣與其桀❾相而謀，豈能智❿數百歲之後哉？而鬼神智之。是故曰：鬼神之明智於聖人也，猶聰耳明目之與聾瞽也。」

【章旨】墨子與巫馬期的談話，其大旨在於發明墨家明鬼的思想。

【注　釋】❶巫馬子　畢沅認為可能就是孔子弟子巫馬期或其後代。❷折金　即「擿金」。開發金屬礦藏。❸昆吾　古國名，其地在今河南濮陽南。❹翁難雉乙卜於白若之龜　句有疑。翁難雉乙當是人名。王煥鑣認為「白若」即「百若」，即百靈之龜。❺三　當作「四」，見孫校本。❻臧　通「藏」。❼上鄉　即「尚饗」。為祭祀或卜問的結語。❽兆之由　兆，灼龜甲時所顯現出來的裂紋。由，通「繇」。占辭。❾桀　通「傑」。❿智　通「知」。

【語　譯】巫馬子問墨子說：「鬼神和聖人相比，誰明智？」墨子說：「鬼神比聖人明智，就像耳聰目明的人，比聾子瞎子明智一樣。從前夏后啟，派蜚廉在山川之間開發金屬礦藏，在昆吾治煉鑄造金鼎，並派翁難雉乙用百靈之龜占卜，說：『鼎造成後，是四足方形，不用生火，它自己會烹煮，不用持舉，它自己會收藏，不用搬遷，它自己會行走，用它在昆吾之墟祭祀，鬼神就會享受祭品。』又說出卦兆的占辭道：『鬼神已經享用了！蓬蓬勃勃的白雲，一時飄到南，一時飄到北，一時飄到西，一時飄到東。九隻鼎都鑄出來了，將會遷移三國。』後來夏后氏失去了，殷人接了過來；殷人失去了，周人接了過來。夏后氏、殷人、周人相繼承受，已數百年了。就算聖人聚集起他的賢臣良相來謀劃，又怎能知道數百年之後的事呢？但是鬼神知道。所以說：鬼神比聖人明智，就如同耳聰目明的人，比聾子瞎子明智一樣。」

治徒娛、縣子碩❶問於子墨子曰：「為義孰為大務？」子墨子曰：「譬若築牆然，能築者築，能實壤者實壤，能欣❷者欣，然後牆成也。為義猶是也。能談辯者談辯，能說書者說書，能從事者從事，然後義事成也。」

【章　旨】透過治徒娛、縣子碩同墨子問答，揭示墨家貴義的思想。

【注　釋】❶治徒娛縣子碩　兩人都是墨子的弟子。❷欣　王引之認為即「晞」字，測量之意。

【語　譯】治徒娛、縣子碩問墨子道：「為義的要務是什麼？」墨子說：「譬如築牆一樣，能築土的築土，能運土的運土，能測量的測量，然後牆才能築成。為義也是這樣。能言談辯論的就言談辯論，能解說經典的就解說經典，能從事工作的就從事工作，然後義才能完成。」

巫馬子謂子墨子曰：「子兼愛天下，未云❶利也；我不愛天下，未云賊也。功皆未至，子何獨自是而非我哉？」子墨子曰：「今有燎❷者於此，一人奉水將灌之，一人摻❸火將益之，功皆未至，子何貴於二人？」巫馬子曰：「我是彼奉水者之意，而非夫摻火者之意。」子墨子曰：「吾亦是吾意，而非子之意也。」

【章　旨】透過巫馬子與墨子的談話，闡明兼愛的正確。

【注　釋】❶云　有。❷燎　放火。❸摻　即「操」的異文。

【語　譯】巫馬子對墨子說：「你兼愛天下，對天下並未產生利益；我不兼愛天下，對天下也沒有產生傷害。大家都沒產生效果，為什麼你偏偏肯定自己而非毀我呢？」墨子說：「現在有人在這裡放火，一個人捧著水將澆滅它，一個人操著火將加大它，效果都尚未產生，你認為這兩人誰可貴？」巫馬子說：「我肯定那個捧水澆滅火的人的動機，而否定那個拿著火加大火的人的動機。」墨子說：「我也肯定我的動機，而非毀你的動機。」

子墨子游荊❶耕柱子於楚，二三子❷過之，食之三升，客之不厚。二三子復於子墨子曰：「耕柱子處楚無益矣。二三子過之，食之三升，客之不厚。」子墨子曰：「未可智❸也。」毋幾何❹而遺十金於子墨子，曰：「後生不敢死❺，有十金於此，願夫子之用也。」子墨子曰：「果未可智也。」

【章　旨】藉墨子對耕柱子的態度，說明墨子知人。

【注　釋】❶游荊　游，推薦人做官。荊是衍文，當刪。❷二三子　指耕柱子的幾位同學。❸智　通「知」。❹毋幾何　不多久。毋，通「無」。❺後生不敢死　後生，指弟子。不敢死，謙詞，等於後世說的「死罪死罪」。

【語　譯】墨子推薦耕柱子到楚國做官，有幾位同學去拜訪他，他只給他們三升飯吃，款待不優厚。這幾位同學向墨子報告說：「耕柱子在楚國做官對我們並沒有什麼幫助。我們幾個人去拜訪他，他只給我們三升的飯吃，款待不優厚。」墨子說：「究竟如何還不可知呢！」沒過多久，耕柱子就送給墨子十金，說：「學生死罪死罪，有十金在這裡，希望夫子花用。」墨子說：「果然不可知哩！」

巫馬子謂子墨子曰：「子之為義也，人不見而耶❶，鬼不見而富❷，而子為之，有狂疾！」子墨子曰：「今使子有二臣❸於此，其一人者見子從事，不見子則不從事；其一人者見子亦從事，不見子亦從事，子誰貴於此二人？」巫馬子曰：「我貴其見我亦從事，不見我亦從事者。」子墨子曰：「然則，是子亦貴有狂疾也。」

【章　旨】藉著墨子與巫馬子的談話，表明墨子行義乃在自覺，並不求人服，也不求鬼神降福。

【注釋】❶而耶　而，你。耶，是「邪」的壞字。❷而富　而，你。富，通「福」，指降福。❸臣　指家臣。

【語譯】巫馬子對墨子說：「您實行『義』，人們並不服您，鬼神也不降福給您，而您卻要這樣做，一定有顛狂的毛病！」墨子說：「如果你有兩位家臣在這兒，一個看到你工作，沒看到你就不工作；另一個看到你工作，沒看到你也照樣工作，那你認為這兩人誰可貴？」巫馬子說：「我認為看到我工作，沒看到我也工作的人可貴。」墨子說：「那麼，你也認為有顛狂毛病的人可貴囉！」

子夏之徒問於子墨子曰：「君子有鬥乎？」子墨子曰：「君子無鬥。」子夏之徒曰：「狗豨❶猶有鬥，惡有士而無鬥矣？」子墨子曰：「傷矣哉！言則稱於湯、文，行則譬於狗豨，傷矣哉！」

【章旨】墨子嘲諷子夏之徒好鬥的思想。

【注釋】❶豨　豬。《方言》：南楚稱豬為豨。

【語譯】子夏的弟子問墨子說：「君子有爭鬥嗎？」墨子說：「君子沒有爭鬥。」子夏的弟子說：「狗和豬還有爭鬥，哪裡有士君子不爭鬥的呢？」墨子說：「可悲啊！口頭上稱頌商湯、周文王，行為上卻自比於豬狗，可悲啊！」

巫馬子謂子墨子曰：「舍今之人而譽先王，是譽槁骨也。譬若匠人然，智❶槁木也，而不智生木。」子墨子曰：「天下之所以生者，以先王之道教也。今譽先王，是譽天下之所以生也。可譽而不譽，非仁也。」

【章　旨】透過與巫馬子的對話，闡明墨家的法先王思想。

【注　釋】❶智　通「知」。

【語　譯】巫馬子對墨子說：「捨棄現世的人去讚譽先王，這是讚譽枯骨。這就如同木匠一樣，只知枯木，而不知有活樹。」墨子說：「天下所以能生育發展，就是因為有先王的主張教導。現在我稱譽先王，這是稱譽天下所賴以生育發展的教化。可以稱譽的卻不稱譽，這就不是仁了。」

子墨子曰：「和氏之璧❶、隋侯之珠❷、三棘六異❸，此諸侯之所謂良寶也。可以富國家，眾人民，治刑政，安社稷乎？曰：不可。所謂貴良寶者，為其可以利也。而和氏之璧、隋侯之珠、三棘六異，不可以利人，是非天下之良寶也。今用義為政於國家，人民必眾，刑政必治，社稷必安。所為貴良寶者，可以利民也。而義可以利人。故曰：義，天下之良寶也。」

【章　旨】闡明義的可貴，是墨家貴義思想的補充。

【注　釋】❶和氏之璧　和氏即卞和，相傳他在楚山中發現了玉璞，經琢磨後稱「和氏之璧」。❷隋侯之珠　隋侯，漢東姬姓諸侯王，相傳他用藥救過一條大蛇，後來蛇從江中銜出一顆珠子來報答他。❸三棘六異　指九鼎。棘，同「翮」。空足鼎叫「翮」。異，同「翼」。六翼，指鼎的六耳。

【語　譯】墨子說：「和氏之璧、隋侯之珠、三代相傳的九鼎，這是諸侯們所謂的珍寶。可以用它們來使國家富裕，人民眾多，刑政治平，社稷安寧嗎？回答是：不能。所謂珍寶，是因為它們可以對人有利。但是和氏之璧、隋侯之珠、三代之九鼎，不能用來對人有利，這就不是天下的珍寶了。現在如果用義來治理國家，人民一定眾多，政刑必定治平，社稷必定安寧。所謂珍寶，是因為可以使人民得利。而義就可以使人民得利。所以說：義，是天下的珍寶。」

葉公子高❶問政於仲尼曰：「善為政者若之何？」仲尼對曰：「善為政者，遠者近之，而舊者新之。」子墨子聞之曰：「葉公子高未得其問也，仲尼亦未得其所以對也。葉公子高豈不知善為政者之遠者近也❷，而舊者新是❸哉？問所以為之若之何也，不以人之所不智❹告人，以所智告之，故葉公子高未得其問也，仲尼亦未得其所以對也。」

【章　旨】墨子對葉公子高同孔子對話的批評。

【注　釋】❶葉公子高　春秋時楚國的大夫。名諸梁，食采邑於葉，故稱葉公。❷也　當從上文作「之」。❸是　當從上文作「之」。❹智　通「知」。

【語　譯】葉公子高向孔子請教為政的事說：「善於從事政治的人應該怎麼做？」孔子說：「善於從事政治的人，疏遠的人要親近他，對待舊臣如同對待新臣。」墨子聽到這件事，說：「葉公子高問的，不是他應該問的問題，孔子回答的，也不是他應該回答的問題。葉公子高難道不知道善於從事政治的人，應當對疏遠的人親近，對待舊臣如同新臣嗎？問的是怎樣做，孔子不拿人家所不知道的告訴別人，卻拿人家所知道的告訴他。所以葉公子高問的，不是應問的問題，孔子也沒有拿應該回答的東西來回答。」

子墨子謂魯陽文君❶曰：「大國之攻小國，譬猶童子之為馬也。童子之為馬，足用而勞❷。今大國之攻小國也，攻者農夫不得耕，婦人不得織，以守為事；攻人者，亦農夫不得耕，婦人不得織，以攻為事。故大國之攻小國也，譬猶童子之為馬也。」

【章　旨】借與魯陽文君的對話，表明墨子的非攻思想。

【注　釋】❶魯陽文君　即魯陽公。春秋時楚平王之孫。❷足用而勞　畢沅說：「言自勞其足。」

【語　譯】墨子對魯陽文君說：「大國的攻打小國，有如小孩子自己做馬來騎。小孩子自己做馬騎，他的腳就會很勞苦。如果大國攻打小國，被攻打的國家，農夫不能耕作，婦女不能紡織，都把保家衛國當作職事；攻打別人國家的，也是農夫不能耕作，婦女不能紡織，把攻打別國當作職事。所以大國攻小國，就譬如小孩子自己做馬騎。」

子墨子曰：「言足以復行者，常之；不足以舉行者，勿常；不足以舉行而常之，是蕩口❶也。」

【章　旨】謂言行要一致。

【注　釋】❶蕩口　指空言消磨口舌。

【語　譯】墨子說：「說的話能實行，可以經常說；不能實行，就不要經常說；不能實行卻又經常說，這就叫做空費口舌。」

子墨子使管黔滶游高石子❶於衛，衛君致祿甚厚，設之於卿。高石子三朝必盡言，而言無行者。去而之齊，見子墨子曰：「衛君以夫子之故，致祿甚厚，設我於卿。石三朝必盡言，而言無行，是以去之也。衛君無乃以石為狂乎？」子墨子曰：「去之苟道，受狂何傷！古者周公旦非關叔❷，辭三公，東處於商蓋❸，人皆謂之狂。後世稱其德，揚其名，至今不息。且翟聞之：為義非避毀就譽。去之苟道，受狂何傷！」高石子曰：「石去之，焉敢不道也。昔者，夫子有言曰：『天下無道，仁士不處厚焉。』今衛君無道，而貪其祿爵，則是我為苟陷人長❹也。」子墨子說，而召子禽子曰：「姑聽此乎！夫背義而鄉❺祿者，我常聞之矣；倍❻祿而鄉義者，於高石子焉見之也。」

【章　旨】透過高石子離衛的事，體現了墨家重義輕祿的態度。

【注釋】❶管黔滶游高石子　滶，當作「敖」。游，游揚，推薦他人做官。管黔敖、高石子均墨子弟子。❷關叔　即管叔。畢沅認為關是「管」的假借字。❸商蓋　即「商奄」。古國名。其地在今山東曲阜附近。❹陷人長　陷，當作「啗」。長，「粻」的省文，糧食。❺鄉　通「向」。❻倍　通「背」。

【語譯】墨子讓管黔敖推薦高石子到衛國做官。衛君給他的俸祿很優厚，把他列於卿位。高石子三次入朝，都是盡情進言，但他的話沒有被採納的。於是高石子離開衛國，往齊國見墨子說：「衛君因為先生您的緣故，才給我優厚的俸祿，把我列為卿位。我三次入朝，都是盡情進言，可是沒有話被採納，因此離開了衛君。衛君不是認為我狂妄嗎？」墨子說：「離開他如果合乎道義，遭受個狂妄之名又有什麼妨礙！古時候周公姬旦被管叔毀謗，就辭去三公之位東處於商奄，人們都說他狂妄。但是後世卻稱頌他的功德，傳揚他的名聲，至今不止。況且我聽說過：為義的目的，不是逃避毀謗趨向稱譽。離開他如果符合道義，即使遭受狂妄之名又有什麼妨礙！」高石子說：「我離開了他，怎敢不遵循道義的原則！先前老師說過：『天下無道，仁人就不過優厚生活。』現在衛君無道，如果貪圖他的爵祿，那就是我白吃人飯了。」墨子很高興，就召子禽子說：「你姑且聽聽這話吧！背離道義趨向爵祿的事，我是經常聽說的；背離爵祿而趨向道義的事，我從高石子那兒見到了。」

子墨子曰：「世俗之君子，貧而謂之富則怒，無義而謂之義則喜，豈不悖哉！」

【章旨】墨子批評世俗君子的以無義為義的荒謬。

【語譯】墨子說：「世俗的君子，貧窮的說他富裕就生氣，不義的說他義就高興，豈不荒謬嗎！」

公孟子曰：「先人有則三而已矣。」子墨子曰：「孰先人而曰有則三而已矣？

子未智人之先有。」

【章　旨】不詳其義。蘇時學說：「此節文有錯誤。」此不作強解。

後生有反❶子墨子而反❷者❸，「我豈有罪哉？吾反後。」子墨子曰：「是猶三軍北，失後❹之人求賞也。」

【章　旨】墨子對背棄師道者的批評。

【注　釋】❶反　背叛。❷反　同「返」。歸。❸者　下面當有「曰」字。❹失後　迷路落後。

【語　譯】弟子中有背叛墨子又回到墨子身邊的人說：「這難道有罪嗎？我不過回來得晚一些罷了。」墨子說：「這就好比三軍敗北，迷路落後的人還要來求賞一樣。」

公孟子曰：「君子不作，術❶而已。」子墨子曰：「不然。人之其❷不君子者，古之善者不誅❸，今也善者不作。其次不君子者，古之善者不遂❹，己有善則作之，欲善之自己出也。今誅而不作，是無所異於不好遂而作者矣。吾以為古之善者則誅之，今之善者則作之，欲善之益多也。」

【章　旨】墨子同公孟子討論述與作的關係。

【注釋】❶術　當作「述」。《論語》「述而不作」，與此同。❷其　于省吾認為是「綦」的省文。綦，極。❸誅　當作「述」。❹遂　當作「述」。

【語譯】公孟子說：「君子不創作，只闡述先賢的言論罷了。」墨子說：「不是這樣。那些極不君子的人，對古時候留下的好言論不述說，對當今的好言論不創作。其次不夠君子的人，對古時候的好言論不闡述，自己有好主張就創作，希望好主張從自己這裡產生出來。如果僅僅述而不作，那與不好述而好作的人就沒有什麼不同了。我認為古時候的好言論要闡述，今世的好主張就要創作，我是想要使好的言論主張增多。」

巫馬子謂子墨子曰：「我與子異，我不能兼愛。我愛鄒人於越人，愛魯人於鄒人，愛我鄉人於魯人，愛我家人於鄉人，愛我親於我家人，愛我身於吾親，以為近我也。擊我則疾❶，擊彼則不疾於我，我何故疾者之不拂❷，而不疾者之拂？故有我有殺彼以我，無殺我以利❸。」子墨子曰：「子之義將匿邪，意將以告人乎？」巫馬子曰：「我何故匿我義？吾將以告人。」子墨子曰：「然則，一人說子，一人欲殺子以利己；十人說子，十人欲殺子以利己；天下說子，天下欲殺子以利己。一人不說子，一人欲殺子，以子為施不祥言者也；十人不說子，十人欲殺子，以子為施不祥言者也；天下不說子，天下欲殺子，以子為施不祥言者也。說子亦欲殺子，不說子亦欲殺子，是所謂經❹者口也，殺常之❺身者也。」子墨子曰：「子之言惡利也？若無所利而不❻言，是蕩口也。」

【章旨】墨子反駁巫馬子愛我勝於愛人的觀念。

【注釋】❶疾　痛。❷拂　《說文》：「過擊也。」這裡作打擊講。❸故有我有殺彼以我二句　俞樾說：「此當作『故我有殺彼以利我，無殺我以利彼』。」❹經　通「剄」。用刀割頸，這裡作殺講。❺之　至。❻不　衍文，當刪。

【語譯】巫馬子對墨子說：「我與你不同，我不能『兼愛』。我愛鄒人勝過愛越人，愛魯人勝過愛鄒人，愛我家鄉人勝過愛魯人，愛我的家人勝過愛我的鄉人，愛我的父母親勝過愛我的家人，愛我本人勝過愛我的父母親，我認為最親愛的還是我自己。別人打我我會痛，打別人就痛不在我。我為什麼不打受痛的別人，而打不痛的自己呢？所以我會有殺別人以有利於自己的心，而沒有殺我自己以有利於別人的心。」墨子說：「你的這種想法是將要隱藏在心中呢，還是將說出來告訴別人？」巫馬子說：「我為什麼要隱藏我的想法，我將把它告訴別人。」墨子說：「那麼，如果有一個人喜歡你的主張，就會有一個人想殺你來有利於他自己；有十個人喜歡你的主張，就會有十個人想殺你來有利於他自己；那麼天下人都會想殺你來有利於自己。如果有一個人不喜歡你的主張，也會有一個人想殺掉你，因為他會認為你在散布不吉祥的言論；十個人不喜歡你的主張，就會有十個人想殺掉你，因為他們認為你在散布不吉祥的言論；天下人都不喜歡你的主張，天下人都想殺你，因為大家都認為你在散布不吉祥的言論。喜歡你的主張的人想殺你，不喜歡你的主張的人也想殺你，這就所謂殺人的是嘴巴，殺常殺到自己身上。」墨子說：「你的言論有什麼好處呢？如果沒有好處還要說，這就是徒費口舌了。」

子墨子謂魯陽文君曰：「今有一人於此，羊牛犓豢❶，維人❷但割❸而和❹之，食之不可勝食也。見人之作餅，則還❺然竊之，曰：『舍余食。』不知日月安不足❻乎？其有竊疾乎？」魯陽文君曰：「有竊疾也。」子墨子曰：「楚四竟❼之田，曠蕪而不可勝辟，謼靈❽數千，不可勝❾，見宋、鄭之閒邑❿，則還然竊之，此與彼異乎？」魯陽文君曰：「是猶彼也，實有竊疾也。」

【章　旨】墨子反對魯陽文君攻戰宋、鄭等鄰國。

【注　釋】❶[牜豢]　「豢」的俗字。❷維人　「饔人」之誤。饔人，掌管宰殺烹調的人。❸但割　袒割。把牲畜宰殺後除去皮毛，然後切割。但，即「袒」。❹和　調和五味加以烹煮。❺還　「睘」之借字，當作「瞏」，驚視。❻日月安不足　「日月」二字義甚費解，此權按字面解，即「每日每月」。❼竟　通「境」。❽謼靈　孫詒讓認為當作「呼虛」，謂閒隙虛曠之地。❾勝　下有脫文，依畢沅說當補「用」字。❿閒邑　空邑。空曠尚待開發之地區。

【語　譯】墨子對魯陽文君說：「現在如果有一個人在這裡，羊牛等牲畜，都由饔人宰割烹煮著，吃也吃不完。看到別人做餅，卻很吃驚地想偷來，說：『給我吃吧！』不知他是每日每月有哪一點不足呢？還是他有好偷竊的毛病呢？」魯陽文君說：「是有好偷竊的毛病。」墨子說：「楚國四境的土地，空曠荒蕪不勝開闢；閒隙虛曠的土地數千，用不勝用，看到宋國、鄭國的空城，卻很吃驚地想偷過來，這同那個人有什麼不同嗎？」魯陽文君說：「這是與他一樣，實在是有好偷竊的毛病。」

子墨子曰：「季孫紹與孟伯常❶治魯國之政，不能相信，而祝於藂社❷，曰『苟使我和。』是猶弇❸其目，而祝於藂社也❹，『苟使我皆視。』豈不繆哉！」

【章　旨】墨子評論季孫紹與孟伯常自欺欺人的做法。

【注　釋】❶季孫紹與孟伯常　不詳。可能是魯國季康子、孟武伯之後。❷藂社　叢林中的祠社。藂，即「叢」。❸弇　遮掩。❹也　當作「曰」。

【語　譯】墨子說：「季孫紹與孟伯常治理魯國的政務，互不信任，卻在叢祠中祝禱說：『希望神使我們和好。』這就如同遮住自己的眼睛，卻到叢祠中祝禱說：『希望使我們都能看見。』這豈不荒謬嗎！」

子墨子謂駱滑氂❶曰：「吾聞子好勇。」駱滑氂曰：「然。我聞其鄉有勇士焉，吾必從而殺之。」子墨子曰：「天下莫不欲與❷其所好，度❸其所惡。今子聞其鄉有勇士焉，必從而殺之，是非好勇也，是惡勇也。」

【章　旨】墨子批評弟子駱滑氂的「好勇」實是「惡勇」。

【注　釋】❶駱滑氂　墨子弟子。❷與　當作「興」。❸度　當作「廢」。

【語　譯】墨子對駱滑氂說：「我聽說你好勇。」駱滑氂說：「是的。我聽說某鄉有勇士在那裡，一定要去殺掉他。」墨子說：「天下沒有人不想發展他所喜好的，廢棄他所厭惡的。現在你聽說某鄉有勇士在哪裡，一定要去殺掉他，這就不是好勇，而是厭惡勇了。」

貴義第四十七

【題解】這篇也是從篇首第一句話中取名，雖然多數段落都與「義」有關，但也插有一些別的內容，可能是墨門弟子記錄墨子言論的一種輯集。從篇中若干段落看來，墨子是極力標舉「義」並「獨自苦為義」的。他對世俗的君子不能區分義與不義，反而對為義之士採取輕視態度的現象，表示強烈不滿。

子墨子曰：「萬事莫貴於義。今謂人曰：『予子冠履，而斷子之手足，子為之乎？』必不為，何故？則冠履不若手足之貴也。又曰：『予子天下而殺子之身，子為之乎？』必不為，何故？則天下不若身之貴也。爭一言以相殺，是貴義於其身也。故曰：萬事莫貴於義也。」

【章　旨】闡明義的重要性。

【語　譯】墨子說：「萬事萬物沒有比義更可貴的。如果對人說：『給你帽子和鞋子，卻要砍斷你的手腳，你肯幹嗎？』你一定不肯幹，什麼緣故？因為帽子鞋子不如手足可貴。又說：『給你天下卻要殺你，你肯幹嗎？』你一定不肯幹，什麼緣故？因為天下不如身體可貴。為了爭一句話卻互相拼殺，這是把義看得比身體可貴。所以說：萬事萬物沒有比義更可貴的。」

子墨子自魯即❶齊，過故人，謂子墨子曰：「今天下莫為義，子獨自苦而為義，子不若已。」子墨子曰：「今有人於此，有子十人，一人耕而九人處，則耕者不可以不益急矣。何故？則食者眾，而耕者寡也。今天下莫為義，則子如❷勸我者也，何故止我？」

【章旨】墨子闡明為義的迫切。

【注釋】❶即 就；至。❷如 宜；應當。

【語譯】墨子從魯國到齊國，拜訪老朋友。老朋友對墨子說：「當今天下沒有人為義，你偏偏使自己勞苦來為義，你不如停止。」墨子說：「現在如果有人在這裡，他有十個兒子，只有一個兒子耕作，而其他九人都閒著，那耕作的人就不能不更加努力了。什麼緣故？因為吃飯的人多，而耕作的人少啊！當今天下沒有人為義，那你就應該勉勵我為義了，為什麼要勸阻我呢？」

子墨子南游於楚，見楚獻惠王，獻惠王以老辭❶，使穆賀❷見子墨子。子墨子說穆賀，穆賀大說，謂子墨子曰：「子之言則成❸善矣！而君王，天下之大王也，毋乃曰『賤人之所為』，而不用乎？」子墨子曰：「唯其可行。譬若藥然，草之本❹，天子食之以順其疾，豈曰『一草之本』而不食哉？今農夫入其稅於大人，大人為酒醴粢盛以祭上帝鬼神，豈曰『賤人之所為』而不享哉？故雖賤人也，上比之農，下比之藥，曾不若一草之本乎？且主君亦嘗聞湯之說乎？昔者，湯將往見伊尹，令彭氏之子御。彭氏之子半道而問曰：『君將何之？』湯曰：『將往見伊尹。』彭氏之子曰：『伊尹，天下之賤人也。若君欲見之，亦令召問焉，彼受賜矣。』湯曰：『非女❺所知也。今有藥❻此，食之則耳加聰，目加明，則吾必說而強食之。今夫伊尹之於我國也，譬之良醫善藥也。而子不欲我見伊尹，是子不欲吾善也。』因下彭氏之子，不使御。彼苟然，然後可也❼。」

【章旨】記載墨子與穆賀的談話。墨子反駁穆賀認為墨子的言論是「賤人之所為」的觀點。

【注釋】❶見楚獻惠王二句　疑當作「見楚惠王，獻書，惠王以老辭」。楚惠王，名熊章，昭王子。❷穆賀　楚大臣。❸成　通「誠」。❹草之本　當依下文作「一草之本」。❺女　通「汝」。❻藥　下當有「於」字。❼彼苟然二句　諸家皆謂有脫誤。但細玩文意，彼當指楚惠王，意為楚惠王如果也能像湯那樣（不以墨子為賤人而輕視他），這樣才對。

【語譯】墨子南遊到楚，見楚惠王並獻書，楚惠王以年老為理由加以拒絕，派穆賀見墨子。墨子勸說穆賀，穆賀很高興，對墨子說：「你的話確實好啊！但是我們的君王是天下的大王，豈不會說這是『賤人所做的』而不加採納嗎？」墨子說：「只要可以實行。就像藥物一樣，一根草根，天子吃了，就能治好疾病，怎能說『一根草根』就不吃呢？現在農夫把稅交給王公大人，大人們用來製作酒飯，祭祀上帝鬼神，怎能說『賤人所做的』就不享用呢？所以雖是賤人，上比於農夫，下比於藥物，竟不如一根草根嗎？況且君王也曾聽過商湯的傳說吧？從前，商湯將去見伊尹，命令彭氏之子駕車。彭氏之子在半路上問道：『您將上哪？』商湯說：『將去見伊尹。』彭氏之子說：『伊尹是天下最卑賤的人。如果您想見他，也該下詔召見，他就算受到恩賜了。』商湯說：『這不是你所懂得的。假如有藥在這裡，吃了，耳朵更聰敏，眼睛更明亮，那我必定很高興地強迫自己吃下去。現在伊尹對於我們國家來說，就像是好醫生好藥物。但你卻不要我去見伊尹，是你不願我好啊！』於是讓彭氏之子下去，不要他駕車。楚惠王如果也能這樣，那才行哩！」

子墨子曰：「凡言凡動，利於天鬼百姓者為之；凡言凡動，害於天鬼百姓者舍之；凡言凡動，合於三代聖王堯舜禹湯文武者為之；凡言凡動，合於三代暴王桀紂幽厲者舍之。」子墨子曰：「言足以遷行❶者，常之；不足以遷行者，勿常。不足以遷行而常之，是蕩口也。」

【章旨】闡述言行標準及關係問題。

【注釋】❶遷行　改變不良行為。

【語譯】墨子說：「凡是語言行動，對天鬼百姓有利的就說就做；凡是語言行動，對天鬼百姓有害的就不說不做；凡是語言行動，符合三代聖王堯舜禹湯文武之道的，就說就做；凡是語言行動，符合三代暴王桀紂幽厲之道的，就不說不做。」墨子說：「能使人遷善改惡的話，可以經常說；不能使人遷善改惡的話，不要經常說。不能使人遷善改惡的話卻經常說，這就是徒費口舌。」

子墨子曰：「必去六辟❶。嘿❷則思，言則誨，動則事，使三者代御❸，必為聖人。必去喜，去怒，去樂，去悲，去愛❹，而用仁義。手足口鼻耳，從事於義，必為聖人。」

【章旨】主要講個人修養問題。

【注釋】❶辟 通「僻」。❷嘿 「默」的俗字。❸御 用。❹去愛 據文意，下面還應有「去惡」二字。

【語譯】墨子說：「一定要去掉六種偏好。一靜默下來就思考，說出話來要有教益，一行動就要有所從事，如果能把這三個方面交替為用，就一定成為聖人。一定要去掉喜，去掉怒，去掉樂，去掉悲，去掉愛，去掉惡，而以仁義為心。手足口鼻耳，都全力從事於義，就一定成為聖人。」

子墨子謂二三子曰：「為義而不能，必無排❶其道。譬若匠人之斲而不能，無排其繩。」

【章旨】闡述不能為義的原則。

【注釋】❶排 背離。

【語譯】墨子對弟子們說：「即使不能為義，也一定不要背離正確的道理。就像木匠即使不能砍斲也不能背離繩墨一樣。」

子墨子曰：「世之君子，使之為一犬一彘之宰，不能則辭之；使為一國之相，不能而為之。豈不悖哉！」

【章　旨】批評為相者不能而尸位。

【語　譯】墨子說：「世上的君子，要他去宰殺一隻狗一頭豬，他不能做就會推辭；要他當一國的輔相，能力不及，卻要照樣承擔，這不是很荒謬嗎！」

子墨子曰：「今瞽曰：『鉅❶者白也，黔❷者墨也。』雖明目者無以易之。兼白黑，使瞽取焉，不能知也。故我曰瞽不知白黑者，非以其名也，以其取也。今天下之君子之名仁也，雖禹湯無以易之。兼仁與不仁，而使天下之君子取焉，不能知也。故我曰天下之君子不知仁者，非以其名也，亦以其取也。」

【章　旨】批評當世君子不能正確區分仁與不仁。

【注　釋】❶鉅　俞樾認為當作「豈」。豈，白色。「皚」的假借字。❷黔　黑色。

【語　譯】墨子說：「如果瞎子說：『皚就是白色，黔就是黑色。』即使眼睛看得見的人，也無法換一種說法。把白的黑的同時拿來，讓瞎子選取，就不能知曉了。所以我說瞎子不知白黑，不是說他不知白黑的名稱，而是說他不知怎樣選白黑的實物。當今天下的君子，稱說仁的名稱，即使夏禹商湯也無法換一種說法。但是把仁與不仁放在一起，讓天下的君子來擇取，就不能知曉了。所以我說天下的君子不知仁，不是說他們不知仁的名稱，而是說他們不知怎樣擇取仁。」

子墨子曰：「今士之用身，不若商人之用一布❶之慎也。商人用一布布❷，不敢繼苟而讎❸焉，必擇良者。今士之用身則不然，意之所欲則為之，厚者入刑罰，薄者被毀醜，則士之用身，不若商人之用一布之慎也。」

【章　旨】批評當世之士輕用其身。

【注　釋】❶布　布泉；貨幣。❷布　當作「市」。❸繼苟而讎　繼苟，詞意不明，諸家說法很多，均迂曲，按上下文意推斷，應是輕易之意。讎，通「售」。以錢購物。

【語　譯】墨子曰：「當今士人用身處世，還不如商人用一個錢謹慎。商人用一個錢買東西，不敢輕易地就買，一定要選擇好貨。當今士人用身處世就不是這樣，心裡想到就去做，結果情況嚴重的陷入刑罰，情節較輕的遭受毀謗羞辱，因此說士的用身處世，還不如商人用一個錢謹慎。」

子墨子曰：「世之君子，欲其義之成，而助之修其身則慍❶，是猶欲其牆之成，而人助之築則慍也，豈不悖哉！」

【章　旨】批評當世君子拒絕人幫他修身。

【注　釋】❶慍　怒。

【語　譯】墨子說：「當世的君子，想要使自己的『義』有所成就，但如有人助其修身，他卻生氣，這就好比想要把牆築成，別人幫著築，他反而生氣，豈不荒謬嗎！」

子墨子曰：「古之聖王，欲傳其道於後世，是故書之竹帛，鏤之金石，傳遺後世子孫，欲後世子孫法之也。今聞先王之遺❶而不為，是廢先王之傳也。」

【章　旨】闡明法先王之道的理由。

【注　釋】❶遺　當為「道」字之誤。

【語　譯】墨子說：「古時候的聖王，想把他們的理論主張傳到後世，所以寫在竹帛上，刻在金石上，留傳給後代子孫，希望後代子孫加以效法。現在如果聽到先王的理論主張，卻不照著去做，這是曠廢了先王所留傳的理論主張。」

子墨子南遊使衛，關❶中載書甚多。弦唐子❷見而怪之，曰：「吾夫子教公尚過❸曰：『揣❹曲直而已。』今夫子載書甚多，何有也？」子墨子曰：「昔者周公旦朝讀書百篇，夕見漆❺十士。故周公旦佐相天子，其脩❻至於今。翟上無君上之事，下無耕農之難，吾安敢廢此？翟聞之：『同歸之物，信有誤者❼。』然而民聽不鈞❽，是以書多也。今若過之心者，數逆❾於精微；同歸之物，既已知其要矣，是以不教以書也。而子何怪焉？」

【章　旨】墨子敘其讀書甚多的緣由。

【注　釋】❶關　扃。指車上的木欄，中間可以放物。❷弦唐子　墨子弟子。❸公尚過　《呂氏春秋》作「公上過」，墨子弟子。❹揣　度量。❺漆　通「七」。❻脩　一作「修」。治。❼同歸之物二句　當時諺語。孫詒讓認為這二句意為：「理雖同歸，而言不能無誤。」❽鈞　通「均」。❾數逆　數，理數。逆，鉤考。

【語　譯】墨子南遊出使衛國，車欄裡裝了很多書。弦唐子看到感到奇怪，問：「先生教導公尚過說：『度量曲直罷了。』現在先生裝書很多，有什麼用意呢？」墨子說：「從前周公旦，早上讀書百篇，晚上接見七十士。所以周公旦輔佐天子，他的治績留傳至今。我墨翟上沒有君上的公務，下沒有農夫耕作的艱難，我怎敢荒廢這事呢？我聽說過：『同歸一途的道理，而言傳時也難免有誤。』由於人們聽話的角度不一，因此書就多了。現在如果通過心中，對精細微妙之處加以稽考探求，對同歸一途的東西，已經把握了的精要，因此就可以不按書來教人了。而這個你又有什麼感到奇怪的呢？」

子墨子謂公良桓子❶曰：「衛，小國也，處於齊晉之間，猶貧家之處於富家之間也。貧家而學富家之衣食多用，則速亡必矣。今簡❷子之家，飾車數百乘，馬食菽粟者數百匹，婦人衣文繡者數百人，吾取飾車、食馬之費，與繡衣之財以畜士，必千人有餘。若有患難，則使百人處於前，數百於後，與婦人數百人處前後，孰安？吾以為不若畜士之安也。」

【章　旨】透過墨子與公良桓子的對話闡明蓄士的重要。

【注　釋】❶公良桓子　據下文當是衛國的大夫。❷簡　閱；察看。

【語　譯】墨子對公良桓子說：「衛國是一個小國家，處於齊國和晉國之間，就像窮家生活在富家之間一樣。窮家如果學富家的衣食多用，就一定會迅速滅亡了。現在我看你家，有數百乘文飾過的彩車，數百匹吃大豆小米的馬，數百名穿錦衣繡緞的婦女。我用裝飾車子、餵養馬的費用，以及做錦衣繡緞的錢財來養士，一定能供養千餘人。如果有患難，就派一百人站在前面，數百人站在後面，這同幾百名婦女站在你前後，哪樣更安全？我認為還是不如養士的安全。」

子墨子仕人❶於衛，所仕者至而反。子墨子曰：「何故反？」對曰：「與我言而不當。曰『待女以千盆❷』，授我五百盆，故去之也。」子墨子曰：「授子過千盆，則子去之乎？」對曰：「不去。」子墨子曰：「非為其不審也，為其寡也。」

【章　旨】墨子評論所仕之人對衛君授金的情事。

【注　釋】❶仕人　介紹某人做官。❷盆　當時計量糧食的單位。

【語　譯】墨子推介人到衛國做官，那個人到了那兒就回來了。墨子說：「為什麼回來？」那人回答：「同我講的話不算數。說了『給你的待遇是千盆』，可是只給我五百盆，所以我離開了衛國。」墨子問：「如果他給你的數量超過千盆，那你還離去嗎？」回答說：「不離開。」墨子說：「那麼，你並不是因為他說話不算數，而是因為數目少了才離開的。」

子墨子曰：「世俗之君子，視義士不若負粟者。今有人於此，負粟息於路側，欲起而不能，君子見之，必起之。何故也？曰：義也。今為義之君子，奉承❶先王之道以語之，縱不說❷而行，又從而非毀之。則是世俗之君子之視義士也，不若視負粟者也。」

【章旨】墨子批評世俗之士對義士不公正的態度。

【注釋】❶奉承　承受；繼承。❷說　通「悅」。

【語譯】墨子說：「世俗的君子，對待義士還不如對待背負糧食的人。現在假如有個人在這裡，背負著糧食在路旁休息，想站起來都不能夠。君子看見了，不論老少貴賤，一定會去幫他站起來。這是為什麼呢？回答是：這是一種義舉。現在為義的君子，繼承先王之道並加以宣揚，他們不僅不高興地加以實行，反而還加以指責毀謗。這就是世俗君子的看待義士，還不如看待一個背糧食的人。」

子墨子曰：「商人之四方，市賈信徒❶，雖有關梁❷之難，盜賊之危，必為之。今士坐而言義，無關梁之難，盜賊之危，此為信徒，不可勝計，然而不為。則士之計利，不若商人之察也。」

【章旨】以商人為喻，說明士不善於計算為義之利。

【注釋】❶賈信徒　賈，通「價」。信徒，當作「倍蓰」。倍，兩倍；蓰，五倍。❷關梁　關隘、橋梁，古代行人商旅通過關隘橋梁，都要接受檢查。

【語譯】墨子說：「商人去到四方，只要市價有兩倍五倍之利可圖，即使有通過關隘橋梁的艱難，遇上盜賊的危險，也一定要幹。現在士坐著談論義，沒有通過關隘橋梁的艱難，也沒有遇上盜賊的危險，這可獲取兩倍五倍之利，算不勝算，但是士卻不肯為義。那麼士的計算利息，還不如商人的精審。」

子墨子北之齊，遇日者❶。日者曰：「帝以今日殺黑龍於北方，而先生之色黑，不可以北。」子墨子不聽，遂北，至淄水❷，不遂❸而反焉。日者曰：「我謂先生不可以北。」子墨子曰：「南之人不得北，北之人不得南，其色有黑者，有白者，何故皆不遂也？且帝以甲乙殺青龍於東方，以丙丁殺赤龍於南方，以庚辛殺白龍於西方，以壬癸殺黑龍於北方，若用子之言，則是禁天下之行者也。是圍心❹而虛天下也，子之言不可用也。」

【章　旨】記載墨子對日者的否定態度。

【注　釋】❶日者　《史記・日者列傳・集解》云：「古人占候卜筮，通謂之日者。」❷淄水　在今山東省境內。❸遂　順利。❹圍心　即違心。違反人心。

【語　譯】墨子往北到齊國，遇上一位日者。日者說：「上帝今天在北方殺黑龍，先生臉色黑，不能往北方去。」墨子不聽，於是往北去了。到了淄水，不能順利通過，就返回來了。日者說：「我說過，先生不能往北去。」墨子說：「淄水之南的人不能往北去，淄水之北的人不能往南來，人們的臉色有黑的，也有白的，為什麼都不順利？況且上帝甲乙兩日在東方殺青龍，丙丁兩日在南方殺赤龍，庚辛兩日在西方殺白龍，王癸兩日在北方殺黑龍，如果按你的話辦，那就得禁止天下的行路人了。這是違反人心而使天下空虛的說法，你的話是不能採用的。」

子墨子曰：「吾言足用矣，舍❶言革思❷者，是猶舍穫而攈❸粟也。以其言非吾言者，是猶以卵投石也。盡天下之卵，其石猶是也，不可毀也。」

【章　旨】墨子對毀謗自己學說的人的警告，表明對自己學說信念的堅定。

【注　釋】❶舍　放棄。❷革思　改變原有的思想，另想別的。❸攈　拾。

【語　譯】墨子說：「我的理論足可用了。放棄我的主張改想別的，這就好像捨棄一年的收成，卻去拾人的遺穗。用別的主張來攻擊我的主張，這就好比用蛋投擊石頭。打盡了天下的蛋，石頭依然還是石頭，是不可以毀損的。」

公孟第四十八

【題　解】這篇也是從首句取名，是墨子弟子所記的言論輯集。各段意義多不連接，涉及的內容很多。但所記錄的，主要是墨子與儒家人物，以及學生的相互辯難。從中可以看到當時儒、墨在一些重大問題上的原則分歧，也可以看到墨子弟子在一些問題上與他的不同態度。

公孟子❶謂子墨子曰：「君子共❷己以待，問焉則言，不問焉則止。譬若鐘然，扣則鳴，不扣則不鳴。」子墨子曰：「是言有三物❸焉，子乃今知其一身❹也，又未知其所謂也。若大人行淫暴於國家，進而諫，則謂之不遜；因左右而獻諫，則謂之言議。此君子之所疑惑也。若大人為政，將因於國家之難，譬若機❺之將發也然，君子之必以諫。然而大人之利❻若此者，雖不扣必鳴者也。若大人舉不義之異行，雖得大巧之經❼，可行於軍旅之事，欲攻伐無罪之國，有之也，君得之，則必用之矣。以廣辟土地，著稅偽材❽。出必見辱，所攻者不利，而攻者亦不利，是兩不利也。若此者，雖不扣必鳴者也。且子曰：『君子共己待，問焉則言，不問焉則止，譬若鐘然，扣則鳴，不扣則不鳴。』今未有扣，子而言，是子之謂不扣而鳴邪？是子之所謂非君子邪？」

【章　旨】批評公孟子君子不問不言的觀點，與〈非儒〉意同。

【注　釋】❶公孟子　儒家人物。❷共　通「拱」。拱手。❸三物　三種情況。王引之認為是指公孟子說的「不扣不鳴」，下文墨子講的「雖不扣則必鳴」以及「扣則不鳴」三種情況。❹一身　一種情況。身，「耳」的誤字。❺機　發箭的機關。❻大人之利　或認為此處有脫文，或認為是衍文，均未妥。當連下三字讀，意為：「大人之利若此其急者。」❼大巧之經　十分巧妙的兵法。❽著稅偽材　著，于省吾說當讀作「賦」。偽，通「賄」。古「貨」字。材，通「財」。

【語　譯】公孟子對墨子說：「君子抱著雙手靜以待問，有人問就回答，無人問就停止。就像鐘一樣，敲就響，不敲就不響。」墨子說：「答話有三種情況，你只知道一種罷了，又不知道這種情況所指的是什麼。如果君王在國家實行殘暴政治，當面向他進言，就會說你不遜順；憑藉左右之人進諫，又會說你私下議論朝政。這種情況，君子都感到困惑難辨。如果君王為政，正當國家有危難，就像箭在機上一觸即發，君子就一定要進諫。那麼國君的利益到了如此緊迫的關頭，即使不敲鐘也是要響的了。如果國君要做出不義的邪惡行為，又得到了十分巧妙的策略，可以用於軍旅之事，想藉此攻伐無罪的國家。據有了它，君主就能獲得成功，就一定要應用它了。這樣來廣開土地，徵收財稅。但他一出兵必定受到羞辱，到時候進攻一方不利，被攻的一方也不利，這就成了兩敗俱傷。像這樣的情況，即使不敲，鐘也該響了。況且你說：『君子抱著雙手靜以待問，問就告訴，不問就不告訴，譬如鐘一樣，敲就響，不敲就不響。』現在沒有人問你，你如果說了，這是你說的不敲而響呢？還是你所謂的非君子呢？」

公孟子謂子墨子曰：「實為善人，孰不知？譬若良玉❶，處而不出，有餘糈❷。譬若美女，處而不出，人爭求之。行而自衒❸，人莫之取也。今子偏從人而說之，何其勞也！」子墨子曰：「今夫世亂，求美女者眾，美女雖不出，人多求之；今求善者寡，不強說人，人莫之知也。且有二生於此，善筮，一行為人筮者，一處而不出者。行為人筮者與處而不出者，其糈孰多？」公孟子曰：「行為人筮者其糈多。」子墨子曰：「仁義鈞❹。行說人者，其功善亦多，何故不行說人也！」

【章旨】墨子對公孟子批評他「偏從人而說之」加以反駁，指出只有到處遊說，才能取得更大的功效。

【注釋】❶玉 依下文文意，當作「巫」。❷糈 糧食。❸自衒 自我衒耀。❹鈞 通「均」。

【語譯】公孟子對墨子說：「確實是善人，誰不知道？這就好比良巫，坐在家裡不出門，也有餘糧；又譬如美女，坐在家裡不出門，人們爭著追求。一邊走一邊自我衒耀，是為人所不取的。現在你到處向人遊說，多麼勞苦啊！」墨子說：「當今世道大亂，求美女的人多，美女即使不出門，人們也多爭著追求；現在求善的人少，不勉力向人遊說，是沒人知道的。比如有兩個人在這裡，都善於占筮，一個走出門替人占筮，一個坐在家裡不出門。那麼走出去為人占筮和坐在家裡不出門相比，誰得到的糧米多呢？」公孟子說：「走出去為人占筮的得到的糧米多。」墨子說：「仁義與此道理相同。走出去向人遊說的，他的功效善行也就多，為什麼不向人遊說呢！」

公孟子戴章甫搢忽❶，儒服而以見子墨子曰：「君子服然後行乎？其行然後服乎？」子墨子曰：「行不在服。」公孟子曰：「何以知其然也？」子墨子曰：「昔者，齊桓公高冠博帶，金劍木盾，以治其國，其國治。昔者，晉文公大布之衣，牂羊❷之裘，韋以帶劍，以治其國，其國治。昔者，楚莊王鮮冠組纓❸，絳❹衣博袍，以治其國，其國治。昔者，越王句踐剪髮文身，以治其國，其國治。此四君者，其服不同，其行猶一也。翟以是知行之不在服也。」公孟子曰：「善！吾聞之曰：『宿❺善者不祥。』請舍忽，易章甫，復見夫子可乎？」子墨子曰：「請因以相見也。若必將舍忽、易章甫而後相見，然則行果在服也。」

【章旨】墨子與公孟子討論服飾問題，以「行不在服」的論點，說服了公孟子。

【注釋】❶章甫搢忽 章甫，禮帽。搢，插。忽，即笏。臣子朝見君主時，所用以記事備忘的手板。❷牂羊 母羊。❸組纓 絲帶。❹絳 大。❺宿 停止。

【語譯】公孟子戴著禮帽插著笏，穿著儒者的服裝，來見墨子說：「君子先講究服飾然後才注重行為呢？還是先注重行為，才講求服飾呢？」墨子說：「注重行為並不在於服飾。」公孟子說：「怎麼知道是這樣的呢？」墨子說：「從前，齊桓公戴著高帽子，繫著寬帶子，佩著金劍，持著木盾，來治理他的國家，把國家治好了。從前，晉文公穿著粗布衣，母羊皮大衣，熟牛皮帶子上掛著劍，來治理他的國家，把國家治好了。從前，楚莊王戴著鮮麗的帽子，繫著絲帶，大衣寬袍，來治理他的國家，把國家治好了。從前，越王句踐剪短頭髮，身上畫著花紋，來治理他的國家，也把國家治好了。這四位君主，服飾不同，行為卻是一樣的。我因此知道行為的有無，不在服飾。」公孟子說：「好啊！我聽說過：『廢止好行為的人不吉祥。』請讓我放棄笏板，換掉禮帽，再來見先生好嗎？」墨子說：「請就這樣相見。如果必定要放棄笏板、換掉禮帽，然後才相見，那樣就真的是行為在於服飾了。」

公孟子曰：「君子必古言服❶，然後仁。」子墨子曰：「昔者，商王紂、卿士費仲，為天下之暴人，箕子、微子，為天下之聖人，此同言而或仁或不仁也。周公旦為天下之聖人，關叔為天下之暴人，此同服或仁或不仁。然則不在古服與古言矣。且子法周而未法夏也，子之古非古也。」

【章旨】墨子批評公孟子所謂「君子必古言古服」的觀點。

【注　釋】❶古言服　說古人的話，穿古代的服裝。

【語　譯】公孟子說：「君子必須說古人的話，穿古代的服裝，然後才算仁人。」墨子說：「從前，商王紂和他的卿士費仲，都是天下的殘暴之人，箕子、微子，都是天下的聖人，這些人都是講的同時代的話，可是有些人仁，有些人不仁。周公旦是天下的聖人，管叔是天下的殘暴之人，這兩人穿的是同時代的服裝，可是有的仁，有的不仁。那麼仁與不仁，就不在於古服裝和古語言了。況且你只效法周代而不效法夏代，你的古也還算不得古啊！」

公孟子謂子墨子曰：「昔者聖王之列也，上聖立為天子，其次立為卿、大夫。今孔子博於《詩》、《書》，察於《禮》、《樂》，詳❶於萬物，若使孔子當聖王，則豈不以孔子為天子哉？」子墨子曰：「夫知者，必尊天事鬼，愛人節用，合焉為知矣。今子曰：『孔子博於《詩》、《書》，察於《禮》、《樂》，詳於萬物』，而曰可以為天子，是數人之齒❷，而可以為富。」

【章　旨】墨子否定公孟子謂孔子可以為天子的說法。

【注　釋】❶詳　備。❷齒　契齒。古人刻竹木以記數，其刻痕處如齒。數人之齒兩句，意為以他人之財為己有，比喻非分之想。

【語　譯】公孟子對墨子說：「從前聖王的位次，上聖立為天子，其次立為卿、大夫。現在孔子廣讀《詩》、《書》，明察《禮》、《樂》，備知萬物，如果孔子生當聖王的時代，那豈不是要立孔子當天子了嗎？」墨子說：「智者一定是尊天敬鬼，愛人節用，與此相符合就算智者了。現在你說：『孔子廣讀《詩》、《書》，明察《禮》、《樂》，備知萬物』，就可以當天子，這就像數著別人的契齒，就可以成為富人一樣。」

公孟子曰：「貧富壽夭，齰然❶在天，不可損益。」又曰：「君子必學。」子墨子曰：「教人學而執有命，是猶命人葆❷而去亓❸冠也。」

【章　旨】申明墨子非命的觀點。

【注　釋】❶齰然　猶如確然。齰，曹耀湘認為當與「鑿」同。❷葆　包裹頭髮。❸亓　古文「其」。見《玉篇》。

【語　譯】公孟子說：「人們的貧窮、富貴、長壽、短命，確實是老天註定的，不可減少，也無法增多。」又說：「君子一定要學習。」墨子說：「教人學習，卻堅持有命運的說法，這就好像教人包裹頭髮，卻又把他的帽子去掉一樣。」

公孟子謂子墨子曰：「有義不義，無祥不祥❶。」子墨子曰：「古聖王皆以鬼神為神明，而為禍福，執有祥不祥，是以政治而國安也。自桀紂以下，皆以鬼神為不神明，不能為禍福，執無祥不祥，是以政亂而國危也。故先王之書《子亦》❷有之曰：『亓❸傲也出於子，不祥。』此言為不善之有罰，為善之有賞。」

【章　旨】申明墨子明鬼的思想。

【注　釋】❶祥　指鬼神的賜福或降福。❷子亦　戴望認為當作「亓子」，即《箕子》。古書名。❸亓　其。

【語　譯】公孟子對墨子說：「只有義或不義的情況存在，不在於鬼神的為福為禍，或不為福為禍的情況。」墨子說：「古時候的聖王，都認為鬼神是神明的，能為禍為福的，所以堅持有鬼神為禍為福的信念，所以政治安定，國家安康。從桀紂以下的君主，都認為鬼神不神明，不能為福為禍，堅持沒有鬼神為福為禍的觀念，所以政治混亂，國家危殆。所以先王的書《箕子》說：『如果傲慢出於你，就不吉利。』這是說，做不善的事就有懲罰，做善事就有獎賞。」

子墨子謂公孟子曰：「喪禮：君與父母、妻、後子❶死，三年喪服；伯父、叔父、兄弟期；族人五月；姑、姊、舅、甥有數月之喪。或以不喪之間，誦❷《詩》三百，弦❸《詩》三百，歌❹《詩》三百，舞❺《詩》三百。若用子之言，則君子何日以聽治？庶人何日以從事？」公孟子曰：「國亂則治之，國治則為禮樂。國治❻則從事，國富則為禮樂。」子墨子曰：「國之治❼；治之廢，則國之治亦廢。國之富也，從事，故富也；從事廢，則國之富亦廢。故雖治國，勸之無饜❽，然後可也。今子曰『國治則為禮樂，亂則治之』，是譬猶噎❾而穿井也，死而求醫也。古者三代暴王桀紂幽厲，薾❿為聲樂，不顧其民，是以身為刑僇⓫，國為戾虛⓬者，皆從此道也。」

【章　旨】申明墨子非喪、非禮樂的思想。

【注　釋】❶後子　嗣子。❷誦　鄭玄注《周禮・大司樂》：「以聲節之曰誦。」即有聲調節奏地朗誦。❸弦　《禮記・樂記》注：「弦，謂鼓琴瑟也。」即配樂演奏。❹歌　《周禮，小師》注：「歌，依咏詩也。」即歌唱。❺舞　舞蹈。這裡指邊唱邊舞。❻治　從下句看，當作「貧」。❼國之治　下有脫文，應補「治之故治也」五字。❽饜　滿足。❾噎　當作「渴」。❿蘙　花盛開的樣子，這裡作盛大講。⓫僇　通「戮」。⓬戾虛　厲虛。《釋文》：「居宅無人曰虛，死而無後為厲。」即人口滅絕之意。戾，通「厲」。

【語　譯】墨子對公孟子說：「按照喪禮：君主與父母、妻子、嗣子死了，要服喪三年；伯父、叔父、兄弟死了，要服喪一年；族人死了，服喪五個月；姑媽、姨媽、姊姊、舅父、外甥死了，都要服幾個月喪。或者在不服喪期間，要朗誦《詩》三百，配樂演奏《詩》三百，歌唱《詩》三百，舞蹈《詩》三百。如果用你的主張，那君子哪天才處理政務？平民百姓哪天才從事工作？」公孟子說：「國家亂了就治理，國家安定就從事禮樂教化。國家貧窮就從事工作，國家富裕就從事禮樂教化。」墨子說：「國家的安定，是由於治理；治理之事荒廢了，那麼國家的安定也就沒有了。國家的富裕，是由於從事工作，所以才富裕；工作荒廢了，那麼國家的富裕也就沒有了。所以即使是安定的國家，也要勉勵積極治理不要滿足，這樣才可以。現在你說『國家安定就從事禮樂，亂了就治理』，這就好比臨渴掘井，死後求醫了。古時候三代的殘暴君王桀、紂、幽、厲，縱情於聲樂，不考慮人民，因此本人遭受刑戮，國家空虛滅絕，都是因為聽從了這種主張所致啊！」

公孟子曰：「無鬼神。」又曰：「君子必學祭祀。」子墨子曰：「執無鬼而學祭禮，是猶無客而學客禮也，是猶無魚而為魚罟❶也。」

【章　旨】墨子批評儒家不信鬼神卻學祭祀的矛盾態度。

【注　釋】❶罟　網。

【語　譯】公孟子說：「沒有鬼神。」又說：「君子必定要學習祭祀。」墨子說：「堅持無鬼的主張，卻要學祭禮，這就如同沒有客人卻要學客禮，沒有魚卻要織網一樣。」

公孟子謂子墨子曰：「子以三年之喪為非，子之三日之喪亦非也。」子墨子曰：「子以三年之喪非三日之喪，是猶倮❶謂撅❷者不恭也。」

【章　旨】公孟子與墨子辯難喪期問題。

【注　釋】❶倮　同「裸」。赤身裸體。❷撅　揭衣。

【語　譯】公孟子對墨子說：「你認為三年之喪不對，你的三日之喪也是不對的。」墨子說：「你用三年之喪來指責三日之喪，就像赤身裸體的人，指責揭開衣襟的人不禮貌一樣。」

公孟子謂子墨子曰：「知有賢於人❶，則可謂知乎？」子墨子曰：「愚之知有以賢於人，而愚豈可謂知矣哉？」

【章　旨】墨子謂偶有小知勝過他人，未必就能稱為智者。

【注　釋】❶知有賢於人　指某人在某方面所知勝過他人。

【語　譯】公孟子對墨子說：「某人在某方面所知，有勝過他人的地方，就可以叫做智者嗎？」墨子說：「愚人也可以在某方面所知勝過他人，那麼愚人也可以叫做智者嗎？」

公孟子曰：「三年之喪，學吾❶之慕❷父母。」子墨子曰：「夫嬰兒子之知，獨慕父母而已。父母不可得也，然號而不止，此亓❸何故也？即愚之至也。然則儒者之知，豈有以賢於嬰兒子哉？」

【章　旨】墨子批評儒者的哭喪不止，如同嬰兒般愚蠢。

【注　釋】❶吾　當作「吾子」，嬰孩。❷慕　依戀。❸亓　其。

【語　譯】公孟子說：「三年之喪，是學嬰孩的依戀父母。」墨子說：「嬰孩所知的，只是依戀父母罷了。父母死了，已不可再有，但他還是大哭不止，這是什麼緣故呢？這是愚蠢到極點了。那麼儒者所知的，難道有勝過嬰孩的地方嗎？」

子墨子曰❶問於儒者：「何故為樂？」曰：「樂以為樂也。」子墨子曰：「子未我應也。今我問曰：『何故為室？』曰：『冬避寒焉，夏避暑焉，室以為男女之別也。』則子告我為室之故矣。今我問：『何故為樂？』曰：『樂以為樂也。』是猶曰『何故為室』，曰『室以為室』也。」

【章旨】墨子批評儒者下定義內涵不清楚，缺乏邏輯性。

【注釋】❶曰 此「曰」字應在「問於儒者」之後。

【語譯】墨子問儒者說：「為什麼要從事音樂？」儒者回答：「從事音樂就是為了娛樂。」墨子說：「你沒有回答我的問題。如果我問：『為什麼要建造房子？』回答是：『建房子是為了冬天避寒，夏天避暑，區分男女之別。』那你就告訴了我造房子的原因了。現在我問：『為什麼要從事音樂？』你回答：『從事音樂，就是為了娛樂。』這就等於問『為什麼要建房子』，卻回答『建房子就是為了建房子』一樣。」

子墨子謂程子❶曰：「儒者之道足以喪天下者，四政焉。儒以天為不明，以鬼為不神，天鬼不說，此足以喪天下。又厚葬久喪，重為棺槨，多為衣衾，送死若徙，三年哭泣，扶後起，杖後行，耳無聞，目無見，此足以喪天下。又弦歌鼓舞，習為聲樂，此足以喪天下。又以命為有，貧富壽夭，治亂安危有極矣，不可損益也，為上者行之，必不聽治矣；為下者行之，必不從事矣，此足以喪天下。」程子曰：「甚矣，先生之毀儒也！」子墨子曰：「儒固無此若四政者，而我言之，則是毀也。今儒固有此四政者，而我言之，則非毀也，告聞也。」程子無辭而出。子墨子曰：「迷❷之！」反，後坐，進復曰：「鄉者先生之言有可聞者焉，若先生之言，則是不譽禹，不毀桀紂也。」子墨子曰：「不然。夫應孰辭❸，稱議❹而為之，敏也。厚攻則厚吾❺，薄攻則薄吾，應孰辭而稱議，是猶荷轅而擊蛾❻也。」

【章　旨】墨子批評儒者在四方面足以使天下喪亡。

【注　釋】❶程子　即〈三辯〉中之程繁。儒者。❷迷　當作「還」。❸孰辭　常語。孰，「熟」的本字。❹稱議　孫詒讓說「稱」字上當有「不」字。不稱議，信口酬答，不假思索。❺吾　通「禦」。❻蛾　同「蟻」。

【語　譯】墨子對程子說：「儒家主張足以使天下喪亡的，有四方面：儒家認為天不神明，認為鬼也不神明，天鬼不高興，這就足以使天下喪亡。又厚葬久喪，要用多重棺槨，給死者很多衣被，送死就像搬家，還要哭喪三年，一直到扶著才能站起來，拄著拐杖才能行走，耳朵聽不見，眼睛看不見，這也足以使天下喪亡。又要奏樂歌舞，學習從事音樂，這也足以使天下喪亡。又認為命運是有的，貧窮富貴長壽短命，治亂安危都有定數，不能人為地增減，這在居上位的人實行它，一定不肯從事政務了；居下位的人實行它，一定不肯從事工作了，就足以使天下喪亡。」程子說：「先生毀謗儒家也太厲害了！」墨子說：「如果儒家本來沒有這四方面的情況，而我說有，那就是毀謗。如果儒家本來有這四方面的情況，而我說出來，那就不是毀謗，而是告訴你我所聽到的。」程子無話可說，就出去了。墨子說：「回來！」程子返回，然後坐下，回覆說：「先前先生所說的話，有些是可以聽聽的。如果像先生講的那樣，那就既不要稱頌夏禹，也不要毀謗桀紂了。」墨子說：「不是這樣。回答常言套語，是可以不假思索，非常敏捷的。進攻得猛烈，就抵禦得頑強，進攻得輕緩，就抵禦得輕微，回答常言還要思考，那就如同扛起車轅去打螞蟻一樣了。」

子墨子與程子辯，稱於孔子。程子曰：「非儒，何故稱於孔子也？」子墨子曰：「是亦❶當而不可易者也。今鳥聞熱旱之憂則高，魚聞熱旱之憂則下，當此，雖禹湯為之謀，必不能易矣。鳥魚可謂愚矣，禹湯猶云因❷焉。今翟曾無稱於孔子乎？」

【章　旨】墨子申明自己對孔子的態度。

【注　釋】❶亦　當作「亓」。其。❷云因　云，或。因，因隨。

【語　譯】墨子同程子辯論，稱述孔子。程子說：「你非毀儒家，為什麼還要稱述孔子呢？」墨子說：「這個人也有他正確而不可取代的地方。如果鳥聽到有熱旱的憂患，牠就會高飛；魚聽到有熱旱的憂患，牠就會下沉，面對這種情況，即使禹湯來考慮，也一定不能有別的想法來取代。鳥和魚可說愚蠢了，禹和湯有時還隨順牠們。我墨翟現在竟連孔子都不稱述嗎？」

有游於子墨子之門者，身體強良❶，思慮徇通❷，欲使隨而學。子墨子曰：「姑學乎，吾將仕子。」勸於善言而學。其❸年，而責仕於子墨子。子墨子曰：「不仕子。子亦聞夫魯語乎？魯有昆弟五人者，亓父死，亓長子嗜酒而不葬，亓四弟曰：『子與我葬，當為子沽酒。』勸於善言而葬。已葬，而責酒於其四弟。四弟曰：『吾末❹予子酒矣。子葬子父，我葬吾父，豈獨吾父哉？子不葬，則人將笑子，故勸子葬也。』今子為義，我亦為義，豈獨我義也哉？子不學，則人將笑子，故勸子於學。」

【章　旨】記墨子勸人為學的方法。

【注　釋】❶強良　強壯多力。❷徇通　敏捷條暢。徇，通「侚」。《說文》：「侚，疾也。」❸其　通「期」。一年。❹末　當作「未」。

【語　譯】有人遊學到墨子門下，墨子看他身體健壯，思慮敏捷，想要他跟著學習。墨子說：「姑且先學吧！我將介紹你去做官。」用好話勸勉他學習。過了一年，那個人就要求墨子介紹他做官。墨子說：「我不介紹你做官。你曾聽過魯國的故事嗎？魯國有一家人家，兄弟五人。他們的父親死了，大兒子喜好喝酒不肯葬父，另外四個兒子說：『你同我們把父親葬了，我們一定為你買酒。』用好話勸他安葬了父親。葬了父親之後，他就要求四個弟弟買酒。四個弟弟說：『我們不會給你酒的。你葬你的父親，我們葬我們的父親，哪裡只是我們的父親呢？你不安葬父親，那別人將笑話你，所以勸你葬父。』現在你為義，我也為義，難道只是我的義嗎？你不學，那別人將笑話你，所以勸你學習。」

有游於子墨子之門者，子墨子曰：「盍學乎？」對曰：「吾族人無學者。」子墨子曰：「不然。夫好美者，豈曰吾族人莫之好，故不好哉？夫欲富貴者，豈曰我族人莫之欲，故不欲哉？好美、欲富貴者，不視人猶強為之。夫義，天下之大器也，何以視人？必強為之！」

【章　旨】記墨子勸人勉力為義。

【語譯】有人遊學到墨子門下，墨子說：「何不學習呢？」那人回答說：「我同族人沒有學習的。」墨子說：「不是這樣。如一個愛美的人，難道說我族人當中沒人愛美，就不愛了嗎？又如一個想要富貴的人，又怎能說我族人當中沒有人想，就不想了呢？愛美、想要富貴，不看別人的態度，還是要勉力去愛去想。義是天下的大東西，為什麼要看別人的態度？一定要勉力去做呀！」

有游於子墨子之門者，謂子墨子曰：「先生以鬼神為明知，能為禍人哉❶福，為善者富之，為暴者禍之。今吾事先生久矣，而福不至，意者先生之言有不善乎？鬼神不明乎？我何故不得福也？」子墨子曰：「雖子不得福，吾言何遽❷不善？而鬼神何遽不明？子亦聞乎匿徒之刑之有刑❸乎？」對曰：「未之得聞也。」子墨子曰：「今有人於此，什❹子，子能什譽之，而一自譽❺乎？」對曰：「不能。」「有人於此，百子，子能終身譽其善，而子無一乎？」對曰：「不能。」子墨子曰：「匿一人者猶有罪，今子所匿者若此亓多，將有厚罪者也，何福之求！」

【章旨】墨子批評門人匿人之善，以此來反駁他對墨子學說及鬼神的懷疑。

【注釋】❶人哉　衍文，應刪。❷遽　王引之說：「遽，亦何也。連言『何遽』者，古人自有複語耳。」❸匿徒之刑之有刑　孫詒讓認為當作「匿刑徒之有刑」。刑徒，罪犯。❹什　十倍。❺而一自譽　依下文，「而」字下當有「無」字。

【語譯】有人遊學到墨子門下，對墨子說：「先生認為鬼神是明察的，能夠為福為禍，做好事的使他富裕，做壞事的使他遭禍。現在我事奉先生已經很久了，但幸福還沒有到來，是先生的主張有不完善的地方呢？還是鬼神不明察呢？我為什麼得不到幸福呢？」墨子說：「即使你沒得到幸福，又怎能就說我的主張不完善？又怎能說鬼神不明察？你聽說過隱藏犯人就會遭刑罰的事嗎？」回答說：「沒有聽說過。」墨子說：「現在如果有人在這裡，他十倍地勝過你，你能十倍地稱譽他，卻一點也不稱譽自己嗎？」回答說：「不能。」墨子又說：「有人在這裡，他百倍地勝過你，你能終身稱譽他的好處，卻一點也不稱譽自己嗎？」回答說：「不能。」墨子說：「隱藏一個犯人尚且有罪，現在你所隱藏他人的善卻如此之多，應有大罪了，還求什麼幸福！」

子墨子有疾，跌鼻❶進而問曰：「先生以鬼神為明，能為禍福，為善者賞之，為不善者罰之。今先生聖人也，何故有疾？意者先生之言有不善乎？鬼神不明知乎？」子墨子曰：「雖使我有病，何遽不明？人之所得於病者多方，有得之寒暑，有得之勞苦，百門而閉一門焉，則盜何遽無從入？」

【章旨】墨子自陳得病之由，以反駁跌鼻對鬼神的懷疑。

【注釋】❶跌鼻　墨子弟子。

【語譯】墨子有病，跌鼻進來問道：「先生認為鬼神是明察的，能夠賜福降禍，做好事的人就獎賞他，做壞事的人就懲罰他。現在先生你是聖人，為什麼也會有病？是先生的學說有不完善的地方呢？還是鬼神不明察呢？」墨子說：「縱使我有病，又怎能說鬼神不明察？人得病的原因是多方面的，有的由於受寒受熱，有的由於勞苦，身體就像一百個門，只關了一個門，盜賊又怎能進不去呢？」

二三子有復於子墨子學射者，子墨子曰：「不可，夫知者必量亓力所能至而從事焉，國士❶戰且扶人，猶不可及也。今子非國士也，豈能成學又成射哉？」

【章　旨】墨子告誡學生，學要專門，要量力而行，不可貪多務得。

【注　釋】❶國士　國中傑出之士。

【語　譯】弟子們又有人向墨子報告學習射箭的事，墨子說：「不行。智者一定要權衡自己的力量，能從事的才從事。即使是國中的傑出人士，一邊作戰，一邊扶助他人，也不可能兼顧。現在你們不是國中的傑出人才，又怎能既成就學業又成就射術呢？」

二三子復於子墨子曰：「告子❶曰：『言義而行甚惡❷。』請棄之。」子墨子曰：「不可，稱我言以毀我行，愈於亡❸。有人於此，翟甚不仁❹，尊天、事鬼、愛人，甚不仁，猶愈於亡也。今告子言談甚辯，言仁義而不吾毀，告子毀，猶愈亡也。」

【章　旨】此言墨子對告子毀謗自己持寬容態度。

【注　釋】❶告子　墨子弟子。與《孟子》一書裡的告子應是兩人。❷言義而行甚惡　這是弟子轉述告子毀謗墨子的話。❸亡　通「無」。❹仁　愛。

【語　譯】弟子們又向墨子報告說：「告子說您：『口頭講仁義，行為卻很邪惡。』請放棄他吧！」墨子說：「不行。能稱述我的學說來詆毀我的行為的人，比沒有總好一點。假如有個人在這裡，我們關係不好，但他卻稱述我尊天、事鬼、愛人的學說，這種人即使同我不相愛，比沒有他總要好一點。現在告子在言談上甚為雄辯，本應講仁義而又不詆毀我才對，可是告子卻詆毀我，這種人比沒有總還是要好一點。」

二三子復於子墨子曰：「告子勝❶為仁。」子墨子曰：「未必然也！告子為仁，譬猶跂❷以為長，隱❸以為廣，不可久也。」

【章　旨】墨子認為告子為仁是做作的，不能持久。

【注　釋】❶勝　勝任。❷跂　「企」的借字，舉踵。❸隱　《文選》注引作「偃」，音近相假。偃，仰。

【語　譯】弟子們又向墨子報告說：「告子是勝任為仁的。」墨子說：「未必就是這樣！告子為仁，就像舉起腳跟求高，仰著身子求大，是不能持久的。」

告子謂子墨子曰：「我❶治國為政。」子墨子曰：「政者，口言之，身必行之。今子口言之，而身不行，是子之身亂也。子不能治子之身，惡能治國政？子姑亡❷，子之身亂之矣！」

【章　旨】墨子批評告子言行不一，不能從政。

【注　釋】❶我　據文意，下當有「能」字。❷亡　通「無」。

【語譯】告子對墨子說:「我能治國從政。」墨子說:「從事政治,不僅口頭上講,身體也要力行。現在你只是口頭上講,卻不能身體力行,這是你的身體錯亂了。你不能治理好自身,又怎能治理好國家的政事?你姑且打消這個念頭吧!你自身已錯亂不能履行所言了!」

魯問第四十九

【題解】〈魯問〉,同〈耕柱〉、〈公孟〉、〈貴義〉等篇一樣,都是墨子弟子所記錄的墨子言論,題目也是取全篇首句詞意所加。篇中討論了很多問題,但「非攻」、「兼愛」問題談得最多,其次對「義」的問題也涉及不少。墨子和弟子魏越的談話,對於把握墨家思想的現實針對性極有意義,應加以重視。

魯君❶謂子墨子曰:「吾恐齊之攻我也,可救乎?」子墨子曰:「可。昔者,三代之聖王禹湯文武,百里之諸侯也,說忠行義,取天下。三代之暴王桀紂幽厲,讎怨行暴,失天下。吾願主君之上者,尊天事鬼,下者愛利百姓,厚為皮幣❷,卑辭令,亟徧禮四鄰諸侯,歐國而以事齊,患可救也。非此,顧❸無可為者。」

【章旨】墨子告誡魯君只有用自己的主張才能挽救魯國。

【注釋】❶魯君 孫詒讓疑為魯穆公。❷皮幣 毛皮布帛。指貴重禮物。❸顧 通「固」。

【語　譯】魯君對墨子說：「我恐怕齊國攻打我國，可以挽救嗎？」墨子說：「可以。從前，三代的聖王禹湯文武，都是只有方圓百里地方的諸侯國，因為喜好實行忠義，結果取得了天下。三代的暴君桀紂幽厲，與忠臣結讎結怨，實行暴政，結果喪失了天下。我希望主君您，上要尊天事鬼，下要愛利人民，備下厚禮，以卑謙的外交言辭，立即對四鄰諸侯國普遍地以禮相待，驅使全國服事齊國，這樣禍患將可解救。不這樣，就一定無能為力了。」

齊將伐魯，子墨子謂項子牛❶曰：「伐魯，齊之大過也。昔者，吳王東伐越，棲諸會稽；西伐楚，葆昭王於隨❷；北伐齊，取國子❸以歸於吳。諸侯報其讎，百姓苦其勞，而弗為用，是以國為虛戾，身為刑戮也。昔者，智伯伐范氏與中行氏，兼三晉之地，諸侯報其讎，百姓苦其勞，而弗為用，是以國為虛戾，身為刑戮用是❹也。故大國之攻小國也，是交相賊也，過必反於國。」

【章　旨】墨子制止齊國伐魯。

【注　釋】❶項子牛　齊將。❷葆昭王於隨　《左傳・定公四年》，吳國攻入郢都，楚鬥辛與其弟巢保昭王奔隨。葆，同「保」。隨，古地名。在今湖北隨縣。❸國子　齊將國書。❹用是　衍文，應刪。

【語　譯】齊國將要攻伐魯國，墨子對項子牛說：「攻打魯國，是齊國的大錯誤。從前，吳王往東攻打越國，越王逃棲會稽山中；往西攻打楚國，楚人保昭王逃奔隨；往北攻打齊國，俘獲了齊將國子回到吳國。可是諸侯們卻要向他報仇，百姓疾恨他帶來的勞苦，都不肯為他效力，因此國家滅絕，本人被殺。從前，智伯攻打范氏與中行氏，兼有三晉之地，可是諸侯們也要向他報仇，百姓們疾恨他帶來的勞苦，因此國家滅絕，本人被殺。所以大國攻打小國，這也是一種互相殘殺，過了頭，就會反過來危害自己的國家。」

子墨子見齊大王❶曰：「今有刀於此，試人之頭，倅❷然斷之，可謂利乎？」大王曰：「利。」子墨子曰：「多試人之頭，倅然斷之，可謂利乎？」大王曰：「利。」子墨子曰：「刀則利矣，孰將受其不祥？」大王曰：「刀受其利，試者受其不祥。」子墨子曰：「并國覆軍，賊敖❸百姓，孰將受其不祥？」大王俯仰而思之曰：「我受其不祥。」

【章旨】墨子以刀為喻，勸阻齊王的好戰。

【注釋】❶齊大王　指齊太公田和。大，通「太」。❷倅　通「猝」。突然。❸敖　古文「殺」字。

【語譯】墨子見齊太公說：「現在如果有一把刀在這裡，用來試砍人頭，一下子就斷了，可以算鋒利嗎？」太公說：「鋒利。」墨子說：「用它來試砍很多人的頭，一下子就斷了，可以算鋒利嗎？」太公說：「鋒利。」墨子說：「刀是算利了，誰將遭受不幸？」太公說：「刀得到利益，被試的人遭受不幸。」墨子說：「兼併別國，使它們軍隊覆滅，殘殺百姓，誰將遭受不幸？」太公上下思考過之後說：「我遭受不幸。」

魯陽文君❶將攻鄭，子墨子聞而止之，謂陽文君❶曰：「今使魯四境之內，大都攻其小都，大家伐其小家，殺其人民，取其牛馬狗豕布帛米粟貨財，則何若？」魯陽文君曰：「魯四境之內，皆寡人之臣也。今大都攻其小都，大家伐其小家，奪之貨財，則寡人必將厚罰之。」子墨子曰：「夫天之兼有天下也，亦猶君之有四境之內也。今舉兵將以攻鄭，天誅亓不至乎？」魯陽文君曰：「先生何止我攻鄭也？我攻鄭，順於天之志。鄭人三世殺其父❷，天加誅焉，使三年不全❸。我將助天誅也。」子墨子曰：「鄭人三世殺其父，而天加誅焉，使三年不全，天誅足矣。今又舉兵將以攻鄭，曰『吾攻鄭也，順於天之志』。譬猶有人於此，其子強梁不材❹，故其父笞之，其鄰家之父舉木而擊之，曰『吾擊之也，順於其父之志』，則豈不悖哉？」

【章　旨】墨子勸阻魯陽文君攻鄭。

【注　釋】❶陽文君　脫一「魯」字，當作「魯陽文君」。❷鄭人三世殺其父　父，當作「君」。《史記・鄭世家》說：「哀公八年，鄭人弒哀公而立聲公弟丑，是為共公。三十年共公卒，子幽公已立。幽公元年，韓武子伐鄭，殺幽公，鄭人立幽公弟駘，是為繻公。二十七年，子陽之黨共弒繻公。」指的當是這種情況。❸不全　指年景不好。全，順。
❹強梁不材　凶暴任氣，不成器。

【語　譯】魯陽文君將要攻打鄭國，墨子聽說了，就去勸止他，對魯陽文君說：「現在假如魯國國內，大城攻打小城，大家攻打小家，殺死人民，奪取牛馬豬狗布帛糧食錢財貨物，那你會怎麼辦？」魯陽文君說：「魯國國內都是我的臣民。如果大城攻小城，大家伐小家，奪取錢財貨物，那我就要重重地懲罰他們。」墨子說：「上天普遍地擁有天下，也像你擁有魯國全國一樣。現在你發兵將要攻打鄭國，老天的懲罰難道不會降臨嗎？」魯陽文君說：「先生為什麼要勸止我攻打鄭國呢？我攻打鄭國，也是順從天意。鄭國人三代殺掉自己的君父，老天加以懲罰了，使他們三年年景不好。我將幫助上天予以懲罰。」墨子說：「鄭國人三代殺掉他們的君父，上天就加以懲罰，使他們三年年景不好，上天加以懲罰也就足夠了。現在你又興兵將攻打鄭國，說『我攻打鄭國是順從天意』。這就好比有人在這裡，他的兒子凶暴不成器，所以他父親打他。他鄰居的父親舉起木棒也要打他，說是『我打他是順從他父親的心意』，這難道不是荒謬有悖情理嗎？」

子墨子謂魯陽文君曰：「攻其鄰國，殺其民人，取其牛馬、粟米、貨財，則書之於竹帛，鏤之於金石，以為銘於鐘鼎，傳遺後世子孫曰：『莫若我多❶。』今賤人也，亦攻其鄰家，殺其人民，取其狗豕食糧衣裘，亦書之竹帛，以為銘於席豆❷，以遺後世子孫曰：『莫若我多。』亓可乎？」魯陽文君曰：「然吾以子之言觀之，則天下所謂可者，未必然也。」

【章　旨】墨子對誇耀戰功的人的批評。

【注　釋】❶莫若我多　《周禮‧司勳》：「戰功曰多。」❷席豆　尹桐陽認為「席」是「度」之誤。古人在杖上刻度以計長短，因而度即指杖。豆，古代的一種食器。

【語　譯】墨子對魯陽文君說：「攻打鄰國，奪取它們的牛馬、糧食和錢財貨物，卻把戰功寫於竹帛上，刻在金石上，又在鐘鼎上鑄上銘文，留傳給後代子孫說：『誰的戰功有我這麼多。』現在假如平民百姓，也攻打他的鄰居，殺他的人民，奪取豬狗、糧食、衣服，也把自己的戰功寫於竹帛上，甚至刻在杖上豆上，遺留給後代子孫，說：『沒有誰戰功有我這麼多。』這難道行嗎？」魯陽文君說：「但是我按照你所說的來考察，那麼天下人所謂行的事情，未必真就是對的。」

子墨子為❶魯陽文君曰：「世俗之君子，皆知小物而不知大物。今有人於此，竊一犬一彘，則謂之不仁，竊一國一都，則以為義。譬猶小視白謂之白，大視白則謂之黑。是故世俗之君子，知小物而不知大物者，此若言之謂也。」

【章　旨】墨子批評世俗君子知小道理而不知大道理。

【注　釋】❶為　同「謂」。

【語　譯】墨子對魯陽文君說：「世俗的君子，都只知小道理而不知大道理。如果有人在這裡，偷了一隻狗、一頭豬，就會被稱作不仁，但偷了一個國家、一個都城，卻被認為正義。這就像從小處看，就把白的稱作白的，從大處看，卻把白的說成黑的一樣。所以世俗的君子，只知小道理，卻不知大道理，正是我講的這種情況。」

魯陽文君語子墨子曰：「楚之南有啖人之國者橋❶，其國之長子生，則鮮而食之，謂之宜弟。美，則以遺其君，君喜則賞其父。豈不惡俗哉？」子墨子曰：「雖中國之俗，亦猶是也。殺其父而賞其子，何以異食其子而賞其父者哉？苟不用仁義，何以非夷人食其子也？」

【章旨】墨子從夷人食子之事推論應用仁義。

【注釋】❶橋　古國名。

【語譯】魯陽文君對墨子說：「楚國南面有個吃人的國家叫做橋，這個國家的人，生下長子，就活活地吃掉，叫做『宜弟』。好吃，就把他獻給君主，君主高興了，就賞賜他的父親。這豈不是一種壞風俗嗎？」墨子說：「即使中原國家的風俗，也是這樣的。殺掉父親，卻賞賜兒子，這同吃掉兒子卻賞賜父親，有什麼不同呢？如果不用仁義，又憑什麼指責夷人吃掉自己的兒子呢？」

魯君之嬖人❶死，魯君❷為之誄，魯人❸因說而用之。子墨子聞之，曰：「誄者，道死人之志也，今因說而用之，是猶以來首從服❹也。」

【章旨】記墨子反對魯君樂於用誄。

【注釋】❶嬖人　寵愛之人。❷君　當作「人」。❸人　當作「君」。❹來首從服　來，陳漢章認為即「犛」，牦牛。以牦牛頭製作衣服，喻其不當。

【語譯】魯君的寵妾死了，魯人為她作了一篇誄文，魯君於是很高興地採用了它。墨子聽到了，說：「誄是用來稱道死者心志的。現在魯君高興地採用它，這就像用牦牛頭製作衣服一樣。」

魯陽文君謂子墨子曰：「有語我以忠臣者，令之俯則俯，令之仰則仰，處則靜，呼則應，可謂忠臣乎？」子墨子曰：「令之俯則俯，令之仰則仰，是似景❶也。處則靜，呼則應，是似響❷也。君將何得於景與響哉？若以翟之所謂忠臣者，上有過則微❸之以諫，己有善則訪❹之上，而無敢以告。外匡其邪，而入其善，尚同而無下比，是以美善在上，而怨讎在下，安樂在上，而憂慼在臣。此翟之所謂忠臣者也。」

【章　旨】此墨子表白他對忠臣的看法。

【注　釋】❶景　通「影」。影子。❷響　回聲。❸微　「覹」的借字，伺察。❹訪　謀；考慮。

【語　譯】魯陽文君對墨子說：「有人告訴我什麼是忠臣，說忠臣就是叫他俯就俯，叫他仰就仰，叫他停止就靜止，呼叫他就回答，這可以叫做忠臣嗎？」墨子說：「叫他俯就俯，叫他仰就仰，這就像影子了。叫他停止就靜止，呼叫他就回答，這就像回聲了。你將從影子和回聲那裡得到什麼呢？如果按我所說的忠臣，在上的有過失，就要找時機進諫，自己有好意見，就要同在上位的商議，而不敢告訴他人。外要匡正他的邪惡，內要把善獻納給君主，使他歸於正道，是非善惡，都要統一到君上，而不在下面結黨營私，所以能做到美善歸於君上，怨仇歸於臣下，安樂歸於君上，憂患歸於臣下。這才是我所說的忠臣。」

魯君謂子墨子曰：「我有二子，一人者好學，一人者好分人財，孰以為太子而可？」子墨子曰：「未可知也。或所為賞與❶為是也。魡❷者之恭，非為魚賜也；餌鼠以蟲❸，非愛之也。吾願主君之合其志功而觀焉。」

【章　旨】墨子評價人的標準，就是要志與功合起來加以考察。

【注　釋】❶與　通「譽」。❷魡　「釣」的俗字。❸餌鼠以蟲　以蟲子為老鼠的誘餌。

【語　譯】魯君對墨子說：「我有兩個兒子，一個喜好學習，一個喜歡把財物分給別人，立誰當太子為好？」墨子說：「還不可知道，或許他們是為了得到賞賜稱譽才這樣做也不一定。釣魚的人俯著身子，貌似恭敬，其實並非要給魚恩賜；毒鼠的人，用蟲子給老鼠做誘餌，也並非因為愛老鼠。我希望你能把他們的動機與功效結合起來加以考察。」

魯人有因子墨子而學其子者，其子戰而死，其父讓❶子墨子。子墨子曰：「子欲學子之子，今學成矣，戰而死，而子慍，而猶欲糶❷，糴❸讎，則慍也。豈不費❹哉？」

【章　旨】墨子反駁戰死弟子的父親的責難。

【注　釋】❶讓　責讓；指責。❷糶　賣。❸糴　買。應作「糶」。❹費　通「拂」。「悖」的意思。

【語　譯】魯國有人透過墨子的關係讓他的兒子學習，後來他的兒子戰死了，做父親的就責備墨子。墨子說：「你想讓兒子受教育，現在學成了，作戰而死，但你卻生氣。這就像賣穀米，穀米賣掉了反而生氣一樣。這不是很荒謬嗎？」

魯之南鄙人有吳慮❶者，冬陶夏耕，自比於舜。子墨子聞而見之。吳慮謂子墨子：「義耳義耳，焉用言之哉？」子墨子曰：「子之所謂義者，亦有力以勞人，有財以分人乎？」吳慮曰：「有。」子墨子曰：「翟嘗計之矣。翟慮耕而食天下之人矣，盛，然後當一農之耕❷，分諸天下，不能人得一升粟。籍❸而以為得一升粟，其不能飽天下之飢者，既可睹矣。翟慮織而衣天下之人矣，盛，然後當一婦人之織，分諸天下，不能人得尺布。籍而以為得尺布，其不能暖天下之寒者，既可睹矣。翟慮被堅執銳救諸侯之患矣，盛，然後當一夫之戰，其不御三軍，既可睹矣。翟以為不若誦先王之道，而求其說，通聖人之言，而察其辭，上說王公大人，次匹夫徒步之士❹。王公大人用吾言，國必治；匹夫徒步之士用吾言，行必脩。故翟以為雖不耕而食飢，不織而衣寒，功賢於耕而食之、織而衣之者也。故翟以為雖不耕織乎，而功賢於耕織也。」吳慮謂子墨子曰：「義耳義耳，焉用言之哉？」子墨子曰：「籍設而天下不知耕，教人耕，與不教人耕而獨耕者，其功孰多？」吳慮曰：「教人耕者其功多。」子墨子曰：「籍設而攻不義之國，鼓而使眾進戰，與不鼓而使眾進戰而獨進戰者，其功孰多？」吳慮曰：「鼓而進眾者其功多。」子墨子曰：「天下匹夫徒步之士少知義，而教天下以義者功亦多，何故弗言哉？若得鼓而進於義，則吾義豈不益進哉？」

【章　旨】墨子向吳慮陳說自己不耕織而以先王之道教天下之由。

【注　釋】❶吳慮　人名。當是隱者，主張自食其力。❷盛然後當一農之耕　孫詒讓說：「此云極盛，不過當一農之耕也。」❸籍　通「藉」。假使。❹徒步之士　沒有車坐的人。指普通平民。

【語　譯】魯國南部邊境上有個叫吳慮的人，冬天製陶，夏天耕作，自比為舜。墨子聽說了就去見他。吳慮對墨子說：「義啊義啊，哪裡用得著講呢！」墨子說：「你所說的義，是指有氣力幫助別人，有財物分給別人嗎？」吳慮說：「是的。」墨子說：「我墨翟也曾考慮過了。我想如果我耕作來養活天下的人，但充其量也不過從事一個農夫的耕作，把一年的收成分給天下人，每人不能得到一升粟。假設就算能得到一升粟，這樣並不能使天下飢餓的人吃飽，是已經可以看得見的了。我也想過織布來給天下人做衣服穿，但充其量也不過做一個婦人的工作，把所織的布分給天下人，每人分不到一尺布。假設就算能分到一尺布，這並不能使天下寒冷的人得到溫暖，也是已經可以看得見的了。我也曾考慮過，手拿武器，身穿甲冑，援救諸侯的災難，這樣做充其量只能抵擋一人，並不能統御三軍，更是已經可以看得見的了。我認為不如誦讀先王之書，來求兼濟天下的學說，通曉聖人的理論主張，而明察他們的言辭，上用以遊說王公大人，其次用以勸說普通平民百姓。王公大人如果能用我的主張，國家就一定能太平；普通平民百姓如果能用我的主張，品行就一定能修好。所以我墨翟雖然沒有耕田來養活飢者，沒有織布來給寒者衣穿，功效卻勝過耕田來養活飢者、織布來給寒者衣穿。所以我墨翟即使不耕不織，功效也要勝過耕織。」吳慮仍不知所悟的對墨子說：「義啊義啊，哪裡用得著講呢！」墨子說：「假設天下人都不知耕作，教天下人耕作，同不教天下人耕作而獨自耕作相比，哪一種功效多？」吳慮說：「教天下人耕作功效多。」墨子說：「假設攻打一個不義的國家，打著鼓激勵群眾進戰，同不打鼓激勵群眾進戰卻一個人獨自作戰相比，功效哪個大？」吳慮說：「打著鼓激勵眾人進戰的功效大。」墨子說：「天下的平民百姓很少懂得義，因而把義教給天下的人功績也就多，為什麼不講呢？如果能激勵大家在義這方面進取，那我的義豈不也就更增進了嗎？」

子墨子游公尚過於越。公尚過說越王，越王大說，謂公尚過曰：「先生苟能使子墨子於越而教寡人，請裂故吳❶之地，方五百里，以封子墨子。」公尚過許諾。遂為公尚過束❷車五十乘，以迎子墨子於魯，曰：「吾以夫子之道說越王，越王大說，謂過曰：苟能使子墨子至於越，而教寡人，請裂故吳之地方五百里以封子。」子墨子謂公尚過曰：「子觀越王之志何若？意越王將聽吾言，用我道，則翟將往，量腹而食，度身而衣，自比於群臣，奚能以封為哉？抑越❸不聽吾言，不用吾道，而吾往焉，則是我以義糶也。鈞之糶，亦於中國耳，何必於越哉？」

【章　旨】記載墨子出仕的態度：出仕的目的，是要使道得到實行，而不是為了裂地而封。

【注　釋】❶故吳　畢沅說：「時吳已亡入越，故曰故吳。」❷束　縛。這裡指束馬駕車，俗稱套車。❸越　當作「越王」。

【語　譯】墨子推薦公尚過到越國做官。公尚過勸說越王，越王非常高興，對公尚過說：「先生如果能使墨先生到越國來教導我，我將從吳國的領土中分出方圓五百里，來封賞墨先生。」公尚過答應了。於是為公尚過駕車五十乘，到魯國去迎接墨子，公尚過說：「我用您的主張勸說越王，越王非常高興，對我說：如果能請墨先生到越國教導我，我將從原吳國的領土中分出方圓五百里之地，來封賞先生。」墨子對公尚過說：「你看越王的心意如何？如果越王將聽我的話，用我的主張，那我就去，量腹吃飯，量體穿衣，把自己同他的群臣一般看待，怎能以封地為目的呢？如果越王不聽我的話，不用我的主張，而我卻去了，那就是出賣義了。同是出賣義，那就只在中原之國出賣好了，何必到越國去呢？」

子墨子游魏越❶，曰：「既得見四方之君子，則將先語？」子墨子曰：「凡入國，必擇務而從事焉。國家昏亂，則語之尚賢、尚同；國家貧，則語之節用、節葬；國家憙❷音湛湎❸，則語之非樂、非命；國家淫辟無禮，則語之尊天、事鬼；國家務奪侵凌，則語之兼愛、非攻，故曰擇務而從事焉。」

【章　旨】此墨子陳述其救世主張，並要求弟子對症下藥。

【注　釋】❶魏越　人名。墨子弟子。❷憙　喜歡。❸湛湎　指沉溺於酒。

【語　譯】墨子推薦魏越做官，魏越問：「見到四方的君子，應先同他們講什麼？」墨子說：「凡是進入一個國家，一定要選擇緊要的事情先加以從事。如果那個國家政治昏亂，就同他們先講尚賢、尚同；如果那個國家貧窮，就同他們先講節用、節葬；如果那個國家喜歡音樂、沉溺於飲酒，就同他們先講非樂、非命；如果那個國家荒淫邪僻、沒有禮法約束，就同他們先講尊天、事鬼；如果那個國家的人都在爭奪侵略，就同他們先講兼愛、非攻。所以說，要先選擇緊要事情加以從事。」

子墨子出曹公子❶而於宋，三年而反，睹子墨子曰：「始吾游於子之門，短褐❷之衣，藜❸藿❹之羹，朝得之，則夕弗得，祭祀鬼神❺。今而以夫子之教，家厚於始也。有家厚，謹祭祀鬼神。然而人徒多死，六畜不蕃，身湛於病，吾未知夫子之道之可用也。」子墨子曰：「不然！夫鬼神之所欲於人者多，欲人之處高爵祿則以讓賢也，多財則以分貧也。夫鬼神豈唯擢季拑肺❻之為欲哉？今子處高爵祿而不以讓賢，一不祥也；多財而不以分貧，二不祥也。今子事鬼神唯祭而已矣，而曰：『病何自至哉？』是猶百門而閉一門焉，曰：『盜何從入？』若是而求福於有怪之鬼❼，豈可哉？」

【章　旨】墨子指出曹公子之所以遭到不祥，是由於本人而不是由於鬼神。

【注　釋】❶出曹公子　出，當作「士」。仕。曹公子，墨子弟子。❷短褐　即「裋褐」。粗布衣。❸藜　草名。❹藿　豆葉。❺祭祀鬼神　當作「弗得祭祀鬼神」。❻擢季拑肺　擢，孫詒讓認為是「攫」之譌。攫，以手取。季，王引之認為是「黍」的譌字。拑，持；奪取。肺，指牲畜的肺，用作祭品。❼有怪之鬼　李漁叔認為應為有靈之鬼神。

【語　譯】墨子推薦曹公子到宋國做官，三年才回來，來看墨子說：「起初我遊學在您的門下，穿粗布衣，吃野菜湯，吃了早餐，沒有晚餐，不能祭祀鬼神。現在憑著您的教導，家裡比先前富有了。有了富有的家，我就謹慎地祭祀鬼神。但是家裡死人很多，六畜不繁盛，本人也沉溺於病，我不知道您的主張是否可用。」墨子說：「不是這樣的！鬼神對人也有很多要求，祂們希望人處於高位能夠讓賢，財物多了能分給窮人。鬼神哪裡只是貪圖攫取祭品呢？現在你處於高位卻不肯讓賢，這是第一件不吉祥；財物多卻不把它分給窮人，這是第二件不吉祥。現在你事奉鬼神，只不過祭祀祭祀罷了，卻說：『病怎麼得來的？』身體就好像一百道門，而你只關了其中一道，卻說：『盜賊怎麼進來的？』你這樣來向有靈的鬼神求福，怎麼行呢？」

魯祝❶以一豚祭，而求百福於鬼神。子墨子聞之曰：「是不可。今施人薄而望人厚，則人唯恐其有賜於己也。今以一豚祭，而求百福於鬼神，唯恐其以牛羊祀也。古者聖王事鬼神，祭而已矣。今以豚祭而求百福，則其富不如其貧也。」

【章旨】墨子批評魯祝以一隻豬祭而求百福於鬼神的想法。

【注釋】❶祝　主祭祀的人。

【語譯】魯祝用一頭小豬祭祀，卻請求鬼神賜給百種幸福。墨子聽到說：「這是不行的。如果給人家的少，希望人家的多，那人家就只怕你有恩賜給他了。現在你用一頭小豬去祭鬼神，卻請求祂賜給你百種幸福，那鬼神就只怕你用牛羊祭祀了。古時候聖王事奉鬼神，只祭祀而無所求罷了。如果僅用一頭小豬祭祀，就要求賜給百種幸福，那麼祭品豐富還不如祭品貧乏的好。」

彭輕生子❶曰：「往者可知，來者不可知。」子墨子曰：「籍設而親在百里之外，則遇難焉，期以一日也，及之則生，不及則死。今有固車良馬於此，又有奴馬四隅之輪❷於此，使子擇焉，子將何乘？」對曰：「乘良馬固車，可以速至。」子墨子曰：「焉在矣來❸！」

【章　旨】墨子批評彭輕生子「來者不可知」的觀點。

【注　釋】❶彭輕生子　孫詒讓說：「疑亦墨子弟子。」❷奴馬四隅之輪　奴，「駑」的古字。四隅之輪，方輪。❸焉在矣來　盧文弨說：「似謂『焉在不知來』，文誤。」

【語　譯】彭輕生子說：「過去的事情可以知道，未來的事情不可以知道。」墨子說：「假設你的親人，在百里之外，正遇上危難，約好一天為期，你趕到了他就能活，趕不到就會死。再假如有堅車好馬在這裡，又有笨馬方輪車在這裡，讓你選擇，你將乘坐哪種車？」回答說：「乘坐好馬堅車，可以迅速到達。」墨子說：「那怎能說未來的事不可以知道呢！」

孟山❶譽王子閭❷曰：「昔白公之禍，執王子閭，斧鉞鉤要❸，直兵❹當心，謂之曰：『為王則生，不為王則死。』王子閭曰：『何其侮我也！殺我親而喜我以楚國，我得天下而不義，不為也，又況於楚國乎？』遂❺而不為。王子閭豈不仁哉？」子墨子曰：「難則難矣，然而未仁也。若以王為無道，則何故不受而治也？若以白公為不義，何故不受王，誅白公然❻而反王？故曰難則難矣，然而未仁也。」

【章　旨】墨子評論王子閭不肯為楚王的事，認為他的做法難能可貴，但不是仁者。

【注　釋】❶孟山　孫詒讓說：「疑亦墨子弟子。」❷王子閭　名啟。楚平王之子。❸要　古「腰」字。❹直兵　指劍、矛之類的兵器。❺遂　孫詒讓疑下當有「死」字。❻然　當為「焉」，見孫校本。

【語　譯】孟山稱讚王子閭說：「從前白公之禍，王子閭被抓起來，斧鉞鉤著他的腰，矛劍對著他的胸口，對他說：『你當王就活，不當王就死！』王子閭說：『這對我是多大的侮辱！殺了我的親人卻要用楚國來討好我，即使我得到天下，如果不義，我也不要，又何況楚國呢！』結果被殺也不當楚王。王子閭豈不是仁人嗎？」墨子說：「難為確是難為，但還未達到仁的境地。如果王子閭認為楚惠王無道，那為什麼不接過王位自己來治理呢？如果認為白公勝不義，那為什麼不接受王位，誅滅白公再把王位交還惠王呢？所以說難為確是難為，但還不能說是仁。」

子墨子使勝綽❶事項子牛，項子牛三侵魯地，而勝綽三從。子墨子聞之，使高孫子❷請而退之，曰：「我使綽也，將以濟❸驕而正嬖❹也。今綽也祿厚而譎❺夫子，夫子三侵魯，而綽三從，是鼓鞭於馬靳❻也。翟聞之：『言義而弗行，是犯明❼也。』綽非弗之知也，祿勝義也。」

【章　旨】此墨子對弟子勝綽「言義而弗行」的批評。

【注釋】❶勝綽　墨子弟子。❷高孫子　墨子弟子。❸濟　止。❹襞　同「僻」。邪僻。❺譎　欺詐。❻馬靳　馬當胸的皮帶。鼓鞭於馬靳，意在使馬加速，文中比喻勝綽助長項子牛的驕僻。❼犯明　明知故犯。

【語譯】墨子派勝綽去輔佐項子牛，項子牛三次侵犯魯國領土，勝綽三次都跟隨著。墨子聽說這件事，派高孫子向項子牛請求飭回勝綽，說：「我派勝綽來，是為了制止你的驕縱，匡正你的邪僻。現在勝綽的俸祿多了就欺騙你，你三次侵犯魯國，勝綽三次跟從，這等於是在馬胸皮帶前搖鞭，只能加速你的驕僻。我聽說過：『只談義而不實行，這是明知故犯。』勝綽不是不知道，這是因為他把俸祿看得比義還重的緣故。」

昔者楚人與越人舟戰於江，楚人順流而進，迎流而退，見利而進，見不利則其退難。越人迎流而進，順流而退，見利而進，見不利則其退速。越人因此若❶埶，亟敗楚人。公輸子❷自魯南游楚，焉❸始為舟戰之器，作為鉤強❹之備，退者鉤之，進者強之。量其鉤強之長，而制為之兵。楚之兵節，越之兵不節，楚人因此若埶，亟敗越人。公輸子善其巧，以語子墨子曰：「我舟戰有鉤強，不知子之義亦有鉤強乎？」子墨子曰：「我義之鉤強，賢於子舟戰之鉤強。我鉤強，我鉤之以愛，揣❺之以恭。弗鉤以愛，則不親；弗揣以恭，則速狎❻；狎而不親則速離。故交相愛，交相恭，猶若相利也。今子鉤而止人，人亦鉤而止子，子強而距人，人亦強而距子，交相鉤，交相強，猶若相害也。故我義之鉤強，賢子舟戰之鉤強。」

【章　旨】墨子以義為鉤強，來批評公輸盤的舟戰之鉤強。

【注　釋】❶此若　同義複詞，「若」也是「此」的意思。❷公輸子　即公輸盤。也稱魯班。❸焉　乃；於是。❹鉤強　即「鉤鑲」。《說文》徐鍇注：「古兵有鉤有鑲，引來曰鉤，推去曰鑲。」❺揣　據文意當作「強」。❻狎　輕慢。

【語　譯】從前楚國人同越國人在長江中作戰，楚人順流而進，逆流而退，見利就易進，見不利就難退。越人逆流而進，順流而退，見利就進，見不利就迅速撤退。越國憑著這種情勢，屢次打敗楚國。公輸盤從魯國南遊到達楚國，於是開始製作水戰兵器，創造出一種叫「鉤強」的裝備，退時用鉤鉤住船隻，進時用強推船前進。而度量鉤強的長度，製作適用的兵器。楚國的兵器有節度，越國的兵器沒有節度，楚國人憑著這種優勢，屢次打敗越國。公輸盤想誇讚自己製作的兵器靈巧，就同墨子說：「我水戰有鉤強，不知先生之義是不是也有鉤強呢？」墨子說：「我義的鉤強，比你水戰的鉤強要好。我的鉤強是：我鉤的是仁愛，推的是恭敬。不用仁愛去鉤，人們就不親睦；不用恭敬去推，人們就會迅速輕慢；輕慢而不親睦，就會迅速離散。所以要互相仁愛，互相恭敬，這就好比互相有利。現在你用鉤鉤住人家，人家也用鉤鉤住你，你用強去推拒人家，人家也用強來推拒你，互相鉤，互相強，這就是互相為害。所以我認為我義的鉤強，勝過你水戰的鉤強。」

公輸子削竹木以為䧿❶，成而飛之，三日不下，公輸子自以為至巧。子墨子謂公輸子曰：「子之為䧿也，不如匠❷之為車轄❸。須臾劉❹三寸之木，而任五十石之重。故所為功，利於人謂之巧，不利於人謂之拙。」

【章　旨】墨子從功利觀點出發，批評公輸子造飛鵲。

【注釋】❶䧿 即鵲。❷匠 舊作「翟」，當從。❸轄 車軸上的銷子。❹劉 王念孫認為是「劉」的形誤。劉，斫。

【語譯】公輸子砍削竹木製成了鵲，鵲成放飛，三天都不落下來。公輸子自認為這是最巧妙的。墨子對公輸子說：「你造飛鵲，還不如我製作的車轄。我一會兒就斫出三寸之木，卻能承載五十石的重量。所以從所取得的功利看，對人有利就叫做靈巧，對人不利就叫做笨拙。」

公輸子謂子墨子曰：「吾未得見之時，我欲得宋；自我得見之後，予我宋而不義，我不為。」子墨子曰：「翟之未得見之時也，子欲得宋；自翟得見子之後，予子宋而不義，子弗為。是我予子宋也。子務為義，翟又將予子天下。」

【章旨】墨子進一步勸勉公輸子努力為義。

【語譯】公輸子對墨子說：「我未曾見到你的時候，我想得到宋國；自從我見到你以後，給我宋國如果不符合義，我也不要。」墨子說：「我沒見你之前，你想得到宋國；自從我見到你以後，給你宋國如果不符合義，你也不要。這就是我給你宋國了。如果你勉力為義，我又將給你一個天下。」

公輸第五十（以下原闕一篇）

【題解】本篇記載墨子從齊國到楚國制止公輸盤造雲梯攻打宋國的事情。這個事例，生動地說明了墨子的非攻思想。他反對的是不合正義的侵略戰爭，而對於正義的保家衛國戰爭，墨子不僅不反對，而且盡力加以支持和幫助。藉扶助弱小來抑制戰爭，這是墨家「非攻」的重要內容之一。

公輸盤❶為楚造雲梯❷之械，將以攻宋。子墨子聞之，起於齊，行十日十夜而至於郢，見公輸盤。

【章旨】寫墨子由齊赴楚制止公輸盤造雲梯。

【注釋】❶公輸盤　複姓公輸，名盤，魯國人，也稱魯班。❷雲梯　一種攻城的器械。因梯高可入雲，故稱。

【語譯】公輸盤替楚國製造一種叫雲梯的器械，將用來攻打宋國。墨子聽說了，就從齊國出發，走了十天十夜才到達郢都，去見公輸盤。

公輸盤曰：「夫子何命焉為？」子墨子曰：「北方有侮臣❶，願藉子殺之。」公輸盤不說。子墨子曰：「請獻十金。」公輸盤曰：「吾義固不殺人！」子墨子起，再拜，曰：「請說之。吾從北方聞子為梯，將以攻宋。宋何罪之有？荊國有餘於地，而不足於民。殺所不足而爭所餘，不可謂智；宋無罪而攻之，不可謂仁；知而不爭，不可謂忠。爭而不得，不可謂強。義不殺少而殺眾，不可謂知類❷。」公輸盤服。

【章　旨】以邏輯推理的方式曉以大義，說服公輸盤。

【注　釋】❶臣　下脫「者」字。❷類　推類的方法。

【語　譯】公輸盤說：「先生有什麼要教誨我的？」墨子說：「北方有個侮辱我的人，我想借助您殺掉他。」公輸盤不高興。墨子說：「請讓我獻給您十金。」公輸盤說：「我奉行道義，絕不殺人。」墨子站起來，連拜兩拜說：「請讓我解釋解釋。我在北方聽說您造雲梯，將用來攻打宋國。宋國有什麼罪？楚國在土地方面有多餘，在人民方面卻不足，殺害所不足的人民，來爭奪有多餘的土地，不能叫做明智；宋國無罪卻攻打它，不能叫做仁慈；知道卻不諍勸，不能叫做忠誠；諍勸了卻沒有效果，不能叫做剛強；堅持道義，不殺少的卻殺多的，不能算是懂得推類的方法。」公輸盤被說服了。

子墨子曰：「然，乎❶不已乎？」公輸盤曰：「不可，吾既已言之王矣。」子墨子曰：「胡不見我於王？」公輸盤曰：「諾。」子墨子見王，曰：「今有人於此，舍其文軒❷，鄰有敝轝❸，而欲竊之；舍其錦繡，鄰有短❹褐，而欲竊之；舍其粱肉，鄰有糠糟，而欲竊之，此為何若人？」王曰：「必為竊疾矣。」子墨子曰：「荊之地方五千里，宋之地方五百里，此猶文軒之與敝轝也；荊有雲夢，犀兕麋鹿滿之，江漢之魚鱉黿鼉為天下富，宋所為❺無雉兔狐狸者也，此猶粱肉之與糠糟也；荊有長松、文梓、楩枏❻、豫章❼，宋無長木，此猶錦繡之與短褐也。臣以三事❽之攻宋也，為與此同類，臣見大王之必傷義而不得。」王曰：「善哉雖然，公輸盤為我為雲梯，必取宋。」

【章　旨】墨子以比喻說明攻宋之非，說服楚王。

【注　釋】❶乎　當作「胡」。❷文軒　飾有文彩的車子。❸轝　同「輿」。❹短　通「裋」。❺為　通「謂」。❻梗枏　梗，南方產的一種大木。枏，即楠木。❼豫章　樟樹。❽三事　當作「王吏」。

【語　譯】墨子說：「那麼，為什麼不停止造雲梯呢？」公輸盤說：「不行，我已經同楚王說過了。」墨子說：「為什麼不帶我去見楚王？」公輸盤說：「好吧。」墨子見楚王，說：「現在如果有人在這裡，他捨棄自己的彩車，鄰居家有破車，卻想偷來；捨棄自己的錦緞，鄰居家有粗布衣，卻想偷來；捨棄自己的黃粱肥肉，鄰居家有糠秕酒糟，卻想偷來，這是種什麼人呢？」楚王說：「這人一定有好偷竊的毛病了。」墨子說：「楚國土地五千里見方，宋國土地方圓五百里，這就如同彩車和破車；楚國有雲夢澤，犀牛麋鹿之類的野獸充滿其中，長江、漢水中，魚鱉龜鱷之類是天下最豐富的，宋國正所謂連野雞野兔狐狸都沒有，這就如同黃粱肥肉與糠秕酒糟；楚國有大松樹、紋質好的梓木、梗樹、楠木、樟樹，宋國沒有高大的樹木，這就如同錦繡和粗布衣。我認為您的臣屬攻打宋國，和上面的情況類似，我預見大王您一定會傷害道義，而又得不到宋國。」楚王說：「說得好啊！雖然如此，公輸盤已經替我造了雲梯，我一定能奪取宋國。」

於是見公輸盤。子墨子解帶為城，以牒❶為械，公輸盤九設攻城之機變，子墨子九距❷之。公輸盤之攻械盡，子墨子之守圉❸有餘。公輸盤詘❹，而曰：「吾知所以距子矣，吾不言。」子墨子亦曰：「吾知子之所以距我，吾不言。」楚王問其故，子墨子曰：「公輸子之意，不過欲殺臣。殺臣，宋莫能守，可攻也。然臣之弟子禽滑釐等三百人，已持臣守圉之器，在宋城上而待楚寇矣。雖殺臣，不能絕也。」楚王曰：「善哉！吾請無攻宋矣。」

【章旨】墨子以守城之術，同公輸盤鬥巧，終於折服了公輸盤與楚王，達到了制止戰爭的目的。

【注釋】❶牒 「梜」的假借字。即筷子。❷距 通「拒」。❸圉 通「禦」。❹詘 通「屈」。

【語譯】於是去見公輸盤。墨子解下衣帶圍作城池，把筷子當作攻城的器械，公輸盤多次設下攻城的技巧，墨子多次抵拒了他。公輸盤攻城的器械都用盡了，墨子的防禦手段還綽綽有餘。公輸盤智屈了，就說：「我知道怎樣對付你了，但我不說。」墨子也說：「我早已知道你用什麼方法對付我，但我也不說。」楚王問他原故，墨子說：「公輸盤的意思，不過想殺我。殺了我，宋國沒有人能守衛，就可以攻打了。但是我的弟子禽滑釐等三百人，已經持著我的防守器械，在宋城上等待楚國的侵犯了。即使殺了我，也不能斷絕宋國的防守力量。」楚王說：「好啊！我現在決定不攻打宋國了。」

子墨子歸，過宋，天雨，庇❶其閭❷中，守閭者不內❸也。故曰：「治於神者，眾人不知其功；爭於明者，眾人知之。」

【章旨】以墨子遇雨不被守閭者接納的事情，說明墨子是「治於神者」，其功不為人知。

【注釋】❶庇 蔭庇。❷閭 門。❸內 通「納」。

【語譯】墨子回去，經過宋國，天下雨，在閭門避雨，守閭門的人不接納他。所以說：「致力於出神入化境界的人，眾人並不知道他的功績；爭著做顯明小智小惠事情的人，眾人卻都知道他。」

備城門第五十二

【題解】從這篇到〈雜守〉，原本有二十篇，都是墨子教導弟子禽滑釐守城方法的文章。現僅存十一篇，缺佚很多。就這十一篇而言，也並非全璧，中間舛錯缺佚，無法校補。李筌《太白陰經·守城具》說：「禽滑釐問墨翟守城之具，墨翟答以六十六事。」（別本作「五十六事」）現已無法完全釐清。其中所說的各種兵械，也無法一一考證。

墨子非攻，反對諸侯兼併，強凌弱，眾暴寡，但他對正義的自衛戰爭，不僅不加反對，反而積極加以幫助，〈備城門〉諸篇，正體現了墨子反對強暴、扶助弱小的思想。墨子認為，決定戰爭勝負的要件，首先是政治，其次才是軍事，這是應予注意的。

禽滑釐❶問於子墨子曰：「由聖人❷之言，鳳鳥之不出❸，諸侯畔殷周之國❹，甲兵方起於天下，大攻小，強執弱，吾欲守小國，為之奈何？」子墨子曰：「何攻之守？」禽滑釐對曰：「今之世常所以攻者：臨❺、鉤❻、衝❼、梯❽、堙❾、水❿、穴⓫、突⓬、空洞⓭、蟻傅⓮、轒轀⓯、軒車⓰，敢問守此十二者奈何？」子墨子曰：

「我城池修，守器具，推⑰粟足，上下相親，又得四鄰諸侯之救，此所以持也。且守者雖善，則猶若不可以守也。若君用之守者，又必能乎守者，不能而君用之，則猶若不可以守也。然則守者必善，而君尊⑱用之，然後可以守也。」

【章　旨】禽滑釐問墨子守國之法，墨子先陳以持國之要務。

【注　釋】❶禽滑釐　墨子弟子。❷由聖人　由，通「猶」。聖人，指孔子。❸鳳鳥之不出　《論語・子罕》：「子曰：『鳳鳥不至，河不出圖，吾已矣夫！』」鳳鳥即鳳凰，古人認為鳳凰出現即天下太平，「鳳鳥不至」是孔子慨歎世道衰微的話。❹畔殷周之國　畔，同「叛」。殷周之國，孫說：「此蓋通稱王國為殷周之國。」這裡代指天子。❺臨　孫說：「臨乃水陸攻守諸械，以高臨下之通名。」❻鉤　一種可以鉤掛雲梯藉以登城的戰具。❼衝　衝車。高誘注《淮南子》：「衝車，大鐵著其轅端，馬被甲，車被兵，所以衝於敵城也。」❽梯　即雲梯。後有〈備梯〉，可參看。❾堙　即距堙。《尚書・費誓》孔疏：「兵法，攻城築土為山，以闚望城內，謂之距堙。」❿水　一種利用水攻守城池的戰法。詳後〈備水〉。⓫穴　一種挖穴攻城的方法。詳後〈備穴〉。⓬突　與穴相似，穴是挖穴入城，突是掘地穿城而出。後有〈備突〉。⓭空洞　與穴突大致類似，其法不詳。其詞意，《說文》：「空，竅也。」《淮南子・原道》高注：「洞，通也。」⓮蟻傅　《孫子兵法・謀攻》：「將不勝其忿而蟻附之。」指士兵如同螞蟻般攻城。傅，通「附」。⓯轒轀　一種攻城用的四輪車。用排木製成，外蒙牛皮，可容納十人或數十人，用以運土填塞城壕。⓰軒車　一種戰車。其制不詳。孫詒讓認為可能即《左傳・成公十六年》所說之巢車。巢車，一種八輪車，上立高竿，竿上裝置轆轤，用繩索挽版屋上竿頭。版屋方四尺，高五尺，有十二孔，分布四面，車可進可退，亦可環行，用以遠望。⓱推　當為「樵」之誤。指柴薪。⓲尊　通「遵」。

【語　譯】禽滑釐問墨子說：「現在正如孔子所說的，鳳凰不出現，太平沒指望了。諸侯們都背叛天子，天下正征戰不息，大攻小，強凌弱，我想守住小國，該怎麼辦？」墨子問：「你要防守哪些攻法？」禽滑釐回答說：「當今之世，經常用以進攻的有：臨、鉤、衝、梯、堙、水、穴、突、空洞、蟻傅、轒轀、軒車。請問該怎樣防守這十二種攻法？」墨子說：「如果我方城池修繕堅牢，防禦工具完備，柴草糧食充足，上下團結，又能得到四面鄰國諸侯的救援，這就是保國的方法。況且防守方法雖然完善，似乎還是不能防守。如果君主肯採用這些防守方法，而這些防守方法又一定能產生防禦效果的話，尚且可守；如果不能產生防禦效果，而君主又加以採用的話，那似乎就不能守禦了。這樣說來，那麼防守的方法必定要完善，而且要國君能夠遵循、運用，然後才能守住國家。」

凡守圍城之法厚以高❶，壕池❷深以廣，樓撕揗❸，守備繕❹利，薪食足以支三月以上，人眾以選❺，吏民和，大臣有功勞於上者多，主信以義，萬民樂之無窮。不然，父母墳墓在焉；不然，山林草澤之饒足利；不然，地形之難攻易守也；不然，則有深怨於適❻而有大功於上；不然，則賞明可信，而罰嚴足畏也。此十四者具，則民亦不宜❼上矣，然後城可守。十四者無一，則雖善者不能守矣。

【章　旨】闡明守禦必備的十四項條件。

【注　釋】❶凡守圍城之法厚以高　孫說當作「凡守圉之法，城厚以高」，「圍」字義不可通。圉，通「禦」。❷壕池　即護城河。❸樓撕揗　樓，城樓。撕，尹桐陽認為即浮思，小樓。揗，孫說當作「脩」，是。❹繕　吳鈔本作「善」，義通。❺選　尹說：「選，練也。」精幹之意。❻適　通「敵」。❼宜　當作「疑」。

【語　譯】所有守禦的方法，必須具備十四個條件：城牆厚而高，護城河深而寬，城上大小樓完善，守備器械完善便利，柴草糧食足夠支持三個月以上，部隊精幹，官民和睦，大臣當中對君主有功勞的人多，君主講信義，百姓非常安樂。如果沒有這些條件，要麼人們父母的墳墓都在城中；再不然，就得山林草澤的資源豐富足夠利用；再不然，就得擁有易守難攻的地形；再不然，就得有對敵人有深仇大恨而且對君主有大功的人；再不然，就得獎賞明確可信，懲罰嚴厲可畏。這十四個條件都具備了，人們就不會對君主有疑慮了，然後城才可以守住。這十四個條件中，連一項都不具備，那麼即使再高明的人，也不能守得住了。

故凡守城之法，備城門為縣門❶，沈機❷，長二丈，廣八尺，為之兩相如❸；門扇數❹令相接三寸，施土扇上❺，無過二寸。塹❻中深丈五，廣比扇，塹長以力❼為度。塹之末為之縣❽，可容一人所。客至❾，諸門戶皆令鑿而幕孔❿孔之⓫。各為二，幕⓬二，一鑿而繫繩，長四尺。城四面四隅，皆為高磨𢷋⓭，使重室子⓮居亓⓯上，候適⓰，視其態⓱狀，與亓進⓲左右所移處，失候，斬。

【章　旨】介紹建懸門及敵樓，以阻止、觀察敵人的方法。

【注　釋】❶縣門　如同今之閘門，設在內城門上。《左傳・襄公十年》孔疏說：「縣門者，編版，廣長如門，施機關以縣門上，有寇即發機而下之。」縣，同「懸」。❷沈機　即可使閘門升降的機關。沈，同「沉」。即放下。懸門可以從上面放下來，所以說「沈」。機，機關。❸相如　相當。❹數　指門扇由多塊木板編連而成。❺施土扇上　在門扇上塗上泥，用以防火。❻塹　《說文》：「塹，阬也。」當指閘門下的溝塹，閘門落下時，正在此溝塹中。❼塹長以力　尹桐陽說：「長同棖，塹兩旁也。力，仂也。」《禮記・王制》：「祭用數之仂。」謂數之奇餘也。蓋塹兩旁地，各五尺、斧。」❽縣　指懸門。❾客至　王引之說：「謂敵人至城下也。」❿鑿而幕孔　在門上鑿孔，還有可以從裡面覘察敵人的動作，戰時也可從裡面放箭出去。幕，當作「冪」。《廣雅・釋詁》：「冪，覆也。」孫說：「蓋鑿門為孔竅，而以物蒙覆之，使外不得見孔竅也。」⓫孔之　蘇時學認為此二字是衍文，其實不刪亦通。⓬幕　也當作「冪」。⓭磿𣏾　王引之說：「磿當為『磿』，字書無『𣏾』字，蓋『𣏾』字之譌。磿𣏾疊韻字，……蓋樓之異名也。」⓮重室子　貴家子弟。⓯亓　古「其」字。⓰候適　候，《說文》：「候，伺望也。」適，通「敵」。⓱傩　即「態」。《說文》：「態，或从人。」⓲進　蘇說：「下當有『退』字。」

【語　譯】凡守城的方法，城門上備有懸門，門上有可以升降的機關，懸門長二丈，寬八尺，兩扇門相當；門扇用多塊木板編連而成，要使它們連接處接合三寸，以免漏縫，用泥巴塗在門扇上以防火，塗泥的厚度不超過兩寸。塹溝深一丈五，寬度跟門扇相當，塹溝兩旁的寬度以五尺多為限。塹溝的上方安上閘門，可以容納一個人左右。敵人來時，各門扇上都派人鑿洞，外面用東西蒙上。每扇門各鑿兩個洞，兩洞都用東西蒙上。一個洞繫一根繩子，長四尺。城的四面四角，都建造高樓，派貴家子弟守在上面，觀察敵人，察看形勢，以及他們進退左右所移動的地方，如觀察失實要處斬刑。

適人為穴而來，我亟❶使穴師❷選本❸，迎而穴之，為之且內弩❹以應之。

【章　旨】介紹對付敵人以穴道進攻的方法。

【注　釋】❶亟　急。❷穴師　善於挖掘穴道的人。❸本　王說應作「士」。指善於挖掘穴道的士兵。❹且內弩　且，畢說當作「具」。內弩，即〈備穴〉中所說的短弩。

【語　譯】敵人挖掘穴道而來，我方就得趕緊派穴師選擇善挖穴道的士兵，迎著敵人所來的方向挖掘穴道，並且準備短弩以對付敵人。

民室杵❶木瓦石，可以蓋❷城之備者，盡上之。不從令者，斬。

【章旨】介紹收集民間材木瓦石，以增添守城設備的方法。

【注釋】❶杵 王引之說當作「材」，〈號令〉中有「民室材木」語，可證。材木即木材。❷蓋 王引之說當作「益」，增益。

【語譯】人民家中的木材瓦石，可以增添守城設施的，都要搬上城去。不聽從命令的，要處斬刑。

昔築❶，七尺一居屬❷，五步一壘❸，五築有銻❹。長斧，柄長八尺❺。十步一長鎌❻，柄長八尺。十步一鬥❼長椎，柄長六尺，頭長尺，斧其兩端❽。三步一大鋌❾，前長尺，蚤❿長五寸。兩鋌交之置如⓫平，不如平不利⓬，兌⓭亓兩末。

【章旨】介紹製作守城器械的方法。

【注釋】❶昔築 昔，通「夕」。尹桐陽說：「謂因守夜所築以候敵者。」❷居屬 即「鋸钃」。《廣雅・釋器》：「鋸，鉏也。」《集韻》引《埤蒼》：「钃，鉏也。」鉏，即「鋤」。❸壘 從上下文看，此壘字當是築城所用工具。孫說疑當為「虆」，即《孟子・滕文公》「蓋歸反虆梩而掩之」之「虆」，近是。虆，盛土用的籠。❹銻 孫說當作「銕」，即「夷」。《管子・小匡》尹知章注：「夷，鋤類也。」是一種用以削平草地的工具。❺柄長八尺 〈備蛾傳〉說「斧柄長六尺」，此長八尺，故曰「長斧」。❻鎌 《方言》：「刈鉤自關而西，或謂之鎌。」是一種芟割草木用的鉤形工具。❼鬥 王樹枬認為是衍文，應刪。❽斧其兩端 孫說斧其兩端，義頗難通，疑作「兌其兩端」，即銳其兩端，其實椎頭兩端銳，義亦難通。疑當理解為使椎頭兩端作斧形，一端平，一端銳，以便於椎擊。❾鋌 孫說：「古兵器無名『鋌』者：『鋌』疑並『鋋』之誤。《說文・金部》云：『鋋，小矛也。』《六韜・軍用》云：『曠野草中，方胸鋋矛千二百具，張鋌之法，高一尺五寸。」今本《六韜》亦誤「鋌」，惟施氏講義本不誤。」❿蚤　音「叉」之借字。今字通作「爪」。手腳指甲。這裡用以形容鋌的末端銳細。⓫如　與「而」同。⓬不如平不利　孫說「不如平」當作「如不平」，並說：「言置之必兩鋌平等乃善，若不平則用之不利也。」⓭兌　通「銳」。

【語　譯】夜間築城工地上，每七尺遠要有一把鋸钃，每五步遠要有一只虆筐，每五築要有一把銻。長斧，柄長八尺。每十步要有一把長鎌，也是柄長八尺。每十步要有一把長椎，椎柄長六尺，椎頭長一尺，兩端作斧形。每三步要有一枝大鋌，前部長一尺，尖端長五寸。兩枝鋌置放在一起時要平齊，如果不平齊，就不便於用，鋌的兩個末端都要尖銳。

穴隊❶若衝隊❷，必審如❸攻隊之廣狹，而令邪❹穿其穴，令其廣必夷❺客隊❻。

【章　旨】介紹對付敵人利用隧道進攻的方法。

【注　釋】❶隊　通「隧」。隧道。❷衝隊　即下文之「攻隊」。指敵方所掘的隧道。❸如　孫說當作「知」。❹邪　同「斜」。❺夷　平。❻客隊　指敵方的隧道。

【語　譯】如要挖掘隧道與敵方的隧道相當，一定得詳細了解敵方隧道的寬窄，要讓隧道斜著穿過敵方的隧道，使它的寬度，正好填平敵方的隧道。

疏❶束❷樹木，令足以為柴摶❸，毋❹前面樹，長丈七尺一以為外面❺，以柴摶從❻橫施之，外面以強❼塗，毋令土❽漏。今亓廣厚能任三丈五尺之城以上❾。以柴木土稍杜❿之，以急為故⓫。前面之長短，豫蚤⓬接之，令能任塗，足以為堞⓭，善塗亓外，令毋可燒拔也。

【章　旨】介紹製作柴摶的方法。

【注　釋】❶疏　疏理。❷束　綑縛。❸柴摶　孫說為束聚樹木之名，即柴捆。❹毋　《說文》：「穿物持之也。」❺長丈七尺一以為外面　尹桐陽讀作「長丈七，尺一，以為外面」。長丈七，指樹長一丈七尺。尺一，指每尺一樹。孫說：「蓋以大樹相連貫植之於外，而積柴摶於其內也。」❻從　同「縱」。吳鈔本即作「縱」。❼強　指土質堅韌的土。❽土　孫說當作「上」。❾今亓廣厚能任三丈五尺之城以上　孫說：「蓋積柴摶如城之高，此亦當於城外為之，以為城之屏蔽也。」❿稍杜　稍，尹說是小柴木。杜，塞。⓫故　《廣雅・釋詁》：「故，事也。」⓬豫蚤　豫，先。蚤，通「早」。⓭堞　城上如同鋸齒狀的矮牆。

【語　譯】疏理綑縛木柴，使它能做成柴捆。前面栽樹連貫起來，每樹長一丈七尺，每尺栽一樹，構成柴垛的外面，然後把柴捆縱橫堆放在裡面，外面用堅韌的泥土塗滿，不要使上面漏水。這種由柴捆壘成的垛子的寬度厚度，要能承擔三丈五尺以上城牆所承擔的屏障任務。也可以在城上用柴木泥土堵塞堆垛起來，以應緊急情況。垛子前面的長短，要事先銜接好，使它能承受塗泥，足以構成城堞，外面塗泥一定要塗好，使它不能著火摧毀。

大城丈五為閨門❶，廣四尺。

【章　旨】介紹大城小門的規格尺度。

【注　釋】❶閨門　孫說：「《爾雅・釋宮》云：『宮中之門，其小者謂之閨。』」此城閨小門與宮中小門名同。」

【語　譯】大城建一丈五尺高的小門，小門寬四尺。

為郭門❶，郭門在外，為衡❷，以兩木當門，鑿其木維敷上堞❸。

【章旨】介紹建郭門的方法。

【注釋】❶郭門 城的外門。❷衡 橫木。❸維敷上堞 孫說：「謂以繩穿鑿而繫之，傳著城上堞也。」敷，通「附」。

【語譯】修建郭門，郭門在城的外面，門上要用橫木，以兩塊木板撐住門，木板上鑿孔，用繩子穿過鑿孔，繫結起來，然後再把它拉到城堞上繫起來。

為斬❶縣❷梁，聆❸穿斷城以板橋❹，邪❺穿外，以板次之，倚殺❻如城報❼。城內有傅壞❽，因以內壞為外。鑿其間，深丈五尺，室❾以樵，可燒之以待適❿。

【章旨】介紹製作斬懸梁、板橋、內外堞的方法。

【注釋】❶斬 「塹」的省字。❷縣 通「懸」。❸聆 當作「令」。❹斷城以板橋 孫說：「連板為橋，架之城塹，以便往來。」❺邪 通「斜」。❻倚殺 意同「邪殺」。偏斜。殺，不正。❼報 當作「埶」。❽壞 蘇時學說是「堞」的誤字，下同。❾室 孫說當讀作「窒」。塞的意思。❿適 通「敵」。

【語譯】挖掘溝塹，塹上設有懸橋，再用板橋橫穿城塹，橋板斜穿到城外，用木板依次編聯，偏斜的角度與城的形勢相當。城內有附堞，於是以內堞為外堞，在內外堞之間挖塹溝，深一丈五尺，塹中塞滿柴薪，可以燒著它來對付敵人。

令耳❶屬城，為再重樓。下鑿城外堞內深丈五，廣丈二。樓若令耳。皆令有力者主敵，善射者主發，佐皆廣矢❷。

【章　旨】介紹令耳樓的設施方法。

【注　釋】❶令耳　義不詳。下文說「樓若令耳」，則「令耳」當是樓名，樣子像「令耳」，因以名命。〈雜守〉中有「羊坽」，說是「薪土俱上，以為羊坽」，是一個很難攻取的所在，與這裡的「令耳」相似。❷佐皆廣矢　孫說當作「佐以厲矢」。

【語　譯】「令耳」附屬於城，建造高樓。下面在城外堞內之間，開鑿一丈五尺深、一丈二尺寬的溝塹。樓的形狀像「令耳」。盡派強有力的人主持對敵，派善於射箭的人主管發箭，配備的都是利箭。

治裾諸❶，延堞❷，高六尺，部❸廣四尺，皆為兵弩簡格❹。

【章　旨】介紹治裾的建造方法。

【注　釋】❶治裾諸　治裾，修建藩籬。黃紹箕認為「裾」當為「椐」之譌。《釋名．釋宮室》：「籬以柴竹作之，青、徐之閒曰椐。椐，居也，居於中也。」諸，「者」的假借字。❷延堞　孫說：「謂裾與堞相連屬。」❸部　據〈迎敵祠〉，城上每步一人把守，即一步一堞，堞寬四尺，每步各留二尺為旁邊之空闕。因此孫說：「此云部者，謂城堞閒守者所居立之分域。」❹簡格　尹桐陽說：「簡，編也。格，同『閣』，架也。《說海》引《桂海虞衡志》曰：『猺人弩，又名編架。弩無箭槽編架而射也，即古弩箭格之遺制。』」依此，則簡格是一種沒有箭槽的弩箭。

【語　譯】製作藩籬，與城堞相連屬，高六尺，部寬四尺，都配上刀兵弓弩。

轉射機❶，機長六尺，貍❷一尺，兩材合而為之轀❸，轀長二尺，中鑿夫❹之為道臂❺，臂長至桓❻，二十步一，令善射之者佐❼，一人皆勿離。

【章旨】介紹轉射機的配置方法。

【注釋】❶轉射機　尹桐陽說：「可轉以射前後左右。」是一種可以旋轉向四面發射的弩機。❷貍　通「薶」。即「埋」。❸兩材合而為之轀　兩材，兩塊木材。轀，孫說當作「輐」，是用來鎮大車後的，這裡似用作轉射機的鎮壓，起平衡作用。❹夫　通「趺」。足。指轉射機的機腳。❺道臂　道，孫說當作「通」。通臂，指用一塊長木材構成的弩機臂。❻桓　直木。指弩機兩旁的兩根直木。❼之者佐　三字應作「者佐之」。

【語譯】轉射機，機身高六尺，埋入地下一尺。用兩塊木材合起來做它的「轀」，「轀」兩尺長。在機腳的中部鑿孔，用一根長木穿過孔構成通臂，通臂的長度要與兩旁的直木相銜接。每二十步裝一架這樣的轉射機，要有人主管，還要派善射的人輔助他，一個人都不能離開。

城上百步一樓，樓四植❶，植皆為通舄❷，下高丈，上九尺，廣喪❸各丈六尺，皆為寧❹。三十步一突❺，九尺❻，廣十尺，高八尺。鑿廣三尺，表❼二尺，為寧❽。

城上為攢火❾，夫❿長以城高下為度，置火亓末。

【章旨】介紹城上樓的建構規格。

【注釋】❶四植　《禮記・檀弓》「三家視桓楹」鄭玄注：「四植謂之桓。」四植即四楹。❷通舄　指兩根柱子用同一塊長石做柱基。通，橫貫。舄，同「磶」。柱下石。❸喪　王說當作「袤」，長。❹寧　畢說當作「亭」。尹說同「檽」。

指窗，此從尹說。❺突　尹說：「竈窗謂之突。」即煙囪。❻九尺　從下文看，指長度。❼表　王念孫說當作「衺」。❽寧　當同「橰」。窗。❾攢火　義不詳。從下文看，似當有一定的長度，其末端裝有火種，可以從地上接到城上。攢，聚。❿夫　孫說當為「趺」，不知何指。疑即指「攢火」。

【語　譯】城上百步建一樓，樓有四柱，柱子的基石都是橫貫兩柱的長石條。樓的下層高一丈，上層高九尺，長寬各一丈六尺，都開有窗戶。三十步建一個煙囪，煙囪長九尺，寬十尺，高八尺，鑿有寬三尺、長二尺的洞，作為煙囪口。城上備有「攢火」，它的長度以城的高低為限，末端裝有火種。

城上九尺一弩、一戟、一椎、一斧、一艾❶，皆積參石❷、蒺藜❸。

【章　旨】介紹城上的兵器設置。

【注　釋】❶艾　「刈」的借字。即鐮。❷參石　即礧石，用來從城上打擊敵人。參，洪頤煊說當作「絫」。❸蒺藜　一種有三角刺的菱狀物，用以阻止敵人的車騎。有木製的，也有鐵製的。《六韜・軍用》：「木蒺藜，去地二尺五寸，百二十具。鐵蒺藜，芒高四寸，廣八寸，長六尺以上，千二百具。」

【語　譯】城上每九尺設有一張弩、一枝戟、一根椎、一把斧、一把鐮，都積有礧石、蒺藜。

渠長丈六尺❶，夫❷長丈二尺，臂❸長六尺，亓貍❹者三尺，樹渠毋傅❺堞五寸。

【章　旨】介紹渠的規格設置。

【注　釋】❶渠長丈六尺　〈雜守〉說：「渠長丈五尺，廣丈六尺。」當據正。渠，是一種守城器械。❷夫　「趺」的省文。足。指渠的直立的杠。❸臂　指渠臂。用橫木構成。❹貍　同「薶」，即埋。❺傅　通「附」，指貼近。

【語譯】「渠」長一丈五尺，寬一丈六尺，腳長一丈二尺，臂長六尺，埋時要埋下三尺深，豎立渠的時候，應離開城堞五寸遠。

藉莫❶長八尺，廣七尺，亓木❷也，廣五尺，中藉苴為之橋❸，索亓端；適❹攻，令一人下上❺之，勿離。

【章旨】介紹藉莫的規格設置。

【注釋】❶藉莫　是一種用以遮擋矢石的器械。相當於布幔。《通典・兵典・守拒法》：「布幔，複布為之，以弱竿縣挂於女牆八尺，折拋瓦之勢，則矢石不復及牆。」莫，通「幕」。❷木　指撐開帷幕所用的木材。❸藉苴為之橋　孫說：「『苴』亦當為『莫』。《曲禮》鄭注云『橋，井上挈槔』，故下云下上之。」挈槔，即桔槔。《莊子・天地》：「鑿木為機，後重前輕，挈水若抽，數如泆湯，其名為槔。」❹適　通「敵」。❺下上　吳鈔本作「上下」，於意為順，當從。

【語譯】藉幕長八尺，寬七尺，用以張幕的木材寬五尺，中間張幕並做成桔槔，幕兩端繫上繩索；敵人進攻時，派一個人把藉幕上下移動，不能離開。

城上二十步一藉車❶，當隊者不用此數❷。

【章旨】介紹藉車的配置要求。

【注釋】❶藉車　可能即是〈備蛾傅〉中的「縣脾」，是一種以木板作掩蔽物，以機械上下移動的戰車。詳該篇。❷當隊者不用此數　〈備蛾傅〉說：「施縣脾，大數二十一步，攻隊所在，六步一。」可以參看。隊，通「隧」。

【語　譯】城上每二十步配置一輛藉車，當在隧道中進攻時，不限此數。

城上三十步一讋竈❶。

【章　旨】介紹讋竈的配置。

【注　釋】❶讋竈　讋，字書無此字。畢沅認為即「壟」。孫據《史記‧滑稽列傳》「以壠竈為椁」，《索隱》引《皇覽》「壠竈」作「礱突」，認為「讋」即「礱」。《說文》：「烓，行竈也。」段玉裁認為行竈不是用以燒煮食物，而是用作照明的。讋竈，可能與此類似。

【語　譯】城上每三十步設置一讋竈。

持水者必以布麻斗❶、革盆❷，十步一。柄長八尺，斗大容二斗以上到三斗。敝裕❸、新布❹長六尺，中拙❺柄，長丈，十步一，必以大繩為箭❻。

【章　旨】介紹城上防火用具的配置。

【注　釋】❶布麻斗　孫說：「布麻斗，蓋以布為器，加以油漆，可以挹水者。」斗，通「枓」。《說文》：「枓，勺也。」「勺，所以挹取也。」❷革盆　孫說：「蓋以革為盆，可以盛水。」❸裕　孫說：「裕疑『絡』字之誤。」絡，粗葛布。❹新布　孫說：「此蓋濕布，亦以備火。」❺拙　「詘」之借字。曲。❻箭　王闓運說：「箭幎口使堅韌也。〈大射〉云：『幎用錫，綴諸箭。』古文作『晉』。鄭注云：『箭，篠也。』此用繩代竹。」

【語　譯】裝水，一定要用布麻枓、革盆，每十步設置一件。柄長八尺。枓的容量大小，可以裝二到三斗水左右。用舊葛布、新布，長六尺，中間安上曲柄，長一丈，每十步配置一件，接口處一定要用大繩紮緊，使它堅韌耐用。

城上十步一鈂❶。

【章　旨】介紹鈂的配置。

【注　釋】❶鈂　《說文》：「鈂，臿屬。」臿，一種挖土的工具。

【語　譯】城上每十步配置一把鈂。

水瓴❶，容三石以上，小大相雜。盆、蠡❷各二財❸。

【章　旨】介紹水瓴、盆、蠡等盛水器具的配置。

【注　釋】❶水瓴　下文說「一垂水，火三石以上，小大相雜」，與此「瓴」意同。「瓴」當作「甀」。甀，一種汲水器具。《淮南子・氾論》：「抱甀而汲。」即是此物。❷蠡　即後文的「奚蠡」。《周官・鬯人》杜子春注：「瓢，謂瓠蠡也。」蠡即瓢。❸財　依《備穴》，當作「財自足」。財，通「才」。

【語　譯】水甀，能盛水三石以上，小的大的摻雜搭配。盆、瓢每種兩件，才恰好合適。

為卒乾飯，人二斗，以備陰雨，面❶使積燥處。今使守❷為城內堞外行餐❸。

【章　旨】介紹乾飯的製作方法及用途。

【注　釋】❶面　蘇說當作「而」。❷使守　孫說當作「吏卒」。❸行餐　王闓運說：「行餐，送飯也。」

【語　譯】為士卒準備乾糧，每人二斗，以防備陰雨天城上不能生火，要把乾糧儲積在乾燥的地方。到時候派吏卒為內堞外堞的守卒送飯。

置器備❶，殺❷沙礫❸鐵。皆為坏斗❹，令陶者為薄缻❺，大容一斗以上至二斗，即❻用取三❼，祕合束堅為斗❽。

【章　旨】介紹製作斗坏、薄甀的方法。

【注　釋】❶置器備　〈號令〉：「為內堞內行棧置器備其上。」可互相參證。❷殺　「𥽯」的省文。《說文》：「𥽯，散之也。」❸礫　《說文》：「礫，小石也。」❹坏斗　《說文》：「一曰瓦未燒。」段注：「今俗謂土坏。」斗，通「枓」。即「勺」。❺缻　當作「甀」。汲水器具。❻即　表假設。❼三　當作「之」。❽祕合束堅為斗　祕，尹說：「密也。」束，《說文》：「束，縛也。」束堅為斗，意不甚詳，可能是指甀坏收束密合，用繩綑在一起，使之堅固如陶斗。

【語　譯】設置器具以備撒沙、細石、鐵屑之用。到處配置斗坏。派陶工製作薄甀，容量可盛水一至二斗。如取用時，必得使之密合，再用繩子綑在一起，使之堅固如陶斗。

城上隔棧❶，高丈二，剡亓一末❷。

【章旨】介紹隔棧的規格製作。

【注釋】❶隔棧　城上守者，各有署隔，編木為隔，即為隔棧。❷剡亓一末　削尖。《說文》：「剡，銳利也。」一，衍文。

【語譯】城上設有隔棧，高丈二，上端削尖。

為閨門，閨門兩扇，令可以各自閉也❶。

【章旨】介紹閨門的配置。

【注釋】❶令可以各自閉也　孫說：「謂可閉一開一。」

【語譯】建小門，小門要兩扇，使它們可一開一閉。

救闉❶池者，以火與爭，鼓橐❷，馮埴❸外內，以柴為燔❹。

【章旨】介紹護城河被敵填塞後的補救辦法。

【注釋】❶闉　畢說同「垔」，《說文》：「垔，塞也。」❷橐　風箱。❸馮埴　埴，當作「垣」。〈號令〉中有「馮垣」，馮垣在外堞之外，較低。❹燔　尹說：「燒也。」

【語譯】護城河被敵人填塞後的補救措施，是用火同敵人對抗。用鼓風爐鼓風，在馮垣內外，用柴草燒火以阻止敵人。

靈丁❶，三丈一，火耳施之❷。十步一人，居❸柴內弩❹，弩❺半，為狗犀❻者環之。牆七步而一❼。

【章　旨】介紹製靈丁的方法。

【注　釋】❶靈丁　不詳。尹說「靈丁」即「鈴釘」，矛名。《方言》：「凡矛，骹細如鴈脛者，謂之鶴厀。」郭注：「今江東呼為鈴釘。」但下句說此物長三丈一，矛似不會有如此之長。此存疑。❷火耳施之　孫說「火耳」當作「犬牙」，並說：「言錯互施之，令相銜接也。」❸居　安放。❹內弩　當即上文「為之具內弩以應之」的「內弩」，短弩。❺弩　孫說當作「柴」。❻狗犀　孫說可能是後文的「狗屍」、「狗走」之類。狗屍，孫說：「蓋以木為之，而掩覆以茅，所以誤敵，使陷擠不得出也。」❼一　畢說：「下有脫字。」以上文「十步一人」例之，當脫「人」字。

【語　譯】靈丁，三丈一尺，犬牙交錯，互相銜接，每十步一人，把短弩安放在柴草之中，柴草只要一半，用「狗犀」環繞著它。牆邊每七步一人。

救車火❶，為煙❷矢射火城門上。鑿扇上為棧❸，塗之，持水麻斗❹、革盆救之。門扇薄植❺，皆鑿半尺，一寸一涿❻弋，弋長二寸，見❼一寸，相去七寸，厚塗之以備火（城門上所鑿以救門火者❽）。各一垂❾水，火❿三石以上，小大相雜。

【章　旨】介紹救城門大火的方法。

【注　釋】❶車火　孫說當作「熏火」，熏，《說文》：「火煙上出也。」《廣韻》：「火氣盛貌。」❷煙　孫說當作「熛」，《說文》：「火飛也。」❸棧　孫說當為「杙」，即下文之「弋」。《玉篇》：「弋，橛也，所以挂物也。」從下文看，當是釘子一類的東西。❹厤斗　即上文的「布厤斗」。❺薄植　薄，通「欂」。《說文》：「欂，壁柱也。」段注：「壁柱，謂附壁之柱。」植，《說文》：「戶植也。」撐門的直立之木。❻涿　王引之說：「字本作椓。」《說文》：「椓，擊也。」❼見　畢說當作「閒」。❽城門上所鑿以救門火者　此十字疑係注誤入正文，王本以前九字作雙行小注，尹本從之。者，屬下讀。下「各」作「名」。者名，王注作「每名」，亦通。❾垂　即「甀」。盛水器。❿火　王校作「容」。

【語　譯】這裡所說要救的火，是指用熛矢射到城門上燃起的火。在城門上鑿一定的深度，釘上釘子，用泥巴塗滿以防火，用厤斗、革盆裝水救火。門扇、壁柱、戶植，都鑿進半尺深，每隔一寸釘一個釘子，釘子長二寸，每行一寸一釘，行與行之間相隔七寸，厚厚地塗上泥土以防火。救火時，每人一甀水，能裝三石水以上，大小甀摻雜配置。

門植關必環錮❶，以錮金若鐵鍱之❷。門關再重，鍱之以鐵，必堅。梳關❸，關二尺，梳關一莧❹，封以守印❺，時令人行貌❻封及視關入桓❼淺深。門者皆無得挾斧、斤、鑿、鋸、椎。

【章　旨】介紹城門門閂的設置、加固及防守。

【注　釋】❶植關必環錮　植，撐門的直木。關，撐門的橫木，即門閂。環，畢說：「環與扃音相近。」錮，《說文》：「鑄塞也。」❷以錮金若鐵鍱之　錮，孫說當作「銅」。若，或。鍱，用金屬製成的葉狀物，用以加固門閂。❸梳關　孫說當作「桄關」，即有木鎖的門。並說：「蓋門植關，兩木橫直交午之處，別以木鎖控之，以其橫亙門間，故謂之桄關。」❹莧　「管」的借字。鎖。❺守印　守，城中主管人。印，印信；印章。❻貌　畢說當作「視」。❼桓　即門兩邊直木。

【語　譯】門、植、閂一定要堅牢，用銅或鐵製成鍱以加固。門閂要兩道，加上鐵製的鍱，一定很堅固。

有木鎖的門，門長二尺。這種門只用一把鎖，加上蓋有守城長官圖章的封條，經常派人去檢查封條，以及門閂插入門植的深淺程度。守門人都不得挾帶大小斧頭、鑿子、鋸子、椎子等工具。

城上二步一渠❶，渠立程❷，丈三尺❸，冠長十丈❹，辟❺長六尺。二步一荅❻，廣九尺，袤❼十二尺。

【章　旨】介紹渠荅的構建規格。

【注　釋】❶渠　一種守城器械，已見前。❷程　當作「桯」。〈考工記〉：「蓋杠謂之桯。」渠杠，是直立的。❸丈三尺　據前文及〈雜守〉，當作「丈二尺」。❹丈　《漢書》注引此及陸本、唐本均作「尺」。❺辟　通「臂」。《漢書》注引此作「臂」。❻荅　尹說：「荅同塔，亦望敵者。」❼袤　長。

【語　譯】城上兩步設置一架渠，渠有直立的杠，長丈二尺，渠冠長十尺，渠臂長六尺。二步遠設一塔，塔寬九尺，長十二尺。

二步置連梃❶、長斧、長椎各一物，槍❷二十枚，周❸置二步中。

【章　旨】介紹各種武器的配置。

【注　釋】❶連梃　《通典・兵典・守拒法》：「連梃，如打禾連枷狀，打女牆外、上城敵人。」《說文》：「梃，一枚也。」❷槍　一種兩端尖銳的武器。《一切經音義》引《三蒼》：「木兩端銳曰槍。」❸周　遍。

【語　譯】每二步設置連梃、長斧、長椎各一件，槍二十枚，二步範圍內，到處放上這些兵器。

二步一木弩❶，必射五十步以上。及多為矢。節毋以竹箭，楛、趙、搋、榆，可❷。蓋❸求齊鐵夫❹，播以射衙及櫳樅❺。

【章　旨】介紹木弩的設置。

【注　釋】❶木弩　一種用機械發射的強弓。《通典・兵典・守拒法》：「木弩，以黃連桑柘為之，弓長一丈二尺，徑七寸，兩弰三寸。絞車張之，大矢自副，一發，聲如雷吼，敗隊之卒。」❷節毋以竹箭三句　孫說：「當作：『即毋竹箭，以楛、趙、搋、榆，可。』」楛、趙、搋、榆均木名。楛，荊類，常用作箭。趙，孫說當是「桃」之譌。搋，孫說當作「榹」，「柘」之借字。❸蓋　孫說當作「益」。❹齊鐵夫　不詳。從上下文看，夫，當作「矢」。鐵矢，指箭鏃為鐵製的箭。齊，孫說當作「齎」，通「資」。積蓄。❺播以射衙及櫳樅　播，分布。衙，王念孫說當作「衝」，《說文》：「衝，通道也。」「射衝」當是一個詞，指設有木弩的通道。櫳樅，下文說：「櫳樅起地高五丈，三層，下廣，前面八尺，後十三尺。」是一種大型的防禦設施。

【語　譯】每兩步設置一張木弩，一定能射五十步以上。還要多造箭，如果沒有竹箭，楛木、桃木、柘木、榆木做箭也可以。還要多儲積一些鐵箭，把它們分布在射衝和櫳樅中。

二步積石，石重千鈞❶以上者，五百枚，毋百❷，以亢❸疾犁❹，壁❺，皆可善方❻。

【章　旨】介紹積石的方法。

【注　釋】❶鈞　《說苑・辨物》：「三十斤為鈞。」❷毋百　盧文弨說：「疑云『毋下百』。」❸亢　《周禮・馬質》

鄭注：「亢，禦也。」❹疾犁　「蒺藜」的本字。❺壁　當指壁壘，工事。❻善方　尹說：「善，繕也，備也。方，同『防』，禦也。」

【語　譯】每兩步積累一些石塊。石頭重三萬斤以上的，要五百塊，不能低於百塊，用來抵禦蒺藜。壁壘破缺時，都可用它修繕，以加強防禦。

二步積苙❶，大一圍❷，長丈，二十枚。

【章　旨】介紹積苙的要求。

【注　釋】❶苙　尹說：「苙即柆，折木也。用以推拉城下而擊人者，若今滾木。」❷圍　《儀禮・喪服》鄭注：「中人之扼圍九寸。」

【語　譯】每兩步積累一些滾木，大九寸圍，長一丈，要二十根。

五步一罌❶，盛水有奚❷，奚蠡大容一斗。

【章　旨】介紹罌和奚蠡的配置。

【注　釋】❶罌　同「甖」。《說文》：「罌，缶也。」是一種盛水器具。《方言》：「自關而西，晉之舊都，河汾之間，其大者謂之甀，其中者謂之瓿甊。自關而東，趙魏之郊，謂之瓮，或謂之甖。東齊海岱之間，謂之鴣。甖，其通語也。」❷奚　即下文「奚蠡」。王念孫說：「杜子春注《周官・鬯人》曰：『瓢，謂瓠蠡也。』瓠蠡、奚蠡，一聲之轉。」

【語　譯】五步配置一只罌，裝水有瓢，瓢大可裝水一斗。

五步積狗屍❶五百枚，狗屍長三尺，喪以弟❷，翁亓端❸，堅約弋❹。

【章旨】介紹狗屍的製作方法。

【注釋】❶狗屍　孫說疑即上文的「狗屖」，屍、屖音近通用。❷喪以弟　畢說：「喪，藏也。」弟，孫說當作「茅」。❸翁亓端　翁，孫說當作「兌」。亓，古「其」字。❹約弋　約，《說文》：「纏束也。」弋，橜；小木樁；釘子。

【語譯】每五步堆積「狗屍」五百枚，「狗屍」長三尺，用茅草覆蓋起來，頂端削尖，牢牢地纏束在小木樁上。

十步積摶❶，大二圍以上，長八尺者二十枚。

【章旨】介紹積累柴摶的要求。

【注釋】❶摶　即「柴摶」。把柴薪綑束成把，叫柴摶，已見上文。

【語譯】每十步堆積柴摶，每捆大兩圍以上，長八尺的要二十捆。

二十五步一竈，竈有鐵鐟❶，容石以上者一，戒❷以為湯。及持沙❸，毋下千石。

【章旨】介紹備竈、釜、沙的要求。

【注釋】❶鐟　畢說是「鬵」的借音。《說文》：「鬵，大釜也。一曰鼎，大上小下，若甑曰鬵，讀若岑。」❷戒備。❸持沙　儲沙。是為了撒向敵人，使敵人睜不開眼。尹說：「持，庤也，儲也。」

【語　譯】每二十五步設一竈，要有一口裝一石水以上的大鍋，準備用它來燒開水。至於儲備沙子，不得少於千石。

三十步置坐候樓❶，樓出於堞四尺，廣三尺，廣❷四尺，板周三面，密傅❸之，夏蓋亓上❹。

【章　旨】介紹建置坐候樓的規格。

【注　釋】❶坐候樓　即堠樓。畢沅說：「《通典・守拒法》有云：『卻敵上建堠樓，以版跳出為櫓，與四外烽戍，晝夜瞻視。』」相當於今天的崗樓。❷廣　孫說當作「長」。❸傅　蘇時學說：「傅，即塗也，所以防火。」❹夏蓋亓上　蘇說：「所以避日。」

【語　譯】每三十步建置一座堠樓，樓跳出女牆四尺，寬三尺，長四尺，用木板圍住三面，用泥土密封，夏天把上面遮蓋起來以蔽陽光。

五十步一藉車❶，藉車必為鐵纂❷。

【章　旨】介紹藉車的配置。

【注　釋】❶藉車　已見前。❷纂　畢說：「《說文》云：『算，治車軸也。』纂，假音字。」段注：「旋轉規圜之意。」

【語　譯】每五十步設置一輛藉車，藉車一定要用鐵把車軸包好弄圓。

五十步一井屏❶，周垣之，高八尺。

【章旨】介紹井屏的建構要求。

【注釋】❶井屏 孫說：「井屏，即屏廁，非汲井也。《周禮・宮人》『為其井匽』，鄭眾注云：『匽，路廁也。』〈旗幟〉篇『圜』乃『圂』之誤。廁圂不潔，故以屏垣障蔽之。」

【語譯】每五十步建一廁所圍牆，四面都有牆，牆高八尺。

五十步一方❶，方尚必為關籥❷守之。

【章旨】介紹建房的要求。

【注釋】❶方 畢說是「房」之古字。房為守者休息之所。❷尚必為關籥 蘇說：「尚與上同，關籥即管鑰。」

【語譯】每五十步建一所房子，房上一定要有鑰匙，以防止他人進出。

五十步積薪，毋下三百石，善蒙塗，毋令外火能傷也。

【章旨】介紹積聚柴薪及防火辦法。

【語譯】每五十步積聚柴薪，不能少於三百石，要好好蓋緊並用泥塗嚴，使它不致因外面有火而燒燬。

百步一櫳樅，起地高五丈，三層，下廣，前面八尺，後十三尺，亓上稱議衰殺之❶。

【章旨】介紹櫳樅的製作規格。

【注釋】❶亓上稱議衰殺之　尹說：「言上稱宜而漸減。」亓，古「其」字。

【語譯】每百步設置一櫳樅，從地面到頂上高五丈，三層，下層寬廣，前面寬八尺，後面寬十三尺，上面兩層，要作適當的遞減。

百步一木樓，樓廣前面九尺，高七尺，樓軥居坫❶，出城十二尺❷。

【章旨】介紹建木樓的規格。

【注釋】❶樓軥居坫　當指樓車放置在木樓的坫上，可能這木樓即是車庫。樓軥，即樓車。軥，孫說或謂「軥」當是「輣」之訛。《說文》：「輣，兵車也。」坫，畢說當作「坫」，《說文》：「坫，屏牆也。」段注：「《爾雅》曰：『垝謂之坫。』郭云：『坫，端也，在堂隅。』按端本作墆，高貌也。以土為之，高可屏蔽，故許云屏也。」❷尺吳鈔本作「步」。

【語譯】每百步建一木樓，樓前面寬九尺，高七尺，樓車安放在坫上，樓出城十二步。

百步一井，井十甕❶，以木為繫連❷。水器容四斗到六斗者百。

【章旨】介紹水井的設置。

【注釋】❶甕 汲水器具。❷繫連 蘇說：「繫連，所以引甕而汲也。」把甕繫連在木杆上以取水，即是桔槔。

【語譯】每百步設一井，每口井配置十只甕，把它們繫連在木杆上做成桔槔以取水。盛水器具裝四斗到六斗不等，要一百只。

百步一積雜秆❶，大二圍以上者五十枚。

【章旨】介紹積雜秆的要求。

【注釋】❶雜秆 雜，《廣韻》：「雜，集也。」秆，《說文》：「稈，禾莖也。」「稈或从干。」禾莖以「秉」計，所以下文說大二圍以上。

【語譯】每百步堆積一堆禾莖，每把大二圍以上，要五十把。

百步為櫓❶，櫓廣四尺，高八尺。為衝術❷。

【章旨】介紹設置大盾的要求。

【注釋】❶櫓 《說文》：「櫓，大盾也。」❷衝術 孫說：「即上文之衝隊，隊、術一聲之轉。」隊，通「隧」。

【語譯】每百步設置大盾，盾寬四尺，高八尺，在隧道中作進攻敵人之用。

百步為幽牘❶，廣三尺高四尺者千❷。

【章旨】介紹建闉溝的要求。

【注釋】❶幽贖　即闉溝。孫說「贖」當作「隫」，通「竇」。❷千　孫說此為數太多，或當為「一」。

【語譯】每百步建闉溝一道，寬三尺高四尺。

二百步一立樓，城中廣二丈五尺二❶，長二丈，出樞五尺❷。

【章旨】介紹立樓的建法。

【注釋】❶城中廣二丈五尺二　孫說：「此立樓在堞內者之度，其出堞外者，則五尺。」末「二」字衍文。❷出樞五尺　孫說：「樞，疑當作『拒』，謂立樓之橫距，出堞外者五尺也。」

【語譯】每兩百步建一立樓，立樓在堞內的寬度是二丈五尺，長二丈，它的橫距伸出堞外五尺。

城上廣三步❶到四步，乃可為使門❷，俾倪❸廣三尺，高二尺五寸。陛❹高二尺五，廣長各三尺，遠❺廣各六尺。城上四隅童異❻高五尺，四尉❼舍焉。

【章旨】介紹城上女牆、陛、道等的建構要求。

【注釋】❶步　六尺為步。❷乃可為使門　孫說：「此言堞內地之廣度，必如此乃足容守卒行止，及儲庤器用也。」❸俾倪　城上女牆。即堞。❹陛　《說文》：「升高陛也。」即臺階。❺遠　孫說：「疑『遠』當為『道』，謂城上下當陛之道也。」❻童異　尹說：「若今警崗。童，小也；異，同『廙』。」《說文》：「廙，行屋也。」❼四尉　《商君書・境內》：「其縣有四尉。」但未詳述其名。《北堂書鈔・職官部》引韋昭《辨釋名》說：「廷尉、郡尉、縣尉，皆古官也，以尉尉人心也。凡掌賊及司察之官，皆曰尉。尉，罰也，言以罪罰姦非也。」這裡「四尉」當泛指守城長吏。

【語譯】城上寬一丈八尺到二丈四尺，這樣才足夠供士兵走動、休息及儲積器用。堞寬三尺，高二尺五寸，臺階高二尺五寸，寬長各三尺，路寬各六尺。城上四角的小崗樓高五尺，守城長吏就在這裡休息。

城上七尺一渠，長丈五尺，貍❶三尺，去堞五寸，夫❷長丈二尺，臂長六尺。半植一鑿❸，內後長❹五寸。夫兩鑿，渠夫前端下堞四寸而適。貍渠鑿坎❺。覆以瓦，冬日以馬夫❻，寒皆待命。若以瓦為坎。

【章旨】介紹渠的構建方法。

【注釋】❶貍　通「薶」。埋。❷夫　通「趺」。足。指渠的立木。❸半植一鑿　指戶植中部鑿去五寸。植，即戶植。❹後長　孫說後當作「徑」，長是衍文。〈備高臨〉中說連弩車「衡植左右皆圜內，內徑四寸」，上文說「門扇薄植，皆鑿半尺」，均可參證。❺貍渠鑿坎　尹說：「樹渠之地坎。」《說文》：「坎，陷也。」❻夫　當作「矢」。即屎。

【語譯】城上每七尺建一渠，長一丈五尺，埋進三尺深，離堞五寸，腳長一丈二尺，臂長六尺。在戶植的一半鑿進，所鑿處內徑五寸。渠腳要鑿兩處，渠腳的前端要低於堞四寸才合適。把渠埋進所鑿的地坎中。用瓦蓋上，冬天以馬糞取暖，天寒時，待有命令才能用。如果用瓦為坎也是可以的。

城上千步一表❶，長丈，棄水者操表搖之❷。五十步一廁，與下同圂❸。之廁者，不得操❹。

【章　旨】介紹建表、廁的要求。

【注　釋】❶表　尹說：「表，柱也。」❷棄水者操表搖之　孫說：「以告人，慮有體汙也。」❸與下同圂　《說文》：「圂，豕廁也。」段注：「引伸之義，人廁或曰圂。」王闓運說：「將不得自置廁。」❹不得操　畢說：「言不得有挾持。」

【語　譯】城上每千步設一表柱，在城上往下棄水時，要持表搖動，好讓別人知道，以免弄髒身體。每五十步置一廁所，將領與下屬同廁，上廁所的人，不能挾帶武器。

城上三十步一藉車❶，當隊者不用❷。

【章　旨】介紹藉車的配置。

【注　釋】❶三十步一藉車　上文說「二十步一藉車」，又說「五十步一藉車」，三種說法，不知誰是。❷不用　孫說：「以上文校之，此下當脫『此數』二字。」

【語　譯】城上每三十步設一輛藉車，在隧道裡狙擊敵人時，不限此數。

城上五十步一道陛❶，高二尺五寸，長十步。城上五十步一樓扟❷，扟勇勇必重❸。

【章　旨】介紹城上道陛、樓扟的建制。

【注　釋】❶道陛　孫說：「謂當道之階也。」❷扟　孫說當作「撕」。即浮思，小樓。❸扟勇勇必重　孫說當作「樓撕必再重」，即上文所說「屬城為再重樓」。

【語　譯】城上每五十步有一當路的臺階，臺階高二尺五寸，長十步。城上每五十步一小樓，樓必有兩層。

土樓百步一，外門發樓❶，左右渠❷之。為樓加藉幕❸，棧上出之，以救外。

【章　旨】介紹土樓的建制。

【注　釋】❶發樓　孫說當為「縣門」，引《左傳》孔疏「縣門，有寇則發機而下之」證之，可從。❷渠　蘇說：「渠，塹也，所以防踰越者。」❸藉幕　已見上文，即布幔。

【語　譯】土樓每百步建一座，外門用懸門，左右都挖有溝塹以防止人踰越。要給樓裝上藉幕，上面用木棧張出，以遮蔽外來的矢石攻擊。

城上皆毋得有室❶，若也❷可依匿者，盡除去之。

【章　旨】介紹城上禁止有其他房室的規定。

【注　釋】❶室　指除軍事需要以外的房室。後文也有此條，可以參看。❷也　通「他」。

【語　譯】城上不能有別的房間，如果有別的可以依託藏身的房室，要全部拆除。

城下州道❶內百步一積薪，毋下三千石以上，善塗之。

【章　旨】介紹城下積聚柴薪的要求。

【注　釋】❶州道　即〈備水〉中的「周道」。指環城的道路。

【語　譯】城下環城的道路，每百步堆積柴薪，不能低於三千石，要用泥好好蓋嚴密封。

城上十人一什長❶，屬一吏士❷、一帛尉❸。

【章　旨】介紹城上的軍事編制。

【注　釋】❶十人一什長　〈迎敵祠〉：「五步有伍長，十步有什長。」城上每步一人，什長管十步的範圍。❷屬一吏士　當指什長隸屬於一位吏士。《增韻》：「屬，隸也，系屬也。」〈迎敵祠〉說：「中有大將，皆有司吏卒長。」則吏士，當指大將之下的司吏之類，受大將直接指揮。❸帛尉　帛，當作「亭」。亭尉，即百長。詳下章。〈迎敵祠〉又說：「百步有百長。」百長，為什長的上一級長官。

【語　譯】城上每十人任命一位什長，什長隸屬於一位吏士、一位百長。

百步一亭，高垣❶丈四尺，厚四尺，為閨門兩扇，令各可以自閉。亭一尉❷，尉必取有重厚忠信可任事者。

【章　旨】介紹亭的建制及設亭長的要求。

【注釋】❶高垣 應作「垣高」。❷亭一尉 上文說「五步一亭」，知亭尉即是百長。

【語譯】每百步建一亭，牆高一丈四尺，厚四尺，做兩扇小門，使它們可以一開一閉。每亭設一個尉，亭尉一定要選取穩重、厚道、忠實、守信而且可以託以職事的人。

二舍❶共一井❷爨❸，灰、康❹、粃、杯❺、馬矢，皆謹收藏之。

【章旨】介紹井爨的配置及雜物的處理要求。

【注釋】❶舍 孫說：「此即什長百尉所居舍也。」❷井 水井。❸爨 竈。❹康 「糠」的省文。❺杯 孫說當作「秠」，通「稃」。也是糠。

【語譯】二處居所共用一口井，一口竈，竈灰、糠秕、馬糞之類的東西，都要小心地收藏起來。

城上之備：渠譫❶、藉車、行棧❷、行樓❸、到❹、頡皋❺、連梃❻、長斧、長椎、長茲❼、距❽、飛衝❾、縣□❿、批⓫。屈⓬樓五十步一；堞下為爵穴⓭；三尺而一為薪皋⓮，二圍，長四尺半，必有潔⓯。

【章旨】陳說城上的各種設施。

【注釋】❶渠譫 渠，甲名。譫，孫說當作「襜」，即藉幕。❷行棧 下文說「行棧內閈」，可知當是用木編成的門。❸行樓 當即上文的木樓。❹到 《說文》：「到，至也，从至，刀聲。」這裡的「到」，當是一種兵器。莫非「到」本是會意字，从至从刀？疑不能明。孫說當為「斵」。斵即斫。❺頡皋 即桔槔。❻連梃 已見前。一種類似連枷的武器。❼茲　孫說「茲」即鎡錤，鋤。❽距　〈備穴〉中有鐵鉤鉅，長四尺。距與「鉅」通。當即此物。❾飛衝　即衝車。尹說：「飛者，明其速。」❿縣□　孫說：「『縣』下疑闕『梁』字。」⓫批　尹說：「謂擊人之物。」⓬屈　通「曲」。⓭爵穴　孫說：「謂於城堞閒為孔穴也。」後文說「爵穴下堞三尺，廣亓外，爵穴大容苣，高者六尺，下者三尺，疏數自適為之」，孫說是。⓮薪皐　當即後文之「薪樵」，類似於上文的柴摶。柴摶大二圍，與此同；長八尺，此減半，規格稍異，或此用途不同。⓯潔　畢說當為「絜」。後文說「為薪樵挈」，孫說「挈」與「契」同，指刻契之齒以記數。

【語　譯】城上的設備有：甲、藉幕、藉車、行棧、行樓、桔槔、連梃、長斧、長椎、長鋤、距、飛衝、懸梁、批等。曲樓每五十步建一座，堞下要有孔穴；每三尺要有柴綑，二圍大小一把，長四尺半，必定要稱過重量，有契記數。

瓦石，重二升❶以上，上❷。城上沙，五十步一積。竈置鐵鐕❸焉，與沙同處。

【章　旨】介紹瓦石、沙、竈等的配置。

【注　釋】❶升　王說當作「斤」。❷上　衍文，應刪。❸鐕　「鬵」字的假音，大釜，已見前。

【語　譯】瓦石，要重兩斤以上。城上每五十步一堆沙。竈上配置大鐵鍋，與沙在一起。

木大二圍，長丈二尺以上，善耿❶其本，名曰長從❷。五十步三十木橋❸，長三丈，毋下五十❹。復使卒急為壘壁，以蓋瓦復❺之。

【章　旨】介紹長從、木橋、壘壁的配置。

【注　釋】❶耿　孫說當作「聯」。❷長從　孫說即上文的「櫳樅」。❸橋　當指汲水用的桔槔。《說苑・反質》：「為機重其前，輕其後，命曰橋。」❹五十　指五十步。❺復　同「覆」。

【語　譯】木材大二圍，長一丈二尺以上，好好地把它聯結起來，名叫「長從」。每五十步配三到十個桔槔，桔槔長三丈，不能低於五十步。再派士卒抓緊修好壘壁，用瓦蓋上。

用瓦木罌，容十升以上者，五十步而十，盛水，且用之。五十二者十步而二❶。

【章　旨】介紹瓦木罌的配置。

【注　釋】❶五十二者十步而二　孫說當作「五斗以上者，十步而二」。上文「升」，也應作「斗」。

【語　譯】用陶製或木製的罌，能裝十斗以上的，每五十步十只，用來盛水以備用。能裝五斗以上的，每十步配置兩只。

城下里中家人，各葆❶亓左右前後，如城上。城小人眾，葆離鄉老弱國中及也❷大城。

【章　旨】介紹城下的防護要求。

【注　釋】❶葆　通「保」。❷也　即「他」字。

【語　譯】城樓下里巷中的人家，要各自防守自家的左右前後。城小人多的地方，要保護老人弱者離開家鄉，送他們到國都或其他大城中去。

寇至，度必攻，主人先削城編❶，唯勿燒。寇在城下，時換吏卒署❷，而毋換亓養❸。養毋得上城。寇在城下，收諸盆甕，耕❹積之城下，百步一積，積五百。

【章　旨】介紹對敵時的措施。

【注　釋】❶主人先削城編　孫說：「此蓋言先除附城室廬。」主人，對「客」而言，指守方。❷署　《說文》：「署，部署，有所网屬。」這裡指吏卒的繫屬。❸養　《公羊傳・宣公十二年》何休注：「炊亨者曰養。」指從事炊事的後勤人員。❹耕　畢說當作「茾」，《說文》：「茾，交積材也。」是茾也有「積」的意思。

【語　譯】敵人來了，推定他們一定會攻城，守方就應先拆除附著在城牆下的房屋，但不要把它們燒掉。敵人在城下，吏卒要經常換防，但炊事後勤人員不要換，炊事後勤人員不得上城。敵人在城下，要收集各種盆子、罈子，堆積在城內之下，每百步積一堆，每堆放五百個。

城門內不得有室，為周官桓吏❶，四尺為倪❷，行棧內閈❸，二關一堞❹。

【章　旨】介紹城門內的一些規定。

【注　釋】❶周官桓吏　諸家之說均有扞格。此處「官」與「吏」為對文。周官，當指官須防衛周密。桓，當從孫說作「植」，通「置」。指配置辦事人員。〈號令〉說：「樓下人受候者言，以報守。中涓二人，夾散門內坐，門常閉，鋪食更，中涓一長者，環守宮之術衢。」又〈雜守〉：「吏侍守所者財足。」均可參證。❷倪　指俾倪。即堞。〈雜守〉

說守城長官居所，當「置屯道，各垣其兩旁，高丈，為埤院」，可證。❸行棧內閈　行棧，當是用木編成之門。閈，當作「閉」。〈號令〉說守城主「門常閉」，即此意。❹二關一堞　孫說：「不詳。」疑這裡二、一均指守關守堞人數。關，即門，指門。〈雜守〉說：「守大門者二人。」

【語　譯】城門內不得有別的房屋。守城長官的住處要防守嚴密，要設置辦事人員，官署要有四尺高的堞，大門要常關著，守門要兩人，每堞一人。

除城場❶外，去池百步，牆垣樹木小大，俱壞伐除去之。寇所從來者，若昵❷道傒❸近，若城場，皆為扈❹樓。立竹箭天❺中。

【章　旨】介紹城牆以外的防守要求。

【注　釋】❶場　《爾雅・釋詁》：「場，道也。」❷昵　《尚書・說命》孔傳：「昵，近也。」❸傒　通「蹊」。路。❹扈　大。❺天　當從孫說作「水」。〈雜守〉說：「牆外水中，為竹箭，箭尺廣二步，箭下於水五寸。」

【語　譯】要清除環城道路以外的遮蔽物，離護城河百步以內的大小樹木、牆壁，全要砍倒摧毀，加以清除。敵人會攻來的各條路徑，或是近路，或是環城路，都要建上大樓。水裡要插上竹箭以防偷越。

守堂下為大樓，高臨城。堂下周散❶，道中應客❷，客待見。時召三老❸在葆宮中者，與計事得先❹。行德❺計謀合，乃入葆。葆入守，無行城，無離舍。諸守者，審知卑城淺池，而錯❻守焉。晨暮卒歌❼以為度，用人少易守。

【章　旨】介紹守城長官接待來客及設置保衛人員的制度。

【注　釋】❶周散　指遍布防衛人員。❷道中應客　〈號令〉說：「四人夾令門內坐，二人夾散門外坐。客見，持兵立前，……樓下人受候者言，以報守。」可知守城長官並不直接接見來客，以備不虞。或以「道」字屬上句，「中應客」為句，謂見客於堂廡之上，大謬。❸三老　秦漢鄉、縣都有此官，由地方推薦年齡在五十以上且有德行的人充當，以備諮詢或掌教化。❹先　當作「失」。❺德　通「得」。❻錯　通「措」。置。❼歌　當作「鼓」。

【語　譯】守城長官堂下建大樓，高到可以俯視城中。堂下遍布保衛人員，在堂前路上接待來客，客人要等他們通報，才能見到守城長官。守城長官經常召集在葆宮中的三老，同他們計議軍事得失。所做的得當，計謀又相合的人，就錄用他們進入守城長官的居所，擔任保衛工作。保衛人員進入守城長官居所後，不得到城上行走，不得離開居所。各守城長官，都應詳細了解城的高低、護城河的深淺，來安排防守人員。早晚士兵都聽鼓為號，所用的人年輕力壯，就容易守住。

守法：五十步丈夫十人、丁❶女二十人、老小十人，計之五十步四十人。城下樓卒，率一步一人，二十步二十人。城小大以此率❷之，乃足以守圉❸。

【章　旨】介紹守城人員的配置。

【注　釋】❶丁　《釋名・釋天》：「丁，壯也。」❷率　標準。❸圉　通「禦」。

【語　譯】守法：每五十步壯年男子十人，壯年女子二十人，老小十人，共計每五十步四十人。城下守樓的士卒，都是每一步一人，每二十步二十人。不論城大小，均以此為標準配置，就足以守禦。

客馮面而蛾傳❶之，主人則先之知，主人利，客適❷。客攻以遂❸，十萬物❹之衆，攻無過四隊者，上術❺廣五百步，中術三百步，下術五十步。諸不盡百五❻步者，主人利而客病。廣五百步之隊，丈夫千人，丁女子二千人，老小千人，凡四千人，而足以應之，此守術之數也。使老小不事者，守於城上不當術者。

【章　旨】介紹抵禦敵人列隊進攻的人力配置。

【注　釋】❶客馮面而蛾傳　客，指敵方。馮，通「憑」。蛾傳，同「蟻附」。❷適　當依下文例作「病」。❸遂　同「隊」。❹物　衍文。❺術　通「隊」。隊列。❻百五　五下當有「十」字。

【語　譯】當敵人依憑著城牆四面如螞蟻緣附而上時，防守的人如果事先知道，就對守方有利，而攻方不利。敵人列隊進攻，十萬部隊，進攻不超過四個縱隊，上等隊列擺開五百步，中等隊列寬三百步，下等隊列寬五十步。各隊列如果沒有達到一百五十步，就對守方有利而對攻方不利。寬五百步的隊列，守方以壯年士兵一千人，壯年女子二千人，老小一千人，共四千人，就足以對付它。這就是防守列隊進攻的方法。要派那些沒有參與的老小士兵，守在城上不當敵隊的地方。

城持❶出必為明填❷，令吏民皆智知❸之。從一❹人百人以上，持出不操填章❺，從人非亓故人，乃亓積章❻也，千人之將以上止之，勿令得行。行及吏卒從之，皆斬，具以聞於上。此守城之重禁之❼。夫姦之所生也，不可不審也。

【章　旨】介紹將領率兵出行的制度。

【注　釋】❶持　依下文當作「將」。❷填　當作「旗」。❸智知　兩字有一個係衍文。❹一　當作「十」。❺填章　即「旗章」。旗幟憑信。❻積章　即「填章」。❼之　當作「也」。

【語　譯】守城將領出外，必須有明確的旗幟憑信標誌，使官吏人民都知道他們。率領十人或百人以上，將領外出未持有旗幟憑信標誌，或隨從人員不是該將領的原有部屬，卻持有他的旗幟憑信標誌，那麼千夫長以上的將領就可以制止他們，不讓他們通行。如果他們要強行通過，而吏卒又放縱他們，都要處斬，並把情況詳細報知上級。這是守城的重要禁令。各種奸邪行為，都容易在禁令鬆弛時產生，不能不加以明察。

城上為爵穴，下堞三尺，廣亓外，五步一。爵穴大容苴❶，高者六尺，下者三尺，疏數自適為之。塞❷外塹，去格❸七尺，為縣梁。城筵陝❹不可塹者，勿塹。城上三十步一聾竈❺，人擅苣長五節❻。寇在城下，聞鼓音，燔苣，復鼓，內❼苣爵穴中，照外。

【章　旨】介紹爵穴的配置及利用。

【注　釋】❶苴　依下文當作「苣」。《說文》：「苣，束葦燒也。」段注：「俗作『炬』。」❷塞　孫說當作「穿」。❸格　孫說即〈備蛾傳〉中的「杜格」：「杜格，貍四尺，高者十丈，木長短相雜，兌其上，而外內厚塗之。」❹筵陝　通「窄狹」。❺聾竈　即上文「聾竈」。是一種照明用的器具。❻節　孫說當作「尺」。❼內　通「納」。

【語　譯】城上開鑿爵穴，在堞下三尺處，穴口外寬內窄，每五步一個。爵穴大小可容納一個火炬，高的六尺，矮的三尺，稀密看情況而定，以合宜為度。穿城外開鑿溝塹，在離「格」一尺的地方，建「懸梁」。城狹窄不能開鑿溝塹的，就不要開鑿。城上每三十步配置一「聾竈」，每人持五尺長的火炬。如果敵人在城下，聽到鼓響，就點燃火炬；再次擊鼓時，就把火炬塞進爵穴中，照亮外面。

諸藉車皆鐵什❶，藉車之柱長丈七尺，亓貍者四尺，夫❷長三丈以上，至三丈五尺，馬頰❸長二尺八寸，試藉車之力而為之困❹，失❺四分之三在上。藉車，夫長三尺，四二三❻在上，馬頰在三分中❼。馬頰長二尺八寸，夫長二十四尺，以下不用。治困以大車輪。藉車桓❽長丈二尺半。諸藉車皆鐵什，復❾車者在❿之。

【章　旨】介紹各種藉車的規格。

【注　釋】❶鐵什　即上文的「鐵纂」。是用以包圓車軸的鐵包皮。❷夫　通「趺」。❸馬頰　藉車的一個配件。樣子可能像馬的面頰。❹困　通「梱」。《說文》：「梱，門橛也。」段注：「謂當門中設木也。」這裡是藉車腳下的一個部件。❺失　當作「夫」。即趺。❻四二三　孫說當作「四之三」。❼在三分中　即東趺在地面四分之三部分的中部。❽桓　指藉車的柱。❾復　孫說當作「後」。❿在　當作「佐」。

【語　譯】各種藉車都用鐵皮包軸。一種藉車的柱長一丈七尺，埋到地下四尺，車腳長三丈以上，到三丈五尺，「馬頰」長二尺八寸，要測試藉車的承載力，再給它安上車梱。車腳有四分之三在地面上。另一種藉車，車腳長三尺，有四分之三在地面上，「馬頰」就安裝在這四分之三的中部。馬頰長二尺八寸，腳長二十四尺，二十四尺以下的不用。治車梱要用大車輪。這種藉車的車柱長二尺半。各種藉車都用鐵皮包軸，車後有人扶助它。

寇闉池❶來，為作水甬❷，深四尺，堅慕貍❸之。十尺一，覆以瓦而待令。以木大圍長二尺四分而早❹鑿之，置炭火亓中而合慕❺之，而以藉車投之。為疾犂投，長二尺五寸，大二圍以上。涿❻弋，弋長七寸，弋間六寸，剡亓末。狗走❼，廣七寸，長尺八寸，蚤❽長四寸，犬耳❾施之。

【章旨】介紹防備敵人闉池的方法。

【注釋】❶闉池　填塞護城河。❷水甬　一種漏水器具。中間空，可使水通過。❸慕貍　即「冪埋」。冪，蒙。❹早　孫說當作「中」。❺慕　通「冪」。❻涿　通「椓」。擊。❼狗走　孫說即上文的「狗屍」，只是尺度稍異。❽蚤　通「爪」。❾耳　當作「牙」。

【語譯】敵人若來填塞護城河，守方就製作「水甬」，「水甬」深四尺，牢牢地蒙上，埋在地下。每十尺埋一只，上面蓋上瓦，等待命令使用。用圍長二尺四分的大木，把中間鑿空，把炭火放在裡面，然後加以密封，用藉車投向敵人。又製造投蒺藜的器械，長二尺五寸，大二圍以上。在門上釘上木釘，釘長七寸，間距六寸，末端削尖。「狗走」，寬七寸，長一尺八寸，爪長四寸，犬牙交錯地施設。

子墨子曰：「守城之法，必數城中之木，十人之所舉為十挈❶，五人之所舉為五挈，凡輕重以挈為人數。為薪蕘❷挈，壯者有挈，弱者有挈，皆稱亓任。凡挈輕重所為，吏❸人各得其任。城中無食，則為大殺❹。

【章　旨】介紹木頭的計數及分配方法。

【注　釋】❶挈　孫說同「契」。是一種刻齒以記數的木製用品。❷蘸　同「樵」。❸吏　通「使」。❹殺　減。

【語　譯】墨子說：「守城的方法，一定要計算城中的木頭，十個人所負舉的重量就是十挈，五個人所負舉的重量就是五挈，凡是木頭，都以人數計算輕重。對柴薪計算重量，強壯者有強壯者的挈，弱小者有弱小者的挈，都得符合每個人的承載能力。總之是柴綑的輕重，要使每個人都能適合自己的能力。城中沒有吃的，每挈的重量就應大大減輕。

「去城門五步大塹之，高地三丈，下地至❶，施賊❷其中，上為發梁❸，而機巧❹之。比傅❺薪土，使可道行。旁有溝壘，毋可踰越，而出佻且比❻，適❼人遂入，引機發梁，適人可禽❽。適人恐懼而有疑心，因而離。」

【章　旨】介紹挖溝塹、設懸梁及誘敵的方法。

【注　釋】❶高地三丈二句　王引之說：「此本作『高地丈五尺，下地至泉，三尺而止』，〈備穴〉曰：『高地丈五尺，下地得泉，三尺而止。』是其證。」❷賊　指能傷害人的東西，如竹箭木樁之類。❸發梁　即上文「縣梁」。懸梁可以用機械牽引，可上可下，所以叫做「發梁」。❹巧　依下文，當作「引」。❺比傅　依次鋪上。傅，同「敷」。❻而出佻且比　王引之說：「當作『而出佻戰且北』。北，敗也。佻與挑同，言出而挑戰，且佯敗以誘敵也。」❼適　通「敵」。❽禽　通「擒」。

【語　譯】「離開城門五步，開鑿大溝塹，地勢高的挖一丈五尺深，地勢低的挖到有地下水，再挖三尺就可停止，溝塹中安放一些可傷害敵人的東西，上面設置『發梁』，用機械帶動。橋面上依次鋪上柴薪泥土，使上面可以行走。城旁有溝有壘，無法踰越，就派兵出城挑戰，並佯裝敗陣以引誘敵人。敵人被引誘入城，就開動機械，把發梁收引上去，敵人就可被擒捉。敵人因害怕而產生疑心，於是就只好撤離。」

備高臨第五十三（以下原闕兩篇）

【題　解】本篇記述墨子教禽滑釐怎樣防守敵人採用建「羊坽」的戰術，鉗制、進攻我方的辦法，主要介紹了修建臺城，以高制高和使用連弩之車兩種守城方法。

禽子再拜再拜曰：「敢問適❶人積土為高，以臨吾城，薪土俱上，以為羊黔❷；蒙櫓❸俱上，遂屬❹之城，兵弩俱上，為之奈何？」

【章　旨】禽滑釐問墨子如何備高臨。

【注　釋】❶適　通「敵」。❷羊黔　孫說當依〈雜守〉作「羊坽」。《集韻》：「坽，峻岸也。」這裡指用柴薪土石壘成的人工高地。❸櫓　大盾。❹屬　會合。

【語　譯】禽滑釐拜了四拜之後說：「請問，假如敵人堆積土石造成高地，來居高臨下鉗制我城，柴薪泥土一齊運上，造成『羊坽』，他們頂著大盾牌一齊前進，於是就與我城會合，兵器弓弩一齊用上，這時我方應該怎樣對付？」

子墨子曰：「子問羊黔之守邪？羊黔者，將之拙者也，足以勞卒，不足以害城。守為臺城，以臨羊黔，左右出巨❶，各二十尺，行城三十尺，強弩之，技機❷藉之，奇器□□❸之，然則羊黔之攻敗矣。」

【章旨】墨子說明對付羊玲之法。

【注釋】❶巨　孫說當為「距」之假借字。《說文》：「距，雞距也。」指上文臺城（即下文「行城」）編連大木，橫出兩旁，因形狀像「距」，故名。❷技機　王樹枏說：當從〈備梯〉中作「披機」，《漢書・薛宣傳》注：「披，發也。」《廣雅・釋詁》：「披，張也。」❸□□　缺字，無法校補。此句譯文譯其大意。

【語譯】墨子說：「你問對羊玲的防守嗎？利用羊玲進攻，這是帶兵人所用的笨拙的方法，只足以使自己的士卒勞頓，不足以危害守城。守方可於城上築建高臺，來居高臨下鉗制羊玲。高臺左右用大木編成雞距形向外伸出，各長二十尺，高臺本身又長三十尺，用強勁有力的弓弩射擊，開動弩機來借以發箭，用這種奇特兵器對付它，那麼利用羊玲進攻就要失敗了。」

「備高臨以連弩之車❶，材大方一方一❷尺，長稱城之薄厚。兩軸❸三輪，輪居筐❹中，重下上筐，左右旁二植，左右有衡❺植，衡植左右皆圜內❻，內徑四寸。左右縛❼弩皆於植，以弦鉤弦❽，至於大弦。臂❾前後與筐齊，筐高八尺，弩軸去下筐二尺五寸。連弩機郭同❿銅，一石三十鈞⓫。引弦鹿長奴⓬，筐大三圍半⓭，左右有鉤距⑭，方三寸，輪厚尺二寸，鉤距臂博尺四寸，厚七寸，長六尺。臂齊筐外，蚤⑮尺五寸，有距，博六寸，厚三寸，長如筐，有儀⑯，有詘勝⑰，可上下。為武⑱重一石，以材大圍五寸。矢長十尺，以繩□□矢端⑲，如如戈⑳射，以磨鹿卷收㉑。矢高弩臂三尺，用弩無數，出㉒人六十枚，用小矢無留㉓。十人主此車。遂具㉔寇，為高樓以射道㉕，城上以荅羅㉖矢。」

【章　旨】介紹連弩車的構造及使用方法。

【注　釋】❶連弩之車　《淮南子・氾論》高注：「連，車弩通一弦，以牛挽之，以刀著左右，為機關發之，曰銷車。」從本章看，連弩車是一種可以用機械連發的重型武器。❷方一方一　衍「方一」兩字。❸兩軸　指一輪軸和下文的「弩軸」。❹筐　孫說指車闌。即車廂。❺衡　通「橫」。❻內　通「枘」。❼縳　當作「縛」。❽以弦鉤弦　孫說上「弦」字當作「距」，即下文的「鉤距」，也就是弩牙。《釋名・釋兵》：「弩鉤弦者曰牙，似齒牙也。」❾臂　《釋名・釋兵》：「弩，其柄曰臂，似人臂也。」❿機郭同　《釋名・釋兵》：「牙外曰郭，為牙之規郭也。含括之口曰機，言如機之巧。」「牙」即鉤弦的鉤距，機即機括。同，當作「用」。⓫一石三十鈞　畢本作「一石三十斤」，是。一百二十斤為石，合一百五十斤。⓬鹿長奴　孫說當作「鹿盧收」，鹿盧即轆轤。收，指收回弓弦。⓭筐大三圍半　孫說：「謂筐材圓圍之度。」⓮鉤距　用以鉤弦的鉤子。見前注❽。⓯蚤　通「爪」。⓰儀　表。王闓運說：「儀，闚管也，以測量命中。」作用相當於瞄準器。⓱詘勝　《漢書・王莽傳》服虔注：「蓋杠皆有屈勝，可上下屈伸也。」⓲武　孫說是「趺」的聲誤。⓳□□矢端　張純一說缺文當是「繫著」二字。⓴如如戈　衍一「如」字。戈，當作「弋」。《詩經・鄭風・女曰雞鳴》孔疏：「以繩繫矢而射鳥，謂之繳射。」《漢書・司馬相如傳》顏注：「以繳繫矰，仰射高鳥，謂之弋射。」㉑以磨鹿卷收　磨鹿，王引之說當作「磿鹿」，即麻鹿、轣轆。卷收，王說：「轉之以收繩。」㉒出　孫說當作「矢」。指大矢，相對下句「小矢」而言。㉓留　當作「數」。㉔具　孫說當作「見」。㉕道　當作「適」。㉖荅羅　荅，同「答」。

《漢書・貨殖傳》「答布皮革千石」注：「答布，麤厚之布也，答者厚重之貌。」這裡當指較堅厚可以擋箭之物。羅，羅網。這裡指遮攔收取。

【語　譯】「對付敵人居高臨下，還可以用連弩車。造車的木材一尺見方大小，長度同城牆的厚薄相適應。車有兩軸，三個輪子，輪子居於車廂中部，上下車廂重疊。左右兩旁各有兩根立柱，左右還有橫木，橫木左右兩端都是圓榫頭，榫頭直徑為四寸。左右兩邊的弩都縛紮在立柱上，用鉤距鉤弦，要鉤到大弦上。弩的橫臂前後與車廂平齊，車廂高八尺，弩軸離下層車廂二尺五寸。連弩的機括和弩鉤都用銅，共一百五十斤。拉收弓弦都用轆轤。車廂木大三圍半，左右有鉤距，大三寸見方。輪厚一尺二寸，鉤距臂寬一尺四寸，厚七寸，長六尺。鉤距臂與車廂外緣平齊，臂端有爪長一尺五寸，有雞距形的旁枝橫伸，寬六寸，厚三寸，長與車廂相等，有瞄準器，杠上有屈勝，可以上下屈伸。弩腳重一百二十斤，用一圍五寸大的木材做成。箭矢長十尺，用繩子繫著在箭尾上；就像通常有細絲繩繫著用以射鳥的箭那樣，用轆轤轉動收回射出的箭。箭矢比弩臂高出三尺，用弩箭多少沒有數量規定，大矢每人可用六十支，小矢無數支。用十個人操縱連弩車。到看見敵人時，就修建高樓用它射擊敵人，但城上也要用堅厚之物遮擋，並收取敵人射來的箭矢。」

備梯第五十六（以下原闕一篇）

【題　解】本篇重點，在介紹怎樣防守利用雲梯發起的攻擊。墨子所講到的主要方法有：在城上修建「行城」、在城外修建柵籬，以及用「煇火」、「懸火」燒退敵人等三種。

禽滑釐子事子墨子三年，手足胼胝❶，面目黧黑，役身給使，不敢問欲。子墨子其❷哀之，乃管酒塊脯❸，寄于大山❹，昧菜❺坐之，以樵❻禽子。禽子再拜而嘆。子墨子曰：「亦何欲乎？」禽子再拜再拜曰：「敢問守道？」子墨子曰：「姑亡❼，姑亡。古有亓術者，內不親民，外不約治，以少閒眾，以弱輕強，身死國亡，為天下笑。子亓慎之，恐為身薑❽。」禽子再拜頓首，願遂問守道。曰：「敢問客眾而勇，煙資❾吾池，軍卒並進，雲梯既施，攻備已具，武士又多，爭上吾城，為之奈何？」

【章　旨】記禽滑釐苦行從師墨子及問防守以雲梯攻城之法。

【注　釋】❶胼胝　《玉篇》：「皮厚也。」❷其　畢說當作「甚」。❸管酒塊脯　尹桐陽說：「管酒，謂酒以管濾者，所謂清酒。塊猶切也。《尚書・大傳》：『酌酒切脯，除為師之禮，約為朋友。』」❹大山　即泰山。❺昧菜　孫說「昧」即「滅」之假音，「滅」為「搣」之假字。菜，即茅。❻樵　王引之說即「醮」的假借字。〈士冠禮〉注：「酌而無酬酢曰醮。」❼亡　通「無」。❽薑　通「僵」。❾煙資　煙，當作「堙」。資，「薋」的省文，又作「茨」。《說文》：「垐，以土增大道上。」段注：「增益也，此與茨同意。」

【語　譯】禽滑釐師事墨子三年，手腳起了老繭，臉色黑瘦，親自勞作以供役使，不敢問想問的事。墨子很是同情他，於是攜了好酒，帶了乾肉，遊於泰山，拔倒茅草叫他坐下，酌酒酬勞他。禽滑釐拜了兩拜，歎了口氣。墨子說：「你想什麼呢？」禽滑釐連拜四拜說：「可以問問防守的方法嗎？」墨子說：「姑且先不要問這個，姑且先不要問這個。古時候有防守方術的人，卻對內不親近人民，對外不修明政治，自己人少，卻疏遠人多的大國，自己弱小，卻輕視強國，最後本人送命，國家滅亡，被天下人恥笑。你應該慎重對待，恐怕弄得不好會使自己滅亡。」禽滑釐拜了兩拜然後叩頭，表示希望實現詢問防守方術的願望。說：「請問如果敵人眾多而且勇敢，填塞我們的護城河，部隊齊頭並進，又已經樹起雲梯，攻戰裝備已經齊全，能征善戰的武士又多，爭先恐後地爬上城頭，那該怎樣對付呢？」

子墨子曰：「問雲梯之守邪？雲梯者重器也，亓動移甚難。守為行城❶，雜樓相見❷，以環亓中。以適廣陜❸為度，環中藉幕，毋廣亓處。行城之法，高城二十尺，上加堞，廣十尺，左右出巨❹各二十尺，高、廣如行城之法。為爵穴煇鼠❺，施荅❻其外，機、衝、錢❼、城，廣與隊等，雜其間以鐫❽、劍❾，持衝十人，執劍五人，皆以有力者。令案目❿者視適，以鼓發之，夾而射之，重而射⓫，披機⓬藉之，城上繁下矢、石、沙、炭⓭以雨之，薪火、水湯以濟之。審賞行罰，以靜為故，從之以急，毋使生慮。若此，則雲梯之攻敗矣。

【章　旨】墨子介紹採用建行城、兼施各種武器，擊敗利用雲梯進攻的方法。

【注　釋】❶行城　即〈備高臨〉所說的「臺城」。❷見　即「間」。❸陜　通「狹」。❹巨　通「距」。指橫木伸出，有如雞距。❺煇鼠　煇，孫說當讀為「熏」。鼠，「鼠」的繁文。並說：「蓋以火煙熏穴以去鼠，因之小空穴亦謂之熏鼠矣。〈備穴〉中有鼠穴，亦即此。」❻荅　即「答」。詳〈備高臨〉。❼錢　當作「棧」。即行棧。❽鐫　《廣雅・釋言》：「鐫，鑿也。」❾劍　孫說當作「斵」。用以破敵之梯。❿案目　案，同「按」。《爾雅・釋詁》：「按，止也。」

止目，即注目。⓫射　下當有「之」字。⓬披機　披，發。機，指弩機。⓭炭　當作「灰」。

【語　譯】墨子說：「你問怎樣防守利用雲梯進攻嗎？雲梯是一種重型攻城器械，是很難移動的。守方要建起高臺，間雜各種敵樓，把高臺環衛在當中。以適合高臺的寬狹為標準，再用藉幕把它環衛在當中，不要把面積擴展得太寬。建高臺的原則，是臺高出城牆二十尺，上面加建女牆，女牆寬十尺，左右伸出如雞距，各二十尺，高度、寬度都按高臺的標準。在女牆上鑿有大小洞穴，外面加上厚實的遮蔽物。弩機、衝車、行棧、臺城所排列起來的寬度，要與敵方進攻的隊列相匹敵，中間要摻雜配置鑴、斲等破壞雲梯的器具，操縱衝車的要十個人，操持斲的要五人，都用有力氣的人充當。還要派人目不轉睛地盯住敵人。用鼓發號令，兩面用箭夾射，連續不斷發箭，還要開動弩機借機械力射擊，加上從城上多多地撒下箭頭、石子、沙子、柴灰，如雨點般拋向敵人，再加上用柴火、沸水燒燙敵人。在部隊中要賞罰分明，以冷靜為本，但督促要急，不要使人們產生疑慮而動搖軍心。如能這樣，利用雲梯進攻的一方就要失敗了。

「守為行堞❶，堞高六尺而一等❷，施劍丌面，以機發之，衝至則去之，不至則施之。爵穴三尺而一，蒺藜投必遂❸而立，以車推引之。

【章　旨】介紹用行堞破雲梯的方法。

【注　釋】❶行堞　是建在行城之上的堞。詳上章。❷等　級。❸遂　孫說當作「當隊」。

【語　譯】「守方要建起行堞，堞以高六尺為統一標準，在外面裝上可破雲梯的斲，用機械發動，敵人的衝車來了，就把發動機械撤去，衝車沒來就裝上。爵穴每隔三尺一個，投放蒺藜的機械，一定要正對敵人的隊列而立，用車推拉它。

「裾❶城外，去城十尺，裾厚十尺。伐裾，小大盡本斷之，以十尺為傳❷，雜而深埋之，堅築，毋使可拔。二十步一殺❸，殺有一鬲❹，鬲厚十尺，殺有兩門，門廣五尺。裾門一，施淺埋，弗築，令易拔。城希❺裾門而直桀❻。

【章　旨】介紹設置柵籬之法及其功用。

【注　釋】❶裾　孫說「裾」上當有「置」字。裾，當作「椐」。《釋名・釋宮》：「籬以柴竹作之，青徐之間曰椐。」從下文看，是用樹木圍成的柵籬。❷傳　尹說：「傳，植也。《爾雅》：『植謂之傳。』」❸殺　是居於椐的左右，橫向建起的柵籬，設有門，以備出擊敵人。❹鬲　通「隔」。把「殺」從中間隔開，以藏守卒和武器。❺希　同「睎」。望。❻直桀　當依《備蛾傳》作「置楬」。楬，《說文》：「楬，櫫也。」《廣韻》：「楬櫫，有所表識也。」置楬是為了以誌區別，便於打擊敵人。

【語　譯】「在城外置立木柵籬，柵籬離城十尺，厚度為十尺。砍伐樹木做柵籬，不管樹小樹大，一律從根部斬斷，以十尺為一段插上，大小摻雜，深埋土中，把土築緊，使它拔不出來。每二十步要設置一個殺，殺中有一間隔，間隔厚十尺。殺有兩道門，門寬五尺。柵籬一道門，要加以淺埋，不要築，使它容易拔出。城上人望柵籬門而置立表記，以便識別。

「縣❶火，四尺一鉤樴❷，五步一竈，竈門有鑪炭。令適❸人盡入，煇❹火燒門，縣火次之。出載❺而立，亓廣終隊。兩載之間一火，皆立而待鼓而然❻火，即具❼發之。適人除火而復攻，縣火復下，適人甚病，故引兵而去。則令我死士左右出穴門擊遺師，令賁士❽、主將皆聽城鼓之音而出，又聽城鼓之音而入。因素❾出兵施伏，夜半城上四面鼓譟，適人必或❿，有此必破軍殺將。以白衣為服，以號相得，若此，則雲梯之攻敗矣。」

【章　旨】介紹用煇火、懸火擊敗雲梯進攻的方法。

【注　釋】❶縣　通「懸」。❷鉤樴　《說文》：「樴，弋也。」在小木樁上掛個鉤子。就是鉤樴。❸適　通「敵」。下同。❹煇　當作燻。《說文》：「燻，火煙上出也。」❺載　《說文》：「載，乘也。」指戰車。❻然　即「燃」字。❼具　通「俱」。❽賁士　賁即「虎賁」。《風俗通義・正失》：「言猛怒如虎之奔赴也。」❾素　王念孫說：「鄭注〈喪服〉曰：『素，猶故也。』因素出兵，猶言照舊出兵耳。」❿或　通「惑」。

【語　譯】「懸火，每四尺要有一個鉤子掛在木樁上；每五步要有一口竈，竈門要有爐炭。要讓敵人全進來之後，才用有火煙的煇火燒門，煇火之後才用懸火。將士們從兵車中出來站好隊，隊列的寬度要與敵人的隊列相匹敵。在二輛兵車之間設置一隊持火的士兵，士兵都站著，等聽到鼓聲才點火，要同時點燃投下。敵人摒除城上所投之火後，再度發起攻擊時，我方又把懸火投下去，敵人被創嚴重，因而領兵撤離。那麼我方就派敢死之士，從左右穴門出去攻擊敵人的殘餘部隊，命令敢死之士、主將都要聽到城上的鼓聲才出擊，再聽到城上的鼓聲才撤回。照舊出兵設下埋伏，半夜城上四面擊鼓吶喊，敵人必定感到迷惑，在這種情況下，就一定能擊破敵軍，斬殺他們的將帥。晚上都穿白衣，以號令統一行動，如能這樣，那利用雲梯進攻的就要失敗了。」

備水第五十八（以下原闕兩篇）

【題　解】本篇主要介紹怎樣對付敵人引水攻城。其法有二：一是在城內建瓦溝排水；一是用「臨」，也就是用船隊向敵人發起反攻，使積水為我所用。

城內塹外周道❶，廣八步，備水謹度四旁高下。城地中偏下❷，令耳❸亓內，及下地，地深穿之令漏泉。置則❹瓦井中，視外水深丈以上，鑿城內水耳❺。

【章　旨】介紹修建瓦溝以備水的方法。

【注　釋】❶周道　指環城的道路。見〈備城門〉。❷城地中偏下　孫說：「此當作『城中地偏下』。」❸令耳　令，蘇說與「瓴」通，即瓦溝。耳，孫說當作「巨」，「渠」的省文。❹則　通「側」。❺耳　當作「巨」。「渠」的省文。

【語　譯】城內溝塹以外的環城道路，寬八步，要防備敵人引水攻城，就要小心地測量四面地勢的高低。城中地勢偏低，就在裡面修建瓦溝，使水能流向低地，然後挖掘深井，使水能洩漏到地下去。在井中要安放側瓦以防崩土湮塞，如果看到城外水深一丈以上，就鑿通城內瓦溝，讓水從地下排洩出去。

並船以為十臨❶，臨三十人，人擅弩計四有方❷，必善以船為轒轀❸。二十船為一隊，選材士有力者三十人共船，亓二十人，人擅有方❹，劍甲鞮瞀❺，十人人擅苗❻。先養材士，為異舍食亓父母妻子以為質。視水可決，以臨轒轀，決外隄，城上為射㩘❼，疾佐之。

【章　旨】介紹用船隊反擊敵人的方法。

【注　釋】❶臨　畢說：「言方舟以為臨高之具。」❷計四有方　孫說當作「什四酋矛」。❸轒轀　一種陸地進攻用的戰車。詳前〈備城門〉。❹亓二十人二句　孫說「二十人」當作「十二人」。上文說十人當中有四人持矛，這裡講三十人共有十二人持矛，正合。❺鞮瞀　即兜鍪、頭盔。❻十人人擅苗　孫說當作「十八人，人擅弩」。❼㩘　孫說當作「機」。

【語　譯】把兩隻船並連起來，就構成一臨，每十臨構成一個船隊。每一臨三十人，一些人持著弓弩，十分之四的人持著矛。一定要善於把船當作轒轀車一般使用。二十隻船一隊，要選有力的勇士三十名同乘船中，其中十二人持著矛，帶著劍，穿著鎧甲，戴著頭盔，十八人持著弓弩。先把勇士們厚養起來，再安排另一住處供養他們的父母妻子，作為人質。看到可以沖決堤岸的時候，就用由臨編成的轒轀車般的船隊，去沖決外堤，這時城上就得趕緊用弩機發箭來作配合。

備突第六十一

【題　解】本篇主要介紹防備敵人利用穴道進攻。前後可能有脫文。

城百步一突門❶，突門各為窯竈❷，竇入門四五尺，為亓門上瓦屋，毋令水潦能入門中。吏主塞突門，用車兩輪，以木束之，塗其上，維❸置突門內，使度門廣狹，令之入門中四五尺。置窯竈，門旁為橐❹，充竈伏柴艾。寇即入，下輪而塞之。鼓橐而熏之。

【章　旨】介紹窰竈的設置。

【注　釋】❶突門　設置在城內，用以防備敵人。❷窯竈　後面〈備穴〉說：「穴內口為竈，令如窯。」《說文》：「窯，燒瓦竈也。」❸維　用繩子繫在車輪上。❹橐　風箱。

【語　譯】城內每百步設置一道突門。每道突門各有一口瓦窰般的竈，竈洞入門四到五尺，在穴門上方蓋有瓦屋，不能讓雨水流入門中。由軍吏主管堵塞突門。用兩個車輪，綑在木上，上面塗上泥，用繩繫住車輪，把它懸掛在突門內。還要派人測量門的寬窄，使車輪能懸掛在門內四到五尺的地方。在門內挖窰竈，門邊安上風箱，在竈裡裝滿柴草艾蒿。如果敵人進了穴道，就放下車輪把門口堵住，鼓起風箱熏燒敵人。

備穴第六十二

【題　解】本篇在介紹防備敵人利用穴道進攻的各種措施。主要方法有：從城內挖深溝，以截斷敵方穴道；守方也挖穴道，從穴道裡迎擊敵人；在穴道對敵的重要方法是施煙熏敵。另外還詳細敘述了各種工具、武器的配備及防護措施。

禽子再拜再拜，曰：「敢問古人有善攻者，穴土而入，縛柱施火❶，以壞吾城，城壞，或中❷人為之奈何？」

【章　旨】禽滑釐問防備敵人利用穴道進攻的方法。

【注　釋】❶縛柱施火　《通典・兵門說・距闉》：「鑿地為道，行於城下，攻城建柱，積薪於其柱，圜而燒之，柱折城摧。」可以參看。❷或中　當作「城中」。或可能是「城」的壞字。

【語　譯】禽滑釐拜了四拜，說：「請問古時候善於攻城的人，常挖掘穴道進入城中，他們在柱上綑上柴草，放火燒柱，以破壞我城，城如遭到破壞，城中人該怎麼辦？」

子墨子曰：「問穴土之守邪？備穴者城內為高樓，以謹候望適❶人。適人為變，築垣聚土非常者，若彭❷有水濁非常者，此穴土也。急壍❸城內，穴其土直❹之。穿井城內，五步一井，傅城足高地丈五尺，下地，得泉三尺而止。今陶者為罌，容四十斗以上，固順❺之以薄鞈革❻，置井中，使聰耳者伏罌而聽之，審知穴之所在，鑿穴迎之。

【章　旨】墨子介紹從城內挖穴道對付敵人的方法。

【注　釋】❶適　通「敵」。❷若彭　王念孫說：「若，猶與也，彭與『旁』通。」❸壍　《玉篇》：「壍，同塹。」❹直　畢說：「直，當也。」❺順　孫說當作「幎」。《說文》：「幎，幔也。」段注：「謂蒙其上也。《周禮》注曰：『以巾覆物曰幎。』」❻𩊠革　即生皮。未經加工的皮子。《說文》：「𩊠，生革可以為縷束也。」

【語　譯】墨子說：「你問怎樣防守敵人挖穴道進攻嗎？要防備敵人利用穴道進攻，就得在城內建高樓，以仔細地觀察敵人。敵人方面發生了變化，築牆聚土不同尋常，旁邊的水渾濁也不同尋常，這就是敵人在挖穴道的跡象了。這時要趕緊在城內開溝，也在地下挖穴道來迎敵。在城內挖井，每五步一口井，沿城腳有一丈五尺高地的，挖井時要挖到出現地下水，再挖三尺才停止。派陶工製作罌，罌能裝四十石以上，罌口用薄薄的生皮蒙上紮緊，放到井裡面，派聽力好的人伏在罌上聽，等弄清敵人穴道的方位規模，再挖穴道迎擊他們。

「令陶者為月明❶，長二尺五寸六圍❷，中判之，合而施之穴中，偃一，覆一。柱之外善周塗，亓傅柱者勿燒。柱者勿燒❸，柱善塗亓竇際，勿令泄。兩旁皆如此，與穴俱前。下迫地，置康若❹亓中，勿滿。灰康長五❺竇，左右俱雜❻相如也。穴內口為竈，令如窯，令容七八員❼艾，左右竇皆如此，竈用四橐。穴且遇，以頡皐衝之，疾鼓橐熏之，必令明習橐事者，勿令離竈口。連版以穴高下、廣陜❽為度，令穴者與版俱前，鑿亓版令容矛，參❾分亓疏數，令可以救竇。穴則遇，以版當之，以矛救竇，勿令塞竇。竇則塞，引版而郄❿，過一竇而塞之，鑿其竇，通亓煙，煙通，疾鼓橐以熏之。從穴內聽穴之左右，急絕亓前，勿令得行。若集客穴，塞之以柴塗，令無可燒版也。然則穴土之攻敗矣。

【章　旨】介紹修建管柱、利用連板，擊敗利用穴道進攻的方法。

【注　釋】❶月明　王引之說當作「瓦罌」。❷六圍　「六」字上應有「大」字。❸柱者勿燒　畢說這四個字是衍文。❹康若　康，通「糠」。若，與。❺五　當作「亙」。是完、竟的意思。❻雜　孫說：「猶帀也。」❼員　通「丸」。❽陜　通「狹」。❾參　同「三」。❿郄　同「卻」。《廣雅・釋言》：「卻，退也。」

【語　譯】「命陶工製造瓦罌，罌長二尺五寸，大六圍，從中間剖開，合在一起放進穴道中，一半塊向上，一半塊向下，連接起來，構成管柱。管柱外面要全塗上泥，不要使它著火燃燒。管柱的縫隙，尤須塗好，不能讓它漏氣。穴道兩旁都安裝上這種管柱，穴道開到哪裡，管柱就安裝到哪裡。管柱要與地面貼緊，管內裝上糠和灰，但不要裝滿。灰和糠要在整個管內都放到，左右兩面的管道灰糠數量相當。在穴道口內鑿竈，使竈大如瓦窰，能裝下七八個艾團。左右兩邊的竈穴都是如此。每口竈都用四只風箱。當敵我雙方的穴道將要碰頭相遇時，就用桔槔衝開穴道，趕緊鼓起風箱，用煙熏敵人。一定要派熟悉風箱性能的人操作，不要讓他們離開竈口。連板以木板拼成，它的規格大小以穴道的高短、寬窄為標準，命挖穴的人推著連板一直向前挖。板上鑿孔，孔的大小可穿過一支矛，稀密相間，使它能及時搶修管柱。如敵我雙方在穴口相遇，就用連板擋住敵人來的方向，用矛搶修瓦柱，不要使柱中堵塞。如堵塞時，就拉著連板退卻，每過一段管柱，如發現它被堵塞，就把它鑿開，使煙暢通，煙通了，就趕緊鼓動風箱熏敵人。從穴內聽一聽穴道壁的左右，透過響聲來判斷敵人的動向。要及時堵住敵人從兩邊斜穿前來的穴道，不能讓他們通過。如果我方衝入了敵方穴道，要趕緊用塗了泥的柴紲塞到前面，使敵人無法燒燬連板。這樣，就可使利用穴道進攻的敵人失敗了。

「寇至吾城，急非常也，謹備穴。穴疑有應寇，急穴。穴未得，慎勿追❶。

【章　旨】強調備穴的重要及原則。

【注　釋】❶穴未得二句　畢說：「言己不謹其穴，且勿追寇。」

【語　譯】「敵寇來到我城，情況緊急不同一般，要謹慎地防備敵人挖穴道入城。敵人有挖穴進城的跡象，而外邊又有敵兵攻城互為呼應時，要趕緊挖穴道對付。自己的防守沒安排好，不要出城追擊敵人。

「凡殺以穴攻者，二十步一置穴，穴高十尺，鑿十尺，鑿如前，步下三尺。十步擁穴，左右橫行，高廣各十尺『殺』❶。

【章　旨】介紹用「殺」防止敵人在穴道兩旁斜穿而出的方法。

【注　釋】❶殺　孫說上當有「為」字。殺，指穴道裡面向左右開挖的橫穴道，其作用是防止敵人從兩旁穿穴而出。

【語　譯】「凡是要殺敗敵人用穴道進攻，每二十步就要挖一穴道，穴道高十尺，寬十尺，一直向前挖去，每步向下低三尺。此穴道中每十步還得有另一叫擁穴的穴道，向左右呈橫的走向，這種穴道高、寬各十尺，又叫做『殺』。

「俚❶兩罌，深平城，置板亓上，䀚板❷以井聽。五步一密。用拙❸若松為穴戶，戶穴❹有兩蒺蔾，皆長極其戶，戶為環，壘石外埻❺，高七尺，加堞亓上。勿為陛與石，以縣陛上下出入。且鑪橐，橐以牛皮，鑪有兩甀，以橋❻鼓之百十，每亦熏四十什❼，然炭杜之，滿鑪而蓋之，毋令氣出。適人疾近五百穴❽，穴高若下，不至吾穴，即以伯❾鑿而求通之。穴中與適人遇，則皆圍而毋逐，且戰北，以須鑪火之然也，即去而入壅穴殺❿。有𠑛隴⓫，為之戶及關籥獨順⓬，得往來行亓中。穴壘之中各一狗，狗吠即有人也。

【章　旨】介紹守方穴道內的各種設施。

【注　釋】❶俚　同「埋」。❷䀚板　孫說「䀚」為「聯」之誤，即上文「連版」。❸拙　孫說當為「枱」，「梓」的假字。❹穴　據上文意當作「內」。❺埻　吳鈔本作「厚」，畢說即「厚」字。❻橋　即桔槔。❼每亦熏四十什　孫說當作「毋下重四十斤」。❽五百穴　依下文「不至吾穴」，「五百」當作「吾」。❾伯　孫說當作「倚」。斜。❿壅穴殺　壅穴，即上文「擁穴」。殺，「擁穴」的另一種說法。⓫𠑛隴　𠑛，即鼠。隴，孫說即「竄」之異文。鼠竄即鼠穴、小洞。⓬獨順　孫說當作「繩幎」。繩，用作門戶上孔穴遮蔽物的上下啟閉。幎即「冪」，指遮蔽物。〈備城門〉說：「諸門戶皆令鑿而慕孔孔之。各為二，幕二，一鑿而繫繩，長四尺。」可以參證。

【語　譯】「在穴道中埋兩只罌，深度是罌口與城中地面齊平，上面放上木板，木板互相連結，用以從井中通過聽聲音判斷敵人的動向。每五步一口井。用梓木或松木做成穴道門，門內安有兩只蒺藜，其長度與門的高度相等。門上安有環，門外壘有厚厚的石頭牆，牆高七尺，上面加建女牆。牆內不要修建階梯或石綫，用吊梯上下出入。穴道中要備有鑪竈和風箱，風箱用牛皮製成，鑪竈中要裝兩只瓦器，用桔槔鼓動風箱，要鼓動數十次至百次，桔槔的重量不能低於四十斤。把炭燒燃塞進鑪竈中，塞滿了就把它蓋起來，不要讓它漏氣。敵人很快接近我們的穴道時，如果他們的穴道高於或低於我們的穴道，不能直接與我們的穴道接通，那我們就要斜著挖去以求接通。在穴道中同敵人遭遇，就只能抵禦而不要追擊，並且要佯裝戰敗，以等待鑪火燃燒。鑪火燃起來時，就離開主穴道，進入擁穴或殺中，以狙擊敵人。擁穴中要有小穴，要安上門，門上有鑰匙，繩幕可以開闔啟閉，人可以在主穴道和擁穴之間往來。各穴壘裡面要有一隻狗，狗叫就說明有人來了。

「斬艾與柴長尺，乃置窯竈中，先壘窯壁，迎穴為連❶。」

【章旨】介紹竈的修建及柴、艾的長度要求。

【注釋】❶連　下當有「版」字。

【語譯】「要把艾和柴截成一尺長，才投放到窰竈中去。建竈的方法，是先用石頭壘好竈壁，然後面對穴道用木板拼連。

「鑿井傅城足，三丈一，視外之廣陝而為鑿井，慎勿失。城卑穴高從穴難。鑿井城上❶，為三四井，內新斲❷井中，伏而聽之。審之❸知穴之所在，穴而迎之。穴且遇，為頡皋，必以堅材為夫❹，以利斧施之，命有力者三人，用頡皋衝之，灌以不潔❺十餘石。

【章旨】介紹鑿井備穴的方法。

【注釋】❶上　當作「內」。❷斬　當作「甎」。即上文的「罌」。❸之　衍文，當刪。❹夫　通「趺」。指桔槔的兩隻支架腳。❺不潔　指糠、灰、屎等物。

【語譯】「伴著城腳挖井，每三丈一口，挖井要看城外地形的寬窄，要謹慎選擇，不要有差錯。城的地勢低，穴的位置高，挖穴道就困難。在城內挖三到四口井，井中放入新製的罌，可以伏在上面聽城外的動靜。要詳細了解敵人穴道的位置所在，挖穴道去迎擊他們。敵我兩方的穴道將要碰頭時，就設置桔槔，桔槔的支架腳一定要用堅實的木材，裝上鋒利的斧頭，命三位有力氣的人用桔槔衝撞敵我兩穴之間的土層，衝開後，灌進十餘石不潔之物。

「趣❶伏此井中，置艾亓上，七分❷，盆蓋井口，毋令煙上泄，旁其橐口，疾鼓之。

【章旨】介紹在井中用艾團熏敵人的方法。

【注釋】❶趣　同「促」。急。❷分　當作「員」。上文「令容七八員艾」，可證。員，通「丸」。

【語譯】「要趕緊伏到這口井中，把七八個艾團放到竈上，用盆子蓋住井口，不要讓煙從井口漏出，艾團一旁對著風箱口，趕緊鼓動風箱，用煙熏敵。

「以車輪轀❶，一束樵，染麻索塗中以束之。鐵鎖縣正當寇穴口，鐵鎖長三丈，端環，一端鉤❷。」

【章旨】介紹製作懸鎖的方法。

【注釋】❶轀 即〈備城門〉中「兩材合而為之轀」的「轀」，即輓，用作鎮壓杜塞之物。❷端環二句 孫說：「言鐵鎖有兩端，一端為環，一端為鉤。」

【語譯】「用車輪做轀，一綑柴，綑柴用的麻繩要先放到泥漿中浸染，再用以綑柴。鐵鎖鏈正掛在敵方的穴道口上，鐵鎖鏈長三丈，一端套著環，一端有鉤子。

「鼠穴高七尺，五寸廣，柱間也❶尺，二尺一柱，柱下附舄❷。二柱共一員十一❸，兩柱同質❹，橫負土。柱大二圍半。必固亓負土，無柱與柱交者。

【章旨】介紹鼠穴的建構規格。

【注釋】❶也 當作「七」。❷舄 「碣」的本字。柱下石。❸員十一 孫說當為「負土」二字。《周禮・家人》賈疏：「隧道上有負土。」是一塊用以承載穴道上方泥土的頂板，頂板下用木柱支撐，左右各一柱。❹質 古「礩」字，通「舄」。柱基石。

【語譯】「鼠穴高七尺，寬五寸，穴壁兩旁的柱子相間七尺，柱下墊有基石。兩根柱子上方共著一塊頂板，兩根柱子下面共著同一基石，頂板是橫著安放的。每根柱子大二圍半。一定要加固頂板，柱與柱之間不能橫直交錯。

「穴二窯，皆為穴月屋❶，為置吏、舍人❷各一人，必置水。塞穴門以車兩走❸，為薀❹，塗亓上，以穴高下廣陜❺為度，令入穴中四五尺，維置之。當穴者客爭伏門❻，轉而塞之為窯，容三員艾者，令亓突入伏尺❼。伏傅突一旁，以二橐守之，勿離。穴矛以鐵，長四尺半，大如鐵服說❽，即刃之二矛❾。內去竇尺，邪鑿之，上穴當心，穴中為環利率❿，穴二。

【章　旨】介紹穴道中利用窰竈的方法。

【注　釋】❶皆為穴月屋　王引之說：「當作『皆為穴門上為瓦屋』，謂於穴門上為瓦屋也。」❷舍人　主管廄內工作的小吏。❸車兩走　即車輪。車以兩輪跑，故稱輪為「兩走」。又見〈備蛾傅〉。❹薀　即「轀」。❺陜　通「狹」。❻門　當作「鬥」。❼尺　張純一說是「穴」字之誤。❽鐵服說　不詳，當是器物名。❾刃之二矛　是指製成兩刃矛。《通鑑》「閔操兩刃矛」注：「兩刃矛者，鋏之兩旁皆利其刃。」刃，此處用作動詞。郭璞《三倉解詁》：「焠作刀堅也。」❿環利率　不詳。《六韜・軍用》有環利鐵鎖，與此類似。

【語　譯】「每穴挖兩個窰竈，都要在穴門上蓋上瓦屋，設置吏、舍人掌管，各設一人，一定要備有水。堵塞穴門用兩個車輪，做成轀，上面塗上泥，以穴的高矮寬狹為標準，要把它置於穴中四五尺的地方，用繩子繫著。我方同敵人在穴中爭鬥時，就轉動轆轤，放下車輪堵住敵人，利用窰竈。在竈中裝入三個艾團，命士兵衝進伏在穴中，要伏在穴道的一旁，守住兩只風箱，不要離開。穴道中所用的矛用鐵製成，長四尺半，大如鐵服說，即兩刃矛。在離竈穴一尺的地方，可斜著鑿進，從穴頂當心向上鑿，以加高穴道，這時所用的矛長七尺。穴中配上套有環的鐵鎖鏈，每條穴道有兩副。

「鑿井城上❶，俟其身❷井且通，居版上，而鑿亓一偏，已而移版，鑿一偏。頡皋為兩夫❸，而旁貍亓植，而數❹鉤亓兩端。諸作穴者五十人，男女相半。五十人❺。攻內為傳士之口❻，受六參❼，約枲繩❽以牛❾亓下，可提而與❿投，已則穴七人守退壘之中，為大廡⓫一，藏穴具其中。難穴⓬取城外池脣木月散之什⓭，斬亓穴⓮，深到泉。難近穴為鐵鈇⓯，金與扶林⓰長四尺，財⓱自足。客即穴，亦穴而應之。

【章　旨】介紹挖井迎擊敵人利用穴道進攻的方法。

【注　釋】❶上　孫說當作「下」。❷身　王說當作「穿」。❸夫　通「趺」。❹數　當作「敷」。❺五十人　衍文，當刪。❻攻內為傳士之口　孫說「內」當作「穴」，「傳士」當作「持土」。蘇時學說：「『口』字誤，蓋言器之盛土者。」❼受六參　受，容。參，孫說當作「絫」，通「蔂」。盛土的筐子。❽枲繩　麻繩。❾牛　當作「絆」。❿與　「舉」字。《墨子》中常以「與」為「舉」。⓫廡　通「甒」。即罌。《方言》：「罌，周魏之間謂之甒。」⓬難穴　意為使敵人難於挖穴道。孫說「難」當作「蔪」，亦通。⓭取城外池脣木月散之什　孫說當作「取城外池脣木瓦散之外」。⓮斬亓穴　孫說當作「塹亓內」，與上文「急塹城內」意同。⓯鈇　《說文》：「莝斫刀也。」是一種切草用的工具。⓰扶林　孫說當作「鈇枋」。枋、柄通。⓱財　通「才」。

【語　譯】「在城牆下挖井，當井快要挖穿將通時，就蹲坐在木板上先挖一邊，挖完移動木板，再挖另一邊。桔槔要做兩隻腳架，在旁邊埋上立柱，再把鉤子安在兩端。各種參加挖穴的共五十人，男女各半。挖穴時要製作裝土的器具，一次要能裝六筐。然後套上麻繩，以繩套住筐底，以便提上去把土倒掉。穴道挖完，就派七個人在身後的洞壘之中守護，在洞壘中放一只大罌，把挖穴道的工具藏在裡面。要使敵人難於挖穴，就應拾取城外護城河邊的木石瓦片，拋到外面，在城內挖壕溝，要深挖到地下出水。要使敵方難於接近我方穴道，就得製作鐵鍘刀，刀片和刀柄要長到四尺，才夠用。敵人如果挖穴，我方也挖穴迎擊。

「為鐵鉤鉅❶長四尺者，財自足。穴徹❷，以鉤客穴者。為短矛、短戟、短弩、蝱矢❸，財自足，穴徹以鬥。以金劍為難❹，長五尺，為銎❺，木杘❻，杘有慮枚❼，以左客穴。

【章　旨】介紹製作鐵鉤距、斧頭等備穴武器的要求。

【注　釋】❶鉅　同「距」。❷徹　蘇說：「通也。」❸蝱矢　即飛箭。《廣雅・釋器》：「飛蝱，箭也。」❹金劍為難　孫說：劍當作「銅」，難當作「蔪」，即斫。❺銎　畢說：「《說文》云：『銎，斤斧穿也。』案經典文，凡以穿為孔者，此字假音。」❻杘　《廣雅・釋詁》：「杘，柄也。」❼慮枚　慮，「鑢」的省文。《說文》：「鑢，錯銅鐵也。」即於木柄為齒，如同鑢錯。枚，《詩經・閟宮》《毛傳》：「枚枚，礱密也。」孔疏：「枚枚者，細密之意。」

【語　譯】「製作鐵鉤距，要長四尺，才夠用。穴道挖通時，就用它去鉤挖穴的敵兵。還要製作短矛、短戟、短弩、飛箭，才夠用，穴道穿了就用它們同敵人戰鬥。用銅一類金屬製作斧頭，斧頭長五尺，上面留有穿柄的孔眼，用木做斧柄，柄上刻有細密的齒紋，用以輔助攻擊穿穴而來的敵人。

「戒持❶罌，容三十斗以上，貍穴中，丈一，以聽穴者聲。

【章　旨】介紹罌的規格及作用。

【注　釋】❶戒持　戒，備。持，持有。

【語　譯】「要準備罌，能裝三十斗以上，埋在穴道中，每一丈埋一只，用來聽對方挖穴傳來的聲音。

「為穴，高八尺，廣❶，善為傅置❷。具全牛交槀❸，皮及坛❹，衛穴二，蓋陳靃❺及艾，穴徹熏之以❻。

【章　旨】介紹穴道內的設施要求。

【注　釋】❶廣　下有脫文。疑脫「與此同」三字。❷傅置　孫說當作「傅埴」，即上文「柱之外善周塗，亓傅柱者勿燒」之意。❸具全牛交槀　孫說當作「具鑪牛皮槖」，即上文「具鑪槖，槖以牛皮」之意。❹皮及坛　孫說當作「及瓦缶」，與上文「鑪有兩缻」意同。❺蓋陳靃　蓋，孫說當作「益」。靃，「藿」的省文。即藿。豆葉。❻熏之以　當作「以熏之」。

【語　譯】「挖穴，高八尺，寬八尺，要立好柱子，用泥塗柱。要配備鑪竈和牛皮做的風箱，鑪竈配兩只瓦缶。每穴要一只風箱，在竈中多多添上老豆葉和蒿艾之類的燃料，穴道一對穿，就用它來熏敵人。

「斧金為斫❶，杘長三尺，衛穴四❷。為壘❸衛穴四十，屬❹四。為斤、斧、鋸、鑿、钁❺，財自足。為鐵校❻，衛穴四。

【章　旨】介紹穴道內的器具配備。

【注　釋】❶斧金為斫　孫說「斧」下當有「以」字，斫即斧刃。❷衛穴四　王闓運說：「每穴二斧。」下依此類推。❸壘　「藟」的省文。即「虆」。❹屬　「劚」的省文。❺钁　《玉篇》：「钁，局虞切，軍器也。」孫說通「鉥」。是一種類似於鑿的工具。❻校　孫說：「蓋鑄鐵為闌校以禦敵。」〈備蛾傅〉有「校機」。

【語　譯】「用金屬作斧刃，柄長三尺，每穴配置兩斧。配置裝土用的筐子，每穴二十只，再配四把劚。要配置斤、斧、鋸、鑿、钁，才夠用。配置鐵校，每穴兩副。

「為中櫓，高十丈❶半，廣四尺。為橫穴八❷櫓，蓋❸具稾枲❹，財自足，以燭穴中。

【注　釋】❶丈　當作「尺」。❷八　孫說當作「大」。❸蓋　當作「益」。❹稾枲　乾枯的麻稈。

【章　旨】介紹穴中所用盾及照明材料。

【語　譯】「製作中等盾牌，高十尺半，寬四尺。還可製作可以橫遮穴口的大盾牌。要多準備乾麻稈，才夠用，用於穴中照明。

「蓋持醯❶，客即熏，以救目，救目分方鑿❷穴。以益❸盛醯置穴中，文盆❹毋少四斗。即熏，以自❺臨醯上，及以洒❻目。」

【章　旨】介紹防備敵人放煙熏我的救護措施。

【注　釋】❶蓋持醯　孫說當作「益持醯」。《春秋繁露・郊語》：「人之言醯去煙。」醯，當是一種酸性藥物。❷鑿甑說為「鑿」之譌。❸益 依下文當作「盆」。❹文盆 當作「大盆」。❺自 當作「目」。❻沺 孫說當作「洒」。《說文》：「洒，滌也。」

【語 譯】「要多帶醯這種藥物，敵人如果放煙熏我們，可以用它救治眼睛。救眼睛的同時，還要從各個方向鑿穿穴道，把煙排出去。用盆子盛著醯，放置在穴中，大盆不能少於四斗。如果眼睛被煙熏著了，就把眼睛俯對醯水，以及用它來洗一洗。」

備蛾傳第六十三（以下原闕四篇）

【題 解】蛾傳，也就是《孫子兵法・謀攻》的「蟻附」。蛾，螘；傳，附，均係音近假借。本篇所介紹的防備敵人蟻附攻城的方法有：用「懸脾」從城上縋人以殺敵；用「塔」、「懸火」、「煇火」等去燒敵；還要建起「薄」、「殺」之類的柵籬以防敵。其他適用的防禦手段、武器等，也有所介紹。

禽子再拜再拜曰：「敢問適❶人強弱，遂以傅城❷，後上先斷❸，以為法程❹，斬❺城為基，掘下為室，前上不止，後射既疾，為之奈何？」

【章 旨】禽滑釐問對付敵人附城而攻的方法。

【注 釋】❶適 通「敵」。❷傅城 即蟻附攻城。曹耀湘說：「使士卒緣城而上，如蟻之緣牆。」❸斷 斬。❹法程 法程，即法度。法，「法」的誤字。❺斬 「鏨」的省文。《說文》：「鏨，小鑿也。」

【語　譯】禽滑釐連拜四拜說：「請問：如果敵人恃強欺弱，於是蟻附登城，先上城受賞，後上城受刑，以此作為法令；敵兵用鑿塹城為階，掘地為穴，前面衝鋒不止，後面箭射不歇，這時該怎麼辦？」

子墨子曰：「子問蛾❶傅之守邪？蛾傅者，將之忿者也。守為行臨❷射之，校機藉之，擢❸之，太氾❹迫之，燒荅❺覆之，沙石雨之，然則蛾傅之攻敗矣。

【章　旨】墨子總說對付蟻附之法。

【注　釋】❶蛾　同「蟻」。❷行臨　即高臺。已見前。❸擢　《說文》：「擢，引也。」此指以手拉弓。❹太氾　當作「火湯」。❺荅　同「塔」。詳後。

【語　譯】墨子說：「你問怎樣防守敵人蟻附攻城嗎？採用蟻附攻城的方法，是將帥情緒忿激的表現。守方可以建起高臺射擊敵人，或藉弩機之力以發箭，或即以手拉弓，同時用火和沸水去燒燙脅迫他們，推倒燃燒的火塔去壓覆他們，拋擊沙石去漫天飛灑他們，那麼蟻附攻城就會失敗了。

「備蛾傅為縣脾❶，以木板厚二寸，前後三尺，旁廣五尺，高五尺，而折為下磨車❷，轉❸徑尺六寸。令一人操二丈四方❹，刃其兩端，居縣脾中，以鐵鏁❺敷縣二❻脾上衡，為之機。今有力四人下上之，弗離。施縣脾，大數二十步一，攻隊所在六步一。

【章　旨】介紹縣脾的製作使用方法。

【注　釋】❶縣脾　從本章看，當是一種吊車，車廂裡可以站人，用轆轤上下升降，人持武器在車廂裡打擊敵人。❷下磨車　即轆轤。❸轉　指轆轤的轉輪。❹方　當作「矛」。據〈考工記・廬人〉，二丈四尺的矛叫「夷矛」。❺鏁　即「鎖」。❻二　是「縣」的重文標記。

【語　譯】「防備敵人蟻附，可以製作懸脾，用木板製作，木板厚二寸，前後各長三尺，兩旁寬五尺，高五尺，四面折攏來就做成了轆轤車的車廂。轆轤的轉輪，直徑長一尺六寸。派一個人持二丈四尺的夷矛，矛兩頭都有利刃，這個人就站在懸脾當中。懸脾上的橫木用鐵鏈子繫著，套在轉機上。須派四個有力氣的人轉動轆轤，使懸脾上下升降，不要離開。設置懸脾，在一般情況下，每二十步一架，與敵人對陣時，每六步一架。

「為纍❶，苔廣從丈各❷二尺，以木為上衡，以麻索大徧之❸，染其索塗中。為鐵鏁，鉤其兩端之縣❹。客則蛾傅城，燒苔以覆之，連筳❺抄大❻皆救之。以車兩走，軸間廣大以圉❼，犯之❽，融❾其兩端，以束輪，徧徧❿塗其上。室中以榆若蒸⓫，以棘為旁，命曰『火捽』，一曰『傳湯』，以當隊。客則乘隊，燒傳湯，斬維而下之，令勇士隨而擊之，以為勇士前行⓬，城上輒塞壞城。

【章　旨】介紹製塔對付敵人蟻附的方法。

【注　釋】❶纍　畢說當作「壘」。❷廣從丈各　從，通「縱」。丈各，應倒為「各丈」。❸大徧之　徧，當作「編」。

「大」字應在「麻」字上。❹縣　即「懸」。❺簋　王說即「匙」。❻抄大　抄，《集韻》：「叉取也。」大，當作「火」。❼圉　當作「圍」。❽犯之　當指車軸抵著兩輪。犯，抵觸。❾[鹵虫]　孫說當為「[豖虫]」之變體。《廣雅・釋詁》：「[豖虫]，刺也。」猶如說「兌其兩端」。❿偏偏　孫說下「偏」字當作「編」。⓫室中以榆若蒸　室，通「窒」。若，與。蒸，《周禮・甸師》鄭注：「木大曰薪，小曰蒸。」⓬以為勇士前行　孫說當作「以勇士為前行」。

【語譯】「用土築成壘，製成長寬各一丈二尺的塔，上面用木做橫梁，用大麻繩把土塔和橫梁綑織起來，麻繩要放到泥漿中浸染過。再製作鐵鎖鏈，鉤住橫梁兩端的懸環。敵人如蟻附攻城，就燒塔去覆壓他們，不斷地用匙子撮火以制止敵人。或者用兩個車輪，車軸中間寬大到一圍，抵住兩個車輪，軸兩端要尖，以便於綑束車輪，繩上要塗滿泥巴。中間塞進榆枝和其他柴枝，旁邊放些棘枝，叫做『火捽』，又叫做『傳湯』，用它對著敵人的隊伍。敵人的隊伍爬城時，就放火燒傳湯，斬斷繩子讓它墜落下去，命令勇士跟著出擊敵人，用勇士做先行時，城上其他人就乘機修整被毀壞的城牆。

「城下足為下說鑱杙❶，長五尺，大圍❷半以上，皆剡其末，為五行，行間廣三尺，貍三尺，大耳❸樹之。為連殳❹，長五尺，大十尺。梃❺長二尺，大六寸。索長二尺。椎，柄長六尺，首長尺五寸。斧，柄長六尺，刃必利（，皆[艹羽廾]其一後❻）。荅廣丈二尺，□□❼丈六尺，垂前衡四寸，兩端接尺相覆，勿令魚鱗三❽，著其後行。中央木❾繩一，長二丈六尺，荅樓不會者以牒塞❿，數暴乾，荅為格⓫，令風上下。堞惡疑壞者，先貍木十尺一枚一⓬。節⓭壞，鄧植以押慮盧薄於木⓮，盧薄表⓯八尺，廣七寸，經尺一⓰，數施一擊而下之⓱，為上下釫而斲之⓲。

【章　旨】介紹各種防禦武器的製作及女牆的修補措施。

【注　釋】❶下說鑱杙　說，通「銳」。鑱，《說文》：「鑱，銳也。」❷圉　當作「圍」。❸大耳　當作「犬牙」。❹殳　《詩經．衛風．伯兮》《毛傳》：「殳長丈二而無刃。」馬瑞辰《毛詩傳箋通釋》：「殳為戟柄之稱。」❺梃　〈備城門〉中有「連梃」，當即此。❻皆葬其一後　意不詳。諸家或有釋者，但支離其意，此不從，寧從缺。音亦缺。❼□□　尹說：「缺文當為『其從』二字。」從，即「縱」。❽三　通「槮」。《說文》：「槮，木長也。」❾木　當作「大」。❿牒塞　《說文》：「牒，札也。」《廣雅．釋詁》：「牒，版也。」孫說：「謂以版塞縫隙。」⓫格　架。指塔內設置格架，使裡面空心，以便放置柴草，並通風。⓬一　衍文，當刪。⓭節　當作「即」。⓮鄧植以押慮盧薄於木　鄧，畢說即「斲」字。押，檢押。約束之意。慮，衍文。盧薄，即薄櫨。《說文通訓定聲》：「單言曰櫨，累言曰欂櫨。……方木，似斗形，在短柱上，供承屋棟。」⓯表　當作「袤」。⓰經尺一　當作「徑一尺」。⓱數施一擊而下之　指把薄櫨的榫子投入木柱的鑿孔中，擊之使緊固。數，多次。⓲鈃而斲之　鈃，《說文》：「兩刃臿也。」即「鏵」。臿是一種農具，在這裡當不指農具，而是指可以加固欂櫨的釘子，其形制可能像兩刃臿，故名。斲，即「斲」，通「斫」。《說文》：「斫，擊也。」

【語　譯】「城牆下打滿下端尖銳的木樁，木樁長五尺，大一圍半以上，都把上端削尖，排成五行，行間距離寬三尺，埋入土中三尺，要犬牙交錯地打樁子。製作連殳，長五尺，大十尺。梃長二尺，大六寸。繩子長二尺。椎，柄長六尺，椎頭長一尺五寸。斧，柄長六尺，斧刃一定要鋒利（，皆葬其一後）。塔寬一丈二尺，長一丈六尺。前面的橫木出邊四寸，兩頭銜接處要有一尺長的接頭銜接，不能像魚鱗般參差不齊，還要與後面的橫木繫著起來。中間用一根大繩子，繩長二丈六尺，塔樓沒有密合的地方要用木片把縫隙塞緊，經多次曬乾。塔裡面要有格架，使空氣能上下流通。城上的女牆不牢固估計會壞的，先埋一根十尺長的立柱，如果壞了，就砍斫橫木，用薄櫨把它與立柱約束固定起來，以支撐女牆。薄櫨長八尺，寬七寸，直徑長一尺，要一次又一次地錘擊，使薄櫨的榫子落入立柱的鑿孔中去，然後上下都用釘子把它釘牢。

「經一❶。鈞❷、禾❸樓、羅❹石。縣荅，植內毋植外。

【章　旨】介紹一些守城裝備。

【注　釋】❶經一　當作「徑一尺」，下有脫文。❷鈞　當作「鉤」，上有脫文。❸禾　當作「木」。❹羅　當作「絫」。礧。

【語　譯】「直徑長一尺。鉤子、木樓、礧。懸塔，要掛在樓內柱上，不要掛在樓外柱上。

「杜格❶，貍四尺，高者十丈，木長短相雜，兌其上，而外內厚塗之。

【章　旨】介紹杜格這種防禦設施。

【注　釋】❶杜格　孫說當作「柞格」。是設陷阱所用的器具。但從本章看，當是柵牆。

【語　譯】「杜格，埋進地裡四尺，高的有十丈，木樁長的短的互相摻雜，上端削尖，裡外都厚厚地塗上泥巴。

「為前行行棧、縣荅。隅為樓，樓必曲裡❶。土五步一，毋其二十畾❷。爵穴十尺一，下堞三尺，廣其外，轉䡴❸城上，樓及散❹與池革盆❺。若轉攻❻，卒❼擊其後，煖❽失治，車革火❾。

【章　旨】介紹城上的防禦設施。

【注　釋】❶由裡　孫說當作「[illegible]」。❷畾　通「蔂」。盛土的工具。❸轉䑞　意不明。䑞，字書無此字。畢沅說即「傳」字，孫說不對。王闓運說：「畾，壅也，所以穴土壅城上。」不知是否。譯文從缺，僅錄原文。❹散　孫說當作「殺」。詳後文。❺革盆　已見〈備城門〉。❻轉攻　王闓運說：「敵舍此攻彼也。」❼卒　尹說：「急也。」❽煖　當作「緩」。❾車革火　尹說：「革，急也。言用車火以攻敵。」

【語　譯】「製作先行用的行棧、懸塔。城角上建樓，樓必兩層。五步一堆土，備二十只盛土用的筐子。每十尺開鑿一個爵穴，在堞下三尺處，爵穴口外寬內窄。轉䑞城上，備有行樓、殺、池和革盆。如果敵人轉而向別處進攻，就趕緊派人從後面追擊，行動遲緩、失去戰機的，要軍法處置，或趕緊改用車火去追擊敵人。

「凡殺蛾傅而攻者之法，置薄❶城外，去城十尺，薄厚十尺。伐操❷之法，大小盡本斷之，以十尺為斷，離而深貍堅築之，毋使可拔。

【章　旨】介紹薄的設置。

【注　釋】❶薄　在城外用樹樁做的柵籬。即〈備城門〉、〈備梯〉中的「裾」（當作「椐」）。❷操　畢說當作「薄」。

【語　譯】「殺敗蟻附攻城的方法是，在城外設置柵籬。柵籬離城十尺，厚十尺。砍伐做柵籬所用的樹，不論大小，都從根部斬斷，截成十尺一段，有間隔地埋進土裡，樁子要深埋築緊，使它不能被拔出來。

「二十步一『殺』❶，有壚❷，厚十尺。殺有兩門，門廣五步❸，薄門板梯貍之，勿築，令易拔。城上希❹薄門而置搗❺。

【章　旨】介紹殺的建構。

【注　釋】❶殺　指柵籬左右橫出的圍子。詳〈備梯〉及本章。❷壙　孫說當作「鬲」，通「隔」。從「殺」中間隔開，以藏人和器械。❸步　當作「尺」。❹希　同「睎」。望。❺搗　當作「楬」。用作標記的木樁。

【語　譯】「每二十步設置一所『殺』，中有隔子，厚十尺。殺有兩個門，門寬五尺。柵籬門和板梯都要埋進土裡，但不要築土，使它容易拔出來。城上對著柵籬門設置作標誌用的木樁。

「縣火，四尺一椅❶，五步一竈，竈門有爐炭。傳令敵人盡入，車火❷燒門，縣火次之，出載而立，其廣終隊。兩載之間一火，皆立而待鼓音而然，即俱發之。敵人辟❸火而復攻，縣火復下，敵人甚病。

【章　旨】介紹使用懸火、煇火的方法。

【注　釋】❶椅　當作「檥」。〈備梯〉中作「鉤檥」，是用於掛懸火的木樁和鉤子。❷車火　孫說當作「熏火」。火煙上出叫「熏」。❸辟　摒除。〈備梯〉中作「除」。

【語　譯】「懸火，每四尺設一木樁以備懸掛。每五步設一竈，竈裡要備有爐炭。等敵人全進來時，就傳令用大火燒門，懸火隨後而至。將士們從戰車中出來站著，我方陣列與敵隊寬度相應。兩戰車之間有一隊持火的士兵，他們站著，一聽到鼓響就點燃，立即同時投向敵人。敵人摒除大火後再度進攻時，我守方的懸火再度投下，敵人就會傷亡慘重。

「敵引哭❶而榆❷，則令吾死士左右出穴門擊遺師，令賁士、主將皆聽城鼓之音而出，又聽城鼓之音而入。因素❸出兵將施伏。夜半而城上四面鼓譟，敵人必或❹，破軍殺將。以白衣為服，以號相得。」

【章　旨】介紹最後出擊殘敵的方法。

【注　釋】❶哭　畢說「哭」當作「師」，古文形近而誤。❷榆　孫說是「逃」的借字。❸素　舊。❹或　通「惑」。

【語　譯】「當敵人率軍而逃時，我方就派敢死之士，從左右穴門出城追擊殘軍，命令勇士、主將都要聽到城上的鼓響就出城，又要聽到城上的鼓響就入城。照舊要派出兵將設埋伏。半夜在城上四面擊鼓吶喊，敵人就一定會感到迷茫無路，結果軍隊被擊敗，將帥被殺死。我方都穿著白色衣服以便識別，以鼓聲為號以便統一行動。」

迎敵祠第六十八

【題　解】迎敵祠，主要在講述守方迎敵前的各種祭神、誓師儀式，包括軍中的宗教活動及對各種宗教人員的管理原則。篇中從「凡守城之法」到「故時諺則民不疾矣」兩章，講軍中的職官配置及供需防護，與篇旨沒有關聯，可能是從別篇錯簡而來。

敵以東方來，迎之東壇，堂高八尺，堂密八❶。年八十者八人主祭。青旗，青神長八尺者八，弩八，八發而止。將服必青，其牲以雞。敵以南方來，迎之南壇，壇高七尺，堂密七，年七十者七人主祭。赤旗，赤神長七尺者七，弩七，七發而止。將服必赤，其牲以狗。敵以西方來，迎之西壇，壇高九尺，堂密九，年九十者九人主祭。白旗，素神長九尺者九，弩九，九發而止。將服必白，其牲以羊。敵以北方來，迎之北壇，壇高六尺，堂密六，年六十者六人主祭。黑旗，黑神長六尺者六，弩六，六發而止。將服必黑，其牲以彘。從❷外宅諸名大祠，靈巫或禱焉，給禱牲。

【章旨】介紹迎四方之敵祭神的服色、規格要求。

【注釋】❶密八　畢說「密」當作「深」。八，八尺。❷從　孫說當作「徙」。並說：「謂城外居宅及大祠，寇至，則從其人及神主入內也。」

【語譯】敵人從東方來，就到東壇迎神，壇高八尺，堂深八尺，以八位八十歲的人主持祭祀。青旗，青神神主高八尺，用八尊，弩八張，發箭八支就停止。主將要穿青色服裝，祭神的犧牲用雞。敵人從南方來，就到南壇迎神，壇高七尺，堂深七尺，用七位七十歲的人主持祭祀。赤旗，赤神神主七尊，每尊高七尺，弩七張，發箭七支就停止。將領一定穿紅色服裝，祭神的犧牲用狗。敵人從西方來，就到西壇迎神，壇高九尺，堂深九尺，用九位九十歲的人主持祭祀。白旗，素神神主用九尊，每尊高九尺，弩要九張，發九支箭就停止。主將一定要穿白色服裝，祭祀的犧牲用羊。敵人從北方來，就到北壇迎神，壇高六尺，堂深六尺，用六位六十歲的人主持祭祀。黑旗，用六尊黑神神主，每尊高六尺，弩要六張，發六支箭就停止。主將要穿黑色服裝，祭神的犧牲用豬。如果敵人到來，城外的住家及各大祠堂裡的人及神主都得遷到城內。靈巫有時要禱告，就供給禱告時所要用的犧牲。

凡望氣❶，有大將氣，有小將氣，有往氣，有來氣，有敗氣，能得明此者可知成敗、吉凶。舉巫、醫、卜有所，長具藥❷，宮之，善為舍。巫必近公社，必敬神之。巫卜以請守❸，守獨智❹巫卜望氣之請而已❺。其出入為流言，驚駭恐吏民，謹微❻察之，斷❼，罪不赦。望氣舍近守官。牧❽賢大夫及有方技者若工，弟之❾。舉屠酤者，置廚給事，弟之。

【章旨】介紹怎樣對巫卜及望氣者加強管理。

【注釋】❶望氣　望人面色或天象，以預測吉凶成敗。❷長具藥　孫說：「醫之長，掌具藥備用。」❸守　指守城長官。王本「守」上有「報」字，是。❹智　通「知」。❺巫卜望氣之請而已　〈號令〉說：「巫、祝吏與望氣者，必以善言告民，以請上報守，守獨知其請而已。」請，通「情」。指卜筮望氣的結果。❻微　伺察。❼斷　即「斬」。❽牧　孫說當作「收」。❾弟之　孫說「弟」為「稊」的省文，稊與秩同。指給予廩食。

【語譯】所謂望氣，有大將氣，有小將氣，有往氣，有來氣，有敗氣，能明確地知道這些，就可以預知成敗吉凶。舉凡巫者、醫生、卜者都各有居所，醫之長掌管收集藥物備用，要建房舍供養他們，妥善安置。巫者的住所，必定鄰近土地神祠，一定使他們受到敬重，並以神看待。巫者卜者把望氣的實情報告守城長官，也只有守城長官才能得知他們望氣的實情。如果他們出入軍營城中，卻製造流言蜚語，來恐嚇官吏人民，要小心偵察，發現了要處斬，絕不饒恕。望氣的人居處鄰近守城長官的治所，可以招集賢能的士大夫以及各種有技術的人、各種工匠，給他們職位俸祿；還可以推舉屠夫、賣酒的，備置廚房給事，給他們職位俸祿。

凡守城之法，縣師❶受事，出葆❷，循溝防，築薦通塗❸，脩城。百官共❹財，百工即事，司馬視城脩卒伍。設守門，二人掌右閹❺，二人掌左閹，四人掌閉，百甲坐之。城上步一甲、一戟，其贊❻三人。五步有五長，十步有十長，百步有百長，旁有大率❼，中有大將，皆有司吏卒長。城上當階，有司守之；移中❽中處，澤❾急❿而奏⓫之。士皆有職。

【章　旨】介紹城內各種職官、守卒的配置。

【注　釋】❶縣師　《周禮・地官》有縣師、上士二人，如果有軍情，就受司馬所付職事，掌管召集部隊、人民，要求他們籌措車馬、旗鼓、兵器等，並率領他們前來守城。❷出葆　指出城做防守工作。葆，通「保」。❸築薦通塗　孫說：「築荐通塗，謂雍塞通達之塗也。」薦，通「荐」。壅塞之意。❹共　通「供」。❺閹　通「闔」。《說文》：「闔，門扇也。」❻贊　《小爾雅・廣詁》：「贊，佐也。」❼旁有大率　〈旗幟〉說：「四面四門，及左右軍之將，分守四旁。」可以參證。❽移中　孫說「移中」應為「多卒」，指百甲之外的士兵。❾澤　通「擇」。❿急　指緊急之事。⓫奏　《史記・蕭相國世家・索隱》：「奏者，趨向之也。」

【語　譯】守城的方法，縣師從司馬那裡接受職事，出城做保衛工作，巡視溝塹堤防，堵塞四通八達的道路，修建城牆。百官供給財用，百工從事工作，司馬視察全城，整治軍隊。配置守門人，兩個人掌管右門，兩個人掌管左門，四個人掌管關閉，一百甲士坐守城上。城上一步一甲士、一枝戟，另有三人輔佐，每五步設有伍長，十步設有十長，百步設有百長，四旁都有將領把守，中軍設有大將，都配有辦事人員及軍官。城上當階之處，有「司」這一職官守著；百甲之外多餘的士卒居於城中，主管選擇緊要事務，趕緊到長官那兒報告。軍士都有職守。

城之外，矢之所遝❶，壞其牆，無以為客菌❷。三十里之內，薪、蒸、水❸皆入內。狗、彘、豚、雞食其宍❹，斂其骸以為醢腹❺，病者以起。城之內，薪蒸廬室，矢之所遝，皆為之塗菌。令命昏緯狗纂馬❻，掔❼緯。靜夜聞鼓聲而譟❽，所以閹❾客之氣也，所以固民之意也，故時譟則民不疾矣。

【章　旨】介紹城內外的設施、供應、軍備等。

【注　釋】❶遝　王說：「謂矢之所及也。」❷菌　蘇說：「『菌』疑與『梱』義通，意言城外有牆，是令敵人得障蔽以避矢，宜急壞之。」❸水　當作「木」。❹宍　「肉」的異文。❺醢腹　孫說「腹」當作「腝」。即「臡」的正字。醢是肉醬，臡是骨醬。❻令命昏緯狗纂馬　蘇說：「言夜必防閑狗馬，勿令驚逸。」昏，夜。緯，束。纂，繫。❼掔《說文》：「固也。」❽譟　「譟」的異文。❾閹　畢說：「遏也。」

【語　譯】城外，凡是箭能射到的地方，一定要把那兒的牆推倒，不使敵人有東西藏身避箭。三十里之內的地方，柴薪、小枝、樹都砍歸城內。狗、小豬、大豬、雞等牲畜都統統宰殺，把肉吃掉，收集牠們的骨骸製成骨醬，用來調養病人，使他們恢復健康。城內的柴薪房室，凡是箭所能射得到的地方，都塗上泥或用東西遮蔽。命令居民到晚上就要拴束狗馬，一定要拴牢，不能讓牠們到處亂跑。安靜的夜晚，聽到鼓聲就吶喊，用這種方法來遏制敵人的氣焰，來強固民眾的意志，所以經常吶喊人們就不會緊張。

祝、史乃告於四望❶、山川、社稷，先於戎❷，乃退。公素服誓于太廟，曰：「其人❸為不道，不脩義詳❹，唯乃是王❺。曰：『予必懷❻亡爾社稷，滅爾百姓。』二參❼子尚夜自廈❽，以勤寡人，和心比力兼左右❾，各死而守。」既誓，公乃退食。舍於中太廟❿之右，祝、史舍于社，百官具御。乃斗⓫鼓于門，右置旂，左置旌於隅練名⓬。射參發，告勝，五兵咸備，乃下，出挨⓭，升望我郊。乃命鼓，俄升役⓮，司馬射自門右，蓬矢射之，茅參⓯發，弓弩繼之，校⓰自門左，先以揮⓱，木石繼之。祝、史、宗人⓲告社，覆之以甑⓳。

【章　旨】介紹決戰前的誓師儀式。

【注　釋】❶四望　《周禮・大宗伯》鄭注：「四望，五嶽、四鎮、四瀆。」❷先於戎　王本、尹本俱刪「於」字。尹說：「先戎，謂始造兵為軍法者。其神蓋蚩尤，或云黃帝。」❸其人　當作「某人」。❹詳　通「祥」。❺唯乃是王　王本作「唯力是王」。尹說：「是王，猶言自大。」❻懷　孫說：「懷，猶言思也。」❼參　同「三」。❽尚夜自廈　尚與廈，尹說：「尚，庶幾也。廈，同『假』。加也。言自奮。」❾左右　畢說：「助也。」❿中太廟　孫說：「侯國太祖之廟。」⓫斗　孫說當作「升」。《孔叢子・儒服》：「乃大鼓於廟門，詔將帥命卒，習射三發，擊刺三行，告廟用兵於敵也。」⓬左置旌於隅練名　謂以練為旍旌之旒，而書名於上也。孫說：「《說文》：『練，湅繒也。』名、銘古今字。」⑬挨 畢說當作「俟」。⑭役 王本、于本均作「迮」，可從。⑮茅參 茅，當作「矛」。參，同「三」。⑯校孫說：「蓋軍部曲吏。」⑰揮 王闓運說「揮」即煇火。今火箭。⑱宗人 禮官。掌祭祀。⑲覆之以甑 孫說：「此蓋厭勝之術，未詳其義。」

【語 譯】太祝、太史，向五嶽、四鎮、四瀆之神，國內各中小山川之神、社神、稷神、發明軍事兵法的祖先神靈，一一禱告，才退下。諸侯王穿著白衣到太廟去誓師，說：「某人行為不端，不修仁義福祥，只憑氣力自大狂妄。說：『我執著地想要消滅你們的社稷，消滅你們的百姓。』希望你們大家早夜自強，來服事寡人，同心合力來輔佐我，各人盡忠於自己的職守。」誓師完畢，諸侯王才退下去進食。王住在中太廟的右室，太祝、太史住在土地祠中，百官齊侍左右。於是命令升鼓到廟門，左右角設置旌旆，在旌旆的練旒上寫上銘文。齊射三支箭，祝告勝利，各種兵械齊備，才退下，出門等候，再登上門臺眺望國郊。於是下令擊鼓，須臾升上旌旗，司馬從門的右邊發射，以蒿箭射向四方，再用矛向天空刺三次，士兵們接著弓弩齊發。校官從門的左邊發射，先以火箭發射，士兵們接著木石齊下。太祝、太史、宗人，向社神祝告，再把甑覆蓋起來，表示戰勝了敵人。

旗幟第六十九

【題 解】「旗幟」的「幟」，正字應作「識」，是徽識的意思。這篇第一章就是講「旗」，是講用旗來聯繫城上城下的軍需供應，第三章也講「旗」，是講用旗作為指示敵人進退的表徵。這是旗的主要作用。識，則主要是用作區別官吏、士卒、男女的等級或性質、性別標誌。本篇也錯入了一些與篇旨無關的段落。

守城之法，木為蒼旗，火為赤旗，薪樵為黃旗，石為白旗，水為黑旗，食為菌❶旗，死士為倉英❷之旗，竟士為雩旗❸，多卒為雙兔之旗，五尺童子❹為童旗，女子為梯末❺之旗，弩為狗旗，戟為菈❻旗，劍盾為羽旗，車為龍旗，騎❼為鳥旗。凡所求索旗名不在書者，皆以其形名為旗。城上舉旗，備具之官致財物，之足而下旗❽。

【章　旨】介紹各種旗徽標識的配置原則。

【注　釋】❶菌　孫說「菌」當作「茜」。《說文》：「茜，茅蒐也。」茅蒐可以染絳。❷倉英　俞樾說即「滄浪」。青色。❸竟士為雩旗　竟士，王樹枏說當為「賁士」之誤。❹五尺童子　依〈雜守〉，是指十四歲以下的小孩。❺梯末　尹說：「梯，同荑，楊葉之未舒者。」❻菈　尹說：「菈即征，善飛鳥名也。《禮記・月令》：征鳥厲疾。注：征鳥，肩題也。齊人謂之擊征，或名曰鷹。」❼騎　孫說：「騎謂單騎，即騎馬。」❽之足而下旗　孫說：「『之』當作『二』，即『物』之重字，物足而下旗，言致財物既足其城上之用，則偃下其旗也。」

【語　譯】守城使用旗徽標誌的方法：城上需要木材就升舉蒼旗，需要火就升舉赤旗，需要柴薪就升舉黃旗，需要石頭就升舉白旗，需要水就升舉黑旗，需要食物就升舉絳旗，需要敢死之士就升舉青旗，需要虎賁之士就升舉虎旗，需要多餘的兵士就升舉雙兔旗，需要童子兵就升舉童旗，需要女子就升舉嫩楊葉旗，需要弓弩就舉狗旗，需要戟時就升舉鷹旗，需要劍盾就升舉羽旗，需要車子就升舉龍旗，需要騎馬就升舉鳥旗。凡是從書上查找不到的旗幟徽名，都以所需要的物件的形體名稱作為旗幟的名稱。城上升舉起旗幟，備辦軍需的官吏就得往城上輸送財物，財物足夠了，旗幟就會降下來。

凡守城之法，石有積，樵薪有積，菅❶茅有積，雚❷葦有積，木有積，炭有積，沙有積，松柏有積，蓬艾有積，麻脂有積，金鐵有積，粟米有積。井竈有處，重質❸有居，五兵各有旗，節各有辨❹。法令各有貞❺，輕重分數各有請❻，主慎❼道路者有經❽。

【章　旨】介紹城上的軍需儲積及法令制度要求。

【注　釋】❶菅　《說文》：「菅，茅也。」❷雚　「雚」的異文。《說文》「蒹」字段注：「凡經言雚葦、言蒹葭、言葭菼，皆竝舉二物，蒹、菼、雚，一也，今人所謂荻。」❸重質　重要的人質。指敢死之士的父母妻子。❹辨　《說文》：「辨，判也。」指把符信剖為兩半，合起來加以驗證。❺貞　尹說：「定也。」❻請　通「誠」。❼慎　通「循」。❽經　尹說：「常也，界也。」

【語　譯】守城的方法：石頭要有蓄積，柴薪要有蓄積，茅草要有蓄積，蘆葦要有蓄積，木材要有蓄積，木炭要有蓄積，沙子要有蓄積，松柏要有蓄積，蒿艾要有蓄積，麻脂要有蓄積，銅鐵要有蓄積，糧食要有蓄積。水井鑪竈要有固定的場所，重要人質要有妥善的住所，五兵的每一兵種都有旗幟，各種印信都有區別標誌。各種法令都有明確的規定，輕重長短的計數度量標準各自明確無誤，主管巡視道路的人都有明確的經常巡視範圍。

亭尉各為幟，竿長二丈五，帛長丈五，廣半幅者大❶。寇傅攻前池外廉❷，城上當隊鼓三，舉一幟；到水中周❸，鼓四，舉二幟；到藩，鼓五，舉三幟；到馮垣❹，鼓六，舉四幟；到女垣❺，鼓七，舉五幟；到大城，鼓八，舉六幟；乘大城半以上，鼓無休。夜以火，如此數。寇卻解，輒部幟如進數，而無鼓。

【章　旨】介紹守城對敵時，擊鼓、升旗的有關規定。

【注　釋】❶大　孫說當作「六」。❷廉　邊。❸周　通「州」。即洲。❹馮垣　堞外的矮牆。詳〈備城門〉。❺女垣　即女牆。堞。

【語　譯】亭長、尉長各有旗幟，旗竿長二丈五尺，旗面用一丈五尺長、半幅寬的帛製成，要六面旗子。敵人蟻附攻城，攻到城前護城河外沿時，城上正對敵人攻擊隊列的守軍就擊鼓三通，舉起一面旗；敵人到水中洲渚時，就擊鼓四通，舉起兩面旗；到柵籬時，擊鼓五通，舉起三面旗；到堞外矮牆時，擊鼓六通，舉起四面旗；到女牆時，擊鼓七通，舉起五面旗；到大城時，擊鼓八通，舉起六面旗；敵人爬上大城一半以上時，鼓就要打個不停。晚上就用火代替旗，擊鼓舉火的數量與舉旗時相同。如果敵人退卻解圍，部署舉旗的數量同他們進攻時相同，只是不要擊鼓。

城❶為隆❷，長五十尺，四面四門將長四十尺，其次三十尺，其次二十五尺，其次二十尺，其次十五尺，高無下四❸十五尺。

【章　旨】介紹各級將領的旗幟長度規定。

【注　釋】❶城　孫說「城」下當有「將」字。城將即〈號令〉中的「大將」。❷隆　當作「絳」。❸四　衍文，應刪。

【語　譯】城中大將的旗幟為深紅色，旗長五十尺；四面四門將領的旗子長四十尺，次一等的將官旗長三十尺，再次一等的旗長二十五尺，再次一等的旗長二十尺，再次一等的旗長十五尺，但最低不能少於一五尺。

城上吏卒置之背❶，卒於頭上。城下吏卒置之肩。左軍於左肩❷，中軍置之胸。各一鼓，中軍一❸三。每鼓三、十擊之，諸有鼓之吏，謹以次應之，當應鼓而不應，不當應而應鼓，主者斬。

【章　旨】介紹城上軍吏士卒的徽記及擊鼓要求。

【注　釋】❶卒置之背　王引之說：「『卒』字涉下文『吏卒』而衍。下文卒置於頭上，則不得又置之背也。又案頭上也，肩也，背也，胸也，皆識之所置也。《說文》：『微，識也，以絳帛箸於背。』張衡〈東京賦〉：『戎士介而揚揮。』揮，同『微』。薛綜曰：『揮謂肩上絳幟。』皆其證。今不言識者，『城上吏』之上又有脫文耳。」❷左肩　王引之說：「下當有『右軍於右肩』五字，今本脫之。」❸一　衍文，當刪。

【語　譯】配置徽識的規定：城上官吏的徽識在背上，士卒的徽識在頭上。城下不論官吏士卒都在肩上。左軍的徽識在左肩，右軍的徽識在右肩，中軍的徽識則放在胸部。除中軍外各配備一只鼓，中軍三只。每次擊鼓三到十下。凡是有鼓的官吏，要謹慎地依次數應鼓。如果該應鼓卻不應，不當應鼓時卻應了，那麼司鼓的人要處斬。

道廣三十步，於城下夾階者，各二，其井置鐵甕❶。於道之外為屏❷，三十步而為之圜❸，高丈。為民圂，垣高二尺以上。巷術❹周道者，必為之門，門二人守之，非有信符，勿行，不從令者斬。

【章旨】介紹城中廁所的設置。

【注釋】❶彏 王引之說讀若「甕」，于省吾說即今「罐」字。❷屏 即廁所。史游《急就篇》：「屏廁清溷糞壤。」❸圜 當作「圂」。❹術 《說文》：「術，邑中道也。」

【語譯】道路寬三十步，在城下臺階兩旁，各設兩口井，井上配有鐵甕。在道路外面設置廁所，每三十步要設一所，高一丈。建造民用廁所，牆高兩尺以上。街巷通向環城道的，一定要安廁所門，每道門派兩個人守衛，如果沒有證件，就不能出入通行，不聽從命令強行出入的要處斬。

城中吏卒民男女，皆衍❶異衣章微❷，令男女可知。

【章旨】介紹城中男女的徽識要求。

【注釋】❶衍 王引之說是「辨」的誤字。❷衣章微 王念孫說應作「衣章微職」，《墨子》書「徽識」皆作「微職」。

【語譯】城中的男女吏卒人民，都應區別穿戴衣服和徽識使男女可以分清。

諸守牲格❶者，三出卻適❷，守以令召賜食前，予大旗，署百戶邑若他人財物，建旗其署，令皆明白知之，曰某子旗。牲格內廣二十五步，外廣十步，表❸以地形為度。斬❹卒，中教解前後左右，卒勞者更休之。

【章旨】介紹軍中的獎賞及士卒更休規定。

【注釋】❶牲格 即〈備蛾傳〉的「杜格」。木柵籬。❷適 通「敵」。❸表 當作「袠」。❹斬 當作「勒」。

【語譯】各守「牲格」的人，如能三次出門打退敵人，太守就命人召他前來賜給食物，授予他大旗，封給他百戶的小邑，建置官署，並把從敵人那裡奪來的財物賞給他。在他的官署上樹起旗子，旗上有他的姓名標記，讓大家都明確知道，說這是某人的旗子。「牲格」裡面寬二十五步，外面寬十步，長以地形為標準。在「牲格」中勒習士卒，教他們分清前後左右，士卒勞倦了就輪換休息。

號令第七十

【題解】號令，號，指軍中的各種聯絡信號，如擊鼓、立表、設置烽火、暗號口令、徽章標識之類。令，指軍中的各種禁令和賞罰條例。上自守城將帥、縣令、縣丞、縣尉、三老、大夫，下及一般長吏、士兵、百姓，無不受一定的法令制約，此篇所載極為詳明，是研究當時軍法的重要資料。

安國之道，道❶任地始，地得其任則功成，地不得其任則勞而無功。人亦如此，備不先具者無以安主，吏卒民多心不一者，皆在其將長。諸行賞罰及有治者，必出於王公。數使人行勞賜、守邊城關塞、備蠻夷之勞苦者，舉其守率❷之財用有餘、不足，地形之當守邊者，其器備常多者。邊縣邑視其樹木惡則少用，田不辟❸，少食；無大屋草蓋，少用桑❹；多財，民好食。

【章旨】總論治國的原則和視察邊境的方法。

【注釋】❶道 《禮記・禮器》鄭注：「道，猶從也。」❷率 即「帥」。❸辟 通「闢」。❹無大屋草蓋二句 孫說：「草蓋，謂以草蓋屋。『少用桑』當作『少車乘』，……言室惡民貧，則不能畜車乘馬牛也。」

【語譯】安定國家的方法，從使用土地開始。土地使用得當就成功，土地使用不得當就勞而無功。人也是這樣，不先具備各種設施，就無法使君主安心，官吏、士卒、人民多，但思想不統一，責任在將領和長官。各種賞罰的施行以及治理措施，一定得出於王公大人的意志。屢次派人去犒勞賞賜把守邊城關塞、防備蠻夷侵擾而勞苦有功之人，要他們回來時報告那裡守將財用是多餘還是不足，地理形勢是否應當加強把守，器械設備是否常能充足等等情況。如果視察，看到邊境上的縣邑樹木生長不良，就知道一定缺少木材；田地未開墾，就知道一定缺少食物；沒有大房舍而用草蓋屋，就一定缺少車馬；如財物充足，人民就可以吃得好一些。

為內牒❶，內行棧，置器備其上，城上吏、卒、養❷，皆為舍道內，各當其隔部❸。養什二人，為符者曰養吏，一人，辨護❹諸門。門者及有守禁者，皆無令無事者得稽留止其旁，不從令者戮。敵人但❺至，千丈之城，必郭迎之，主人利。

不盡千丈者勿迎也。視敵之居曲❻，眾少而應之，此守城之大體也。其不在此中者，皆心❼術與人事參之。凡守城者，以亟傷敵為上，其延日持久，以待救之至，明❽於守者也，不❾能此，乃能守城。

【章　旨】闡明守城的設施要求及迎敵的原則。

【注　釋】❶牒　當作「堞」。❷養　即廝養。在廚房工作的後勤人員。❸隔部　城中吏卒及其他人員所守區域都有分隔，以別其疆界，叫做隔部。部，《太白陰經》：「五人為伍，二伍為部。」❹辨護　孫說：「猶言監治也。」❺但　當作「且」。❻曲　部曲。❼心　孫說「心」當作「以」。❽明　當作「不明」。❾不　當作「必」。

【語　譯】建造內堞，內行棧，配置完備的器械於城上，城上的官吏、士卒、廝養，都居息在城道以內，各自守著自己的崗位。廝養每十人配置兩個。掌管印信的，叫「養吏」，配置一名，並由他監治各門。守門及維持禁令的，不能讓無事的人在門旁逗留，不聽命令的要殺掉。敵人將到，如果所守的是方圓千丈的城池，就到外城迎敵，這樣對守方有利；沒達到千丈的，不要到外城迎敵，要偵察敵人的部曲，看到他們人少就迎敵，這是守城的要務。那些不在要務之內的具體措施，可以根據原則和實際情況參酌決定。凡是守城，以迅速殺傷敵人為上策；如果遷延時日以等待救兵到來，這是不懂得守城原則的人。一定要懂得這種原則，才能固守城池。

守城之法，敵去邑百里以上，城將如今❶，盡召五官❷及百長❸，以富人重室之親，舍之官府，謹令信人守衛之，謹密為故。及傅城，守將營無下三百人，四面四門之將，必選擇之有功勞之臣及死事之後重者❹，從卒各百人。門將并守他門❺，他門之上必夾為高樓，使善射者居焉。女郭❻馮垣一人一人❼守之，使重室子。

【章　旨】介紹守城人員的配置。

【注　釋】❶如今　王引之說「如」作「乃」講。畢說「今」當為「令」。❷五官　孫說：「蓋都邑之小吏。」❸百長　當指各級長官。❹重者　即重室子弟。❺他門　孫說：「謂他小門。」❻女郭　即女牆。因女牆在大城之外，所以也稱郭。❼一人　二字誤重，應刪。

【語　譯】守城的方法：敵人離城邑百里以上，守城將領就要下令把各級官長全部召集來，一一委以職事；把富人貴家的親屬，都安置到官府中，派可靠的人守衛他們，要謹慎周密地從事。到敵人蟻附攻城時，守城將營內不能少於三百人，四面四門之將，一定要選擇有功之臣以及為國犧牲者的後代、貴家子弟來充當，每人率領士卒一百人。門將同時兼守其他小門，小門之上一定兩邊建有高樓，派善射箭的人守在裡面。女牆及外面的矮牆，都分別派一人把守，派貴家子弟負責。

五十步一擊❶，因城中里為八部，部一吏，吏各從四人，以行衝❷術及里中。里中父老小❸不舉❹守之事及會計者，分里以為四部，部一長，以苛❺往來，不以時行，行而有他異者，以得其姦。吏從卒四人以上有分❻者，大將必與為信符，大將使人行，守操信符，信不合及號不相應者，伯長❼以上輒止之，以聞大將。

當止不止及從吏卒縱之，皆斬。諸有罪自死罪以上，皆逮父母、妻子、同產❽。

【章　旨】介紹城中的巡守盤查制度。

【注　釋】❶擊　孫據《文選・長楊賦》李注引韋昭說「古文隔為擊」，認為擊即隔署之名。❷衝　畢說當作「衛」。《說文》：「衛，通道也。」❸小　王引之說是衍文，當刪。❹舉　通「與」。參與。❺苛　《周禮・射人》鄭注：「苛，謂詰問之。」❻分　王引之說下當有「守」字。分守，指卒的分守者。❼伯長　即百長。❽同產　尹說：「同產，兄弟姊妹也。」

【語　譯】五十步一隔署，就著城中的行政區里分成八部，每一吏率領四人，巡視街巷及里中。里中不參加防守和會計之事的父老百姓，把他們依里劃分為四部，每部設一長，來盤查過往行人。那些不按規定時間通行，通行時有可疑情況的，就須問出其中的奸詐。吏所率領的四個人分有防守任務的，大將一定要發給他們信符。就是大將派人通行，也要接受檢查。守者持有信符，信符及口令不相符合的，百長以上的吏尉就可以阻止他們，並把情況報告大將。應當阻止卻不加阻止，以及吏尉聽任不管的，都要處斬，從死罪以上的各種罪行，都要株連父母、妻子兒女及兄弟姊妹。

諸男女❶有守於城上者，什六弩、四兵。丁女子、老少，人一矛。

【章　旨】介紹守城人員的武器配備。

【注　釋】❶女　當作「子」。

【語　譯】守衛在城上的男子，每十人配給六張弩、四件兵器；壯年女兵、老人小孩，每人一支矛。

卒❶有驚❷事，中軍疾擊鼓者三，城上道路、里中巷街，皆無得行，行者斬。女子到大軍，令行者男子行左，女子行右，無並行，皆就其守，不從令者斬。離守者三日而一徇❸，而所以備姦也。里正與皆守❹宿里門，吏行其部，至里門，正與開門內❺吏，與行父老之守及窮巷幽閒❻無人之處。姦民之所謀為外心，罪車裂。正與父老及吏主部者，不得，皆斬。得之，除，又賞之黃金，人二鎰。大將使使❼人行守，長夜五循❽行，短夜三循行。四面之吏亦皆自行其守，如大將之行，不從令者斬。

【章　旨】介紹城中的各種軍紀。

【注　釋】❶卒　通「猝」。❷驚　通「警」。❸而一徇　孫說「而一」兩字係衍文。徇，當作「彴」。斬後陳屍示眾。❹與皆守　當作「與守者」。❺內　通「納」。❻閒　「澗」的借字。❼使　當作「信」。❽循　通「徇」。

【語　譯】突然發生警急情況，中軍趕緊擊鼓三通，這時城上的道路，里中的街巷，都不准通行，通行的要處斬。女子到大軍，要使巡行的男子走左邊，女子走右邊，不能男女並行，都到自己的防守崗位上去，不聽命令的要處斬。離開防守崗位三天的，斬了以後還要陳屍示眾，這是用來防備奸邪不法的措施。里正和防守人員都宿在里門，吏巡視他的部區，到里門時，里正要親自開門接納他，同他一道巡查父老們的防守區域，一直要巡視到窮巷幽澗無人的每一角落。那些有圖謀叛城投敵之心的奸邪之人，要處以五馬分屍之刑。里正與父老以及主管該部的吏長，如未能逮住這種叛城投敵的奸人，都要處斬。逮住了，就免除他們的罪責，又賞給黃金，每人四十八兩。大將派親信巡視防守情況，夜長，巡視五次，夜短，巡視三次。城四面的長吏也都要親自巡查防守情況，巡查次數與大將的要求相同，不聽從命令的要處斬。

諸竈必為屏❶，火突❷高，出屋四尺。慎無敢失火，失火者斬。其端失火❸以為事❹者，車裂。伍人不得，斬；得之，除。救火者無敢讙譁，及離守、絕巷救火者斬。其正及父老有守此巷中部吏，皆得救之，部吏亟令人謁之大將，大將使信人將左右救之，部吏失不言者斬。諸女子有死罪及坐失火皆無有所失，逮其以火為亂事者如法，圍城之重禁。

【章　旨】介紹城中防火救火的有關禁令。

【注　釋】❶屏　指屋上的高牆。專用作防火，有如屏風，故稱「屏」。❷火突　即煙囪。❸端失火　畢說意為「因事端以害人」。❹事　下文作「亂事」，語意更明，可參。

【語　譯】各種火竈一定得在屋上修建屏牆，煙囪要高，高出屋頂四尺。要使人們謹慎，不敢失火，失火的要處斬。那些借事端故意失火造成混亂的，要車裂。伍人沒逮住他，要處斬；逮住了，免除罪責。救火的人不能喧譁，喧譁者與擅離職守、越過巷子救火的，要處斬。失火區的里正、父老及守在此巷中的部吏，都要去救火，部吏要立即派人去謁見大將報告情況，大將派親信率領左右之人去救火，部吏失職不報的要處斬。對那些有死罪的子女以及與失火有牽連的人，都不能隱瞞不報，對藉失火製造混亂的人，要追捕歸案，依法處以車裂之刑。這是圍城中的重要禁令。

敵人卒❶而至，嚴令吏民無敢讙囂、三最❷、並行、相視、坐泣流涕、若視❸舉手相探❹、相指、相呼、相麾❺，相踵、相投、相擊、相靡❻以身及衣，訟駮❼言語及非令也，而視敵動移者，斬。伍人不得，斬；得之，除。伍人踰城歸敵，伍人不得，斬；與伯歸敵，隊吏❽斬；與吏歸敵，隊將❾斬。歸敵者，父母、妻子、同產皆車裂。先覺之，除。當術❿需⓫敵離地，斬。伍人不得，斬；得之，除。

【章旨】介紹敵人到來時，對吏民各種行為的禁令及對投敵者的處置。

【注釋】❶卒　通「猝」。❷三最　王引之說：「『最』當為『取』，取與聚通，謂三人相聚。」❸視　衍文，當刪。❹探　《說文》：「探，遠取之也。」❺麾　以肱揮動。❻靡　同「摩」。❼訟駮　訟，爭。駮，當作「駁」。本義指馬毛色不純，這裡指語言不純。❽隊吏　指百長。❾隊將　指四面四門之將。❿術　通「隧」。即隧。⓫需　畏懦；怯敵。

【語譯】敵人猝然到來，要嚴禁吏民：不得喧譁，不得三人相聚、兩人並行，不准面面相覷、坐著哭泣流淚，或者舉手遠遠探取消息，不得互相指著、叫著、用胳膊揮動著；或者用腳後跟互相踢撞示意、互相投擲東西、互相拍擊、互相扭動身體與衣服相摩擦，或以閒言雜語互相爭執，以及沒得到命令而去觀看敵人動靜的，就要處斬。伍人發現了不逮住，要處斬；逮住了，免除罪責。伍人當中有人投敵，其他人不逮住他，要處斬；百人當中有人投敵，百長要處斬；有百長投敵的，四面四門之將要處斬。投敵者的父母、妻子、兒女、兄弟姊妹都要車裂。事先發覺的，免除罪責。在隧道中對敵，因害怕敵人而離開隧道，要處斬。他所屬伍中的其他人不逮住他，要處斬；逮住了，免除罪責。

其疾鬥卻敵於術，敵下終不能復上，疾鬥者隊二人，賜上奉❶。而勝圍，城周里以上，封城將三十里地為關內侯❷，輔將如今賜上卿❸，丞及吏比於丞者，賜爵五大夫❹，官吏、豪傑與計堅守者，十人❺及城上吏比五官者，皆賜公乘❻。男子有守者，爵人二級，女子賜錢五千，男女老小先❼分守者，人賜錢千，復❽之三歲，無有所與，不租稅。此所以勸吏民堅守勝圍也。

【章　旨】介紹守城立功的封賞制度。

【注　釋】❶奉　「俸」的古字。❷關內侯　《漢書・百官公卿表》顏注：「言有侯號而居京畿，無國邑。」❸輔將如今賜上卿　輔將，裨將。指四面四門之將。如，與。令，縣令。上卿，爵位名稱。❹五大夫　《漢書・百官公卿表》顏注：「大夫之尊也。」❺十人　當作「士人」。❻公乘　爵位名。《漢書・百官公卿表》顏注：「言其得乘公家之車也。」❼先　當作「无」。古文形近而誤。❽復　《漢書・高帝紀》顏注：「復者，除其賦役也。」

【語　譯】在隧道中鏖戰打敗敵人，使敵人不能再從隧道回到地面，鏖戰者每隊可以選出二人，賜給上等俸祿。如果能打退敵人的圍困，方圓一里以上的城，封給守城將官三十里地，為關內侯。四面四門之將和縣令賜給九卿爵位，縣丞、縣吏以及跟縣丞同級別的官吏，賜給五大夫爵位，其他官吏、豪傑和參加謀劃堅守的，士人以及城上吏與五官小吏同級別的，都賜給公乘爵位。參加守城的男子，每人進爵兩級；女子參加過守城的，每人賜錢五千。沒有分擔守城的男女老小，每人賜錢一千，三年免除賦稅徭役，即既不參加徭役，也不交租稅，以此來勸勉吏民堅守，在防禦上得到勝利。

吏卒侍大門中者，曹❶無過二人。勇敢為前行，伍坐，令各知其左右前後。擅離署，戮。門尉晝三閱之，莫，鼓擊、門閉、一閱，守時令人參之，上通者名。鋪❷食皆於署，不得外食。守必謹微察視謁者❸、執盾❹、中涓❺及婦女侍前者，志意、顏色、使令、言語之請❻。及上飲食，必令人嘗，皆非請❼也，擊而請❽故。守有所不說謁者、執盾、中涓及婦人侍前者，守曰斷❾之，衝❿之，若縛之，不如令，及後縛者，皆斷。必時素誡之。諸門下朝夕立若坐，各令以年少長相次，旦夕就位，先佑⓫有功有能，其餘皆以次立。五日官各上喜戲、居處不莊、好侵侮人者一。

【章　旨】介紹對守城長官親近之人的禁令規定。

【注　釋】❶曹　孫說通「造」。兩造，即兩邊。❷鋪　當作「餔」。《說文》：「餔，日加申時食也。」❸謁者　掌管接待賓客，通報謁請的官。❹執盾　《漢書・惠帝紀》注引應劭說：「執楯，親近陛衛也。」楯，同「盾」。❺中涓　《漢書・曹參傳》顏注：「中涓，親近之臣，若謁者、舍人之類。涓，潔也，主居中掃潔也。」❻請　通「情」。❼請　通「情」。❽請　蘇說「請」是「詰問」的意思。❾斷　斬。❿衝　通「撞」。⓫佑　同「右」。尊尚之意。

【語　譯】守衛在官署大門中的吏卒，兩邊不超過兩人。守在門外，勇敢的坐在前面，五人並坐，要使他們各自知道自己前後左右是何人，擅自離開官署的要殺戮。門尉白天要檢查三次，傍晚，擊鼓關門時檢查一次。守城長官也經常派人檢查，把擅離官署者的名單報上去。早晚兩餐都在官署中用餐，不能到官署以外去吃。守城長官一定得謹慎地伺察謁者、執盾、中涓以及在跟前服侍的婦女，注意他們的思想、臉色、動作、言語的情況。到獻上飲食的時候，一定要讓人先嚐一嚐，如果發現異常情況，就拘繫起來追究原因。守城長官對謁者、執盾、中涓以及在跟前侍奉的婦女不滿時，可下令將他們處死、責打或綑綁起來，手下如不執行命令，或綑綁遲遲不下手的，也一律處死。一定要經常告誡他們服從命令。各門下早晚站或坐，都要按年齡的長少排出次序，早晚就坐，都先讓有功勞有能力的人優先，其餘的人依年齡次序站著。每隔五天，各級官長就要報上一個喜歡嬉戲、生活不莊重檢點、喜歡侵擾侮辱他人的人的名單。

諸人士外使者來，必令有所執將❶，出而還。若行縣，必使信人先戒舍室，乃出迎，門❷守乃入舍。為人下者常司上之❸，隨而行，松❹不隨下，必須□□隨❺。

【章　旨】介紹對出使、隨從人員等的規定。

【注　釋】❶執將　孫說：「謂旗章符節之屬。」❷門　當作「聞」。下文「候以聞守」即其證。❸司上之　司，即「伺」。之，通「志」。蘇說：「言當伺上所之。」也通。❹松　通「從」。❺□□隨　有缺文，張純一說疑為「命而隨」。

【語　譯】各從外出使歸來的人士，一定要使他們持有旗章符節之類的憑證，驗證後出官署門時，要把憑信退還給守門人。如果守城長官巡視縣境，一定要先派親信把住宿房舍的警備工作做好，然後親信和地方長官才出門迎接，向守城長官報告情況後才進去。侍從人員要經常伺察上司的心志，跟隨外出時，只跟在上司後面，而不是跟在其他人的後面，必須要上司有命令才跟隨。

客卒守主人❶，及其為守衛，主人亦守客卒。城中戍卒，其邑或以❷下寇❸，謹備之，數錄❹其署。同邑者，弗令共所守。與階門吏為符，符合，入，勞；符不合，牧，守言❺。若城上者，衣服，他不如令者❻。

【章　旨】介紹對守卒屬外來人員的防範措施。

【注　釋】❶客卒守主人　孫說：「客卒，謂外卒來助守者；主人，謂內人為守卒者。二者使互相守察，防其為姦謀也。」❷以　通「已」。❸下寇　為寇所下。❹錄　《漢書・董仲舒傳》顏注：「錄，謂存視之也。」❺牧守言　當作「收，言守」。❻他不如令者　下有脫文，譯文以意補。

【語　譯】外來的士兵助城內守卒防守，當他們參加防守時，城內守卒對他們要加以防範。城中的守卒，如果他們的鄉邑已被敵人攻取，也要小心防備他們，要多次查問他們守官署的情況。同一鄉邑的人，不能安排他們到一起守衛。守階門的長吏要檢驗他們的憑證，憑證相合，就讓進去，並給予慰勞；憑證不相合，就加以收捕，並向守城長官報告。如守在城上的，憑信相合而衣服可疑的，或有其他不合禁令的，也要給予收捕，並報告守城長官。

宿鼓❶在守大門中。莫，令騎若使者操節閉城者，皆以執毚❷。昏鼓鼓十，諸門亭皆閉之。行者斷，必擊❸問行故，乃行其罪。晨見，掌文鼓❹，縱行者，諸城門吏各入請籥，開門已，輒復上籥。有符節不用此令。寇至，樓鼓五，有周❺鼓，雜小鼓乃應之。小鼓五後從軍，斷。命必足畏，賞必足利，令必行，令出輒人隨，省其可行、不行。號，夕有號，失號，斷。為守備程而署之曰某程❻，置署街街衢❼階若門，令往來者皆視而放❽。諸吏卒民有謀殺傷其將長者，與謀反同罪，有能捕告，賜黃金二十斤，謹罪。非其分職而擅取之，若非其所當治而擅治為之，斷諸吏卒民，非其部界而擅入他部界，輒收，以屬都司空若候❾，候以聞守，不收而擅縱之，斷。能捕得謀反、賣城、踰城敵❿者一人，以令為除死罪二人，城旦⓫四人。反城事⓬父母去者，去者之父母妻子⓭。

【章　旨】介紹早晚鼓號的規定及法令施行的要求。

【注　釋】❶宿鼓　孫說：「謂夜戒守之鼓。」❷執龜　執圭。爵位名。龜，孫說當作「龜」，通「圭」。❸擊　通「繫」。❹文鼓　尹說：「文鼓，蕢鼓也，《詩》作賁鼓，長凡八尺。」❺有周　有，通「又」。周，遍。❻程　法。❼街街衢　當作「術街衢」。❽放　通「倣」。❾都司空若候　《漢書・百官公卿表》：宗正屬官，有都司空令丞。如淳注：「都司空，主水及罪人。」候，孫說是小吏。都司空若候，疑為五官之一。尹說：「候，候人也，所以備姦宄。《周禮・夏官・候人》：各掌其方之道治與其禁令。」❿敵　上應有「歸」字。⓫城旦　是一種判做修城服苦役的罪犯。⓬反城事　孫說「事」當作「弃」。⓭去者之父母妻子　下有脫文。《尉繚子》：「卒逃歸至家日，父母妻子弗捕執及不言，亦同罪。」譯文參酌此意補之。

【語　譯】宿鼓在守城長官的大門中。傍晚時，派騎士與使者持著符節去關閉城門，派的都是有爵位的人。黃昏時擊鼓，到第十通，各門亭都關閉起來。再通行的人要問斬，但一定要先拘繫起來，追究他為什麼通行的原因，才處以刑罰。早上天剛亮，就由執掌文鼓的人擊鼓，放人們通行，各城門的吏長都入守城長官處請求發給鑰匙，開門後，就重新交上鑰匙。持有符節的吏長不受此禁令的限制。敵人來了，先是城樓上擊鼓五通，接著又到處擊鼓，然後各色小鼓才響應。小鼓響過五通後才到隊伍中去的，要處斬。命令一定要足以使人畏懼，獎賞一定要足以使人得利，命令一定要實行，命令一發出人們就得遵從，要使他們知道哪些事是可做的，哪些事是不能做的。口令，晚上要有口令，口令不對，要處斬。為防守而製作的法令，標題就稱為某某法令，把它張貼在官署各街巷的階梯或門上，使往來的人都能看到，並遵照執行。各吏長、士兵、人民中有企圖殺傷他們的將領官長的，以謀反罪論處，有能把他抓起來報告的，賜給二十斤黃金，要嚴厲處罰謀殺者。不是他的職別所該得卻擅自取得，或者不是他的權限範圍卻擅自處治，要處斬。各吏長、人民擅自闖入別人的部界，就要捕捉起來，交付都司空或候人，候人要向守城長官報知。該捕捉卻反而擅自放縱的，要處斬。能抓住一名圖謀反叛、出賣守城、越城投敵的人，按法令可贖免二名死刑犯、四名城旦罪。反叛守城拋棄父母妻子而去的，逃去人的父母妻子不舉報，也與他同罪。

悉舉民室材木、瓦若藺石❶數，署長短小大，當舉不舉，吏有罪。諸卒民居城上者，各葆其左右，左右有罪而不智❷也，其次伍有罪。若能身捕罪人若告之吏，皆構❸之。若非伍而先知他伍之罪，皆倍其構賞。

【章　旨】介紹關於舉報的法規。

【注　釋】❶藺石　《漢書・鼂錯傳》注引服虔說：「藺石，可投人石。」如淳說：「藺石，城上雷石也。」❷智　通「知」。❸構　通「購」。賞。

【語　譯】民家所有的木材、瓦和礧石，統統要申報數目，登記好它們的長短大小，該申報的不申報，負責人有罪。各住在城上的士卒、人民，都要具保，防備自己左右兩邊的人犯罪，左右兩邊的人有罪卻不知道，那他所屬的整個伍的人都有罪。如果能親自捕捉罪人，或者報告長吏，都要賞賜。如果不屬於該伍之人卻能知道該伍有罪人，那就要加倍賞賜。

城外令❶任，城內守❷任。令、丞、尉亡❸，得入當❹，滿十人以上，令、丞、尉奪爵各二級；百人以上，令、丞、尉免以卒戍。諸❺取當者，必取寇虜，乃聽之。

【章　旨】介紹對令、丞、尉的處罰贖罪法規。

【注　釋】❶令　指縣令。❷守　謂守城長官。即太守。❸亡　指部下逃亡。❹當　贖。❺諸　當作「請」。

【語　譯】城外由縣令負責，城內由太守負責。縣令、縣丞、縣尉的部下逃亡，可以贖罪。逃亡人數滿十人以上，縣令、縣丞、縣尉各削去兩級爵位；百人以上，就統統免官，把他們充做士兵防守邊城。各種可以抵罪的人數，一定要是從敵人那裡捉來的戰俘，才准予抵罪。

募民欲財物粟米以❶貿易凡器者，卒以賈予❷。邑人知識❸昆弟有罪，雖不在縣中而欲為贖，若以粟米、錢金、布帛、他財物免出者，令許之。傳言者十步一人，稽留言及乏傳❹者，斷。諸可以便事者，亟以疏❺傳言守。吏卒民欲言事者，亟為傳言請之吏，稽留不言諸❻者，斷。

【章旨】介紹邑人贖罪的規定及吏卒民傳言的制度。

【注釋】❶以 應在「欲」字的下面。❷卒以賈予 孫說當作「以平賈予」。賈，同「價」。❸知識 相識；朋友。❹稽留言及乏傳 蘇說：「稽留，謂不以時上聞；乏傳，不為通也。」❺疏 指用書面形式條陳。❻諸 孫說當為「請」。

【語譯】守城長官想廣求財物糧食時，人民想用財物糧食來換取一般生活器用，都用平價。鄉邑人民的朋友、兄弟有罪，即使他們不在本縣而在外縣，想要替他們贖罪，如果是用糧食、金錢、布帛和其他公家不要求交納的財物，縣令應予同意。傳話的每十步一人，如傳話人遲遲不傳或不肯傳話，要處斬。各種有利於辦事的意見，要趕緊用書面形式通報到太守。吏長、士兵、百姓想談事情提建議的，傳話人要趕緊替他們傳報到主管傳話的吏長那裡，由他向太守請示。遲遲不傳、不肯傳話、不肯請示的，要處斬。

縣各上其縣中豪傑若謀士、居大夫❶重厚、口數多少。

【章旨】介紹各縣向上級申報當地的某些情況的要求。

【注釋】❶居大夫 居，俞樾說當作「若」，與。大夫，當時大夫等級很多，可能包括民間賜爵的大夫。

【語譯】各縣要把縣中豪傑、謀士和大夫的財富、人數多少向上級申報。

官府城下吏卒民家，前後左右相傳保火。火發自燔，燔曼延❶燔人❷，斷。諸以眾彊凌弱少及彊奸❸人婦女，以讙譁者，皆斷。

【章　旨】介紹對城下吏卒民的禁令。

【注　釋】❶曼延　今作「蔓延」。《說文》：「曼，引也。」「延，行也。」❷燔人　孫說：「謂延燒他人室。」❸姧　「姦」的俗字。

【語　譯】官府城下的吏、卒、民，各家要互相警誡防火。火災發生，燒了自己家的房產，並蔓延開去，燒了別家房產，要處斬。那些憑著人多欺凌弱少、強姦婦女的，以及喧譁鬧事的，都要處斬。

諸城門若亭，謹候視往來行者符，符傳❶疑，若無符皆詣縣廷❷言，請❸問其所使；其有符傳者，善舍官府。其有知識、兄弟欲見之，為召，勿令里巷❹。三老、守閭，令厲繕夫❺為答；若他以事者微者❻，不得入里中。三老不得入家人❼。傳令里中有以羽，羽在三所差❽，家人各令其官中❾，失令，若稽留令者，斷。家有守者治食。吏卒民無符節，而擅入里巷、官府，吏、三老、守閭者失苛❿止，皆斷。

【章　旨】介紹出入城門、亭、里中的符節檢查制度。

【注　釋】❶傳　崔豹《古今注》：「凡傳皆以木為之，長五寸，書符信於上，又以一板封之，皆封以御史印章，所以為信也。」可以參考。❷縣廷　縣令的治所。❸請　當作「詰」。❹勿令里巷　蘇說「令」下脫「入」字。❺厲繕夫　孫說當作「繕厲矢」。❻若他以事者微者　蘇說當作「若以他事徵者」。❼家人　當作「人家」。❽三所差　蘇說當作「三老所」。❾官中　當作「宮中」。❿苛　通「訶」。

【語　譯】各城門和亭，要仔細驗看過往行人的符信。符信公文有疑點的，或沒有符信的人，都要到縣衙去問話，詰問他們受誰的指使；如果有符信公文的，就好好把他們安置在官府。如果他們有朋友、兄弟想見一見，就替他們召來，不要讓他們進入里巷。三老和守里門的，對那些傳令修繕利箭的，就答禮；如果有別的事來徵召，不能讓他們進入里中。三老不能進入平民家中。傳令里中用羽書，羽書在三老那裡掌管。各家要把命令傳給家中每一個人。該傳命令的不傳，或者滯留不傳的，要處斬。家裡有人守城的要備辦伙食。吏長、士兵、百姓沒有證件，卻擅自進入里巷或官府，負責檢查證件的長吏、三老和守里門的不盤查制止，都要處斬。

諸盜守器械、財物及相盜者，直❶一錢以上，皆斷。吏卒民各自大書於傑❷，著之其署同❸，守案其署，擅入者，斷。城上日❹壹發席蓐❺，令相錯發，有匿不言人所挾藏在禁中者，斷。

【章　旨】介紹有關偷盜、檢查方面的禁令。

【注　釋】❶直　通「值」。❷傑　通「楬」。《周禮・職幣》：「皆辨其物，而奠其錄，以書楬之。」鄭注：「楬之，若今時為書以著其幣。」❸同　當作「隔」。❹日　孫說「日」上當有「三」字，但不用「三」字也通。❺蓐　席。

【語　譯】各種偷盜守城器械、財物及他人財物的，所偷價值一個錢幣以上，都得處斬。長吏、士兵、百姓都要把自己的姓名寫在木板上，懸掛在辦事署，守城長官經常按名單檢查在署人員，有擅自入署的，要處斬。城上每天打開席子作一番檢查，要讓大家互相掀看，以便監督。有隱瞞他人挾帶禁令中規定不准挾帶的物品的，要處斬。

吏卒民死者，輒召其人，與次司空❶葬之，勿令得坐泣。傷甚者令歸治病，家善養，予醫給藥，賜酒日二升、肉二斤，令吏數行閭，視病有瘳❷，輒造事上。詐為自賊傷以辟❸事者，族之。事已，守使吏身行死傷家，臨戶而悲哀之。

【章　旨】介紹對死傷人員的安置、撫恤，及對故意自傷以逃避役事者的懲處措施。

【注　釋】❶次司空　指次於都司空的長官。見〈雜守〉。❷瘳　《說文》：「瘳，疾瘉也。」❸辟　通「避」。

【語　譯】長吏、士兵、百姓死了的，就召集他們的家人，同次司空一道安葬死者，但不能讓他們坐在那兒哭泣。傷重的讓他們回家治病，在家好好療養，官府給醫生和藥物，每天賜給兩升酒、兩斤肉，派負責此事的長吏經常到里門看望，如果看到他們病好了，就要他們到守城長官那兒去服役。如玩弄欺騙，自己弄傷自己以逃避役事，要滅三族。戰事結束後，守城長官派負責撫恤的長吏到死傷人員家中去，登門表示哀悼、慰問。

寇去，事已，塞禱❶。守以令益邑中豪傑力鬥諸有功者，必身行死傷者家以弔哀之，身見死事之後。城圍罷，主亟發使者往勞，舉有功及死傷者數使爵祿，守身尊寵，明白貴之，令其怨結於敵。

【章　旨】介紹守城長官戰後的獎賞、撫慰要求。

【注　釋】❶塞禱　一種酬報神靈賜福的祭禱活動。塞，通「賽」。

【語　譯】敵人離去，戰事結束以後，要舉行賽神祈福活動。太守和縣令獎賞邑中豪傑與戰鬥有功人員，一定要親自到死傷人員家中哀悼、慰問，親自接見戰鬥犧牲人員的後代。守城解圍以後，守城長官要趕緊派使者前去慰勞，推舉有功及死傷人員多名，使他們獲得爵位俸祿，太守親自尊寵他們，明明白白地器重他們，使他們同敵人結下怨仇。

城上卒若吏各保❶其左右。若欲以城為外謀者，父母、妻子、同產皆斷。左右知不捕告，皆與同罪。城下里中家人皆相葆，若城上之數。有能捕告之者，封之以千家之邑；若非其左右及他伍捕告者，封之二千家之邑。

【章　旨】介紹城上、城下的連保法規。

【注　釋】❶保　下文作「葆」，意同。

【語　譯】城上的士兵和長官都要防備自己左右的人。如果想與外人勾結出賣守城的，父母、妻子兒女、兄弟姊妹都要處斬。左右兩旁的人知情不捕捉他向上面報告，都與他受同樣的處罰。城下里巷中人家也要互相防備，方式與城上相同。有能捕捉叛城者報告的，封給千家的鄉邑；如果被抓的人不是他的左右兩旁的人，或是抓住了別伍中的企圖叛城的人，封給二千家的鄉邑。

城禁：使❶、卒、民不欲寇❷微職❸和❹旌者，斷。不從令者，斷。非擅❺出令者，斷。令失者，斷。倚戟縣下城❻，下不與眾等者，斷。無應而妄讙呼者，斷。

總❼失者，斷。譽客內毀❽者，斷。離署而聚語者，斷。聞城鼓聲而伍後上署者，斷。人自大書版，著之其署隔，守必自謀❾其先後，非其署而妄入之者，斷。離署左右，共入他署，左右不捕，挾私書，行請謁及為行書者，釋守事而治私家事，卒民相盜家室、嬰兒，皆斷無赦。人舉而藉❿之。無符節而橫行軍中者，斷。客在城下，因數易其署，而無易其養⓫，譽敵，少以為眾，亂以為治，敵攻拙以為巧者，斷。客、主人無得相與言及相藉⓬，客射以書，無得譽⓭，外示內以善，無得應，不從令者，皆斷。禁無得舉矢書，若以書射寇，犯令者父母、妻子皆斷，身梟⓮城上。有能捕告之者，賞之黃金二十斤。非時而行者，唯守及摻⓯太守之節而使者。

【章　旨】介紹城中的各項重要禁令。

【注　釋】❶使　當作「吏」。❷不欲寇　孫說當作「下效寇」。❸微職　通「微識」。即徽章標識。❹和　《周禮・大司馬職》鄭注：「軍門曰和，今謂之壘，門立兩旌以為之。」❺非擅　蘇說當作「擅非」。❻倚戟縣下城　孫說：「言下城不由階陛，倚戟縣身以下也。」❼總　當作「縱」。❽譽客內毀　稱讚敵人，毀謗自己。即長他人志氣，滅自家威風。❾謀　考慮。指守城長官安排士卒。❿藉　通「籍」。指執捕家屬、抄沒財產。⓫養　即「廝養」。主辦伙食的後勤人員。⓬藉　尹說：「藉，薦也，言以草薦席地而坐。」⓭譽　下文說「禁無得舉矢書」，意與此同，「譽」當作「舉」。⓮梟　指把頭懸在柱上示眾。⓯摻　操。

【語譯】城上的各種禁令：長官、士卒、百姓想效法城下敵人的徽章和旌旗的，要處斬。不聽從命令的，要處斬。擅自毀謗發號施令的長官，要處斬。不能及時傳達命令的，要處斬。仗著戟從城上懸吊到城下，下城的方式與眾不同的，要處斬。不響應號令而胡亂喧呼的，要處斬。放走罪犯的，要處斬。稱讚敵人毀謗自己的，要處斬。離開自己的署隔聚會交談的，要處斬。聽到城上的鼓聲卻落在隊伍後面，而未能及時登城的，要處斬。各人把自己的姓名寫在木板上，懸掛在署隔中，守城長官一定得親自考慮先後位置，不是本署人員而擅自進入的，要處斬。離開本署，向左向右進入別署，別署的人不捕捉的，挾帶私信，請求拜見長官以及替他人傳送私信的，丟開守城之事去做私家之事的，士兵、百姓偷盜別家財物、嬰孩的，都要處斬，不能赦免，人們都可執拘他的家人，抄沒他的財產。沒有符信在軍中到處走動的，要處斬。敵人在城下，因此要不斷換防，但不能換後勤人員。稱讚敵人，把少的說成多，把混亂說成紀律嚴明，把進攻方式拙劣說成巧妙的，要處斬。敵我雙方人員不得相互交談，席地而坐，敵人用箭射來書信，我方人員不能拾取，敵人用好處來引誘我方，我方人員不得回應，不聽從命令的，都要處斬。禁止拾取敵人用箭射來的書信，也不准我方人員用箭射書信到敵方，如違犯命令的，父母、妻子、兒女都要處斬，本人要懸頭示眾。有能抓住、報告上述各種罪犯的，賞給黃金二十斤。可以不按時通行的，只有太守以及持有太守符節證件的使者。

守入臨城，必謹問父老、吏大夫請❶有怨仇讎不相解者，召其人，明白為之解之。守必自異其人而藉❷之，孤之❸。有以私怨害城若吏事者，父母、妻子皆斷。其以城為外謀者，三族❹。有能得若捕告者，以其所守邑，小大封之，守還❺授其印，尊寵官之，令吏大夫及卒民皆明知之。豪傑之外多交諸侯者，常請❻之，令上通知之，善屬❼之，所居之吏上數選❽具之，令無得擅出入，連質之。術❾鄉長者、父老、豪傑之親戚父母❿、妻子，必尊寵之，若貧人食⓫不能自給食者，上食之。及武士父母親戚妻子，皆時酒肉⓬，必敬之，舍之必近太守。守樓臨質宮⓭而善周⓮，必密塗樓，令下無見上，上見下，下無知上有人無人。

【章　旨】介紹太守臨城時所要做的一些事情。

【注　釋】❶請　孫說當作「諸」。❷藉　通「籍」。指登記下姓名。❸孤之　孫說：「謂不得與其曹伍相聚而處，皆防其為亂。」❹三族　指夷三族。《儀禮・士昏禮》注：「三族，謂父昆弟、己昆弟、子昆弟也。」❺還　復。❻請　謁請。❼屬　聚。❽選　通「饌」。《廣雅・釋詁》：「饌，具也，食也。」❾術　《說文》：「邑中道也。」這裡即指邑。❿親戚父母　《墨子》書中親戚即指父母。王引之認為「父母」二字是後人所加。⓫食　衍文，應刪。⓬皆時酒肉　王念孫說「酒肉」上當有「賜」字。⓭質宮　下文又稱「葆宮」。即扣留人質的地方。⓮善周　指周密地防守。

【語　譯】太守入城視察，一定要仔細地詢問父老、吏大夫了解各種相互有怨仇未解的人，把這些人召集起來，講明道理，互釋嫌怨。太守一定親自把這些人加以區別並把名字登記起來，並使他們互不接觸。有因私怨危害守城或妨害長官工作的，父母、妻子兒女都要處斬。那些對外勾結企圖出賣守城的，要滅三族。有能得知並逮住這些人來報告的，根據他所守邑的情況，封給他或大或小的一塊土地，太守又授予他官印，尊敬他，寵幸他，給他官做，讓吏大夫和士兵百姓都明白知曉。與外面諸侯交往多的豪傑，要經常去拜見他們，把他們的名字向上司報告，使上司知道，再把他們召集到一起好好安置，當地吏長經常設筵款待他們，命令他們不得擅自出入，等於把他們一起扣押起來。鄉邑的長者、父老、豪傑的父母、妻子兒女，也一定加以尊寵，如果貧窮不能自謀生活，上司要供養他們。武士的父母、妻子兒女，都時常賜給酒肉，一定要敬重他們，把他們安置在太守附近。太守的樓房臨近質宮要防守周密，樓要嚴密地塗上泥巴，使下面看不到上面，而上面卻看得見下面，下面的人不知道上面是有人還是無人。

守之所親，舉吏貞廉、忠信、無害❶、可任事者，其飲食酒肉勿禁，錢金、布帛、財物各自守之，慎勿相盜。葆宮之牆必三重，牆之垣，守者皆累瓦釜牆上❷。門有吏，主者❸里門，筦❹閉，必須太守之節。葆衛必取戍卒有重厚者。請❺擇吏之忠信者，無害可任事者。

【章　旨】介紹對太守的親信及有關吏員的安置辦法。

【注　釋】❶無害　指辦事公平，對人沒有傷害。❷累瓦釜牆上　蘇說：「此防其踰越，使有聲聞於人。」❸者　通「諸」。❹筦　通「關」。即「閂」。❺請　當作「謹」。

【語　譯】太守所親近的人，與那些正直廉潔、忠誠守信、公平厚道、可以任以職事的吏長，不要禁止他們飲酒吃肉，各人的金錢、布帛、財物各人自己保管，要謹防互相偷盜。葆宮一定得有三層圍牆，牆頭上堆放瓦器鍋子，以免有人越牆逃跑。葆宮的門有專人負責，主管各道里門，里門的關閉，必須有太守的符節。葆宮的守衛人員，一定選穩重忠厚的士兵。要選那些忠誠可信、公平而又可任以職事的人為吏，負責葆宮的守衛工作。

令將衛，自築十尺之垣，周還❶牆，門、閨者❷，非令衛司馬門❸。

【章　旨】介紹門衛的設置。

【注　釋】❶還　通「環」。❷門閭者　門、閭均作動詞用，指派人把守大門、閭門。❸非令衛司馬門　非，當作「并」，上文「門將并守他門」，可證。司馬門，《漢書・元帝紀》顏師古注：「司馬門者，宮之外門也。」

【語　譯】派兵將防衛，自行築起十尺高的牆，牆環繞葆宮四周。把守大門、小門的人，同時也負責把守外門。

望氣者❶舍必近太守，巫舍必近公社，必敬神之。巫祝史與望氣者，必以善言告民，以請❷上報守，守獨知其請而已。無❸與望氣妄為不善言驚恐民，斷，弗赦。

【章　旨】介紹對巫、祝、史、望氣者的管理要求。

【注　釋】❶望氣者　已見上文。❷請　通「情」。❸無　王引之說當作「巫」，因聲同而誤。

【語　譯】望氣者的住處，一定鄰近太守住處，巫者的住處，一定鄰近諸侯神社，一定要尊敬他們，神化他們。巫者、太祝、太史和望氣者，一定要用好話告知人民，把實情報告太守，只有太守一個人知道實情罷了。巫者和望氣者胡亂散布謠言來驚嚇百姓，要處斬，不能赦免。

度食不足，食❶民各自占❷家五種❸石、升數，為期，其在蓴害❹，吏與雜訾❺。期盡匿不占，占不悉，令吏卒𢽿❻得，皆斷。有能捕告，賜什三。收粟米、布帛、錢金，出內❼畜產，皆為平直其賈❽，與主券人書之。事已，皆各以其賈倍償之。又用其賈貴賤、多少賜爵，欲為吏者許之，其不欲為吏，而欲以受賜賞爵祿，若贖出親戚、所知罪人者，以令許之。其受構賞者令葆宮見，以與其親。欲以復佐上者，皆倍其爵賞。某縣某里某子家食口二人，積粟六百石，某里某子家食口十人，積粟百石。出粟米有期日，過期不出者王公有之，有能得若告之，賞之什三。慎無令民知吾粟米多少。

【章旨】介紹城中錢糧不足時的應急措施。

【注釋】❶食　當作「令」。❷占　《史記・平準書・索隱》引郭璞說：「占，自隱度也。」❸五種　《周禮・職方氏》鄭注：「五種：『黍、稷、菽、麥、稻。』即五穀。」❹蕈害　孫說當作「薄者」。薄，古「簿」字。❺訾　《淮南子・原道》高注：「訾，量也。」❻敚　即「微」。伺察。❼內　通「納」。❽賈　通「價」。

【語譯】估量城中糧食不足時，就命令百姓各自計算家裡五穀的升、斗數量，確定一個日期交上帳簿，登記在帳簿中的數目，吏長要參與覈算。期限到了隱瞞不報，或者所報不是全部數量，派吏卒查出來，都得處斬。有能捕捉報告的，賜給十分之三。官府徵收糧食、布帛、金錢，賣出買進牲畜，都用平價，派主管券契的官吏記下價錢。戰事結束後，都按原價為底數加倍補償。又根據價值的貴賤、多少賜給爵位，想當吏長的，就同意他當吏長，如果不想當吏長，卻想用所賞賜的爵祿贖出犯罪的父母、朋友，要按規定同意。受獎賞的人，要讓他們到葆宮相見，以便他們與父母團聚。願以應得的財物資助上司的，均加倍給爵位作為賞賜。文書格式是：「某縣某里某人家裡人口兩人，積有糧食六百石，某里某人家裡人口十人，積有糧食百石。」交納糧食也有個期限，過期不交的，沒收歸王公所有。有能得知並通報的，賞給十分之三。切不能讓百姓知道我官府有多少糧食。

守入城，先以候❶為始，得，輒宮養之，勿令知吾守衛之備。候者為異宮，父母、妻子皆同其宮，賜衣食酒肉，信吏善待之。候來❷若復❸，就閒❹。守宮三難❺，外環隅為之樓，內環為樓，樓入葆宮丈五尺為復❻道。葆不得有室，三日一發席蓐，略視之，布茅宮中，厚三尺以上❼。發候，必使鄉邑忠信、善重士，有親戚、妻子，厚奉資之。必重發候，為養其親若妻子，為異舍，無與員❽同所，給食之酒肉。遣他候，奉資之如前候。反，相參❾審信❿，厚賜之。候三發三信，重賜之。不欲受賜而欲為吏者，許之二百石之吏⓫，守珮授之印⓬。其不欲為吏而欲受構賞祿⓭，皆如前。有能入深至主國⓮者，問之審信，賞之倍他候。其不欲受賞，而欲為吏者，許之三百石之吏。扞士⓯受賞賜者，守必身自致之其親之其親之⓰所，見⓱其見守之任⓲。其欲復以佐上者，其構賞、爵祿、罪人⓳倍之。

【章 旨】介紹對候者、扞士等的任用封賞制度。

【注 釋】❶候 蘇說：「候，謂訪知敵情者。」即偵察兵。❷來 指偵察回來。❸復 指再去偵察。❹閒 隙。❺守宮三難 指守宮有三重圍牆。孫說「難」當作「雜」，通「帀」。即「匝」。❻復 蘇說：「復，與『複』通，上下有道故曰復。」❼布茅宮中二句　不詳所用。❽員　《廣雅・釋詁》：「員，眾也。」❾參　參驗。❿審信　確實可靠。⓫二百石之吏　是秩品較低的小吏。⓬守珮授之印　王本、尹本均校作「守授之珮印」。珮，「佩」的俗字。⓭祿　上當有「爵」字。⓮主國　孫說指國都。⓯扞士　蘇說：「能卻敵者。」扞，衛。⓰其親之　三字誤重，應刪。⓱見　當作「令」。⓲任　信任。⓳罪人　孫說上當有「贖出」二字。

【語譯】太守入城，首先就得訪求偵察人員。物色到了，就把他們安置在守宮供養起來，不要讓他們知道我方的防守情況。偵察人員住在另一處所，父母、妻子、兒女都同他住在一起，賜給衣食酒肉，派誠信的吏長好好對待他們。偵察人員來往，就在守宮休息。守宮有三重圍牆，外面環繞牆角建樓，裡面也環繞牆角建樓，樓進入葆宮一丈五尺處建起複道。葆宮裡不能有別的房間，三天掀看一次席子，巡視檢查一番，在宮中鋪上茅草，鋪三尺厚以上。偵察人員的派出，一定要派那些鄉邑中的忠誠守信、善良穩重之士，又有父母、妻子兒女可做抵押的，並為他提供豐厚的資助。一定要重視選派偵察人員，替他們供養父母及妻子兒女，安排別的住處，不要同眾人住在一起，供給他們酒肉。派遣別的偵察人員時，資助與前面的偵察人員一樣。偵察兵取得情報回來，經檢驗確實可靠，要厚賞他。偵察人員多次出外偵探，並取得確實情報的，要重重地賞他。不想接受賞賜而想當長吏的，答應給他二百石的小吏，太守授給他佩印。如果不想當長吏而想接受爵祿的，都按前面的規定辦。有能深入到敵人國都偵察，經驗問情況確實可靠，賞賜比別的偵察人員加倍。如果他不想接受賞賜，而想當長吏的，答應給他三百石的官吏。衛士受賞賜的，太守一定要親自把所賞之物送到衛士父母那裡，使他們能看到太守對他們兒子的信任。如果他不想受賞，想把錢財用來輔助上司的，那麼給他的賞賜、爵祿和允許他贖出的罪犯數量加倍。

出候無過十里，居高便所樹表，表三人守之，比至城者三表，與城上烽燧❶相望。晝則舉烽，夜則舉火。聞寇所從來，審知寇形必攻，論小城不自守通者❷，盡葆其老弱粟米畜產。遣卒候者無過五十人，客至堞去之。慎無厭建❸。候者曹無過三百人，日暮出之，為微職❹。空隊❺、要塞，人之所往來者，令可□迹❻者，無下里三人，平而迹❼。各立其表，城上應之。候出越陳表❽，遮❾坐郭門之外內，立其表。令卒之半居門內，令其少多無可知也。即有驚❿，見寇越陳去，城上以麾⓫指之，迹坐擊正期⓬，以戰備從麾所指。望見寇，舉一垂⓭；入竟⓮，舉二垂；狎⓯郭，舉三垂；入郭，舉四垂；狎城，舉五垂。夜以火，皆如此。

【章　旨】介紹偵察人員同城上的聯絡方式。

【注　釋】❶熢燧　即「烽燧」。烽是以桔槔舉火，燧是以柴薪堆積燃燒，都是用作信號。❷論小城不自守通者　孫說：「言城小不能自守，又不能自通於大城也。」❸建　「逮」的形誤。逮，通「怠」。❹微職　即「徽識」。徽識。❺隊　通「隧」。❻可□迹　王引之說當作「可以迹」。迹，尹說：「謂步其迹也。」❼平而迹　王引之說當作「平明而迹」。❽陳表　〈雜守〉中作「田表」，田、陳互通。孫說：「田表，謂郭外之表也。」表，即「郵表」。詳注⓭。❾遮　《說文》：「遮，遏也。」《國語・晉語》「候遮扞衛不行」韋昭注：「遮，遮罔也。晝則候遮，夜則扞衛。」指把守郭門的前衛。❿驚　通「警」。⓫麾　「麾」的省文。《說文》：「麾，旌旗所以指麾也。」⓬迹坐擊正期　迹，當作「遮」。擊，當作「擊鼓」。正期，當從〈雜守〉作「整旗」。⓭垂　俞樾說當作「郵表」。即《禮記・郊特牲》的「郵表畷」，「郵」與「旞」通，「畷」與「綴」通。古時於疆界之地立木為標記，上面綴有物，如同旌旗邊緣上懸垂的裝飾品。可單稱「郵」或「表」，也可合稱「郵表」。⓮竟　通「境」。⓯狎　近。

【語　譯】偵察人員出外偵探不超過十里，在高而便利的地方立柱作為標識，每表三個人把守，從最遠處到城邑共立三根表柱，與城上的烽火遙遙相望。白天舉烽，晚上舉火。打聽到敵人來的方向，詳知敵人勢必攻城，要保住那些缺乏自衛能力，而又不與大城相通的小城中的老弱粟米畜產。派遣偵察人員窺探敵情，不能超過五十人，敵人攻到女牆就撤離。切不可厭倦懈怠偵察工作。偵察人員在近處流動偵查的不超過三百人，傍晚出去，都佩有徽章標識。空隧道、要塞裡的來往行人，要能夠追蹤他們的行蹤。追蹤人員，每里路不要少於三個人，天一亮就開始追蹤。偵察人員各自要立柱為表記，城上人遙相呼應。偵察人員出外越過田表，前衛則坐守在郭門內外，也立起表柱。要讓一半前衛兵居於郭門之內，使敵人無法得知人數的多少。如果有警報，看到敵人越過田表而來，城上就以旗幟指示敵人的動向，前衛坐著擊鼓整旗，把戰鬥器械送向城上旗子所指的方向。城上望見了敵人，就舉起一根郵表；敵人進入了境內，舉起兩根郵表；敵人接近外城，舉起三根郵表；敵人進入外城，舉起四根郵表；敵人靠近大城，就舉起五根郵表。夜間就以火為號，舉火的數目與舉郵表相同。

去郭百步，牆垣、樹木小大盡伐除之。外空井，盡窒之，無令可得汲也。外空窒盡發之❶，木盡伐之。諸可以攻城者盡內❷城中，令其人各有以記之。事以❸，各以其記取之。事為之券❹，書其枚數。當遂❺材木不能盡內，即燒之，無令客得而用之。

【章　旨】介紹鏟除一切可資敵人利用之物的措施。

【注　釋】❶外空窒盡發之　王引之說：「『外空窒』當作『外宅室』，謂城外人家之室也。發室伐木，皆恐寇得其材而用之也。」❷內　通「納」。下「不能盡內」的「內」與此同。❸以　通「已」。❹事為之券　當作「吏為之券」。❺遂　通「隧」。道。

【語　譯】離外城百步的地帶：牆壁、樹木，無論大小都要拆除、砍伐掉。城外的空井，都要填塞，不能讓敵人得以汲水。城外的空房室全都掀倒；樹盡砍光，各種可以利用攻城的東西全都搬進城內，讓各家對自己的東西有所標記，戰事結束後，各人根據自己所記的取回。官吏要製作證券，上面寫著數目。當道的木材不能全搬進城中的就燒掉，不要讓敵人得以利用。

人自大書版，著之其署忠❶。有司出其所治，則從淫之法，其罪射❷。務色謾𤴓❸，淫囂❹不靜，當路尼眾❺，舍事後就，踰時不寧❻，其罪射。讙囂駴❼眾，其罪殺。非上不諫，次主凶言❽，其罪殺。無敢有樂器，獘騏❾軍中，有則其罪射。非有司之令，無敢有車馳、人趨，有則其罪射。無敢散牛馬軍中，有則其罪射。飲食不時，其罪射。無敢歌哭於軍中，有則其罪射。令各執罰盡殺，有司見有罪而不誅，同罰，若或逃之，亦殺。凡將率鬥其眾失法，殺。凡有司不使去❿卒、吏民聞誓令，代之服罪。凡戮人於市，死上目行⓫。

【章　旨】介紹軍中的若干禁令。

【注　釋】❶忠　當作「中」。❷射　孫說當作「聅」。《說文》：「聅，軍法以矢貫耳也。」❸務色謾𤴓　務，蘇說當作「矜」。謾，欺謾。𤴓，指正人。❹淫囂　過分喧囂。❺尼眾　尼，止。眾，眾人。❻寧　《漢書・高帝紀》注引李斐說：「休謁之名，吉日告凶曰寧。」指謁告上司。❼駴　「戒」的俗字。戒，駭。❽次主凶言　王闓運說：「次，恣。」凶言，不吉利的話，指危言聳聽。❾獘騏　孫說是「奕棋」之誤。《說文》：「奕，圍棋也。」❿去　當作「士」。

⓫死上目行　孫說當作「死三日徇」。指陳屍三日以示眾。

【語譯】每個人都把姓名寫在木板上，懸掛在辦事署中。官府公布治軍的法令：凡放縱淫欲的，要用箭穿耳。驕矜神氣以欺謾正直人，過分喧囂不得安靜，當道攔阻眾人，放棄本職之事遲遲不做，過時不向上司謁告，要用箭穿耳。大聲喧鬧以驚駭群眾的，要殺頭。毀謗上司而不加勸諫，恣意危言聳聽，要殺頭。軍中不能有樂器，不准下圍棋，有這些東西的要用箭穿耳。沒有官府的命令，不能驅車奔馳，或徒步急走，有這些行為的要以箭穿耳。不能讓牛馬在軍中亂跑，有這種行為的要以箭穿耳。飲食不按規定的時間，要以箭穿耳。不能在軍中歌唱哭泣，有這些行為的要以箭穿耳。命令各執行處罰條例的官吏，該殺的要全部殺掉，執法的官吏明知有罪，卻不處罰，與罪犯一同受罰，如果逃跑，也殺掉。凡將帥不按軍法指揮戰鬥的，要殺掉。凡是執法官吏不使士兵、長吏、百姓聽到軍中誓詞禁令的，要代他們服罪。凡是在市中殺人，都要陳屍示眾三天。

謁者侍❶令門❷外，為二曹，夾門坐，鋪❸食更❹，無空。門下謁者一長❺，守數令入中，視其亡者，以督❻門尉與其官長，及亡者入中報。四人夾令門內坐，二人夾散門❼外坐。客見，持兵立前，鋪食更，上侍者名。守室❽下高樓，候者望見乘車若騎卒，道❾外來者，及城中非常者，輒言之守。守以須❿城上候，城門及邑吏來告其事者，以驗之，樓下人受候者言，以報守。中涓二人，夾散門內坐，門常閉，鋪食更。中涓一長者。環守宮之術衢，置屯道⓫，各垣其兩旁，高丈，為埤院⑫，立初雞足置⑬。夾挾視葆食⑭。而札書得，必謹案視參食⑮者，節⑯不法，正請⑰之。屯陳⑱垣外，術衢街皆樓，高臨里中，樓一鼓聾竈。即有物故⑲，鼓，吏至而止。夜以火指鼓所。城下五十步一廁，廁與上同圂。請⑳有罪過而可無斷者，令抒㉑廁利㉒之。

【章　旨】介紹太守府傳令、接待的程序及其設施。

【注　釋】❶侍　待命。❷令門　尹說：「謂置令門之，營門外也。」❸鋪　當作「餔」。❹更　更代；輪班。❺長　當作「長者」。下文「中涓一長者」，可證。❻督　察。❼散門　尹說：「側門也。」❽室　孫說「室」當作「堂」。❾道　從。❿須　待。⓫屯道　是專供軍事人員經行的道路。屯，聚；戍。⓬埤院　即「埤倪」。堞。⓭立初雞足置　文有脫誤。孫說「初」當作「勿」。雞足，指立物如雞足之形。按：所謂「雞足」，即「距」。〈備梯〉說「上加堞，廣十尺，左右出巨（距）各二十尺」，可證。依文意此句當作「勿置立雞足」，即不要出「距」之意。距，指女牆兩旁橫出如雞距的牆。⓮夾挾視葆食　孫說當作「卒夾視葆舍」。葆舍，即葆宮。⓯參食　王說當作「參驗」。⓰節　當作「即」。⓱正請　當作「止詰」。⓲屯陳　即「屯道」。⓳物故　事故。⓴請　當作「諸」。㉑抒　除。㉒利　蘇說：「除去不潔，使之通利。」

【語　譯】主管傳達的官吏，在令門外待命，他們分成兩組，分別坐在門的兩邊，吃飯輪班，不能無人輪值。門下的傳達人員由一位長者負責，太守經常叫他入內，檢查缺勤人員，並督察門尉和他們的長官，一發現有缺勤的就到裡面報告。四個門衛分坐令門裡面的兩邊，兩個門衛分坐在散門外面的兩邊。有外來的客人求見，門衛持兵器站在前面，輪班吃飯，並呈上求見者名單。太守堂下是高樓，門衛遠遠望見從外面來的乘車或騎馬的官吏士卒，以及要報告有關城中緊急情況的人，就向太守通報。太守要等待城上在城門觀察的人，或鄉邑長吏來告知情況，把這些同求見人的話互相驗證後，樓下人才接受求見人的要求，報告太守。另設中涓兩名，分坐在散門裡面的兩邊，散門經常關閉，中涓輪班吃飯。中涓中也由一位長者負責。環繞太守府的街道，設置屯道，屯道兩邊都建有牆，牆高一丈，有女牆，但兩旁不出雞距形的橫牆。士卒在葆宮兩旁守衛。如果收到信札，一定要謹慎地覈對驗證裡面所說的情況，如果有不法的情節，要扣留盤查。屯道兩邊牆外的街道有樓，可以俯視里中。樓上設有一只鼓和一口聾竈。如果有情況，就擊鼓，直至長吏到來才停止。夜間就用火指示擊鼓的地方。城下每五十步一廁所，城下與城上同廁。各種有罪過但可以不處斬的，就派他們掃除廁所，以保持廁所的清潔便通。

雜守第七十一

【題　解】這篇題作「雜守」，是對前面各篇的一個補充。其內容，有些是前面篇中已提及而較略的，此篇則較詳；有些是前面篇中涉及較詳的，此篇則較略；有些則是前面各篇都沒有提及的，此篇則可補前篇之缺。臨末墨子所說的「五不守」，則可視為對上述各篇的總結，與〈備城門〉前一章相呼應，構成一個整體。

禽子問曰：「客眾而勇，輕意❶見威，以駭主人。薪土俱上，以為羊坽❷，積土為高，以臨民❸，蒙櫓俱前，遂屬❹之城，兵弩俱上，為之奈何？」

【章　旨】禽滑釐問墨子怎樣對付羊玲之攻。

【注　釋】❶輕意　張純一說猶言「肆意」。❷羊玲　即〈備高臨〉中的「羊黔」。❸以臨民　按此段文句例，當是四字句，〈備高臨〉中有「以臨吾城」，則此當作「以臨吾民」。❹屬　會合。

【語　譯】禽滑釐問道：「敵人多而勇，肆意逞其勇猛，來驚駭我軍民。柴土一齊上，施工建羊玲，積土成高壘，俯瞰城中人。頂著盾牌前進，會合在我城下。刀箭一齊來，請問當怎樣對付？」

子墨子曰：「子問羊玲之守邪？羊玲者攻之拙者也，足以勞卒，不足以害城。羊玲之政❶，遠攻則遠害❷，近城❸則近害，不至城❹。矢石無休，左右趣❺射，蘭為柱❻，後望以固。厲吾銳卒，慎無使顧，守者重下，攻者輕去。養勇高奮，民心百倍，多執數少❼，卒乃不怠。」

【章　旨】墨子回答破羊玲之攻的方法。

【注　釋】❶政　當作「攻」。❷害　當作「禦」。下句同。❸城　當作「攻」。❹不至城　孫說當作「害不至城」。❺趣　急。❻蘭為柱　蘭，孫說即〈備城門〉中的「兵弩簡格」，即編架。柱，孫說指楮柱，當指支撐編架的支柱。❼多執數少　少，王引之說當作「賞」。並說：「言我之卒能多執敵人者，數賞之，則卒乃不怠也。」

【語　譯】墨子說：「你是問如何防守羊玲之攻嗎？利用羊玲，是一種笨拙的攻法，只足以使士卒勞苦，不足以危害我城。對付羊玲之攻，遠攻就遠禦，近攻就近禦，危害就不會降臨我城。箭矢礌石不住地放，左右兩旁夾著急射，編架支柱排成行。向後看，我軍陣勢穩，激勵我精兵，切莫顧前顧後不敢行。守城的不輕放，進攻的自然容易氣餒敗下陣。養精蓄銳鬥志高，人民信心百倍齊振奮，多抓敵人多獎賞，士兵就不懈怠爭上陣。

「作士❶不休，不能禁禦，遂屬之城，以禦雲梯之法應之。凡待煙❷、衝❸、雲梯、臨❹之法，必應城❺以禦之，曰❻不足，則以木椁之❼。左百步，右百步，繁下矢、石、沙、炭❽以雨之，薪火、水湯以濟之。選厲銳卒，慎無使顧，審賞行罰，以靜為故，從之以急，無使生慮，恚㾓高憤❾，民心百倍，多執數賞，卒乃不怠。衝、臨、梯皆以衝衝之。

【章　旨】介紹防禦堙、衝車、雲梯等攻城的方法。

【注　釋】❶士　當作「土」。❷煙　同「垔」。即「堙」。❸衝　指衝車。❹臨　指臨車。詳〈備高臨〉。❺應城　指城上採取相應的措施。如備堙、備梯、備高臨之類。❻曰　王闓運校作「石」。❼則以木椁之　尹說：「椁，守城具也。《周禮・職金》：『國有大故，而用金石。』注：『用金石者，槍、雷、椎、椁之屬。』疏：『皆謂守城禦捍之具。』」此「木」、「椁」均用作動詞。❽炭　〈備梯〉中作「灰」，應從之。❾恚㾓高憤　孫說此句當從上文作「養勇高奮」，很正確，此章末幾句與上章末數句同。恚，《說文》：「恚，恨也。」㾓，畢說是古文「勇」字。

【語　譯】「敵人壘土不休，無法禁止防禦，於是會合城下，蟻附攻城，可用防禦利用雲梯進攻的方法對付他們。凡是對付堙塞溝塹、利用雲梯、衝車、臨車進攻的方法，都要在城上採取相應的措施加以回擊。礧石不足，就用礧木、椁。左邊一百步，右邊一百步，灑下箭矢、石子、沙子、火灰，使之繁密如雨，又用開水輔助殺傷他們。選擇並激勵精兵，使他們義無反顧，賞罰分明，以靜為本，督促要急，不使他們產生猶豫動搖的情緒。養精蓄銳鬥志高，人民信心百倍齊振奮，多抓敵人多獎賞，士兵就不懈怠爭上陣。敵人利用衝車、臨車、雲梯進攻，我方都用衝亘衝擊他們。

「渠❶長丈五尺，其埋者三尺，矢❷長丈二尺。渠廣丈六尺，其弟❸丈二尺，渠之垂者四尺。樹渠無傅葉❹五寸，梯渠❺十丈一，梯渠、荅❻大數，里二百五十八❼，渠荅百二十九。

【章　旨】介紹渠的構建規格。

【注　釋】❶渠　一種防守器械。已見於〈備城門〉。❷矢　當作「夫」。通「趺」。❸弟　同「梯」。下文正作「梯」。❹葉　即「堞」。❺梯渠　孫說：「渠之有梯者謂之梯渠。」❻荅　即下文「渠荅」。❼里二百五十八　孫說「二百五十八」指步，意為每里路有二百五十八步要設置梯渠。每里三百步，所餘四十二步，當門隅及樓圂。

【語　譯】「渠長一丈五尺，埋進地裡三尺，渠腳長一丈二尺，渠寬一丈六尺，梯高一丈二尺，渠的下垂部分占四尺。立渠不要靠著女牆，要離開五寸。梯渠每十丈設一架。立梯渠、渠荅的大概數目是：每里路有二百五十八步要設置梯渠，有一百二十九步要設置渠荅。

「諸外道，可要塞以難寇，其甚害❶者，為築三亭，亭三隅，織女之❷，令能相救。諸距阜❸、山林、溝瀆、丘陵、阡陌❹、郭門若閻術❺，可要塞及為微職❻，可以迹知往來者少多，及所伏藏之處。

【章　旨】介紹設置要塞以阻止敵人、盤查行人的方法。

【注　釋】❶害　要害。❷織女之　陳奐說：「織女三星成三角，故築防禦之亭，以像織女處隅之形。」❸距阜　距，通「鉅」。大。阜，《說文》：「大陸也，山無石者。」❹阡陌　道路。東西為陌，南北為阡。❺閭術　《說文》：「閭，里中門也。」「術，邑中道也。」❻徽職　即「徽識」。徽識。

【語　譯】「城外各道路，可以設置要塞以阻止敵人。最險要的地方，修築三座哨亭，哨亭布局成三角形，像織女三星那樣，使它們能互相救援。各大山頭、山林、水溝、丘陵、道路、郭門和里中道路，都可設置要塞和旗幟徽章標識，這樣就可以查清來往行人的多少，以及他們所藏身的地方。

「葆民❶，先舉城中官府、民宅、室署，大小調處，葆者或欲從兄弟、知識者許之。外宅粟米、畜產、財物諸可以佐城者，送入城中，事即急，則使積門內。民獻粟米、布帛、金錢、牛馬、畜產，皆為置平賈❷，與主券書之。

【章　旨】介紹對外民入保後的安置及財產的處理辦法。

【注　釋】❶葆民　即由城外遷入城內受保護的人民。❷賈　通「價」。

【語　譯】「安置由城外遷入城內的人，要先計算城中官府、民房、辦事處的大小，才能均勻地加以分配。進城的人有些人想跟兄弟、朋友住在一起，可以同意。城外民戶的糧食、畜產、財物，凡可以幫助守城的，都送進城中，情況如果緊急，就讓人堆積在門內。人民所獻的糧食、布帛、金錢、牛馬、畜產，都按平價付給，由主管券契的官吏記下數目。

「使人各得其所長，天下事當。鈞其分職，天下事得。皆其所喜，天下事備。強弱有數，天下事具矣❶。」

【章　旨】析述用人應因材器使的道理。

【注　釋】❶使人各得八句　這段文字，全係韻語，與上下文不類，應是別篇文字錯簡在此。

【語　譯】「使各人發揮各人的所長，天下事都會做得恰當。公平地分配各人的職責，天下事都會取得成就。各人所做都是自己所樂意做的，天下事就會做得完備。各人的強弱都瞭如指掌，天下事就會做得具體周詳。

「築郵亭❶者圜之，高三丈以上，令侍殺❷。為辟❸梯，梯兩臂長三尺❹，連門❺三尺，報❻以繩連之。塹再雜❼，為縣梁。聾竈，亭一鼓。寇烽、驚烽、亂烽，傳火以次應之，至主國止，其事急者，引而上下之。烽火以❽舉，輒五鼓傳，又以火屬之，言❾寇所從來者少多，日弇❿還⓫，去來屬次烽勿罷⓬。望見寇，舉一烽；入境，舉二烽；射妻⓭，舉三烽一藍⓮；郭會⓯，舉四烽二藍；城會，舉五烽五藍；夜以火，如此數。守烽者事急。

【章　旨】介紹建郵亭、舉烽火的要求。

【注　釋】❶郵亭　尹說：「郵亭，書舍。今驛館也。」從此章所記的情況看，此「郵亭」似乎用作觀察敵人，舉烽火報信息而非傳達文書。❷侍殺　孫說當作「倚殺」。邪殺。❸辟　通「臂」。下句正作「臂」。❹尺　孫說「尺」當作「丈」。❺連門　孫說當作「連版」。❻報　疑當作「版」。❼槧再雜　孫說「槧」當作「塹」。再雜，猶如「再帀」。❽以　通「已」。❾言　《廣雅・釋詁》：「言，問也。」❿弇　張純一說「弇」當為「葬」之誤。⓫還　反覆之意。⓬罷　通「疲」。⓭射妻　孫說當作「射要」。急趨要塞之意。⓮藍　王引之說當作「鼓」。⓯郭會　指敵人會合至外城。

【語　譯】「築郵亭要用圍牆圍繞起來。郵亭高三丈以上，使它稍微偏斜。建臂梯，梯的兩臂長三丈，連版長三尺，版用繩串連起來。溝塹要繞亭兩圈，設有吊橋。亭中配備聾竈，每亭配一只鼓。有寇烽、驚烽、亂烽等各種分別情況輕重緩急的烽火，傳烽火時要依次響應，一直到國都為止，情況緊急的，要用桔槔將烽火上下晃動。舉完烽火，就以五次擊鼓傳遞消息，接著又用烽火，問明敵人來人的多少，早晚反覆傳遞烽火，來去烽火依次不歇。望見了敵人，就舉一支烽火；敵人入境，舉兩支烽火；敵人急奔要塞，舉三支烽火，擊一通鼓；敵人到外城會合，舉四支烽火，擊兩通鼓；敵人到大城會合，舉五支烽火，擊五通鼓；夜間以燧火代替烽火，點火的數量與此相同。守烽火的事，是很緊要的。

「候無過五十，寇至葉❶，隨去之，唯弇逮❷。日暮出之，令皆為微職❸。距阜、山林，皆令可以迹，平明而迹，無迹，各立其表，下城之應❹。候出置田表，斥❺坐郭內外立旗幟，卒半在內，令多少無可知。即有驚❻，舉孔❼表，見寇，舉牧❽表。城上以麾指之，斥步❾鼓整旗，旗❿以備戰⓫從麾所指。田者男子以戰備從斥，女子亟走入。即見放⓬，到⓭傳到城止。守表者三人，更立垂表⓮而望，守數令騎若吏行旁視⑮，有以知為⑯所為。其曹一鼓，望見寇，鼓傳到城止。

【章　旨】介紹以表聯絡情況的方法。

【注　釋】❶葉　當作「堞」。❷唯弇逮　依〈號令〉，「唯弇」當作「無厭」。逮，通「怠」。❸微職　即「徽識」。❹平明而迹四句　王引之說：「此本作『平明而迹，迹者無下里三人，各立其表，而城上應之也』。」依〈號令〉，王說是。❺斥　即〈號令〉中的「遮」。指前衛兵。❻驚　通「警」。❼孔　孫說「孔」當作「外」，草書形近而誤。❽牧　孫說當作「次」。❾步　依〈號令〉，當作「坐」。❿旗　衍文，當刪。⓫備戰　當作「戰備」。⓬放　當依下文作「寇」。⓭到　當作「鼓」。⓮捶表　即「郵表」。詳〈號令〉。⓯旁視　孫說猶言「徧視」。⓰為　蘇說當作「其」。

【語　譯】「偵察人員不要超過五十人，敵人攻到女牆，就隨之撤離，但不能厭倦懈怠。天晚時出去，使他們都有徽章標識。大土山、山林等地，都要使他能跟蹤行人。天剛亮就去跟蹤。跟蹤人員每里路不能少於三人，各人立起自己的郵表，城上也立郵表呼應。偵察人員越過安置田表的地方，前衛人員坐在外城內外，豎起旗幟。前衛兵要有一半人在郭門內，使敵人無法知道他們人數多少。如果有緊急軍情，偵察人員就舉起最遠的郵表；望見了敵人，就舉起其次一根郵表。城上用旗子指示敵人來的方向，前衛兵看到旗子，就坐在那兒擊鼓整旗，並趕緊派人把戰鬥器械送到城上旗子所指的地方去。在田間的男子就帶著戰鬥器械，跟隨前衛人員前去禦敵，女子趕緊跑入城中。如果看到敵人，擊鼓一直要傳到守城為止。每一表派三人把守，不斷更換，從事豎立郵表探望敵情之事。太守不斷派騎兵或長吏到處走動觀察，以便了解敵人的行動情況。每組偵察人員，備有一只鼓，望見敵人就擊鼓，一直傳到城中為止。

「斗食❶，終歲三十六石；參食，終歲二十四石；四食，終歲十八石❷；五食，終歲十四石四斗；六食，終歲十二石。斗食食五升❸，參食食參升小半，四食食二升半，五食食二升，六食食一升大半，日再食。救死之時，日二升者二十日，日三升者三十日，日四升者四十日，如是，而民免於九十日之約❹矣。

【章　旨】計算每人每天每年所需的糧食數量，以及如何度過糧食困難時期的縮減措施。

【注　釋】❶斗食　指每人每天吃糧一斗。這是指正常情況。❷參食四句　俞樾說：「此數不同者，上說是常數，下所說是圍城之中，民食不足，減去其半之數也。參食者，三分斗而日食其二也，故終歲二十四石也。……四食者，四分斗而日食其二也，故終歲十八石也。」下文「五食」，俞說是「五分斗而食其二」，「六食」是「六分斗而食其二」。❸斗食食五升　下文說「日再食」，均是按每日兩餐計算。❹約　指危約。

【語　譯】「正常情況下，一個人一天吃糧食一斗，終年要三十六石。在圍城糧食不足時，如果一人一天吃三分之二斗，一年要吃二十四石；一天吃四分之二斗，一年要吃十八石；一天吃五分之二斗，一年要吃十四石五斗；一天吃六分之二斗，一年要吃十二石。每天吃一斗則每餐吃五升；每天吃三分之二斗則每餐吃三升加小半升；每天吃四分之二斗則每餐吃兩升半；每天吃五分之二斗則每餐吃二升；每天吃六分之二斗則每餐吃一升另大半升。這都是按一天兩餐計算。要救飢度過生死難關時，可安排二十天每天吃兩升，三十天每天吃三升，四十天每天吃四升，這樣，人民就可以度過九十天的生死難關了。

「寇近，亟收諸雜鄉❶金器，若銅鐵及他可以左❷守事者。先舉縣官室居、官府不急者，材之大小長短及凡數❸，即急先發。寇薄❹，發屋，伐木，雖有請謁，勿聽。入❺柴，勿積魚鱗簪❻，當隊❼，令易取也。材木不能盡入者，燔之，無令寇得用之。積木，各以長短大小美惡形相從，城四面外各積其內，諸木大者皆以為關鼻❽，乃積聚之。

【章　旨】介紹收集金屬、木材備寇的方法。

【注　釋】❶雜鄉　當作「離鄉」。〈備城門〉：「城小人眾，葆離鄉老弱、國中及他大城。」離鄉，即指離開城外或缺乏防衛能力的小城。❷左　通「佐」。輔助。❸凡數　孫說：「猶言大總計數也。」即總數。❹薄　迫近。❺入　納入。❻勿積魚鱗簪　〈備蛾傅〉：「兩端接尺相覆，勿令魚鱗三。」「魚鱗三」與此「魚鱗簪」意義相同，三、簪均通「槮」。凡積聚木柴均可稱「槮」。魚鱗，是形容參差不齊的樣子。❼隊　通「隧」。❽關鼻　尹說：「關，貫也。鼻，孔也。為關鼻，令大木易排次，且急則易曳。」是一種貫穿木料之間的橫木，其作用是可以把數根木料聯結在一起，以便存放；需要用木料時又可以將它拉開。畢沅稱之為「紐」。

【語　譯】「敵人向我方逼近，要立即收集各離鄉入城人家的金屬器具，如銅、鐵以及其他可以幫助守城的東西。先選擇城外縣官的住宅、不急用的官府，統計木材的大小長短及總數，如果情況緊急，就先把這些住宅、官府的木材掀掉。敵人迫近時，就揭掉一般人的屋頂，砍伐樹木，即使有人請求別揭別砍，也不要聽從。把柴薪納入城中，不要堆垛成魚鱗般參差不齊，要使它正當敵人來的隧道，使之易於取用。木材不能全納入城中的，即就地燒掉，不要留給敵人利用。堆積木材，要堆在四面城門之內，各種大木材，都要先製作關鼻以便拉曳，然後才把它們堆積起來。

「城守司馬以上，父母、昆弟、妻子，有質在主所，乃可以堅守。署❶都司空❷，大城四人，候❸二人；縣候面一❹；亭尉、次司空，亭一人，吏侍守所者財❺足。廉信，父母、昆弟、妻子有❻在葆宮中者，乃得為侍吏。諸吏必有質，乃得任事。守大門者二人，夾門而立，令行者趨其外。各四戟，夾門立，而其人坐其下。吏日五閱之，上逋者名。

【章　旨】介紹對守城官吏的任使、配置要求。

【注　釋】❶署　部署。❷都司空　五官之一，已見於〈號令〉。❸候　孫說也是五官之一。❹縣候面一　指縣裡四面各設一候。❺財　通「才」。❻有　通「又」。

【語　譯】「司馬以上的守城長官，他們的父母、兄弟、妻子兒女有人質在太守那裡的，城才可以堅守。配置都司空，大城配四人，另配候二人。縣的四面配候各一人；配置亭尉、次司空，每亭各配一人，這樣在各防守地點、官吏的人數才夠用。廉潔誠信，父母、兄弟、妻子兒女又在葆宮當人質的，才可以到太守府當守門的吏長。其他各種吏長，也須家裡有人在葆宮當人質，才能任職。守大門用兩個人，一邊站一個，看到過路人就命令他們趕快走過大門，不能在外面逗留。每道門配四個持戟的士兵，站在門的兩邊，其他人坐在門下。負責門衛的吏長每天檢查五次，把缺勤人員的姓名報上去。

「池外廉❶有要有害，必為疑人❷，令往來行夜者射之，謀❸其疏者❹。牆外水中，為竹箭，箭尺廣二步，箭下於水五寸，雜長短，前外廉三行❺，外外鄉❻，內亦內鄉。三十步一弩廬❼，廬廣十尺，袤丈二尺。隊有急，極❽發其近者往佐，其次襲其處❾。

【章　旨】介紹水邊、水中的設防及弩廬的配置。

【注　釋】❶廉　《儀禮・鄉飲酒》鄭注：「側邊曰廉。」❷疑人　俞樾說：「疑人，蓋束草為人形，望之如人，故曰疑人。」❸謀　俞說「謀」當作「誅」。❹疏者　指疏忽不射的人。❺前外廉三行　指前池之外廉，列竹箭三行。❻鄉　通「向」。❼弩廬　孫說：「即置連弩車之廬也。」❽極　通「亟」。❾其次襲其處　蘇說：「言軍有危急，則發其近者往助之，近者既發，則移其次者居之，以為接應也。」襲，《漢書・揚雄傳》顏注：「襲，繼也。」

【語　譯】「護城河外邊，凡是要害之處，都要設置疑人，命夜間往來通行的人射它，疏忽不射的人要處罰。城牆外的水中，要安插竹箭，插竹箭之處寬二尺，竹箭插到低於水面五寸，長短參差，護城河前邊插三行，外邊的朝外插，裡面的朝裡插。每三十步建一座裝連弩的廬房，廬房寬十尺，長一丈二尺。當對敵情況緊急時，就先把鄰近的開去助戰，近的用過了，就把次近的開去，作為接應。

「守節出入，使主節❶必疏書❷，署❸其情，令若❹其事，而須其還報以劍驗❺之。節出，使所出門者，輒言節出時摻❻者名。

【章　旨】介紹太守符節使用的規定。

【注　釋】❶主節　掌管符節的小吏。❷疏書　尹說：「疏書，謂條錄之。」❸署　尹說：「表也，題也。謂題名其事由於冊上。」❹若　張純一說：「如也。謂恰如其事實。」❺劍驗　當作「參驗」。❻摻　通「操」。

【語　譯】「太守符節的出入，一定要使主管符節的小吏，分條記錄情況，要把事情的名目題記在登記冊上，名目要與事實相符合，還要等符節用完之後回來報告，加以驗收。符節發出去，持節人如果出門，就要記下他的姓名。

「百步一隊❶。閣❷通守舍，相錯穿室。治復道，為築墉❸，墉善其上❹。

【章　旨】介紹隧道及閣門等的設置。

【注　釋】❶隊　通「隧」。按：此句下有脫文，無從校補。❷閣　《爾雅・釋宮》：「小閨謂之閣。」是閨門旁的小門。❸墉　牆。❹善其上　孫說當作「善蓋其上」或「善塗其上」。

【語　譯】「每百步建一隧道。太守府的閣門通向太守的休息室，交錯穿過房間。上面修建複道，旁邊還要築牆，牆上要好好蓋起來以防滲水。

「取疏❶，令民家有三年畜❷蔬食，以備湛❸旱，歲不為❹。常令邊縣豫種畜芫、芸、烏喙、祩葉❺。外宅溝井可窴❻，塞；不可，置此其中。安則示以危，危示以安。

【章　旨】介紹蓄積蔬菜、栽種有毒植物以備用的措施。

【注　釋】❶取疏　取，同「聚」。疏，即下文的「蔬」。❷畜　通「蓄」。❸湛　《論衡・明雩》：「久雨為湛。」❹歲不為　指年歲沒有收成。為，成。❺芫芸烏喙祩葉　《說文》：「芫，魚毒也。」芫是一種可用其花、根毒殺魚類的植物。芸，孫說當作「芒」，即芒草。也可用以毒殺魚類。烏喙，即烏頭。《廣雅・釋草》：「蕪奚，毒附子也。一歲為萴子，二歲為烏喙，三歲為附子，四歲為烏頭，五歲為天雄。」祩，孫說即「林」，通「椒」。也是一種有毒的植物。

❻窴 同「填」。

【語 譯】「積聚蔬菜，使人民家中積蓄的蔬菜可吃三年，以防備水旱沒有收成的年歲。還要經常命令邊地各縣預先栽種積蓄芫、芸、烏喙、祩葉等有毒植物。城外住宅區，溝井能填塞的，就填塞；不能填塞的，就把這些毒草塞進去。安全的地方，要給敵人以危險信號，危險的地方，卻要使他們覺得很安全。

「寇至，諸門戶令皆鑿而類❶竅之，各為二類，一鑿而屬繩，繩長四尺，大如指。寇至，先殺牛、羊、雞、狗、烏❷、鴈❸，收其皮革、筋、角、脂、䐉❹、羽。彘皆剝之。吏橝桐𠧪❺，為鐵錍❻，厚簡為衡枉❼。事急，卒不可遠，令掘外宅林。謀多少，若治城□為擊❽，三隅之。重五斤已❾上諸林木，渥❿水中，無過一筏⓫。涂茅屋若積薪者，厚五寸已上。吏各舉其步界⓬中財物，可以左守者上。

【章 旨】介紹宰殺牲口家禽、收集各種材料以備寇的方法。

【注 釋】❶類 孫說當作「幎」，即「冪」的變體。冪，蒙。❷烏 王說：「烏非家畜，不得與牛、羊、雞、狗、鴈並言之，烏當為『鳧』，此鳧謂鴨也。」❸鴈 《說文》：「鴈，鵝也。」鵝，今作「鵝」。❹䐉 畢說即〈考工記〉「𡿺」字，本「𡿺」字之譌。𡿺，《說文》：「頭髓也。」即腦髓。❺吏橝桐𠧪 吏，孫說當作「使」。橝，當作「檟」。即楸樹。𠧪，尹說當作「卤」，通作「㮚」，即「栗」。❻錍 《說文》：「鈭錍，斧也。」❼厚簡為衡枉 孫說「厚」當作「后」，通「後」。枉，當作「柱」。即上文「藺為柱後」之意。簡，即編架。詳〈備城門〉。❽城□為擊 孫說所缺當是「上」字。擊，古文「隔」作「擊」，此擊即署隔。詳〈號令〉。❾已 通「以」。❿渥 浸漬。⓫筏 《通典．

兵門》說：「槍十根為一束，勝力一人，四千一百六十六根，即成一柢。」柢，即「筏」。此說可資參考。⓬步界　當作「部界」。

【語　譯】「敵人到來時，各門戶都要鑿上孔，用東西蒙上。各門鑿兩個孔用東西蒙上，一個孔繫根繩子，繩子長四尺，大如手指。敵人到來時，先殺掉牛、羊、雞、狗、鴨、鵝等牲畜，收集牠們的皮革、筋腱、頭角、脂油、腦髓、羽毛等。豬全都要剝皮。要利用楸、桐、栗等木材，製作鐵斧，製作弩箭編架的橫柱。如果事態緊急，守城的士卒不能讓他們遠出，要命令他們挖出城外住宅的木材備用。要計算好木材的多少。如果修治城上的署隔，可修成三角形。重五斤以上的木材，要浸泡在水中，數量不超過一筏。塗茅屋或柴堆，都要塗五寸以上。各部的長吏都要將自己部內可以幫助守城的財物獻上去。

「有讒人，有利人，有惡人，有善人，有長人❶；有謀士，有勇士，有巧士，有使士❷；有內人❸者，有外人❹者，有善人❺者，有善門❻人者，守必察其所以然者，應名❼，乃內❽之。

【章　旨】介紹各種人的區別，要求太守因器使人。

【注　釋】❶長人　尹說：「長，技。」❷使士　尹說：「善詞令而可使四方者。」❸內人　尹說：「長於內政。」❹外人　尹說：「優於外交。」❺善人　尹說：「好稱人善。」❻門　蘇說是「鬥」之訛。❼應名　指名實相符。❽內　通「納」。

【語　譯】「有喜歡進讒言的人，有喜歡以利人為樂的人，有惡人，有善人，有富於專長的人；有謀士，有勇士，有技巧之士，有擅長詞令可出使之士；有些人長於內政，有些人優於外交，有些人樂於稱人之善，有些人喜歡慫恿別人爭鬥。太守一定要考察他們，所以有那麼一個稱號的原因，真正名副其實的人才，才起用他們。

「民相惡，若議吏，吏所解❶，皆札書藏之，以須告❷者之至以參驗之。睨者小❸五尺，不可卒者，為署吏，令給事官府若舍。」

【章　旨】介紹吏長排解百姓糾紛的要求，及對未成年兒童的安置。

【注　釋】❶解　指解除百姓中互相仇怨的緊張關係。❷告　孫說下當有「者」字，據補。❸睨者小　當作「諸小睨」。睨，通「婗」。《廣雅・釋詁》：「婗，兒子也。」孫說指十四歲以下的兒童。

【語　譯】「百姓如互相嫌惡，或非議吏長，吏長要解開這種糾紛，並將處理結果登記在書札中收藏起來，等再有人來告訴時，加以參考檢驗。各不滿十四歲、五尺高的兒童，不夠當兵條件，可以讓他們當辦事人員，供官府或長官的住舍役使。

「藺石❶、厲矢、諸材、器用，皆謹部❷，各有積分數❸。為解車❹以枱❺，城矣❻以軺車❼，輪軲❽，廣十尺，轅長丈，為三輻❾，廣六尺。為板箱❿，長與轅等，高四尺，善蓋上治中⓫，令可載矢。」

【章　旨】介紹對各種守城器械的積儲和製作。

【注　釋】❶藺石　即礧石。已見〈號令〉。❷謹部　尹說：「謹理其部居。」❸積分數　尹說：「或積或分各有數。」❹解車　蘇說「解車」即下文「軺車」。❺枱　孫說當作「梓」。❻城矣　蘇說「城矣」當作「載矢」。❼軺車　據下文，是一種運箭的車子。❽軲　王闓運說：「軲，今作『箍』，圍也。」❾三輻　孫說當作「四輪」。❿板箱　箱，指車箱。以板為之，故稱板箱。⓫蓋上治中　指車上製作車蓋，車箱中修整結實。

【語　譯】「礧石、利箭、各種木材、器用，都要小心地加以整理布置，或堆積、或分放，都要有數可查。用梓木製作軺車，用軺車來裝箭。輪箍寬十尺，直轅長一丈，做四個車輪，輪寬六尺。用木板製作車箱，長度與車轅相等，高四尺，把上面好好蓋起來，中間弄結實，使它可以裝箭。」

子墨子曰：「凡不守者有五：城大人少，一不守也；城小人眾，二不守也；人眾食寡，三不守也；市去城遠，四不守也；畜❶積在外，富人在虛❷，五不守也。率萬家而城方三里。」

【章　旨】墨子闡說無法防守城池的五種情況。

【注　釋】❶畜　通「蓄」。❷虛　蘇說：「虛同『墟』，言不在城邑也。」

【語　譯】墨子說：「凡城池無法防守的有五種情況：城大人少，這是第一種情況；城小人多，這是第二種情況；人多糧食少，這是第三種情況；市場離城太遠，這是第四種情況；積蓄的財富都在城外，富人都不在城內，這是第五種情況。一般說來，一萬戶人家，可住在方圓三里的城當中。」

附錄

墨經旁行句讀

〈經上〉末尾注有五字：「讀此書旁行。」孫詒讓說：「言此篇當旁行讀之，即正讀，亦無背於文義也。此篇舊或每句兩截分寫，如新考定本，故曰旁行可讀。」

〈經上〉篇旁行句讀（畢云：「本篇云讀此書旁行，今依錄為兩截，旁讀成也。」）按：橫向跨頁連續。

故，所得而後成也。

體，分於兼也。

知，材也。

慮，求也。

知，接也。

恕，（知同。畢、張、楊本並作「恕」，誤。）明也。

止，以（已同。）久也。

必，不已也。

平，同高也。

同，長以缶（古「正」字。）相盡也。

中，同長也。

厚，有所大也。

仁，體愛也。
義，利也。
禮，敬也。
行，為也。
實，榮也。
忠，以為利而強低（當作「君」。）也。
孝，利親也。
信，言合於意也。
佴，自作（疑當作「佊」。）也。
詷，（狷通。）作嗛也。
廉，（疑當作「慊」。）作非也。
令，不為所作也。
任，士損己而益所為也。
勇，志之所以敢也。
力，刑（形同。）之所以奮也。
生，刑（形同。）與知處也。
臥，知無知也。
夢，臥而以為然也。
平，知無欲惡也。
利，所得而喜也。
害，所得而惡也。

日中，缶南也。（無說。）
直，參也。（無說。）
圜，一中同長也。
方，柱隅四讙（當作「襍」。）也。
倍，為二也。
端，體之無序而最前者也。
有閒，中也。
閒，不及旁也。
纑，（櫨通。）閒虛也。
盈，莫不有也。
堅白，不相外也。
攖，相得也。
似，（當作「仳」。）有以相攖，有不相攖也。
次，無間而不攖（當作「相」。）攖也。
法，所若而然也。
佴，所然也。
說，所以明也。（無說。）
攸，（疑當作「彼」。）不可，兩不可也。
辯，爭彼也。辯勝，當也。
為，窮知而縣於欲也。
已，成，亡。

治，求得也。
譽，明美也。
誹，明惡也。
舉，擬實也。

言，出舉也。
且，言然也。
君、臣、萌，（氓通。）通約也。
功，利民也。
賞，上報下之功也。
罪，犯禁也。
罰，上報下之罪也。
同，（說作「侗」。）異而俱於之一也。

久，彌異時也。宇，彌異所也。
窮，或有前不容尺也。
盡，莫不然也。
始，當時也。
化，徵易也。
損，偏去也。

使，謂，故。
名，達、類、私。
謂，移、（說作「命」，誤。）舉、加。
知，聞、說、親。
名、實、合、為。（畢、張、楊並合前為一經，誤。）
聞，傳親。
見，體、盡。
合，（說作「古」，誤。）𤴓、宜、必。
欲𤴓權利，且（疑衍。）惡𤴓權害。
為，存、亡、易、蕩、治、化。
同，重、體、合、類。
異，二、不體、不合、不類。
同異交得，放（說作「恕」，疑當作「知」。）有無。
聞，耳之聰也。（無說。）
循所聞而得其意，心之察也。（無說。）
言，口之利也。
執所言而意得見，心之辯也。（無說。）
諾，不一利用。
服執誽。（音利。疑當作「言利」，二字乃正文，誤作小注。畢、張、楊以「服執誽巧轉則求其大益。(無說。)

環稘秪。(說作「儇昫民」。案：當作「環俱氏」。)

庫，(當作「庳」。)易也。

動，或從(當作「徙」。)也。

讀此書旁行。(此校語誤入正文。楊云：「五字當是後人所加，適在『缶無非』三字之上列。」)

〈經下〉篇旁行句讀(畢本無，今依張氏考定本重校正。)

止，類以行人，(疑當作「之」。)說在同。

駟(疑當作「四足」。)異說，(張以三字屬下列「孰存」下，疑非。)推類之難，說在(疑脫「名」字。)之大小。

物盡(張以二字屬前經，誤。)同名，二與鬥，愛，食與招，白與視，麗與。(依說當有「暴」字。)夫與履。(說作「屨」。)

一，偏棄(說作「去」。)之。

謂而固是也，說在因。

不可偏去而二，說在見與俱、一與二、廣與循。

故大益」為一經，誤。)

巧轉(依說當作「傳」。)則求其故。

法同則觀其同。

法異則觀其異。

止，因以別道。

缶無非。(畢、張並以三字與上校語為一，誤。)

所存與(當有「存」字。)者，於存與孰存。

五行無常勝，說在宜。

無欲惡之為益損(疑當作「無益損」。)也，說在

（當作「儵」。張以「物盡同名」以下四經合為一，誤。）

不能而不害，說在害。

異類不吡，（仳同。）說在量。

偏去莫加少，說在故。

假必詩，說在不然。

物之所以然，與所以知之，與所以使人知之，不必同，說在病。

疑，說在逢、循、遇、過。（張以三字屬下，誤。）

合與一，或復否，說在拒。（無說。）

物一體也，說在俱一惟（唯同。）是。

宇或（域正字。）徙，說在長宇久。

二，（張以此字屬下列「所義」下，誤。）臨鑑而立，景到，多而若少，說在寡（疑當作「空」。）區。（說在「住景二」條後。以下三經皆說鑑，當與說景諸條類列，疑皆傳寫亂之。張云：「此

宜。

損而不害，說在餘。

知（說作「智」，通。）而不以五路，說在久。（有誤。）

必熱，（依說當作「火不熱」。）說在頓。（疑當作「覩」。）

知（說作「智」，通，下同。）其所以不知，說在以名取。

無不必待有，說在所謂。

擢（疑當作「摧」。）慮不疑，說在有無。

且然，不可正，而不害用工，說在宜歐。（疑當作「害區」。張以「歐」屬上列「物一體也」，誤。）

均之絕不，（不，否通。）說在所均。

堯之義也，生（疑當作「任」。）於今而處於古，而異時，說在所義。

狗，犬也，而殺狗非殺犬也，可，說在重。

行當作『無久與宇堅白，說在因。』」案：張校以下五經互易，未知是否，姑箸之以備考。）

鑑位（立同。）景一少而易，一大而缶，說在中之外內。（說在「景之小大」條後，亦傳寫之誤。張云：「此行當『臨鑑而立，景到，多而若少，說在寡區。』」

鑑團景一。（無說。下有脫字。）

不堅白，說在。（下有脫字。張併前為一經，誤。又云：「此行當『鑑位景一，小而易一，大而缶說，在中之外內。』」

無久與宇。堅白，說在因。張云：「此行當『鑑團景一，不堅白，說在。』」

在諸其所然未者然，（疑當作「諸未然」。）說在於是推之。

景不徙，說在改為。

住（疑當作「位」，位、立字通。）景二，說在重。

景到，有午有端與景長，說在端。

景迎日，說在摶。（疑當作「轉」。）

景之小大，說在地（當作「杝」。）缶遠近。

天（依說當作「大」。）而必正，說在得。

使，殷、美，（疑當作「使叚義」。）說在使。

荊之大，其沈（當作「沆」。）淺也，說在具。（說作「貝」，疑當作「有」。）

以檻（當作「楹」。）為摶，於以為無知也，說在意。

意未可知，（說無此義，疑有脫誤。）說在可用過（當作「遇」。）仵。（說作「件」，誤。張以「以檻為摶」以下三經合為一，誤。）

一少於二，而多於五，說在建。（疑當作「進」。）

非半勿斱，則不動，說在端。

可無也，有之而不可去，說在嘗然。

缶而不可擔，（當作「擔」。）說在摶。

宇進無近，說在敷。

行（張以比字屬上經，誤。）循（依說當作「脩」。）

貞（依說當作「負」。）而不撓，說在勝。

契（挈通。）與枝（當作「收」。）板，（疑當作「仮」，或涉上行。）說在薄。

倚者不可正，（疑當作「止」。）說在剃。（當作「梯」。）

推（依說當作「柱」。）之必往，（疑當作「住」。）說在廢材。

買無貴，說在仮（反同。）其賈。

賈宜則讎，說在盡。

無說而懼，說在弗心。（當作「必」。）

或（「域」正字。）過名也，說在實。

知之，否之，足用也諄，（疑當作「誖」。）說在無以也。

謂辯無勝，必不當，說在辯。

無不讓也，不可，說在始。（疑當作「殆」。）

於一有知（說作「智」，通，下同。）焉，有不知

以久，說在先後。

一（張以此字屬上經，誤。）法者之相與也盡，（依說當有「類」字。）若方之相合也，說在方。

狂舉不可以知異，說在有不可。

牛馬之非牛，與可之同，說在兼。（張併前為一經，誤。）

循此循此與彼此同，說在異。

唱和同患，說在功。

聞所不知，若所知，則兩知之，說在告。

以言為盡誖，誖，說在其言。

唯吾謂，非名也則不可，說在仮。

無窮不害兼，說在盈否知。

不知其數而知其盡也，說在明（疑當作「問」。）者。

不知其所處，不害愛之，說在喪子者。（無說。）

仁義之為內外也，內（疑當作「非」。）說在仵顏。（有誤。）

學之（依說疑當有「無」字。）益也，說在誹（依

焉，說在存。

有指於二，而不可逃，說在以二絫。（當作「參」。）

所知弗能指，說在春（字誤。）也，逃臣、狗犬、貴（說作「遺」。）者。

知（說作「智」，通，下同。）狗而自謂不知犬，過也，說在重。

通意後對，說在不知其誰謂也。

說疑當作「詩」。）者。

誹之可否，不以眾寡，說在可非。

非誹者諄，（當作「詩」。）說在弗非。

物甚不甚，說在若是。

取下以求上也，說在澤。

是是與是同，說在不州。（有誤。張併前為一經，誤。）

（據孫詒讓《墨子閒詁》卷十）

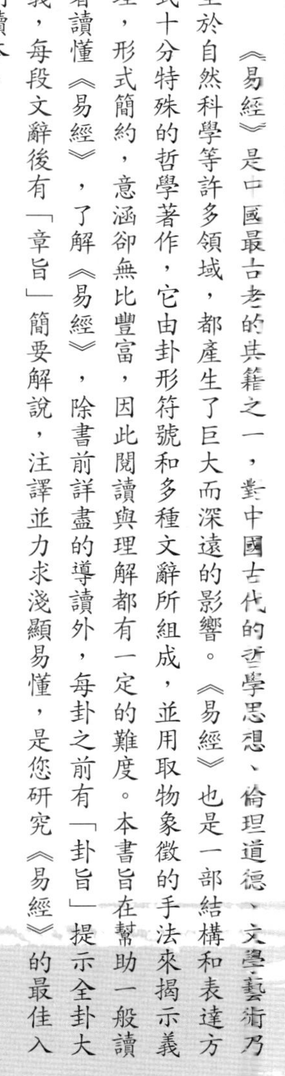

◎新譯易經讀本

郭建勳／注譯　黃俊郎／校閱

《易經》是中國最古老的典籍之一，對中國古代的哲學思想、倫理道德、文學藝術乃至於自然科學等許多領域，都產生了巨大而深遠的影響。《易經》也是一部結構和表達方式十分特殊的哲學著作，它由卦形符號和多種文辭所組成，並用取物象徵的手法來揭示義理，形式簡約，意涵卻無比豐富，因此閱讀與理解都有一定的難度。本書旨在幫助一般讀者讀懂《易經》，了解《易經》，除書前詳盡的導讀外，每卦之前有「卦旨」提示全卦大義，每段文辭後有「章旨」簡要解說，注譯並力求淺顯易懂，是您研究《易經》的最佳入門讀本。

◎新譯郁離子

吳家駒／注譯

「郁離子」是本書書名，也是書中主人翁的名字。作者為明朝開國大臣劉基。他經歷元末政治腐敗，社會黑暗，民族衝突的丕變，對於種種的不公不義感到忿懣，故撰寫《郁離子》以抒發自己的看法與主張。本書內容皆為單篇獨立的短文，所言包羅萬象，包括揭露黑暗，抨擊時弊；政治主張，以得治國；重視人才，舉賢任能；褒貶世風，闡發哲理。形式上則大量運用寓言筆法，並引用歷史人物或事件，增強了故事的真實感。其精巧的構思，新奇而又恰當的比喻，使得本書不僅意蘊深刻，而且妙趣橫生，給人耳目一新之感。此外詳盡的注釋、語譯與精湛的研析，更增添其價值與光彩。想一睹中國文學的寓言之美，一定不能錯過本書。

◎新譯老子解義

吳　怡／著

有關《老子》的注解與著述，自古至今少說也有幾百種，對後人而言確實是一筆豐富的資產，但其中許多紛紜複雜的考證和妙絕言詮的玄談，又往往使人望而卻步。本書跳脫一般古籍的注釋形式，吳怡教授以語譯和豐富的解義，透過不斷自問的方式，把問題一層層地剝開。有些問題也許並非老子所料及，但卻是通過老子的提示，用現代人的思考，面對現代人的環境而開展出來的。本書是希望了解《老子》真義，而能用之於自己生活、思想上的讀者的最佳選擇。

◎新譯傳習錄

李生龍／注譯

王陽明不但是有明一代文韜武略兼備的人物，更是最具代表性的思想家。他所提倡以「尊德行」、「致良知」、「知行合一」為核心的心學，在中國、日本、韓國以及東南亞國家都有重要而深遠的影響。《傳習錄》一書則是由其弟子輯錄整理陽明之論學語及論學書簡而成，是研究王陽明哲學思想及心學發展的重要著作。本書不僅注譯詳贍精當，對於王陽明的心學亦頗多闡發，能幫助讀者深入了解王陽明的為人、心靈轉折與思想精華。

◎新譯呂氏春秋

朱永嘉、蕭木／注譯　黃志民／校閱

《呂氏春秋》是秦朝丞相呂不韋召集門下賓客學士集體創作的一部綜合巨著，它有三個方面堪稱「獨一無二」：一是內容的廣泛性，自古代社會到那時代的全部認識成果，它幾乎都作了檢閱和評說；二是學派的兼容性，它雖被視為雜家，但卻力圖在融會貫通的基礎上，建構一個自屬的體系；三是構制的規整性，使讀者產生一種嚴格按照預定藍圖，集百工智慧而由一人運籌帷幄的感受。如此一部奇書，值得國人一讀。本書在前賢時彥的研究基礎上，進行全面而深入的導讀、校注和語譯，是今人研讀《呂氏春秋》的不二之選。

◎新譯鶡冠子

趙鵬團／注譯

《鶡冠子》作為先秦道家著作，最早著錄於《漢書・藝文志》。《鶡冠子》較之早期道家學說，最為鮮明的一點，就是不惜篇幅地強調陰陽術數的運行機制和作用。今本《鶡冠子》保持了古書的面貌，特別是思想宗旨基本上因襲了舊文，十九篇文字，十二篇為專題文章，七篇為對話體，雖紛雜繁複，總體上仍本於道家以虛無為本、因循為用的宗旨。

◎新譯鄧析子

徐忠良／注譯
劉福增／校閱

鄧析是春秋末期鄭國大夫，先秦名家和法家的先驅者，長於辯說，又精通法理，善教民訴訟、為百姓仗義執言。所著《鄧析子》展現他敢言敢辯的思辯色彩，以及豐富的政治倫理思想。本書譯注大量吸收了前哲時賢的相關研究成果，書後更附有關於鄧析學說及鄧析史實等資料，讓讀者對鄧析有更完整的認識。

國家圖書館出版品預行編目資料

新譯墨子讀本／李生龍注譯;李振興校閱.——三版一刷.——臺北市：三民，2024
面；　公分.——(古籍今注新譯叢書)

ISBN 978-957-14-7782-4（平裝）
1. 墨子 2. 注釋

121.411　　113004275

古籍今注新譯叢書

新譯墨子讀本

注譯者｜李生龍
校閱者｜李振興

創辦人｜劉振強
發行人｜劉仲傑
出版者｜三民書局股份有限公司(成立於 1953 年)

三民網路書店
https://www.sanmin.com.tw

地址｜臺北市復興北路 386 號　(復北門市)　(02)2500-6600
臺北市重慶南路一段 61 號(重南門市)　(02)2361-7511

出版日期｜初版一刷 1996 年 2 月
二版四刷 2021 年 5 月
三版一刷 2024 年 5 月
書籍編號｜S030760
ISBN｜978-957-14-7782-4